AF357330

NOUVELLES RECHERCHES

SUR QUELQUES

PROBLÈMES D'HISTOIRE

A LA MÊME LIBRAIRIE

OUVRAGES DE M. FUSTEL DE COULANGES

L'œuvre de Fustel de Coulanges a reçu en 1891 le prix biennal de l'Institut.

Histoire des Institutions politiques de l'ancienne France. Six volumes in-8, brochés :

La Gaule romaine. Un vol. . . . . 30 fr.
L'Invasion germanique et la fin de l'Empire. Un vol. . . . . . 30 fr.
La Monarchie franque. Un vol. . . . . 30 fr.
L'Alleu et le domaine rural pendant l'époque mérovingienne.
   Un vol. . . . . 30 fr.
Les Origines du système féodal : le Bénéfice et le Patronat
   pendant l'époque mérovingienne. Un vol. . . . . 30 fr.
Les Transformations de la royauté pendant l'époque carolin-
   gienne. Un vol. . . . . 30 fr.

La Cité antique. 28ᵉ édition. Un vol. petit in-8, broché
   (*Bibliothèque d'Histoire*) . . . . 8 fr.
     Ouvrage couronné par l'Académie française.

Recherches sur quelques problèmes d'histoire (Le Colonat romain. — Du Régime des Terres en Germanie. — De la Marche Germanique. — L'Organisation Judiciaire dans le Royaume des Francs). Un volume in-8°, broché. . 30 fr.

Nouvelles recherches sur quelques problèmes d'Histoire (La Propriété chez les Grecs. — Les Archontes. — La fin du Druïdisme. — Les Titres romains chez les Francs. — Sur les Lois Barbares. — Des Articles de Kiersy). Un volume in-8°, broché. . . . . 30 fr.

Questions historiques (De la manière d'écrire l'histoire. — Les Origines de la Propriété. — Polybe. — Chio. — Questions Romaines. — Questions Contemporaines). Un volume in-8° broché. . . . . 30 fr.

Questions contemporaines (De la manière d'écrire l'histoire en France et en Allemagne depuis cinquante ans. — La politique d'envahissement : Louvois et M. de Bismarck. — L'Alsace est-elle allemande ou française? Réponse à M. Mommsen, professeur à Berlin. — A Messieurs les ministres du culte évangélique de l'armée du roi de Prusse). 4ᵉ édition. Un vol. in-16 broché. . . . . 2 fr.

OUVRAGES DE M. CAMILLE JULLIAN

Histoire de la Gaule. Sept volumes grand in-8, brochés :.
  I. *Les Invasions gauloises et la colonisation grecque.* Un vol. . . . 25 fr.
  II. *La Gaule indépendante.* Un vol. . . . . 35 fr.
     Ces deux volumes ont obtenu le Grand Prix Gobert en 1908.
  III. *La Conquête romaine et les premières invasions germaniques.* Un vol. 25 fr.
  IV. *Le Gouvernement de Rome.* Un vol. . . . . 35 fr.
  V. *La Civilisation gallo-romaine.* ÉTAT MATÉRIEL. Un vol. . . . 25 fr.
  VI. *La Civilisation gallo-romaine.* ÉTAT MORAL. Un vol. . . . . 25 fr.
  VII. *Les Empereurs de Trèves* . . . . (en préparation)

De la Gaule à la France. *Nos Origines historiques.* Un volume petit in-8, broché. . . . . 8 fr.

Vercingétorix. Un volume petit in-8, contenant 5 reproductions de monnaies et 7 cartes et plans, broché. . . . . 12 fr.
     Ouvrage couronné par l'Académie française.

Gallia, tableau de la Gaule sous la domination romaine. Un vol. in-16, illustré de nombreuses gravures, cartonné toile. . . . . . 7 fr.
     Ouvrage couronné par l'Académie française.

Majoration temporaire de 25 %

Coulommiers. — Imp. PAUL BRODARD. — 2490-10-23.

NOUVELLES RECHERCHES

SUR QUELQUES

PROBLÈMES D'HISTOIRE

PAR

FUSTEL DE COULANGES

Membre de l'Institut (Académie des sciences morales),
Professeur d'histoire en Sorbonne.

REVUES ET COMPLÉTÉES D'APRÈS LES NOTES DE L'AUTEUR

PAR

CAMILLE JULLIAN

Membre de l'Institut,
Professeur au Collège de France.

LA PROPRIÉTÉ CHEZ LES GRECS — LES ARCHONTES
LA FIN DU DRUIDISME
LES TITRES ROMAINS CHEZ LES FRANCS
SUR LES LOIS BARBARES — LES ARTICLES DE KIERSY

DEUXIÈME ÉDITION

LIBRAIRIE HACHETTE
79, BOULEVARD SAINT-GERMAIN, PARIS

1923

Tous droits de traduction, de reproduction
et d'adaptation réservés pour tous pays.

PRÉFACE

M. Fustel de Coulanges a fait paraître, en 1885, sous le titre de *Recherches sur quelques problèmes d'histoire*, une série d'études sur le Bas-Empire et le monde germanique. Nous avons cru devoir donner le titre de *Nouvelles Recherches* au recueil que nous publions ici. Des mémoires que ce volume renferme, les uns ont paru, il y a assez longtemps déjà, dans différentes revues ; les autres sont inédits. Tous ont ce caractère d'analyse et de discussion que M. Fustel de Coulanges avait donné à ses *Recherches* de 1885 ; chacun d'eux présente à lui seul un ensemble complet et étendu.

I. **Recherches sur le Droit de propriété chez les Grecs.** — La première et la troisième partie de ces Recherches sont inédites. — La seconde partie, *Étude sur la propriété à Sparte*, a été lue à l'Académie des Sciences Morales et Politiques dans les séances du 15, du 22 novembre et du 6 décembre 1879. Elle a été imprimée trois fois, dans le *Journal des Savants* de 1880, p. 96 et suiv., p. 129 et suiv., p. 232 et suiv. ; dans le *Compte rendu des Séances de l'Académie*, 1880, t. CXIII, p. 617 et suiv., p. 834 et suiv., t. CXIV, p. 181 et suiv.; dans les *Mémoires de l'Académie*, 1888, t. XVI, p. 835 et suiv.

Ces trois parties ont été rédigées par M. Fustel de Coulanges vers 1879. Elles ne sont qu'un même travail, dont il avait seulement détaché le chapitre le plus complet, pour le livrer de suite au public. La dernière de ces trois études est demeurée inachevée. Nous avons ajouté quelques lignes pour qu'elle ne parût pas se terminer trop brusquement. Ces additions ont été faites à l'aide de notes réunies pour le cours que M. Fustel de Coulanges professa en Sorbonne, en 1877-1878, sur *le Droit de Propriété chez les Grecs* : ce cours fut l'ébauche d'où devaient sortir ces *Recherches*. Nous aurions pu à la fin de la troisième partie multiplier les emprunts à ces notes : mais nous n'avons pas voulu courir le risque de dénaturer la pensée du maître ; d'ailleurs nous n'aurions fait que répéter ce qu'a écrit M. Fustel de Coulanges dans son article sur la Constitution d'Athènes[1], qui est le complément naturel de ces *Recherches sur le Droit de Propriété chez les Grecs.* Quelques transitions ont été également insérées, afin de mieux grouper les différentes parties de ce mémoire.

II. Recherches sur le Tirage au sort appliqué à la nomination des Archontes athéniens. — C'est la réimpression de l'article paru en 1879 dans la *Nouvelle Revue historique de Droit français et étranger.*

Nous y avons fait, mais seulement dans les notes, de nombreuses additions. La découverte de la *Politique des Athéniens*, d'Aristote, est venue apporter de nou-

---

1. Article *Attica respublica* dans le *Dictionnaire des Antiquités grecques et latines*, de Daremberg et Saglio.

veaux et importants documents à la question que
M. Fustel de Coulanges traitait dans ces *Recherches*. Il
nous a paru bon de les utiliser dans les notes et de
rechercher si les textes d'Aristote ne venaient pas confirmer la théorie audacieuse de l'historien. Or, comme
nous avons essayé de le montrer, il n'est aucun de ces
textes qui ne contribue à la renforcer et qui ne cadre
singulièrement avec la pensée de M. Fustel de Coulanges. Nous ne pouvons que répéter ici ce que
M. Henri Weil a écrit à ce propos : « Il convient de
rendre hommage à la sagacité de Fustel de Coulanges,
disons mieux, à sa merveilleuse intuition des choses de
l'antiquité. Dans ses *Recherches sur le Tirage au sort
appliqué à la nomination des Archontes athéniens*, il
approcha de la vérité autant que le permettaient les
textes déjà connus, au delà même de ce qu'ils pouvaient sembler permettre. Il ne trouva que des contra-
dicteurs parmi les savants, et c'est lui qui avait raison,
nous le voyons aujourd'hui[1]. »

III. **Comment le Druidisme a disparu.** — Ce
mémoire, lu à l'Académie des Sciences Morales et Politiques, a paru dans le *Compte rendu des séances* de
1879, t. CXII, p. 413 et suiv., et dans la *Revue celtique*,
t. IV. — Nous l'avons complété en insérant sous la
rubrique II la lettre que M. Fustel de Coulanges publia
dans la *Revue archéologique* de 1880, en réponse à
une critique de M. d'Arbois de Jubainville, parue en
1879 dans le même recueil.

---

1. *Journal des Savants*, 1891, p. 207. — Cf. Gomperz, *Deutsche Rundschau*, mai 1891, p. 225.

IV. Les Titres romains de la Monarchie franque.
— Ce mémoire est inédit et complètement achevé. Il
date de 1885-1886. — M. Fustel de Coulanges a été
amené à l'écrire à la suite des travaux de M. Julien
Havet sur la formule *Rex Francorum vir inluster*, qui
eurent, en 1885, un grand retentissement dans le
monde savant.

**V. Recherches sur quelques points des Lois bar-
bares.** — Nous avons réuni sous ce titre :

1° Une étude que nous avons intitulée *Les Lois
Germaniques indiquent-elles un partage des terres
entre Barbares et Romains?* — Cette étude a été formée
à l'aide de l'*Éclaircissement* n° 5 de l'*Histoire des
Institutions politiques de l'ancienne France* (2ᵉ édit.,
1877, p. 597 et suiv.), et d'un mémoire inédit écrit
par M. Fustel de Coulanges peu après le travail de
M. Julien Havet sur la même question ; ce mémoire
était d'ailleurs destiné à défendre la théorie soutenue
dans l'*Éclaircissement*. Nous avons dû faire quelques
légers remaniements dans les citations ; l'apparition d'é-
ditions nouvelles et meilleures les rendait indispensables.

2° *De la Signification du mot* sors *dans la Loi
des Burgondes.* — Cette étude est inédite et date de
1886-1887.

3° Un mémoire inédit, écrit vers 1886-1887, sur l'article XXXVIII de la Loi des Burgondes et auquel nous
avons donné pour titre, *Sur l'* « *Hospitalité* » *dans la
Loi des Burgondes*.

4° Une étude *Sur le Titre de la Loi Salique* DE MIGRAN-
TIBUS, extraite de la *Revue générale du Droit*, 1886.

5° Le mémoire *De l'inégalité du Wergeld dans les*

Lois franques, extrait de la *Revue historique*, t. II, 1876. — Les additions que nous avons faites ont été provoquées par l'apparition d'éditions nouvelles des Lois Salique et Ripuaire.

6° *Quelques Remarques sur la Loi dite des Francs Chamaves*, lues à l'Académie des Sciences Morales et Politiques et parues dans le *Compte rendu* de 1887, t. CXXVII, p. 100 et suiv. — M. Fustel de Coulanges ajoutait, en publiant ces Remarques, les lignes suivantes : « Peut-être présenterons-nous plus tard notre essai sur la nature et l'explication du document qu'on a appelé, sans motif, Loi des Chamaves. Notre seul but, dans cette première lecture, était de montrer qu'il y a lieu de faire une nouvelle étude du sujet. » M. Fustel de Coulanges ne tarda pas à renoncer à faire lui-même cette nouvelle étude. Il voulut en laisser l'honneur à son élève M. Froidevaux, qui consacrait sa thèse de doctorat au même sujet[1]. Conformément à son désir, nous avons évité, en réimprimant ces Remarques, d'utiliser les notes qu'il avait laissées sur la question.

VI. Les Articles de Kiersy. 877. — Écrit vers 1885-1886, ce mémoire, d'une importance capitale, est entièrement inédit. — M. Bourgeois soutint en 1885, devant la Faculté des Lettres de Paris, une thèse sur *le Capitulaire de Kiersy-sur-Oise*. M. Fustel de Coulanges, chargé de l'examiner, reprit à ce propos l'étude du capitulaire. C'est à cette circonstance que nous devons ce précieux travail.

---

1. Cette thèse va paraître incessamment. Elle est le développement d'un mémoire commencé à la Sorbonne sous les auspices de M. Fustel de Coulanges et cité dans les *Remarques*, ici, p. 404, n. 4.

Nous avons dû, çà et là, dans le cours de ces articles réimprimés ou inédits, ajouter quelques notes bibliographiques ou autres. Toutes sont entre crochets. Au surplus nous sommes-nous abstenu de toute addition que ne justifiaient ni l'état des manuscrits laissés par M. Fustel de Coulanges, ni la critique des textes qu'il utilisait.

M. Fustel de Coulanges a laissé dans ses papiers un assez grand nombre d'ébauches, de plans d'articles, de discussions commencées. Il n'y avait pas lieu, je crois, d'imprimer ici ces fragments, si utiles qu'ils puissent être pour connaître la pensée et la méthode de M. Fustel de Coulanges. On sait d'ailleurs avec quel soin il veillait à ne rien imprimer qui ne fût longuement mûri et soigneusement écrit. La meilleure manière d'honorer sa mémoire nous a paru celle qui respectait le plus sa conscience et ses scrupules d'historien.

Enfin, nous avons écarté de ce volume un grand nombre d'articles, d'un caractère un peu différent de celui qu'ont ces *Nouvelles Recherches*. De ces articles, les uns ont été remaniés ou reproduits dans les différents volumes des *Institutions* ou dans les premières *Recherches*[1] : ils devront être lus de tous ceux qui

---

1. *Le Domaine rural chez les Romains.* — *Revue des Deux Mondes*, 1886, 15 septembre et 15 octobre. = Cf. *L'Alleu*, c. 1.

Recherches sur cette question : Les Germains connaissaient-ils la propriété des terres ? — *Académie des Sciences Morales, Compte rendu*, 1885, t. CXXIII, p. 705. — Réponse aux observations de divers membres, 1885, t. CXXIV, p. 5. = Cf. *Recherches sur quelques problèmes d'histoire*.

L'Invasion germanique au v° siècle, son caractère et ses effets. — *Revue des Deux Mondes*, 15 mai 1872. = Cf. *L'Invasion germanique*, livre II.

Des Transformations de la propriété foncière en France du iii° au x° siècle. Leçon d'ouverture du cours d'histoire du moyen âge à la Sorbonne. — *Revue politique et littéraire*, 1878-1879, p. 745. = Cf. *L'Alleu*.

s'intéressent à la vie de M. Fustel de Coulanges, à sa
manière de travailler, au développement progressif
de ses idées et de son système. Les autres ont une
grande importance historique. On y voit ce que l'écrivain pensait de la science qu'il aimait, de sa méthode
et de son objet ; on y apprend quelles étaient ses idées
sur les institutions et l'histoire de bien des époques
qu'il n'avait même pu effleurer dans ses principaux
ouvrages[1]. Toutefois il ne désirait pas les réimprimer.

Les Origines du régime féodal. I. *La propriété foncière dans l'Empire romain et dans la société mérovingienne.* — Revue des Deux Mondes, 15 mai
1873. = Cf. *L'Alleu*, c. 1, 2 et 3.
  Les Origines du régime féodal. II. *Le patronage et la fidélité.* — Revue
des Deux Mondes, 1er août 1874. = Cf. *Les Origines du système féodal*,
préface, p. VI, et *Les Transformations de la royauté*, liv. IV, et préface.
  Étude sur les Origines du système féodal. — Académie des Sciences Morales,
Compte rendu, 1874 et 1875, t. CII, p. 493 ; t. CIII, p. 59 et 360. = Cf. *Les
Transformations de la royauté pendant l'époque carolingienne*, préface, et *Les
Origines du système féodal.*
  Étude sur l'Immunité mérovingienne. — Revue historique, t. XXII, p. 249 ;
t. XXIII, p. 1. = Cf. *Les Origines du système féodal*, préface, p. VI, et c. 16.
  *Le Gouvernement de Charlemagne. Le pouvoir royal, l'Empire romain, les
assemblées nationales.* — Revue des Deux Mondes, 1876, 1er janvier. = Cf.
Les Transformations de la royauté, liv. III.
  Les Institutions politiques au temps de Charlemagne. — Académie des Sciences
Morales, Compte rendu, 1876, t. CV, p. 460 et 612 ; t. CVI, p. 605. = Cf. *Les
Transformations de la royauté pendant l'époque carolingienne*, préface, et
liv. III.
  De la Confection des lois au temps des Carolingiens. — Revue historique,
t. III, p. 3 et suiv. = Cf. *Les Transformations de la royauté pendant l'époque
carolingienne*, préface et livre III.
  Les Impôts au moyen âge. — Revue des Deux Mondes, 1878, 1er février. = Cf. *La Monarchie franque*, c. 11 ; *Les Origines du système féodal*,
c. 16 ; *Les Transformations de la royauté pendant l'époque carolingienne*,
liv. III.
  1. *De l'Analyse des textes historiques.* — Revue des questions historiques,
janvier 1887. — Lettre de M. G. Monod en réponse à cet article, et réplique
de M. Fustel de Coulanges, ibidem, avril 1887.
  De la Manière d'écrire l'histoire en France et en Allemagne. — Revue des
Deux Mondes, 1872, 1er septembre.
  Le Problème des origines de la propriété foncière. — Revue des questions
historiques, avril 1889.
  Observations sur un ouvrage de M. Émile de Laveleye intitulé « *La propriété
collective du sol en divers pays* ». — Académie des Sciences Morales, Compte
rendu, 1886, t. CXXVI, p. 262.

Il les trouvait trop courts, trop généraux, ou ayant trop le caractère de discussion et de critique. Nous

Mémoire sur l'île de Chio. — *Archives des missions scientifiques*, t. V; 1857, Paris, in-8.

La Vie de Lycurgue et le traité de Xénophon sur la République de Lacédémone, de M. Hippolyte Bazin. — *Académie des Sciences Morales, Compte rendu,* 1886, t. CXXV, p. 924.

Epulæ, Repas sacrés. — *Dictionnaire des antiquités grecques et latines* (à paraître).

Lacedæmoniorum respublica. — *Dictionnaire des antiquités grecques et latines* (à paraître).

Attica respublica. — *Dictionnaire des antiquités grecques et latines*, t. I.

Lex, la Loi. — *Dictionnaire des antiquités grecques et latines* (à paraître).

Les Institutions militaires de la République romaine. — *Revue des Deux Mondes*, 1870, 15 novembre.

La Question de droit entre César et le sénat. — *Journal des Savants*, juillet 1879, p. 457 et suiv.

Tite Live. — Préface d'une édition classique d'Extraits; 1860, Paris, in-16.

Tite Live. — Article dans la *Biographie* de Didot.

Histoire des institutions monarchiques de la France sous les premiers Capétiens, de M. Luchaire. — *Académie des Sciences Morales, Compte rendu*, 1884, t. CXXI, p. 730.

Les Libertés communales en France et en Europe. — *Revue des Deux Mondes*, 1871, 1er juillet.

Le cardinal Bessarion, étude sur la chrétienté et la Renaissance du milieu du XVᵉ siècle, de M. Vast. — *Académie des Sciences Morales, Compte rendu*, 1879, t. CXI, p. 439.

Alain d'Albret, l'administration royale et la féodalité du Midi (1440-1522), de M. Luchaire. — *Académie des Sciences Morales, Compte rendu*, 1877, t. CVIII, p. 611.

La Navarre française, de M. de Lagrèze. — *Académie des Sciences Morales, Compte rendu*, 1883, t. CXIX, p. 178.

Histoire de France sous le ministère de Mazarin, par Chéruel. — *Académie des Sciences Morales, Compte rendu*, 1884, t. CXXI, p. 449.

Histoire de France pendant la minorité de Louis XIV, de M. Chéruel. — *Académie des Sciences Morales, Compte rendu*, 1879, t. CXI, p. 556.

La Politique d'envahissement. Louvois et M. de Bismarck. — *Revue des Deux Mondes*, 1871, 1er janvier.

L'Organisation de la justice dans l'antiquité et les temps modernes. — *Revue des Deux Mondes*, 1871, 15 février, 15 mars, 1er août, 1er octobre.

Histoire de l'organisation judiciaire en France, de M. Ludovic Beauchet. — *Académie des Sciences Morales, Compte rendu*, 1886, t. CXXV, p. 639.

Rapport sur le concours relatif à la noblesse en France et en Angleterre. — *Académie des Sciences Morales, Compte rendu*, 1875, t. CIV, p. 417; *Mémoires*, in-4°, t. XIV, p. 699.

Étude sur les paysans français au XVIIIᵉ siècle, de M. Karéiew. — *Académie des Sciences Morales, Compte rendu*, 1879, t. CXII, p. 356.

Turgot. Rapport sur un ouvrage de M. Foncin, intitulé « Essai sur le ministère Turgot ». — *Académie des Sciences Morales, Compte rendu*, 1877, t. CVII, p. 425, p. 462.

nous sommes conformé au désir de M. Fustel de Coulanges, sans croire cependant qu'il doive engager à jamais sa famille et ses élèves.

Bordeaux, 1er juillet 1891.

CAMILLE JULLIAN.

L'Éloge de Buffon; de M. Hémon. — *Académie des Sciences Morales, Compte rendu,* t. CX, p. 915.

L'Alsace est-elle allemande ou française ? 27 octobre 1870. — Paris, Dentu, in-16.

L'École Normale. — *Académie des Sciences Morales, Compte rendu,* 1884, t. CXXI, p. 853.

De l'Enseignement supérieur en Allemagne d'après des rapports récents. — *Revue des Deux Mondes,* 1879, 15 août.

Faculté des Lettres de Strasbourg. Leçon d'ouverture du cours d'histoire, 1er décembre 1860. — 1860; Strasbourg, in-8.

La Revue historique, dirigée par MM. Monod et G. Fagniez. — *Académie des Sciences Morales, Compte rendu,* 1876, t. CVI, p. 496.

Émile Belot. — *Revue historique,* t. XXXII.

Discours prononcé sur la tombe de M. Bersot. — *Journal des Débats,* 15 mars 1880.

Discours prononcé aux funérailles de M. Thurot. — *Académie des Inscriptions et Belles-Lettres, Compte rendu,* 20 janvier 1882.

Discours prononcé aux funérailles de Paul Pont. — *Académie des Sciences Morales et Politiques, Compte rendu,* t. CXXIX.

Discours prononcé à la séance du 21 avril. — *Académie des Sciences Morales, Compte rendu,* 1888, t. CXXX, p. 299.

RECHERCHES,

SUR

LE DROIT DE PROPRIÉTÉ

CHEZ LES GRECS

Il s'est produit, dans ces dernières années, une théorie assez nouvelle sur les origines du droit de propriété. On a soutenu que les anciennes sociétés, même à l'état agricole, avaient pratiqué très longtemps le régime de l'indivision du sol, qu'elles avaient longtemps cultivé en commun, et qu'elles n'étaient passées au régime de la propriété privée que tardivement, et par degrés. Que cette théorie soit philosophiquement plausible, nous ne voulons pas le discuter, et nous sommes tout disposé à admettre qu'on la puisse soutenir par des arguments logiques. Mais ce qui nous préoccupe, c'est de savoir si elle est vraie historiquement, c'est-à-dire si, dans ce qu'on connaît de l'histoire des peuples, il est possible de saisir la trace de ce régime d'indivision et d'en démontrer l'existence par des textes ou par des faits.

Remarquons bien tout d'abord, pour qu'il n'y ait aucun malentendu sur la nature de la question qui se pose à nous, qu'il ne s'agit pas de savoir si l'humanité tout à fait primitive et encore à l'état sauvage a connu la propriété. Lorsque les hommes étaient chasseurs ou pasteurs, il était à peine possible que l'idée de la propriété du sol fût conçue par l'esprit. Nos recherches d'ailleurs ne peuvent pas remonter si haut; elles doivent commencer seulement à l'époque déjà bien assez lointaine où les peuples ont été agriculteurs. Nous nous demandons s'il est vrai que, en même temps que les sociétés humaines étaient déjà organisées et connaissaient le travail du sol, la communauté de ce sol ait été pratiquée.

L'expression la plus claire et la plus affirmative de l'opinion nouvelle se trouve dans le livre qu'un esprit fort distingué, M. Ém. de Laveleye, a publié en 1874 sous ce titre : *De la propriété et de ses formes primitives*. L'auteur passe en

revue presque tous les pays du monde, la Russie, l'île de Java
et l'Inde, la *Mark* germanique et les communautés agraires
des Arabes, Rome, la Grèce et l'Égypte, la Suisse et la Néerlande. De ce coup d'œil jeté sur tant de contrées et d'époques
différentes, il conclut que « les sociétés primitives, obéissant
à un sentiment instinctif, reconnaissaient à tout homme le
droit naturel de jouir du sol, et qu'elles partageaient entre tous
les chefs de famille la terre, propriété collective de la tribu[1] ».

Je n'ose, pour ma part, ni combattre ni soutenir cette
doctrine dans son ensemble. De si vastes généralités, outre
qu'elles sont peu conformes à mon goût et à ma méthode,
dépassent de beaucoup le cercle de mes études. Pour être en
droit de dire si les sociétés humaines ont commencé par le
régime de l'indivision ou par celui de la propriété, il faudrait connaître avec exactitude et précision, non seulement la
Grèce et Rome, mais encore l'Égypte et l'Inde, les vieux Germains et les Slaves, les Tartares et les Arabes, et même ces
vieilles sociétés non progressives qu'on trouve encore, dit-on,
à Java: Il s'en faut beaucoup que mes études aient porté si
loin.

Je ne conteste pas que la méthode comparative ne soit fort
utile en histoire; elle peut devenir une source féconde de
découvertes, et je ne suis pas de ceux qui refusent de s'en
servir; mais l'abus en est dangereux. Vous apercevez de certaines communautés de village dans l'Inde; vous rencontrez
quelque chose d'analogue dans le *mir* russe, et dans les petits
villages de Croatie; il vous semble, à première vue, que les
Allmenden de la Suisse et de la Néerlande présentent les
mêmes traits caractéristiques; vous rapprochez de tout cela

---

1. Ém. de Laveleye, *De la propriété*, etc., p. 575 [la 4ᵉ édition vient de paraître, janvier 1891]. — M. Viollet a publié la même année dans la *Bibliothèque de
l'École des Chartes* un article où, avec quelques textes interprétés inexactement, il
aboutit aux mêmes affirmations. — Nous avons montré autrefois, dans *la Cité antique*, qu'à l'origine des sociétés grecques et italiennes la propriété avait été conçue
comme un droit appartenant à la famille et non pas à l'individu ; mais cette primitive communauté de famille n'a aucun rapport avec la théorie qui suppose une
communauté de tribu, c'est-à-dire l'absence de toute appropriation du sol. [Une
discussion plus détaillée de ces théories se trouve dans l'article sur *Le problème
des origines de la propriété foncière, Revue des questions historiques,* avril 1889.]

deux lignes de César sur les anciens Germains, une phrase
de Diodore sur un petit peuple des îles Lipari, et quelques
fantaisies de poètes latins sur l'âge d'or. Vous avez ainsi accu-
mulé un assez bon nombre d'indices; mais hâtivement recueillis, imparfaitement étudiés, pris çà et là, en mêlant les
époques et en confondant les peuples. Est-ce assez de cela
pour déduire une loi générale de l'humanité? Une telle méthode manque de rigueur. La comparaison entre les peuples
ne devrait venir qu'après une étude scrupuleuse et complète
de chaque peuple. En histoire comme en toute science, l'analyse doit précéder la synthèse. Je voudrais que l'histoire du
mir russe, celle du village hindou ou javanais, celle de la
communauté agricole de Croatie, et même celle de la *Mark*
germanique, fussent plus nettement connues qu'elles ne le
sont, avant qu'on tirât du rapprochement de ces connaissances
une conclusion générale. Je souhaiterais qu'une première
génération de travailleurs s'appliquât séparément à chacun de
ces objets et qu'on laissât à la génération suivante le soin de
chercher la loi universelle qui se dégagera peut-être de ces
études particulières.

PREMIÈRE PARTIE

Les origines du droit de propriété chez les Grecs.

C'est un de ces travaux d'analyse que je présente ici. Je bornerai mon étude à un peuple. Je choisis le peuple grec, et je cherche si l'on peut saisir un moment dans ce que nous savons de son histoire où il ait pratiqué le régime de l'indivision du sol.

Suivant M. de Laveleye, le vrai *dominium*, c'est-à-dire le droit complet de l'individu humain sur la terre, n'aurait été introduit dans le monde que par les Romains ; il aurait été à peu près inconnu aux Grecs. Cette opinion est-elle conforme aux documents et aux faits ? Est-il exact de dire que les Grecs aient eu, sur la propriété foncière, des conceptions et des règles si différentes de celles des Romains ?

Il importe avant tout de définir nettement ce qu'il faut entendre par indivision et par propriété. Il est nécessaire de marquer quelle est l'essence de l'un et de l'autre régime et à quels signes chacun d'eux se reconnaît.

Dans le régime de l'indivision, la terre appartient à toute la tribu ou à tout le peuple, sans distinction d'individus ni de familles. Pour la mise en pratique de ce régime, deux procédés sont employés : ou bien, tous cultivent en commun et se partagent la récolte suivant le nombre des bras qui ont travaillé ; ou bien, c'est le sol qui est partagé, soit annuellement, soit à des intervalles périodiques : chacun cultive son lot et en jouit, puis on change de lot au terme fixé. Dans l'un et l'autre cas, ni l'individu ni la famille n'exerce un droit de propriété ; la vente de la terre est inconnue ; il n'y a pas plus d'hérédité qu'il n'y a de testament. Ainsi, lorsque nous ne rencontrerons chez un peuple ni le testament, ni l'hérédité, ni la vente, et que nous y verrons au contraire un partage périodique du sol ou un partage annuel des récoltes, nous dirons que ce peuple pratique le régime de la communauté foncière.

Quant à la propriété, elle est de deux sortes. Il y a un régime de propriété privée, dans lequel le sol appartient spécialement à l'individu. On le reconnaît à ce signe que non seulement le même homme possède le même champ toute sa vie, mais qu'il peut encore le vendre ou le donner ; on le reconnaît mieux encore à cet autre signe que l'homme peut disposer de la terre pour le temps même qui suivra sa mort : il peut léguer à qui il veut cette terre dont il est personnellement le maître.

Mais il existe aussi un autre mode de propriété, qui se distingue nettement du précédent, et qui a tenu dans le vieux Droit et dans l'histoire une grande place. C'est celui où le sol n'appartient pas à l'individu, mais appartient à la famille et lui est attaché de telle sorte que la famille le possède comme bien patrimonial et héréditaire, sans le partager entre ses membres et sans se partager elle-même. Les signes auxquels ce régime se reconnaît sont : 1° que la possession est héréditaire de plein droit et nécessairement ; 2° qu'elle ne passe pas aux femmes, lorsque celles-ci sont transportées par le mariage dans une autre famille ; 3° que la vente et le testament sont interdits ou qu'ils sont au moins entourés de formalités qui les rendent difficiles, comme, par exemple, si l'aliénation n'est permise qu'avec l'assentiment de la famille tout entière. Nous ne devons pas perdre de vue qu'il y a eu ainsi, suivant les temps et suivant les peuples, deux sortes de propriété : l'une, que l'on peut nommer la propriété individuelle ; l'autre, que nous appellerions volontiers la propriété familiale, toutes les deux également opposées au régime de la communauté du sol.

I. SI LE RÉGIME DE LA COMMUNAUTÉ DU SOL A ÉTÉ PRATIQUÉ PAR LES GRECS.

Quand on se place par la pensée au milieu de la société athénienne, vers le temps de Périclès ou de Démosthène, on y trouve, sans aucun doute possible, la pratique de la propriété privée. L'homme est le maître de la terre; il la lègue, il la vend. Cette vérité est tellement évidente, elle est si clairement inscrite à chaque page des plaidoyers civils et des lois, qu'il n'est pas nécessaire d'en donner ici une démonstration.

Remontons deux siècles plus haut. Au temps de Solon, est-ce le régime de la communauté ou celui de la propriété qui domine? Nous trouvons dans l'œuvre même de Solon, du moins dans le peu que nous pouvons savoir d'elle, un fait caractéristique : les Athéniens ont été distribués en quatre classes inégales d'après l'étendue des propriétés foncières de chacun [1]. Cela suffit à démontrer qu'en 594 la terre n'était pas indivise, qu'au contraire la propriété privée était pratiquée dans l'Attique et qu'elle y était même fort inégale.

Remontons plus haut encore. Deux ou trois siècles avant Solon, Hésiode vivait en Béotie [2]. Son poème *Des travaux et des jours* est une peinture de la vie agricole au ixe siècle avant notre ère. Trouverons-nous chez lui la communauté du sol ou la propriété? La communauté, si elle existe, se reconnaîtra à l'un ou à l'autre de ces deux signes : ou bien la terre sera indivise et la récolte sera partagée, ou bien c'est la terre qui sera partagée annuellement. Ni l'un ni l'autre de ces deux usages n'est jamais indiqué, fût-ce par voie d'allusion, dans le poème d'Hésiode.

Il n'y a pas partage de la récolte, puisque le poète écrit :

---

1. Plutarque, *Solon*, 18 : Τοὺς μὲν ἐν ξηροῖς ὁμοῦ καὶ ὑγροῖς μέτρα πεντακόσια ποιοῦντας πρώτους ἔταξε καὶ πεντακοσιομεδίμνους, κ. τ. λ. Cf. Aristote, dans Harpocration, v° ἱππάς; Pollux, *Onomasticon*, VIII, 129 : Οἱ μὲν ἐκ τοῦ πεντακοσιομεδίμνου, μέτρα ὑγρὰ καὶ ξηρὰ ποιεῖν κληθέντες, κ. τ. λ. — [Aristote, *Politique des Athéniens*, ς. 0.]

2. Hérodote, II, 53 : Ἡσίοδον τετρακοσίοισι ἔτεσι δοκέω μὲν πρεσβύτερον γενέσθαι,

« Travaille pour que la faim ne te visite pas et que Cérès
remplisse tes granges[1]. » Il n'y a pas partage annuel de la
terre, puisqu'il dit : « Le voisin qui est pauvre jette les yeux
sur son voisin qui est riche, qui est vigilant à labourer et à
semer, qui soigne son bien, et il s'efforce de l'égaler en faisant comme lui[2]. » « Si tu travailles, dit-il encore, tu devien-
dras riche et tu seras un objet d'envie pour le paresseux[3]. »
Ainsi la richesse est le prix du travail personnel, ce qui prouve
déjà que la terre n'est pas commune à tous.

La propriété rurale s'appelle dans Hésiode κλῆρος. Nous
chercherons plus tard le sens de ce mot. Nous pouvons déjà
constater que dans Hésiode ce κλῆρος est héréditaire. Car le
poète, qui s'adresse à son frère, lui rappelle qu'ils ont hérité
du champ paternel, κλῆρος, et qu'ils l'ont partagé entre eux[4].

L'homme est si bien propriétaire de ce κλῆρος, qu'il peut le
vendre. Le poète conseille à l'agriculteur de travailler de
manière à être en mesure d'acheter la propriété d'autrui plutôt
que d'être réduit à vendre la sienne[5]. Enfin on peut voir dans
Hésiode ce qu'était l'exploitation agricole de son temps. Le
domaine n'était pas très grand; toutefois le propriétaire avait
plusieurs esclaves pour le cultiver, et même, à l'époque des
grands travaux, il prenait à son service quelques journaliers à
gages, hommes libres qui n'étaient pas propriétaires et qui
vivaient de leur travail. La propriété privée est bien reconnais-
sable à tous ces traits.

Les poèmes homériques décrivent une société plus vieille
que celle d'Hésiode. Ils n'ont été recueillis, il est vrai, sous la
forme où nous les avons, qu'au vie siècle; mais les mœurs
qu'ils dépeignent, la manière de combattre, la condition des
femmes et celle des captives, tout cela paraît être d'une époque
antérieure. Or on ne trouve pas dans toute l'*Iliade* la moindre
allusion à un régime de communauté du sol. La terre est pos-

____

1. Hésiode, *Travaux et jours*, v. 300.
2. Ibidem, v. 21-23.
3. Ibidem, v. 312.
4. Ibidem, v. 37 : Κλῆρον ἐδασσάμεθα.
5. Ibidem, v. 341 : Ὄφρ' ἄλλων ὠνῇ κλῆρον, μὴ τὸν τεὸν ἄλλος.

sédée en propre et inégalement. Il y a des riches, πλούσιοι, ὄλβιοι. « Les serviteurs d'un homme riche partent des deux extrémités de sa terre et se rejoignent à travers l'abondante moisson, en faisant tomber les gerbes de froment et d'orge[1]. » Ailleurs le poète parle d'un domaine de 50 arpents, moitié en vignes et moitié en terres de labour[2]. Il parle encore de plants de vigne et de plants d'oliviers, cultures qui ne se concilient guère avec la communauté du sol[3]. Voici d'ailleurs comment il décrit un domaine rural : « C'est un enclos aux fertiles guérets ; les serviteurs, la faux à la main, coupent le blé ; les poignées d'épis tombent, et, derrière eux, d'autres serviteurs les lient en gerbes ; au milieu, le maître du champ, le roi du domaine, βασιλεύς, en silence, le bâton à la main, surveille le travail et son cœur est joyeux[4]. Plus loin est un beau vignoble ; les rameaux plient sous le poids des grappes mûres et sont soutenus par des échalas ; le vignoble est fermé tout autour par un fossé et par une clôture[5]. » Voilà encore des traits qui sont les sûrs indices de la propriété privée.

L'auteur de l'*Odyssée* décrit, dans l'île des Phéaciens, une sorte de société idéale ; il ne pense pas à y mettre la terre en commun. Il y représente des hommes dont les uns sont maîtres, les autres serviteurs, les uns riches, les autres pauvres ; il décrit toute l'inégalité sociale qui d'ordinaire accompagne la propriété privée et qui est incompatible avec le régime de l'indivision. Il parle ailleurs de la Crète et il nous montre « un homme qui était honoré du peuple pour sa richesse[6] ». Un peu plus loin, il montre des hommes qui sont riches en biens fonciers et qui possèdent de nombreux domaines, ἄνθρωποι πολύκληροι[7]. Dans les poèmes homériques nous voyons l'usage universel de l'hérédité ; car toujours le fils d'un homme riche

---

1. *Iliade*, XI, v. 67-69.
2. Ibidem, IX, v. 578.
3. Ibidem, VI, v. 194 ; XII, v. 315 ; XVII, v. 53. — Cf. ibidem, XIV, v. 122 :
Ἅλις δέ οἱ ἦσαν ἄρουραι πυρόφοροι πολλοὶ δὲ φυτῶν ἔσαν ὄρχατοι ἀμφίς.
4. *Iliade*, XVIII, v. 550 et suiv.
5. Ibidem, XVIII, v. 564.
6. *Odyssée*, XIV, v. 205. De même dans l'*Iliade*, XVI, v. 596.
7. *Odyssée*, XIV, v. 211.

doit être riche à son tour, à moins que le destin de la guerre
ne lui fasse perdre le patrimoine et la liberté. L'exploitation
rurale est décrite : « Ulysse, qui vient d'aborder à Ithaque, se
rend dans une de ses fermes, celle que dirige Eumée à la tête
de quatre autres esclaves. Il le trouve « assis sous le portique
qui précède la large cour; là sont de grandes étables, con-
struites en pierres et encloses par une palissade en chêne
solide ». Eumée accueille Ulysse en étranger : « J'ai peu à
t'offrir, dit-il; je ne suis qu'un serviteur, et les dieux empê-
chent le retour de mon bon maître. » Ici se place un trait de
mœurs qui peint tout un état social : « Ce bon maître, il
m'aurait donné un bien en propre, κτῆσιν; il m'aurait donné
une maison, un domaine, κλῆρον, comme on fait à un bon serviteur, et il y aurait joint une épouse désirée, πολυμνηστὴν
γυναῖκα[1] ». Ces simples mots nous disent l'état des terres et la
condition des personnes. La terre appartient ici à un grand
propriétaire qui possède plusieurs domaines; sur l'un d'eux
vivent et travaillent cinq esclaves, dont l'un est placé au-dessus
des autres comme un intendant. Celui-ci, en temps ordinaire,
recevrait la récompense de ses services : son maître lui donnerait une maison, un champ en propre et une épouse, c'est-à-
dire à la fois le droit de famille et le droit de propriété[2].

Tels sont les renseignements que fournissent les plus anciens
textes grecs. On peut faire la contre-épreuve et chercher si l'on
trouve dans cette littérature quelque expression ou quelque
fait qui soit l'indice de la communauté du sol. On ne trouvera
absolument aucun mot qui se rapporte à un tel régime, ni
dans Homère, ni dans Hésiode, ni dans Pindare, ni dans
Théognis, ni dans les poésies de Solon, ni dans les Histoires
d'Hérodote, ni dans ce que Thucydide rapporte des anciens
Grecs. Aristote et Plutarque possédaient de nombreux documents sur les vieux âges de la Grèce; ils ne disent jamais que
la terre ait été commune.

Ainsi, que l'on remonte dans la littérature grecque, depuis

---

1. Ibidem, XIV, v. 1-64.
2. De même, Ulysse promet au berger Mélanthios de lui donner une épouse, une
propriété et une maison, ἄλοχον καὶ κτήματα οἰκία τε (*Odyssée*, XXI, v. 214-215).

l'ère chrétienne jusqu'aux temps homériques, c'est toujours le régime de la propriété privée que l'on trouve en vigueur. Essayerons-nous de remonter encore plus loin dans le passé? Nous avons trois moyens de saisir quelque chose des plus vieux âges : d'abord, les légendes et les fables, qui fournissent quelque indice de l'état social au milieu duquel l'esprit les a créées; puis, le Droit, qui d'ordinaire conserve très longtemps les vestiges du passé; enfin, la religion, qui chez les Grecs datait d'une époque très ancienne et qui a pu garder quelque marque des habitudes de cette époque.

Aucune des vieilles légendes grecques ne signale ni l'usage de partager les récoltes, ni celui de partager annuellement le sol. Aucune tradition grecque n'indique que la terre fût possédée par tous en commun. Ni l'histoire des dieux ni celle des anciens héros ne nous présente ce trait de mœurs. Nous possédons, surtout pour l'Attique, un très grand nombre de légendes; aucune d'elles ne mentionne rien qui ressemble à la terre en commun. Si le régime de la communauté avait été en vigueur, le passage au régime opposé aurait été un événement si grave, qu'il est probable que les légendes en auraient gardé quelque souvenir; ce souvenir ne se trouve nulle part. Les traditions athéniennes marquaient la naissance de toutes les institutions[1]; la propriété foncière est la seule institution dont la naissance ne soit pas marquée. Les Athéniens ne connaissaient pas de commencement à la propriété. Il leur semblait qu'elle eût existé toujours. Aristote, au début de sa *Politique*, cherche l'origine de toutes choses humaines, l'origine de l'état social, l'origine de l'esclavage, l'origine du commerce et de la monnaie; il ne pense pas à chercher l'origine de la propriété foncière. Platon, lorsqu'il imagine une certaine sorte de communauté, ne rappelle pas que cette communauté ait jamais existé en Grèce. Nous avons examiné [ailleurs][2] la légende de l'âge d'or, et nous [constatons] que cette

<hr>

1. On peut les voir dans Diodore, dans Plutarque, dans Pausanias, et sur les marbres de Paros.

2. [Voyez le mémoire sur *Le problème des origines de la propriété.*]

légende elle-même, chez les Grecs, ne signalait pas le régime de la communauté du sol.

De même, si nous regardons les plus anciennes pratiques du Droit, nous n'y trouvons rien qui se rapporte à la communauté des terres. Nous n'y voyons aucun vestige d'un partage annuel ou périodique. Un signe auquel nous reconnaîtrions que la terre aurait été possédée en commun, ce serait que l'hérédité n'existât pas. Or le droit grec ne contient aucun indice, aucun souvenir d'un temps où le fils n'héritait pas du père.

Examinons enfin la religion. Les croyances des Grecs leur viennent d'une source très antique, et l'on sait d'ailleurs que la religion tenait une très grande place dans leur existence. Elle intervenait partout, et il n'était pas un acte dans leur vie publique ou privée auquel ne présidât quelque divinité. Il y avait le dieu du foyer, le dieu de l'assemblée publique, le dieu du sénat; il y avait des dieux pour le combat, pour la navigation, pour l'industrie, pour le travail agricole. Si l'âge antique avait pratiqué le régime de la communauté du sol, il est probable que nous trouverions un dieu présidant au partage des récoltes ou au partage annuel des terres, puisque cet acte aurait été sans aucun doute le plus important qu'il y aurait eu dans la vie de ces hommes. Une pareille divinité ne se trouve nulle part dans le vaste panthéon des Grecs. Tout au contraire, nous y trouvons des dieux qui président à la propriété privée : c'est le dieu de l'enclos, Ζεὺς Ἕρκειος ; c'est le dieu des limites inviolables, Θεὸς Ὅριος ; c'est le dieu de la propriété patrimoniale, Ζεὺς Κτήσιος, qui est le même que le Ζεὺς Πατρῷος. Ainsi, non seulement la communauté du sol n'a laissé aucune trace dans la religion, mais, tout à l'opposé, les Grecs ont eu une religion qui consacrait la propriété.

Pour trouver un temps où la terre ait été commune à tous, il faut remonter jusqu'à une antiquité absolument insaisissable à l'historien, c'est-à-dire jusqu'à la région des pures hypothèses. Il est clair d'ailleurs que nous ne parlons pas de cet âge tout à fait primitif où l'homme ne cultivait pas encore la terre; nous n'avons pas à pousser nos recherches au

delà du temps, déjà bien assez lointain, où les sociétés connaissaient le travail agricole. Or nous ne trouvons nulle part,
ni dans les souvenirs de l'histoire, ni dans les vieux poèmes,
ni dans les légendes, ni dans la religion, le vestige d'une
époque où la race grecque ait pratiqué l'agriculture sans pratiquer en même temps la propriété privée.

La communauté du sol, en ce qui concerne la race grecque,
est une hypothèse, à laquelle on peut croire si l'on veut, mais
qu'on ne peut appuyer sur aucun document et qu'il faut
placer avant toute histoire et toute légende.

II. QUEL ÉTAIT LE PRINCIPE DU DROIT DE PROPRIÉTÉ CHEZ LES
GRECS ? RAPPORT ENTRE LA PROPRIÉTÉ ET LA RELIGION[1].

Le droit de propriété sur le sol n'a pas été conçu par les
anciens comme il l'est par nous. Il a eu, dans ces vieux âges,
plusieurs caractères particuliers qui l'ont rendu fort différent
de ce qu'il est aujourd'hui, et de là sont venues plusieurs
règles singulières du droit grec.

L'esprit moderne a une tendance générale à concevoir le
droit de propriété comme dérivant du travail, ou comme se
fondant à la longue par l'occupation continue du sol. Il est
remarquable que cette idée n'apparaît jamais chez les Grecs[2].
Pour eux et suivant les conceptions de leur esprit, la propriété découlait d'une autre source et était légitimée par un
autre principe.

On doit observer tout d'abord que leur histoire et leurs
légendes, sur lesquelles les textes sont assez nombreux, n'indiquent jamais un moment où ils aient institué pour la première fois la propriété privée. Qu'une société grecque déjà
existante et fonctionnant régulièrement ait décidé, un jour,
par un acte de sa volonté, que le sol auparavant commun à

1. [Cf. *La Cité Antique*, liv. II, c. 6.]
2. On n'aurait pas attribué cette pensée aux anciens si l'on avait songé que chez
tous c'étaient presque toujours les esclaves qui cultivaient la terre ; or il est bien
avéré que ni le travail ni la sueur de l'esclave ne lui donnaient le moindre droit à
la propriété.

tous, deviendrait désormais propre à chacun, c'est ce qu'on n'aperçoit jamais ni dans les souvenirs des Grecs ni dans leurs traditions[1]. Jamais le droit de propriété ne nous est présenté comme une institution qui ait été imaginée par les hommes et décrétée par eux.

Pour comprendre l'origine et la nature du droit de propriété, nous avons besoin de remonter à l'origine et à la nature des sociétés grecques, c'est-à-dire des cités.

On sait que chaque cité était un groupe social qui était uni non seulement par des intérêts matériels et par des lois, mais encore par une religion qui lui était propre. Chacune avait des dieux qui n'appartenaient qu'à elle et qui devaient sous certaines conditions la protéger toujours. Chaque cité possédait aussi une ville et un territoire, qui étaient placés l'une et l'autre sous la garde de ses dieux. La cité se constituait toujours par une cérémonie religieuse. On appelait proprement fondation cette cérémonie par laquelle une cité inaugurait son culte sur le sol dont elle prenait possession. Le souvenir de cette fondation sainte ne périssait pas ; on en célébrait l'anniversaire d'âge en âge ; les hommes en conservaient la mémoire précise par la fête annuelle, par le culte, par l'hymne sacré que l'on chantait.

Or les diverses cités de la Grèce se sont formées de deux manières. Tantôt des groupes plus petits, qu'on appelait tribus, phratries, familles, φυλαί, φρατρίαι, γένη, et qui existaient antérieurement à la cité, se sont associés et ont formé entre eux une sorte de confédération à la fois religieuse et politique ; ils ont établi un culte commun et un gouvernement central. C'est ainsi, par exemple, que s'est formée la cité athénienne. Tantôt, au contraire, une population venant d'ailleurs et composée d'émigrants ou de colons sortis d'une cité déjà constituée, est arrivée sur une terre qu'elle a conquise ; une fois maîtres du pays, les nouveaux venus, avant même de bâtir leur ville, se hâtaient d'accomplir l'acte religieux de la fonda-

1. Sauf le cas des îles Lipari, dont nous avons parlé ailleurs [*Origines de la propriété*, II, § 5, p. 50] : fait unique, qui n'est pas très ancien, et qui s'explique par les circonstances particulières que Diodore nous indique.

tion. Examinons successivement dans ces deux catégories de cités comment la propriété se constituait.

Pour les premières, dont Athènes est le type, qui sont les plus anciennes, et qui se reconnaissent d'ordinaire au titre d'autochtones qu'elles aimaient à se donner, nous ne voyons jamais que l'autorité publique institue la propriété foncière. Elle n'a pas lieu de l'instituer, par la raison que cette propriété existait déjà dans les φυλαί et dans les γένη. Le droit de propriété était antérieur à la fondation de la cité. Il était aussi ancien que l'organisation du γένος.

C'est pour cela que l'on aperçoit une relation si intime, une analogie si frappante, entre la constitution de la propriété et celle du γένος, de la famille. L'une comme l'autre était liée à une certaine religion, parce qu'elle datait d'un temps où cette religion était maîtresse des âmes; et il est digne de remarque que c'était la même religion pour toutes les deux. Les dieux de la propriété, θεοὶ κτήσιοι, étaient les mêmes que les dieux de la famille, θεοὶ πατρῷοι[1]; ce qui permet de croire que les idées de famille et de propriété étaient déjà associées et confondues dans l'époque lointaine où cette religion avait pris naissance.

Les Athéniens appelaient l'enclos ἕρκος. Ils avaient aussi un dieu protecteur de l'enclos, Ζεὺς Ἑρκεῖος[2]. Chaque famille avait le sien, à tel point que la langue attique avait l'expression « être du même Ζεὺς Ἑρκεῖος », pour signifier « être de la même famille[3] ».

Le domaine rural, la terre semée ou plantée, était entourée de bornes, ὅροι. Ces bornes étaient enfoncées dans le sol à

---

1. La synonymie des deux expressions est bien établie par ce texte de Denys d'Halicarnasse, *Antiquités romaines*, I, 67 : Τοὺς θεοὺς τούτους, Ῥωμαῖοι μὲν *Penates* καλοῦσιν· οἱ δ' ἐξερμηνεύοντες εἰς τὴν Ἑλλάδα γλῶσσαν τοὔνομα, οἱ μὲν Πατρῴους ἀποφαίνουσιν, οἱ δὲ Γενεθλίους, εἰσὶ δ'οἱ Κτησίους. — Les θεοὶ κτήσιοι sont mentionnés par Isée, *De Cironis hereditate*, 16; Hypéride, *Fragments*, 13, édit. Didot, t. II, p. 383; Antiphon, *De veneficio*, 18, édit. Didot, t. I, p. 3. Ces dieux sont toujours les dieux domestiques, les dieux du foyer. Denys d'Halicarnasse, VIII, 41, traduit l'expression *penates* ou *lares domestici* par θεοὶ κτήσιοι.

2. Hypéride, *Fragments*, 100, édit. Didot, t. II, p. 397. — *Etymologicon magnum*, v° ἕρκος : Τὸν φύλακα τοῦ οἴκου Ἑρκεῖον Δία καλοῦσι. — Hérodote, VI, 68.

3. Sophocle, *Antigone*, v. 487 : Ἀλλ' εἴτ' ἀδελφῆς, εἴθ' ὁμαιμονεστέρα τοῦ παντὸς ἡμῖν Ζηνὸς Ἑρκίου κυρεῖ.

tout jamais, comme les *termini* des Romains, et la religion
aussi bien que la loi défendait de les déplacer[1]. Or chaque
borne était un objet sacré, ὅρος ἱερός, et il y avait un dieu de
la borne, Ζεὺς Ὅριος[2].

Un autre objet religieux de ces vieux âges était le tombeau.
Les ancêtres ensevelis recevaient un culte de leurs descendants. Les offrandes devaient être portées, aux jours fixés, pour
la nourriture et pour la joie du mort[3]. Le tombeau, dans la
pensée des anciens, n'était pas un simple dépôt pour un corps
qui avait vécu ; c'était une sorte de temple où continuait à
vivre un être sacré qui était honoré comme dieu[4]. Aussi
les tombeaux étaient-ils indestructibles et inviolables à perpétuité. — Or, si l'on observe les règles et les rites de ce culte des
tombeaux, on remarquera qu'il était en rapport étroit, d'une
part avec l'organisation de la famille, d'autre part avec la propriété foncière. — En effet, d'une part, le tombeau était essentiellement attaché à la famille ; tous les membres du γένος
devaient y être ensevelis et y reposer ensemble, et, par contre,
il était interdit d'y ensevelir aucun homme d'un γένος
étranger[5] ; c'était même commettre une faute contre la religion que de marcher sur le tertre sacré qui servait de sépulture à une autre famille[6]. — D'autre part, les règles relatives

1. Ὅρον μὴ παραβαίνειν, loi de Solon, citée par Gaius, au Digeste, X, 1, 13. —
Ὅρος, στήλη ἐνεστηκυῖα, Pollux, IX, 9. — Platon, *Lois*, VIII, p. 843, édit.
Tauchnitz, t. VI, p. 299 : Διὸς ὁρίου πρῶτος νόμος ὅδε εἰρήσθω· μὴ κινείτω γῆς
ὅρια μηδείς..., νομίσας τὸ τἀκίνητα κινεῖν τοῦτο εἶναι... Καταφρονήσας δέ, διτταῖς
δίκαις ἔνοχος ἔστω, μιᾷ μὲν παρὰ θεῶν, δευτέρᾳ δὲ ὑπὸ νόμου.

2. Plutarque, *Numa*, 16 ; Denys, II, 74 ; Pollux, IX, 8. Cf. Hermann, *De terminis eorumque religione apud Græcos*, 1846.

3. Cette idée est fréquemment exprimée par les anciens ; voir notamment Eschyle,
Choéphores, v. 482-484 ; Euripide, *Iphigénie en Tauride*, v. 157-163 ; *Hécube*,
v. 536 ; *Électre*, v. 511 et suiv. ; Virgile, *Énéide*, V, v. 77-81 ; VI, v. 380 ; Lucien,
Charon, 22 ; *De luctu*, 9 ; Tertullien, *De resurrectione carnis*, 1 ; *De testimonio
animæ*, 4.

4. On peut voir l'expression de cette idée dans Plutarque, *Solon*, 21 ; Homère,
Odyssée, X, v. 526 ; Euripide, *Phéniciennes*, v. 1522 et suiv. ; *Alceste*, v. 1015 ;
Troyennes, v. 96 ; Cicéron, *De legibus*, II, 9 ; Plutarque, *Questions romaines*, 14.

5. Cette double règle est clairement marquée par Démosthène, *In Eubulidem*,
28 ; elle l'est encore par Marcellinus, auteur de la Vie de Thucydide, édit. Teubner,
p. IX, [§ 17]. — Cicéron, *De legibus*, II, 26, résume ainsi la loi de Solon : *Ne quis
sepulcra deleat neve alienum inferat.*

6. Plutarque, *Solon*, 21.

au tombeau étaient, au moins dans l'âge antique, en rapport
étroit avec la propriété foncière; en effet, les tombeaux, dans
ces vieux âges, n'étaient pas agglomérés en façon de cime-
tières ou groupés à l'entrée des villes. Le lieu de sépulture de
chaque famille était situé dans la terre de cette famille[1]. Une
phrase de Démosthène atteste cet antique usage; on reprochait
à son client, Tisias, d'avoir construit un mur sur un terrain
qu'on prétendait être du domaine public; Démosthène répond
sous le nom de Tisias : « Non, ce terrain n'a jamais été du
domaine public, et ce qui le prouve, c'est qu'il contient une
ancienne sépulture; puisqu'on a trouvé là le tombeau d'une
famille, c'est que ce sol était propriété privée. » Ainsi, dans
la pensée de Démosthène et des Athéniens qui l'écoutaient,
l'existence d'une ancienne sépulture suffisait à prouver que le
terrain où on la trouvait n'était pas terre publique, mais était
de temps immémorial la propriété d'une famille[2]. C'est donc
que l'usage antique avait été de placer le tombeau de chaque
famille dans le champ qui lui appartenait.

Il était d'ailleurs presque nécessaire, d'après les règles religieuses des anciens, que le tombeau fût placé dans la propriété de la famille; car, d'une part, les descendants devaient
s'y rendre d'année en année, à perpétuité, pour y porter les
offrandes; et, d'autre part, la religion interdisait à l'homme
d'une autre famille d'en approcher. Dans l'âge où ces deux
règles avaient eu leur pleine vigueur, il est clair qu'elles n'a-
vaient pu être observées que si les morts reposaient dans une
terre appartenant à leur famille. Les ancêtres étaient à perpétuité en possession du tertre sacré; les descendants aussi
devaient, suivant la règle antique, se perpétuer sur le domaine
qui entourait ce tertre; ainsi le voulait la vieille religion des
morts. Il fallait de toute nécessité que chaque famille eût son

___

1. L'usage de creuser le tombeau dans le champ de la famille est mentionné par
une loi de Solon citée par Gaius, Digeste, X, 1, 13; cf. Plutarque, *Aristide*, 1;
Siculus Flaccus, *De condicionibus agrorum*, édit. Lachmann, p. 139-140; ibidem,
p. 271. Platon affirme aussi l'usage qu'avaient les ancêtres d'ensevelir les morts
dans le lieu de l'habitation; Platon, *Minos*, p. 315.

2. Démosthène, *In Calliclem*, 13-14, édit. Reiske, p. 1275; voir R. Dareste,
Plaidoyers civils de Démosthène, t. I, p. 180.

tombeau près d'elle, chez elle, et sur un terrain qui fût pour toujours à elle.

Toutes ces règles religieuses, qui ont disparu vers le ive siècle avant notre ère, mais qui avaient été en vigueur dans les siècles antérieurs, sont manifestement inconciliables avec le régime de la communauté ou du partage annuel du sol, et elles sont la preuve certaine d'une pratique très ancienne de la propriété privée. On y remarque encore autre chose. Puisque l'organisation de la famille est antérieure à la cité et que le droit de propriété sur le sol était si étroitement lié à la famille, on ne peut pas penser que ce soit l'État ou la puissance publique qui ait institué et décrété le droit de propriété. La propriété est antérieure à la cité et contemporaine de la famille.

Aussi s'est-elle constituée à l'image de la famille grecque. Les mêmes idées ont présidé à l'une et à l'autre. L'organisation de la famille et celle de la propriété sont issues d'un même état d'âme. L'âme était dominée par le sentiment religieux et mettait la religion partout; elle a mêlé la religion à la famille; elle a mêlé aussi la religion à la propriété du sol.

Le principe du droit de propriété, chez les plus anciens hommes de la race grecque, n'est ni le travail, ni la simple occupation matérielle. L'idée de propriété s'est associée aux croyances qui avaient alors le plus d'empire sur l'homme. Nous ne pouvons dire ni que la religion ait enfanté la propriété, ni que la propriété ait donné naissance à une religion. Religion et propriété sont nées ensemble dans l'âme et ont formé avec la famille un ensemble indivisible et indistinct.

III. DU TIRAGE AU SORT, κλῆρος; QUELLE IDÉE S'Y ATTACHAIT.

Passons maintenant aux cités qui se sont établies à la suite d'émigration, de conquête ou de colonisation. Il est clair que dans ces cités l'appropriation du sol ne pouvait pas être antérieure à la fondation; mais les documents montrent qu'elle en était contemporaine. La fondation de la ville, la prise de possession du sol par la cité nouvelle, et le partage du sol en lots de propriété entre les citoyens, étaient trois actes qui s'accomplissaient en même temps, et pour ainsi dire le même jour.

Le partage du sol en lots de propriété privée s'appelait en grec κληροδοσία ou κληρουχία. Cet usage et les termes mêmes qui l'expriment doivent être observés avec attention.

Diodore rapporte la fondation d'une série de villes grecques, et il s'exprime ainsi : Tlépolème, parti d'Argos avec une troupe d'émigrants, fonda une ville dans l'île de Rhodes et distribua le sol entre les colons, τὴν χώραν ἐκληρούχησε [1]. L'île de Lesbos était déserte ; Xanthus y conduisit une population et en partagea la terre entre ceux qu'il amenait [2]. Tennès fonda une ville à Ténédos et fit un partage de la terre entre ses compagnons, τὴν νῆσον κληρουχήσας [3]. Les Cyclades étaient désertes ; Minos y envoya des colonies et en partagea le sol, τοῖς λαοῖς ἐκληρούχησε. De même Hippotès avait fondé la ville de Cnide et avait fait le partage de la terre, κληροδοσία [4].

C'était un usage invariable. L'auteur de l'*Odyssée* parle de la fondation de la ville des Phéaciens ; ville imaginaire, mais le poète décrit cette fondation comme il sait que toute fondation a lieu. « Nausithoos traça le mur de la ville, bâtit les maisons, éleva les temples des dieux et partagea les champs [5]. » De même encore, Platon rappelle que les Doriens, dès qu'ils furent maîtres du Péloponèse, firent un partage du sol [6]. De même encore, au v° siècle avant notre ère, la fondation de Thurii fut accompagnée immédiatement d'un partage de la terre, κληρουχία [7].

On a supposé qu'il s'agissait en tout cela de partages annuels, comme il s'en fait dans le *mir* russe. Mais il n'y a rien qui autorise cette hypothèse. Jamais un mot, dans les écrivains grecs, n'unit à l'idée de partage celle d'annuité ou de périodi-

---

1. Diodore, V, 59.
2. Idem, V, 81.
3. Idem, V, 83.
4. Idem, V, 53, rapproché de V, 9.
5. *Odyssée*, VI, v. 10-11.
6. Platon, *Lois*, III, p. 684 685 ; édit. Tauchnitz, p. 84.
7. Diodore, XII, 11.

cité. Jamais les écrivains ne disent que ce partage ait été renouvelé ni refait[1]. Ce partage était opéré une fois pour toutes et à tout jamais. Ce n'était pas un partage de jouissance, c'était un partage de propriété.

Le sens des mots doit être étudié de près : κληρουχέω, κληρουχία, κληροδοσία, ne se trouvent jamais employés pour indiquer un partage annuel ou périodique. Que l'on observe tous les cas où se rencontre l'emploi de ces mots, on verra qu'ils sont toujours appliqués à des cas pour lesquels la langue latine emploie les expressions *assignare* ou *dividere terram*, lesquelles, on le sait, impliquent toujours l'idée de propriété[2]. Le terme ἐπικληροῦν signifie l'attribution de propriété en matière héréditaire[3], et aucune idée de tirage au sort ni de lotissement ne s'y trouve jointe, puisque le terme se rencontre dans des cas où il n'existe qu'un seul héritier. Le verbe κληρονομέω signifie toujours hériter[4]. L'idée que l'esprit grec attachait à tous ces mots n'était pas celle d'un partage temporaire, mais celle d'une attribution définitive et perpétuelle.

C'était un acte de cette sorte que toute cité ou toute colonie opérait au moment même de sa fondation. Le partage du sol avait lieu dès les premiers jours de l'établissement ; il ne venait pas après une période d'années où le sol eût été en commun ; il n'était pas un passage de l'état de communauté à l'état de propriété ; il ne succédait pas à la culture en commun, il précédait toute culture. C'est ainsi du moins que le fait est présenté dans les documents que nous avons, et tout ce qui ne s'appuie pas sur des documents ne peut être qu'une hypothèse.

---

1. Sauf, bien entendu, le cas de révolution radicale ; mais cela ne s'est vu que fort tard. De même, si une cité était détruite, les nouveaux venus refaisaient le partage. Quelquefois aussi on voit une cité admettre, de gré ou de force, une nouvelle population qui s'adjoint à ses anciens membres ; en ce cas aussi, on opère une nouvelle κληρουχία.

2. Aussi les historiens grecs traduisent-ils *agri assignati* par κληρουχίαι ου κληρουχήματα. Denys d'Halicarnasse, IX, 37 ; Appien, *Guerres civiles*, III, 2 ; Dion Cassius, XLV, 9.

3. R. Dareste, *Plaidoyers civils de Démosthène*, t. I, p. 383.

4. On peut voir une série d'exemples dans le *Thesaurus græcæ linguæ*, aux mots κληρονομέω et κληρονομία.

Dans cette opération du partage il y avait une règle que
l'historien ne doit pas négliger : c'est que l'assignation des lots
devait être faite par la voie du sort, κλῆρος. Il n'est pas inutile
de chercher quelle idée s'attachait à un tel usage ; car il est
possible que nous y trouvions un renseignement sur les pensées de ces vieux âges et sur la manière dont ils concevaient la
propriété. Les mots mêmes sont dignes d'attention, ils sont
restés dans la langue comme des témoins des antiques pensées
et des vieilles institutions.

Le mot κλῆρος a dans la langue grecque quatre sens : il signifie tirage au sort, oracle des dieux, domaine rural, et succession héréditaire. Quand Homère représente les chefs des
Grecs tirant au sort le nom de l'un d'entre eux, les sorts, κλῆροι, sont dans un casque[1]. Pindare et Euripide emploient le
même terme pour désigner les oracles ou les augures envoyés
par les dieux[2]. Dans l'*Odyssée*, dans Hérodote, dans Aristote,
il signifie un domaine rural[3] ; et il n'y a pas à supposer que
l'idée de partage annuel s'attache au mot κλῆρος, car Aristote
dit formellement que le κλῆρος est une propriété privée[4], et
Hésiode avait déjà dit que le κλῆρος pouvait être vendu et que
les fils se le partageaient à la mort du père[5]. Enfin, dans

1. *Iliade*, VII, v. 175-179 ; XXIII, v. 352. Hérodote, III, 83. Sophocle, *Antigone*,
v. 396 ; *Électre*, v. 710. Cf. *Actes des Apôtres*, I, 26.

2. Pindare, *Pythiques*, IV, 358. Euripide, *Hippolyte*, v. 1057 ; *Phéniciennes*,
v. 858 ; dans ce dernier vers, κλῆροι désigne la même chose que le mot θεσφάτων du
v. 911 et que le mot μαντευμάτων du v. 921.

3. *Odyssée*, XIV, v. 64 : Οἶκόν τε κλῆρόν τε ; *Iliade*, XV, v. 498 : Καὶ οἶκος καὶ
κλῆρος ἀκήρατος. Un homme riche en terres, ἄνθρωπος πολύκληρος, *Odyssée*, XIV,
v. 211. Pindare, *Olympiques*, XIII, 87 : Βαθὺν κλῆρον. Hérodote, IX, 94 : Δύο
κλήρους καλλίστους καὶ οἴκησιν ᾕδεε ἐν τῇ πόλι.

4. Voir notamment Aristote, *Politique*, VII, 9, 7, édit. Didot, p. 612. Aristote,
parlant des trois catégories de terres, terres des dieux, terres de l'État, et terres
des particuliers, n'applique le mot κλῆροι qu'à ces dernières, et quelques lignes plus
loin [§ 9] il désigne ces mêmes terres comme étant des propriétés privées, ἐν τοῖς
ἰδίοις τῶν κεκτημένων τὰς οὐσίας ; tandis que celles de l'État sont désignées par
les mots τοὺς κοινούς. Le terme κεκτημένων est celui qui désigne formellement le
droit de propriété.

5. Hésiode, *Opera et dies*, v. 37 : Κλῆρον ἐδασσάμεθα ; v. 339 (341) : Ὄφρ' ἄλλων
ὠνῇ κλῆρον. [Cf. plus haut ; p. 8.] — Pausanias voulant dire que les Sarmates ne
connaissent pas la propriété privée, s'exprime ainsi : Οὔτε ἐξ ἰδιωτῶν κλήρους τῆς
γῆς μεμερισμένης (I, 21, 6).

Platon et dans les plaidoyers civils des orateurs grecs, il signifie hérédité ou patrimoine[1].

On peut ajouter que, dans la langue latine, le mot *sors* avait aussi le triple sens de tirage au sort, d'oracle des dieux et d'héritage[2].

Pour les hommes de notre temps, ces diverses significations sont très opposées l'une à l'autre et ne pourraient guère se rencontrer dans un même mot. Si les anciens les exprimaient par un seul terme, c'est qu'elles n'étaient pas aussi inconciliables pour eux qu'elles le sont pour nous. Apparemment leur esprit mettait entre elles quelque rapport. Nous pouvons remarquer en effet, tout d'abord, que, dans la pensée d'un Grec et d'un Romain, les deux idées de tirage au sort et de volonté des dieux se confondaient. Les anciens n'avaient pas l'idée du hasard ; ce qu'ils appelaient *Fors, Fortuna*, Τύχη, était tout autre chose que ce que le mot « hasard » présente à l'esprit d'un moderne. Pour eux le tirage au sort était la révélation de la volonté divine ; c'était, en d'autres termes, le choix opéré, non par les hommes, mais par les dieux. Platon fait bien voir que tirer au sort, c'est confier à la Divinité le soin de choisir ; en quoi il exprime, non pas sa pensée propre ou celle de son maître, mais la pensée du vulgaire[3]. De là vient que beaucoup d'oracles se rendaient par le tirage au sort[4]. Les augures envoyés par les dieux pouvaient donc s'appeler κλῆροι, ainsi que nous l'avons vu dans Pindare et dans Euripide. De même en latin, l'homme qui croyait révéler la volonté des dieux s'appelait *sortilegus*, et Cicéron lui-même

---

1. Faire adition d'hérédité, ἐπὶ τὸν κλῆρον πορεύεσθαί (Platon, *Lois*, XI, p. 925). Iséc, Περὶ τοῦ Ἀγνίου κλήρου, etc. — Il a mangé son patrimoine, κατέφαγε τὸν κλῆρον (Hipponax, dans Athénée, VII, p. 304).

2. *Sortes Apollinis*, l'oracle d'Apollon (Tite Live, I, 56) ; *sortes oraculi pythici* (ibidem, V, 15) ; *Lyciæ sortes* (Virgile, *Énéide*, IV, v. 346). Cf. Cicéron, *De divinatione*, I, 58 ; Valère-Maxime, I, 3, 2 [1]. — *Sors patrimonium significat* (Festus, vᵒ *sors*) ; *Dictum fundum... quidam primum dicunt appellatum sortem* (Frontin, *De limitibus*, édit. Lachmann, p. 50). [*L'Alleu*, p. 167-169.]

3. Platon, *Lois*, VI, p. 759 : « Remettant aux dieux le soin de faire arriver ce qui leur plaît, on confie à la divine Fortune le tirage au sort. » — Ibidem, III. p. 690 : « Voulons-nous choisir quelqu'un qui soit cher aux dieux et de bonne fortune, nous tirons au sort. »

4. Alf. Maury, *Religions de la Grèce*, t. II, p. 441.

parlait du caractère religieux qui s'attachait au tirage au sort, *religio sortis*[1].

De cette idée du tirage au sort révélant la volonté des dieux, l'esprit grec est passé par une pente naturelle à celle de propriété et de patrimoine. Représentons-nous, en effet, une colonie ou un peuple d'émigrants arrivant dans un canton. Son premier soin, ainsi que nous l'avons vu, est de constituer sans retard la propriété privée. Le chef divise donc le sol, après avoir réservé la part des dieux et celle du domaine public, en autant de lots qu'il y a de familles dans la cité. Il s'agit d'assigner chacun de ces lots à chacune de ces familles, et cela pour toujours. Mais qui est-ce qui fera cette assignation? La volonté des hommes n'est pas suffisante pour un objet si important : il y faut la volonté des dieux, et c'est par le tirage au sort qu'elle s'exprime.

Cela était bien conforme au tour d'esprit de ces anciennes générations d'hommes. Les dieux avaient ordonné le départ de la colonie ; les dieux l'avaient conduite dans son chemin ; les dieux, par un oracle formel ou par le vol des oiseaux, lui avaient montré l'emplacement qu'elle devait occuper ; les dieux s'établissaient avec elle, prenaient possession du sol, fondaient la ville, et l'on était convaincu qu'à perpétuité ils veilleraient sur ce sol et sur cette ville. Il appartenait donc à ces mêmes dieux de partager cette terre et d'assigner à chacun son lot.

Cette pensée, qui fait intervenir la Divinité dans la constitution de la propriété privée, n'a pas été particulière à la race grecque. Peut-être a-t-elle été commune à beaucoup de races dans les vieux âges de l'humanité. Nous la retrouvons chez le peuple qui a conservé les plus vieilles traditions, chez le peuple hébreu, et elle est exprimée dans ses livres avec une netteté singulière. L'émigration juive arrive dans le pays qui lui a été promis par son dieu, absolument comme une colonie grecque aborde dans le canton qui lui a été indiqué par l'oracle de Dodone ou par celui de Delphes. Les Hébreux ont quitté l'Égypte en emportant leur dieu, leur sanctuaire, leurs objets sacrés, de

____

1. Cicéron. *In Cæcilium divinatio*, 14, 16.

même que les émigrants hellènes portaient avec eux leur divinité poliade, leur feu sacré, et tous les objets de leur culte.
Moïse et Josué ressemblent fort au divin οἰκιστής qui conduit
les Grecs au nom de la Divinité, qui les établit à l'endroit que
les dieux lui ont désigné et qui leur donne les lois que ces
dieux lui ont dictées. Dès que ces Hébreux sont arrivés au but
marqué, il faut régler la possession du sol. Une part est d'abord
prélevée, comme chez les Grecs, pour la Divinité et pour ceux
qui la servent; le reste est partagé en lots suivant les tribus et
les familles. Mais qui assignera les lots? Dieu dit : « Cette terre
est à moi[1]. » Dieu est donc le premier propriétaire du pays où
il a amené son peuple, et les hommes ne seront propriétaires
que par lui. Dieu ajoute, en effet, qu'il donne cette terre de
Canaan à son peuple. Il la lui donne, non pas pour être commune au peuple entier, mais pour être immédiatement partagée et pour devenir la propriété de chaque famille. « Le
pays sera partagé entre eux pour être leur propriété[2]. » C'est le
sort qui assigne les parts. L'Éternel dit : « Je vous ai donné ce
pays pour qu'il soit votre propriété; vous le partagerez par le
sort entre vos familles; ce que le sort aura assigné à chacun,
il le recevra en propriété[3]. » Alors Josué « jeta les sorts devant
l'Éternel, à Silo, à l'entrée de la tente d'assignation, et il fit
le partage des terres en donnant à chacun son lot[4] ». C'est
ainsi que la propriété privée se trouva constituée chez les Hébreux; le sort « jeté devant l'Éternel » avait assigné à chaque
famille un lot de terre qui devait rester à tout jamais attaché
à cette famille. La propriété ainsi établie était héréditaire, perpétuelle, immuable, inviolable. La famille n'avait pas même le
droit de se dessaisir de sa terre ni de l'échanger contre celle
d'une autre famille; car c'était Dieu même qui avait assigné
les parts[5].

1. *Lévitique*, XXV, 25.
2. *Nombres*, XXVI, 53.
3. Ibidem, XXXIII, 33, 54.
4. Josué, XVIII, 13 ; XIX, 51.
5. De là vient le jubilé de Juifs. La vente à perpétuité était interdite, et il fallait
que la terre revînt à sa famille (*Lévitique*, XXV, 10 ; 13-16 ; 23). — Nous n'avons
pas à entrer dans la discussion de l'authenticité du *Pentateuque*. Ou bien il est

Si maintenant on se reporte aux vieux usages des Grecs, si, à l'aide des souvenirs historiques ou des légendes, à l'aide des termes du langage ou des rites du culte, on essaye de saisir la pensée des antiques générations, on entrevoit que des idées religieuses, très puissantes sur l'esprit, se sont mêlées, comme chez les Hébreux, à la constitution de la propriété foncière aussi bien qu'à la constitution de l'État. Chez les Grecs aussi, nous trouvons la propriété établie dès le premier jour de l'établissement de chaque peuple, et cette propriété est attachée à chaque famille par le tirage au sort. Ne jugeons pas ces choses antiques d'après nos idées modernes. Pour nous, le tirage au sort serait le hasard ; pour ces hommes, le tirage au sort était un procédé surhumain où ils voyaient la main des dieux. Quand le tirage au sort avait été effectué, le Grec était convaincu que la Divinité elle-même avait assigné à chaque famille le lot qui devait lui appartenir à tout jamais. Le sort était l'arrêt des dieux ; il n'y avait pas à revenir sur ce qu'ils avaient prononcé. Le sort avait cet effet d'établir un lien indissoluble entre chaque famille et chaque part de sol.

On s'explique ainsi que l'idée de propriété et celle de per-

l'œuvre de Moïse et de ses contemporains, ou bien, s'il a été écrit plus tard, l'auteur a cherché à reproduire, autant que possible ce que Moïse avait fait, et il l'a composé à l'aide de souvenirs et de traditions qui s'étaient pieusement conservés. Nous voyons dans l'histoire grecque que lorsque les Messéniens, après trois cents ans d'exil, revinrent dans leur pays et reconstituèrent leur État, on voulut retrouver les vieux livres sacrés ; on les retrouva, en effet, miraculeusement, dans les racines d'un arbre. (Pausanias, IV, 26 et 27). Si ces livres, retrouvés au temps d'Épaminondas, nous étaient parvenus, nous ne dirions pas qu'ils sont réellement ceux de l'antique Messénie, mais nous les regarderions comme une image assez fidèle de ces vieux livres, étant donné surtout, comme dit Pausanias, que ce peuple avait conservé pieusement ses vieilles coutumes au sein de l'exil, et qu'il y avait chez lui des familles sacerdotales qui gardaient les traditions et les rites. Nous dirons la même chose du *Pentateuque* : nous ne pensons pas que, dans la forme où nous l'avons, il remonte à une très haute antiquité ; mais il a été composé d'après des documents très antiques, et, ce qui le prouve, c'est qu'il contient un grand nombre de choses qui sont en formelle contradiction avec l'époque d'Esdras et qui n'ont pu être vraies que dix siècles avant lui. Les chapitres sur le partage de la terre sont de ce nombre : ils n'ont pas pu être composés après la captivité de Babylone et le retour des deux tribus de Juda et de Benjamin, puisqu'ils font les parts pour tout Israël. J'en dirai autant des passages sur l'année jubilaire, qui n'était certainement pas observée dans le nouveau royaume de Juda. Ces passages et bien d'autres sont de l'époque primitive ou du moins sont l'image assez fidèle des livres primitifs.

pétuité se soient attachées à l'idée de sort. La part que le sort
avait assignée était, en effet, une propriété perpétuelle, patrimoniale, héréditaire. Le même mot a donc pu signifier tirage
au sort et patrimoine. On ne peut comprendre les usages des
anciens, leur droit, leur histoire, et même leur langue, que
si, se dégageant de nos idées modernes, on réussit à se rendre
compte de celles qui régnaient dans leur esprit.

Leur conception du droit de propriété est visible en tout
cela. Pour eux, l'origine primitive et légitime du lien qui
unissait chaque part de terre à chaque famille, n'était ni le
hasard, ni la violence, ni la longue occupation, ni même le
travail ; la source du droit de l'homme sur la terre était un
acte qu'on attribuait à une puissance supérieure et incontestée, c'est-à-dire à la volonté des dieux.

IV. QUE LE DROIT DE PROPRIÉTÉ ÉTAIT CONÇU COMME APPARTENANT, NON A LA PERSONNE, MAIS A LA FAMILLE.

Le plus ancien droit des Grecs contient des règles qui sur-
prennent d'abord et qui s'éloignent singulièrement du droit
des sociétés modernes. Le patrimoine, par exemple, passait au
fils sans que la fille en eût sa part. Si un homme mourait
sans enfants, la succession appartenait à son frère et non pas
à sa sœur, aux enfants de son frère et non pas aux enfants de
sa sœur. Il y avait surtout à l'égard de la fille unique une
série de dispositions étranges, que nous étudierons plus loin.
Ces règles, qui paraissent bizarres à notre esprit, ont eu sans
aucun doute leur raison d'être ; jamais le Droit n'est affaire
de caprice. C'est à l'historien de chercher quel est le principe
qui les a engendrées, quelle est la liaison d'idées qui leur a
donné naissance[1].

Nous avons dit plus haut[2] qu'il y a deux manières de concevoir le droit de propriété : on peut le comprendre comme
appartenant à l'individu ou comme appartenant à la famille.

1. [Cf. *La Cité antique*, liv. II, c. 7.]
2. [Cf. plus haut, p. 7.]

Dans la plupart des sociétés modernes, la tendance générale et de plus en plus visible est d'attacher la propriété à l'individu; de là vient qu'on permet à l'individu de vendre son bien et même d'en disposer pour le temps qui suivra sa mort; sa liberté de tester, limitée s'il a des enfants, est absolue s'il n'en a pas. Cette conception de la propriété doit être écartée de notre esprit si nous voulons comprendre l'ancien droit des Grecs.

On a vu dans les deux chapitres qui précèdent que les Grecs ne considéraient comme la source du droit de propriété ni la violence, ni l'occupation, ni le travail, par conséquent rien qui fût individuel. Pour eux, l'origine du droit de propriété sur le sol était, soit la religion héréditaire du γένος, soit le tirage au sort accompli au nom des dieux. Ni dans l'un ni dans l'autre cas, la propriété ne pouvait être personnelle. D'une part, un foyer sacré avait été allumé et protégeait de père en fils la famille et la maison; des bornes sacrées avaient été enfoncées en terre et marquaient la limite immuable et inviolable du domaine; surtout une sépulture avait été creusée dans ce champ, tous les ancêtres y reposaient ensemble, et les descendants devaient y apporter chaque année leurs offrandes et leur culte. Ce foyer, ces bornes saintes, ce tombeau, tous ces objets sacrés, tous ces dieux domestiques, tout cet ensemble de croyances et de devoirs attachait à tout jamais la famille au même sol. L'individu vivant n'était qu'un anneau dans la série de la famille; il était placé entre les ancêtres et les descendants pour transmettre à ceux-ci le culte que ceux-là lui avaient légué; or la propriété était tellement liée au culte, qu'on ne pouvait transmettre l'un sans l'autre. Le γένος avait sa propriété comme il avait sa religion. — D'autre part, lorsque, au moment de la fondation d'une colonie, la propriété foncière avait été constituée, on avait employé le tirage au sort, c'est-à-dire la forme d'assignation la plus sainte, et les hommes avaient compris par là que la volonté des dieux attachait chaque champ à chaque famille pour n'être jamais séparé d'elle. Comment l'esprit, dominé par de telles pensées, aurait-il attribué le droit de propriété à la personne individuelle? Il l'attribuait à la famille, ou plutôt, sans se rendre compte de ces distinctions abstraites, il était amené naturellement à exiger que chaque famille se perpétuât sur sa terre, et il n'admettait pas la pensée que le caprice dé la personne vivante pût dissoudre le lien sacré entre la famille et la terre.

Cette conception instinctive de la propriété familiale n'est pas propre à la race grecque: on la retrouve, si l'on remonte aux âges antiques, dans une grande partie de l'humanité.

Chez les Hébreux, par exemple, le tirage au sort « accompli devant l'Éternel » avait si étroitement uni la terre à la famille que celle-ci ne pouvait pas s'en dessaisir. Elle pouvait bien s'en séparer pour quelques années par une vente temporaire: elle ne pouvait pas la vendre à perpétuité. Ainsi, l'homme actuellement vivant ne la tenait qu'en dépôt: l'ayant reçue de ses ancêtres, il la devait à sa postérité; il pouvait bien renoncer à sa propre jouissance en la livrant pour un nombre d'années déterminé, mais il ne pouvait pas dépouiller sa famille, qui était le véritable propriétaire; aussi la famille rentrait-elle en possession du bien à chaque cinquantième année ou année jubilaire[1].

Des faits de même nature se rencontrent dans la race indo-européenne, dont les Hellènes étaient une branche. Il n'y a rien dans ce qu'on connaît des anciens Hindous ou des Aryas qui atteste que la communauté du sol ou la propriété collective ait été pratiquée[2]. Ce qui apparaît dans ce que nous pou-

---

1. *Lévitique*, XXV, 13, 15, 16, 23 ; XXVII, 24. — Voir dans les *Séances et travaux de l'Académie des sciences morales*, 1876, un mémoire de M. Serrigny sur le jubilé des Juifs ; il est suivi des observations de M. Franck, qui a très justement remarqué que les faits de l'histoire ne signalent jamais l'application de la loi du jubilé ; la pratique en était sans doute fort difficile et l'on peut croire, comme le savant académicien, qu'elle disparut de bonne heure ; mais la loi formelle est dans le *Pentateuque* et il n'est pas de tout point impossible qu'elle ait été exécutée pendant les premiers siècles. Nous ne nous occupons ici que du droit le plus antique. Le jubilé est l'institution d'une société primitive et patriarcale : il tomba en désuétude dès que la société juive se transforma. — Il est à noter que la loi jubilaire ne s'appliquait qu'aux biens ruraux, c'est-à-dire à ceux de l'assignation primitive (*Lévitique*, XXV, 29, 30, 31).

2. Les *Lois de Manou* mentionnent souvent la propriété privée, l'habitude du bornage, « le champ entouré d'une haie ». VIII, 239, 262, 263, 149, 245 ; IX, 291. Cf. Sicé, *Droit hindou*, p. 49, 50, 161, 165, 159, 162. *Mitakchara*, trad. Orianne, p. 17-49.

vons saisir de plus antique chez ces peuples, c'est la propriété
attachée à la famille. Le père ne peut pas tester; sa terre passe
nécessairement à son fils, qui, de son vivant même, en est
comme le copropriétaire[1]. Il n'a pas le droit de vendre sa
terre, ou du moins il ne peut la vendre qu'avec le consentement de son fils. S'il n'a pas de fils, la vente lui est encore
interdite, ou bien elle n'est possible qu'avec le consentement
de la famille entière. La raison de ces règles est que le droit
de propriété appartient, non à lui personnellement, mais, collectivement à sa famille.

Les lois de Manou ne sont pas d'une très haute antiquité;
mais elles contiennent des dispositions qui sont beaucoup
plus anciennes que l'époque où l'ensemble de ces lois a été
rédigé. On y distingue très nettement la trace d'un régime
social dans lequel la famille de l'Hindou ne se divisait pas; à
la mort du père, les frères continuaient à vivre ensemble,
sacrifiant au même foyer, offrant les libations aux mêmes
ancêtres; et de génération en génération toutes les branches
de la famille restaient unies et ne formaient qu'un seul
groupe. La propriété foncière ne se divisait pas non plus. Il
est vrai que nos documents sont d'une époque où le partage
commençait à s'opérer; aussi lisons-nous plusieurs fois : « Les
frères peuvent, s'ils veulent, sortir de l'indivision et partager
l'héritage »; mais cela même laisse entrevoir la règle plus
ancienne. Celle-ci est d'ailleurs exprimée en d'autres endroits :
« L'aîné peut prendre possession du patrimoine en totalité, et
les autres frères doivent vivre sous sa tutelle comme ils

---

1. Boscheron des Portes, *Aperçu historique sur le Droit hindou*, 1855, p. 12 :
« La religion est la base essentielle de la société hindoue. Tout homme, disent les
textes sacrés, est tenu de la *dette des ancêtres*, ce qui signifie qu'il doit laisser un
fils pour célébrer les funérailles. Or l'accomplissement des devoirs funèbres est fort
dispendieux dans l'Inde. Comment des enfants ruinés par la prodigalité d'un père
pourraient-ils subvenir à ces dépenses? La loi y a pourvu en établissant un principe
qui domine l'ensemble de ses dispositions sur la propriété : c'est qu'elle n'est, entre
les mains de celui qui la possède, qu'un dépôt, une sorte de fidéicommis. « La
propriété, dit le *Mitakchara*, ne naît pas du décès du père ; elle est préexistante et
a son origine dans la naissance du fils. » Il s'ensuit que, du vivant du père, ses fils
sont considérés comme ayant avec lui un droit de propriété sur les immeubles, et
qu'il ne peut aliéner qu'avec leur concours. » Voir le *Mitakchara*, trad. Orianne,
p. 47.

vivaient sous celle du père[1]. » Le temps vient où les deux régimes sont également autorisés par la religion et par la loi. « Si les frères ne se séparent pas, ils n'ont qu'un seul sacrifice à faire aux âmes des ancêtres; mais s'ils se séparent et qu'ils partagent la succession, chacun d'eux doit accomplir séparément les actes sacrés[2]. » On s'explique par ce dernier trait que le brahmane en soit venu peu à peu à préférer la division : « Que les frères vivent réunis ou bien séparés, pour accomplir les devoirs pieux; par la séparation les actes pieux sont multipliés; la séparation est donc louable[3]. » Ainsi, l'indivision de la famille et de la propriété a été la règle antique; puis le partage a été autorisé et même recommandé. Encore n'est-il pas devenu d'un usage général. Beaucoup de familles préférèrent garder la sainte coutume des aïeux. Néarque, l'amiral d'Alexandre, et le géographe Strabon signalent encore chez quelques peuples de l'Inde l'habitude de vivre en corps de famille et de cultiver ensemble le domaine dont la récolte était partagée entre tous les membres de la famille[4].

Un des plus savants et des plus pénétrants historiens de notre époque, M. Sumner Maine, a étudié l'Inde actuelle et il y a trouvé des villages dont tous les habitants possèdent la terre en commun. Nul ne peut vendre une portion à un étranger; le village seul a le droit de vendre. D'où vient cela? Un observateur peu attentif dira d'abord : c'est le régime de la communauté du sol, c'est l'absence du droit de propriété. Il n'en est pas ainsi. Chacun de ces petits villages est une ancienne famille qui cultive le même sol depuis une longue suite de siècles. Elle remonte à ce temps antique où l'indivision de la famille et du domaine était la règle constante. Les lois de Manou lui donnaient le choix entre l'indivi-

---

1. Lois de Manou, IX, 105.
2. *Mitakchara*, trad. Orianne, p. 254.
3. Lois de Manou, IX, 111.
4. Strabon, XV, 1, 66, édit. Didot, p. 610 : Νέαρχος οὕτω λέγει… παρ' ἄλλοις δὲ κατὰ συγγένειαν κοινῇ τοὺς καρποὺς ἐργασαμένους, ἐπὰν συγκομίσωσιν, αἵρεσθαι φορτίον ἕκαστον εἰς διατροφὴν τοῦ ἔτους. MM. Viollet et de Laveleye (p. 66) ont traduit ce passage comme s'il indiquait la communauté du sol « dans la tribu »; ils ont négligé les mots κατὰ συγγένειαν, qui réduisent l'état d'indivision à la famille et indiquent par conséquent la propriété familiale.

sion et le partage; elle a toujours préféré l'indivision. Elle
s'est donc perpétuée, une, sur un domaine unique. Sans
doute elle s'est altérée avec le temps; maintes fois elle a
admis en elle un acheteur étranger, mais elle l'admettait en
vertu d'un système d'adoption qui faisait de lui un parent.
Ce village n'est plus aujourd'hui qu'une famille fictive, mais
il a été longtemps une vraie famille; aussi garde-t-il la règle
antique qui était que la propriété appartînt collectivement à
la famille et non pas personnellement à l'individu[1].

Mêmes usages se rencontrent aujourd'hui encore dans
quelques parties de l'Europe, surtout chez la race slave, qui
paraît avoir conservé mieux qu'aucune autre les habitudes
antiques et patriarcales. On trouve des villages en Bosnie, en
Croatie, en Serbie[2], villages très petits à la vérité, qui sont
d'anciennes familles et qui ont conservé l'ancien système de
propriété. La terre appartient indivisément à la famille, c'est-
à-dire au village; tantôt on cultive en commun, et la récolte
est partagée; tantôt les hommes cultivent séparément, et en ce
cas les lots de terre sont distribués chaque année. L'individu
n'est jamais propriétaire; il ne peut ni tester ni vendre; la propriété appartient à l'ancien corps de famille devenu le village.

Nous n'avons présenté ces comparaisons que pour montrer
le caractère familial ou patriarcal que beaucoup de peuples
anciens ont attaché au droit de propriété. Elles nous aident à
comprendre ce qui se passa chez les anciens Hellènes, les
idées qui dominèrent dans leur esprit, les règles qui dominèrent dans leur droit. Il est vrai que tous nos documents sont
d'une époque relativement récente, et ce n'est ni Thucydide,
ni Démosthène qui nous expliquent comment le droit de propriété était conçu dix siècles avant eux. Nous trouverions, au
besoin, l'expression de la pensée antique dans Platon, quand
il dit à l'homme qui voudrait faire un testament et léguer ses
biens à qui il lui plaît : « Non, tes biens ne sont pas à toi; ils

---

1. Toute cette organisation est décrite avec une rare perspicacité dans le beau
traité *Des communautés de village* de M. Sumner Maine. Elle avait déjà été aperçue
par M. Boscheron des Portes, *Aperçu historique sur le Droit hindou*, 1855, p. 28.
2. Voir sur ce sujet M. de Laveleye, p. 203 et suiv.

appartiennent à la famille, c'est-à-dire à les ancêtres et à ta
postérité[1]. » Mais cette pensée des vieux âges est bien mieux
exprimée encore dans les plus vieilles règles du droit grec. A
Athènes, pendant toute la période antérieure à Solon, le testament a été interdit, même à l'homme qui n'avait pas d'enfants. La règle absolue était que les biens restassent dans la
famille, ἐν τῷ γένει καταμένειν[2]. Aucun document ne nous dit,
pour Athènes, que la vente fût interdite ou qu'elle fût permise;
mais nous savons que, dans beaucoup d'États grecs, elle était
interdite. Cette règle existait à Thèbes, à Sparte[3], et dans la
vieille législation de Corinthe[4]; Aristote la présente comme
ayant été à peu près générale en Grèce aux époques antiques[5].

On a supposé que l'interdiction de la vente était un indice
de la communauté du sol. Cette supposition serait juste, si
nous ne trouvions pas en même temps l'hérédité. Mais, comme,
nous voyons, aussi haut que les documents nous permettent
de remonter, la terre passer du père au fils, il est clair que
l'interdiction de tester et de vendre ne vise qu'à conserver la
terre dans la famille; elle n'a pour but que de rendre l'hérédité nécessaire; il s'en faut de tout qu'elle soit la marque d'un
régime de communauté.

1. Platon, *Lois*, XI, p. 922-923, édit. Tauchnitz, p. 410. Il est admis, et avec
juste raison, que Platon, dans son traité des *Lois*, exprime bien plutôt les idées
anciennes que ses idées personnelles. Il faut lire d'ailleurs ce chapitre tout entier et
le rapprocher de la vieille loi d'Athènes qui interdisait le testament.

2. Plutarque, *Solon*, 21.

3. Aristote, *Politique*, II, 6, 10, édit. Didot, p. 512. Héraclide, dans les Fragments
des historiens grecs, édit. Didot, t. II, p. 211.

4. Aristote, *Politique*, II, 3, 7, édit. Didot, p. 504; II, 9, 7, p. 519. La législation de Phidon à Corinthe (ix⁰ siècle), celle de Philolaüs à Thèbes, visaient à ce
que le nombre des propriétés restât invariable, ainsi que le nombre des citoyens.
Ce double objet n'aurait pas pu être atteint si la vente eût été possible; le partage
même entre frères était impraticable; en cas d'extinction d'une famille, le dernier
survivant adoptait un fils qui prenait après lui la propriété; c'est le sens de la loi
de Philolaüs mentionnée par Aristote. — En tout cela, les gens visaient à la conservation des biens de la famille, et non pas à l'égalité entre tous, car Aristote nous
apprend que les anciens κλῆροι étaient d'étendue fort inégale à Corinthe.

5. Aristote, *Politique*, VI, 2, 5, édit. Didot, p. 593 : Ἦν τόγε ἀρχαῖον ἐν πολλαῖς
πόλεσι νενομοθετημένον μηδὲ πωλεῖν ἐξεῖναι τοὺς πρώτους κλήρους. (quelques éditions
portent πατρῴους au lieu de πρώτους). Ibidem, II, 4, 4, p. 506 : Τὴν οὐσίαν πωλεῖν οἱ
νόμοι κωλύουσιν, ὥσπερ ἐν Λόκροις νόμος ἐστὶ μὴ πωλεῖν, ἔτι δὲ τοὺς παλαιοὺς κλήρους
διασώζειν. — [Cf. *La Cité antique*, liv. II, c. 6.]

Tout cet ensemble de règles et d'usages découle du principe
que la terre appartenait, non à la personne, mais à la famille ;
non pas seulement à la famille actuellement vivante, mais à
la famille déjà morte ou encore à naître, c'est-à-dire, suivant
l'expression de Platon, aux ancêtres et aux descendants. Elle
n'était qu'un dépôt dans les mains du vivant ; le premier
emploi qu'il devait en faire était de remplir les devoirs
funèbres, et il avait l'obligation stricte de la laisser à ses descendants pour qu'ils pussent à leur tour accomplir ces devoirs.
Dans un temps où la religion domestique était si forte, la propriété avait aussi un caractère domestique. Religion du γένος,
propriété du γένος. Les dieux restaient dans le γένος, la propriété y restait aussi, ἐν τῷ γένει καταμένειν. Ce n'était pas la
propriété personnelle, c'était la propriété familiale.

V. — DE QUELQUES CONSÉQUENCES DE CE PRINCIPE DANS LE DROIT DE SUCCESSION[1].

Rien ne révèle mieux les idées des anciens en matière de
propriété que la partie de leur droit de succession qui concerne les filles.

D'après la législation athénienne, si un père laissait en
mourant une fille et un fils, celui-ci était le seul héritier
du patrimoine. Cette règle nous est signalée par plusieurs
exemples. Dans le plaidoyer d'Isée contre Xénénétos, nous
voyons un père qui a laissé un fils et deux filles : le premier
a seul hérité[2]. Dans le discours de Lysias pour Mantithéos,
nous trouvons deux frères et deux sœurs : les deux premiers
sont seuls héritiers[3]. Démosthène atteste la même règle dans
son plaidoyer contre Béotos[4]. Il en a été lui-même un
exemple ; car, à la mort de son père, il avait une sœur, et il a
été seul héritier. On peut lire enfin dans Aristophane un pas-

1. [Cf. *La Cité antique*, liv. II, c. 7.]
2. Isée, *In Xenænetum*, 4.
3. Lysias, *Pro Mantithéo*, 10.
4. Démosthène, *In Bœotum, De dote*, 22-24.

sage qui ne laisse aucun doute sur ce point de la législation
athénienne[1].

Il y a même cette singularité que, si un père laissait une
fille légitime et un fils adoptif, c'était encore celui-ci qui héritait à l'exclusion de la fille[2].

Comme adoucissement à une exclusion si rigoureuse, il
paraissait juste que le frère, unique héritier, gardât sa sœur
avec lui et ensuite la mariât en lui donnant une dot[3]. C'était
un usage constant, une obligation morale. Quelquefois le père
réglait par son testament le chiffre de la dot; ainsi le père de
Démosthène l'avait fixé à deux talents, qui était la septième
partie de la fortune[4]. Un passage d'Isée marque que les mœurs
exigeaient, à défaut de loi, que la dot d'une sœur fût au moins
la dixième partie de la succession[5]. Mais ces usages mêmes
prouvent la rigueur de la règle qui excluait la sœur devant le
frère[6].

Cette règle ne doit pas surprendre. La conception que les
hommes avaient eue autrefois de la propriété était telle qu'il y
avait incompatibilité entre elle et la succession des filles. La
propriété appartenait à la famille et non à la personne; elle
devait donc rester toujours attachée à la famille, ἐν τῷ γένει
καταμένειν. Si la sœur avait eu une moitié du patrimoine, elle
eût par son mariage transporté cette moitié dans une autre
famille. On sait, en effet, que le mariage antique séparait
absolument la femme de sa famille de naissance et l'attachait
tout entière à celle du mari. On sait aussi que la parenté,
dans les âges antiques, était de telle nature que les enfants
n'avaient aucun lien ni religieux ni légal avec la famille de
leur mère. Aussi longtemps que tous ces principes furent en
vigueur, il ne put venir à l'esprit des hommes que la femme

1. Aristophane, *Aves*, v. 1653-1654.
2. Isée, *De Pyrrhi hereditate*, 54.
3. Dareste, *Introduction aux plaidoyers civils de Démosthène*, p. 52.
4. Démosthène, *In Aphobum*, I, 5.
5. Isée, *De Pyrrhi hereditate*, 51. Encore s'agit-il d'un fils adoptif qui doit cela
à la fille naturelle de celui qui l'a adopté.
6. Les lois crétoises excluaient aussi la fille de la succession s'il y avait un fils;
surtout elles obligeaient le frère à doter sa sœur et fixaient le chiffre de la dot à la
moitié de la part que ce frère gardait pour lui; Strabon, X, 4, 20.

fût héritière du patrimoine paternel; elle n'aurait pu prendre ce patrimoine que pour le transporter dans une famille nouvelle; elle l'aurait donc détaché de la lignée des ancêtres et des descendants à qui il avait été lié pour jamais; cela eût été contraire aux croyances et aux idées de l'esprit.

Mais, s'il n'y avait pas de fils, la fille ne devait-elle pas être appelée, en ce cas au moins, à hériter? Ici se place une règle curieuse du droit grec qui doit être observée de près. Il faut remarquer tout d'abord que cette fille unique était appelée, dans la langue du Droit comme dans la langue vulgaire, ἐπίκληρος. On a quelquefois traduit ce mot par héritière; mais le terme qui en grec signifie héritier n'est pas ἐπίκληρος, c'est κληρόνομος, et ce terme ne se trouve pas appliqué à la fille[1]. C'est que la fille n'était jamais héritière; pour bien établir ce point de droit, passons-en revue tous les cas qui pouvaient se présenter et voyons ce que la loi décidait dans chacun d'eux.

Trois cas étaient possibles : ou bien le père avait marié sa fille unique de son vivant; ou bien il la mariait par testament; ou bien enfin il mourait sans avoir pourvu à son mariage.

1° Si le père a marié sa fille unique de son vivant, il a pour héritier, non pas sa fille, non pas son gendre, mais le fils de sa fille. Ce fils n'attend même pas pour hériter la mort de sa mère; il hérite de plein droit, du vivant même de son père et de sa mère, dès qu'il a atteint l'âge où la loi permet d'hériter[2]. On voit clairement que, même en ce cas, la fille ne fait que transmettre l'héritage sans être elle-même héritière. Pour comprendre cette règle étrange qui remonte sans doute à une très haute antiquité, il faut peut-être aller chercher une comparaison dans l'Inde ancienne où vivait la même race que

____

1. On doit même remarquer dans le Plaidoyer de Démosthène contre Eubulide, 41, cette expression singulière : Πρωτόμαχος ἐπικλήρου κληρονομήσας εὐπόρου, une riche épiclère étant échue, en héritage à Protomaque. Ainsi, loin que la fille soit héritière, c'est elle qui est considérée comme héritage. Cela sera expliqué un peu plus loin.

2. Isée, De Cironis hereditate, 51. — Cf. Hypéride, dans Harpocration, v° ἐπιδιετές : Νόμος ὃς κελεύει κυρίους εἶναι τῆς ἐπικλήρου καὶ τῆς οὐσίας ἁπάσης τοὺς παῖδας, ἐπειδὰν ἐπιδιετὲς ἡβῶσι.

les Hellènes. Là, la loi prononce que « celui qui n'a pas de
fils peut charger sa fille de lui en procurer un en la mariant,
de telle sorte et avec une convention telle, que l'enfant mâle
qu'elle mettra au monde devienne le sien propre et accomplisse
pour lui la cérémonie funèbre[1].... Dès lors, le fils de sa fille
est pour lui un fils, et recueille son héritage[2]. » Le législateur
se répète pour mieux marquer sa pensée : « Si une fille ainsi
mariée a un fils de son union avec son mari, le père de la femme
devient véritablement le père du fils; ce fils doit lui offrir le
gâteau funèbre et hériter de son bien[3]. » Ce qu'il y a de particulier et d'exceptionnel dans cette sorte de mariage, c'est que
l'enfant n'est pas réputé fils de son père, mais fils de son
grand-père maternel. Il y a ici une dérogation singulière à la
règle : car la règle ordinaire serait que l'enfant appartînt à
la famille de son père; ici, par une exception unique, il
appartient à la famille de sa mère, il est « le fils du grand-
père maternel ». D'où l'on est induit à penser que cette
femme elle-même ne s'est pas mariée suivant la règle ordinaire; elle n'a pas quitté la famille paternelle pour s'enfermer
dans celle du mari; elle est restée et elle a amené son mari
lui-même dans la famille paternelle : dérogation grave, à
laquelle le vieux législateur consent pour éviter un malheur
plus grave, qui serait l'extinction de cette famille.

Des pratiques analogues se retrouvent dans le droit attique.
Il y a ici un mariage dont nous ne connaissons pas les formes
particulières, mais dont nous voyons bien les effets exceptionnels : le fils qui en naîtra n'entrera pas dans la famille
de son père, il restera dans celle de sa mère; il sera
réputé, non pas fils de son père, mais fils de son grand'père.
Aussi lui donne-t-on un nom particulier, on l'appelle θυγατριδοῦς, fils de la fille ou fils par la fille, et ce nom ne s'applique
jamais qu'à cette sorte de fils. Cet enfant vit dans la maison
du grand-père; il prend part à tous ses sacrifices domestiques;
il est si bien le fils du grand-père maternel, aux yeux de la

____

1. Lois de Manou, IX, 127.
2. Ibidem, 130-131.
3. Ibidem, 136. Cf. Orianne, p. 197.

religion et du Droit, que c'est lui qui conduit les funérailles[1], et que c'est lui aussi qui hérite. On voit donc qu'à Athènes, comme chez les vieux Hindous, le père qui n'avait qu'une fille s'est fait par elle un fils, à l'aide d'une fiction religieuse et légale. Grâce à ce fils, l'héritage restera dans la famille.

2° Prenons le cas où le père n'a pas pu ou n'a pas voulu marier sa fille unique de son vivant. Il peut par testament la marier. Peut-être y avait-il plusieurs procédés pour arriver à cette fin. Celui qui nous est le mieux connu consistait à instituer un héritier, peut-être sous forme d'adoption, avec cette condition expresse que cet héritier ou ce fils adoptif épouserait la fille[2]. Ainsi le père choisit à l'avance un gendre ou un fils d'adoption; et c'est ce gendre, c'est ce fils qui hérite, et non pas sa fille. Il hérite en vertu, non du mariage, mais du testament ou de l'adoption. Il hérite, non comme époux de la femme, mais comme fils du défunt; car il en continue la famille[3].

3° Le troisième cas est celui où la fille unique n'a été mariée ni du vivant du père ni par testament. Ici encore il faut nous rappeler le principe antique : les biens appartiennent à la famille et doivent rester en elle. Comment donc les empêchera-t-on de sortir d'une famille de laquelle il ne reste plus qu'une fille?

Le Droit le plus ancien voulait que cette fille épiclère n'eût pas l'héritage, et que celui-ci passât au plus proche parent, c'est-à-dire, suivant la vieille constitution de la famille, au plus proche du γένος, τῷ ἐγγύτατα γένους, au plus proche par les mâles, ou, comme auraient dit les Latins, au plus proche agnat ou *gentilis*[4]. Comme ce point de droit n'était plus en vigueur au temps des Orateurs Attiques dont les plaidoyers

---

1. Isée, *De Cironis hereditate*, 24-27.
2. Idem, *De Pyrrhi hereditate*, 68 : Ἐξεῖναι διαθέσθαι ὅπως ἂν ἐθέλῃ τις τὰ αὑτοῦ, ἐὰν μὴ παῖδας καταλίπῃ ἄρρενας· ἂν δὲ θηλείας καταλίπῃ, σὺν ταύταις. Οὐκοῦν μετὰ τῶν θυγατέρων ἔστι δοῦναι καὶ διαθέσθαι τὰ αὑτοῦ· ἄνευ δὲ τῶν θυγατέρων οὐχ οἷόντε οὔτε ποιήσασθαι οὔτε δοῦναι. Οὐκοῦν εἰ μὲν ἄνευ τῆς θυγατρὸς τὸν Ἔνδιον Πύρρος ἐποιεῖτο υἱὸν αὑτῷ, ἄκυρος ἂν ἦν ἡ ποίησις κατὰ τὸν νόμον.
3. Voir tous les plaidoyers *De Cironis hereditate* et *De Pyrrhi hereditate*.
4. C'est ce que les Grecs exprimaient par le mot ἀγχιστεύς.

nous ont été conservés, il n'apparaît plus bien clairement à
nos yeux. On en retrouve pourtant une trace manifeste. L'orateur Isée, parlant pour la succession de Ciron, soutenait que
cet héritage devait passer à sa fille unique; mais l'adversaire
prétendait que, Ciron n'ayant laissé qu'une fille, l'héritage
devait passer de préférence à un frère qu'il avait. Nous ne
possédons pas un texte de loi assez antique pour nous prononcer entre les deux plaideurs; mais le grammairien ancien
qui a écrit l'*argument* en tête du discours d'Isée, se prononçait pour l'adversaire : « Notre auteur, dit-il, a déployé ici
une grande adresse, car il a su passer la loi sous silence; la
loi était contre lui; il n'avait pour lui que l'équité naturelle,
qui parlait en faveur de la fille[1]. »

Voilà donc la fille épiclère qui, en ce cas encore, était exclue
légalement de la succession paternelle. Celle-ci passait au plus
proche parent du père. Toutefois, pour sauvegarder les intérêts de cette fille et obéir de quelque façon aux sentiments de
la nature, on voulait que l'héritier épousât la fille ἐπίκληρος.
Aussi Isée dit-il dans ce même plaidoyer que le frère de Ciron
avait le droit d'épouser sa fille. Ce n'est pas assez dire. Le
mariage de l'oncle avec la nièce, dans ce cas particulier, était
exigé par l'ancienne loi. Un plaideur dit : « Ma mère était ἐπίκληρος; il convenait qu'elle se mariât là où allaient les biens,
c'est-à-dire qu'elle épousât le plus proche de son γένος[2]. »
L'obligation n'existait pas seulement pour la fille, elle était
aussi pour le parent : « Si notre oncle Cléonyme était mort
ne laissant que des filles, nous, par le droit d'agnation, nous
étions tenus d'épouser les filles[3]. » Diodore de Sicile rappelle
la loi de Thurii, « qui se trouvait aussi dans le code de Solon »,
et qui « obligeait la fille épiclère à épouser le plus proche du

---

1. Οὗτος γὰρ τεχνικώτατα πάνυ σιωπήσας τοῦτον τὸν νόμον, ἐκ τῆς τῶν τεκόντων
διαφορᾶς ἀγωνίζεται.... ἔρρωται οὖν τῷ δικαίῳ, καὶ ἀσθενεῖ τῷ νομίμῳ.

2. Isée, *De Aristarchi hereditate.* Cf. Isée, *De Pyrrhi hereditate*, 74; *In
Neæram*, 2 et 22.

3. Isée, *De Cleonymi hereditate*, 39 : Εἰ ὁ Κλεώνυμος ἐτελεύτησε θυγατέρας
καταλιπών, ἡμεῖς διὰ τὴν ἀγχιστείαν ἠναγκαζόμεθα θυγατέρας ἢ λαβεῖν αὐτοὶ γυναῖκας.
Il ajoute ἢ προῖκα ἐπιδιδόντες ἑτέροις ἐκδιδόναι; au temps d'Isée, le parent pouvait
à son choix épouser la fille ou la doter.

γένος, et réciproquement le plus proche parent à accepter pour femme l'épiclère[1]. » Le premier magistrat de la cité, l'archonte, c'est-à-dire le même magistrat qui avait la charge de veiller à ce qu'aucune famille ne s'éteignît[2], était celui qui veillait sur le sort des filles épiclères ; en cas de débat, son arrêt décidait à qui elles devaient être adjugées, ἐπιδικάζεσθαι, et du même coup à qui devait aller l'héritage. On se tromperait si l'on croyait que ces préoccupations de la loi et cette vigilance du magistrat n'eussent d'autre objet que l'intérêt d'une orpheline ; le véritable objet de toutes ces dispositions, était d'empêcher une famille de s'éteindre ou un patrimoine de se détacher d'une famille.

Ces règles étaient tellement rigoureuses que, lors même que la fille ἐπίκληρος avait été mariée précédemment, elle devait se séparer de son mari pour épouser son plus proche parent qui était en même temps l'héritier de son père[3]. Le plus proche parent, s'il était marié lui-même, pouvait et devait renvoyer sa femme pour épouser l'épiclère[4].

Encore faut-il remarquer que ce parent ne devenait pas précisément héritier. L'héritier véritable était le fils qu'il engendrait de son mariage avec l'épiclère ; et celui-ci prenait possession du patrimoine, à sa majorité, du vivant même de son père et de sa mère. Ce point de droit ressort de deux textes : l'un, dans le plaidoyer sur la succession de Ciron, montre que ce n'est pas le parent qui hérite ; l'autre, dans le

1. Diodore, XII, 18. Une trace bien visible de cette règle se trouve encore dans le *Phormion* de Térence, qui est la traduction de l'Ἐπιδικαζόμενος grec.

2. Isée, *De Apollodori hereditate*, édit. Tauchnitz, p. 82.

5. Idem, *De Pyrrhi hereditate*, 64 ; *De Aristarchi hereditate*, 19. — Ceci paraît, à première vue, contradictoire avec ce que nous avons dit plus haut ; la fille ἐπίκληρος mariée par son père donnait le jour au θυγατριδοῦς et ne se séparait pas du mari. Le cas dont nous parlons ici est autre : il s'agit d'une fille mariée avant la mort du père et entrée dans la famille de son mari ; elle n'a pas été mariée, comme plus haut, pour la fin spéciale de mettre au monde un θυγατριδοῦς et par suite elle n'est pas restée dans la famille de son père. Ce cas a pu être fréquent, soit par la négligence du père, soit parce qu'il avait alors un fils qu'il a perdu depuis ; la fille n'était pas alors épiclère, elle n'a pas été mariée à titre d'épiclère ; le jour où elle le devient, elle quitte la famille de son mari pour rentrer dans la famille de son père et épouser le plus proche du γένος.

4. Démosthène, *In Onetorem, argumentum ; In Eubulidem*, 41. Il faut tou-

plaidoyer pour la succession d'Aristarque, montre que ce n'est
pas non plus la mère[1]. Il ressort mieux encore d'un passage
du second plaidoyer de Démosthène contre Stéphanos, où l'on
cite la loi qui prononce que le fils de l'épiclère, arrivé à l'âge
de dix-huit ans, est propriétaire de la fortune sous la seule
condition de fournir des aliments à sa mère[2].

On voit clairement par tous ces exemples que, dans le droit
attique, la fille dite ἐπίκληρος n'était jamais héritière. Elle
donnait seulement naissance à un fils qui était l'héritier. On
avait trouvé ces expédients pour que, par elle, la famille se
continuât et le patrimoine se transmît.

De telles règles, qui remontent sans aucun doute à une
époque très reculée, et dont le droit attique n'a plus que des
restes, sont le plus sûr indice du principe de la propriété
familiale.

Or ce n'est pas seulement à Athènes qu'elles ont été en
vigueur. Nous les retrouvons à Thurii; nous les retrouvons
même à Sparte. Hérodote signale que dans cette dernière ville
les rois avaient la même juridiction sur les épiclères que
l'archonte d'Athènes[3]. Aristote signale le grand nombre des
épiclères, qu'il regarde comme une cause de trouble, et il
donne à entendre que les dispositions de la loi qui les concernaient tombèrent en désuétude à Sparte plus vite qu'à
Athènes[4].

jours faire cette réserve que, dans la législation du ve et du ive siècle, le proche
parent avait la faculté de doter au lieu d'épouser. Nous ne savons pas bien si en ce
cas il gardait l'héritage.

1. Isée, *De Cironis hereditate*, 30; *De Aristarchi hereditate*, 12.

2. Démosthène, *In Stephanum*, II, 20 : Ἐὰν ἐξ ἐπικλήρου τις γένηται, καὶ ἅμα
ἡβήσῃ ἐπὶ δίετες, κρατεῖν τῶν χρημάτων, τὸν δὲ σῖτον μετρεῖν τῇ μητρί. On peut
douter de l'authenticité de ce texte de loi; mais le sens en est marqué d'une manière
authentique dans la phrase suivante du plaidoyer : Ὁ νόμος κελεύει τοὺς παῖδας
ἡβήσαντας κυρίους τῆς μητρὸς εἶναι. Cf. ibidem, § 19 : Τῆς ἐπικλήρου σκοπεῖτε τίνας
κελεύουσιν οἱ νόμοι κυρίους εἶναι.

3. Hérodote, VI, 57, où la fille ἐπίκληρος est désignée par le terme πατροῦχος;
Pollux avertit d'ailleurs (III, 33) que les deux termes étaient synonymes.

4. Aristote, *Politique*, II, 6, 11, édit. Didot, p. 512.

VI. D'UN AUTRE CARACTÈRE DU DROIT DE PROPRIÉTÉ CHEZ LES GRECS.

Nous avons montré dans ce qui précède que le droit de propriété était intimement lié à l'organisation de la famille et au culte domestique. Il faut montrer aussi qu'il était en un rapport également étroit avec l'organisation de la cité.

Mais sur ce point il faut se garder d'abord d'une exagération. Lorsqu'on voit, au moment de la fondation, la cité partager le sol, on est tenté de penser que c'est la cité, c'est-à-dire, l'autorité politique, qui crée et institue le droit de propriété. Cette opinion ne serait pas exacte. Elle ne répond pas à l'ensemble des faits, puisque nous savons que, dans les plus anciennes cités, à Athènes par exemple, le droit de propriété sur le sol, loin d'être une création de la cité, existait avant elle. Même quand nous voyons une colonie s'établir sur un territoire et procéder immédiatement au partage du sol, nous ne sommes pas en droit de dire que c'est l'autorité publique qui crée et institue le droit de propriété. Les colons apportaient ce droit avec eux; ils l'avaient pratiqué dans le pays d'où ils sortaient; ils le possédaient, gravé dans leur esprit, parce qu'il répondait à l'ensemble de leurs idées. La cité, qui opère le partage du sol, n'institue pas le droit, elle en fait seulement l'application; elle le met en pratique sur une terre nouvelle. Rien en tout cela n'autorise à soutenir que le droit de propriété ait été une création de l'autorité publique.

Il n'en est pas moins vrai que cet acte de la cité a une grande importance. Le partage opéré par la cité se trouve être le premier titre du droit de propriété que chaque famille exercera désormais sur chaque part de sol. Il est naturel que l'esprit des hommes et leur droit établissent un lien entre cette propriété et le pouvoir public.

On sait d'ailleurs quelle était la puissance de la cité ou de l'État chez les Grecs. C'était une association religieuse entre hommes qui adoraient les mêmes divinités poliades; c'était une association politique entre hommes qui avaient mêmes tribunaux et mêmes chefs. Les propriétés, comme les familles, entraient dans cette double association. Les divinités poliades avaient sous leur protection les terres aussi bien que les hommes. De même que le domaine de la famille était entouré des saintes limites, des θεοὶ ὅριοι de cette famille, de même l'ensemble du territoire était entouré et défendu par les saintes limites de la cité. Enfin, le droit de la cité, qui était étroitement uni à cette religion, veillait sur les terres et sur les familles associées, et ne veillait que sur elles[1].

De cette conception sont dérivées des règles qui ont été générales en Grèce. La première était que le citoyen seul pouvait être propriétaire du sol. L'homme qui ne faisait pas partie de l'association religieuse et politique ne devait posséder aucune part de cette terre que les divinités poliades et le droit civil protégeaient. Il y avait impossibilité religieuse à ce que le non-citoyen fût propriétaire en dedans des limites du territoire de la cité. Il y avait impossibilité juridique à ce qu'il fît valoir un droit là où il n'était pas citoyen.

L'esclave n'était pas un membre de la cité; il ne pouvait donc jamais être propriétaire du sol.

L'homme libre lui-même, s'il n'était pas citoyen, ne pouvait pas être propriétaire. Citoyen d'une ville, il n'était pas propriétaire sur le territoire d'une autre ville. Un Thébain ne pouvait pas posséder une parcelle du sol athénien. Telle était du moins la règle antique; peu à peu une cité put conférer à un étranger, par un privilège spécial, la faculté d'être propriétaire, ἔγκτησις. Mais c'était là une dérogation à la règle. En vertu des vieux principes, une famille de riches métèques pouvait vivre à Athènes pendant plusieurs générations; elle n'avait pas le droit d'avoir un champ ou une maison à soi.

L'État, chez les anciens, avait une action beaucoup plus étendue que dans les sociétés modernes. Le domaine des droits individuels était fort restreint; ou plutôt, ces droits individuels, absorbés et confondus dans l'état de citoyen, n'existaient qu'avec lui et en lui. De là cette conséquence que, si la cité

____

[1] [Cf. La Cité antique, liv. III.]

excluait un homme du nombre de ses membres, soit par la
peine appelée ἀτιμία, soit par l'exil, cet homme perdait tous
ses droits individuels, et parmi eux son droit de propriété; sa
terre était confisquée. De même encore, s'il arrivait qu'une
cité fût détruite par la guerre, les vaincus, qui cessaient d'être
citoyens, cessaient aussi d'être propriétaires, et le sol apparté-
nait de plein droit aux vainqueurs. Nous ne devons pas perdre
de vue que la cité, la religion, la famille, la propriété, formaient chez les anciens un ensemble indivisible. Entre ces
objets, que l'esprit moderne distingue et sépare si nettement,
l'esprit antique ne faisait pas de distinction.

VII. DE LA CLASSE QUI CULTIVAIT LE SOL ; DE L'ESCLAVAGE ET DU SERVAGE DE LA GLÈBE CHEZ LES GRECS.

Si haut que la science historique puisse remonter dans le
passé, elle ne rencontre jamais l'égalité de conditions; ce
qu'elle trouve, au contraire, au début des sociétés humaines,
c'est l'inégalité, c'est l'aristocratie, c'est surtout l'esclavage.

On peut dire de l'esclavage, comme du droit de propriété,
que la science historique n'en connaît pas l'origine. Elle ne
peut pas saisir le moment où il est né. Si loin qu'elle recule,
elle le trouve établi. On ne saurait soutenir qu'il soit aussi
ancien que l'humanité; mais il est certainement aussi ancien
que tout souvenir historique.

Dans Hésiode et dans Homère, l'esclavage apparaît comme
une institution déjà vieille et que personne ne pense à trouver
inique. Quand les Grecs voulaient parler d'un temps où il n'y
avait pas encore d'esclaves, il leur fallait remonter jusqu'à
l'âge d'or, avant Jupiter, au temps de l'antique Kronos, c'est-
à-dire au temps où la terre produisait d'elle-même les mois-
sons sans que le travail humain fût nécessaire. Cela revenait à
dire qu'il n'y avait pas d'esclaves parce qu'on ne travaillait
pas. Ainsi, dans la pensée d'un Grec, aussitôt qu'il avait fallu
cultiver la terre, aussitôt que la loi du travail s'était imposée à

l'homme, deux institutions s'étaient également produites, la propriété et l'esclavage[1].

Propriété et esclavage étaient d'ailleurs étroitement liés; tous les deux dérivaient d'une même idée de l'esprit. Car ce qui faisait le principe et l'essence de l'esclavage, c'est que, dans la pensée des anciens, le droit de propriété pouvait s'appliquer aussi bien à la personne humaine qu'à la terre. Ils avaient dans l'esprit cette idée, qui n'est sortie que bien tard de l'âme humaine, à savoir que l'homme peut être un objet de propriété privée, aussi bien qu'un champ ou une maison. Aussi la vraie définition de l'esclavage antique est celle que donne Aristote : l'esclave est une propriété, ὁ δοῦλος κτῆμά τι[2]. Il ajoute qu'il est un outil, ὄργανον, et il observe que « si les outils inanimés pouvaient comprendre nos ordres et les exécuter d'eux-mêmes, nous n'aurions pas besoin d'esclaves ». Appartenir à autrui, et non à soi, voilà l'essence de l'esclavage. L'esclave est un objet qu'on possède; car, dit l'auteur des *Économiques*, « la première des propriétés et la plus nécessaire, c'est l'homme[3] ».

Il ne faut d'ailleurs rien exagérer. L'esclave antique ne fut jamais regardé comme une chose; nul ne doutait qu'il ne fût un être humain et qu'il ne fût de la même nature que les autres hommes; il était une propriété, mais une propriété qui avait une âme, κτῆμά τι ἔμψυχον[4]. La preuve de cela est qu'il assistait aux prières de la famille et qu'il y prenait part. Il y a même dans Aristote cette remarque curieuse : « Les fêtes religieuses et les réjouissances doivent avoir lieu plutôt dans l'intérêt des esclaves que dans celui des hommes libres[5]. »

---

1. Athénée, VI, 94-96, rapporte le souvenir d'un temps où il n'y avait pas encore d'esclaves achetés, χρυσώνητοι. Mais il ne veut pas dire qu'il n'y eût pas alors d'esclaves. Il pouvait y en avoir plusieurs catégories : des esclaves enlevés par la guerre ou la piraterie, des esclaves de naissance, des esclaves par abandon volontaire de leur liberté.

2. Aristote, *Politique*, I, 2, édit. Didot, p. 485.

3. Τῶν κτημάτων πρῶτον καὶ ἀναγκαιότατον ὁ ἄνθρωπος, Aristote, *Économiques*, I, 5.

4. Aristote, *Politique*, I, 2.

5. Τὰς θυσίας καὶ τὰς ἀπολαύσεις μᾶλλον τῶν δούλων ἕνεκα ποιεῖσθαι δεῖ ἢ τῶν ἐλευθέρων, Aristote, *Économiques*, I, 5.

Quand on achetait un nouvel esclave, on accomplissait pour lui une petite cérémonie religieuse : le père ou la mère de famille versait sur sa tête l'eau lustrale, et lui faisait manger quelques gâteaux ou quelques fruits[1]. C'était une façon de mettre le nouveau venu en communion morale avec cette famille. Dans Eschyle, nous voyons une mère de famille recevoir une nouvelle esclave et l'accueillir en ces termes : « Entre ici, puisque Jupiter veut que dans ma maison tu partages les ablutions d'eau lustrale avec mes autres esclaves auprès du foyer domestique[2]. »

Ainsi, la violence, l'oppression, la dureté ne sont pas l'essence même de l'esclavage, quoiqu'elles pussent s'y ajouter. Ce qui est le trait caractéristique de la servitude, c'est que l'homme est possédé par autrui ; il est, sans cesser d'être homme, un objet de propriété. De là cette conséquence que les lois et les règles qui s'appliquaient à toute propriété s'appliquaient aussi à l'esclave. Il passait du père au fils, du mourant à l'héritier.

Les anciens distinguaient, comme nous, deux sortes de propriété, celle des meubles et celle des immeubles. L'esclave pouvait être dans l'une ou dans l'autre catégorie. Il y avait l'esclave attaché à la personne, qui pouvait être transporté d'un maître à un autre et passer de main en main comme un objet mobilier. Il y avait, d'autre part, l'esclave immeuble, c'est-à-dire semblable au sol auquel il était attaché. Ce qu'on a appelé à d'autres époques « le servage de la glèbe », c'est-à-dire la condition d'hommes qui étaient unis au sol héréditairement et qui ne pouvaient jamais s'en séparer, ne date pas du moyen âge : on la retrouve chez les anciens Grecs. Ce fait est attesté par des textes assez nombreux.

Un ancien historien, cité par Athénée, rapporte ce qui suit. La Thessalie était habitée primitivement par le peuple béotien ; lorsque les Thessales envahirent le pays, les Béotiens furent vaincus ; beaucoup d'entre eux quittèrent la contrée et

1. Démosthène, *In Stephanum*, I, 74 ; Aristophane, *Plutus*, v. 768 ; voir surtout le scoliaste sur ce vers.
2. Eschyle, *Agamemnon*, v. 1035-1038.

émigrèrent plus au Sud ; « les autres restèrent dans le pays et se donnèrent aux Thessales pour servir moyennant convention ; les termes de cette convention étaient : d'une part, que les maîtres ne pourraient ni les vendre hors du territoire ni les mettre à mort ; d'autre part, qu'eux cultiveraient le sol pour les maîtres et qu'ils en payeraient la redevance convenue[1]. » Voilà des traits bien caractéristiques. Cette servitude conditionnelle et limitée est fort loin de l'esclavage complet. D'ailleurs ce serviteur est attaché au sol ; il n'a d'autre obligation que de le cultiver ; il ne ressemble même pas à l'esclave athénien que décrit Xénophon ou à l'esclave italien dont parlent Caton et Columelle ; il cultive, à ses risques et périls ; il jouit de la récolte ; il n'a qu'à en payer une redevance, et cette redevance est fixée. Si l'on cherche à qui il ressemble, on trouvera le colon germain dont parle Tacite, l'*ascriptitius* de la fin de l'Empire, ou le serf de la glèbe du moyen âge. Or cette classe d'hommes que les Grecs appelaient pénestes[2], demeura dans la même situation durant une longue suite de siècles. On les retrouve à toutes les époques de l'histoire grecque, cultivant et payant la redevance aux propriétaires. Le même historien ajoute cette remarque bien digne d'attention : « Beaucoup d'entre ces pénestes sont plus riches que leurs maîtres.[3] » C'est assez dire que ces tenanciers avaient une certaine liberté d'existence ; s'ils travaillaient énergiquement de père en fils sur le même sol, ils pouvaient s'enrichir ; ils n'acquéraient sans doute pas la propriété du sol, mais ils pouvaient acquérir une fortune mobilière qui les

1. Archémachos cité par Athénée, VI, c. 85, p. 264 : Παρέδωκαν ἑαυτοὺς δουλεύειν καθ' ὁμολογίας, ἐφ' ᾧ οὔτε ἐξάξουσιν αὐτοὺς ἐκ τῆς χώρας οὔτε ἀποκτενοῦσιν · αὐτοὶ δὲ, τὴν χώραν αὐτοῖς ἐργαζόμενοι, τὰς συντάξεις ἀποδώσουσι. Cf. Strabon, XII, 3, 4, qui compare les pénestes aux Mariandyniens.

2. S'il faut en croire l'auteur cité par Athénée, le mot πενέσται serait une altération de l'ancien mot μενέσται, lequel correspondrait exactement au mot *manait* ; que l'étymologie soit vraie ou fausse, elle marque du moins que, dans la pensée de l'auteur, le caractère saillant des pénestes était d'être attachés au sol.

3. Les pénestes, bien supérieurs aux esclaves proprement dits, pouvaient porter les armes ; leurs maîtres les admettaient à combattre à côté d'eux, même dans la cavalerie (Démosthène, *De republica ordinanda*, 23 ; *Contra Aristocratem*, 199. Xénophon, *Helléniques*, VI, 1, 11).

mettait au-dessus des propriétaires endettés. Des faits analogues se sont vus chez d'autres peuples et dans d'autres temps.

Athénée cite un autre exemple. Il s'agit ici de la ville d'Héraclée Pontique, colonie de Milet. Les barbares Mariandyniens, au milieu desquels elle avait été fondée, se sentant moins intelligents que les Grecs, dit l'historien, et ne sachant pas se gouverner eux-mêmes, se donnèrent aux habitants d'Héraclée et promirent de les servir à perpétuité, à la condition qu'on leur fournirait les choses nécessaires à la vie; ils firent de plus cette convention spéciale qu'on ne les vendrait pas hors du pays[1]. Athénée ajoute qu'on les appelait, non pas esclaves, δοῦλοι, mais tributaires, δωροφόροι[2], terme qui indique nettement la redevance qu'ils payaient aux maîtres. Ces hommes avaient certainement livré la propriété de leur sol en même temps que celle de leurs personnes; mais, fort différents des esclaves domestiques, ils étaient devenus des serviteurs attachés à la terre.

Dans l'île de Crète, il y avait deux catégories d'esclaves fort différentes. D'une part étaient ceux que l'on pouvait acheter et vendre comme des biens meubles; on les appelait χρυσώνητοι. D'autre part étaient ceux que l'on appelait κληρῶται, c'est-à-dire qui étaient attachés au κλῆρος, au fonds de terre, et qui en faisaient partie intégrante. Ceux-ci servaient, non la personne d'un maître, mais le sol. Ils n'en étaient jamais propriétaires, mais ils le cultivaient de père en fils[3].

Cette classe d'hommes existait chez beaucoup d'anciens peuples grecs. Pollux mentionne des γυμνῆτες chez les Argiens et des κορυνηφόροι chez les Sicyoniens, qu'il place à côté des

---

1. Athénée, VI, c. 84, p. 264, d'après Posidonius.

2. C'est ce que disent aussi Pollux, III, 83, et Hésychius, v° δωροφόρους. Pollux indique que le Mariandynien n'était pas proprement un esclave, mais était placé dans une situation intermédiaire entre l'esclave et l'homme libre, μεταξὺ ἐλευθέρων καὶ δούλων.

3. Athénée, VI, c. 84, d'après Éphore. Athénée identifie les κλαρῶται aux ἀφαμιῶται, serfs ruraux. Il existait encore en Crète une troisième sorte d'esclaves, qu'on appelait μνωῖται; ils différaient des κλαρῶται en ce seul point qu'ils cultivaient les terres de l'État au lieu de celles des particuliers; Athénée, ibidem; Strabon, XII, 3, 4. Sur les diverses catégories d'esclaves en Crète, voir Wallon, *Histoire de l'esclavage*, 2° édit., t. I, p. 125 et suiv.; Hœck, *Creta*, 1823-1829 [t. III, p. 30 et s.].

pénestes, des Mariandyniens et des clérotes crétois. Il dit de
tous ces hommes indistinctement qu'ils n'étaient ni libres ni
proprement esclaves, mais qu'ils vivaient dans une condition
intermédiaire entre la liberté et l'esclavage[1].

C'est peut-être à Lacédémone que ce mode particulier de
servage apparaît le mieux, et c'est là qu'il s'est conservé le
plus longtemps [comme nous allons le voir].

Nous trouvons une classe analogue dans l'ancienne Attique
avant Solon. Elle se montre à nous sous le nom de *thètes*,
mot qui, dans l'ancienne langue, signifiait serviteur, sans être
tout à fait synonyme d'esclave. Denys d'Halicarnasse les assi-
mile aux pénestes et décrit leur condition : « C'était une
antique institution des Grecs, qui subsista longtemps chez les
Thessaliens, mais qui ne fut en vigueur à Athènes que dans
les siècles primitifs ; les Athéniens appelaient ces hommes
thètes, les Thessaliens les nommaient pénestes ; les travaux
qui leur étaient imposés n'étaient pas ceux qui convenaient à
des hommes libres ; il était permis de les frapper, et souvent
on les traitait comme des esclaves qu'on eût achetés[2]. » Ces
thètes n'étaient donc ni des hommes libres ni de véritables
esclaves, quoiqu'on pût les traiter comme tels. Plutarque
ajoute un trait caractéristique : ils cultivaient le sol sans en
être propriétaires, et ils payaient une redevance annuelle qui
était fixée au sixième de la récolte[3]. A. Bœckh les regarde avec
raison comme des serfs de la glèbe[4].

Voilà donc une sorte de servage que nous trouvons en Thessalie, en Bithynie, en Crète, en Argolide, en Sicyonie, à

---

1. Pollux, III, 83. Il y avait aussi à Syracuse une classe de κιλλικύριοι, esclaves
des propriétaires ruraux, γαμόροι, qui me paraissent avoir quelque analogie avec
les pénestes ; Hérodote, VII, 155 ; Aristote, dans les *Fragmenta historicorum
græcorum*, Didot, t. II, p. 170-171 ; Eustathe (*Ad Iliada*, p. 293) les compare aux
clarotes de Crète.

2. Denys d'Halicarnasse, *Antiquités romaines*, II, 9 : Ἔθος ἑλληνικὸν καὶ ἀρχαῖον,
ᾧ Θετταλοί τε μέχρι πολλοῦ χρώμενοι διετέλεσαν καὶ Ἀθηναῖοι κατ' ἀρχάς... Ἐκάλουν
δὲ Ἀθηναῖοι θῆτας, Θεσσαλοὶ δὲ πενέστας.

3. Plutarque, *Solon*, 13 : Ἐγεώργουν ἐκείνοις ἕκτα τῶν γινομένων τελοῦντες,
ἑκτημόριοι προσαγορευόμενοι καὶ θῆτες. Cf. Pollux, IV, 165 : Ἑκτημόριοι δὲ οἱ
πελάται παρ' Ἀττικοῖς. — [Aristote, *Politique des Athéniens*, c. 2, édit. Kenyon.]

4. Bœckh, *Staatshaushaltung*, IV, 5, 2ᵉ édit., p. 644.

Sparte, à Athènes. On peut penser qu'elle a existé chez tous
les Grecs et qu'elle a été une sorte d'annexe de l'antique propriété foncière. L'esclave immeuble, c'est-à-dire l'esclave ou
serf faisant partie de la propriété, a existé dans la Grèce
antique ; il a disparu de l'Attique et de l'Argolide dès le
vi⁰ siècle avant notre ère ; il a subsisté à Sparte et en Thessalie
jusqu'au temps de la domination romaine[1].

[Tels sont les caractères généraux du droit de propriété chez
les Grecs. Chez tous les peuples de la Grèce, il a été conçu
de la même manière ; il est dérivé des mêmes croyances ; il a
engendré les mêmes habitudes ; les hommes y ont attaché la
même idée et lui ont donné la même force. Toutefois, il n'a
pas conservé, dans la suite des temps, une nature invariable.
Il s'est peu à peu transformé chez les différents peuples. Ces
transformations n'ont pas eu lieu partout de la même manière
ni avec la même rapidité. A cet égard, il est particulièrement
instructif de comparer l'une à l'autre les deux cités les plus
célèbres du monde grec, Sparte et Athènes. On verra les
différences profondes qui séparent le régime de la propriété
chez l'une et chez l'autre ; mais on pourra remarquer que ces
différences ne viennent pas d'une source originelle : elles ont
été le produit du temps, des circonstances, des institutions,
des habitudes.]

1. La condition des hilotes ne fut abolie que par les Romains, Strabon, VIII, 5, 4.

DEUXIÈME PARTIE

Étude sur la propriété à Sparte.

Les anciens avaient beaucoup écrit sur l'histoire de Sparte
et sur sa constitution. Hérodote, qui y a séjourné[1], nous donne
plus de renseignements sur cette ville que sur aucune autre
cité grecque. Thucydide et Xénophon paraissent l'avoir bien
connue. Aristote parle d'elle en homme qui sait le détail de sa
constitution. Héraclide[2], Dicéarque[3], les lacédémoniens Sosibios et Molpis[4], Critias d'Athènes[5], Sphéros, Perséos, Aristo-
clès[6] avaient composé des traités spéciaux sur son gouvernement ou sur ses usages, et ces traités, perdus pour nous,
étaient dans les mains de Plutarque et d'Athénée, qui s'en sont
servis. Ce qui nous manque le plus pour l'histoire de Sparte,
ce sont les inscriptions et les textes de lois; presque aucun
document de cette nature n'est venu jusqu'à nous. Du moins
Sparte avait, comme toute ville grecque, ses annales et ses
vieilles archives, qu'Hérodote a pu connaître[7] et dont parle
Plutarque[8]. Comme toute ville grecque, elle avait ses légendes

---

1. Hérodote, III, 55.
2. *Fragmenta historica Græcorum*, édit. Didot, t. II, p. 211.
3. Sur ce Dicéarque, voir le jugement de Cicéron, *Ad Atticum*, VI, 2; *De
legibus*, III, 6. Pline, *Histoire naturelle*, II, 65, l'appelle *vir imprimis eruditus*.
4. Molpis avait écrit un traité sur le gouvernement de Lacédémone (Athénée, IV,
17). Sosibios avait composé un ouvrage de chronologie et un traité sur les usages
de Sparte.
5. *Fragmenta*, t. II, p. 68.
6. Ces auteurs sont cités par Athénée, IV, 17.
7. C'est l'opinion de Bœhr, sur Hérodote, I, 63.
8. Plutarque parle des παλαιόταται ἀναγραφαί où Sparte gardait des documents
qui remontaient, croyait-on, jusqu'à Lycurgue (Plutarque, *Adversus Coloten*, 17).
Il dit ailleurs (*Vie d'Agésilas*, 9) qu'il a consulté ces ἀναγραφαί. — Charon de
Lampsaque avait écrit, règne par règne, l'histoire de Sparte.

soigneusement conservées et redites d'âge en âge avec un soin
religieux ; nous en retrouvons l'écho dans plusieurs traités de
Plutarque[1]. Elle avait ses traditions locales ; le voyageur Pausanias s'en est fait raconter plusieurs en traversant la Laconie.
On a dit, en exagérant la portée d'une ligne de Thucydide,
que Sparte ne se laissait pas connaître des étrangers[2]; mais à
voir ce grand nombre d'écrivains qui s'occupèrent spécialement d'elle, on sent bien qu'il y a là une erreur. Il est impossible de lire la Politique d'Aristote, les Vies de Plutarque, et
même les orateurs attiques, sans reconnaître que Sparte était
aussi bien connue que toute autre ville de la Grèce. Son gouvernement savait cacher les secrets d'État ; mais on ne cachait
ni la constitution, ni les mœurs, ni les habitudes, ni l'histoire de la cité. Il n'y avait pas de ville, après Athènes, dont
on sût autant de récits, d'usages ou d'anecdotes caractéristiques[3].

Seulement il s'est produit, à un certain moment, deux faits
qui ont gravement altéré les connaissances historiques sur
Sparte. D'abord, au IIIe siècle avant notre ère, plusieurs philosophes de différentes écoles, et particulièrement le stoïcien
Sphéros, ont écrit des traités sur la constitution de Sparte avec
le parti pris manifeste de montrer dans cette ville une sorte
de modèle de leurs théories politiques. D'autre part, et à la
même époque, un parti démocratique s'est formé à Sparte ;
opprimé dans le présent, il s'est en quelque sorte rejeté vers
l'histoire d'un passé qu'il s'est figuré conforme à ses principes et à ses vœux ; en interprétant certaines traditions, en

----

1. On sait que Lycurgue était l'objet d'un culte (Hérodote, 1, 66) ; par conséquent, il était l'objet de fêtes annuelles et de chants sacrés ; il en était ainsi de
tous les fondateurs et législateurs de l'âge antique.

2. Thucydide, V, 68. En racontant une bataille, l'historien dit qu'il voudrait
donner le nombre exact des Lacédémoniens qui y prirent part, mais qu'il ne le
peut pas « à cause du secret que garde le gouvernement de Sparte ». Thucydide
veut seulement dire par là que Sparte prenait soin de faire ignorer aux étrangers
certaines choses, telles que le nombre de ses soldats ; il n'entend nullement,
comme certains traducteurs le feraient supposer, qu'on ignorât le gouvernement
de Sparte.

3. Isocrate dit qu'il y avait de son temps des hommes qui connaissaient avec
exactitude les choses de Sparte, τά ἐκείνων ἀκριϐοῦτες (Isocrate, Panathénaïque, 177).

exagérant certains souvenirs, il a insensiblement composé une
légende qui faisait de l'ancienne Sparte un idéal de vertu et
d'égalité démocratique ; puis, quand ce parti a triomphé avec
Agis IV, Cléomène et Nabis, sa légende a triomphé comme
lui ; elle s'est emparée de l'imagination des hommes et s'est
implantée dans l'histoire[1].

Telles sont les deux causes des idées inexactes que l'on s'est
faites des institutions lacédémoniennes ; mais ces causes ne
remontent pas très haut dans les temps. On en peut saisir le
point de départ : c'est à peu près le milieu du IIIe siècle avant
notre ère. Nos divers documents doivent donc se partager en
deux classes, ceux qui précèdent cette date, et ceux qui la
suivent. Ceux qui précèdent sont exempts de ces causes d'erreur ; ceux qui suivent en ont été atteints. Avant cette date,
nous avons Hérodote, Hellanicos, Charon de Lampsaque, Thucydide, Xénophon dans ses *Helléniques*, l'auteur, quel qu'il
soit, du petit traité sur le gouvernement de Sparte, Platon,
Isocrate, Aristote, Héraclide et Dicéarque. Après cette date,
nous avons Sphéros, Perséos, Polybe. Quant à Plutarque,
nous savons qu'il se servait de ces deux séries d'ouvrages ; en
homme absolument dénué de critique, il ne choisissait guère
entre ses textes et puisait également dans les uns et dans les
autres. Plutarque est donc comme le résumé de ces deux catégories d'écrivains, et de là viennent les contradictions qui
abondent chez lui quand il parle de Sparte. Il nous appartient
de distinguer, parmi les renseignements qu'il nous donne,
ceux qu'il emprunte aux sources plus récentes et moins dignes
de confiance. C'est avec cette sorte de discernement que nous
nous servirons de Plutarque, et d'ailleurs nous nous en rap-
porterons surtout à Hérodote, à Thucydide et à Aristote.

---

1. Voir Plutarque, *Vie d'Agis, Vie de Cléomène* : c'est surtout dans ces deux
récits que l'on peut entrevoir assez nettement la fausse légende qui eut cours à
Sparte au IIIe siècle et qui était fort différente de la légende primitive qu'Hérodote y
avait trouvée.

I. APERÇOIT-ON DANS CE QU'ON SAIT DE L'HISTOIRE DE SPARTE,
LE RÉGIME DE L'INDIVISION DU SOL ?

Parmi ces renseignements de toute nature, il est bien digne de remarque que nous ne lisions jamais que la terre ait été commune à tous. Les documents de la première catégorie ne parlent ni d'égalité ni d'indivision ; ceux de la seconde parlent d'égalité, mais non pas d'indivision. Ni les uns ni les autres n'indiquent jamais que la propriété privée n'existât pas. Un trait si caractéristique n'aurait pas pu échapper à des observateurs comme Hérodote, Xénophon ou Aristote ; aucun d'eux ne le signale. Les anecdotes abondent sur Sparte ; aucune d'elles n'est l'indice de l'indivision du sol. On voit bien les tables communes, et nous en parlerons plus loin, mais on n'aperçoit jamais la terre commune. L'expression même de « terre commune » ou « terre appartenant à l'État » ne se rencontre jamais appliquée à Sparte : ce qui n'autorise- rait pas à dire que l'État n'eût pas quelques terres à lui ; mais ce qui autorise encore moins à soutenir, ainsi qu'on l'a fait, que le domaine public était très étendu et qu'il servait à subvenir à la nourriture des citoyens[1].

Hérodote, dans les curieux chapitres où il nous dit tout ce qu'il a vu de particulier dans Sparte, ne parle ni d'indivision du sol ni de vie commune[2]. Aristote, dans le passage où il traite de l'état des terres à Lacédémone, se sert des termes qui dans la langue grecque désignent la vraie et complète pro- priété, κτῆσις, κεκτῆσθαι : il mentionne l'héritage, la dona- tion ; or ce sont précisément là les traits les plus manifestes auxquels se reconnaît en tout pays la propriété privée[3].

1. Ém. de Laveleye, p. 179. Cet écrivain cite Hérodote, VI, 57, et Pausanias, III, 20 ; mais nous n'avons rien trouvé aux passages indiqués qui ait rapport à son assertion. — Nous verrons plus loin, en étudiant de près les repas communs, qu'il est très inexact de dire que les citoyens fussent nourris aux frais de la communauté.
2. Hérodote, VI, 56-60 ; cf. I, 65.
3. Aristote, *Politique*, II, 6, édit. Didot, p. 511-512.

On n'aperçoit dans les légendes de Sparte aucune trace d'une époque primitive où la terre aurait été commune à tous. Au contraire, Platon rapporte une tradition qui place l'établissement de la propriété privée dès les premiers jours de la cité dorienne. C'est, suivant lui, au moment où ils prirent possession de la Laconie que les vainqueurs firent entre eux le partage de la terre. Il est bien vrai que cette assertion du philosophe ne peut pas être acceptée à la lettre par l'érudition moderne, puisque nous savons que la Laconie n'a pas été conquise d'un seul coup, mais par une série d'efforts successifs durant plusieurs générations d'hommes. Nous ne conclurons donc pas du passage de Platon qu'il y ait eu, dès le premier jour, un partage régulier et général du sol; nous en conclurons seulement que l'antiquité croyait à un tel partage et que par conséquent on n'avait pas l'idée que la communauté du sol eût été pratiquée pendant une seule génération. C'était d'ailleurs l'usage constant des Grecs, lorsqu'une tribu émigrante s'établissait dans un pays, d'y faire immédiatement le partage du sol entre les citoyens. Or il ne s'agit nullement ici d'un partage annuel. Le texte de Platon, comme tous ceux qui se rapportent à cet usage des Grecs, désigne clairement un partage fait une fois pour toutes, un partage irrévocable, c'est-à-dire une distribution du sol en lots de propriété perpétuelle et héréditaire[1].

Passons à Plutarque. Il est bien vrai que dans sa Vie de Lycurgue il ne donne pas la preuve d'un sens historique très sûr; aussi s'étonnera-t-on peut-être que nous fassions fond sur cet ouvrage; mais nous pensons que, si contestés que puissent être les renseignements donnés par les anciens, ils valent encore mieux que nos conjectures modernes. Si l'on veut connaître ces peuples, le plus sûr est encore de nous servir des textes qui nous viennent d'eux. Il faut d'ailleurs reconnaître que Plutarque, en écrivant sa Vie de Lycurgue, avait sous les yeux de nombreux documents, et quelques-uns très anciens. Si un seul de ces documents avait marqué que le

____

[1] Platon, *Lois*, III, p. 684.

régime de l'indivision du sol ou du partage annuel eût été en
vigueur, Plutarque n'était pas homme à laisser échapper un
renseignement si curieux. Tout au contraire : parlant de l'histoire la plus ancienne de Sparte, c'est-à-dire des temps qui
ont précédé Lycurgue, il rapporte qu'il y avait alors parmi les
Spartiates des riches et des pauvres : ce qui ne se concilierait
pas avec un régime où la terre aurait été commune à tous ou
partagée annuellement entre tous.

« L'inégalité était même très profonde, dit-il, et le plus
grand nombre d'entre les Spartiates étaient sans propriétés,
ἀκτήμονες, tandis que la richesse était en un petit nombre de
mains[1]. » Nous pouvons croire qu'il y a beaucoup d'exagération dans ces paroles de Plutarque ; mais Plutarque en tout
ceci ne fait que rapporter la légende lacédémonienne ; ses
chapitres nous mettent sous les yeux, sinon la vérité exacte,
sur les premiers temps de la ville, du moins l'idée que les
Spartiates se faisaient de ces temps-là et les souvenirs qu'ils
en avaient gardés. Or ce qui se trouvait dans ces souvenirs,
ce n'était pas la communauté du sol, c'était au contraire l'inégalité dans la propriété foncière. D'où il résulte que, si l'historien venait à nous dire ensuite que Lycurgue ait établi la
communauté des biens, nous devrions du moins reconnaître
que cette communauté ne serait pas une institution primor-
diale et originelle, et qu'au contraire elle aurait été précédée
par un régime de propriété privée.

L'historien ajoute que « pour détruire l'inégalité trop
grande », Lycurgue fit un nouveau partage du sol. Les termes
mêmes dont il se sert sont dignes d'attention : « Lycurgue
obtint de ses concitoyens par la persuasion qu'ils missent les
terres en commun et qu'ils en fissent le partage à nouveau. »
Si les terres eussent été communes avant Lycurgue, Lycurgue
n'aurait pas eu besoin « d'obtenir de ses concitoyens que les
terres fussent mises en commun » ; mais il paraît, ou que le
partage primitif, opéré deux siècles auparavant, avait été
inégal, ou que l'inégalité s'était introduite par l'effet naturel

____

1. Plutarque, Lycurgue, 8 : Δεινῆς γὰρ οὔσης ἀνωμαλίας καὶ πολλῶν ἀκτημόνων,
τοῦ δὲ πλούτου εἰς ὀλίγους συνερρυηκότος.

de la pratique de la propriété. Lycurgue obtint l'abolition de cet antique partage et de tous les droits de propriété qui en étaient résultés.

Pensait-il d'ailleurs à fonder pour l'avenir un régime de communauté? Ce n'est pas ce que dit Plutarque. En effet, les terres ne furent mises en commun que juste le temps nécessaire pour en faire une nouvelle répartition[1]. Et le partage dont il s'agit ici n'était nullement un partage annuel; il ne devait se renouveler ni d'année en année ni à intervalles périodiques; il était fait pour toujours et il ne fut jamais refait[2].

En résumé, il ressort nettement du récit de Plutarque que la propriété existait avant Lycurgue, que Lycurgue ne l'a pas remplacée par l'indivision, qu'il a seulement fait une nouvelle distribution de la propriété. Voilà du moins ce que nous apprennent les documents; ces documents, je le reconnais, sont sujets à quelques réserves de la critique; mais ils sont notre unique moyen d'investigation, et en dehors d'eux il n'y a que conjectures.

Nous savons bien que l'existence même de Lycurgue a été mise en doute et que quelques érudits n'ont pas manqué de voir en lui la personnification d'Apollon[3]; mais il nous semble que ces sortes d'interprétations, quoiqu'on les donne comme les fruits de l'esprit critique, appartiennent au contraire à une méthode aventureuse et téméraire. Rejeter les choses antiques parce qu'elles paraissent invraisemblables, c'est-à-dire parce qu'elles s'éloignent de nos idées modernes, me semble l'opposé de ce que doit faire un esprit vraiment doué du sens historique, et j'incline à croire que, sauf quelques rares exceptions, plus l'histoire se rapprochera des textes anciens, plus elle se rapprochera de la vérité.

Il n'est pas inutile de faire remarquer qu'à Sparte, comme dans toute la Grèce, le terme qui désignait le domaine possédé en propre était κλῆρος ou κλᾶρος. L'usage de ce mot, qui signi-

---

1. Plutarque, *Lycurgue*, 8.
2. Isocrate, *Panathénaïque*, § 259, atteste que ce partage n'a jamais été changé.
3. Gilbert, *Studien zur altspartanischen Geschichte*, 1872.

fiait en même temps tirage au sort, est venu sans nul doute
de ce que, à Sparte comme dans toutes les anciennes cités, au
moment du partage primitif, les lots avaient été assignés par
le sort aux citoyens; c'est faire un raisonnement très faux que
de dire, ainsi qu'on l'a fait, que l'emploi de ce terme est le
vestige d'un temps où les terres étaient tirées au sort annuellement. Il n'y a pas un seul texte où l'idée d'annuité se
trouve rapprochée du mot κλῆρος. Si l'on note toutes les
phrases où ce mot se rencontre appliqué au sol, on remarquera qu'il ne s'agit jamais d'un lotissement annuel ou d'une
possession instable, mais qu'il s'agit toujours et sans nulle
exception d'une propriété perpétuelle. Il en est déjà ainsi dans
la plus ancienne langue : chez Hésiode, κλῆρος désigne le
champ patrimonial que les fils se partagent à la mort du
père[1]. De même, chez les Orateurs Attiques il signifie succession ou patrimoine, et le terme κληρονομέω signifie hériter.
L'idée que l'esprit d'un Grec attachait à tous ces termes était
celle de perpétuité, d'hérédité, d'attache du sol à la famille.

Aussi, à Sparte, les κλῆροι furent-ils toujours héréditaires.
Cette règle est prouvée par deux textes bien formels. Héraclide,
disciple d'Aristote et qui avait écrit un traité sur la constitution lacédémonienne, montre que, de son temps encore,
chaque famille possédait la terre qui lui avait été assignée à
l'origine et qu'elle s'était transmise d'âge en âge. Cette terre
avait même été attachée si étroitement à la famille, qu'il avait
été défendu de la vendre[2]. Plutarque énonce aussi comme un
fait certain et constant que « depuis Lycurgue jusqu'à la
guerre du Péloponèse chaque domaine passa du père au fils
par hérédité[3] ». Cette règle d'hérédité était même tellement
rigoureuse, que le père n'avait pas le droit d'écarter son fils de
la succession. Le fils était héritier nécessaire. La faculté de le

---

1. Hésiode, *Travaux et jours*, v. 27 ; cf. 314. [Plus haut, p. 10.]
2. Héraclide, dans les *Fragmenta historicorum græcorum*, édit. Didot, t. II,
p. 211. L'auteur distingue ce lot antique, ἡ ἀρχαία μοῖρα, que la famille avait dû se
transmettre sans jamais s'en défaire, de certaines autres terres d'acquêt qu'il était
permis de vendre. — [Duncker, *Ueber die Hufen der Spartiaten*, 1881.]
3. Plutarque, *Vie d'Agis*, 5 : Ἐν διαδοχαῖς κλήρου καθ' ὃν τὸν κλῆρον ἀπολει-
πόντος.

déshériter par un testament ne s'introduisit dans le droit de Sparte qu'après la guerre du Péloponèse.

Non seulement la propriété privée régnait à Sparte, mais les documents nous montrent même qu'elle y était très inégale. Voici une anecdote que Pausanias raconte et qui lui venait apparemment des vieux récits des guerres de Messénie : « Un Messénien nommé Polycharès, qui possédait de nombreux troupeaux de bœufs, mais trop peu de terres pour les nourrir, s'adressa au Spartiate Evéphnos, et celui-ci s'engagea à nourrir les troupeaux sur ses propres terres moyennant une part dans les produits ; mais ce Spartiate, cupide et sans foi, viola son contrat et vendit pour son propre compte les troupeaux et les bergers[1]. » Cette histoire, qui s'est redite durant huit siècles avant d'arriver à Pausanias, jette un certain jour sur l'état de la propriété foncière et sur les contrats auxquels elle donnait lieu vers l'an 750 avant notre ère[2]. Elle nous montre un Messénien et un Spartiate, tous les deux assez riches ; mais le Spartiate est plus riche en terres que le Messénien, et il en possède assez pour se charger de nourrir des troupeaux de bœufs conduits par leurs bergers. — Un siècle plus tard, le poëte Tyrtée racontait dans ses vers qu'une révolution faillit éclater à Sparte parce que « les uns étaient très riches et les autres très pauvres[3] » : or l'inégalité dont il s'agit ici ne résidait pas dans la fortune mobilière, mais bien dans la propriété foncière ; car les pauvres demandaient que l'ancien partage du sol opéré par Lycurgue fût refait, ce qui d'ailleurs ne leur fut pas accordé. — Au siècle suivant, Hérodote signale parmi les Spartiates des hommes qui l'emportent sur les autres par leurs richesses[4]. — Plus tard encore, Thucydide

1. Pausanias, IV, 4.
2. Pausanias place ce récit lors de la quatrième Olympiade.
3. Ce témoignage de Tyrtée nous a été conservé par Aristote, *Politique*, V, 6, édit. Didot, p. 573-574. Le philosophe dit qu'une des causes des révolutions est que οἱ μὲν ἀπορῶσι λίαν, οἱ δ' εὐπορῶσι, et, voulant donner un exemple historique de cette inégalité, c'est précisément dans l'ancienne Sparte qu'il va le chercher : Συνέβη τοῦτο ἐν Λακεδαίμονι ὑπὸ τὸν Μεσσηνιακὸν πόλεμον, et il cite Tyrtée.
4. Hérodote, VII, 134 : Σπερθίης καὶ Βοῦλις, ἄνδρες Σπαρτιῆται, χρήμασιν ἀνήκοντες ἐς τὰ πρῶτα.

mentionne des Spartiates qui sont plus riches que d'autres, et
il fait cette remarque bien digne d'attention que tous les Spartiates ont le même vêtement et les mêmes règles de conduite,
mais non pas la même fortune. Xénophon parle aussi de
quelques hommes très riches[1]. Nous savons d'ailleurs qu'il y
avait des Spartiates qui avaient de nombreux esclaves, un
grand train de maison[2], des chevaux de luxe[3]. Il y en eut, de
tout temps, qui firent courir aux jeux Olympiques et qui y
furent vainqueurs[4]; et il est assez visible qu'il fallait être très
riche pour disputer la palme dans la course en chars[5]. Enfin,
Aristote constate que, de son temps, à Sparte les fortunes
étaient concentrées en un très petit nombre de mains[6]. Voilà
des signes certains auxquels on doit reconnaître une pratique
ancienne et constante de la propriété privée.

II. D'UNE DIFFICULTÉ QUI SE RENCONTRE DANS UNE PHRASE DE PLUTARQUE.

Contrairement à ce que nous venons de dire, il y a dans
Plutarque une ligne qui semble indiquer, non pas la communauté du sol, mais un régime singulier de propriété viagère.
Voici le passage : « Lorsqu'un enfant était né, le père le portait dans une *lesché* où étaient assis les plus anciens de sa
tribu. Si ceux-ci trouvaient l'enfant bien constitué et robuste,

1. Thucydide, I, 6; Xénophon, *Helléniques*, VI, 4, 11 : Πλουσιώτατοι.
2. Ainsi Élien [*Histoires variées*], XII, 43, rapporte que les riches faisaient accompagner leurs enfants aux gymnases par deux ou trois esclaves. Il existait même dans
les grandes maisons une classe de serviteurs libres ou de clients (Athénée, VI, 103).
3. Isocrate, *Archidamus*, 55 et 95.
4. Hérodote, VI, 103; Thucydide, V, 50; Pausanias, III, 8, 1; III, 15, 1;
III, 17, 6.
5. Plutarque dit très justement que le prix de la course en chars était véritablement « la victoire de la richesse et de la dépense » (*Agésilas*, 20); cf. Pindare,
Isthmiques, II.
6. Aristote, *Politique*, V, 6, 7 : Εἰς ὀλίγους αἱ οὐσίαι ἔρχονται. Cf. II, 6, 10. —
Notons bien qu'il s'agit toujours dans Aristote d'une inégalité entre les vrais
Spartiates; les périœques et les hilotes sont toujours mis à part. De même dans
Hérodote et dans Thucydide.

ils ordonnaient au père de l'élever, après avoir assigné à l'enfant un des 9000 domaines[1]. »

Si l'on prend à la lettre cette dernière ligne, on est amené à croire que chaque Spartiate possédait, non pas un champ patrimonial, mais un champ qui lui aurait été assigné au moment de sa naissance. Assurément ce ne serait pas là le régime de la communauté du sol ; mais ce ne serait pas non plus le régime de la propriété héréditaire. Ce serait un système dans lequel chacun n'aurait été propriétaire du sol que sa vie durant ; le fils n'aurait pas hérité de son père ; celui-ci aurait pu avoir son champ dans un canton, et le fils le sien dans un autre.

Mais cette assertion de Plutarque est en contradiction formelle : 1° avec le passage du même Plutarque qui dit si nettement ailleurs que depuis Lycurgue jusqu'à la guerre du Péloponèse chaque propriété passa toujours du père au fils par héritage[2] ; 2° avec le fragment d'Héraclide qui affirme que la famille ne pouvait pas se défaire « du domaine qu'elle tenait du partage antique[3] » ; 3° avec tout ce qu'Aristote dit de l'hérédité et du testament à Sparte ; 4° avec l'inégalité de richesse foncière que signalait déjà Tyrtée, que mentionnait Hérodote et qu'Aristote décrit en termes si énergiques ; 5° avec le droit civil de Sparte, dont nous parlerons plus loin.

Lorsque, en étudiant les textes, il nous arrive d'en rencontrer un qui s'écarte absolument de tous les autres, la première règle qui s'impose à l'érudit est de ne pas le passer sous silence. Puis, si nous ne réussissons pas à trouver un côté par lequel ce texte se concilie avec les autres, nous pouvons dire alors de deux choses l'une : ou bien la contradiction est réelle, et elle vient d'une erreur commise par l'écrivain ; ou bien la contradiction n'est qu'apparente, et elle vient probablement de ce qu'il fait allusion à des faits ou à des usages qui sont obscurs pour nous par l'absence d'autres documents.

1. Plutarque, *Lycurgue*, 16.
2. Idem, *Agis*, 5.
3. Héraclide, dans les *Fragmenta historicorum græcorum*, t. II, p. 211.

De ces deux hypothèses, la première n'est pas invraisemblable : Plutarque est loin d'être infaillible comme historien, et nous avons dit plus haut qu'au sujet de Sparte il commet en quelque sorte une contradiction perpétuelle, parce qu'il puise sans aucune critique dans deux ordres de documents qui ne s'accordaient pas. Il est pourtant difficile de penser que Plutarque se soit démenti au point de croire que l'hérédité n'existât pas, lorsqu'il dit ailleurs en termes si formels qu'elle existait, et lorsqu'il raconte un si grand nombre d'anecdotes qui en prouvent la pratique. La seconde hypothèse est donc plus vraisemblable, et nous inclinons à supposer que la phrase de Plutarque se rapporte à un usage et à une règle qu'il ne fait qu'indiquer en passant et qu'aucun autre document ne nous explique. Remarquons, en effet, qu'en ce chapitre l'historien ne veut nous parler que de l'inscription des fils dans la tribu, acte qui avait une très grande importance chez les anciens. Il est tout occupé à décrire cette opération, et il ne songe guère, en cet endroit, à la question de la propriété ou de la communauté; aussi est-ce seulement dans une partie incidente de sa phrase qu'il introduit, comme par hasard et sans y penser, cette assignation d'un domaine à chaque enfant. Tout homme habitué à la lecture de Plutarque jugera que, s'il eût pensé que l'hérédité des terres n'existait pas, il aurait parlé de ce point d'une tout autre façon qu'il ne le fait ici et ne se serait interdit ni les développements ni les réflexions sur un tel sujet. Mais il ne se préoccupe que de l'inscription dans la tribu, et il indique deux règles de cette opération : l'une, la principale à ses yeux, qui était que l'enfant fût bien constitué; l'autre, l'accessoire, qui voulait qu'on marquât à côté de son nom le domaine qui devait un jour lui appartenir. Cette dernière règle, présentée sans aucun détail qui l'explique, est trop vague pour que nous puissions l'apprécier. Peut-être s'agissait-il seulement de constater que le père était encore en possession de son κλῆρος. Peut-être s'agissait-il d'assigner dès ce jour à l'enfant un droit de copropriété sur ce même domaine. Peut-être, s'il était un fils cadet, essayait-on de trouver pour lui un autre domaine qui fut devenu vacant soit par l'extinction d'une famille, soit par la confiscation. Plusieurs autres conjectures encore sont permises; mais ce qu'on ne peut pas admettre historiquement, c'est qu'il ait été d'usage à Sparte d'adjuger à tout enfant un lot de terre en telle sorte qu'il n'y eût pas d'hérédité. L'absence du droit d'héritage ne peut pas être tirée légitimement de ce chapitre de l'historien. A supposer même que Plutarque ait eu cette pensée, une phrase unique et si insuffisante ne pourrait pas entrer en balance avec tant d'autres textes précis et tant de faits certains qui prouvent surabondamment que la propriété était héréditaire à Sparte.

III. DU MODE D'EXPLOITATION DU SOL.

Il est assez singulier que, parmi tant de récits et d'anecdotes où la vie quotidienne nous est décrite, il ne s'en rencontre pas qui nous montre un Spartiate labourant sa terre ou faisant sa moisson. Nous n'en voyons jamais un qui dirige au moins le travail de ses esclaves, qui surveille sa terre, qui administre son bien. Enfin, nous ne pouvons jamais constater qu'un Spartiate vive à la campagne, sur son domaine.

Cette singularité s'explique, en partie par les habitudes que la loi imposait aux Spartiates, en partie par le mode d'exploitation du sol. Nous nous occuperons d'abord de ce second point.

« La loi voulait, dit Plutarque, que les citoyens fussent absolument inoccupés; elle leur interdisait tout métier, tout commerce, tout moyen de gagner de l'argent; quant à la terre, les hilotes la cultivaient pour eux, et leur en payaient une redevance qui avait été fixée dès l'origine. Une imprécation religieuse frappait le propriétaire qui aurait augmenté le prix de fermage de son champ; car on avait voulu que les propriétaires fussent intéressés à leur culture par les bénéfices qu'ils y pourraient faire, en même temps qu'on avait visé à empêcher les Spartiates de s'enrichir outre mesure[1]. »

______
[1] Plutarque, *Instituta laconica*, 40.

Ce curieux passage de Plutarque, qui est d'accord avec tous les récits que nous avons sur Sparte et qui n'est contredit par aucun d'eux, nous donne une idée de l'état du sol et des relations entre la propriété et la culture. La première chose qu'on y remarque, c'est que la terre n'était pas commune à tous, puisque la loi défendait au citoyen d'augmenter la redevance qu'il tirait de son bien ; une telle défense n'aurait eu aucune signification si le citoyen n'avait pas été un propriétaire. Mais ce propriétaire était empêché par la loi elle-même d'être un cultivateur. La culture appartenait aux hilotes.

On sait que ces hilotes étaient de condition servile ; en droit, ils n'étaient que des esclaves ; aussi voyons-nous dans plusieurs textes qu'ils sont appelés δοῦλοι[1], et un ancien lexicographe explique le verbe εἱλωτεύειν comme synonyme de δουλεύειν[2]. Toutefois ils ne ressemblaient pas aux esclaves que nous voyons à Athènes et à Rome. Peu d'entre eux étaient attachés au service domestique. La plupart vivaient dans les champs. Tite Live, la première fois que leur nom paraît dans son histoire, les définit ainsi : « C'est une race de paysans qui habitent depuis une haute antiquité des demeures rurales[3]. » Cette même situation est nettement signalée par les écrivains grecs. Myron de Priène dit « que les hilotes étaient des hommes aux mains desquels les Spartiates avaient laissé la terre en fixant quelle part du produit chacun d'eux devait leur fournir à perpétuité[4] ». Plutarque parle à peu près de même : « Les hilotes cultivaient la terre pour les Lacédémoniens et leur en payaient la redevance fixée à l'origine[5]. » Éphore dit qu'ils n'étaient esclaves que « pour certaines choses déterminées[6] ». Parmi les règles qui déterminaient leur condition sociale, il y

---

1. Théopompe, dans Athénée, VI, 102.
2. Harpocration, au mot εἱλωτεύειν.
3. Tite Live, XXXIV, 27 : *Hi sunt jam inde antiquitus castellani, agreste genus.* On sait que le latin vulgaire appelait *castella* les demeures rurales des petits colons ou des esclaves. — Cornelius Népos, *Pausanias*, 3 : *Helotes, quorum magna multitudo agros Lacedæmoniorum colit.*
4. Myron de Priène, dans Athénée, XIV, c. 74.
5. Plutarque, *Lycurgue*, 24 : Οἱ εἵλωτες αὐτοῖς γῆν εἰργάζοντο, ἀπόφοραν τὴν εἰρημένην τελοῦντες.
6. Éphore, dans Strabon, VIII, 5, 4, edit. Didot, p. 515.

en avait qui leur étaient favorables, par exemple celle qui
interdisait au maître de vendre l'hilote « en dehors des
limites[1] », clause analogue à celle qui protégeait les pénestes
de Thessalie et les serfs des Héracléotes[2]. D'autres pouvaient
leur être désavantageuses, par exemple celle qui interdisait
aux maîtres de les affranchir[3]. Il ne faudrait pas pourtant
conclure de là que l'hilote ne sortît jamais de son esclavage.
L'histoire de Sparte mentionne fréquemment des hilotes qui
étaient affranchis ; mais ils ne pouvaient l'être que par l'État
ou au moins avec son autorisation. C'est ce qui a fait dire à
l'historien Éphore « qu'ils étaient *d'une certaine façon* esclaves
de l'État ». Il n'entend pas par là que les hilotes fussent des
esclaves publics, puisqu'il dit dans la même phrase que chaque
hilote avait un maître[4]. Il entend seulement qu'au-dessus du
maître l'État spartiate exerçait une sorte de domaine éminent
sur ces travailleurs sans lesquels la terre n'aurait pas été cul-
tivée, et qu'il se réservait de permettre ou d'interdire au maître
de les détacher du sol par l'affranchissement[5].

Le même historien ajoute que les hilotes occupaient des
demeures propres, demeures qu'ils ne choisissaient sans doute
pas à leur gré, mais qui leur étaient assignées et qu'apparemment ils n'avaient pas le droit de quitter. En tout cas, ils ne
vivaient pas, sauf exception, dans la maison du maître ; et
voilà encore un point par lequel ils se distinguaient de la
plupart des esclaves. Chacun avait son domicile à soi, où il
vivait avec sa famille, semblable en cela au colon que Tacite

1. Éphore, dans Strabon.
2. Athénée, VI, 84 et 85.
3. Éphore, dans Strabon.
4. Ibidem : Ὥστε τὸν ἔχοντα μήτ' ἐλευθεροῦν μήτε πωλεῖν. Il est clair que
si l'hilote avait appartenu à l'État, il n'y aurait pas eu lieu d'interdire « à celui
qui l'avait » de l'affranchir ou de le vendre en dehors des limites. Westermann a pensé que les hilotes, ayant été pris à la guerre et par l'État, auraient été
concédés par lui aux particuliers. Cette conjecture, assez vraisemblable, explique
que l'État ait conservé quelques droits sur les hilotes.
5. Il y a aussi un texte de Myron de Priène qui montre que l'hilote avait un
maître ; l'historien signale un délit pour lequel, l'hilote étant puni de mort, son
maître était puni d'une amende (Myron de Priène, dans les *Fragmenta*, édit. Didot,
t. IV, p. 464). — Nous ne doutons pas d'ailleurs que parmi les hilotes il n'y en
eût qui appartinssent à l'État ; on sait que toute ville grecque avait ses esclaves
publics.

remarquait en Germanie et qui avait « sa maison et ses pénates »[1].

Nous devons donc nous représenter l'hilote vivant sur un champ, dans une cabane qui lui appartient, avec sa famille. Il cultive ce champ et il en paye une redevance que le propriétaire ne peut pas augmenter. Il ne lui est pas facile d'être affranchi, mais il n'a pas non plus à craindre d'être vendu. Il vit sur ce champ, et il ne peut guère en être séparé. Il y vit, sauf exception, de père en fils. Il est attaché héréditairement à cette terre bien plutôt qu'à la personne du maître. Il est d'ailleurs loin des yeux de ce maître, qui vit toujours à la ville. L'arbitraire a peu de prise sur lui, puisque sa redevance est invariable. Il jouit du fruit de son travail ; cette redevance payée, le reste est à lui. Il peut même, à force de labeur, acquérir quelque aisance. Un fait rapporté par Plutarque montre que beaucoup d'hilotes possédaient, outre la maison et les objets mobiliers qui sont nécessaires à une famille, une somme d'argent assez considérable[2].

Cet hilote a donc une tout autre situation sociale que l'esclave d'Athènes. C'est sans doute pour cela que Pollux dit « qu'il tient le milieu entre l'esclave et l'homme libre[3] ». Il ressemble au péneste thessalien, au clérote crétois, et à tous ces serfs de la glèbe que connaissait la Grèce antique. Il est un tenancier serf plutôt qu'un esclave[4].

Cela n'empêchait pas la condition des hilotes d'être par certains côtés très dure. Comme ils n'étaient pas membres de la cité, les lois ne les protégeaient pas[5]. La justice n'existait

1. [*Recherches sur quelques problèmes d'histoire*, p. 208.]

2. Plutarque, *Vie de Cléomène*, 23. Déjà dans Hérodote, IX, 80, nous voyons un trait qui donne une idée de ce qu'un hilote pouvait acquérir en objets mobiliers. — Sur les hilotes, voir Wallon, *Histoire de l'esclavage*, t. I, 2ᵉ édit., p. 105-118 ; Claudio Jannet, *les Institutions sociales de Sparte*, p. 12 et suiv. ; Schœmann, 2ᵉ édit., t. I, p. 201-208.

3. Pollux, *Onomasticon*, III, 83.

4. [Cf. plus haut, p. 48 et suiv.]

5. C'est ce qui explique un fait qui paraît étrange à première vue : l'interdiction d'augmenter la redevance n'était pas prononcée par une loi ; elle l'était par la vieille religion ; contre le propriétaire qui aurait voulu élever son fermage, il n'y avait pas pénalité, il y avait malédiction : ἐπάρατον ἦν, dit Plutarque. La religion s'occupait des hilotes ; mais le droit *civil* ne pouvait rien pour eux.

pas pour eux. On pouvait donc les maltraiter et même les tuer impunément. Nous ne conclurons pas de là qu'on prît ordinairement plaisir à les maltraiter : dans aucune société on ne s'amuse à tuer ceux dont le travail nourrit la société ; et il est clair que le Spartiate qui aurait tué son hilote se fût fait tort à lui-même[1]. Mais le droit était tel, que l'hilote n'avait aucun recours contre la violence. Il semble que tout fût permis contre lui, excepté d'augmenter son fermage.

Encore y a-t-il un point par lequel l'hilote était relevé : c'est que, tandis qu'aucune cité grecque n'admettait les esclaves dans ses armées, à moins d'exceptions rares, la cité spartiate paraît avoir admis régulièrement les hilotes dans les siennes. Ils combattaient à côté de leurs maîtres[2]. Beaucoup d'entre eux furent affranchis pour leur bravoure[3]. Si Thucydide nous dit que Sparte les redouta parfois au point qu'un jour elle crut avoir à sa sûreté d'en massacrer deux mille, cela même ne donne pas l'idée d'une classe vile et sans valeur. Quant à la haine qu'on leur attribue volontiers à l'égard de Sparte, elle ne fut peut-être pas aussi constante ni aussi générale qu'on l'a dit. Un exemple entre autres prouve qu'ils n'étaient pas toujours hostiles : en 418, Sparte étant menacée, ils se levèrent en masse pour la défendre[4].

Cette condition des hilotes que nous venons de tracer est un des traits les plus caractéristiques de la constitution sociale de Sparte. On y doit remarquer surtout la séparation profonde qui était établie entre la propriété du sol et l'occupation ou la tenure de ce même sol. La première était réservée aux citoyens, la seconde était dévolue à une population servile. La première était absolument héréditaire en droit, la seconde

1. Nous n'avons pas à parler ici de la cryptie : on s'en fera une idée assez exacte en plaçant en regard du texte de Plutarque ceux de Platon, *Lois*, I, p. 633 et VI, p. 763, d'Aristote, *Fragments*, 80, et d'Héraclide, édit. Didot, t. II, p. 210.

2. Hérodote, IX, 10 ; Thucydide, IV, 8 ; IV, 80 ; V, 34 ; VII, 19.

3. Thucydide, IV, 26 ; V, 34.

4. Idem, V, 64. — Les hilotes qu'on voit se révolter fréquemment sont ceux de Messénie ; il faut faire attention à cette remarque de Pausanias, III, 11, 8 : Ἀπέστησαν οὐχ ἅπαντες οἱ εἵλωτες, ἀλλὰ τὸ Μεσσηνιακὸν, ἀπὸ τῶν ἀρχαίων εἱλώτων ἀποσχισθέντες. — Lorsque Myron de Priène énumère les mauvais traitements qui étaient infligés aux hilotes, c'est de ceux de Messénie qu'il parle.

était à peu près héréditaire en fait. Les relations entre l'une et l'autre étaient réglées par l'État. Il y avait ainsi pour chaque petit domaine un hilote qui le cultivait, et un Spartiate qui en percevait une part des fruits. Ce Spartiate était un propriétaire; il n'était jamais un cultivateur. Il vivait à la ville, sans avoir même le droit de s'occuper de son champ. Il n'avait rien d'un propriétaire rural, sinon la redevance qui lui était apportée. C'est à peine s'il connaissait sa terre. Nous verrons plus loin les conséquences de cette situation sur l'état économique et social de Sparte.

Il est bon d'observer que le sol dont les Spartiates avaient la propriété ne comprenait pas toute la Laconie. L'historien Éphore nous apprend que ce pays était divisé en six districts; les Doriens vainqueurs ne prirent possession que de l'un d'eux, celui qui entourait la ville de Sparte[1]. Les anciens habitants, qui ne furent assujettis qu'après une série de guerres et de traités que l'on peut voir dans Pausanias, restèrent en possession, sauf quelques cas exceptionnels, de leurs villes et de leurs terres. Il est admis universellement que ces périèques laconiens continuèrent d'exercer sur leur sol un droit complet de propriété; et en effet, si aucun texte ne l'affirme formellement, cela ressort avec une pleine évidence de tout ce qu'on sait de cette population. Suivant Plutarque, la terre spartiate était partagée en 9000 domaines, la terre laconienne en 30000[2].

Quant à la Messénie, lorsque les Spartiates s'en furent rendus maîtres, ils n'en firent pas une terre publique, une γῆ δημοσία, un ager publicus, comme firent plus tard les Romains; ils y établirent tout de suite leur système particulier de propriété. Le territoire fut découpé en lots que les Spartiates tirèrent au sort, suivant le vieil usage des Grecs, et qui devinrent la propriété de chacun d'eux[3]. Mais ils ne les occupèrent pas et

1. Éphore, dans Strabon, VIII, 5, 4.
2. Plutarque, *Vie de Lycurgue*, 8.
3. Pausanias, IV, 24 : Τὴν γῆν αὐτοὶ διελάγχανον. Dans la langue grecque, le terme λαγχάνω appliqué à la terre, comme les mots κλῆρος et κληρουχεῖν, comme l'expression latine *dividere sorte*, implique toujours une constitution de propriété perpétuelle par suite de l'opération du tirage au sort.

continuèrent à vivre à Sparte. Les Messéniens réduits à l'état
d'hilotes, à l'exception de ceux qui réussirent à fuir, occupèrent
et cultivèrent ces champs en payant chaque année aux propriétaires une redevance. Deux vers de Tyrtée nous montrent
quel était le taux de ce fermage; le poète représente « les
hilotes messéniens courbés, sous le faix comme des bêtes de
somme et portant chaque année à leurs maîtres la moitié des
grains que produisaient leurs champs[1] ».

IV. — LA VIE PRIVÉE A SPARTE.

La famille était constituée à Lacédémone[2] suivant les mêmes
principes fondamentaux que dans le reste de la Grèce. Les
documents n'indiquent pas que les rapports entre l'époux
et l'épouse, entre le père et les enfants, y aient été sen-

1. Tyrtée, cité par Pausanias, IV, 14; cf. Élien, *Histoires variées*, VI, 6.
2. Nous disons presque indifféremment Sparte et Lacédémone, Spartiates et
Lacédémoniens. Ce n'est pas que les deux termes fussent exactement synonymes ;
mais la distinction qu'il y avait entre eux a été exagérée jusqu'à l'inexactitude par
quelques historiens modernes. Il n'est pas vrai que le nom de Spartiates s'appliquât
spécialement aux citoyens de race dorienne, et que celui de Lacédémoniens ou
Laconiens désignât les indigènes vaincus. Ceux-ci sont ordinairement désignés dans
les textes par les deux mots réunis περίοικοι Λάκωνες. Quant au terme Λακεδαιμόνιοι,
il s'applique aux Spartiates : il est même, bien plutôt que le mot Spartiate, le nom
officiel du peuple. Dans les textes de traités de paix qui sont cités par Thucydide
(V, 18 ; V, 23; V, 79; VIII, 18; VIII, 37; VIII, 58), c'est le terme Λακεδαιμόνιοι
qui est employé; exemple : V, 77 : Κατταδε δοκει τᾳ ἐκκλησία τῶν Λακεδαιμονίων
ξυμβαλέσθαι ποττὼς Ἀργείως. De même les inscriptions désignent l'État spartiate
par les expressions ἡ πόλις τῶν Λακεδαιμονίων (*Corpus inscriptionum græcarum*,
nᵒˢ 1358, 1376, 1453). Les historiens nous ont conservé plusieurs discours qu'ils
disent avoir été prononcés dans les assemblées publiques de Sparte, et nous y
voyons que l'orateur appelait ses concitoyens Λακεδαιμόνιοι (Hérodote, V, 92 ;
Thucydide, I, 68, 76, 80, 86). Hérodote dit indifféremment roi des Lacédémoniens
(VI, 58) et roi des Spartiates (I, 65; VI, 59). Le mot Λάκωνες lui-même est fréquemment employé comme synonyme de Λακεδαιμόνιοι et de Σπαρτιᾶται (Aristote,
Politique, II, 6, 2 ; II, 6; 8 ; II, 6, 21, etc.). — Toutefois, à prendre les deux
termes dans leur sens littéral, une distinction est visible : géographiquement, chez
Hérodote, Λακεδαίμων désigne la Laconie entière, et Σπάρτη la ville de Sparte
(Hérodote, VII, 234); politiquement, Λακεδαίμων désigne la cité, Σπάρτη la ville.
Au point de vue des personnes, Λακεδαιμόνιοι désigné tous les membres libres de
l'État lacédémonien, y compris les périèques de Laconie, et Σπαρτιᾶται est réservé
aux seuls Doriens, qui sont seuls citoyens complets ; un exemple de cela se voit
dans Thucydide, IV, 38, où le mot Λακεδαιμόνιοι est appliqué à 280 hoplites, parmi
lesquels il n'y a que 120 Σπαρτιᾶται. A la fin, le mot Λακεδαιμόνιοι reste le nom
officiel, mais Σπαρτιᾶται prend une signification honorable et aristocratique.

siblement différents de ce qu'ils étaient ailleurs. Hérodote,
qui parle si souvent et si volontiers de Sparte et qui était un
si curieux observateur des usages intimes, ne signale jamais
que l'état de famille des Spartiates s'éloignât de celui des
autres Grecs. Ni Thucydide, ni Xénophon, ni Aristote ne font
aucune remarque de cette nature. Xénophon dit même que
Sparte « ne diffère des autres cités par rien, si ce n'est par sa
parfaite obéissance aux lois[1] ».

A Sparte, comme partout, le mariage était un acte sacré,
qui s'accomplissait suivant des rites. Plutarque rapporte, à la
vérité, que l'époux devait enlever l'épouse, ἐγάμουν δι' ἁρπαγῆς[2];
mais il faut faire attention que dans la phrase suivante l'historien signale la νυμφεύτρια, c'est-à-dire la femme qui condui-
sait la fiancée à son époux et qui dirigeait, à Sparte comme
dans toute la Grèce, la cérémonie nuptiale; la suite de la description de Plutarque montre bien qu'il s'agit de tout autre
chose que d'un rapt. L'ἐγγύησις et la πομπή étaient en usage à
Sparte comme dans les autres villes grecques[3]. L'enlèvement
ou le simulacre d'enlèvement n'était donc pas autre chose
qu'un de ces rites antiques dont Plutarque et ses contemporains ne comprenaient plus le sens. Denys d'Halicarnasse, qui
était un peu archéologue, nous apprend, en effet, que « l'enlèvement de l'épouse était l'un des vieux rites et l'une des
formalités les plus remarquables du mariage grec[4] ». Ce
même rite se retrouve dans une grande partie de la race indo-
européenne, et en particulier chez les Romains[5].

Il y a encore dans Plutarque un passage où il semble croire
que le lien du mariage était peu respecté à Lacédémone, que
l'adultère y était permis, que les femmes y étaient à tous,
ainsi que les enfants[6]. Mais cela est démenti par un grand

<hr>

1. Xénophon, *Mémorables*, IV, 4, 15.
2. Plutarque, *Lycurgue*, 15.
3. Idem, *Lysandre*, 30; *Lycurgue*, 15; sur le rôle de la νυμφεύτρια, voir
Pollux, III, 41.
4. Denys d'Halicarnasse, *Antiquitates romanæ*, II, 30, édit. Reiske, t. I, p. 301 :
Ἁρπαγὴν... ἑλληνικόν τε καὶ ἀρχαῖον τὸ ἔθος καὶ τρόπων συμπάντων καθ' οὓς συνά-
πτονται γάμοι ἐπιφανέστατον.
5. [*La Cité Antique*, liv. II, c. 2.]
6. Plutarque, *Lycurgue*, 15.

nombre de récits que l'on peut lire dans Hérodote, dans Xénophon et dans Plutarque lui-même. C'est ce dernier qui nous montre, dans un autre passage, la femme « gardant la maison du mari », et qui nous parle « des antiques devoirs du mariage à Sparte[1]. » Qu'on lise chez le même écrivain les Apophtegmes des femmes lacédémoniennes, et, sans être obligé de croire que toutes ces paroles soient authentiques, on reconnaîtra qu'elles n'auraient pas été inventées dans un pays où l'on n'aurait pas connu les devoirs du mariage. Dans maintes anecdotes nous voyons un mari ou un père agir et parler vis-à-vis de sa femme et de ses enfants comme eût fait un Athénien. Et, d'autre part, on ne rencontre ni un récit ni une parole qui soit l'indice d'un état de promiscuité.

Les usages des anciens doivent être examinés sans faire acception de nos idées modernes. On sait qu'à Sparte le divorce était permis et pouvait même être ordonné au mari en cas de stérilité de la femme[2]; c'était une règle générale dans l'antiquité : elle tenait aux principes les plus sacrés de la famille et à l'obligation religieuse de la perpétuer. On voit aussi que, dans le cas d'impuissance du mari, la femme pouvait s'unir au plus proche parent de cet homme, surtout avec son frère[3]; c'était une règle qui, dans un âge antique, avait été générale dans la race indo-européenne[4]; elle existait encore

1. *Comparaison de Lycurgue et de Numa*, c. 3 : Οἴκοι τῆς γυναικὸς οὔσης παρ' αὐτῷ, καὶ τοῦ γάμου μένοντος ἐπὶ τῶν ἐξ ἀρχῆς δικαίων. — Dans les *Apophthegmata laconica, Lycurgi*, 20 : Τοσαύτη ἦν σωφροσύνη τῶν γυναικῶν ὡς ἄπιστον εἶναι τὸ τῆς μοιχείας παρ' αὐταῖς. — Isocrate dit aussi (*Panathenaicus*, 259) qu'il n'y a qu'à Sparte que l'on ne voit pas αἰσχύνας γυναικῶν. Il est clair qu'il ne faut pas prendre ces assertions à la lettre; elles attestent seulement que les autres Grecs n'attribuaient pas aux Spartiates un état de famille moins régulier que le leur.

2. Hérodote, V, 39 ; VI, 61.

3. Polybe, XII, 6, 8, édit. Didot, p. 508 : Παρὰ τοῖς Λακεδαιμονίοις πάτριον ἦν καὶ συνῆθες τρεῖς ἄνδρας ἔχειν γυναῖκα ἀδελφοὺς ὄντας. Ce passage a été quelquefois interprété inexactement, parce qu'on n'a pas fait attention aux mots ἀδελφοὺς ὄντας qui précisent la pensée de l'historien. Il faut noter d'ailleurs que l'historien ne dit pas que les trois frères eussent cette femme en même temps. — Cet antique usage, dont le souvenir était arrivé jusqu'à Polybe, était apparemment devenu rare dès le temps d'Hérodote, qui n'en parle jamais. Xénophon et Plutarque en ont eu quelque vague notion; ils parlent du mari vieux et impuissant qui serait tenu d'introduire un jeune homme près de sa femme.

4. Lois de Manou, IX, 59 et 145. Le lévirat existait aussi chez les Hébreux.

dans Athènes au temps de Solon[1]. Il est d'ailleurs vraisemblable qu'elle n'était appliquée, à Sparte comme à Athènes, que dans le cas où une famille était menacée de s'éteindre. Quoi qu'il en soit, ces antiques prescriptions n'altéraient en rien le principe de la monogamie qui était la règle absolue à Sparte. Outre que cette vérité ressort d'un grand nombre d'anecdotes, elle est attestée en termes exprès par Hérodote, au sujet d'une exception qu'il signale. Il raconte que les Éphores, ayant voulu contraindre un roi à renvoyer sa femme parce qu'elle était stérile, mais n'ayant pu l'obtenir de lui, imaginèrent l'expédient de l'obliger à épouser une autre femme tout en gardant la première; le roi y consentit, et il eut alors, dit l'historien, deux femmes et deux foyers, « ce qui était contraire à ce qui se passe à Sparte[2] ». Quant à l'adultère, il y était réputé l'un des plus grands crimes, et il paraît, s'il faut en croire Plutarque, que les Spartiates aimaient à dire qu'il était inconnu chez eux[3]. Plusieurs faits de l'histoire montrent qu'il n'était pas plus inconnu à Sparte qu'ailleurs; mais ils montrent en même temps qu'il y était réprouvé et puni. Les fils nés hors du mariage ou nés de l'adultère étaient exclus, non seulement de la succession paternelle, mais encore de tous les droits du citoyen[4].

La puissance paternelle était, à la vérité, très restreinte par la puissance de l'État; il n'en est pas moins vrai que le fils appartenait au père. Les enfants recevaient une éducation commune; encore rentraient-ils chaque soir dans la maison paternelle, dans cette maison dont ils devaient un jour hériter[5]. Un trait curieux des mœurs antiques, qui nous a été

1. Plutarque, *Solon*, 20.
2. Hérodote, V, 40 : Γυναῖκας ἔχων δύο δίξας ἱστίας οἴκεε, ποιέων οὐδαμὰ Σπαρτιητικά.
3. Plutarque, *Lycurgue*, 15, *in fine*.
4. Strabon, VI, 3, 3 : Τοὺς παρθενίας οὐχ ὁμοίως τοῖς ἄλλοις ἐτίμων ὡς οὐκ ἐκ γάμου γεγονότας. — Plutarque, *Agésilas*, 4 : Ἀγησίλαος εἶχε τὰ χρήματα τοῦ Ἄγιδος ὡς νόθον ἀπελάσας τὸν Λεωτυχίδην. Cet exemple montre que le fils adultérin était exclu de la succession, même quand il n'y avait pas d'enfant légitime, et l'héritage passait alors aux collatéraux. — De même Athènes, le νόθος n'héritait pas (Démosthène, *Pro Phormione*, 52 ; *In Eubulidem*, 55 ; Aristophane, *Aves*, 1642 et suiv.)..
5. Sur la vie des enfants dans la maison, voir le trait que Plutarque rapporte

conservé par Justin, montre que les Spartiates avaient, comme
tous les Grecs, des tombeaux de famille[1], signe certain qu'à
Sparte comme partout la famille était un groupe régulier et
permanent d'âge en âge.

Il s'en fallait de tout que Sparte ignorât la vie privée. Chaque
famille avait sa maison. Cette maison avait un foyer, comme
chez tous les Grecs, c'est-à-dire un culte intérieur. Nous lisons
dans Hérodote que Démarate rentrant chez lui s'approche de
son autel et invoque son dieu domestique, son Ζεὺς Ἕρκεῖος[2].
Plutarque mentionne des sacrifices privés[3], comme il y en
avait tant dans toute famille grecque; ces sacrifices intimes
supposent des fêtes domestiques, des anniversaires, toute la
vie de famille des anciens. Aristote et Platon assurent que les
femmes jouissaient à Sparte d'une plus grande liberté dans
leurs maisons qu'elles n'en avaient dans les autres villes grecques[4]. Il y a surtout un passage curieux de Denys d'Halicarnasse où il compare les trois grandes cités, Rome, Athènes et
Sparte, au point de vue de la vie privée; or celle où la vie
privée lui paraît avoir eu le plus d'indépendance est précisément Sparte : « Toute infraction au bon ordre, dit-il, si elle
est commise en un lieu public, est passible d'une peine; mais

d'Agésilas jouant avec ses enfants (Plutarque, *Agésilas*, 25-26). — Antalcidas,
dans un moment de danger, envoie ses enfants dans l'île de Cythère (Plutarque,
Agésilas, 32).

1. Justin, III, 5 : *Tantum ardorem militibus injecit ut, non de salute, sed de
sepultura solliciti, tesseras insculptis suis et patrum nominibus dextro brachio
deligarent : ut, si omnes adversum prœlium consumpsisset, et temporis spatio
confusa corporum lineamenta essent, ex indicio titulorum tradi sepulturæ
possent.* Cf. Eschyle, *Sept contre Thèbes*, v. 914.

2. Hérodote, VI, 67, 68 : Ἦιε ἐς τὰ ἑωυτοῦ οἰκία, αὐτίκα δὲ ἔθυε τῷ Διὶ βοῦν,
θύσας δὲ τὴν μητέρα ἐκάλεσε.... Ὦ μῆτερ, θεῶν σε τῶν ἄλλων καταπτόμενος ἱκετεύω
καὶ τοῦ Ἑρκείου Διὸς τοῦδε.

3. Plutarque, *Lycurgue*, 12 : Ἐξῆν οἴκοι δειπνεῖν ὁπότε θύσας τις ὀψίσειε.

4. Aristote, *Politique*, II, 6, édit. Didot, p. 511, 512 : Ἡ περὶ τὰς γυναῖκας
ἄνεσις.... Ζῶσιν ἀκολάστως πρὸς ἅπασαν ἀκολασίαν καὶ τρυφερῶς. Platon, *Lois*, I,
p. 637 : Τῶν γυναικῶν παρ' ὑμῖν ἄνεσιν. C'est ce que dit aussi Denys d'Halicarnasse, II, 24 : Ῥωμαῖοι οὐκ ἀφῆκαν ὥσπερ Λακεδαιμόνιοι τὰς τῶν γυναικῶν φυλακάς.
— Nous inclinons à croire que Platon, Aristote et Denys exagèrent quelque peu;
nous savons, en effet, que les Spartiates avaient, comme tous les autres Grecs, des
magistrats chargés de surveiller les femmes; mais il ressort au moins de ces textes
que la surveillance était moins sévère qu'ailleurs, surtout dans l'intérieur des
maisons. Nous rencontrerons plus loin des faits qui confirmeront encore cette
vérité.

l'État n'a nul souci de ce qui se fait dans les maisons ; la porte de la cour antérieure est la limite où commence la liberté de la vie[1]. » Plutarque fait observer comme une chose exceptionnelle qu'Agésilas, affectionnant les vieux usages, ne changea rien à ses repas, à ses bains, à la parure de sa femme, à son train de maison[2]. C'est donc que d'autres se permettaient le luxe intérieur et la parure pour leur femme. Il semble même que les dépenses de toilette, d'ameublement et de table, au moins pour les femmes, aient été poussées très loin à Sparte[3], et peut-être dépassaient-elles celles des femmes athéniennes. Aristote ajoute que les femmes exerçaient à Sparte un grand empire, ce qui ne se concilierait pas avec la pratique de la vie commune et ce qui suppose au contraire de fortes habitudes de vie intérieure[4].

Mais si la liberté était grande pour les femmes, elle était à peu près nulle pour les hommes. Ce qui distinguait le plus Lacédémone des autres cités grecques, c'est la discipline qu'elle imposait à ses citoyens. Encore y aurait-il de l'exagération à dire que cet assujettissement de l'individu à l'égard de la cité ait été une chose particulière à Sparte. Les prescriptions dont nous allons parler, telles que l'éducation en commun, les exercices gymnastiques, les devoirs de l'éphébie, les obligations imposées à chaque âge de la vie, tout cela se trouve dans toutes les villes grecques, et aussi bien chez les

1. Denys d'Halicarnasse, XX, 2 (XX, 13, édit. Kiessling, t. IV, p. 167) : Λακεδαιμόνιοι τῶν κατ' οἰκίαν γινομένων οὔτε πρόνοιαν οὔτε φυλακὴν ἐποιοῦντο, τὴν αὔλειον θύραν ἑκάστῳ ὅρον εἶναι τῆς ἐλευθερίας τοῦ βίου.

2. Plutarque, *Agésilas*, 19.

3. Aristote, *Politique*, II, 6 ; Platon, *Lois*, I, p. 637 ; VI, p. 781 ; cf. Plutarque, *Agis*, passim. — Plutarque signale (*Agésilas*, 19) un des principaux objets de luxe : c'étaient des sièges sculptés, κάναθρα, dans lesquels les jeunes filles se faisaient porter aux processions. — Il faut noter toutefois qu'un fragment d'Héraclide contredit ou paraît contredire les assertions d'Aristote, de Platon et de Plutarque : Τῶν ἐν Λακεδαίμονι γυναικῶν κόσμος ἀφῄρηται· οὐδὲ κομᾶν ἔξεστιν οὐδὲ χρυσοφορεῖν (Héraclide, dans les *Fragmenta historicorum græcorum*, Didot, t. II, p. 211) : Peut-être Héraclide parle-t-il de l'état légal ; Aristote et Platon, de l'état réel ; peut-être aussi le luxe était-il interdit au dehors, mais permis dans la maison.

4. Aristote, *Politique*, II, 6, Didot, p. 511 : Γυναικοκρατούμενοι... καὶ πολλὰ διῳκεῖτο ὑπὸ τῶν γυναικῶν. Cette remarque ne s'applique pas seulement au temps de la décadence de Sparte, car Aristote parle au temps passé et ajoute : Ἐπὶ τῆς ἀρχῆς αὐτῶν, au temps où Sparte exerçait l'empire.

Ioniens et les Éoliens que chez les Doriens. Les différences n'étaient que dans la mesure. Partout, avec plus ou moins de rigueur, le principe était, suivant la formule que nous trouvons dans Platon, « que le citoyen dût mettre son application à garder et à entretenir l'ordre établi pour tous par la cité », σώζειν τὸν κοινὸν τῆς πόλεως κόσμον[1]. Ce qui est particulier à Sparte, c'est que la discipline y fut plus sévère qu'ailleurs et s'y maintint plus longtemps.

Le citoyen de Sparte n'avait pas le droit de faire le commerce, ni d'exercer un métier. Il ne lui était pas même permis de cultiver sa propre terre. Il lui était absolument défendu « de mettre la main à aucun travail[2] ». La règle était qu'il eût « abondance d'inoccupation », ἀφθονία σχολῆς, par quoi nous devons entendre qu'il était tenu de donner tout son temps et tous ses soins, non à des intérêts personnels, mais à la cité.

Le Spartiate n'avait pas le droit de rester célibataire. Un châtiment très rigoureux, l'ἀτιμία, frappait celui qui ne se mariait pas; en outre, « il était contraint par les magistrats, chaque année, de faire le tour de l'agora, nu, en chantant un refrain où il était dit qu'il était puni avec justice pour avoir désobéi aux lois[3] ». Une peine frappait même l'homme qui se mariait tard ou qui « se mariait mal[4] ».

L'habillement était soumis à des règles, et il était le même pour les riches et pour les pauvres[5]. Le citoyen n'avait pas le droit de porter des bijoux[6], et une vieille loi, peu observée vraisemblablement, mais toujours rappelée d'année en année, lui ordonnait de se raser la moustache[7].

L'éducation de l'enfant n'appartenait pas au père. On n'était

----

1. Platon, *Lois*, VIII, p. 846. On a mal compris ce passage en l'appliquant exclusivement aux cités doriennes. Platon dit cela du citoyen grec en général et non pas seulement du Spartiate; c'est même dans la bouche d'un Athénien qu'il place cette maxime.
2. Plutarque, *Lycurgue*, 24. Cf. Élien, VI.
3. Ibidem, 15; *Lysandre*, 30.
4. *Lysandre*, 30 : Δίκη ὀψιγαμίου, κακογαμίου.
5. Thucydide, I, 6; Xénophon, *Respublica Lacedæmoniorum*, 7.
6. Plutarque, *Lycurgue*, 9.
7. Idem, *Cléomène*, 9, d'après Aristote.

pas libre d'élever son fils chez soi, de l'instruire soi-même ou de lui donner un précepteur. Dès l'âge de sept ans, les enfants étaient pris par l'État, distribués en classes et instruits en commun par des maîtres que la cité avait choisis[1]. Bien qu'il y eût des riches et des pauvres dans la société spartiate, l'éducation était la même pour tous, et Aristote remarque qu'elle était celle qui eût convenu aux pauvres[2]. Elle se composait d'exercices gymniques et musicaux, tous également obligatoires et fixés invariablement par l'État. Au fond, cette éducation était la même que dans les autres cités grecques; elle était seulement plus sévère[3].

Après les exercices de l'enfance venaient ceux de l'éphébie. Les jeunes gens apprenaient le métier des armes, et ils l'apprenaient par la pratique, s'exerçant chaque jour, mangeant ensemble, dormant en commun[4], occupés à faire la garde ou à parcourir la campagne[5]. Ce temps d'apprentissage terminé, on était encore soldat, et le devoir militaire se prolongeait durant quarante années[6]. A la différence des autres cités grecques, on était soldat même en temps de paix; tous les citoyens étaient distribués en petits groupes qu'on appelait des *énomoties*[7], et qui étaient composés d'hommes du même âge unis par un serment sacré[8]. Plusieurs énomoties formaient un λόχος, quatre λόχοι une μόρα[9], et tous ces corps étaient commandés par des énomotarques, des lochages, des polémarques. Par ce système, le Spartiate était toujours à l'état de soldat,

<hr>

1. Plutarque, *Lycurgue*, 16.

2. Aristote, *Politique*, IV, 7, édit. Didot, p. 555 : Ὁμοίως οἱ τῶν πλουσίων τρέφονται τοῖς τῶν πενήτων, καὶ παιδεύονται τὸν τρόπον τοῦτον ὃν ἂν ἰδύναιντο καὶ τῶν πενήτων οἱ παῖδες. Nous rencontrerons plus loin un fait qui contredit quelque peu cette assertion trop générale d'Aristote.

3. Plutarque, *Agésilas*, 1 : Τὴν ἀγωγὴν ἐν Λακεδαίμονι σκληρὰν καὶ πολύπονον.

4. Idem, *Apophthegmata. Laconica, Lycurgi*, 17 : Τὸ πλεῖστον τῆς ἡμέρας συνεῖναι τοῖς ἡλικιώταις, καὶ τὰς νύκτας ὅλας συναναπαύεσθαι.

5. Aristote, *Politique*, II, 6, 15, signale les φρουραί. Plutarque, *Lycurgue*, 28, et Platon, *Lois*, I, p. 633 et VI, p. 763, décrivent les expéditions nocturnes dans la campagne.

6. Thucydide, V, 64; Xénophon, *Helléniques*, VI, 4, 17 : Μέχρι τῶν τεττεράκοντα ἀφ' ἥβης.

7. Thucydide, V, 67-68; Xénophon, *Helléniques*, VI, 4, 12.

8. Hésychius : Ἐνωμοτία· τάξις τις διὰ σφαγίων ἐνώμοτος.

9. Harpocration, d'après Aristote, v° μόρα.

presque toujours en exercices militaires ou en expédition, toujours enserré entre des camarades[1], toujours sous les ordres d'un chef. Aussi les écrivains athéniens remarquaient-ils que Sparte ressemblait à un camp[2].

A cela se rattachait une particularité dont parle Plutarque, mais qu'il ne nous semble pas qu'on ait bien comprise : on a supposé que le mari ne vivait pas dans la maison de sa femme et ne voyait celle-ci que quelques heures. Le passage de Plutarque est très clair : il ne parle que des hommes encore dans la jeunesse, lesquels avaient l'obligation, comme soldats, de vivre ensemble. Comme le mariage pouvait avoir lieu avant l'âge où cessait le service journalier, il ne fallait pourtant pas que les devoirs du soldat fussent suspendus, et le jeune époux ne pouvait que se dérober pour quelques heures à la caserne[3]. C'était seulement quand il avait donné trois fils à l'État qu'il était exempté des gardes : il l'était de tout service militaire quand il en avait donné quatre[4].

« A Sparte, on ne laissait à personne la liberté de vivre à son gré : chacun menait le genre de vie déterminé par la loi ; toutes les occupations avaient en vue l'État, et chacun devait bien se mettre dans l'esprit qu'il ne s'appartenait pas à lui-même, mais qu'il appartenait à la cité[5]. » Voilà ce que nous disent les anciens ; mais ils ne nous disent nullement que la vie fût commune ou que le sol fût commun. Ce que nous voyons, dans ces règles si rigoureuses, c'était l'obéissance du citoyen à l'État, ce n'était pas le communisme. Le législateur de Sparte, quel qu'il fût, avait beaucoup moins songé à l'égalité qu'à la discipline, et l'erreur des écrivains qui sont venus plus tard a été de confondre cette discipline avec une égalité

---

1. Isocrate, *Panathenaicus*, 217 : Τάξει καθεστηκότα καὶ πρὸς τὴν ἄσκησιν τῆς ἀνδρείας καὶ τὴν ὁμόνοιαν.

2. Platon, *Lois*, II, p. 666 : Στρατοπέδου πολιτείαν ἔχετε. — Isocrate, *Archidamus*, 81 : Πολιτείαν ὁμοίαν στρατοπέδῳ καλῶς διοικουμένῳ. — Plutarque, *Lycurgue*, 24.

3. Plutarque, *Lycurgue*, 15 : Συνδιατρίψας χρόνον οὐ πολὺν ἀπῄει καθευδήσων μετὰ τῶν ἄλλων νέων.

4. Aristote, *Politique*, II, 6, 13, édit. Didot, p. 512 ; Élien, *Histoires variées*, VI, 6.

5. Plutarque, *Lycurgue*, 24.

ou une communauté imaginaire. La discipline lacédémonienne
n'empêchait ni la vie privée, ni la propriété individuelle, ni
le luxe intérieur, ni l'inégalité des fortunes.

V. DES REPAS COMMUNS.

À côté de la propriété privée et de la vie de famille, on rencontre pourtant une coutume qui, à première vue, paraît
avoir un caractère communiste : c'est celle des *syssities* ou
repas publics. Plusieurs écrivains modernes ont pensé qu'une
telle pratique était une sorte de communauté de biens ou était
au moins le reste et comme le vestige d'une communauté
primitive[1].

Mais il se présente une première objection. Les textes anciens, sur lesquels notre jugement est bien obligé de se régler,
nous apprennent que les repas publics n'appartenaient pas à
l'âge le plus antique de Sparte. Hérodote, notre principal
guide, et qui connaissait Sparte pour y avoir séjourné[2], fait
clairement entendre qu'ils furent inconnus durant les deux
premiers siècles de la cité dorienne et qu'ils ne furent institués
que par Lycurgue[3]. Plutarque en attribue aussi le premier
établissement à ce législateur, et il en parle comme d'une
innovation qui aurait remplacé des habitudes toutes contraires[4]. Xénophon est plus clair encore : il croit formellement

---

1. Ém. de Laveleye, *Des formes primitives de la propriété*, p. 157-161.
C'est aussi la théorie de M. P. Viollet, *Caractère collectif des premières pro-
priétés*, dans la *Bibliothèque de l'École des Chartes*, 1872, p. 470. Cf. Trieber,
Forschungen zur Spartanischen Verfassungsgeschichte, p. 19 à 26. — Les meilleurs travaux sur le même sujet sont : Kopstadt, *De rerum Laconicarum et con-
stitutionis Lycurgiæ indole*, 1849, p. 152 et suiv. ; Schœmann, *Griechische
Alterthümer*, 2e édit., t. I, p. 278 ; K. Fr. Hermann, *Lehrbuch der Griechischen
Antiquitæten*, 5e édit., § 28 ; Grote, *Histoire de la Grèce*, trad. Sadous, t. III ;
Wallon, *Histoire de l'esclavage*, 2e édit., t. I, p. 120 ; Bielschowsky, *De Spartanorum syssitiis*, Breslau, 1869 ; Claudio Jannet, *les Institutions sociales et le
droit civil à Sparte*, 2e édit., 1880, p. 38, 39, 71.
2. Hérodote, III, 55.
3. Idem, I, 65 : Πρότερον κακονομώτατοι ἔσαν πάντων Ἑλλήνων... Λυκοῦργος
μετέστησε τὰ νόμιμα καὶ συσσίτια ἔστησε.
4. Plutarque, *Lycurgue*, 10 : Ἔτι δὲ μᾶλλον ἐπιθέσθαι τῇ τρυφῇ διανοηθεὶς
ἐπῆγε τὴν τῶν συσσιτίων κατασκευήν.

qu'avant Lycurgue « les Spartiates mangeaient chacun dans sa maison, et à sa guise » et que les repas communs n'ont été pratiqués qu'à partir de ce législateur[1]. Lors donc que l'on se représente les repas publics comme une des coutumes primordiales de la race, on fait une conjecture qui ne s'appuie que sur des raisonnements sans valeur, et qui est démentie par les textes. A s'en tenir aux documents, on y voit une institution dont le commencement est connu. Elle n'est pas le reste d'une communauté originelle, ainsi qu'on l'a dit; elle a succédé, au contraire, à des habitudes de vie privée et d'individualisme.

Il faut d'ailleurs observer le détail et la pratique de cette institution. Les repas publics de Sparte ne nous sont pas seulement signalés par les deux ou trois phrases vagues que l'on se plaît à citer toujours; nous possédons sur eux beaucoup de traits précis, lesquels, à la vérité, se trouvent épars dans Plutarque, dans Aristote et dans beaucoup d'autres écrivains dont les fragments sont dans Athénée. Si l'on réunit ces traits dispersés, on aura une description presque complète de ces repas et l'on pourra se faire d'eux une idée exacte. Or voici les faits caractéristiques que ces textes nous font connaître.

1° Les hommes seuls prenaient part à ces repas; les femmes n'y étaient pas admises. Platon le dit formellement; Aristote le confirme[2]; cela ressort d'ailleurs de tout ce que décrivent Xénophon et Plutarque, qui ne signalent jamais la présence d'une femme. Aussi le nom le plus ancien de ces repas avait-il été celui de ἀνδρεῖα, qui signifiait repas des hommes, ou repas des guerriers[3].

---

1. Xénophon, *Respublica Lacedæmoniorum*, 5 : Λυκοῦργος παραλαβὼν τοὺς Σπαρτιάτας ὥσπερ τοὺς ἄλλους Ἕλληνας οἴκοι σκηνοῦντας, γνοὺς ἐν τούτοις πλεῖστα ῥᾳδιουργεῖσθαι, εἰς τὸ φανερὸν ἐξήγαγε. τὰ συσκήνια καὶ σῖτον ἔταξεν αὐτοῖς. Il n'entre pas dans le cadre de notre étude d'examiner si ce petit traité est réellement de Xénophon; la question est encore discutée; mais quel qu'en soit l'auteur, il est pour nous un document ancien; nous sommes loin de lui accorder la même valeur qu'aux renseignements fournis par Hérodote ou par Aristote; encore ne peut-on pas le négliger. Voir sur ce point l'étude de M. Hipp. Bazin, 1885.

2. Platon, *Lois*, VI, p. 781; Aristote, *Politique*, II, 7, édit. Didot, p. 515.

3. Aristote, *Politique*, II, 7, 3; édit. Didot, p. 515. C'est aussi ce que dit Éphore qui cite un vers d'Alcman, dans Strabon, X, 4, 18.

Les enfants n'y étaient pas nourris non plus. Plutarque dit bien que les fils des citoyens y étaient conduits et y assistaient; mais c'était pour écouter et non pas pour prendre part aux repas[1].

Cette absence des femmes et des enfants indique déjà que ces repas n'étaient pas précisément une institution communiste. S'il se fût agi d'établir une façon de communauté des biens, il fallait réunir toute la population. Il n'en est pas ainsi. A Sparte, il est bien vrai que le citoyen mange à une table commune; mais sa famille mange et vit dans sa maison.

Il y a même une observation de Plutarque qui nous montre qu'à Sparte, comme dans toute ville grecque, il existe un marché où chaque famille achète sa nourriture; et il mentionne même cette particularité que c'est ordinairement le Spartiate qui achète lui-même, chaque jour, la provision de sa famille[2].

2° Les documents qui signalent les repas communs de Sparte n'indiquent jamais qu'un seul repas par jour qui fût de cette nature; or c'était le repas du soir, puisque nous voyons que la loi interdisait au citoyen qui retournait chez lui de se faire éclairer d'un flambeau[3]. Nous pouvons bien penser qu'il y avait d'autres repas dans la journée, et c'est dans la maison qu'ils avaient lieu. Plutarque mentionne ce détail que, même pour le souper, il était permis de le prendre chez soi pour peu que l'on fût revenu de la chasse un peu trop tard[4]. Nous savons aussi qu'il y avait des sacrifices domestiques; or ces sacrifices entraînaient toujours des repas, et les repas de cette sorte ne pouvaient avoir lieu que dans la maison; aussi Plutarque dit-il que ceux qui avaient accompli chez eux un sacrifice, pour peu qu'il fût prolongé un peu tard, étaient dispensés du repas public[5].

Ainsi l'usage des repas publics n'excluait pas absolument

1. Plutarque, *Lycurgue*, 12.
2. Ibidem, 24.
3. Ibidem, 24.
4. Ibidem, 12.
5. Ibidem, 12.

celui des repas privés; ceux-ci nous sont encore signalés par Hérodote, par Xénophon, par Plutarque[1]. Nous devons donc conclure que, si les citoyens étaient en général obligés de prendre ensemble un repas chaque jour, pour tout le reste chacun vivait chez soi. Tout cela est fort éloigné de la communauté des biens.

3° Les dépenses des repas communs n'étaient pas supportées par l'État. Chaque citoyen apportait sa quote-part. « A Lacédémone, dit Aristote, chacun est tenu de fournir la quantité de vivres fixée par la loi[2]. » Plutarque nous apprend même quelle était cette quantité. « Chaque membre d'une table commune devait apporter chaque mois un médimne de farine (environ 54 kilogrammes), huit conges de vin (environ 26 litres), cinq mines de fromage, deux mines et demie de figues, et enfin de l'argent pour la viande[3]. » Dicéarque, cité par Athénée, donne des chiffres un peu plus élevés, un médimne et demi de farine et onze ou douze conges de vin. Ce qu'il importe de constater, c'est que dans ces repas communs la communauté ne fournissait rien. L'homme n'était pas nourri par l'État. Il devait manger avec d'autres, mais il mangeait à ses frais. Il possédait une terre et des revenus, et il apportait une partie de ses revenus pour se nourrir en commun avec des concitoyens. Le repas en commun se conciliait donc avec la propriété privée.

4° Voici un quatrième fait. Les pauvres ne prenaient pas part aux repas communs. C'est Aristote qui nous l'apprend : « Il faut, dit-il, que chaque membre fournisse la quote-part fixée; mais il est des citoyens qui sont tout à fait pauvres et hors d'état de supporter cette dépense. » Ceux-là sont-ils admis gratuitement? Non pas; car Aristote ajoute : « Il n'est

---

1. Hérodote parle des rois invités à dîner par des particuliers, κληθέντας ἐπὶ δεῖπνον πρὸς ἰδιωτέων, VI, 57. — Xénophon, *Commentarii*, 1, 2, 61, rappelle que le Lacédémonien Lichas était renommé pour la générosité avec laquelle il recevait ses hôtes à dîner. Plutarque, *Cléomène*, 13, montre comment le roi Cléomène recevait les siens.

2. Aristote, *Politique*, II, 7, édit. Didot, p. 515 : Ἐν Λακεδαίμονι κατὰ κεφαλὴν ἕκαστος εἰσφέρει τὸ τεταγμένον

3. Plutarque, *Lycurgue*, 12.

pas facile de prendre part à ces repas quand on est pauvre; or la loi veut que, si l'on cesse d'y prendre part, on perde en même temps le rang de citoyen. » Aussi fait-il encore cette remarque que, si le législateur a voulu que ces repas fussent une institution démocratique, « ils sont, au contraire, ce qu'il y a de moins démocratique au monde[1] ». Voilà qui est bien clair. Pour faire partie des repas publics, il faut pouvoir fournir la contribution mensuelle de 54 kilogrammes de farine, de 26 litres de vin, et d'une somme d'argent pour la viande, le tout à prélever sur la nourriture de la famille et les dépenses de la maison; ne sont admis aux repas publics que ceux qui peuvent supporter ces frais. Les repas en commun étaient si peu une institution de communisme ou d'égalité, que les pauvres en étaient exclus, même quand ils étaient de sang spartiate et dorien.

5° Il y a enfin une cinquième série de détails qu'il faut bien remarquer. Pour ces repas communs, les Spartiates n'étaient pas tous ensemble. Ces repas étaient, au contraire, de petites réunions séparées, et ils avaient lieu dans de petites salles parfaitement closes. « On se réunissait, dit Plutarque, au nombre de quinze, un peu plus ou un peu moins[2]. » Ce qui est encore plus digne d'attention, c'est que les citoyens n'étaient pas répartis entre ces tables d'après un ordre fixe. Chacun choisissait la table de laquelle il voulait être membre, et il ne pouvait d'ailleurs y être admis que du consentement de ceux qui la composaient. Il fallait se présenter, solliciter, et il y avait un vote sur la réception de chaque nouveau candidat. « Quand un citoyen, dit Plutarque, demandait à faire partie d'une table, voici comment le vote avait lieu : un des serviteurs faisait le tour de la table avec un vase sur la tête; chaque convive jetait dans le vase, sans dire mot, une boulette de mie de pain; si la boulette était aplatie, c'était le signe du rejet. Un seul suffrage de cette nature suffisait pour écarter le postulant; car on ne voulait admettre que des hommes qui eussent du plaisir

1. Aristote, *Politique* II, 6, 21, édit. Didot, p. 514.
2. Plutarque, *Lycurgue*, 12.

à se trouver ensemble[1]. » Voilà un trait bien curieux et qui
est certainement l'opposé d'un régime de communauté. Ces
tables communes étaient en fait de petites sociétés fermées.
Aristote fait même cette remarque singulière qu'à Carthage,
où l'on ne connaissait assurément pas la communauté des
biens, il se formait des sociétés ou cercles, ἑταιρεῖαι, qui prenaient leurs repas ensemble ; or ces repas d'amis, συσσίτια
ἑταίρων, ressemblaient, dit Aristote, aux repas communs de
Sparte[2]. Plutarque aussi fait observer que les tables communes
de Sparte « avaient toute l'ordonnance de petites sociétés
secrètes et de petits conciliabules aristocratiques[3] ». Il paraît
qu'en effet on y parlait beaucoup, et particulièrement sur la
politique[4]. Seulement, le secret devait être rigoureusement
gardé ; c'était la première loi de cette petite société ; « quand
on entrait dans la salle, le président de la table disait à chacun
en montrant la porte : « Il ne sort pas un mot par là[5]. »

Tous les traits que nous venons de rapporter sur les syssities montrent bien qu'elles n'étaient pas une institution d'un
caractère communiste et qu'elles ne visaient pas à faire régner
une sorte de communauté des biens[6]. »

---

1. Plutarque, *Lygurgue*, 12. — Il est assez vraisemblable que cette liberté
du choix et ce vote n'avaient pas existé dans les temps très antiques, et ils se
concilient mal avec tout ce qu'on nous dit de Lycurgue. C'est pourtant dans la Vie
de Lycurgue et pour son époque que Plutarque nous signale ce trait de mœurs.
Peut-être l'historien a-t-il confondu les temps et attribue-t-il à l'antiquité ce qui
n'a été vrai que plus tard. Mais ce n'est là qu'une conjecture.

2. Aristote, *Politique*, II, 11 [8], 2, édit. Didot. p. 516-517 : Ἔχει δὲ ἡ Καρχηδο-
νίων παραπλήσια τῇ Λακωνικῇ πολιτείᾳ τὰ μὲν συσσίτια τῶν ἑταιρίων τοῖς φιδιτίοις.

3. Plutarque, *Symposiaca*, VII, 9 : Παρὰ Σπαρτιάταις φειδίτια [φιλίτια] βουλευ-
τηρίων ἀποῤῥήτων καὶ συνεδρίων ἀριστοκρατικῶν τάξιν εἶχεν.

4. Plutarque, *Lycurgue*, 12 : Ἠκροῶντο πολιτικῶν. Il signale la même habitude
dans les *Symposiaca*, VII, 9. C'est aussi ce que donne à entendre Xénophon,
Respublica Lacedæmoniorum, 5.

5. Plutarque, *Lycurgue*, 12.

6. On a quelquefois allégué cette phrase d'Aristote : Τὰ περὶ τὰς κτήσεις τοῖς
συσσιτίοις ὁ νομοθέτης ἐκοινῶσε, que l'on a traduite comme si elle signifiait que le
législateur eût rendu les propriétés communes par l'usage des syssities. Cette phrase
peut, en effet, présenter ce sens quand on l'isole de son contexte ; mais il faut lire
le chapitre tout entier (*Politique*, II, 2, 10 [II, 5, 15], édit. Didot, p. 501) ; Aristote
combat l'idée émise par Platon d'établir la communauté des biens, et il raisonne
ainsi : Platon, dit-il, a prétendu que la cité serait parfaitement une si les biens étaient
en commun ; mais il ne faut pas exagérer l'unité ni centraliser à l'excès ; la cité doit

Nous devons maintenant essayer de voir quel but s'était proposé le législateur en les instituant. Sur ce point encore, les écrivains anciens sont suffisamment clairs. Hérodote nous dit « qu'avant Lycurgue, les Spartiates avaient les plus mauvais usages de toute la Grèce, et que Lycurgue les fit passer à de bonnes mœurs, μετέβαλεν εἰς εὐνομίην, surtout en instituant, pour ce qui concernait les choses de la guerre, les énomoties, les triacades et les syssities[1] ». On voit par là que, dans la pensée d'Hérodote, les repas communs avaient été, aussi bien que les énomoties et les triacades, une institution d'ordre militaire. Lycurgue, voulant régler les mœurs des Spartiates, aurait avant tout, suivant Hérodote, établi des groupements de guerriers, soit pour les exercices, soit pour les repas. Platon exprime la même pensée : « Les syssities et les exercices ont été imaginés par le législateur en vue de la guerre[2]. » Platon ne signale jamais dans les syssities une institution de communauté, il y voit toujours une institution de discipline. Isocraté en parle d'une façon analogue : il place les syssities entre les devoirs militaires et les exercices du corps[3]. Il y a, dans la description que Xénophon fait de ces repas, une ligne qui a passé à peu près inaperçue : celui qui a pris part à la syssitie, dit-il, et qui retourne à sa maison, n'a pas le droit de se faire éclairer d'un flambeau ; car la loi interdit à l'homme « qui est

restër une association d'individus, un πλῆθος ; l'unité qui lui convient n'est pas celle qui résulte de la communauté des biens, mais plutôt celle qui résulte de l'éducation, des coutumes, des lois ; « c'est ainsi, par exemple, qu'en ce qui concerne les propriétés le législateur de Lacédémone les a unies et liées par la communauté des repas ». Il a maintenu les propriétés privées, κτήσεις, mais il a voulu qu'on en jouît en commun dans les mêmes repas. Aristote est si loin de dire que la communauté des biens existe à Sparte, qu'il oppose au contraire l'exemple de Sparte aux théories de Platon ; il compte l'usage des syssities parmi ces institutions d'éducation qui unissent les citoyens mieux que la communauté de biens ne saurait faire ; il les présente comme corrigeant ce que la propriété privée peut avoir d'excessif ; il dit qu'à côté de cette propriété privée qui divise les citoyens, le législateur a établi les repas communs qui les unissent. La pensée d'Aristote ici est à peu près la même que celle de Xénophon disant que les repas publics ôtent au Spartiate le moyen de jouir individuellement de sa richesse (*Respublica Lacedæmoniorum*, 7).

1. Hérodote, I, 65.

2. Platon, *Lois*, I, p. 633 : Τὰ ξυσσίτιά φαμεν καὶ τὰ γυμνάσια πρὸς τὸν πόλεμον ἐξευρῆσθαι τῷ νομοθέτῃ.

3. Isocrate, *Busiris*, 18.

encore au service militaire », de faire éclairer sa marche pendant la nuit[1]. Voilà donc encore un rapprochement entre
l'usage des syssities et le devoir militaire ; il semble bien que
ces deux obligations marchent ensemble et s'imposent aux
mêmes hommes. Enfin, un trait curieux que nous a conservé
Plutarque met en pleine lumière cette pensée du législateur :
« On demandait à Lycurgue pourquoi il avait institué les
repas communs et dans quel but il avait distribué les citoyens
dans ces repas en petites réunions *avec leurs armes* ; Lycurgue
répondit qu'il les avait groupés ainsi afin qu'ils fussent
toujours prêts à exécuter les ordres qui pouvaient leur être
donnés[2]. » Il est bien vrai que les paroles que Plutarque rapporte n'ont pas une authenticité absolue ; nul ne peut affirmer
que cette question ait été réellement posée à Lycurgue ni qu'il
y ait fait cette réponse. Mais nous devons croire que la question et la réponse se trouvaient dans la légende qui avait cours
sur Lycurgue. Or cette légende ne laissait pas d'être vieille,
et Plutarque la trouvait dans des auteurs plus anciens que
lui, qui l'avaient eux-mêmes trouvée à Sparte. Comme toutes
les légendes que les cités grecques conservaient pieusement de
leurs fondateurs et de leurs législateurs, celle-ci avait dû se
former dans la génération qui avait suivi la mort de Lycurgue.
Le détail que nous donne ici Plutarque n'est pas de ceux qui
ont pu s'y introduire postérieurement ; il est sans doute d'une
époque ancienne ; car, ni de son temps, ni même au temps
de Xénophon, les Spartiates ne mangeaient plus avec leurs
armes. Ce trait de mœurs appartient donc aux premiers siècles
et Plutarque nous fournit ici, d'après la légende, le renseignement le plus antique que nous puissions avoir sur les
syssities de Sparte. Or il nous les montre comme de petits

---

1. Xénophon, *Respublica Lacedæmoniorum*, 5, 7 : Τόν ἔμφρουρόν, « l'homme qui
est au service » ; c'est le service de garde, même en temps de paix et dans la ville ;
le sens de ce mot est bien précisé par un passage d'Aristote qui nous apprend que
le père qui avait engendré trois fils était exempt du service de garde, ἄφρουρος
(*Politique*, II, 6, 13, édit. Didot, p. 512) ; ce service se prolongeait jusqu'à un âge
très avancé.

2. Plutarque, *Apophthegmata laconica*, *Lycurgi*, 4 : Πρὸς τοὺς ἐπιζητοῦντας διὰ
τί τὰ συσσίτια συνεστήσατο, καὶ μεθ' ὅπλων κατ' ὀλίγους τοὺς πολίτας διήρηκεν, ὅπως,
εἶπεν, ἐξ ἑτοίμου τὰ παραγγελλόμενα δέχωνται.

groupes armés, semblables à des pelotons de soldats qui seraient astreints à se réunir le soir à des tables communes. Cette association d'idées entre le repas public et le service militaire apparaît encore ailleurs que dans Xénophon et dans Plutarque. Un document ancien définit ainsi les syssities : « Ce sont des repas que les Lacédémoniens font en commun afin que les soldats soient compagnons de table[1]. » Denys d'Halicarnasse exprime ainsi la pensée qu'on attribuait à Lycurgue : « En instituant les repas publics, il a fait qu'à la guerre le soldat eût honte d'abandonner son compagnon de rang avec lequel il avait partagé les libations et les repas sacrés[2]. » Quand on est familier avec les pensées habituelles des anciens, on ne s'étonne pas de cette association étroite entre les idées religieuses, les devoirs militaires et les pratiques de la vie quotidienne.

Tous ces renseignements nous montrent comment les anciens considéraient les repas publics de Sparte ; tous les représentent comme une institution de discipline militaire qui persiste même en temps de paix et dans la vie civile. Une table commune était, à l'origine, une petite compagnie de citoyens armés pour la guerre. Ce caractère essentiel des repas publics a pu se modifier avec le temps ; mais il ne s'est jamais complètement effacé[3].

On ne peut guère douter qu'à cette pensée de discipline militaire il ne s'en joignît une autre dans l'esprit du législa-

---

1. Bekker, *Anecdota*, t. I, p. 303 : Συσσίτια, δεῖπνα ἃ κοινῇ ποιοῦσιν οἱ Λακεδαιμόνιοι, ὡς ἂν οἱ στρατευόμενοι σύσσιτοι γίγνοιντο.

2. Denys d'Halicarnasse, II, 23, édit. Reiske, p. 282, 285 : Ἐν πολέμῳ δ' εἰς αἰδῶ καταστήσας ἕκαστον τοῦ μὴ καταλιπεῖν τὸν παραστάτην ᾧ καὶ συνέσπεισε καὶ συνέθυσε καὶ κοινῶν ἱερῶν μετέσχεν.

3. Aussi est-il remarquable que dans la langue grecque le mot συσσίτιον désigne à la fois une table commune et une troupe de soldats. Voyez ce dernier sens dans Xénophon, *Helléniques*, V, 3, 17. Cf. Polyen, *Stratagèmes*, II, 2ᵉ édit. Wœlfflin, p. 64 : Λακεδαιμόνιοι κατὰ λόχους καὶ μόρας καὶ ἐνωμοτίας καὶ συσσίτια στρατοπεδεύοντες. — Le caractère militaire des syssities a été bien observé par Bielschowsky, *De Spartanorum syssitiis*, p. 32 et suiv. Voir aussi Cl. Jannet, *Institutions sociales de Sparte*, p. 35 et 36. Toutefois je n'oserais pas affirmer comme ces deux érudits que la composition des syssities civiles fût exactement la même que celle des syssities militaires. L'identité a pu être complète à l'origine, elle ne l'était plus au temps de Xénophon.

teur, celle d'imposer des règles de tempérance. Nous pouvons
croire qu'il y a du vrai dans ce que dit Xénophon : « Lycurgue
ayant trouvé les Spartiates vivant comme le reste des Grecs et
mangeant dans leurs maisons, mais convaincu que cette habitude mettait trop de laisser aller dans leurs mœurs, voulut
que les repas eussent lieu en commun, au grand jour, sûr
moyen de forcer les hommes à obéir aux règlements ; il déter-
mina aussi quelle nourriture on y prendrait, et il en fixa
la mesure[1]. » Plutarque exprime la même idée : « Lycurgue
établit les syssities, afin que les hommes se nourrissent des
mêmes viandes et des mêmes mets fixés par la loi, au lieu de
vivre dans leurs maisons sur des lits somptueux et devant des
tables richement servies[2]. » « Il voulait, dit-il ailleurs, que
la nourriture et la boisson fussent les mêmes pour tous, ainsi
que la vaisselle et les sièges, et que le riche eût même part
que le pauvre[3]. » Plutarque ne dit pas que le repas commun
fût une institution égalitaire, puisqu'il laissait subsister des
riches et des pauvres ; mais, suivant lui, le législateur avait
voulu imposer à tous la tempérance, soumettre tous les
citoyens aux mêmes règles et les rendre égaux, sinon en
richesse, au moins en frugalité. Platon, Aristote et Denys
d'Halicarnasse attribuent la même pensée à Lycurgue ; les
repas publics, suivant Platon, étaient « un exercice de tempérance », σωφροσύνης ἐπιτήδευμα ; Aristote les considère comme
un moyen d'éducation, παιδεία[4].

Encore faut-il, au sujet de cette frugalité des Spartiates,
nous mettre en garde contre les exagérations. On a parlé du
brouet noir, comme s'il était tout le repas. Il n'en était que
le commencement : *Jus nigrum quod cenæ caput erat*, dit
Cicéron[5]. Plutarque nous apprend aussi qu'après cette sorte
de potage on servait des viandes[6]. Il y avait d'ailleurs deux

1. Xénophon, *Respublica Lacedæmoniōrum*, 5.
2. Plutarque, *Lycurgue*, 10.
3. Plutarque, *Apophthegmata laconica, Lycurgi*, c. 4.
4. Platon, *Lois*, I, p. 636-637 ; Aristote, *Politique*, II, 2, 10, édit. Didot, p. 504.
5. Cicéron, *Tusculanes*, V, 34.
6. Plutarque, *Lycurgue*, 12 : Εὐδοκίμει μάλιστα ὁ μέλας ζωμός, ὥστε μηδὲ
κρεαδίου δεῖσθαι τοὺς πρεσβυτέρους, ἀλλὰ παραχωρεῖν τοῖς νεανίσκοις.

sortes de mets; les uns qui étaient prescrits par la loi et qui
ne variaient pas, les autres qui s'ajoutaient aux premiers
pour satisfaire le caprice ou la gourmandise. Xénophon dit
qu'en dehors de la nourriture fixée par les règlements on y
servait le gibier tué à la chasse et qu'en outre les riches y
faisaient porter un pain plus délicat[1]. Celui qui, chez lui,
avait accompli un sacrifice dans la journée, envoyait à sa syssitie une part de la victime. On commençait par servir les
aliments prescrits, le pain réglementaire, le brouet noir, le
petit morceau de viande de porc; mais ensuite se présentait
assez souvent un second service, qui pouvait comprendre du
poisson, du gibier, de la volaille, de la pâtisserie[2]; chacun de
ces plats était fourni par un des riches de la table, ou par les
moins riches se cotisant entre eux, et il était d'usage que les
serviteurs, en apportant chaque plat, nommassent celui qui
l'avait fourni. On s'explique qu'avec de telles habitudes la
syssitie soit devenue peu à peu une sorte de société fermée,
comme nous l'avons dit d'après Plutarque, et que les pauvres
en fussent exclus, ainsi que l'assure Aristote. Ces tables communes, d'où la tempérance fut de plus en plus bannie, devinrent insensiblement des réunions de bonne chère; c'est ainsi
que les décrivait au IIe siècle avant notre ère l'historien Phylarque[3]. Mais nous pouvons croire que, dans les trois siècles
qui avaient suivi Lycurgue, la règle de tempérance avait été
assez bien observée...

Tels furent, autant qu'on en peut juger par les textes, les
repas publics, ou, pour parler plus exactement, les repas en
commun des Spartiates. Ils n'impliquaient en aucune façon la
communauté des biens. L'institution de la propriété privée et
celle des syssities existaient l'une à côté de l'autre sans se con-

---

1. Xénophon, *Respublica Lacedæmoniorum*, 5 : Πολλὰ καὶ παράλογα γίγνεται
ἀπὸ τῶν ἀγρευομένων· οἱ δὲ πλούσιοι ἔστιν ὅτε καὶ ἄρτον ἀντιπαραβάλλουσι. — Plutarque, *Lycurgue*, 12 : Ἄλλως δὲ καὶ θύσας τις ἀπαρχὴν καὶ θηρεύσας μέρος ἔπεμψεν
εἰς τὸ συσσίτιον.

2. Ἰχθὺν, ἢ λαγών, ἢ φάτταν ἤ τι τοιοῦτον, Dicéarque, dans Athénée, IV, 19.
— Πολλοὶ δὲ καὶ ποίμνι' αὐτῶν τρέφοντες, ἀφθόνως μεταδιδόασι τῶν ἐκγόνων· ἔστι δ' ἡ
ματτύα, φάτται, χῆνες, τρυγόνες, κίχλαι, κόσσυφοι, λαγώ, ἄρνες, ἔριφοι, Molpis, dans
Athénée, ibidem.

3. Phylarque, dans Athénée. IV, 20.

fondre et sans se nuire. Car les repas communs n'étaient qu'une institution de discipline. La table commune était analogue à l'éducation commune, au vêtement uniforme, au groupement en pelotons militaires; c'était une des nombreuses obligations que l'État spartiate imposait à ses citoyens. L'idée de communauté de biens en était absente; c'était celle d'obéissance qui y dominait. L'usage des repas communs s'opposait, non à la propriété privée, mais à la liberté individuelle, qui fit toujours défaut à Sparte[1].

VI. DE LA RICHESSE MOBILIÈRE A SPARTE.

Si l'on en croyait certaines affirmations de Plutarque, toute richesse aurait été bannie de Lacédémone, et l'argent même y aurait été à peu près inconnu. Mais on rencontre dans le même historien un bon nombre d'anecdotes qui montrent une société où l'argent tenait une grande place. Il mentionne, dès une époque ancienne, des débiteurs et des créanciers; il dit que, déjà au temps de Lycurgue, la question des dettes était assez grave pour troubler l'État[2]. Il parle ailleurs de livres de comptes et d'usuriers[3]. On nous dit, à la vérité, que les Spartiates ne possédaient pas de monnaies d'or et d'argent; mais ils se servaient de lingots[4]. L'absence de monnaie, au milieu même de l'affluence des métaux précieux, est un fait assez

---

1. Nous n'avons pas à parler ici d'une autre sorte de repas communs, qui étaient des repas sacrés; il y en avait à Sparte comme partout. Hérodote, VI, 57 ; Athénée, IV, 17; XI, 66 ; Denys d'Halicarnasse, II, 23. — Ce qu'on appelait κοπίς était un repas de cette nature; il avait lieu à certains jours de fête, devant des temples et avec des rites religieux. Il ne ressemblait d'ailleurs en rien aux syssities ; c'était un sacrifice privé où chacun invitait ses amis, ses hôtes, même ses serviteurs. De ce que l'un des rites consistait à répandre par terre le feuillage de certains arbustes, il serait puéril de conclure, ainsi qu'on l'a fait, que le κοπίς fût un reste d'une antique vie nomade. Il faut lire la description complète de ce repas dans Athénée, IV, 16 et 17. — Pour les syssities crétoises, voir Aristote, *Politique*, II, 7, 4, édit. Didot, p. 515, et Dosiadas dans Athénée, IV, 22.

2. Plutarque, *Lycurgue*, 9-11.

3. Plutarque, *Agis*, 13.

4. Pausanias dit, en parlant des Spartiates du viiiᵉ siècle avant notre ère : Οὐκ ἦν τότε χρυσοῦ νόμισμα, κατὰ τρόπον δὲ ἀρχαῖον ἀντεδίδοσαν... ἀργὸν τὸν ἄργυρον καὶ χρυσόν (Pausanias, III, 12).

fréquent dans l'antiquité. Rome était une cité riche et commerçante bien avant les guerres puniques, et elle n'avait pourtant pas d'or monnayé. Peut-être les Spartiates, comme les Romains, aimaient-ils mieux peser l'or que le compter.

L'or et l'argent ne manquaient pas, puisqu'une des peines que la justice infligeait était l'amende. Plutarque en parle dès le temps de Lycurgue[1]. Avant la guerre du Péloponèse, nous voyons Plistoanax condamné à payer quinze talents[2], et Agis en 418 menacé d'une amende de cent mille drachmes[3].

Le commerce de l'argent paraît avoir été interdit par la législation; mais un historien cité par Athénée nous renseigne sur un des moyens par lesquels la loi était éludée : les Spartiates plaçaient leur argent chez leurs voisins d'Arcadie[4], ou peut-être prenaient-ils pour prête-noms des hommes de ce pays. On a cru voir dans une inscription un Spartiate du Vᵉ siècle qui aurait déposé son argent dans le temple de Tégée[5]. Ce qui est plus sûr, c'est ce renseignement que donnent Aristote et Plutarque, que chacun des cinq éphores était occupé chaque jour à juger les procès relatifs aux obligations et aux contrats[6]; ce grand nombre de procès donne idée du mouvement d'affaires et de la complexité des intérêts qu'il y avait à Sparte.

Xénophon et Aristote disent expressément « que la richesse était fort estimée dans cette ville », et « qu'on s'y faisait gloire d'être riche[7] ». L'amour des Spartiates pour l'argent, φιλαργυρία,

1. Plutarque, *Lycurgue*, 12.
2. Éphore, cité par le scoliaste d'Aristophane, *Nuées*, v. 858. Cf. Plutarque, *Agésilas*, 2.
3. Thucydide, V, 63. Autres exemples dans Xénophon, *Respublica Lacedæmoniorum*, 8; Plutarque, *Pélopidas*, 6 et 13; Diodore, XV, 27.
4. Posidonius, dans Athénée, VI, 24 : Λακεδαιμόνιοι κωλυόμενοι ὑπὸ τῶν ἐθῶν εἰσφέρειν εἰς τὴν Σπάρτην καὶ κτᾶσθαι ἄργυρον καὶ χρυσὸν, ἐκτῶντο μὲν οὐδὲν ἧττον, παρακατετίθεντο δὲ τοῖς ὁμόροις Ἀρκάσι.
5. Ἐφημερὶς ἀρχαιολογική, année 1869, nᵒ 410, p. 344.
6. Aristote, *Politique*, III, 1, 7 [10] : Τὰς δίκας περὶ τῶν συμβολαίων δικάζει ἔφορος, ἄλλος ἄλλας. — Plutarque, *Apophthegmata laconica*, *Eurycratidæ* : Περὶ τῶν συμβολαίων δίκαια ἑκάστης ἡμέρας κρίνουσιν οἱ ἔφοροι.
7. Aristote, *Politique*, II, 6, 6 : Ὅπτε ἀναγκαῖον ἐν τῇ τοιαύτῃ πολιτείᾳ τιμᾶσθαι τὸν πλοῦτον. — Xénophon, *Respublica Lacedæmoniorum*, 14 : Καλλωπιζομένους ἐπὶ τῷ κεκτῆσθαι.

φιλοχρηματία, était remarqué des Grecs[1]. On essayait, il est vrai, de concilier cette cupidité bien connue avec les vertus de frugalité et de pauvreté que la tradition attribuait aux anciens Spartiates, et l'on se plaisait à dire que l'amour du lucre ne s'était introduit dans la ville qu'après la prise d'Athènes par Lysandre; mais il y a des faits qui montrent qu'il y était plus ancien. Plutarque le signale déjà chez les contemporains de Lycurgue[2]. Pausanias en cite un curieux exemple, qui est du viiie siècle[3]. Hérodote en raconte un autre du vi[e] siècle[4]. Déjà un vieil oracle avait averti Sparte que l'amour de l'argent la perdrait[5].

Il n'y a pas de ville grecque où l'histoire signale autant de faits de corruption. Un roi de Sparte est accusé d'avoir reçu des présents des Argiens pour ne pas assiéger leur ville[6]. Eurybiade accepte cinq talents de Thémistocle pour changer au profit d'Athènes le plan de son expédition[7]. S'il fut si facile à Thémistocle de relever les murs d'Athènes, c'est peut-être qu'il avait gagné les éphores à prix d'argent : telle est du moins la version de l'historien Théopompe, et il faut reconnaître qu'elle est plus vraisemblable que l'autre[8]. Le roi Plistoanax et le magistrat Cléandridas auraient pu prendre Athènes en 455, si Périclès ne les avait achetés moyennant une somme de dix talents[9]. Le roi Léotychide fut pris en flagrant délit,

---

1. Isocrate, *De pace*, 96 : Τοὺς ἰδιώτας ἐνέπλησε... φιλαργυρίας. Idem, *Busiris*, 20 : Λακεδαιμονίων ἀργία καὶ πλεονεξία. — Aristote, *Politique*, II, 6, 23 : Τοὺς ἰδιώτας φιλοχρημάτους. — Cf. Plutarque, *Lysandre*, 17, 18; *Agésilas*, 20; *Agis*, 5, 7; *Instituta laconica*, 41.

2. Plutarque, *Lycurgue*, 11.

3. Pausanias, IV, 4.

4. Hérodote, VI, 86.

5. Ἁ φιλοχρηματία Σπάρταν ὀλεῖ, Plutarque, *Instituta laconica*, 42. Diodore, édit. Didot, VII, 14, 5, t. I, p. 317. Cicéron, *De officiis*, II, 11. Cet oracle avait été prononcé à Delphes au temps des rois Alcamène et Théopompe, par conséquent au viiie siècle. Il correspondait vraisemblablement à une tentative qui fut faite à cette époque pour combattre le goût de la richesse ou tempérer l'inégalité des fortunes.

6. Hérodote, VI, 82.

7. Idem, VIII, 5.

8. Théopompe, dans Plutarque, *Thémistocle*, 19.

9. Le récit de cette affaire est dans Plutarque, *Périclès*, 22, et dans Éphore, fragment 118.

« assis sur un sac plein d'or » qu'il venait de recevoir des
ennemis de sa patrie[1]. Gylippe essaya de voler trois cents
talents à l'État[2]. Aristote parle de la vénalité habituelle des
éphores et des sénateurs[3]. Il cite un exemple où quatre
éphores sur cinq reçurent de l'argent pour trahir les intérêts
de Sparte[4]. Pausanias raconte que, dans une guerre, les rois,
les éphores et les sénateurs furent gagnés à prix d'argent[5].
Tout cela prouve que l'argent était estimé dans Sparte et qu'il
y servait à quelque chose.

Ajoutons que les Spartiates savaient aussi employer l'argent
à se faire des intelligences chez leurs ennemis. Pausanias prétend qu'ils ont été les premiers qui aient su acheter les généraux des peuples à qui ils faisaient la guerre, et il cite deux
exemples, dont l'un remonte aux guerres de Messénie[6]. Il fait
observer encore que les Spartiates sont les seuls qui aient osé
corrompre la Pythie à prix d'or[7]. Donc ils possédaient des
métaux précieux, et ils en connaissaient tous les usages.

Dans le petit traité qui est intitulé *Alcibiade* et qui, s'il
n'est pas de Platon, appartient certainement à son époque,
nous lisons ce qui suit : « Tu te crois bien riche, dit Socrate
à Alcibiade; mais regarde Lacédémone, et tu verras que les
richesses qu'il y a dans Athènes sont peu de chose auprès de
celles de cette ville. Je ne parle pas seulement des terres que
les Lacédémoniens possèdent, de leurs nombreux esclaves, de
leurs chevaux et de leurs troupeaux; je laisse cela de côté :
c'est de l'or et de l'argent que je parle. Il y en a plus dans
Lacédémone seule que dans le reste de la Grèce. Car, *depuis
un grand nombre de générations d'hommes*, l'argent y afflue
de tous côtés, venant de chez les autres Grecs ou de chez les
barbares, et il n'en sort jamais. C'est comme l'antre du lion :
on voit les traces de ce qui entre, on ne voit pas les traces de

1. Hérodote, VI, 72.
2. Diodore, XIII, 106 ; Athénée, VI, 24.
3. Aristote, *Politique*, II, 6, 18.
4. Aristote, *Rhétorique*, III, 18, édit. Didot, t. I, p. 409.
5. Pausanias, IV, 5.
6. Idem, IV, 17.
7. Idem, III, 4.

ce qui sort. Aussi faut-il reconnaître que, en or et en argent, les hommes de cette ville sont les plus riches de tous les Grecs[1]. »

VII. DE QUELQUES RÈGLES DU DROIT CIVIL DE SPARTE.

Les notions que les écrivains anciens nous ont laissées sur le droit civil de Sparte sont fort incomplètes et assez vagues. Nous en pouvons du moins saisir quelques règles.

La division des personnes en hommes libres, affranchis et esclaves y était la même que dans tous les États anciens. Les esclaves, οἰκέται, ἀνδράποδα, y étaient très nombreux. Thucydide remarque qu'aucune cité grecque n'en possédait davantage[2]. Plutarque rapporte que les Étoliens, dans une incursion en Laconie, trouvèrent à enlever 50 000 esclaves[3]. Un passage d'Élien et un fragment de Phylarque donnent à entendre que les esclaves attachés au service personnel étaient nombreux dans les maisons des riches; un de leurs offices consistait à accompagner les enfants dans les gymnases publics[4].

Les affranchissements ne laissaient pas d'être fréquents[5]. Un ancien historien nous a transmis les noms des diverses classes d'affranchis, mais non sans nous apprendre en quoi elles différaient. Il y avait les ἄφεται, les ἀδέσποτοι, les ἐρυκτῆρες, les δεσποσιόναυται[6], et au-dessus de tous ces rangs venaient les *néodamodes*, qui paraissent avoir joui d'une liberté complète[7]. Mais aucune de ces classes ne se confondait avec les vrais citoyens[8]. L'affranchi avait le droit « d'habiter où il

---

1. Platon, *Alcibiade*, I, 18, édit. Didot, t. I, p. 480-481. De même, dans le dialogue intitulé *Hippias major*, Platon présente Sparte comme une cité riche (édit. Didot, t. I, p. 740).
2. Thucydide, VIII, 40.
3. Plutarque, *Cléomène*, 18.
4. Phylarque dans Athénée, VI, 102; Élien, *Histoires variées*, XII, 45.
5. Myron de Priène, dans Athénée, VI, 102 : Πολλάκις ἠλευθέρωσαν Λακεδαιμόνιοι δούλους.
6. Myron de Priène, ibidem.
7. Thucydide, VII, 58; Pollux, III, 83.
8. Xénophon, *Helléniques*, III, 3, 6.

voulait[1] » ; il avait l'entrée des temples[2] ; il est probable aussi qu'il jouissait de quelques droits civils et qu'il pouvait paraître en justice ; mais on ne voit à aucun signe que les droits politiques lui aient jamais été communiqués. Les esclaves ne pouvaient en aucun cas être propriétaires du sol ; nous ne savons pas si les affranchis le pouvaient devenir.

La distinction entre citoyens et étrangers était profonde dans toute ville grecque ; on la retrouve à Sparte. La ξενηλασία, c'est-à-dire le droit qu'avait toute cité de chasser l'étranger domicilié, y était exercée plus rigoureusement qu'à Athènes[3]. Encore se tromperait-on si l'on pensait que l'étranger fût toujours repoussé. Hérodote et Plutarque citent nombre d'étrangers qui y ont été accueillis, qui y ont reçu l'hospitalité, qui y ont même passé leur vie. Chaque année, aux fêtes des gymnopédies, les étrangers affluaient à Sparte et étaient reçus dans les maisons des particuliers[4]. La cité avait des proxènes chargés de veiller sur eux, et il y avait aussi dans les autres villes quelques citoyens qui étaient unis à Sparte par le lien de proxénie[5]. D'ailleurs, pas plus à Sparte que dans les autres cités, l'étranger ne jouissait des droits civils, et, à moins qu'il n'eût obtenu l'ἔγκτησις par un décret spécial, il ne pouvait pas devenir propriétaire du sol.

La propriété était héréditaire à Sparte comme dans toute la Grèce[6]. Toutefois il n'y avait pas hérédité pour le fils né hors mariage ou non reconnu par le père[7]. Quant au fils reconnu comme légitime, il ne pouvait pas être privé de la succession, il était héritier nécessaire[8]. Le testament resta interdit à

---

1. Thucydide, V, 34.

2. Idem, V, 80.

3. Elle devait d'ailleurs être prononcée dans chaque cas particulier par les magistrats. Hérodote, III, 148.

4. Xénophon, *Mémorables*, I, 2, 61 ; Plutarque, *Cimon*, 10.

5. Hérodote, VI, 57 ; Thucydide, III, 52 ; Cornélius Népos, *Cimon*, 3 ; Pausanias, III, 8. — Sparte avait un temple de Zeus Xénios et d'Athéné Xénia.

6. Plutarque, *Agis*, 5.

7. Plutarque, *Agésilas*, 4.

8. Sauf le cas où il y avait eu ἀποκήρυξις ou celui où le fils avait été adopté dans une autre famille.

Sparte jusqu'au commencement du ive siècle, comme il l'avait été à Athènes avant Solon.

Les frères se partageaient-ils le patrimoine? Ce point est obscur. Je ne vois qu'un texte qui semble indiquer la règle d'indivision; mais ce texte est vague et de peu d'autorité [1]. Peut-être y a-t-il lieu de faire une distinction entre deux sortes de biens dont le patrimoine pouvait se composer. Nous savons en effet par Héraclide qu'un Spartiate pouvait posséder, outre le κλῆρος ou la μοῖρα ἀρχαῖα, terre qu'il tenait de l'antique partage, d'autres terres auxquelles d'autres règles de droit étaient appliquées [2]. Ces deux catégories de biens, qui étaient traitées différemment au point de vue de la vente, l'étaient peut-être aussi au point de vue de l'hérédité. Il n'est pas téméraire d'admettre que les terres en dehors du primitif κλῆρος étaient partagées. Quant à ce κλῆρος lui-même, il y a grande apparence qu'il était indivisible. Cela ressort, non seulement du texte que nous citons plus haut, mais aussi de quelques faits connus : si le chiffre de 9000 κλῆροι était resté invariable durant cinq siècles, ainsi que l'affirme Plutarque, si chaque famille possédait encore au ive siècle « la terre de l'antique partage », ainsi que le montre Héraclide, cela ne s'est pu faire que par l'indivisibilité du κλῆρος. On peut donc penser que, dans toute famille qui ne possédait pas d'autres biens, le frère cadet n'avait aucune part. Il faut alors supposer, ou bien que le cadet avait avec son aîné la jouissance commune du petit domaine indivis [3], ou bien que, s'il quittait son aîné, il était relégué par l'effet de sa pauvreté dans la classe inférieure que les Spartiates désignaient par le mot ὑπομείονες; cette classe, composée d'éléments très divers, ne possédait pas les droits complets des citoyens.

Quant à la sœur, les textes ne nous disent pas si elle entrait en partage avec le frère, ou si elle était, ainsi qu'à Athènes, exclue de la succession. Mais cette seconde hypothèse est la

---

1. Pseudo-Plutarque, *In Hesiodum*, 20 : Λυκοῦργος ᾤετο δεῖν ἕνα κληρονόμον καταλιπεῖν (Plutarque, édit. Didot. t. V, p. 24).
2. Héraclide, dans les *Fragmenta historicorum græcorum*, t. II, p. 211.
3. Cet usage des communautés de frères est attesté par Polybe, VI, 12.

plus vraisemblable, car elle est la seule qui se concilie avec ce
que nous savons des lois relatives à la fille épiclère.

On voit, en effet, dans le peu qui nous est resté du droit
de Sparte, que la fille unique y était, aussi bien qu'à Athènes,
l'objet d'une législation particulière. Cette fille était dite
ἐπίκληρος ou ἐπιπάματις [1], ce qui signifiait, non pas qu'elle fût
héritière, mais qu'elle était à côté de l'héritage et qu'elle
s'ajoutait à lui. Elle n'héritait pas de son père, au moins
directement, car Aristote dit en termes très nets que, si un
père était mort sans faire de testament et ne laissant qu'une
fille, c'était un autre qu'elle qui était l'héritier, et que cet
héritier, à titre de maître et tuteur de la fille, lui choisissait
un mari [2]. Deux siècles avant Aristote, c'étaient les rois de
Sparte qui désignaient un époux à la fille épiclère, si le père
n'avait pas de son vivant fait ce choix [3]. On remarquera que
cette attribution des rois de Sparte était la même qui appartenait à l'archonte d'Athènes. Nous ne devons pas croire d'ailleurs que le choix d'un mari pour la fille unique fût arbitraire ; les textes ne nous disent pas formellement quelles
règles la loi avait fixées ; du moins Aristote nous apprend
que le père lui-même n'avait pas la faculté de donner sa fille
épiclère à qui il voulait [4]. A plus forte raison les rois ne
pouvaient-ils agir ici d'après leur seul caprice ; aussi Hérodote les présente-t-il comme des juges, qui se contentent de
prononcer à qui l'épiclère doit appartenir d'après la loi [5].

Tout cela s'explique si l'on songe aux vieilles règles de la
famille grecque [6]. L'héritage, de même que le culte et l'autorité
domestique, passait toujours aux mâles ; si les fils faisaient

---

1. Hésychius, au mot ἐπιπαμάτιδα. On disait dans le même sens πατροῦχος
(Pollux, *Onomasticon*, III, 33).

2. Aristote, *Politique*, II, 6, 11 : Ἂν ἀποθάνῃ μὴ διαθέμενος, ὃν ἂν καταλίπῃ
κληρονόμον, οὗτός ᾧ ἂν θέλῃ δίδωσι τὴν ἐπίκληρον.

3. Hérodote, VI, 57.

4. Aristote rappelle cette ancienne règle qui avait disparu de son temps, quand
il dit : « Mais, *de nos jours*, il peut donner sa fille à qui il veut » (Aristote, *Politique*, II, 6, 11).

5. Hérodote, VI, 57 : Δικάζειν τοὺς βασιλέας πατρούχου παρθένου πέρι, ἐς τὸν
ἱκνέεται ἔχειν, ἢν μὴ ὁ πατὴρ αὐτὴν ἐγγυήσῃ.

6. [Cf. plus haut, p. 28 et suiv.]

défaut et qu'il n'y eût qu'une fille, l'antique principe voulait que celle-ci n'héritât pas, mais l'usage admettait qu'elle passât avec l'héritage au plus proche parent, c'est-à-dire qu'elle l'épousât. C'est ainsi que nous trouvons dans Hérodote l'exemple d'une fille épiclère qui épouse son oncle[1]. Si le père mariait ou fiançait sa fille de son vivant, apparemment il ne pouvait le faire qu'en la donnant au plus proche parent, ou bien encore en la donnant à un fils adoptif ; mais l'adoption elle-même ne pouvait se faire qu'en présence des rois, ce qui implique qu'elle était soumise à des règles[2]. S'il mourait sans avoir pris ces dispositions, le plus proche parent se présentait pour prendre à la fois l'héritage et la fille, et s'il y avait contestation entre plusieurs parents, c'étaient les rois qui prononçaient. Ainsi, les principes étaient les mêmes qu'à Athènes. Il est possible qu'il y eût quelques différences dans l'application, mais l'absence de textes ne nous permet pas de les apercevoir.

La vente de la terre était interdite. Cette règle avait été commune à beaucoup d'anciennes cités grecques[3]. Les lois faisaient pourtant une distinction entre certaines terres d'acquêt qui étaient en dehors des 9000 κλῆροι, et les terres patrimoniales que le partage antique avait distribuées entre les familles. A la vente des premières il s'attachait seulement une certaine honte ; pour les secondes, l'interdiction de vendre était absolue[4].

La raison de ces règles apparaît clairement aux yeux. Elles sont contraires à nos idées modernes ; mais elles sont conformes à celles des anciens. Sparte, comme toutes les cités grecques, se préoccupait d'assurer la perpétuité des familles, à laquelle la religion était intéressée, et elle s'appliquait aussi à main-

1. Hérodote, VII, 205. Plutarque, *Agis*, 11, cite une fille épiclère qui est épousée par un parent. Cf. Hérodote, VI, 71.
2. Ibidem, VI, 57.
3. Aristote, *Politique*, II, 4, 4 ; VII, 2, 5. [Cf. plus haut, p. 54.]
4. Héraclide, édit. Didot, t. II, p. 211 : Πωλεῖν γῆν Λακεδαιμονίοις αἰσχρὸν νενόμισται· τῆς δ' ἀρχαίας μοίρας οὐδὲ ἔξεστι. A ce texte si précis, joignez Aristote, *Politique*, II, 6, et Plutarque, *Instituta laconica*, 22 : Τὴν ἀρχῆθεν διατεταγμένην μοῖραν πωλεῖν οὐκ ἐξῆν.

tenir un lien indissoluble entre chaque part de propriété foncière, et chaque famille. Car la propriété foncière, dans les
temps antiques, avait été un droit familial plutôt qu'un droit
personnel. De là était venue l'hérédité nécessaire du fils ; de
là les dispositions relatives à la fille épiclère ; de là l'interdiction du testament et celle de la vente. Il fallait que le sol
restât d'âge en âge attaché à la famille. On sent assez combien
toutes ces règles, dont l'antiquité ne peut pas être mise en
doute, sont l'opposé d'un régime qui comporterait la communauté du sol [1].

VIII. DE L'INÉGALITÉ DES FORTUNES ET DES CAUSES QUI ONT FAIT DISPARAÎTRE LA PETITE PROPRIÉTÉ.

Si l'on s'en rapportait au passage de Platon qui rappelle
le partage primitif entre les Doriens vainqueurs, les parts
auraient été à peu près égales entre tous. Plutarque aussi,
parlant de la nouvelle distribution du sol qui aurait été
faite par Lycurgue, affirme cette égalité : « Il y eut, dit-il,
9000 lots pour les 9000 Spartiates ; chaque lot produisait
environ 80 médimnes de grains et de fruits, si bien qu'au
temps de la moisson tous ces lots portaient des tas de gerbes
de même nombre et de même hauteur [2]. »

On peut douter qu'une égalité si parfaite ait jamais pu être
établie. On en doutera surtout si l'on fait attention qu'elle ne
nous est signalée ni par Hérodote, ni par Thucydide, ni par
Xénophon, ni par Aristote. Toutefois nous ne rejetterons pas
tout à fait cette légende et ces chiffres qu'une ancienne tradition, altérée par le temps ou mal comprise, avait pu transmettre à Plutarque. Si nous ne pouvons pas y voir la preuve
d'un régime d'égalité absolue, nous y voyons du moins l'indice d'un régime de petite propriété. Le sol de la Laconie était

---

1. Nous avons essayé de montrer ce caractère familial de l'ancien droit dans la
Cité antique [liv. II, c. 7.]
2. Plutarque, *Lycurgue*, 8.   Platon, *Lois* III, pages 684, 685. — [Cf. l'étude
de Duncker.]

divisé en lots très nombreux dont l'étendue moyenne ne devait pas dépasser sept ou huit hectares: voilà le fait historique que nous croyons pouvoir admettre pour l'époque de Lycurgue.

Si maintenant nous passons du temps de Lycurgue à celui d'Aristote, le tableau est tout différent. « La propriété est absolument inégale: parmi les Spartiates, les uns possèdent des domaines d'une étendue démesurée, les autres n'ont presque rien; toutes les terres sont aux mains d'un petit nombre d'hommes[1]. »

Ainsi Sparte présente cette singularité entre toutes les cités grecques, qu'elle a eu la petite propriété au commencement et la grande propriété à la fin. Il s'est donc produit, dans cet espace de cinq siècles, un changement complet dans la répartition du sol. La longue existence de Sparte, que l'on se figure si unie et si exempte de révolutions, a été remplie, au contraire, par une de ces révolutions radicales qui déplacent la propriété et qui transforment, par là, tout un gouvernement. Seulement, cette révolution n'a pas été du genre de celles qui arrachent le sol à quelques-uns pour le distribuer à tous, mais du genre de celles qui peu à peu enlèvent la terre au grand nombre pour l'accumuler aux mains de quelques-uns.

Ce résultat est d'autant plus surprenant que la vieille législation semblait avoir pris toutes les mesures pour l'empêcher. En effet, l'ancien droit civil de Sparte voulait que le petit domaine restât toujours attaché à la même famille; il prescrivait que la propriété fût, non seulement héréditaire, mais encore inaliénable; il repoussait le testament; il n'admettait même pas la vente. Visiblement, ce vieux droit tendait à maintenir à jamais le régime de la petite propriété. Comment donc s'est-il fait qu'en dépit des lois la grande propriété ait prévalu? Il n'est pas permis à l'homme d'étude de passer à côté de ce difficile problème sans essayer de le résoudre.

Pour arriver à une solution pleinement satisfaisante, il nous faudrait plus de documents que nous n'en possédons.

---

1. Aristote, *Politique*, II, 6, 10, édit. Didot, p. 512 : Τοῖς μὲν συμβέβηκε κεκτῆσθαι πολλὴν λίαν οὐσίαν, τοῖς δὲ πάμπαν μικράν· διόπερ εἰς ὀλίγους ἧκεν ἡ χώρα. — Cf. ibidem, V, 6, 7: Εἰς ὀλίγους αἱ οὐσίαι ἔρχονται.

Nous voudrions avoir des textes de lois, des inscriptions, des plaidoyers, comme nous en avons pour Athènes. Du moins, si nous observons attentivement quelques faits connus de l'histoire de Sparte et ce que nous savons de son droit, si nous regardons de près la vie intime des Spartiates et certains traits de leur caractère, nous pourrons entrevoir quelques-unes des causes qui ont amené insensiblement cette transformation de la propriété foncière.

Nous devons songer tout d'abord à une règle de droit public qui était autant en vigueur à Sparte qu'à Athènes et à Rome : c'est que le citoyen seul pouvait posséder en propre le sol de la cité. La terre spartiate ne pouvait être la propriété que des citoyens spartiates[1]. Ni un esclave, ni un hilote, ni un Laconien périèque, ni un étranger, ni même un homme de sang spartiate qui se serait trouvé, pour quelque motif, exclu de l'ordre des citoyens, ne pouvait être propriétaire[2]. D'où il résulte que, si nous voyons diminuer le nombre des citoyens, nous pourrons être assurés que le nombre des propriétaires a diminué dans la même proportion. C'est donc de ce côté qu'il faut d'abord diriger nos recherches.

Il existait au temps de Lycurgue 9000 citoyens suivant Plutarque, 10 000 suivant Aristote[3]. Quel que fût le chiffre primitif, il y avait plusieurs raisons pour que ce chiffre diminuât avec le temps. La première de toutes était la guerre. Sparte fut toujours en lutte avec ses voisins de Messénie, d'Arcadie et d'Argolide, et il n'est pas douteux que ces guerres presque annuelles n'aient décimé sa population. Il est vrai que

---

1. Nous entendons par terre spartiate, non pas toute la Laconie, mais seulement le district qui dépendait de la ville de Sparte, γῆ εἰς τὸ ἄστυ συντελοῦσα, et où se trouvaient les 9000 κλῆροι des Spartiates (Plutarque, *Lycurgue*, 8; cf. Éphore, dans Strabon, VIII, 5, 4). Les 30 000 lots des périèques étaient en dehors.

2. Il est vrai que Plutarque parle d'étrangers à qui Lycurgue aurait assigné des lots de terre (Plutarque, *Instituta laconica*, 22), mais il faut entendre qu'il avait commencé par les faire citoyens, ce qui, suivant Aristote, était conforme aux vieux usages de Sparte (Aristote, *Politique*, II, 6, 12).

3. Plutarque, *Lycurgue*, 8; encore l'historien rappelle-t-il une opinion suivant laquelle ils n'auraient été que 6000 ou 4500. — Aristote, *Politique*, II, 6, 12, édit. Didot, p. 512. — Hérodote, VII, 234, semble dire qu'il y avait encore au temps des guerres médiques 8000 Spartiates citoyens et hoplites.

Sparte pouvait réparer ces pertes, ainsi que le faisaient toutes
les anciennes cités, par l'adjonction de citoyens nouveaux.
Dans les premiers siècles, elle ne se fit pas faute d'admettre
des étrangers. « Sous les anciens rois, dit Aristote, le droit de
cité était souvent accordé, en sorte que les Lacédémoniens
pouvaient faire de longues guerres sans que leur nombre
décrût[1]. » Mais cette concession du droit de cité ne fut pratiquée que dans les premiers siècles; Sparte y renonça dans la
suite et se ferma aux étrangers.

Une seconde cause de la diminution du nombre des citoyens
se trouvait dans cette règle du droit civil qui n'autorisait le
mariage qu'entre membres de la cité. L'enfant qui naissait
d'un Spartiate et d'une étrangère était réputé illégitime, νόθος,
et, par suite, ne comptait pas parmi les citoyens. A plus forte
raison le concubinage et l'adultère produisaient-ils les mêmes
effets[2]. Pour être citoyen, pour posséder les droits civils, il
fallait être né d'un mariage régulier et avoir été reconnu par
le père comme légitime[3]. Il suffisait donc qu'un enfant fût né
de concubinage ou fût réputé adultérin pour que lui-même et
toute sa descendance après lui fussent rayés à tout jamais du
nombre des citoyens spartiates. On voit bien, à plusieurs traits
de l'histoire de Sparte, que les diverses catégories de νόθοι,
παρθενίαι, ἐπεύνακτοι, étaient nombreuses, et l'on y voit aussi
que ces classes étaient déshéritées et sans droits. Dans des cas
très rares où Sparte manquait de bras, elle fit de ces hommes

1. Aristote, *Politique*, II, 6, 12 : Μετεδίδοσαν τῆς πολιτείας ὥστ' οὐ γίνεσθαι
ὀλιγανθρωπίαν. — Cf. Plutarque, *Instituta laconica*, 22; Élien, XII, 43. On connaît
quelques familles étrangères qui furent admises dans la cité et qui y eurent de
l'importance; par exemple, les Ægides, de race cadméenne (Aristote, *Fragments*,
édit. Didot, t. IV, p. 269, et Hérodote, IV, 149), les Minyens (Hérodote, IV, 145),
les Talthybiades, qui étaient de race achéenne et qui restèrent une des familles les
plus vénérées parmi les Spartiates (Hérodote, VI, 60 et VII, 134). — Hérodote dit,
il est vrai, que l'Élien Tisamène fut le premier étranger à qui Sparte ait accordé le
plein droit de cité (IX, 35); mais cela est en contradiction avec plusieurs faits.

2. Plutarque, *Agésilas*, 3 et 4. Strabon, VI; 3, 3: Τοὺς παρθενίας οὐχ ὁμοίως
τοῖς ἄλλοις ἐτίμων ὡς οὐκ ἐκ γάμου γεγονότας. Dans cette phrase, le terme ἐτίμων a
le même sens qui se retrouve dans les mots ἐπίτιμος et ἄτιμος; il implique la
reconnaissance du plein droit de cité.

3. Léotychide fut exclu de la succession paternelle quoiqu'il fût fils unique,
parce que son père avait refusé de le reconnaître comme légitime (Plutarque,
Agésilas, 4).

des citoyens; mais ces exceptions mêmes prouvent que la règle générale était qu'ils ne le fussent pas. C'étaient des milliers d'êtres humains qui, de père en fils, pouvaient bien vivre dans la ville, mais n'étaient jamais dans la cité. Placés ainsi en dehors du droit civil, ils n'héritaient ni ne contractaient; il ne semble donc pas qu'ils pussent être propriétaires du sol.

Il y avait une troisième raison pour que le nombre des citoyens fût incessamment réduit : c'est que le droit de cité pouvait être perdu par une condamnation judiciaire. Cette peine s'appelait ἀτιμία. Elle était très dure. Les historiens nous font connaître quelques-unes des conséquences qu'elle entraînait. L'homme frappé d'atimie ne perdait pas seulement les droits politiques, il perdait du même coup les droits civils, du moins quand l'atimie était complète[1]; il ne pouvait contracter ni un achat ni une vente[2]; réputé étranger, il ne pouvait plus épouser une femme spartiate et aucun Spartiate ne pouvait épouser sa fille[3]. Il était même exclu de la société religieuse; nul de ses concitoyens ne lui communiquait le feu sacré, nul ne lui adressait la parole[4]. Comme les lois de la cité ne le protégeaient plus, il n'existait plus de justice pour lui et le premier venu pouvait le frapper impunément[5].

L'atimie était donc à Sparte ce qu'elle était à Athènes; c'est-à-dire la privation de tous les droits civils, politiques, religieux[6]. L'homme qui en était frappé ne comptait plus dans la cité. Entraînait-elle la confiscation des biens? Aucun texte formel ne nous l'indique pour Sparte; mais on ne conçoit pas comment l'homme qui avait perdu tous les droits du citoyen

1. On sait qu'à Athènes, en dehors de l'atimie complète, il y avait une atimie partielle et adoucie. Le passage de Thucydide, V, 34, semble indiquer qu'à Sparte aussi il y avait des degrés dans l'atimie.

2. Thucydide, V, 34 : Μήτε πριαμένους τι ἢ πωλοῦντας κυρίους εἶναι.

3. Plutarque, *Agésilas*, 30 : Δοῦναί τινι τούτων γυναῖκα καὶ λαβεῖν ἄδοξόν ἐστι. Il est possible qu'un tel mariage ne fût pas formellement interdit par la loi, mais il entraînait des conséquences telles pour les enfants qu'aucun citoyen ne devait se résoudre à le contracter.

4. Hérodote, VII, 231 : Οὔτε οἱ πῦρ οὐδεὶς ἔναυε οὔτε διελέγετο.

5. Plutarque, *Agésilas*, 30 : Παίει ὁ βουλόμενος αὐτούς.

6. Comparer Démosthène, *In Midiam*, 92; Lysias, *In Andocidem*, 24; Eschine, *In Timarchum*, 21; Andocide, *De mysteriis*, 73-80, dans les *Oratores attici*; édit. Didot, p. 60.

aurait pu être légalement propriétaire du sol. Il est difficile
d'admettre que l'hérédité légitime existât pour un tel homme.
Quant à l'achat, nous venons de voir qu'il lui était formellement interdit. Ce qu'il avait possédé avant la déclaration
d'atimie ne lui était peut-être pas enlevé formellement, mais
la conservation lui en devenait fort difficile, puisque nous
savons qu'il n'existait plus de justice pour lui. Cet homme,
que l'on pouvait frapper impunément, pouvait bien aussi être
dépouillé et dépossédé; il n'avait aucune garantie contre
l'éviction. Aussi pouvons-nous penser que la conséquence
inévitable de chaque condamnation d'atimie était de faire
disparaître toute une famille de citoyens et du même coup
toute une famille de propriétaires.

Or cette peine, qui était prodiguée à Athènes, l'était encore
bien plus à Sparte. Non seulement elle punissait les crimes
tels que le meurtre, l'impiété, la trahison envers l'État, mais
encore elle était prononcée contre des délits qui, aux yeux des
modernes, seraient beaucoup moins graves. L'homme qui dans
un combat « avait eu peur », ou même qui, en se montrant
brave, avait été vaincu et fait prisonnier, encourait l'atimie[1].
Celui qui restait célibataire subissait la même peine[2]. La
pauvreté elle-même entraînait une sorte d'atimie, puisque,
comme l'assure Aristote, l'homme qui était trop pauvre pour
fournir sa part aux repas communs perdait le droit de cité[3].
Ainsi, par l'effet des lois elles-mêmes, le nombre des citoyens
devait aller en diminuant.

Il me semble que la pratique de l'atimie a eu, dans l'existence de Sparte, une importance considérable. Plutarque dit
que tout homme qui, étant né de parents citoyens, n'avait pas
reçu l'éducation prescrite par les lois, était pour ce seul motif
déchu des droits et du rang de citoyen[4]. C'est que, pour être

1. Hérodote, VII, 231; Thucydide, V, 34; V, 72; Plutarque, *Agésilas*, 30;
Apophthegmata Laconica, Demarati. Il paraît que la même disposition existait
dans la loi athénienne (Lysias, *In Alcibiadem*, I, 9).

2. Plutarque, *Lycurgue*, 15; *Lysandre*, 30; *Apophthegmata Laconica, Lycurgi*, 14.

3. Aristote, *Politique*, II, 6 [9], 2 : Ὅρος τῆς πολιτείας οὗτός ἐστιν ὁ πάτριος, τὸν
μὴ δυνάμενον τοῦτο τὸ τέλος φέρειν μὴ μετέχειν αὐτῆς.

4. Plutarque, *Instituta laconica*, 21 : Τῶν πολιτῶν ὃς ἂν μὴ ὑπομείνῃ τὴν τῶν

citoyen, il ne suffisait pas d'être de sang spartiate : la vraie condition était qu'on se fût toujours soumis à toutes les règles de discipline que la loi imposait. Xénophon énonce ce principe d'une manière très nette : « Le législateur a imposé l'obligation absolue de pratiquer toute la vertu civique : ceux qui en remplissent tous les devoirs, il les reconnaît pour citoyens ; ceux qui n'ont pas le courage de les remplir, il ne veut pas qu'ils soient comptés parmi les citoyens égaux entre eux[1]. » Ces passages de Plutarque et de Xénophon ne sont pas des phrases vagues : ils révèlent un fait important, à savoir que, même, étant né Spartiate, on cessait de compter parmi les citoyens de Sparte par ce seul motif que l'on ne pouvait ou que l'on ne voulait pas se plier à la discipline de la cité.

Or cette discipline était fort dure. Il fallait, dès l'âge de sept ans, passer par une sévère éducation, puis être soldat toute sa vie, manger à une table commune, porter les vêtements prescrits par la loi, se marier à l'âge indiqué, toujours obéir, n'être jamais à soi. Cependant la nature humaine n'était pas différente à Sparte de ce qu'elle est partout. Elle avait ses besoins et ses faiblesses. Les écrivains anciens ont remarqué le goût des Spartiates pour les douceurs de la vie, pour la mollesse, pour les plaisirs des sens[2]. Platon et Aristote ont signalé la liberté et même la licence des femmes

παίδων ἀγωγὴν οὐ μετεῖχε τῶν τῆς πόλεως δικαίων. Cette règle est encore attestée par un apophthegme qui est trop singulier pour que Plutarque l'ait inventé : Antipater, après une victoire, voulait que cinquante enfants spartiates lui fussent livrés comme otages ; un éphore lui répliqua qu'on donnerait plutôt le double de vieillards, mais qu'il était impossible de livrer des enfants, parce que ces enfants, étant éloignés de Sparte, ne recevraient plus l'éducation prescrite par les lois « et qu'alors ils ne pourraient plus devenir citoyens » (Plutarque, *Apophthegmata Laconica, ignotorum*, 51).

1. Xénophon, *Respublica Lacedæmoniorum*, 10, § 7 : Ἐπέθηκε τὴν ἀναγκὴν ἀσκεῖν ἅπασαν πολιτικὴν ἀρετήν..., εἰ δέ τις ἀποδειλιάσειε τοῦ τὰ νόμιμα διαπονεῖσθαι, τοῦτον ἀπέδειξε μὴ νομίζεσθαι τῶν ὁμοίων εἶναι. L'expression toute spartiate εἶναι τῶν ὁμοίων correspond à ὁμοίως τὴν πόλιν ἔχειν que Xénophon emploie dans la même phrase, et désigne la même chose ; étaient ὅμοιοι, à notre avis, ceux qui étaient citoyens complets, *cives optimo jure*.

2. Ἁβροδίαιτοι, Plutarque, *Apophthegmata Laconica, Lycurgi*, 1. — Ἀπολαύειν τῶν σωματικῶν ἡδονῶν, Aristote, *Politique*, II, 6, 16. — Sur le luxe de la table, voir Phylarque, *Fragmenta historicorum græcorum*, t. I, p. 346. Élien [*Histoires variées*], XIV, 7, mentionne un Spartiate ὑπερταργοῦντα καὶ ὑπέρπαγυν διὰ τρυφὴν γενόμενον. Il était donc possible à Sparte de se livrer à la mollesse.

spartiates[1] ; or il est difficile de croire que les hommes soient bien austères dans leur conduite quand les femmes ne le sont pas. Plutarque et Xénophon, si favorables qu'ils soient à Sparte, disent expressément que les Spartiates se livrèrent aux plaisirs et au luxe aussitôt qu'ils eurent la richesse qui les procure[2]. Ils ajoutent, à la vérité, que cette richesse ne se serait introduite à Sparte qu'après la prise d'Athènes ; mais nous avons vu des faits qui montrent qu'elle y était plus ancienne, et il y a apparence que le goût des plaisirs était plus ancien aussi. Le vieux roi Agis II, à qui l'on disait que ses contemporains abandonnaient les vieilles mœurs, aurait répliqué : « Lorsque j'étais enfant, mon père me disait la même chose ; et quand mon père était petit, on lui en disait déjà autant[3]. » Il est bien possible que ces mots expriment une vérité, et que, bien longtemps avant la prise d'Athènes, il y ait eu dans Sparte un luxe et une mollesse qui choquaient les esprits austères ; surtout il est possible que de tout temps il y ait eu quelque désaccord entre les lois et les mœurs, entre l'idéal de discipline prescrit par le législateur et la pratique de la vie réélle. Aristote fait cette remarque : « Les éphores, qui n'ont personne au-dessus d'eux et sont exempts de toute surveillance, ne s'astreignent nullement à observer les règles de la cité et ils mènent un genre de vie très relâché. Quant aux autres hommes, ces règles s'imposent à eux avec une dureté qui dépasse toute mesure : d'où il résulte que les Spartiates ne peuvent vraiment pas endurer une telle vie, et que, dès qu'ils peuvent échapper à la loi et se dérober à la surveillance, ils se livrent à toutes les jouissances et à tous les plaisirs du corps[4]. »

Nous pouvons donc considérer comme certain qu'il y avait une grande distance entre la discipline de Sparte et les inclinations naturelles des Spartiates. Parmi eux, il s'en trouvait

---

1. Aristote, *Politique*, II, 6, 5 : Ζῶσιν ἀκολάστως καὶ τρυφερῶς. Cf. Platon, *Lois*, I, p. 637 ; VI, p. 786.

2. Plutarque, *Agis*, 3. Xénophon, *Respublica Lacedæmoniorum*, 14. Cf. Athénée, XII, 51.

3. Plutarque, *Apophthegmata Agidis*, 17.

4. Aristote, *Politique*, II, 6, 16.

sans nul doute qui acceptaient courageusement les règles de
la cité, qui y pliaient toute leur vie et qui pouvaient devenir
des héros; mais il n'est pas douteux non plus que beaucoup
d'autres n'eussent le désir de s'y soustraire. Les natures vulgaires cherchaient à y échapper, et nous pouvons croire que
plus d'un Spartiate n'avait d'autre pensée que de se dérober,
par quelque moyen, aux intolérables exigences de la loi.

Or l'atimie qui était prononcée contre quiconque n'avait
« pas le courage d'endurer tous les travaux exigés par les lois »,
offrait précisément cet expédient que beaucoup d'hommes
cherchaient. Si sévère que fût la peine, ils pouvaient la trouver
moins dure que le devoir. On est donc en droit de supposer
qu'à l'esprit de tout Spartiate se présentait cette alternative :
ou bien porter le joug de la sévère discipline, ou bien s'en
affranchir en sortant des rangs de la cité. Les âmes vaillantes
ou ambitieuses prenaient le premier parti et marchaient la
tête haute dans cette rude carrière de « vertu civique[1] », au
bout de laquelle se trouvaient les magistratures et la dignité
de sénateur[2]. Mais, les âmes faibles, les corps maladifs, les
caractères avides de plaisirs ou avides d'indépendance pouvaient préférer le second parti et accepter sans trop de répu-
gnance une dégradation civique qui les rendait libres.

Une anecdote de la vie d'Agésilas donne à penser que le
nombre des hommes frappés d'atimie « pour avoir eu peur »
ne laissait pas d'être assez grand à Sparte au IVe siècle, et la
même anecdote montre qu'il suffisait de se faire mettre au
nombre de ceux qui avaient eu peur pour être exempté ensuite
du service militaire[3]. Il est vrai qu'on cessait alors d'être
citoyen, mais on cessait aussi d'être soldat.

<hr>

1. Ἄσκησις τῆς πολιτικῆς ἀρετῆς, Xénophon, *Respublica Lacedæmoniorum*, 10.
2. Nous dirons ailleurs [*Dictionnaire des Antiquités*, article *Lacedæmoniorum respublica*] que la *vertu* était une institution à Sparte; il y avait des concours de *vertu* aux différents âges de la vie; la *vertu* avait ses récompenses, αἱ ἐπ' ἀρετῇ τιμαί, et un grand prix, νικητήριον-τῆς ἀρετῆς (Plutarque, *Lycurgue*, 24, 26). La dignité de γέρων s'appelait un prix de vertu, ἆθλον ἀρετῆς (Aristote, *Politique*, II, 6, 15).
3. Plutarque, *Agésilas*, 30, et *Apophthegmata laconica*, *Agesilai*; l'historien dit que ce fut une exception formelle et contraire aux lois que, dans un besoin pressant, on enrôla les δειλιάσαντες.

Un trait du caractère spartiate était l'amour de l'argent ;
nous avons vu plus haut les témoignages qui le signalent. Les
Spartiates aimaient à s'enrichir comme tous les hommes.
Mais comment faire pour s'enrichir à Sparte? Les lois interdisaient au citoyen de faire le commerce, d'exercer un métier,
même de cultiver la terre. Au contraire, dès qu'on cessait
d'être un citoyen, on pouvait travailler, trafiquer, voyager,
acquérir de l'argent[1]. Tout était défendu au citoyen, tout était
permis à ceux qui ne l'étaient pas.

Il n'est pas dit dans nos documents s'il y avait des Spartiates qui allaient au-devant de la condamnation d'atimie et
qui renonçaient d'eux-mêmes au rang de citoyen pour acquérir l'indépendance de la vie ou la richesse. Aussi ne l'affir-
mons-nous pas. Deux vérités, du moins, apparaissent avec
certitude : l'une, qu'il y avait quelque intérêt à n'être pas
citoyen ; l'autre, que le nombre des citoyens diminua avec une
étonnante rapidité.

A la bataille de Platée, Hérodote compte encore 5000 hoplites
spartiates. Thucydide ne donne pas de chiffres qui puissent
faire apprécier leur nombre, mais il montre que la prise de
cent vingt Spartiates dans l'île de Sphactérie fut une perte
assez sensible pour que Sparte crût devoir traiter de la paix[2] ;
puis, lorsque ces cent vingt citoyens rentrèrent dans la ville,
on craignit que leur retour ne portât le trouble dans le gouvernement[3] ; tout cela donne l'idée d'un corps de citoyens
bien peu nombreux. Un siècle plus tard, Aristote annonce que
Sparte dépérit faute d'hommes ; cela ne veut pas dire que
Sparte manquât d'êtres humains : c'est de citoyens qu'elle
manquait[4]. Au siècle suivant, c'est-à-dire au temps d'Agis IV,

---

1. L'interdiction légale d'acheter et de vendre, dont parle Thucydide, V, 34, doit
s'entendre dans le même sens que la privation du *jus commercii* chez les Romains ;
elle ne s'appliquait pas aux objets mobiliers.

2. Thucydide, IV, 38 et 108.

3. Idem, VI, 34.

4. Aristote, *Politique*, II, 6, 12 : Ἀπώλετο διὰ τὴν ὀλιγανθρωπίαν. La pensée du
philosophe apparaît bien clairement quand on lit le passage entier ; parlant des
suites de la bataille de Leuctres, il montre qu'en ce moment la terre était aux
mains d'un très petit nombre de propriétaires, et il ajoute : « Aussi, tandis que ce
pays aurait pu (si les anciennes règles de la petite propriété s'étaient maintenues)

Plutarque assure que les citoyens n'étaient pas plus de sept cents[1]. Ce n'est pas la guerre seule qui a produit ce résultat, car nous pouvons calculer qu'elle a coûté moins d'hommes à Sparte qu'à Athènes : c'est le droit civil, c'est l'atimie, c'est la sévérité de la discipline, ce sont enfin les lois elles-mêmes qui ont épuisé le sang des citoyens.

Il nous reste à observer quelques faits de l'ordre économique ; nous y trouverons encore une des causes qui ont fait insensiblement de la société spartiate une étroite aristocratie. Nous avons vu plus haut, en examinant le mode d'exploitation du sol, que le citoyen de Sparte était un propriétaire, sans être jamais un agriculteur. Nous avons vu, d'autre part, en étudiant le droit de Sparte, que la propriété était nécessairement héréditaire et que la vente était interdite. Il semble qu'il y avait là deux raisons pour que l'ancienne égalité se conservât toujours. A regarder de près, on reconnaîtra au contraire que ce sont ces vieilles règles qui ont le plus contribué à la ruine de la petite propriété.

Le lot primitif, celui que Plutarque appelle κλῆρος et Héraclide ἀρχαῖα μοῖρα, était de peu d'étendue. Il produisait, suivant Plutarque, un peu plus de quatre-vingts médimnés de grains. Ce champ aurait suffi à une famille qui l'aurait cultivé de ses mains ; mais la loi défendait au citoyen de le cultiver. Nous devons donc nous représenter le Spartiate comme un petit propriétaire de campagne, mais un propriétaire qui ne touche pas à son champ, qui est réduit au fermage invariable que l'hilote lui apporte chaque année, et qui, enfin, de père en fils, vit à la ville.

entretenir 1500 cavaliers et 30 000 hoplites, ils n'étaient pas même 1000 ; Sparte a donc été perdue par manque d'hommes. » Pour bien entendre ce passage, il faut se rappeler que dans les cités anciennes le service militaire était en rapport avec la propriété ; être propriétaire et être hoplite étaient deux choses qui allaient toujours ensemble. Aussi Aristote veut-il dire que Sparte fut perdue parce qu'elle manquait à la fois de propriétaires et d'hoplites, c'est-à-dire de citoyens, διὰ τὴν ὀλιγανθρωπίαν. D'ailleurs, si on lit le récit de la conspiration de Cinadon (Xénophon, *Helléniques*, III, 3), on voit bien que la population était considérable et que c'étaient les vrais citoyens qui étaient peu nombreux.

1. Plutarque, *Agis*, 5.

Or la vie ne laissait pas d'être assez chère à Sparte.
Essayons de nous en faire une idée. Il fallait d'abord fournir,
pour les repas communs, un minimum de douze médimnes
de farine et de quatre-vingt-seize conges de vin chaque année,
sans compter les fruits et l'argent pour la viande. Il y avait,
en outre, à pourvoir à la nourriture de la famille, à toutes les
dépenses intérieures, à la toilette de la femme, au loyer ou à
l'entretien de la maison. Le vêtement de l'homme coûtait peu,
mais l'armure de guerre coûtait beaucoup, et il n'est guère
douteux qu'elle ne fût, à Sparte comme partout, à la charge
du guerrier. Il fallait ensuite payer l'impôt; or, comme Hérodote et Aristote ne mentionnent l'impôt que pour dire qu'on
était souvent en retard pour le payer, nous n'en pouvons pas
conclure que cet impôt fut très léger[1]. Ajoutons les fêtes religieuses, qui étaient en grand nombre et qui entraînaient de
grandes dépenses[2], les processions, dans lesquelles les familles
rivalisaient de luxe[3], les chœurs et les représentations théâ-
trales, qui ne laissaient pas d'avoir de l'éclat. Il fallait bien
faire les frais de tout cela; les faisait-on par un système de
liturgies comme à Athènes[4], ou de quelque autre manière,
nous l'ignorons; mais on sait bien que, dans toutes les villes
anciennes, les fêtes et les jeux sacrés coûtaient fort cher aux
citoyens.

Si nous tenons compte de toutes ces dépenses, nous ne
serons pas surpris que beaucoup de Spartiates, même en
étant propriétaires d'un κλῆρος, se trouvassent trop pauvres
pour supporter ces frais[5]. Aristote fait entendre clairement
que si un Spartiate avait plusieurs enfants, c'étaient autant
de pauvres qu'il laissait dans le monde[6]. Il fallait d'ail

---

1. Hérodote, VI, 59 : Ὅστις Σπαρτιητέων τῷ βασιλέϊ ἢ τῷ δημοσίῳ ὤφειλε.
Aristote, *Politique*, II, 6, 23 : Εἰσφέρουσι κακῶς. L'impôt est mentionné aussi par
l'auteur du *Premier Alcibiade* et par Plutarque, *Agis*, 16.

2. Xénophon, *Mémorables*, I, 2, 61 ; Plutarque, *Cimon*, 10 ; Athénée, IV,
139, 140.

3. Plutarque, *Agésilas*, 19, 20.

4. Aristote parle du chorège à Lacédémone (*Politique*, VIII, 6, 6, édit. Didot,
p. 651).

5. Aristote, *Politique*, II, 6, 21.

6. Ibidem, II, 6, 13.

leurs vivre sans rien faire ; aucune occupation lucrative n'était permise au citoyen. Si l'agriculture fit des progrès avec le temps[1], ils furent surtout au profit de l'hilote et le propriétaire y gagna peu. Le luxe grandit et les besoins s'accrurent, mais non les revenus.

Il y avait, à la vérité, quelques privilégiés ; les textes montrent bien que le Spartiate, outre le lot primitif, pouvait posséder d'autres terres[2]. Les terres de cette nature étaient-elles situées dans les districts laconiens ; ou bien, après la conquête de la Messénie, avait-on constitué dans ce pays de grands domaines, nous ne saurions le dire. Ce qui est certain, c'est qu'il exista de tout temps des hommes très riches à Sparte ; mais il est certain aussi que ceux des Spartiates qui étaient réduits au κλῆρος antique, étaient inévitablement dans la misère.

Vendre ce petit champ qui rapportait si peu et pour lequel le cœur ne pouvait avoir aucun attachement, puisqu'on ne le cultivait pas et qu'à peine le connaissait-on, devait être une tentation générale. Mais la loi défendait de vendre. La propriété, dans de telles conditions, devait être souvent un embarras et une chaîne. Pour vivre, il fallait emprunter. Plutarque, qui n'a pas toujours compris les mœurs de Sparte, mais qui a eu dans les mains tant de renseignements et de livres sur cette ville, parle souvent de débiteurs, de créanciers, d'usuriers. Nous avons vu plus haut que les valeurs mobilières ne manquaient pas et que le commerce de l'argent n'était pas inconnu. Par malheur, ce genre de commerce était interdit par la loi ; il était donc réduit à se dissimuler et à procéder par des détours, ce qui ne peut se faire qu'au détriment des emprunteurs, c'est-à-dire des pauvres. Lorsque la loi interdit le prêt régulier, elle fait naître l'usure. Plutarque nous dit que la question des dettes troublait déjà l'existence de Sparte au temps de Lycurgue ; au moins est-il certain qu'elle l'a fort agitée plus tard. Il est bien vrai que les dettes

_____

1. Polybe, V, 19, vante la richesse agricole des environs de Sparte.
2. Héraclide, *Fragmenta*, édit. Didot, t. II, p. 211.

ne deviennent un véritable péril pour une société que lorsque
la liberté du travail fait défaut; mais c'est justement ce qui
avait lieu à Sparte. Comme tout travail était interdit, le
citoyen, une fois devenu débiteur, n'avait plus aucun moyen
légitime de s'acquitter.

Remarquons bien ces deux faits que la législation de Sparte
mettait en présence : propriété qu'on ne pouvait pas vendre,
dette qu'on ne pouvait pas éteindre. Ces deux faits étaient,
par la loi, associés et enchaînés l'un à l'autre. Le propriétaire
était en même temps, presque toujours, un débiteur. Plutarque nous dit, en effet, que la classe des propriétaires était
endettée à un tel point, « que si on leur offrait l'abolition des
dettes, ils accepteraient sans se plaindre l'abolition des propriétés [1] ».

Que devenait donc ce petit propriétaire endetté, ce propriétaire malgré lui, qui ne pouvait ni se débarrasser de son
bien ni se libérer de sa dette? Nous ne connaissons pas assez
le droit civil de Sparte pour dire quelle était la législation sur
les créances, ni même s'il y en avait une. Les documents nous
laissent, sur ce point si important, dans une ignorance absolue.
L'hypothèque ne pouvait pas exister, du moins sous la forme
que nous lui donnons aujourd'hui, puisque la vente de la
terre était interdite. Il fallait alors de deux choses l'une : ou
que le créancier prît gage sur la redevance annuelle, ou bien
qu'il prît gage, comme à Rome et dans le plus ancien droit
attique, sur la personne même du débiteur. Examinons l'une
et l'autre hypothèse.

Supposerons-nous le premier cas, voici ce qui se produisait. Le débiteur restait propriétaire sans jouir du revenu,
lequel était porté par l'hilote cultivateur au créancier. Il
n'était donc plus, lui et ses enfants après lui, qu'un propriétaire légal, un propriétaire de nom ; mais le créancier avait la
jouissance de fait. Ainsi, la vente étant interdite, l'emprunt
donnait à peu près le même résultat en pratique qu'aurait
donné la vente. Il y a plus : cette créance, qu'il était très

____

1. Plutarque, *Agis*, 13.

rare qu'on pût éteindre, pouvait passer des mains du premier
créancier dans celles d'un tiers et devenir un objet de commerce. On ne pouvait pas vendre la terre, mais on pouvait
vendre le contrat ou l'obligation qui reposait sur cette terre et
qui en représentait le revenu. Plutarque nous apprend que
dans la langue de Sparte le lot de terre s'appelait κλᾶρος et la
créance s'appelait κλάριον [1]. Le mot est le même et il donne à
penser que cette sorte de créance n'était pas autre chose que
l'image mobilisée d'un immeuble invendable. Par là le
champ du Spartiate, ce κλῆρος qui produisait toujours une
même redevance invariable, se transformait en une sorte de
titre de rente, et sous cette forme il circulait. Il se transmettait de main en main par toute sorte de transfert, quoique
le propriétaire nominal du champ fût toujours le même.

Supposerons-nous le second cas, et penserons-nous qu'à
Sparte, comme à Athènes avant Solon, la personne du débiteur répondait de la dette? Alors, le résultat inévitable était
que le citoyen perdît, au bout d'un certain temps, sa liberté
personnelle. Un passage de Plutarque, d'ailleurs assez vague,
appuierait cette conjecture; il parle d'une femme « qui avait
beaucoup de pouvoir dans Sparte par le nombre de ses serviteurs et de ses débiteurs [2] ». Il semblerait, d'après cela, que
l'emprunt établît un lien personnel entre le débiteur et le
créancier, lien qui n'était probablement pas l'esclavage proprement dit, mais qui pouvait être une sorte de clientèle et
qui, tout en laissant au débiteur le titre d'homme libre, le
plaçait dans la dépendance absolue du créancier. Si dans de
telles conditions il conservait sa terre, il est assez évident qu'il
n'était encore propriétaire que de nom. Il ne la conservait que
parce qu'elle ne pouvait pas se détacher de lui; elle le suivait
donc dans sa sujétion au créancier. Le droit que celui-ci avait
sur sa personne, il l'avait par cette voie indirecte sur sa terre.
Lui et sa terre appartenaient au créancier.

1. Plutarque, *Agis*, 13.
2. Plutarque, *Agis*, 6 : Πλήθει πελατῶν καὶ χρεωστῶν μέγα δυναμένην. Comparez
un trait analogue des mœurs sociales chez les Gaulois : *Coegit omnes clientes
obæratosque suos* (César, I, 4). [*La Gaule Romaine*, liv. I, à. 4, p. 55.]

Dans une hypothèse comme dans l'autre, la propriété changeait de mains, quoique la loi voulût qu'elle ne changeât pas. Ajoutons même que, pour arriver à ce résultat, les voies de contrainte n'étaient pas nécessaires. Il n'était pas rigoureusement obligatoire que, dans cette opération dont nous parlons, il y eût d'un côté un emprunteur misérable et de l'autre un cruel usurier. Il pouvait bien arriver quelquefois que l'emprunt ne fût qu'un détour et qu'une fiction légale. L'homme qui voulait se défaire de son champ prenait le biais d'un emprunt. Il dissimulait sa vente sous la forme d'une dette et le créancier n'était alors qu'un acheteur déguisé.

Nous ne présentons tout cela que comme hypothèse; mais nous ne voyons pas d'autre moyen d'expliquer un fait qui, lui, est bien avéré et qui est attesté par Aristote : les deux cinquièmes de la terre étaient entre les mains des femmes [1]. Comment comprendre cela? Dans l'ancien droit, les femmes ne pouvaient pas hériter : nous l'avons montré plus haut en parlant de la législation sur les filles épiclères; elles ne pouvaient pas non plus acheter, puisque la terre ne se vendait pas, et ce n'est pas dans le court intervalle entre la loi d'Épitadée et le temps où Aristote écrivait qu'elles ont pu attirer à elles tant de richesses. Mais c'est que l'ancienne loi ne leur défendait ni de recevoir des dots en valeurs mobilières [2], ni de posséder de l'argent. Riches d'argent, elles pouvaient en prêter. Plutarque signale des femmes qui ont des débiteurs, et Aristote reproche aux femmes de Sparte, non pas leur goût pour la parure, mais leur amour pour l'argent, $\varphi \iota \lambda o \chi \rho \eta \mu \alpha \tau \iota \alpha$ [3]. Il est vraisemblable que le commerce d'argent, qui était interdit au citoyen, dut être, pour la plus grande partie, soit dans les mains des non-citoyens, soit dans les mains des femmes. A cela se rattache la grande liberté dont les femmes jouissaient; la loi ne leur interdisait rien et ne s'occupait pas de l'intérieur de leurs maisons [4]. Rien ne les empêchait de s'enrichir; aussi

1. Aristote, *Politique*, II, 6, 11.
2. Ibidem.
3. Ibidem, II, 6, 9.
4. Ibidem, II, 6, 8; Denys d'Halicarnasse, *Antiquités romaines*, II, 24.

en vinrent-elles à posséder « la plus grande partie des richesses
de Lacédémone [1] ». Elles détenaient surtout les valeurs mobilières et la richesse circulante; mais la terre aussi arrivait
dans leurs mains, sinon directement par des ventes, du moins
par le détour de l'emprunt. Aristote et Plutarque ont remarqué
que les femmes de Sparte avaient un grand pouvoir sur leurs
maris [2]; c'est peut-être que ceux-ci, à qui la loi interdisait
toute occupation lucrative, ne pouvaient s'enrichir que par
leurs femmes. Aristote ajoute que les femmes avaient une
grande influence dans le gouvernement [3]; c'est qu'elles étaient
la classe riche et qu'en tout pays le gouvernement doit compter
avec ceux qui possèdent les capitaux.

Tout cela, il est vrai, n'est que conjecture et vraisemblance;
nous n'avons pas le droit de formuler une affirmation. Ce que
nous pouvons dire, c'est qu'il y a eu dans l'existence de Sparte
une série de faits et d'usages extra-légaux que les documents
ne sauraient nous montrer, et que nous ne pouvons que deviner et entrevoir.

Après que les faits de cette nature se furent, durant plusieurs siècles, insensiblement et obscurément développés en
dépit des lois, il vint un jour où un changement visible s'introduisit enfin dans les lois elles-mêmes. Peu d'années après
la guerre du Péloponèse, le droit civil fut modifié. Sur la proposition d'un éphore nommé Épitadée, le testament fut autorisé; la donation entre vifs fut également permise, quoique la
vente de la terre restât défendue [4]; en même temps, les lois
relatives à la fille épiclère furent abrogées et son mariage ne
fut soumis à aucune restriction [5]; mariée librement, ce fut
elle qui devint véritablement héritière. Tout cela était le ren-

1. Plutarque, *Agis*, 7.
2. Aristote, *Politique*, II, 6, 6 : Γυναικοκρατούμενοι.
3. Aristote, *Politique*, II, 6, 7.
4. Plutarque, *Agis*, 5 : Ἐξεῖναι τὸν οἶκον καὶ τὸν κλῆρον ᾧ ἄν τις ἐθέλοι καὶ ζῶντα δοῦναι καὶ διατιθέμενον καταλιπεῖν. Aristote, *Politique*, II, 6, 10, édit. Didot, p. 512.
5. Aristote, *Politique*, II, 6, 11 : Νῦν δ' ἔξεστι δοῦναι τὴν ἐπίκληρον ὅτῳ ἄν βούλῃται.

versement du droit antique. La législation de Sparte faisait
autant et plus de chemin en un jour que celle d'Athènes en
avait fait en plusieurs siècles.

Les conséquences de ce changement durent être considérables ; mais on est surpris de voir qu'elles aient été aussi
rapides que le dit Plutarque. Il affirme qu'aussitôt que la
nouvelle loi eut été promulguée, les riches acquirent des biens
sans mesure et qu'ils dépouillèrent de leurs successions les
héritiers naturels [1]. Voilà une assertion qui ne se comprend
pas à première vue : on ne se figure pas que tous les pères
viennent à user tout à coup de la faculté qui leur est accordée
de déshériter leurs fils pour faire passer leurs biens à des
étrangers. Pourtant l'affirmation de Plutarque ne peut pas
être rejetée, car elle est confirmée par Aristote et par Isocrate,
qui n'étaient pas très éloignés de l'époque d'Épitadée. Tous les
deux assurent que les conséquences de sa loi se firent sentir
immédiatement et que le déplacement des propriétés s'opéra
tout à coup [2]. Il n'y a qu'un moyen d'expliquer cela : c'est
que ce déplacement était préparé de longue date. Il s'était fait
sourdement, depuis plusieurs générations, à l'aide des détours
et des expédients, dont nous avons parlé. La loi d'Épitadée
dispensa les hommes de ces détours. Elle permit de faire au
grand jour ce qui s'était jusqu'alors dissimulé sous des formes
diverses. Grâce à elle, on put transmettre non plus seulement
la jouissance, mais la propriété, non plus seulement le κλάριον,
image du sol, mais le sol même, le κλῆρος. On conçoit, en
effet, que les propriétaires endettés, à qui l'on permettait de
tester et de donner, ne purent, dans la pratique, léguer et
donner qu'aux créanciers. Le testament et la donation furent
un moyen d'éteindre enfin la créance. On comprend ainsi que
Plutarque ait dit qu'aussitôt la loi faite, « on vit les riches
exclure les héritiers naturels ». Ces riches étaient déjà les
détenteurs des valeurs mobilières, c'est-à-dire des titres de
créance qui depuis de longues années représentaient les biens

---

1. Plutarque, *Agis*, 5 : Παρωθοῦντες οἱ δυνατοὶ τοὺς προσήκοντας ἐκ τῶν διαδοχῶν.
2. Aristote, *Politique*, II, 6, 10 ; Isocrate, *De pace*, 96.

fonciers. Ils avaient déjà dans leurs mains la valeur des terres, ils eurent désormais les terres elles-mêmes en se les faisant léguer ou donner entre vifs. C'est ainsi, suivant toute vraisemblance, que la plupart des lots de terre se trouvèrent brusquement détachés des familles auxquelles ils appartenaient depuis des siècles et passèrent, en un moment, aux mains d'un petit nombre de propriétaires. Ce résultat, qui a tant frappé Aristote, Isocrate et Plutarque, n'aurait été ni si complet ni si rapide, s'il n'avait répondu à un état de choses déjà ancien. Il y avait longtemps que le petit propriétaire n'était plus propriétaire que de nom, et que le sol ne lui appartenait plus que par une fiction légale. La loi d'Épitadée fit disparaître cette fiction.

On s'explique ainsi une singularité de l'histoire de Sparte. Ordinairement, la mise en circulation des terres, par la faculté de les léguer ou de les donner, est favorable à la division des fortunes. Comment donc se fait-il que la loi d'Épitadée ait pu avoir, au contraire, pour conséquence de faire disparaître immédiatement la petite propriété, et que, contrairement à tout ce qu'on voit dans l'histoire, elle ait été le signal de la création de grandes fortunes aristocratiques? C'est que cette loi n'est venue qu'après une longue période de temps, durant laquelle, par des moyens détournés, la petite propriété avait déjà disparu et la terre s'était accumulée sous forme de créances en un petit nombre de mains. La loi nouvelle ne fit que mettre au grand jour ce qui jusque-là avait été dissimulé. Elle révéla le petit nombre des vrais propriétaires. Voilà pourquoi ce qui avait échappé à Thucydide et à Xénophon éclate aux yeux d'Aristote : « La terre est allée à peu d'hommes », dit-il, εἰς ὀλίγους ἧκεν ἡ χώρα. Plutarque assure que, soixante ans plus tard, il n'y avait plus que cent propriétaires[1]; au-dessous d'eux végétaient une foule d'hommes qui étaient de sang spartiate, mais qui ne possédaient rien, « tourbe sans propriété et sans droits, » ὄχλος ἄπορος καὶ ἄτιμος.

On peut voir dans ces faits un exemple de ce que les légis-

1. Plutarque, Agis, 5.

lations produisent quand elles ne sont pas conformes à la
nature humaine. Le législateur de Sparte avait voulu établir à
tout jamais une rigoureuse discipline et un certain mode
d'égalité. La discipline, il avait cru l'assurer par l'éducation
commune, les repas communs, les exercices militaires de tous
les jours; mais le Spartiate avait trouvé bien des moyens
d'éluder la loi et il s'était fait remarquer au milieu des autres
Grecs par son amour de l'argent et son goût pour les jouissances de la vie. L'égalité, le législateur avait cru l'assurer par
un régime de petite propriété et par des lois qui interdisaient
de tester et de vendre; précautions inutiles, les pauvres avaient
trouvé des détours pour vendre et les riches pour acheter.
C'était même l'absence de liberté dans les transactions qui
avait le plus contribué à ruiner les pauvres et à enrichir une
centaine de familles. Non seulement l'inégalité a pénétré dans
Sparte, mais Sparte est même, parmi toutes les villes grecques,
celle où il y a eu le plus de disproportion dans la richesse,
ἀνωμαλία κτήσεως, dit Aristote. Elle est la seule qui nous offre
le spectacle de la richesse se concentrant de plus en plus dans
les mêmes mains. Plus le législateur avait fait effort pour faire
régner l'égalité, plus l'inégalité est devenue profonde.

[Ces mesures qui renversaient le droit antique, cette faculté
de léguer ou de donner la terre, avaient amené chez les Athéniens, deux à trois siècles plus tôt, une révolution absolument
contraire à celle qu'elles avaient produite dans l'État spartiate.]

TROISIÈME PARTIE

Quand on passe de Sparte à Athènes, on s'attend sans doute
à voir un tableau fort différent. Il est bien vrai que les
Spartiates étaient de race dorienne et les Athéniens de
race ionienne; les historiens anciens eux-mêmes font cette
distinction. Mais les anciens n'avaient pas au sujet des races
les mêmes idées que nous, et le mot races, ἔθνη, ne présentait
pas à leur esprit le même sens qu'il présente aux hommes de
notre siècle. Chez les modernes, il s'est produit, depuis environ trois siècles, une suite d'opinions de plus en plus exces-
sives sur les races; on en est venu à faire des moindres sub-
divisions de l'espèce humaine, autant de races distinctes et
l'on a cru volontiers que ces races possédaient chacune un
caractère particulier et des aptitudes propres, comme si les
différences qu'il y a entre les peuples tenaient toujours à des
causes originelles et se perpétuaient régulièrement par l'hérédité. Cette façon d'envisager les races est propre à l'esprit
moderne; elle est un des traits les plus caractéristiques de la
manière de penser de notre époque[1].

Les anciens pensaient autrement. Quand Hérodote et Thucydide nous disent que les Spartiates sont doriens et que les
Athéniens sont ioniens, ils n'ajoutent aucun mot qui implique
qu'ils aperçoivent entre ces deux groupes d'hommes des différences natives ou des différences d'aptitudes. Quand ils distinguent les ἔθνη, c'est pure affaire de généalogie. De même que
les familles, chez les Grecs, étaient très attentives à se rappeler

1. [Cf. *L'invasion germanique*, liv. II, c. 1, in fine.]

la série de leurs ancêtres, de même les cités et les peuples
avaient grand soin de marquer leur filiation. Les uns, en
conséquence, croyaient reconnaître pour premier ancêtre un
certain Dorus, les autres un certain Ion ; mais il ne venait à
l'esprit de personne que cela constituât une divergence de
nature. Hérodote, le plus ancien historien qui nous parle de
Sparte, ne paraît pas avoir été frappé de différences essentielles
entre les Spartiates et les autres Hellènes. Thucydide explique
la lutte entre Athènes et Sparte par de tout autres raisons
qu'une incompatibilité de races. Gardons-nous toujours d'attribuer aux anciens des idées qui sont modernes.

Une étude attentive de Sparte diminue de beaucoup la
distance que l'on serait d'abord tenté de mettre entre cette ville
et les autres cités grecques. Ce n'est pas que Sparte n'ait eu
un caractère propre et une originalité très marquée ; mais
encore faut-il se garder sur ce sujet des exagérations. Quelques
historiens modernes, et particulièrement Otf. Müller, ont
établi une telle antithèse entre Athènes et Sparte, qu'il semble
que les deux villes aient représenté deux natures ou deux
races absolument opposées. Une telle opinion est excessive.
Spartiates et Athéniens appartenaient à la même race et parlaient la même langue. Ils avaient la même religion ; il existait
une déesse Athéné à Sparte comme à Athènes, et un dieu
Apollon à Athènes comme à Sparte. Voyez la longue liste des
temples et des dieux que le voyageur Pausanias rencontre sur
son chemin dans Sparte ; ce sont les dieux des autres Grecs :
c'est Zeus, c'est Poséidon, c'est Artémis, c'est Thétis, c'est
Aphrodite, c'est Hermès, c'est le Courage et c'est la Peur, ce
sont les Muses et ce sont les Charites[1]. Héra y reçoit un
culte comme dans l'antique Mycènes, et le premier des héros
Indigètes est Oreste l'Achéen. Les idées religieuses et les rites
sont de même nature que dans le reste de la Grèce, les oracles
sont les mêmes, et l'on n'a jamais réussi à démontrer que la
Pythie fût plus dorienne qu'ionienne. Sparte a chez elle des
chœurs et des jeux aussi bien qu'Athènes ; elle a un théâtre

____

1. Pausanias, III, 11-17.

où l'on se dispute des prix ; elle a des processions sacrées, et des fêtes brillantes où les étrangers accourent[1].

Il est bien vrai qu'Athènes et Sparte ne se sont jamais ressemblé ; mais rien n'autorise à penser que cette dissemblance vienne d'une source originelle : elle paraît plutôt avoir été le résultat des institutions, des habitudes, des circonstances extérieures, de la vie historique et de la marche du temps. Il suffit d'observer la longue histoire des deux villes pour avoir la preuve de cette vérité. On y remarquera, en effet, que, s'il y a eu toujours des différences entre elles, ces différences n'ont pas toujours été de même sorte. Par exemple, si nous nous plaçons au temps d'Alcibiade, Athènes est une cité remuante et amoureuse du progrès, tandis que Sparte est une cité calme, immobile, d'esprit conservateur. Mais plaçons-nous à une époque antérieure : Athènes avait été, pendant de longs siècles, la ville de l'immobilité et des vieilles mœurs, tandis que Sparte avait été la ville la plus agitée et la plus révolutionnaire de la Grèce ; c'est Thucydide qui le dit[2]. Il s'en faut beaucoup que l'histoire nous montre un caractère spartiate toujours identique à lui-même durant dix siècles ; le caractère athénien, lui aussi, s'est transformé avec le temps. Sparte fut d'abord une des cités les plus démocratiques de la Grèce, et Athènes resta longtemps l'une des plus aristocratiques. Plus tard, chacune d'elles ayant marché dans sa voie propre, Sparte s'est trouvée être ce qu'il y avait de plus aristocratique en Grèce, et Athènes est devenue le type de la démocratie. Mais nous devons songer que la dure aristocratie de Sparte et l'aimable démocratie d'Athènes n'ont existé que dans une certaine période de l'histoire des deux cités. L'une et l'autre ont été la conséquence d'une lente évolution que les deux villes avaient opérée en sens inverse.

Si l'on cherche quel est dans l'histoire des deux villes le fait social par lequel cette évolution se manifeste le mieux, on trouve que c'est le régime de la propriété foncière. C'est

---

1. Plutarque, *Agésilas*, 21 et 29 ; Pausanias, III, 11 ; Athénée, IV, 17.
2. Thucydide, I, 18. Isocrate dit la même chose (*Panathenaicus*, c. 117).

par là, nous l'avons vu, que Sparte s'est le plus modifiée en
elle-même; il n'est rien non plus où la société athénienne
se soit plus transformée; c'est enfin par ce même côté que les
deux sociétés ont le plus différé entre elles.

I. PREMIÈRE ÉPOQUE. LES γένη ET LA GRANDE PROPRIÉTÉ.

Il y a encore une illusion de notre esprit dont il faut s'affranchir. Le nom de Sparte nous donne tout de suite l'idée
d'une société vieille et qui serait en quelque sorte née vieille.
Le nom d'Athènes, au contraire, éveille en nous l'idée d'une
société jeune, brillante, qui serait restée toujours brillante et
jeune. Il est inutile d'avertir un lecteur sérieux que c'est là
une de ces erreurs d'esprit et une de ces façons subjectives de
voir les choses qui sont le plus grand obstacle à l'intuition
exacte du réel.

Ce qui est vrai, c'est que la société athénienne est plus
vieille que la société spartiate. Chronologiquement, elle
est de beaucoup la première. La société spartiate ne commence qu'avec l'invasion du Péloponèse par les Doriens[1],
environ onze siècles avant notre ère. Si l'on avait demandé
à un Athénien à quelle époque ses ancêtres étaient venus
dans l'Attique, il aurait répondu qu'ils étaient autochtones; cela signifiait qu'on ne se souvenait pas qu'ils fussent
venus d'ailleurs, et que leur établissement dans l'Attique était
antérieur à toutes leurs traditions; or, comme les traditions,
chez toute ville grecque, partaient de la fondation de la cité,
le nom d'autochtones que plusieurs d'entre elles se donnaient,
indiquait que l'établissement de la population dans le pays
était plus ancien que la formation du lien politique. Quand les
Athéniens disaient qu'ils étaient autochtones, c'était comme
s'ils eussent dit que ce sol les portait depuis un temps dont on
n'avait pas souvenir, qu'on y était arrivé avant d'être constitué

____

1. Nous n'avons pas à parler ici d'une première Sparte, la Sparte achéenne, qui
remonte à un âge très reculé.

en corps de cité, et que c'était sur ce sol que toutes leurs institutions sociales et politiques s'étaient formées. Athènes est donc plus vieille d'au moins dix siècles que la ville dorienne. Aussi l'historien peut-il saisir à Athènes mieux qu'à Sparte les traits essentiels des primitives sociétés grecques.

Il nous est resté de cette ancienne époque, non pas une histoire assurément, mais un grand nombre de légendes. On les trouvera dans les écrivains comme Plutarque et Platon, dans les poètes comme Sophocle et Euripide, chez le mythographe Apollodore, sur les marbres de Paros; le voyageur Pausanias, qui parcourait l'Attique au temps de l'empereur Hadrien, retrouvait et recueillait dans les moindres villages des légendes vieilles de vingt siècles. Or ces légendes ne sont pas dénuées de valeur historique. C'est encore ici un point sur lequel les choses anciennes ne peuvent se comparer aux choses modernes. Dans les sociétés d'aujourd'hui, la légende est ordinairement le contraire de l'histoire. Cela tient à ce que la légende est une œuvre libre, arbitraire, capricieuse, où l'imagination a toujours la plus grande part. Chez les anciens, ce qui donnait naissance à la légende, c'était la règle religieuse, qui exigeait que chaque événement important fût rappelé par un anniversaire et que chaque personnage considérable fût l'objet d'un culte annuel; l'événement ou le personnage donnait lieu à un chant sacré qui se répétait pieusement et qu'il n'était pas permis de modifier. Fêtes sacrées, cérémonies, hymnes et légendes, tout cela formait un ensemble que chaque génération léguait à la suivante, sans oser y rien changer. Les légendes étaient comme les rites : on les répétait même quand on ne les comprenait plus. Ces légendes ne se formaient pas après coup : l'esprit grec, si scrupuleux et si craintif en matière de religion, ne se serait pas permis d'inventer une tradition, d'imaginer une fable. Chaque légende était, sinon contemporaine de l'événement qu'elle racontait, du moins contemporaine de la génération d'hommes qui avait suivi immédiatement cet événement et qui en avait reçu l'impression. Ce qu'il y avait de miraculeux en elles, c'est ce que les hommes de ce temps avaient cru vrai. Les legendes

contiennent donc, non pas cette sorte de vérité qui consiste
dans le récit exact des faits rangés par ordre chronologique,
mais cette sorte de vérité qui réside dans la peinture naïve des
impressions que les hommes ont reçues; elles sont des documents très antiques où nous pouvons voir ce que les hommes
croyaient, ce qu'ils faisaient, comment ils vivaient.

Que l'on observe toutes ces légendes, pour y chercher quel
était alors le régime de la propriété foncière, on n'y trouvera
pas précisément une réponse nette et catégorique : il n'est pas
ordinaire que les légendes renseignent sur les points de droit.
On pourra, cependant y entrevoir quelques vérités. La première remarque qu'on fera, c'est que ces légendes n'indiquent
jamais que la terre ait été commune à tous; elles ne mentionnent ni l'usage de partager annuellement la récolte ni celui de
partager annuellement le sol. On remarquera même que dans
leur ensemble les légendes athéniennes sont incompatibles
avec ce régime de communauté. En effet, l'état social qu'elles
décrivent comme le plus ancien n'est nullement celui de la
peuplade sauvage, agglomération d'individus humains qui
seraient égaux entre eux et qui, si tant est qu'ils cultivent le
sol, le cultiveraient en commun. C'est au contraire un état
social où la famille est très forte et vit isolée. Cette famille est
indépendante et maîtresse d'elle-même; elle a sa religion intérieure, son dieu ou ses dieux à elle; elle a son chef, qui est
aussi son prêtre; elle a son droit, qui n'est pas écrit, mais qui
n'en est que plus absolu et rigoureux; et la première règle de
ce droit est l'hérédité. Tout est héréditaire dans cette famille,
le nom [1], le culte, le sacerdoce, l'autorité. La série des ancêtres
s'y perpétue religieusement, dans la vie autour d'un même
foyer, dans la mort au fond d'un même tombeau. Nous avons
vu plus haut quel lien étroit il y avait entre cette organisation
de l'antique famille et la conception antique de la propriété du
sol. La famille avait le culte de l'enceinte, ἔρκος, le culte de la
limite de ses champs, ὅρος, le culte du tombeau héréditaire
qui était placé dans le domaine propre de cette famille. Un tel

____

1. Le nom de famille chez les Grecs, c'est le nom du γένος. Voir *la Cité antique.*

étal social et de telles croyances seraient inconciliables avec le
régime de la communauté du sol ou du partage annuel.

L'existence de ces familles ou γένη de l'ancienne Attique
remontait infiniment haut : beaucoup d'entre elles nous sont
signalées à une époque où la cité athénienne n'était pas encore
formée[1]. Or les légendes qui nous parlent d'elles ne les représentent jamais errantes, mais toujours fixées au sol; elles
nous les montrent vivant sur un domaine qu'elles ne quittent
pas et où elles se perpétuent d'âge en âge. Thucydide dit
qu'avant l'époque où Thésée créa l'unité athénienne, ces
familles possédaient, chacune sur son canton, leurs foyers
sacrés, leurs petits prytanées, leurs sanctuaires. Cela ne pouvait pas aller sans la propriété du sol. Le même historien
ajoute que, même après que l'unité athénienne eût été créée,
ces familles continuèrent à vivre sur leurs terres[2] jusqu'au
temps de la guerre du Péloponèse. « Les Athéniens, dit-il,
même après leur réunion par Thésée, vécurent dans la campagne, chaque famille ayant sa vie isolée et indépendante,
οἰκήσει αὐτονόμῳ; ils conservèrent l'habitude d'habiter leurs
champs, durant les générations anciennes et même dans celles
qui ont suivi jusqu'à la guerre d'aujourd'hui, ayant là leur
existence complète, πανοικησία, et, lorsque cette guerre-ci les
contraignit à se renfermer dans Athènes, ils furent tristes et
durement affligés d'abandonner les demeures et les lieux sacrés
qui étaient les leurs depuis les temps antiques et qui leur
venaient de leurs ancêtres[3]. » Voilà donc, suivant Thucydide,

---

1. Les noms d'une partie de ces vieilles familles sont venus jusqu'à nous.
M. Koutorga, dans son *Traité sur la tribu en Attique*, p. 121, en compte soixante-
dix-neuf; toutes pourtant ne remontent pas si haut. — Voir sur ces familles
antiques d'Eupatrides et de prêtres ce que dit Plutarque au sujet des Éléobutades,
dans la Vie de l'orateur Lycurgue; cf. Xénophon, *Banquet*, VIII, 40. Voir aussi
l'inscription des Amynandrides, dans Ross, *Die Demen von Attika*, p. 26 [*Corpus
inscriptionum atticarum*, t. III, n° 1276]; cette inscription est d'une date relativement récente; mais elle conserve et révèle des pratiques qui étaient fort anciennes.
— [Bossler, *De gentibus et familiis Atticæ sacerdotalibus*, 1833; Tœpffer, *Attische
Genealogie*, 1889.]

2. Νεμομένους τὰ αὐτῶν ἑκάστους (Thucydide, II, 15).

3. Thucydide, II, 16 : Τῇ οὖν ἐπὶ πολὺ κατὰ τὴν χώραν αὐτονόμῳ οἰκήσει μετεῖχον
οἱ Ἀθηναῖοι διὰ τὸ ἔθος ἐν τοῖς ἀγροῖς ὅμως οἱ πλείους τῶν ἀρχαίων καὶ τῶν ὕστερον
μέχρι τοῦδε τοῦ πολεμου πανοικησίᾳ γενόμενοι καὶ οἰκήσαντες.... Ἐβαρύνοντο δὲ καὶ

avant et après l'âge de Thésée, deux séries de siècles pendant lesquels les familles athéniennes avaient vécu, isolées et indépendantes, fixées au sol qui portait leurs sanctuaires et où les fils succédaient aux ancêtres.

Quel était alors l'état du sol et comment était-il réparti? Sans doute il ne se peut pas qu'aucun document précis nous le dise; mais il y a au moins quelque moyen de l'entrevoir. Puisqu'il s'est formé un lien si durable entre la famille et le sol, nous avons bien quelque droit de juger l'état du sol d'après l'état de la famille. Celle-ci, même dans ces vieilles époques, nous est connue. Elle ne ressemble pas à la famille de nos sociétés modernes. Elle est le γένος: fondée sur la naissance et sur la religion à la fois, étroitement unie autour de l'immuable foyer et de l'antique tombeau des ancêtres, elle ne se divise et ne se rompt jamais. Le temps l'accroît au lieu de la briser: Elle devient nombreuse et groupe autour d'elle de nombreux serviteurs. C'est une société de quelques centaines d'êtres humains sous un chef Eupatride. Deux ou trois cents familles de cette sorte se partagent le sol de l'Attique.

Dans la plupart des cités dont les commencements nous sont connus, nous voyons que le premier acte du nouveau corps politique était de partager le sol entre les citoyens; nous avons décrit plus haut cette opération, que les Grecs appelaient κληροδοσία ou κληρουχία[1]. C'était une distribution du sol en lots héréditaires entre tous les citoyens. Il est digne de remarque qu'aucune opération de cette nature n'est signalée dans l'histoire d'Athènes ni dans ses légendes. Nous pouvons croire qu'il n'y a jamais eu à Athènes de κληροδοσία. C'est que là propriété était constituée avant la cité. Elle était constituée dans le γένος. Lorsque les deux ou trois cents γένη de l'Attique se sont associés pour former une cité, rien n'a été changé à là situation propre de chacun d'eux. La propriété est restée ce qu'elle était.

Nous pouvons donc discerner avec quelque probabilité l'état

χαλεπῶς ἔφερον οἰκίας τε καταλείποντες καὶ ἱερὰ ἃ διὰ παντὸς ἦν αὐτοῖς ἐκ τῆς κατὰ τὸ ἀρχαῖον πολιτείας πάτρια.

1. [Cf. plus haut, p. 22.]

du sol de l'Attique dans cet âge ancien. Il n'est pas partagé entre des milliers de citoyens; il se distribue entre deux ou trois cents familles propriétaires. Les vieilles croyances religieuses attachent chaque canton à chacune de ces familles. C'est un régime de grande propriété. Le domaine est à l'image du γένος, grand comme lui, indivisible comme lui.

Aussi voyez le droit de ces vieux âges. Il veille à ce que la famille et la terre ne soient jamais séparées l'une de l'autre. Le testament est interdit, ou plutôt il est inconnu; le fils hérite nécessairement; à défaut de fils, l'héritier est le plus proche par le sang, le plus proche dans le γένος. C'est une règle absolue et rigoureuse, dans les siècles qui précèdent Solon, que les biens restent dans la famille, τὰ χρήματα ἐν τῷ γένει καταμένειν[1]. La propriété suit l'ordre de la parenté; comme les femmes sortent du γένος par le mariage et que l'on n'est pas parent par les femmes, les femmes n'héritent pas; le droit attique, même aux époques suivantes, conservera encore la trace du vieux principe : Κρατεῖν τοὺς ἄρρενας καὶ τοὺς ἐξ ἀρρένων. En vertu des mêmes règles, la sœur ne partage pas le patrimoine avec le frère, et celui-ci est seul héritier. Même à défaut de fils, la fille n'hérite pas; elle est seulement ἐπίκληρος, elle est à côté de l'héritage, et nous avons vu plus haut quels détours ce vieux droit avait imaginés pour que l'héritage pût se transmettre par cette fille qui jamais n'était elle-même héritière. C'est que, dans ces vieux âges, la famille ne se continuait que par les mâles, et que, d'autre part, la propriété était considérée comme appartenant, non à la personne, mais à la famille.

Propriété familiale et grande propriété, voilà ce que nous trouvons dans l'ancienne Attique. Cela concorde d'ailleurs avec le régime politique de la cité. Pendant les cinq siècles qui précédèrent la réforme solonienne, l'aristocratie régna dans Athènes; les Eupatrides réunissaient dans leurs mains tous les genres de pouvoir : seuls ils pouvaient être archontes, seuls ils étaient prêtres, seuls ils étaient juges.

---

1. Plutarque, *Solon*, 21. [Cf. plus haut, p. 55 et suiv.]

Si maintenant nous essayons de discerner quel était le mode
d'exploitation du sol, nous ne trouvons pas précisément une
classe qui ressemble aux hilotes de Sparte. Les Doriens vainqueurs ont trouvé sur les terres des vaincus d'anciens esclaves
ou ils y ont placé des sujets rebelles, et c'est l'État lui-même
qui a contraint tous ces hommes à labourer le sol pour chaque
propriétaire. Rien de semblable ne s'aperçoit dans l'Attique.
Ce qu'on y voit, c'est que dans chacun des γένη il y avait,
depuis un temps immémorial, d'assez nombreux serviteurs
qui obéissaient à l'Eupatride. La vieille langue attique les
appelait *thètes*[1]. Un lien formé soit par la religion, soit par
la force, soit par l'intérêt réciproque, les attachait au γένος.
Ils en dépendaient héréditairement, cultivant sa terre, nourris
aussi par lui, et toujours soumis au chef.

Les faits que nous présentons ici ne peuvent pas sans doute
être affirmés avec une pleine certitude. Il s'agit d'une époque
lointaine et infiniment obscure que nos yeux peuvent à peine
entrevoir. Mais si l'on regarde avec attention, on reconnaîtra
que ces faits, à supposer qu'ils ne soient qu'une probabilité,
sont au moins la seule probabilité qui puisse concorder avec
ce que nous connaissons certainement de la vieille organisation de la famille, de la vieille religion de la propriété, et du
vieux droit attique.

Or cette probabilité est bien près de devenir une certitude
si l'on songe à une assertion formelle de Plutarque. On sait
que cet écrivain, qui vivait bien longtemps après l'époque de
Solon, se servit d'écrits et de livres qui se rapprochaient beaucoup de cette époque : il avait dans les mains les œuvres de
Stésimbrote, d'Androtion, de Philoclès, d'Aristote, d'Héraclide
et de beaucoup d'autres. Il a emprunté à quelqu'un de ces
écrivains une description de l'état du sol de l'Attique avant
Solon[2]. « Il y avait une profonde inégalité entre les hommes ;

____

1. Il est à peine besoin d'avertir que le mot *thètes* a changé de sens avec le
temps et à mesure que cette classe se transformait. Après Solon, et surtout après
Clisthènes, le mot *thète* désignait les citoyens libres de la dernière classe. Voir sur
les anciens thètes un passage de Denys d'Halicarnasse, *Antiquités romaines*, II, 9.

2. Plutarque, *Solon*, 13.

les uns étaient pauvres, les autres riches ; et cela était au point
que toute la cité était troublée. » Il s'agit sans nul doute d'une
inégalité dans la richesse foncière ; car, bien qu'il pût y avoir
déjà quelque commerce dans Athènes, il est certain que cette
ville était alors l'une des moins commerçantes et des moins
industrieuses de la Grèce. La phrase de Plutarque indique
donc un état où la propriété n'appartient pas à un grand
nombre de mains. Il ajoute : « Tout le peuple était à l'égard
des riches dans la situation de débiteurs vis-à-vis de créanciers. Ils labouraient pour les riches, en leur payant une redevance de la sixième partie du produit, ce qui fait qu'on les
appelait tenanciers au sixième ou thètes[1]. »

Que devons-nous entendre par là ? S'il s'agissait d'un
simple fermage, c'est-à-dire d'un contrat librement conclu
entre un propriétaire et un cultivateur qui payerait le sixième
de la récolte, ce contrat n'aurait rien de dur, et l'on ne
s'expliquerait pas le mécontentement de cette classe, qui
n'aurait après tout qu'à résilier son contrat ou à ne pas le
renouveler. Mais il ne s'agit pas ici d'un contrat volontaire et
temporaire. Ce tenancier au sixième, tenancier malgré lui, est
en même temps un thète, Plutarque le dit, c'est-à-dire un
ancien serviteur de l'Eupatride. Sa condition s'est un peu
améliorée. Il ne sert plus dans la maison du maître ; il occupe
et cultive un champ. L'Eupatride, seul propriétaire, a partagé son grand domaine en petites tenures, et il a fait de ses
thètes autant de tenanciers héréditaires.

Ces tenanciers ne sont pas bien malheureux, puisqu'ils ont
pour eux les cinq sixièmes des produits ; mais ils ne sont pas
libres. Les anciens qui nous parlent d'eux disent bien qu'ils
ne sont pas tout à fait esclaves, δοῦλοι ; ils sont dans une situation intermédiaire entre la servitude et la liberté. Un lien de
dépendance héréditaire les attache au γένος de l'Eupatride.
D'ailleurs, si la redevance n'est pas payée, l'esclavage peut les

---

1. Ibidem : Ἅπας ὁ δῆμος ἦν ὑπόχρεως.... ἐγεώργουν γὰρ τοῖς πλουσίοις ἕκτα τῶν
γινομένων τελοῦντες, ἑκτημόριοι προσαγορευόμενοι καὶ θῆτες. — Pollux, IV, 165
Ἑκτημόριοι· οἱ πελάται παρ᾽ Ἀττικοῖς. Idem, VII, 151 : Ἐπίμορτος γῆ ἐπὶ Σόλωνι,
ἢ ἐπὶ μέρει γεωργουμένη.

ressaisir; comme ils n'ont de demi-liberté que par la tolérance
de l'ancien maître, ils n'ont aucune garantie contre sa main
qui les reprend.

Mettons-les d'ailleurs dans la situation la plus favorable :
supposons une famille de thètes laborieuse et heureuse; elle
paye la redevance de père en fils; elle s'est fait un pécule;
elle vit comme libre; mais une ambition lui est venue au cœur.
Ce sol qu'elle cultive depuis plusieurs générations, elle l'aime;
elle est saisie d'un ardent désir d'en être propriétaire.

Elle ne peut pourtant le devenir par aucun moyen. Il lui
est interdit d'acheter la terre. Il est interdit à l'Eupatride de
la vendre. Car la religion de la propriété défend de séparer la
terre de la famille. Voilà ce qui explique le profond mécontentement de cette classe des thètes; elle se sent enfermée à
tout jamais par le vieux droit dans sa condition de tenanciers
ou de serfs de la glèbe.

Sur chacun de ses champs se dresse un ὅρος, c'est-à-dire
une borne sacrée. — On a cru plus tard qu'il s'agissait là de
bornes hypothécaires, parce qu'en effet, deux siècles après la
réforme de Solon, ce fut l'usage d'indiquer par une borne et
par une inscription qu'une terre était hypothéquée[1]. Mais ce
qui était en usage deux siècles après Solon était inconnu avant
lui; l'hypothèque sur la terre n'existait pas encore et les Athéniens n'en avaient aucune idée. L'ὅρος dont il est question ici
ne peut être que l'antique borne sainte, qui est honorée
comme un dieu, sur laquelle on fait des libations aux jours
de fête, et qui, attestant le droit de propriété du maître, est
le lien sacré et indissoluble qui unit à jamais la terre à la
famille Eupatride. Cette borne, le thète est contraint de la
vénérer; mais il la hait : car elle marque le droit de propriété
d'un autre, et elle est là pour l'empêcher, lui, d'être jamais
propriétaire. Elle se dresse sur sa terre pour avertir que cette
terre est dépendante, γῆ ὑποκειμένη, que cette terre est esclave,
γῆ δουλεύουσα[2].

1 [Cf. en dernier lieu le *Recueil des inscriptions juridiques grecques* de MM. Dareste, Haussoullier et Reinach, Iᵉʳ fascicule, p. 120.]
2. Plutarque, *Solon*, 15 : Ἡ γῆ ὑποκειμένη. Cf. le vers de Solon : Ἡ γῆ δουλεύουσα.

Voici donc comment nous pouvons nous représenter le sol
de l'Attique pendant les dix siècles qui ont précédé la réforme
solonienne. De même que les Eupatrides des γένη possèdent
seuls les droits politiques et religieux, de même ils sont seuls,
ou presque seuls, propriétaires du sol. Deux ou trois cents γένη
se partagent ainsi toute l'Attique, et les serviteurs de chaque
γένος, les thètes, cultivent la terre. La religion et le droit, deux
choses que l'esprit des hommes de ce temps confondait, attachent la terre à la famille Eupatride, et tout ce qui n'est pas
Eupatride est exclu, ou peu s'en faut, de la propriété. Nous
avons donc sous les yeux un régime de grande propriété, de
propriété aristocratique.

II. COMMENT LA GRANDE PROPRIÉTÉ A FAIT PLACE A UN RÉGIME DE PETITE PROPRIÉTÉ.

Lorsque nous avons étudié la société spartiate, nous avons
remarqué, à son début, une κληρουχία, c'est-à-dire un partage
du sol entre tous les hommes libres, ou, en d'autres termes, la
constitution de la petite propriété. Aussi la société spartiate
a-t-elle été pendant plusieurs siècles une des plus démocratiques de la Grèce. Puis, insensiblement, par l'effet de causes
politiques et économiques que nous avons cherchées, cette
situation s'est modifiée et la terre s'est peu à peu concentrée
dans un petit nombre de mains; la société est devenue alors
très aristocratique. Sparte a été une démocratie au commencement, une aristocratie à la fin. Athènes a suivi une route
absolument opposée : elle n'a pas eu de κληρουχία à son début;
elle a pratiqué pendant une série de siècles le régime de la
grande propriété; elle a été, en un mot, une aristocratie au
commencement, et ce n'est qu'à la fin qu'elle est devenue une
démocratie.

Le point de séparation de ces deux périodes est le moment
où Solon a donné ses lois, c'est-à-dire l'an 593 avant notre
ère.

Dans ce que les anciens nous disent de l'œuvre de Solon, il

y a beaucoup de points obscurs. Ce qui y apparaît avec le plus
de clarté, c'est une réforme ou une transformation dans le
régime de la propriété foncière.

La grande propriété de l'Eupatride et la petite tenure servile du thète, voilà ce qui dominait dans l'Attique avant
Solon. La borne sainte de l'Eupatride enfoncée dans le champ
et la redevance annuelle du sixième de la récolte étaient les
deux signes auxquels se reconnaissait que le thète n'était pas
un véritable propriétaire et que sa terre était « dépendante et
esclave ». Le thète aspira à se débarrasser de l'une et de l'autre,
afin de devenir lui-même homme libre et propriétaire.

Cette révolution, qui paraît avoir été essayée plusieurs fois
avant Solon, fut enfin opérée par ce législateur. Par quels
moyens y réussit-il? Nous ne saurions le dire; le détail sur ce
point nous fait défaut; les historiens anciens n'ont pas décrit
un sujet que nous aurions tant d'intérêt à connaître. Au moins
le fait nous est-il connu par un témoignage irrécusable, qui
est de Solon lui-même; il nous dit dans ses vers : « J'ai arraché les bornes qui étaient fichées en terre; la terre était
esclave, je l'ai faite libre[1]. »

La révolution a-t-elle été exécutée radicalement et d'un seul
coup? Solon a-t-il par une simple loi supprimé la redevance
et arraché la borne? ou bien est-il arrivé à ce résultat par un
détour? a-t-il simplement diminué la redevance, modifié le
contrat, garanti les droits du tenancier en empêchant l'ancien
maître de le remettre en servitude? a-t-il surtout autorisé
l'achat de la terre et permis par cela même d'arracher un jour
la borne antique de l'Eupatride? Ce sont là des suppositions
que l'on peut faire; mais on est réduit aux conjectures. Une
chose du moins est certaine : avant lui, une classe très nombreuse, que Plutarque appelle ἅπας ὁ δῆμος, cultivait un sol
qui n'appartenait qu'à un petit nombre de « riches », et cette
classe d'hommes s'appelait ἑκτημόριοι, c'est-à-dire tenus à la
redevance du sixième; après Solon, cette classe d'hommes ne
se voit plus dans l'Attique. Avant lui, il n'existait qu'un petit

----

[1] Solon, dans Plutarque, *Solon*, 15.

nombre de propriétaires fonciers[1] ; après lui, le nombre des propriétaires ira toujours en grandissant. Révolution considérable, de laquelle découleront tous les autres changements qui se produiront dans la cité. La propriété cesse d'être aristocratique, le gouvernement cesse aussi de l'être.

Vers le même temps, une transformation s'opère dans la manière de concevoir le droit de propriété. Nous avons vu plus haut que la propriété avait été comprise, aux époques anciennes, comme appartenant à la famille et non à la personne. Tout l'ancien droit s'était fondé sur ce principe. Il avait eu pour première règle que la propriété restât dans la famille, τὰ χρήματα ἐν τῷ γένει καταμένειν ; les biens devaient demeurer attachés au γένος, c'est-à-dire à la famille telle qu'on la comprenait dans les vieux âges, à la famille indivise et uniquement composée des parents par les mâles. De là l'interdiction du testament, les difficultés mises à la vente, la succession aux dépens de la fille, le patrimoine insaisissable et l'absence de l'hypothèque.

Un nouveau droit attique commence à la législation solonienne. Il se forme, se développe, grandit jusqu'à l'époque d'Isée et de Démosthène, s'écartant de plus en plus du vieux droit, non sans en garder en lui-même des vestiges nombreux.

Le fait capital qui y domine, c'est que le régime de la propriété s'est transformé. La propriété appartient moins à la famille et plus à la personne. Un si grand changement n'a pas été le produit du caprice, du hasard, ni même de la simple volonté des hommes. Ils ne se sont pas réunis en assemblée et n'ont pas, après discussion, décidé que les règles relatives à la propriété seraient modifiées. Ce sont les conceptions de leur esprit et les habitudes de leur existence qui se sont d'abord transformées ; et ces changements, lents et insensibles, commencés avant Solon, achevés longtemps après lui, ont eu besoin de plusieurs siècles pour s'accomplir[2].

Il s'est produit une première modification dans les habitudes religieuses. La religion domestique, sans jamais dispa-

---

1. [Aristote, Ἀθηναίων πολιτεία, edit. Kenyon, c. 2 : ἡ δὲ πᾶσα γῆ δι' ὀλίγων ἦν.]
2. [Cf. *La Cité antique*, notamment liv. IV, c. 8, et liv. V, c. 4.]

raître, s'est peu à peu affaiblie sous l'action d'autres croyances plus fortes. On a continué d'entretenir le foyer et de verser des libations sur les pierres sacrées des limites ; mais l'esprit s'est porté insensiblement vers d'autres dieux plus beaux ou plus grands. On a continué d'honorer le tombeau et d'y porter les offrandes funèbres ; mais on a cessé de croire que le mort vécût là et qu'il se nourrît des mets offerts. Toutes ces vieilles croyances, auxquelles s'était lié si étroitement le droit de propriété, s'effacèrent à la longue. La propriété perdit peu à peu son caractère sacré ; elle cessa d'être inviolable et immuable.

Il en fut de même de la famille. Athènes est peut-être, parmi toutes les cités grecques, celle qui est restée le plus longtemps fidèle au vieux régime du γένος. C'est du moins chez elle que nous le discernons le mieux et que les souvenirs en ont persisté le plus longtemps. Il s'affaiblit pourtant et disparut à la longue. Au vi⁰ siècle, l'ancienne indivision n'était plus dans les mœurs, le vieux groupement du γένος s'était brisé, et la famille avait pris une forme nouvelle. La propriété s'était nécessairement divisée comme le γένος.

Les anciennes mœurs durèrent très longtemps dans l'Attique. Thucydide nous montre[1] que, jusqu'au début de la guerre du Péloponèse, les familles persistèrent à vivre sur leurs antiques domaines, autour de leurs sanctuaires et des tombeaux paternels. Quitter ces demeures patrimoniales leur fut d'abord une grande douleur, dit l'historien ; elles s'y firent pourtant, et les vieilles habitudes une fois rompues ne revinrent pas.

Au contraire, des mœurs nouvelles s'établirent. Le commerce et l'industrie grandirent insensiblement. Ils engendrèrent une nouvelle forme de richesse, l'argent. L'argent fut une propriété d'un nouveau genre, qui ne fut pas soumise à des règles aussi absolues que la propriété du sol. L'argent circula. Dans son mouvement, il attira peu à peu le sol lui-même, et il ne fut plus possible que la propriété foncière restât immobile.

---

1. Thucydide, II, 16 [cf. plus haut, p. 125].

En même temps encore, les institutions politiques changèrent de face: le gouvernement des Eupatrides, c'est-à-dire de la caste sacrée, fut renversé; des classes nouvelles surgirent: d'abord la classe riche, puis la classe moyenne, enfin la classe inférieure s'élevèrent dans la cité et y firent prévaloir de nouvelles opinions et de nouvelles règles.

C'est dans la même période de temps, et en concordance avec toutes ces nouveautés, que la propriété aussi se transforma. Elle fut autrement comprise et autrement pratiquée. Trois choses alors s'introduisirent dans le droit attique : le testament, la vente, et l'hypothèque.

1° *Du testament.* — Solon autorisa le testament. Il introduisit dans la législation ce principe nouveau, que l'homme pouvait disposer de ses biens et que sa volonté devait faire loi, même pour le temps qui suivrait sa mort. Innovation grave, qui renversait l'antique principe de la propriété.

Il est vrai que le législateur faisait une réserve importante. Il n'était pas possible que le droit passât subitement d'un principe au principe contraire. Solon ne permit pas de tester à l'homme qui avait un fils[1]. Celui qui ne laissait qu'une fille pouvait tester, mais à la condition de faire épouser sa fille à celui pour qui il testait[2]. Par là le législateur laissait intacts les droits des enfants; il ne supprimait que ceux des collatéraux, et surtout ceux des *gentiles* ou γεννῆται. Il faisait disparaître l'hérédité gentilice. Il substituait, pour la succession, la simple famille naturelle au γένος.

Nous voudrions connaître avec quelque précision les règles testamentaires établies par Solon; elles ne nous sont indiquées que dans des documents très postérieurs, et seulement par

---

1. Plutarque, *Solon,* 21 : Εὐδοκίμησε δὲ καὶ ἐν τῷ περὶ διαθηκῶν νόμῳ· ἐπιτρέψας ᾧ ἂν βούληταί τις, εἰ μὴ παῖδες εἶεν, δοῦναι τὰ αὐτοῦ. — Démosthène, *In Stephanum,* II, 14 : Νόμος· τὰ ἑαυτοῦ διαθέσθαι ὅπως ἂν ἐθέλῃ, ἂν μὴ παῖδες ὦσι γνήσιοι ἄρρενες. — Isée, *De Pyrrhi hereditate,* 68 : Ὁ νόμος διαρρήδην λέγει ἐξεῖναι διαθέσθαι ὅπως ἂν ἐθέλῃ τις τὰ αὑτοῦ, ἐὰν μὴ παῖδας γνησίους καταλίπῃ ἄρρενας. — [Cf. Aristote, *Politique des Athéniens,* c. 9.]

2. Isée, *De Pyrrhi hereditate,* 42 : Οὔτε διαθέσθαι οὔτε δοῦναι οὐδενὶ οὐδὲν ἔξεστι τῶν ἑαυτοῦ ἄνευ τῶν θυγατέρων, ἐάν τις καταλιπὼν γνησίας τελευτᾷ. Ibidem, 68 : Μετὰ τῶν θυγατέρων ἔστι δοῦναι καὶ διαθέσθαι τὰ αὐτοῦ· ἄνευ δὲ τῶν γνησίων θυγατέρων οὐχ οἷόντε οὔτε ποιήσασθαι οὔτε δοῦναι.

une formule qui est vague et incomplète. Le testament se faisait-il sous forme d'adoption, sous forme d'institution d'héritier? Question que l'on ne peut résoudre avec certitude. Il est d'ailleurs probable que les règles ont varié entre l'époque de Solon et celle d'Isée. Le testament sous forme d'adoption paraît avoir été de règle dans plusieurs États grecs[1]. Si cette forme ne fut pas obligatoire à Athènes, elle paraît du moins avoir été fort en usage. Isée et Démosthène dans leurs plaidoyers nous montrent beaucoup d'adoptions qui sont de véritables testaments[2]. Il est possible que l'institution d'un fils adoptif par testament ait correspondu à l'institution d'héritier du droit romain.

Avec le temps l'usage du testament se développa. Au IVe siècle, nous voyons des pères tester, et, s'ils laissent plusieurs enfants, régler entre eux le partage des biens à leur fantaisie. Le père de Démosthène est mort laissant une veuve, un fils de sept ans et une fille de cinq; il a décidé par testament que sa veuve aurait quatre-vingts mines et sa fille une dot de deux talents; le reste de la fortune est l'héritage du fils[3]. La pratique du testament fut peut-être entourée d'abord de quelques formalités difficiles à remplir: la présence de l'archonte fut peut-être nécessaire à l'origine; mais au IVe siècle il suffisait que le testateur écrivît l'acte et le remît aux mains d'un tiers devant témoins. Nulle autre formalité n'était requise. On en vint à autoriser le père à déshériter même son fils, à condition de pouvoir alléguer l'ingratitude ou la mauvaise conduite[4].

2° *De la vente.* — Nous n'apercevons pas, dans ce que nous connaissons du droit attique, que la vente de la terre ait été formellement interdite. Nous pouvons admettre, à titre de con-

---

1. Isocrate, *Ægineticus*, 13 et suiv., édit. Didot, p. 270. Il y a un passage d'Aristote où ces deux idées d'adoption et de testament sont associées : Philolaos, dit-il, législateur des Thébains, fit surtout des lois relatives à l'adoption, lois que les Thébains appellent des lois testamentaires (Aristote, *Politique*, II, 9, 7, édit. Didot, p. 519).

2. Isée, *In Xenænetum.* — *De Aristarchi hereditate*, 9 : Οἶμαι πάντας ὑμᾶς εἰδέναι ὅτι κατὰ διαθήκας αἱ εἰσαγωγαὶ τῶν ἐσποιήτων γίνονται, διδόντων τὰ ἑαυτῶν καὶ υἱεῖς ποιουμένον, ἄλλως δὲ οὐκ ἔξεστι.

3. Démosthène, *In Aphobum*. [Cf. plus haut, p. 36.]

4. Dareste, *Introduction aux plaidoyers civils de Démosthène*, p. 31.

jecture vraisemblable, qu'elle l'était à Athènes comme dans la
plupart des anciennes cités grecques[1], ou qu'au moins elle était
entourée de restrictions ou de formalités qui la rendaient difficile. L'ancien caractère religieux de la propriété foncière,
l'usage des limites sacrées et des tombeaux de famille, la
règle sacro-sainte qui l'attachait à la famille, devaient, à défaut
de lois formelles, opposer de grands obstacles à la vente.

En tout cas, il n'est pas douteux qu'après Solon la vente
de la terre n'ait été permise. On ne voit pas même, dans le
droit du ve et du ive siècle, qu'elle soit subordonnée à aucune
condition. La propriété est devenue personnelle; la personne
a donc le droit de s'en dessaisir, et la famille n'a plus de
droit supérieur sur elle. Ni la loi, ni les mœurs n'exigent, du
moins dans ce que nous savons du droit attique, que la
famille entière soit consultée au sujet de la vente que veut
faire un de ses membres, ni qu'elle ait à donner une autorisation. Il n'y a non plus rien qui ressemble au retrait lignager.
D'autre part, on n'aperçoit non plus que les voisins de la
terre mise en vente aient à intervenir pour donner ou pour
refuser leur consentement. La vente ne dépend que de la seule
volonté du propriétaire.

Cette vente produit aussi les effets les plus complets; la
propriété du sol est tempérée sans réserve.

On aperçoit cependant, dans l'acte de vente, une série
d'usages et de formalités qui, pour un historien attentif, peuvent avoir quelque importance et qu'il y aurait imprudence à
négliger. Ils nous sont indiqués par un curieux fragment du
Traité des Lois de Théophraste[2]. Nous y voyons que le contrat
de vente ne se faisait pas sans formalités. L'usage de l'accompagner d'un sacrifice semble avoir été assez général et il ne
surprendra pas si l'on songe que les anciens faisaient intervenir la religion dans les moindres actes de la vie privée et de
la vie publique. Il y avait aussi un serment à prêter, et l'on

<hr>

1. Aristote, *Politique*, VI, 2, 5 : Ἦν τόγε ἀρχαῖον ἐν πολλαῖς πόλεσι νενομοθετημένον μὴ πωλεῖν ἐξεῖναι τοὺς πατρῴους κλήρους [πρώτους?]. Cf. ibidem, II, 4, 4.
[*La Cité antique*, liv. II, c. 6, et plus haut, p. 34.]
2. Collection Didot, *Fragments*, 97, p. 441.

sait quelle était l'importance du serment chez les anciens. La vente devait être faite soit devant trois des plus proches voisins, à chacun desquels on remettait une menue pièce de monnaie, comme signe et témoignage de l'acte, soit devant un magistrat. Il fallait encore que la vente fût annoncée quelques jours à l'avance. Enfin il était ordinaire que l'acte fût inscrit sur les registres publics, l'acheteur payant un pour cent de la valeur de l'immeuble pour prix de l'enregistrement.

Ces diverses règles que Théophraste mêle ensemble ne sont probablement pas de même date. Il est vraisemblable que la comparution devant les trois voisins à chacun desquels on donne une pièce de monnaie est plus ancienne que la comparution devant le magistrat. On peut croire aussi que le sacrifice et le serment sont antérieurs à l'inscription sur les registres publics. Tous ces usages n'avaient pas non plus la même signification. Théophraste, qui écrit au iv⁰ siècle, ne voit en tout cela que des moyens de publicité, et il est probable, en effet, que ses contemporains n'y voyaient pas autre chose. Toutefois l'historien ne doit pas méconnaître que le sacrifice, le serment et la pièce de monnaie remise aux trois voisins ont bien le caractère d'usages antiques et de préoccupations autres que celles de la simple publicité. Dans les vieux âges, et chez tous les peuples, le déplacement de la propriété foncière a été réputé chose grave et a été en conséquence entouré de formes solennelles. La *mancipatio* des Romains, la balance et le morceau de cuivre, la présence des cinq témoins et du *libripens* sont les restes d'une vieille procédure sacramentelle en usage chez les populations italiennes. Le sacrifice, le serment, le morceau de cuivre remis aux mains des voisins sont probablement aussi les restes d'une procédure sacramentelle en usage chez les Grecs. La vente de la terre et le déplacement de la propriété ayant été, aux époques anciennes, ou interdite ou au moins rendue fort difficile, il était naturel qu'elle n'ait pu se produire qu'avec des formes compliquées et solennelles.

Quoi qu'il en soit, si nous n'observons le droit attique qu'au iv⁰ siècle, il est hors de doute que la vente est permise, facile, dégagée de toute gêne, et qu'enfin la seule condition qu'on y metté, dans l'intérêt des contractants, est celle de la publi-cité.

5º *De l'hypothèque.* — Voici l'un des points les plus délicats du droit grec. Ici encore il importe de distinguer les temps. La pratique de l'hypothèque est manifeste au IVe siècle et elle se marque surtout par l'usage des ὅροι ou bornes hypothécaires. Comme il y avait aussi des ὅροι aux époques antérieures, même avant Solon, quelques érudits ont pensé que l'hypothèque était déjà connue[1]. Mais ils n'ont pas songé qu'un mot peut changer de sens en trois siècles et que les ὅροι d'avant Solon n'ont pas nécessairement le même caractère que ceux du temps de Démosthène.

L'hypothèque n'appartient pas à l'ancien droit attique, pas plus qu'à l'ancien droit romain. On n'a pas d'indice qu'elle ait été connue et pratiquée avant Solon. Elle était d'ailleurs inconciliable avec la règle qui dominait alors tout le droit de propriété. Dès que la propriété appartenait au γένος et non à l'individu, la terre ne pouvait servir de gage à la dette personnelle d'un homme. Cette terre ne devait pas, suivant les vieilles idées, se détacher de la famille; elle n'était pas le bien d'un homme, ni même seulement d'une génération d'hommes; elle appartenait, suivant l'expression de Platon, « aux ancêtres et à la postérité ». Dans ces conditions, l'hypothèque était inadmissible; car elle eût exproprié, non pas un homme seulement, mais une famille. Les esprits ne pouvaient pas aisément comprendre que l'obligation contractée par un individu pût engager la terre familiale.

En vertu des idées alors en vigueur, l'individu ne pouvait engager que sa propre personne. Aussi arrivait-il que le corps du débiteur répondait de sa dette. Il était plus facile et il paraissait plus juste d'asservir une personne que de déposséder une famille.

C'est ainsi qu'il faut comprendre les lois de la Grèce, de Rome, de la Gaule, et de beaucoup de sociétés antiques sur l'esclavage pour dettes; cet esclavage tenait lieu de l'hypo-

1. Caillemer, *Mémoire sur le crédit foncier à Athènes*, p. 12.

thèque absente. Elles mettaient le gage sur le corps, parce que le gage ne pouvait pas être mis sur la terre.

Ces lois ont disparu le jour où l'hypothèque ou quelque chose d'analogue a pu s'établir; mais cela n'a pu se faire que quand les hommes ont compris la propriété comme un droit personnel. Dès que l'homme a pu dire : cette terre est mon bien propre et ne dépend que de ma volonté, il a pu la présenter en garantie de sa dette. Le gage s'est déplacé; il a passé du corps à la terre. L'hypothèque désormais a paru légitime, et c'est au contraire l'esclavage pour dettes qui a été écarté comme inutile et réprouvé comme inique.

L'hypothèque n'existait donc pas avant Solon, et c'était l'esclavage pour dettes qui en tenait la place. Mais Solon abolit l'esclavage pour dettes, et en même temps il détacha la propriété du γένος en autorisant le testament. C'était faire disparaître les deux raisons qui s'opposaient à l'institution de l'hypothèque.

Solon l'institua-t-il immédiatement? Les textes ne le disent pas et il n'y a pas lieu de le penser. Les innovations de cette nature n'apparaissent pas tout de suite à l'esprit des hommes. L'hypothèque naquit d'elle-même, naturellement et par l'effet d'un besoin.

Elle ne se produisit pas d'ailleurs sous la forme où nous la connaissons aujourd'hui. Elle ne se forma pas d'un seul coup et tout d'une pièce. Elle ne fit pas irruption dans le Droit: elle s'y introduisit par un détour; elle s'y glissa sans se faire presque remarquer.

Elle revêtit d'abord la forme d'une vente. Un homme avait besoin d'argent: il s'adressa à un autre homme; celui-ci voulut avoir ses sûretés : on ne prête pas à qui n'a rien; la valeur corporelle du débiteur n'entrait plus en ligne de compte, puisque cette sorte de servitude était abolie: le débiteur dût donner en gage un champ ou une maison. Mais comment arriver à une opération que la loi ne connaissait pas? La loi ne connaissait que la vente : le débiteur vendit son champ au créancier. Seulement il inséra dans le contrat une clause en vertu de laquelle il avait le droit de racheter le même champ pour le même prix à une époque déterminée.

C'était la vente à pacte de rachat ou vente à réméré ; cette manière de contracter un emprunt a été pratiquée par les Romains comme par les Grecs, et elle l'est par les modernes comme elle l'a été par les anciens.

Elle équivalait à peu près à l'hypothèque ; il y avait toutefois cette différence que, tandis que l'hypothèque ne dépossède l'emprunteur qu'au jour de l'échéance et faute de remboursement, la vente fiduciaire le dépossédait dès le jour de l'emprunt. Il était d'abord exproprié, et ne rentrait dans son bien qu'au jour de l'échéance, s'il s'acquittait.

Ordinairement l'emprunteur restait sur sa terre. Car, aussitôt que le contrat de vente avait été conclu, il se formait un contrat de bail par lequel la jouissance de la terre était laissée à l'emprunteur, à condition de payer un prix de fermage. Ce prix, dans les baux qui étaient faits loyalement, était basé, non sur la valeur du fonds, mais sur le montant de la somme prêtée, et il en représentait les intérêts. La situation était donc celle-ci : le créancier prenait aux yeux de la loi le rôle d'un acheteur, puis d'un bailleur ; le débiteur prenait le rôle d'un vendeur, puis d'un fermier : jusqu'au jour où, la dette étant payée, chacun d'eux revenait à son ancien état.

Ce genre de contrat paraît avoir été fort en usage à Athènes au ive siècle. Il donnait même lieu à des transactions assez compliquées et à des opérations diverses. Le créancier, propriétaire légal, pouvait avoir besoin de rentrer dans ses fonds avant le jour fixé par le contrat ; il vendait alors son titre de propriété, absolument comme s'il eût transmis une créance. Seulement, comme sa propriété était sujette à rachat, il est clair que le nouvel acheteur ne lui remettait qu'une somme égale à celle qui était portée sur le contrat. — D'autres fois, c'était le débiteur qui avait besoin d'un nouvel emprunt ; emprunter une seconde fois sur cette terre, dont il n'avait plus la propriété légale, était difficile ou déloyal ; il s'adressait à son créancier, le priait d'opérer une vente, et lui désignait un acheteur. Celui-ci achetait à un prix plus élevé que celui de la vente primitive ; il désintéressait le premier créancier,

et le reste de la somme était remis au débiteur. Par ce détour,
c'était un second emprunt qui avait été contracté, la terre
servant toujours de gage; mais toujours aussi l'engagement
s'était formé sous la forme d'une vente.

Nous possédons un curieux plaidoyer de Démosthène où ces
pratiques se montrent en pleine lumière. Panténète a acheté un
lot de mines, une part d'exploitation, avec les trente esclaves
qui la garnissent. Il l'a achetée de Télémachos au prix de
9000 drachmes[1]. Mais il n'avait pas de capitaux; il s'est
adressé à Mnésiclès et à deux autres Athéniens qui lui ont
prêté 10 500 drachmes. Panténète a dû donner en gage cette
même exploitation qu'il venait d'acheter. Il a fait cette opération sous forme de vente; Mnésiclès est devenu propriétaire de
la mine; il est inscrit à ce titre sur le registre public, et Panténète n'en est plus que le fermier. A quelque temps de là,
Panténète a eu besoin d'un nouvel emprunt; il est allé trouver
Mnésiclès et a obtenu qu'il fît une vente; Mnésiclès a vendu
la mine à Évergos et à Nicobule pour une somme qui paraît
avoir été de 16 500 drachmes; une partie de cette somme a
servi à rembourser Mnésiclès, et 10 500 drachmes ont été
remises à Panténète; c'était son second emprunt. Il est vrai
qu'aux yeux de la loi Panténète n'est pas un débiteur : il est
un fermier; cela est si vrai qu'un jour qu'il n'a pas pu payer
le prix de location, ses propriétaires l'ont expulsé sans aucune
forme de procès. Il entre pourtant en arrangement et, pour
obtenir un nouvel emprunt, il propose à ses propriétaires de
procéder à une nouvelle vente. Il leur désigne lui-même les
acheteurs, qui ne sont au fond que des prêteurs. Dans cette
troisième vente, le prix s'élève à 20 600 drachmes; tout ce
qui dépasse le prix de la seconde vente est remis à Panténète,
qui se trouve ainsi avoir obtenu un troisième emprunt d'environ 4000 drachmes. Voilà donc trois séries de créanciers qui
se sont succédé sur la tête du même débiteur, et qui les uns
après les autres jouent le rôle de propriétaires de la terre;
quant au débiteur, il est un simple fermier jusqu'au jour où
il s'acquittera.

1. *In Pantenætum*, 22.

Cette forme primitive de l'hypothèque avait l'inconvénient
de mettre le débiteur à la discrétion du créancier, en donnant
à celui-ci la propriété complète et la possession immédiate.
Les Athéniens firent un progrès nouveau, et remplacèrent la
vente par le simple engagement.

Dans les *Nuées* d'Aristophane, un personnage se plaint
qu'il a des dettes partout, et que ses créanciers ont pris un
gage sur ses biens. Cette opération est désignée par le mot
ἐνεχυράζεσθαι, et il semble évident qu'il s'agit de biens ruraux,
car ce Strepsiade est un campagnard[1].

L'engagement de la terre est [mieux] indiqué [encore] par
[plusieurs] textes importants[2] [et un certain nombre d'inscrip-
tions][3]. Le créancier marquait [en effet] son gage en implan-
tant un ὅρος sur la terre ou dans la maison engagée [et l'inscription qui était gravée sur cette borne constituait un véritable titre de créance].

L'objet de cet ὅρος était peut-être, au moins à l'origine, que
le créancier marquait son droit de propriété sur l'immeuble.
Seulement la formule indique qu'il est propriétaire, non en
vertu d'un achat, mais seulement à cause d'une dette, [et]
pour la même somme que celle qu'il a prêtée; que son droit,
ayant cette cause unique, cessera avec cette cause, disparaîtra
par conséquent dès qu'il sera remboursé; et même il est entendu que, tout propriétaire qu'il est, il n'exercéra son droit
que s'il n'est pas payé.

Cette sorte d'hypothèque constituait [donc] au profit du
créancier un véritable droit de propriété, mais dont l'exercice
était suspendu et qui devait cesser dès que la cause en serait
éteinte. L'exercice du droit né commençait qu'au jour de
l'échéance. Si la dette n'était pas payée, si la dot n'était pas

---

1. Aristophane, *Nuées*, vers 35.

2. Harpocration, vᵒ ὅρος : Τὰ ἐπόντα ταῖς ὑποκειμέναις οἰκίαις καὶ χωρίοις γράμ-
ματά, δηλοῦντα ὅτι ὑπόκεινται δανειστῇ. — Démosthène, *In Spudiam*, 5-6; *In
Onetorem*, II, 1-4. — Isée, *De Philoctetis hereditate*, 33 et 36. — [Cf. Télfy,
Corpus juris attici, nᵒ 1503 et suiv.]

3. Exemples, Bœckh, nᵒˢ 530, 531. — [Il s'en découvre chaque jour de nouvelles; voyez les principales dans le recueil des *Inscriptions juridiques grecques*,
1ᵉʳ fascicule.]

restituée, si les biens du mineur n'étaient pas rendus, si les obligations contractées envers l'État n'étaient pas tenues, alors la terre appartenait complètement et sans réserve au créancier. Il n'était pas besoin, comme chez nous, de vente judiciaire, de saisie ; nulle procédure n'était requise. Le créancier, légalement propriétaire en vertu de l'ὅρος qu'il avait implanté là, prenait possession. Il passait du droit virtuel à l'exercice complet du droit. Et cela, même quand la valeur du fonds dépassait le montant de sa créance.

Il n'est pas douteux que l'hypothèque n'ait amené [à Athènes] de nombreux déplacements de propriété [et qu'elle n'ait été, avec la vente et le testament, une des causes principales de la transformation du régime du sol. Du jour où ces trois choses furent permises, la propriété, jusque-là immobilisée dans la famille, put en quelque sorte circuler de main en main. Elle prit un caractère personnel et privé, tandis qu'elle gardait fortement, dans l'État spartiate, ce caractère religieux et familial qu'elle avait eu à l'origine de toutes les cités de la Grèce antique.

Aussi, ce qui dominera désormais à Athènes, ce sera le régime de la petite propriété. Les nouvelles règles de droit instituées par Solon permettaient qu'il s'établit. D'autres faits vinrent le favoriser : l'abondance de métaux précieux sur le sol de l'Attique, l'amour de ses habitants pour le commerce et le travail, le goût de la richesse mobilière. En même temps, le gouvernement d'Athènes devenait démocratique, comme le régime de la propriété]. Dès que tous eurent, soit par la possession de la terre, soit par le travail de leurs mains, des moyens d'existence indépendants, il était naturel et légitime que tous possédassent les droits politiques. C'est le contraire de ce qui s'est passé à Sparte. Le contraste que présente la distribution de la richesse dans ces deux villes explique le contraste que présentent leurs institutions politiques.

---

1. [Pour la suite des transformations politiques d'Athènes, cf. l'article *Attica Respublica* dans le *Dictionnaire des Antiquités*, t. I, p. 532 et suiv.]

RECHERCHES

SUR LE TIRAGE AU SORT

APPLIQUÉ A LA

NOMINATION DES ARCHONTES ATHÉNIENS

Nous lisons dans Plutarque : « Périclès ne fut jamais ni archonte, ni thesmothète, ni roi, ni polémarque, parce que ces magistratures étaient conférées par le sort depuis les temps anciens[1]. » Or nous savons que, lorsque Plutarque écrivait cette vie de Périclès, il faisait usage de plusieurs écrits contemporains ; il consultait surtout les ouvrages de Stésimbrote et d'Ion[2], ainsi que les comédies de Cratinus et de Téléclide ; il avait dans les mains les écrits d'Aristote, d'Éphore, de Théopompe et de Duris. Il travaillait sur les textes ; car maintes fois, dans cette biographie, il cite ses autorités, il les compare et les discute. Ses réflexions morales sont de lui seul ; mais quand il nous présente un fait, une institution, un usage, il y a grande apparence qu'il en a trouvé la mention dans un des ouvrages qu'il avait sous les yeux.

La phrase de Plutarque que nous venons de citer a donc une réelle valeur historique. Elle ne suffit pourtant pas à nous faire connaître avec exactitude le mode de nomination des archontes. Plutarque indique en passant le tirage au sort, comme chose connue ; il n'en dit ni les procédés ni les conditions. Il énonce d'un mot la règle générale, il ne songe à nous apprendre ni les règles accessoires ni le détail de la pratique.

Nous nous proposons de réunir ici les renseignements que l'antiquité nous a laissés sur le même sujet. Nous voudrions

1. Plutarque, *Périclès*, 9 : …Διὰ τὸ μήτ' ἄρχων, μήτε θεσμοθέτης, μήτε βασιλεὺς, μήτε πολέμαρχος λαχεῖν · αὗται γὰρ αἱ ἀρχαὶ κληρωταὶ ἦσαν ἐκ παλαιοῦ.

2. Stésimbrote de Thasos, qui avait passé sa vie à Athènes, avait laissé un livre Περὶ Θεμιστοκλέους καὶ Θουκυδίδου καὶ Περικλέους, c'est-à-dire sur les luttes des partis et le gouvernement d'Athènes au v° siècle ; voir *Fragmenta historicorum græcorum*, Didot, t. II, p. 53. Ion de Chios, autre contemporain de Périclès, passa plusieurs années à Athènes ; outre ses poésies, il a laissé des Ὑπομνήματα. Voir Sauppe, *Quellen Plutarchs für das Leben des Perikles*, et Rühl, *Quellen Plutarchs für das Leben des Kimon.*

nous faire une idée aussi exacte que possible de cette institution qui paraît d'abord si singulière. Pour espérer d'y réussir, deux conditions doivent être remplies : l'une est de recueillir tous les textes ; l'autre est d'aborder cette étude sans y apporter l'idée préconçue qui dans notre esprit moderne s'attache au tirage au sort. Se borner aux textes anciens, rester autant qu'il est possible au milieu des pensées anciennes, telles sont les deux règles qui s'imposent. Il en est d'ailleurs de cette institution comme de toutes celles de l'antiquité : il nous importe beaucoup moins de la juger que de la connaître.

Les historiens modernes n'ont pas négligé ce sujet. Bœckh, Schœmann, K.-Fr. Hermann, Curtius, Grote, n'ont pas manqué de signaler le tirage au sort des archontes comme une des singularités de la constitution athénienne. Seulement ces savants auteurs sont toujours partis de l'idée préconçue que le tirage au sort ne pouvait être qu'un procédé démocratique ; pour cette raison, ils se sont uniquement appliqués à chercher à quelle époque de l'histoire d'Athènes il avait dû être institué, et ils se sont exclusivement demandé s'il fallait en placer l'origine première au temps de Solon, au temps de Clisthènes, ou au temps de Périclès. C'était, à notre avis, mal poser la question. L'important était d'observer d'abord, dans le détail, ce que c'était que le tirage au sort ; il fallait se demander comment il était pratiqué, s'il était la règle unique ou seulement l'une des règles employées pour la désignation des archontes, enfin si le temps n'avait pas apporté quelques modifications dans ces règles et même dans le caractère général de l'institution[1].

1. On peut d'ailleurs consulter sur ce sujet : Bœckh, *Die Staatshaushaltung*, 2ᵉ édit., t. I, p. 658-660 ; Hermann, *Lehrbuch der griechischen Antiquitæten*, 5ᵉ édit., t. I, p. 428 et 566 ; Curtius, *Griechische Geschichte*, 3ᵉ édit., t. I, p. 627 ; Schœmann, *Griechische Alterthümer*, t. I, p. 405 ; Grote, trad. Sadous, t. V, p. 419 ; Westermann, dans la *Real-Encyclopædie* de Pauly, 2ᵉ édit., t. I, p. 1462 ; G. Perrot, *Droit public d'Athènes*, p. 56 ; *Dictionnaire des antiquités grecques*, de Saglio, article *Archontes*, de M. Caillemer. [Voir maintenant, sur le même sujet, Nicole, dans la *Revue de philologie*, 1880, p. 52 et 161 ; Hauvette-Besnault, *Les stratèges athéniens*, 1884, p. 15 et suiv.]

I

Le droit public d'Athènes distinguait trois modes de nomination. Parmi les magistratures, les unes étaient données par le sort, ἀρχαὶ κληρωταί; les autres l'étaient par l'élection du peuple votant à mains levées, ἀρχαὶ χειροτονηταί. Venaient enfin certaines fonctions qui n'étaient pas proprement des magistratures, mais que la langue usuelle appelait volontiers de ce nom ; tel était, par exemple, le soin de reconstruire les murs, τειχοποιία[1]. Ces fonctions n'étaient ni κληρωταί ni χειροτονηταί; elles étaient αἱρεταί, c'est-à-dire que les hommes qui les remplissaient n'étaient désignés ni par le sort ni par la simple χειροτονία; ils étaient choisis par les tribus séparément[2] et suivant un procédé qui ne nous est pas bien connu. Quoi qu'il en soit, les Athéniens avaient trois modes de nomination ; mais, pour ce qui est des véritables magistratures de la cité, ils n'en pratiquaient que deux, le κλῆρος et la χειροτονία. Les historiens modernes, qui confondent les magistratures avec les fonctions, commettent une inexactitude, et ceux qui confondent l'αἱρεσις avec la χειροτονία en commettent une autre.

1. La τειχοποιία est appelée une ἀρχή par Eschine, *In Ctesiphontem*, 31. Toutefois, si on lit attentivement les § 13-15 du même discours, on voit que la dénomination d'ἀρχαί ne s'appliquait pas légalement à ces fonctions. Eschine s'efforce, pour les besoins de sa cause, de faire rentrer la τειχοποιία parmi les ἀρχαί, afin d'appliquer à Démosthène une loi qui concerne les magistratures; mais les adversaires d'Eschine soutenaient, §. 13, qu'il n'y avait que deux catégories d'ἀρχαί, les κληρωταί et les χειροτονηταί, et que, quant aux autres charges, elles étaient, non des ἀρχαί, mais des ἐπιμελείαι ou des πραγματείαι, c'est-à-dire de simples fonctions. Le procès de la Couronne roulait sur ce point de droit public ; or on sait que les juges donnèrent tort à Eschine.

2. Scholiaste d'Eschine, édit. Didot, p. 511 [§ 13] : Αἱροῦνται ταύτας καὶ φυλαὶ καὶ δῆμοι. Démosthène fut en effet choisi pour τειχοποιός par la tribu Pandionide (Eschine, *In Ctesiphontem*, 31). —Eschine, ibidem, 30 : Ἐπειδὰν δ' ἀφέλῃ τις τοὺς ὑπὸ τοῦ δήμου κεχειροτονημένους καὶ τοὺς κληρωτοὺς ἄρχοντας, καταλείπεται οὓς αἱ φυλαὶ καὶ αἱ τριττύες ἐξ ἑαυτῶν αἱροῦνται τὰ δημόσια χρήματα διαχειρίζειν. Eschine soutient que ces derniers sont aussi des magistrats, ἄρχοντας εἶναι, en quoi il paraît s'écarter de la rigueur du droit public. Sans doute il y avait quelque confusion dans les esprits sur ce point ; les scholiastes n'ont pas manqué d'admettre ces fonctions parmi les ἀρχαί; voir Scholiaste d'Eschine, p. 511 ; l'auteur du second argument au discours de Démosthène contre Androtion mentionne aussi trois sortes d'ἀρχαί; mais dans la troisième il ne cite que la chorégie ; or on sait que la chorégie était conférée par les tribus.

Les magistratures proprement dites étaient conférées ou par le sort ou par la main levée. Cette distinction est bien marquée par Xénophon : « Il paraît juste que tous aient le droit de parvenir aux magistratures, soit par le sort, soit par l'élection », ἐν τῷ κλήρῳ καὶ ἐν τῇ χειροτονίᾳ[1]. De même, les adversaires d'Eschine disaient : « Il n'y a que deux sortes d'ἀρχαί, les unes que les thesmothètes confèrent par tirage au sort, les autres que le peuple donne par main levée[2]. » Les termes de ἀρχαὶ κληρωταί et ἀρχαὶ χειροτονηταί étaient employés dans la langue officielle et dans les textes législatifs[3].

L'archontat était dans la première de ces deux catégories. C'était le sort qui désignait chaque année l'archonte éponyme, le roi, le polémarque et les six thesmothètes. Les documents sont formels sur ce point. « Ces dignités, dit Plutarque, étaient depuis les temps anciens conférées par le sort. » « A Athènes, dit-il ailleurs, c'est en vertu du sort qu'on devient archonte ou thesmothète[4]. » « L'archonte et le roi, dit Lysias, sont nommés par tirage au sort[5]. » Isocrate, Démosthène, Pausanias, Harpocration, rappellent le même usage[6]. Tous les textes sont d'accord pour indiquer le tirage au sort comme une règle générale et constante. Les neuf archontes sont toujours rangés parmi les magistrats κληρωτοί; ils ne le sont jamais parmi les χειροτονητοί[7]. Ce dernier mot n'est pas une

---

1. Xénophon, *Respublica Atheniensium*, 1, 2. — [Cette distinction apparaît plus nettement encore dans l'Ἀθηναίων πολιτεία d'Aristote, nouvellement découverte, édit. Kenyon, c. 50 et suiv.]

2. Eschine, *In Ctesiphontem*, 13 : Ἀρχὰς ἃς οἱ θεσμοθέται ἀποκληροῦσι, καὶ ἃς ὁ δῆμος εἴωθε χειροτονεῖν. — Le tirage au sort est toujours désigné par les mots κλήρῳ ou κυάμῳ λαγχάνειν; l'élection par les suffrages du peuple est toujours exprimée par le mot χειροτονεῖν. Les termes λαγχάνειν et χειροτονεῖσθαι, κληρωτός et χειροτονητός s'opposent toujours l'un à l'autre. Démosthène, *In Aristogitonem*, 1, 26 : Ὁ μὴ λαχὼν ἐξ ἴσου τῷ λαχόντι, ὁ μὴ χειροτονηθεὶς τῷ χειροτονηθέντι:

3. Eschine, *In Timarchum*, 21 : Ἀρχὴν ἀρχέτω μηδεμίαν μήτε κληρωτὴν μήτε χειροτονητήν. — Idem, *In Ctesiphontem*, 14 : Νόμον ἐν ᾧ διαρρήδην γέγραπται, « τὰς χειροτονητάς » φησιν « ἀρχάς » ὁ νομοθέτης, προσειπὼν ἁπάσας ἀρχὰς ἃς ὁ δῆμος χειροτονεῖ.

4. Plutarque, *De fortuna Alexandri*, II, 8.

5. Lysias, *In Andocidem*, 4 ; *De Evandri probatione*, 6.

6. Isocrate, Περὶ ἀντιδόσεως, 150. Démosthène, *In Leptinem*, 90. Pausanias, IV, 5. Harpocration, vᵒ ἐπιλάχων.

7. [Cf. encore Aristote, Ἀθηναίων πολιτεία, c. 55 : « On tire au sort les six thesmothètes, l'archonte, le roi, le polémarque; » etc.]

seule fois associé à celui d'archonte dans tout ce qui nous reste de la langue grecque[1].

Cette règle constatée, il faut pénétrer dans le détail et observer comment le tirage au sort était pratiqué. Une première vérité qui ressort des documents est que l'on ne tirait pas au sort entre tous les citoyens sans distinction. Démétrius de Phalère, qui avait étudié et décrit les anciennes institutions d'Athènes, et en particulier l'archontat, dit en termes formels qu'au temps d'Aristide le sort ne prononçait qu'entre les hommes des plus riches familles[2]. Le tirage au sort se conciliait donc avec l'aristocratie[3].

Même au temps de Lysias et de Démosthène, c'est-à-dire dans l'âge démocratique de la cité, nous ne devons pas croire que les noms des 15000 Athéniens fussent mis dans une urne. Une première condition pour partager les chances du tirage au sort était qu'on demandât à y être admis. « On tirait au sort, dit Harpocration, parmi ceux qui briguaient l'archontat[4]. » L'homme qui aspirait à cette dignité devait avant toute autre chose « faire profession qu'il méritait d'être nommé archonte[5] ». De là cette expression que l'on rencontre deux fois dans Lysias, ἔρχεσθαι κληρωσόμενος[6], « se présenter pour être tiré au sort ». De là aussi cette phrase d'Isocrate : « Je ne demande pas à subir les chances du tirage au sort pour

---

1. Dans le plaidoyer contre Néère, c. 75, on trouve le mot χειροτονῶν appliqué aux anciens rois d'Athènes successeurs de Thésée ; mais ces rois se succédaient par droit d'hérédité ; aussi est-on d'accord aujourd'hui pour n'attribuer aucune valeur historique à ce mot de l'auteur du plaidoyer.

2. Démétrius de Phalère, dans Plutarque, *Aristide*, 1 : Τὴν ἐπώνυμον ἀρχὴν ἣν ἦρξε τῷ κυάμῳ λαχών, ἐκ τῶν γενῶν τῶν τὰ μέγιστα τιμήματα κεκτημένων.

3. [Au temps de Solon, s'il faut en croire le traité d'Aristote sur *la République des Athéniens*, le tirage au sort ne venait qu'après un choix préalable, fait par les tribus entre les différents candidats ; c. 8, édit. Kenyon : Τὰς δ' ἀρχὰς ἐποίησε κληρωτὰς ἐκ προκρίτων, οὓς ἑκάστη προκρίνει τῶν φυλῶν. Προὔκρινεν δ' εἰς τοὺς ἐννέα ἄρχοντας ἑκάστη δέκα, καὶ τούτους ἐκλήρουν. Or ce tirage au sort n'avait lieu que parmi les plus riches, κληρωτὰς ἐκ τῶν τιμημάτων· Cf. plus loin, p. 159, n. 3.]

4. Harpocration, *v*° ἐπιλαχών· Ἐκληροῦντο οἱ ἄρχειν ἐφιέμενοι.

5. Dinarque, cité par Harpocration, *v*° ἀρχαιρεσιάζειν· Ἀρχαιρεσιάζειν, τὸ ἀξιοῦν ἑαυτὸν αἱρεθῆναι ἄρχοντα (*Oratores attici*, coll. Didot, t. II, p. 453). Cf. Denys d'Halicarnasse, t. V, p. 651, édit. Reiske.

6. Lyslas, *In Andocidem*, 4 : Ἢν Ἀντοκίδης ἔλθῃ κληρωσόμενος τῶν ἐννέα ἀρχόντων καὶ λάχῃ βασιλεύς. Idem, *In Philonem*, 53 : Ὥσπερ νῦν προθύμως κληρωσόμενος ἦλθε.

l'archontat[1]. » Il y avait donc pour les magistratures du sort, comme pour celles de l'élection, une sorte de candidature.

D'ailleurs des conditions étaient requises pour être archonte. Elles nous sont connues par la liste des questions qui étaient posées à chaque élu du sort dans l'examen appelé δοκιμασία[2]. On demandait au futur archonte : 1° si ses parents étaient Athéniens en ligne paternelle et maternelle depuis trois générations[3] : question qui écartait tous les nouveaux citoyens, tous ceux qui étaient nés d'une mère étrangère, tous ceux dont la naissance était entachée de νοθεία, tous ceux enfin qui étaient fils ou petits-fils d'affranchis ; 2° s'il possédait des autels d'Apollon Πατρῷος et de Ζεὺς Ἕρκειος, c'est-à-dire la religion domestique des familles anciennes et le culte de la propriété foncière[4] ; 3° s'il remplissait tous ses devoirs envers ses parents, s'il avait un tombeau de famille et s'il y accomplissait régulièrement les sacrifices[5] : question qui impliquait la conservation des vieilles règles du culte domestique sans interruption et sans altération ; 4° s'il avait fait toutes les campagnes exigées par

1. Isocrate, Περὶ ἀντιδόσεως, 150 : Μηδὲν δέομαι κληροῦσθαι τῶν ἀρχῶν ἕνεκα.

2. Lycurgue, *Fragmenta*, 24, édit. Didot, t. II, p. 558 : Τρεῖς δοκιμασίαι κατὰ τὸν νόμον γίνονται· μία μὲν ἦν οἱ ἐννέα ἄρχοντες δοκιμάζονται. — Le même examen s'appelait aussi ἀνάκρισις. Pollux, VIII, 85 : Ἐκαλεῖτο δέ τις θεσμοθετῶν ἀνάκρισις. Démosthène, *In Eubulidem*, 25 : Ἀρχὰς ἔλαχε ἦρξε καὶ δοκιμασθείς ; ibidem, 66 : Ὥσπερ θεσμοθέτας ἀνακρίνετε.

3. Pollux, VIII, 85 : Εἰ Ἀθηναῖοι εἰσὶν ἑκατέρωθεν ἐκ τριγονίας. — [Dans le c. 55 de l'Ἀθηναίων πολιτεία, Aristote nous donne la formule exacte des questions qu étaient posées aux futurs archontes : Πρῶτον μὲν « Τίς σοι [?] πατὴρ καὶ πόθεν τῶν δήμων, καὶ τίς πατρὸς πατήρ, καὶ τίς μήτηρ, καὶ τίς μητρὸς πατὴρ καὶ πόθεν τῶν δήμων. »]

4. Dinarque, dans Harpocration, v° ἕρκειος : Εἰ φράτορες αὐτῷ καὶ βωμοὶ Διὸς Ἑρκείου καὶ Ἀπόλλωνος Πατρῴου. Démosthène, *In Eubulidem*, 67. Pollux, VIII, 85. — Ἕρκειος Ζεύς, ᾧ βωμὸς ἐντὸς ἕρκους ἐν τῇ αὐλῇ ἵδρυται· τούτοις δὲ μετῆν τῆς πολιτείας οἷς εἴη Ζεὺς Ἕρκειος, Harpocration, v° ἕρκειος, d'après Hypéride et Démétrius. — [Aristote, ibidem : Μετὰ δὲ ταῦτα· « Εἰ ἔστιν αὐτῷ Ἀπόλλων Πατρῷος καὶ Ζεὺς Ἕρκειος καὶ ποῦ ταῦτα τὰ ἱερά ἐστιν. »]

5. Pollux, ibidem : Εἰ τοὺς γονέας εὖ ποιοῦσι. Dinarque, *In Aristogitonem*, 17-18 : Εἰ αὐτῷ ἠρία πατρῷα ἐστί. — Dinarque explique le sens et la portée de cette question quand il reproche à son adversaire de ne pas même pouvoir montrer le tombeau de son propre père et de ne lui avoir pas rendu les devoirs funèbres, οὔτε τὰ νομιζόμενα αὐτῷ ἐποίησε. On sait quelle importance les anciens attribuaient aux tombeaux de famille et au culte anniversaire qui y était rendu. Cf. Xénophon, *Mémorables*, II, 2, 13 : Ἐάν τις τῶν γονέων τελευτησάντων τοὺς τάφους μὴ κοσμῇ, καὶ τοῦτο ἐξετάζει ἡ πόλις ἐν ταῖς τῶν ἀρχόντων δοκιμασίαις. — [Aristote, ibidem : Εἶτα· « Ἠρία εἰ ἔστιν καὶ ποῦ ταῦτα. »]

la loi ; 5° s'il possédait le capital imposable, τὸ τίμημα, et s'il payait les contributions, εἰ τὰ τέλη τελεῖ[1] ; cette dernière question excluait les pauvres, car on sait qu'à Athènes la classe des thètes était exempte d'impôts[2]. La nature de cet examen est digne d'attention : on ne demande pas à l'archonte des preuves de capacité politique, d'intelligence, d'expérience. On veut qu'il appartienne à une famille ancienne, honorable, aisée, et surtout, comme dit Platon, qu'il soit d'une maison réputée pure[3]. Le caractère aristocratique de cette δοκιμασία est bien frappant.

Trois autres motifs d'exclusion nous sont connus : 1° L'homme dont le corps était mutilé ou difforme n'était pas admis à être archonte[4] ; cette règle, qui surprend d'abord, était conforme aux idées des anciens : un tel homme était regardé comme haï des Dieux, il portait sur sa personne la marque de leur colère ; la cité se serait donc fort exposée en le prenant pour chef. 2° Les hommes de mauvaises mœurs étaient écartés aussi de la magistrature, et cela sous peine de mort[5]. 3° Une autre loi punissait également de mort quiconque, étant débiteur du trésor public, devenait archonte[6] ; or on sait combien d'hommes étaient débiteurs du trésor, soit pour des contributions en retard, soit pour des comptes à rendre[7], soit pour des amendes encourues, soit enfin par suite d'entreprises de travaux publics reçues à ferme de l'État.

Ces faits nous permettent déjà de juger que, même dans

---

1. Pollux, VIII, 86 : Εἰ τὸ τίμημά ἐστιν αὐτοῖς. — Dinarque, *In Aristogitonem*, 17 : Εἰ τὰ τέλη τελεῖ. — [Aristote, ibidem : Ἔπειτα· « Γονέας εἰ εὖ ποιεῖ.... τὰ τέλη τελεῖ, καὶ τὰς στρατείας εἰ ἐστράτευται. »]

2. Pollux, VIII, 130 : Οἱ θῆτες ἀνήλισκον οὐδὲν... καὶ οὐδεμίαν ἀρχὴν ἦρχον. — [Il semble bien résulter toutefois d'un passage d'Aristote que de son temps les thètes pouvaient être admis à l'archontat. Ils se bornaient à répondre à la question, qu'ils ne payaient « rien ». Ibidem, c. 7 : Διὸ καὶ νῦν ἐπειδὰν ἔρηται τὸν μέλλοντα κληροῦσθαί τιν', ἀρχὴν « ποῖον τέλος τελεῖ », « οὐδ' » ἂν εἷς εἴποι θητικόν.]

3. Platon paraît indiquer le caractère général de toute la δοκιμασία lorsqu'il dit : Δοκιμάζειν δὲ τὸν λαγχάνοντα, πρῶτον μὲν ὁλόκληρόν καὶ γνήσιον, ἔπειτα ὡς ὅτι μάλιστα ἐκ καθαρευουσῶν οἰκήσεων (Platon, *Lois*, VI, p. 759).

4. Lysias, Ὑπὲρ τοῦ ἀδυνάτου, 13 (édit. Didot, p. 201).

5. Eschine, *In Timarchum*, 21 : Ἐάν τις ἑταιρήσῃ, μὴ ἐξέστω αὐτῷ τῶν ἐννέα ἀρχόντων γενέσθαι... ἐὰν δέ τις ταῦτα ποιῇ, θανάτῳ ζημιούσθω.

6. Démosthène, *In Leptinam*, 156.

7. Dinarque, *In Aristogitonem*, 17-18.

l'âge démocratique d'Athènes, le nombre de ceux parmi lesquels se faisait le tirage au sort ne pouvait pas être considérable.

Le soin de procéder à ce tirage au sort était confié aux thesmothètes en exercice[1]. C'étaient eux qui tenaient l'urne, eux qui y mettaient les noms, eux qui les en tiraient. Cette opération si délicate n'était pas faite en présence du peuple. Elle avait lieu dans un sanctuaire qui était l'un des deux temples de Thésée[2]; or il n'était pas d'usage que la foule entrât dans les temples, et rien ne nous avertit que le public fût admis à contrôler l'œuvre des thesmothètes. Il semble bien que l'arrêt du sort, tel qu'il était prononcé par eux, était sans appel et sans recours. On ne voit jamais, dans tout le recueil des Orateurs Attiques, un seul débat s'élever contre eux au sujet du tirage au sort. On pouvait bien suspecter leurs pratiques[3]; il ne paraît pas qu'il fût permis de les attaquer soit devant les tribunaux, soit devant l'assemblée[4]. Il y a grande apparence que la loi ou les mœurs leur avaient laissé un pouvoir souverain sur cette matière. Aussi doit-on remarquer que dans le passage où Eschine distingue les deux sortes de magistratures, il oppose non seulement le sort à l'élection, mais aussi les thesmothètes au peuple : « Il y a, dit-il, les magistratures que les thesmothètes distribuent par le sort, et celles que le peuple décerne par ses suffrages[5]. »

On voit par tout cela qu'il s'en fallait beaucoup que le tirage au sort eût un caractère essentiellement démocratique. C'est raisonner *a priori* et sans preuves que de dire qu'il ait été institué en vue de donner à tous les citoyens l'accès aux magistratures. Il n'avait lieu qu'entre un petit nombre d'hommes

---

1. Eschine, *In Ctesiphontem*, 13 : Ἀρχὰς ἃς οἱ θεσμοθέται ἀποκληροῦσι.

2. Ibidem. Cf. le Scholiaste, dans les *Oratores attici*, édit. Didot, t. II, p. 511 : Δύο Θησεῖα ἐν τῇ πόλει. [Cf. Aristote, *Politique des Athéniens*, c. 62.]

3. Eschine, *In Ctesiphontem*, 62, insinue que Démosthène a fait parler le sort par l'argent et par l'intrigue ; la chose était donc possible à Athènes.

4. Lysias, *De Evandri probatione*, 7, reproche aux archontes en exercice de s'être écartés des lois en tirant au sort Évandre et en ne se hâtant pas de l'écarter par la δοκιμασία; toutefois il ne les met pas en cause et ne se permet qu'une allusion contre eux.

5. Eschine, *In Ctesiphontem*, 13.

et il n'était entouré d'aucune des garanties qui eussent assuré l'égalité[1].

L'histoire ne montre pas d'ailleurs que la démocratie ait jamais aimé ce procédé pour le choix de ses chefs. En tout pays, elle tient à voter, à se croire libre de ses nominations, à vouloir que ses chefs dépendent de sa volonté et lui doivent tout. Le vrai procédé démocratique, c'est le vote à mains levées, χειροτονία, et c'est aussi celui qu'Athènes adopta. Dès que la cité entra dans la voie de la démocratie, elle institua des chefs nouveaux[2], les stratèges, et elle voulut qu'ils fussent élus par ses suffrages. Aucun ancien ne présente le κλῆρος comme plus démocratique que la χειροτονία. Aristote, au rapport de Diogène Laerce, avait écrit formellement que la fève qui servait au tirage au sort était quelque chose d'oligarchique[3]. Isocrate aussi fait remarquer avec raison que le tirage au sort n'est pas conforme aux intérêts de la démocratie ; « il donne trop souvent les magistratures aux partisans de l'oli-

1. [Aristote, dans son Ἀθηναίων πολιτεία, c. 55, nous montre toutes les précautions qui étaient prises de son temps contre le hasard du tirage au sort. Il y avait deux δοκιμασίαι, l'une devant le Sénat des 500, l'autre ensuite devant le Tribunal. Après l'interrogatoire, on demandait à l'archonte de faire avancer des témoins pour garantir la vérité de ses assertions. Puis on offrait la parole à celui qui voulait accuser, et il pouvait y avoir débat contradictoire. Enfin on votait sur le résultat de la δοκιμασία, à mains levées au Sénat, par un bulletin au Tribunal. Ce n'était pas tout : les archontes étaient astreints à un double serment, l'un sur la Pierre du Trésor, l'autre sur l'Acropole, et « ce n'est qu'après ces choses qu'ils entrent en charge ». — Mais il est à remarquer que le débat, s'il y a débat, ne concerne que la δοκιμασία, et qu'il laisse de côté les opérations du tirage au sort. Le tirage au sort lui-même précède tout examen et semble en dehors de toute discussion. — Il est d'ailleurs plus que probable qu'il n'y avait là, au temps d'Aristote, que de vaines formalités, conservées par respect pour la tradition.]

2. [Ou tout au moins elle fit des stratèges ses chefs véritables en développant leurs attributions et en modifiant leur mode de nomination dans un sens démocratique, car il semblerait, d'après un texte d'Aristote, Ἀθηναίων πολιτεία, c. 4, que les stratèges existaient déjà au temps de Dracon. Il est vraisemblable d'ailleurs qu'il y a assez peu de ressemblance entre les stratèges primitifs et ceux de la constitution de Clisthènes ; cf. c. 22, et l'article *Attica respublica* dans le *Dictionnaire des antiquités*, t. I, p. 537.]

3. Φησὶν Ἀριστοτέλης περὶ τῶν κυάμων... ὅτι ὀλιγαρχικόν, κληροῦνται γοῦν αὐτοῖς, Diogène Laerce, VIII, 1, 34. Il est vrai qu'ailleurs (*Politique*, II, 9) Aristote fait entendre que c'est l'αἵρεσις qui est le procédé aristocratique. Nous expliquerons plus loin qu'il n'y a pas contradiction absolue entre les deux passages ; qu'il nous suffise de remarquer ici que chez Aristote le mot ἀριστοκρατικόν a une signification fort différente de ὀλιγαρχικόν.

garchie[1] ». Il y a beaucoup de vrai dans cette observation d'Isocrate ; ce qui le prouve, c'est que l'Aréopage, qui se recrutait uniquement par l'adjonction des archontes de chaque année, resta toujours, au sein de la démocratie athénienne, un corps animé d'une sorte d'esprit aristocratique et se fit toujours remarquer par une certaine distinction de manières et d'habitudes. Cela donne à penser que, si nous possédions les listes complètes des neuf archontes et des dix stratèges de chaque année, nous y verrions probablement que la liste des stratèges l'emporterait beaucoup par l'intelligence politique, et la liste des archontes par la naissance, par la richesse, par l'éducation. Le vote à main levée portait naturellement au pouvoir les chefs de la démocratie, au lieu que le sort élevait, sans grand danger d'ailleurs, les hommes de bonne famille que leur médiocrité personnelle ou leurs opinions auraient exclus des honneurs. Ajoutons que la dignité d'archonte ne procurait aucun profit, qu'elle n'était pas rétribuée, qu'elle était même assez coûteuse ; il fallait avoir quelque aisance pour y aspirer[2].

II

Avant de passer à l'examen de quelques autres règles relatives à la nomination des archontes, une question se pose à nous. Ce tirage au sort, qui apparaît si visiblement au ve siècle, existait-il déjà au vi^e et au viie ? Il est vrai qu'aucun des écrivains anciens qui nous sont parvenus ne semble s'être posé cette question, et qu'aucun d'eux ne nous avertit qu'il y ait

---

1. Isocrate, *Aréopagitique*, 25 : Ἐν τῇ κληρώσει τὴν τύχην βραβεύσειν καὶ πολλάκις λήψεσθαι τὰς ἀρχὰς τοὺς ὀλιγαρχίας ἐπιθυμοῦντας, ἐν δὲ τῷ προκρίνειν τὸν δῆμον ἔσεσθαι κύριον ἑλέσθαι τοὺς ἀγαπῶντας τὴν καθεστῶσαν πολιτείαν. — Thucydide ne porte aucun jugement sur le tirage au sort. Il en est de même d'Hérodote ; le passage qu'on a cité de cet historien ne mentionne pas le κλῆρος. Xénophon, *Mémorables*, 2, dit que le tirage au sort est illogique ; il ne dit pas qu'il soit favorable à la démocratie. C'est seulement au temps de Platon et surtout d'Aristote que l'idée de démocratie s'est associée à celle de tirage au sort ; nous dirons plus loin pourquoi.

2. Démosthène, *In Neæram*, 72, mentionne un certain Théagénès qui fut archonte-roi et qui pourtant était pauvre ; mais l'orateur ajoute que ce Théagénès avait trouvé un ami pour payer les frais de sa magistrature.

eu deux modes de nomination successivement employés pour
l'archontat. Pourtant des savants de grande valeur, Schœmann,
K.-Fréd. Hermann, Grote, G. Perrot, Caillemer, ont soutenu
qu'avant le temps où les archontes avaient été tirés au sort, il
avait dû y avoir un temps où ils étaient élus[1]. Voici les raisons
sur lesquelles leur opinion s'appuie :

Premièrement, il leur a semblé que le tirage au sort était
un procédé démocratique et qu'il n'avait eu pour objet que de
faire arriver tous les citoyens aux magistratures. Raisonnant
d'après ce postulat, ils n'ont pas cru que cet usage ait pu être
établi avant l'époque où la démocratie et l'esprit d'égalité ont
régné dans Athènes. En conséquence, le tirage au sort n'a
existé qu'à partir de Clisthènes suivant les uns, à partir
d'Aristide suivant d'autres, ou à partir de la réforme d'Éphialte
suivant une troisième conjecture. — Ce raisonnement est
spécieux ; mais, pour qu'il eût une grande valeur, il faudrait
démontrer préalablement que le tirage au sort était une institution essentiellement démocratique, ce que l'étude des faits
et du détail ne nous a pas montré. Il est bien vrai que, selon
nos idées modernes, tirage au sort est synonyme d'égalité ;
mais les anciens pouvaient avoir des idées différentes, et il est
d'une mauvaise méthode de faire intervenir dans l'histoire de
l'antiquité nos opinions d'aujourd'hui :

Deuxièmement, on a été frappé de ce que les listes d'archontes qui nous sont parvenues présentent quelques grands
noms jusqu'à Aristide et ne contiennent plus ensuite que des
noms obscurs. Et l'on a dit : « Les noms obscurs ont été amenés
par le sort ; mais ce n'est pas le sort qui a été assez habile
pour choisir un Dracon, un Solon, un Thémistocle, un Aristide ; donc il faut de toute nécessité que les archontes aient
été d'abord élus par les suffrages. » — Ce raisonnement part
d'une notion inexacte du tirage au sort ; sans doute, si quel-

<hr>

1. Voir K.-Fr. Hermann, *Lehrbuch der griechischen Antiquitæten*, § 102 ;
Schœmann, *Griechische Alterthümer*, t. I, p. 405 ; Sauppe, *De creatione archon-
tum* ; Grote, *Histoire grecque*, trad. Sadous, t. V, p. 319 ; G. Perrot, *Essai sur le
droit public d'Athènes*, p. 50 ; Caillemer, dans le *Dictionnaire des antiquités
grecques et romaines*, de Daremberg et Saglio, article *Archontes*.

qu'un soutenait qu'au vi° siècle on tirait au sort entre tous les citoyens sans distinction, il serait facile de lui répondre qu'une telle doctrine serait inconciliable avec les quatre ou cinq grands noms que présente la liste; mais nous avons vu que l'opération n'avait lieu que parmi des catégories étroites, sous des conditions déterminées, et par la main des thesmothètes. Cela suffisait déjà, sans parler de quelques règles que nous exposerons tout à l'heure, pour qu'il fût assez facile à la cité d'avoir l'archonte qu'elle désirait. Quant à l'absence des hommes politiques sur la liste des archontes à partir du milieu du v° siècle, elle s'explique par une raison très simple : ces hommes-là préféraient être stratèges et ils ne se présentaient pas au tirage au sort pour être archontes.

Troisièmement, on a rencontré plusieurs fois le terme αἱρεῖσθαι, qui signifie choisir, appliqué aux archontes, et l'on en a conclu que ces archontes avaient été élus par les suffrages [1]. Mais il faut faire grande attention au sens et à l'emploi des mots, et l'on n'aurait pas dû confondre αἱρεῖσθαι avec χειροτονεῖν. Celui-ci est le terme précis qui, dans la langue des orateurs et dans celle des lois, désigne l'élection des magistrats par le peuple assemblé. Le mot αἱρεῖσθαι contient l'idée de choix, mais non pas l'idée de vote. Il signifie littéralement « prendre entre plusieurs », ce qui implique option et choix, mais ce qui n'indique pas de quelle manière ni par quel procédé ce choix est effectué. Les textes qui mentionnent cette αἵρεσις méritent qu'on en tienne grand compte, et nous leur donnerons tout à l'heure une attention particulière; mais il

---

1. Plutarque, *Solon*, 14 : Ὁ Σόλων ἡρέθη ἄρχων. Idem, *Aristide*, 1 : Ἑλομένων Ἀθηναίων. — Pausanias, I, 15 : Πολεμαρχεῖν ἥρητο. — Aristote, *Politique*, II, 9, 4 : Τὸ τὰς ἀρχὰς αἱρεῖσθαι. — [Aristote, Ἀθηναίων πολιτεία, emploie couramment ce mot à peu près pour toutes les époques; c. 3 : Ἡ αἵρεσις τῶν ἀρχόντων, avant Dracon; c. 4 : Ἡροῦντο τοὺς ἄρχοντας, sous Dracon, cf. c. 3; c. 13 : Εἶτ' ἔδοξεν ἄρχοντας ἑλέσθαι δέκα, immédiatement après Solon; c. 22 : Οἱ δὲ πρότεροι πάντες ἦσαν αἱρετοί, après la tyrannie et avant 487; c. 26 : Τὴν τῶν ἐννέα ἀρχόντων αἵρεσιν οὐκ ἐκίνουν, à l'époque d'Éphialte. — Remarquez ce dernier texte : Aristote se sert de l'expression d'αἵρεσις pour une époque où, sans qu'il y ait contestation possible, le sort était employé pour la nomination des archontes athéniens. Et il n'y a pas méprise d'Aristote; car une ligne plus loin il ajoute lui-même que vers le même temps on accrut le nombre de ceux qui pouvaient être tirés au sort, τοὺς κληρωσομένους τῶν ἐννέα ἀρχόντων.]

serait dangereux de préjuger qu'ils indiquent un vote formel
et surtout qu'ils soient opposés au tirage au sort. Les érudits
se sont trop hâtés de dire que, dès qu'ils rencontraient le mot
αἱρεῖσθαι, le tirage au sort n'existait pas. Ils ont raisonné
d'après nos idées modernes, suivant lesquelles, en effet, le
sort et le choix sont incompatibles. Mais nous verrons plus
loin que, d'après les idées anciennes, le tirage au sort était
aussi un choix. Il n'est donc pas étonnant que le mot αἱρεῖσθαι
ait pu être employé à propos des archontes[1]. Ce qui est digne
de remarque, c'est qu'au contraire le mot χειροτονεῖν ne leur
est jamais appliqué. On a observé encore que les termes αἵρεσις
et κλῆρος sont quelquefois employés à propos des mêmes
magistratures[2] et au sujet des mêmes personnages[3], et l'on
s'est empressé de conclure qu'il y avait une erreur chez les
écrivains qui employaient un terme pour l'autre ; il était
peut-être plus sage de conclure que l'αἵρεσις et le κλῆρος ne
s'excluaient pas et pouvaient se rencontrer ensemble.

Dire qu'il y a eu un temps où les archontes étaient élus par
les suffrages et non pas par le sort, est une pure conjecture et
les documents ne l'autorisent pas. Nous avons cité plus haut
sept textes, deux de Plutarque, et les cinq autres de Lysias, de
Démétrius de Phalère, d'Isocrate, de Pausanias et d'Harpocra-

1. Αἱρεθῆναι ἄρχοντα (Dinarque dans Harpocration, v° ἀρχαιρεσιάζειν). Τοὺς
ἄρχοντας ἐξ Ἀθηναίων πάντων αἱρεῖσθαι (Plutarque, *Aristide*, 22). C'est ainsi que
Platon dit qu'Athènes a toujours eu des rois, mais qu'autrefois, ils étaient héréditaires, et que depuis ils sont choisis, αἱρετοί (Platon, *Ménexène*, 8, édit. Didot,
t. 1, p. 565) ; or ils étaient choisis, à n'en pas douter, par la voie du tirage au sort.
2. Ainsi les euthynes sont dits κληρωτοί dans Photius, p. 31 [et dans Aristote,
c. 48], et αἱρετοί dans Pollux, VIII, 100. — Les logistes sont dits tantôt κληρωτοί,
tantôt αἱρετοί (*Lexicon rhetorum Seguerianum*, p. 276, 17, et *Lexicon rhetorum
Cantabrigiense*, p. 672, 20. Aristote, *Fragmenta*, édit. Didot, p. 243 [idem,
Ἀθηναίων πολιτεία, c. 48]). — De même encore le ἱεροποιός qui est κληρωτός ou
λάχων (Aristote [ibidem, c. 54], *Fragmenta*, édit. Didot, p. 243 ; Démosthène, *In
Theocritum*, 29), est dit αἱρεθείς dans Démosthène, *In Midiam*, 115.
3. Ainsi, à propos de Callimaque, Hérodote dit ἔλαχε et Pausanias ᾕρητο. — [Cela
est plus visible encore au c. 26 de l'Ἀθηναίων πολιτεία d'Aristote. Après nous avoir
dit que les Athéniens ne changèrent rien, au milieu du v° siècle, à l'αἵρεσις des
archontes, il ajoute immédiatement après qu'ils se bornèrent à admettre les citoyens
de la troisième classe parmi ceux qu'on pouvait tirer au sort, καὶ ἐκ ζευγιτῶν
προαιρεῖσθαι τοὺς κληρωσομένους τῶν ἐννέα ἀρχόντων. Il est impossible de croire à
une erreur de la part d'Aristote et il faut bien admettre que le κλῆρος et l'αἵρεσις
étaient, dans son esprit, parfaitement conciliables ; cf. la note 1 de la p. 158.]

tion, qui tous signalent le tirage au sort comme une règle générale et constante, sans qu'aucun nous avertisse qu'il ait été institué en remplacement d'une autre règle toute contraire. Parmi tous les changements que le temps a apportés à la constitution athénienne, nous n'en voyons aucun qui ait établi le tirage au sort. Aucun écrivain ne dit qu'il ait été une innovation de la démocratie. Xénophon réprouve le tirage au sort comme un usage mauvais et surtout illogique; il ne dit pas qu'il fût un usage récent.

Il y a même des textes qui le présentent formellement comme une institution ancienne.

1° Plutarque dit qu'au temps de Périclès le tirage au sort était déjà un usage antique, ἐκ παλαιοῦ[1].

2° Hérodote, lorsqu'il raconte les apprêts de la bataille de Marathon, mentionne « Callimaque qui tenait du sort la dignité de polémarque[2] ». Ainsi, en 490, avant que le gouvernement d'Athènes fût une démocratie, le tirage au sort était déjà usité.

3° Démétrius de Phalère affirmait qu'Aristide avait été nommé archonte éponyme par le tirage au sort[3]. Il est vrai

---

1. Plutarque, *Périclès*, 9 : Αἱ ἀρχαὶ κληρωταὶ ἦσαν ἐκ παλαιοῦ. Plutarque ne dit pas que le tirage au sort fût ancien par rapport à son temps; le mouvement de la phrase entière marque bien qu'il veut dire : « Au temps de Périclès, le tirage au sort existait comme chose ancienne »; si le sort avait été institué, ainsi qu'on l'a supposé, du vivant même de Périclès, Plutarque n'aurait certainement pas pu s'exprimer comme il l'a fait.

2. Hérodote, VI, 109 : Ὁ τῷ κυάμῳ λαχὼν πολεμαρχέειν. Nous sommes surpris que M. Giguet, dans sa traduction en général exacte, se soit mépris sur le sens de ce passage; il traduit : « A qui la charge de polémarque était échue par les suffrages du peuple. » Le mot λαγχάνειν implique l'idée du sort et n'est jamais appliqué à un magistrat élu; il s'oppose à χειροτονεῖν (voir Démosthène, *In Aristogitonem*, I, 26); κύαμος est la fève qui servait au tirage. Grote, Curtius, Hermann, G. Perrot, Caillemer, expliquent comme nous ce passage d'Hérodote; seulement, ils supposent qu'Hérodote s'est trompé. Cette supposition nous semble trop hardie. L'expression d'Hérodote a une singulière netteté; elle n'est pas de celles qui viennent par hasard sous la plume d'un écrivain; Hérodote ne l'emploie qu'une seule fois dans tout son livre, et c'est pour l'appliquer à une institution dont la singularité paraît l'avoir frappé. — [Voir Weil, *Journal des Savants*, 1891, p. 207.] — Grote prétend que, puisque les stratèges étaient élus, le polémarque devait l'être aussi; c'est vouloir mettre trop de logique dans les affaires humaines. Il est d'une méthode dangereuse de mettre un raisonnement à la place d'un texte.

3. Démétrius de Phalère, cité par Plutarque, *Aristide*, 1 : Τὴν ἐπώνυμον ἀρχὴν ἣν ἦρξε τῷ κυάμῳ λαχών.

que cet écrivain vivait un siècle et demi après Aristide; mais il était Athénien; il était surtout fort instruit des antiquités d'Athènes; il avait composé un livre sur la législation athénienne, Περὶ τῆς Ἀθήνησι νομοθεσίας; il avait fait précisément des recherches particulières sur l'archontat et avait écrit un traité intitulé Ἀρχόντων ἀναγραφή. Il connaissait le sujet mieux que personne[1].

4° Démosthène, dans le discours contre Leptine, rappelle une loi qu'il croit de Solon et en vertu de laquelle « les thesmothètes désignés par le sort doivent subir l'examen de la δοκιμασία[2] ». L'affirmation de Démosthène ne prouve pas précisément que la loi soit de Solon, car on sait que les orateurs avaient assez l'habitude d'attribuer au grand législateur tout ce qui était ancien dans la constitution d'Athènes; mais elle marque au moins que Démosthène et ceux à qui il s'adressait croyaient que la loi était de Solon; ils croyaient par conséquent que les thesmothètes étaient désignés par le sort dès le temps de Solon, et même avant lui; car cette loi que rappelle Démosthène n'instituait même pas le tirage au sort : elle instituait une double δοκιμασία qui était destinée à en corriger les erreurs. Aucun contemporain de Démosthène ne pensait que ce tirage au sort fût de date récente, ni qu'on eût jamais employé une autre manière de nommer les archontes.

5° Il y a dans Pausanias un passage digne d'attention. Cet écrivain, on le sait, est fort postérieur aux temps qui nous occupent; mais il avait beaucoup lu, beaucoup vu, beaucoup entendu dans ses voyages; il était surtout curieux des sou-

---

1. Voir *Fragmenta historicorum græcorum*, édit. Didot, t. II, p. 363.

2. Démosthène, *In Leptinem*, 90 : Τοὺς μὲν θεσμοθέτας κληρουμένους δὶς δοκιμασθέντας ἄρχειν. — [Ce texte de Démosthène se trouve merveilleusement confirmé par un passage d'Aristote; ce dernier nous apprend, dans son Ἀθηναίων πολιτεία récemment découverte, que « Solon décida que les magistratures (c'est-à-dire celles d'archontes) seraient données au sort après un choix préalable fait par les tribus »; c. 8, édit. Kenyon : Τὰς δ' ἀρχὰς ἐποίησε κληρωτὰς ἐκ προκρίτων, οὓς ἑκάστη προκρίνει τῶν φυλῶν. Chaque tribu choisit dix candidats et c'est parmi ceux-là que le sort désigne : Προὔκρινεν δ' εἰς τοὺς ἐννέα ἄρχοντας ἑκάστη δέκα, καὶ τούτους ἐκλήρουν. Il est possible que le choix fait par chaque tribu de dix candidats fût accompagné d'une première enquête; une seconde δοκιμασία suivait le tirage au sort. Peut-être aussi y avait-il simplement, après le tirage, une double δοκιμασία faite devant deux assemblées différentes.]

venirs les plus antiques, et enfin il est visible qu'il avait dans les mains des traités de chronologie athénienne. Or, dans son quatrième livre, après avoir raconté un événement de la guerre de Messénie, il essaye d'en marquer la date d'après la chronologie d'Athènes, et il dit que le fait s'est passé dans la cinquième année de l'archontat décennal d'Asimidès, « car les Athéniens avaient alors l'archontat décennal et ils n'avaient pas encore les archontes tirés au sort chaque année[1] ». Cette remarque et la manière dont elle est faite impliquent que, dans la pensée de Pausanias, l'archontat conféré annuellement par le sort aurait succédé immédiatement à l'archontat décennal, et cela nous permet de croire que dans les chronologies dont il se servait, il n'était pas fait mention d'un archontat électif entre l'archontat décennal et l'archontat du tirage au sort.

Voilà donc cinq textes qui, avec plus ou moins de précision, indiquent le tirage au sort comme la règle ancienne pour la nomination des archontes. En face de ces cinq textes, il en est trois autres où l'on voit que trois personnages furent portés à cette magistrature par le choix des Athéniens. 1° Nous lisons dans Plutarque que Solon fut choisi comme archonte, ἡρέθη ἄρχων. — 2° Aristide, qui, suivant Démétrius, avait été désigné par le sort, aurait été, suivant un autre écrivain, choisi par la cité, ἑλομένων τῶν Ἀθηναίων[2]. Cet écrivain est Idoménée de Lampsaque, postérieur à Démétrius de Phalère, disciple et ami d'Épicure, philosophe plutôt qu'historien, et dont l'autorité n'égale pas à beaucoup près celle de Démétrius; il est de ceux pour qui Plutarque professe peu d'estime[3]. Son affirmation mérite pourtant qu'on en tienne compte. — 3° On a allégué un troisième texte : Pausanias, à propos de ce même Calli-

1. Pausanias, IV, 5 : Ἀθήνησιν οὐκ ἦσαν τότε οἱ τῷ κλήρῳ κατ' ἐνιαυτὸν ἄρχοντες. Quiconque est un peu familier avec la langue grecque remarquera la place des mots τῷ κλήρῳ entre l'article οἱ et les mots κατ' ἐνιαυτόν; tout cela forme comme une seule expression et fait entendre que archontat annuel et archontat tiré au sort sont une seule et même chose.

2. Idoménée de Lampsaque, cité par Plutarque, *Aristide*, 1 : Καὶ μὴν ἄρξαι γε τὸν Ἀριστείδην ὁ Ἰδομενεὺς οὐ κυαμευτόν, ἀλλ' ἑλομένων Ἀθηναίων φησίν.

3. Voir ce que Plutarque dit de cet Idoménée dans la Vie de Périclès, 10, et dans la Vie de Phocion, 4.

maque dont Hérodote dit en termes si nets qu'il était polémarque en vertu du sort, aurait écrit qu'il avait été choisi
pour exercer cette fonction, πολεμαρχεῖν ἧρητο ; mais ce qui
diminue beaucoup la valeur de cette phrase, c'est que ces deux
mots ne sont qu'une leçon conjecturale des éditeurs[1].

Ainsi, tandis que cinq textes très clairs présentent le tirage
au sort comme la règle ancienne, il en est trois (en comptant
celui qui est conjectural) qui indiquent un choix de la part
des Athéniens. Il semble qu'il y ait contradiction.

En présence de cette difficulté, les érudits dont nous par-
lions tout à l'heure ont pensé qu'il fallait rejeter les cinq
premiers textes pour n'admettre que les trois derniers. Ils ont
dit qu'Hérodote s'était trompé, que Démétrius de Phalère igno-
rait la constitution d'Athènes, que Plutarque s'est mal exprimé
quand il a dit si clairement que le tirage au sort datait des
temps antiques, ἐκ παλαιοῦ, que Démosthène a cité inexactement une loi quand il a parlé d'archontes désignés par le sort
au temps de Solon, que Pausanias enfin n'a nulle autorité. Ils
ne conservent, au contraire, que les trois phrases de Plutarque
sur Solon, d'Idoménée sur Aristide, de Pausanias sur Callimaque[2].

Il nous semble qu'il n'est pas d'une bonne méthode d'éli-
miner ainsi les textes gênants. Acceptons tout ce que les
anciens nous donnent sur ce sujet. Prenons tous leurs témoignages, et prenons-les tels qu'ils sont. Ils nous paraissent
contradictoires entre eux ; peut-être, à les observer avec attention, verrons-nous qu'ils peuvent se concilier. En tout cas,
l'explication qui aura le plus de chances d'être exacte sera
celle qui tiendra compte de tous les témoignages, quels qu'ils

1. Pausanias, I, 15. Les manuscrits portent ἧρτο, ἧρτο ou ἧτο. Les éditeurs
anciens avaient lu ἤρξατο, qui n'offre pas un sens satisfaisant. Facius, édit. de
1794, lut τοῦ παντὸς ἄρχειν ἧρητο. Clavier écrivit le premier, croyons-nous,
πολεμαρχεῖν ἧρητο et fut suivi par Bekker et par Schubart. Cette conjecture est, en
effet, fort vraisemblable. — [Voyez en outre les textes d'Aristote cités plus haut,
p. 158, n. 1.]

2. On trouvera dans le *Dictionnaire des antiquités grecques et romaines*, art.
Archontes, un résumé des discussions auxquelles la question du tirage au sort a
donné lieu, et l'on admirera tout ce qui s'est dépensé de raisonnements ingénieux
sur un sujet où il ne fallait qu'observer les textes.

puissent être, et n'en rejettera systématiquement aucun.

Remarquons tout d'abord que les trois textes d'où l'on a cru pouvoir conclure que l'archontat fût électif, n'ont pas précisément cette signification : ni Plutarque, lorsqu'il parle de Solon, ni Idoménée, ni Pausanias ne disent que l'élection fût l'usage et la règle ; ils disent seulement que trois personnages, qui étaient Solon, Aristide et le polémarque qui devait combattre à Marathon, furent portés à cette dignité par le choix des Athéniens. A la règle générale du tirage au sort, telle que le même Plutarque l'énonce si formellement ailleurs, ils opposent trois faits particuliers, qui peuvent avoir été des exceptions. C'est de quoi l'on aurait été frappé si l'on avait lu avec attention tout le chapitre de Plutarque relatif à l'archontat d'Aristide. Après qu'il a cité l'assertion d'Idoménée, il semble qu'il devrait en conclure que l'archontat était alors électif ; c'était assurément l'occasion de nous en avertir. Tout au contraire, il se hâte d'affirmer que, même en admettant qu'Aristide ait été choisi, c'était le tirage au sort qui était la règle : « Nous devons croire, dit-il, qu'Aristide dut à son mérite et à ses grands services d'être jugé digne d'un honneur que les autres obtenaient par le sort[1]. » Plutarque considérait donc la nomination d'Aristide comme un fait exceptionnel qui n'infirmait en rien la règle générale. Or Plutarque avait sous les yeux les ouvrages de Stésimbrote, d'Ion, d'Éphore, d'Aristote et de beaucoup d'autres[2].

Il est encore une remarque qu'on aurait dû faire : c'est que les trois écrivains qui parlent de Solon, d'Aristide et de Callimaque, n'emploient pas le terme qui désignait proprement l'élection, et qui était χειροτονία. Ils se servent tous les trois du

---

1. Plutarque, *Aristide*, 1, *in fine* : Πιθανόν ἐστιν ἐπὶ δόξῃ τοσαύτῃ καὶ κατορθώμασι τηλικούτοις ἀξιωθῆναι δι' ἀρετὴν ἧς διὰ πλοῦτον ἐτύγχανον οἱ λαγχάνοντες. Le mot λαγχάνοντες implique le tirage au sort ; les mots διὰ πλοῦτον font allusion à ce que le tirage n'avait lieu à cette époque qu'entre les pentacosiomédimnes [cf. Aristote, *Politique des Athéniens*, c. 26], ainsi que Plutarque l'avait dit plus haut.

2. De même, Élien, *Histoires variées*, VIII, 10, présente le choix de Solon comme un fait personnel et qui ne serait appliqué qu'à lui ; il donne ainsi à entendre, comme l'a bien remarqué M. Caillemer, que le tirage au sort était déjà usité avant Solon.

mot αἱρεῖσθαι. Ils disent que ces trois personnages furent choisis ; ils ne disent pas qu'ils furent élus par les suffrages. Or nous verrons tout à l'heure qu'un certain choix n'était nullement incompatible avec le tirage au sort et qu'il était facile d'associer les deux choses. Dans la langue officielle d'Athènes, les deux termes qui s'opposent l'un à l'autre sont κλῆρος et χειροτονία[1] ; quant à αἴρεσις, il s'unit également à l'un et à l'autre.

Il y a en effet dans le sujet qui nous occupe deux éléments à étudier. Puisque plusieurs textes disent que le tirage au sort était la règle ancienne, et que d'autres textes montrent que le choix pouvait aussi avoir lieu, nous n'écarterons ni les uns ni les autres, mais nous conclurons que le sort et le choix sont également attestés et que par conséquent ils étaient employés tous les deux. L'opération n'était pas si simple ni si exclusive qu'on l'a supposé. Démosthène affirme qu'au temps de Solon les magistratures étaient κληρωταί ; Aristote affirme qu'elles étaient αἱρεταί[2]. Nous ne sommes pas en droit de dire que l'un des deux s'est trompé. Il est plus sage de dire que les deux procédés étaient usités concurremment.

C'est ce que nous allons montrer, en distinguant avec soin les époques. Partant de l'époque aristocratique, nous marquerons ce qu'était le κλῆρος, ce qu'était l'αἴρεσις et comment les deux choses se combinaient. Nous dirons ensuite comment, dans l'âge démocratique, l'αἴρεσις a disparu, et comment il est arrivé alors que le tirage au sort a sensiblement changé de nature.

1. Du moins dans les orateurs et dans les textes législatifs ; voir Démosthène, *In Aristogitonem*, 1, 26 ; Eschine, *In Ctesiphontem*, 14 ; *In Timarchum*, 21. Aristote, qui écrit plus tard, s'écarte de l'usage de la langue athénienne lorsqu'il partage les ἀρχαί en κληρωταί et en αἱρεταί (Aristote, *Politique*, IV, 7, 3, édit. Didot, p. 553, et, d'après lui, Pollux, VIII, 44) ; ces deux termes ne s'opposent pas l'un à l'autre dans les textes de lois ni dans les orateurs ; les hommes qui s'adressaient au peuple et qui lui parlaient sa langue, ne confondaient pas αἴρεσις avec χειροτονία. [La distinction est faite plus nettement encore par Aristote dans son Ἀθηναίων πολιτεία, c. 50 et suiv., c. 61 et suiv.].

2. Démosthène, *In Leptinem*, 90. Aristote, *Politique*, II, 9 ; édit. Didot, p. 519 (au moins pour le moment où Solon arrive au pouvoir, Ἀθηναίων πολιτεία, c. 3 et 4 ; cf. c. 20) ; cf. plus haut, p. 158, n. 1, et p. 161, n. 2].

III

Le tirage au sort n'était ni un procédé égalitaire, ni un procédé essentiellement oligarchique. Il a pris l'un ou l'autre caractère suivant les temps et suivant la façon dont il a été appliqué. Il a été aristocratique quand la société athénienne l'était; il est devenu relativement démocratique lorsque la société l'est devenue. Il n'avait lieu d'abord qu'entre les Eupatrides. Plus tard il fut pratiqué entre les riches. Plus tard enfin, toutes les classes y furent admises. Le tirage au sort se prêta ainsi à tous les régimes. C'est qu'il n'avait pas été imaginé en vue de faire prévaloir telle ou telle classe. Il n'est pas né d'une théorie politique : c'est une idée d'un autre ordre qui lui a donné naissance.

Dans l'esprit des anciens, en effet, le sort était autre chose que ce qu'il est pour nous. Suivant notre manière de penser, le sort est le hasard, c'est-à-dire l'absence de choix. Nous tirons au sort quand nous ne voulons ou ne pouvons pas choisir. Le hasard nous paraît le seul moyen de décider entre des hommes qui, ayant les mêmes titres, doivent avoir aussi les mêmes chances. Les anciens pensaient autrement. Ils regardaient le sort comme l'expression de la volonté des dieux. Comme ils faisaient intervenir la divinité dans tous les actes de la vie publique et qu'ils éprouvaient le besoin de savoir à tout moment ce que les dieux pensaient et s'ils étaient propices ou contraires, ils considéraient le tirage au sort comme l'un des moyens par lesquels la volonté divine se révélait. C'est pour cela qu'il était usité dans beaucoup d'oracles de la Grèce et de l'Italie[1]. On sait que dans la langue latine le mot *sortes* a souvent le sens d'oracle, c'est-à-dire d'arrêt prononcé par un dieu. Tite Live dit *sortes Apollinis* et Virgile *Lyciæ sortes*[2].

---

1. Voir Alf. Maury, *Religions de la Grèce*, t. II, p. 441.

2. Tite Live, I, 56; V, 15; VIII, 24; XXII, 1; Virgile, *Énéide*, IV, 345. Les arrêts des dieux sont souvent appelés *responsa sortium*; *sortilegus* signifiait un devin, un prophète (Cicéron, *De divinatione*, I, 58).

Les Romains consultaient les sorts de la Fortune Prénestine[1]. Le sort faisait partie de la religion. Cicéron, comme tous ses contemporains, parlait du caractère religieux du sort, *religionem sortis*[2]. Le sort était employé dans les comices romains, non pas pour égaliser les chances entre les centuries, mais pour que les dieux fissent connaître quelle était la centurie dont le suffrage était particulièrement agréé d'eux[3]. Les Grecs se faisaient du tirage au sort la même idée. Platon exprime d'une manière forte et précise la pensée des vieux âges, qui était encore celle de beaucoup d'hommes de son temps : « Pour ce qui concerne les choses sacrées, nous laissons à la Divinité le soin de choisir ceux qui lui sont agréables et nous nous en rapportons au sort[4]. » « L'homme que le sort a désigné, dit-il ailleurs, nous disons qu'il est cher aux dieux[5]. »

Les anciens tenaient beaucoup à être sûrs que leurs prêtres fussent agréés de la Divinité ; car leurs actes religieux n'avaient de valeur qu'à cette condition. Ils pensèrent, à une époque très antique, que les dieux avaient choisi à l'avance certaines familles destinées à les servir et dans lesquelles la faveur divine se transmettait avec le sang. C'est en vertu de cette croyance que la plupart des sacerdoces furent d'abord héréditaires[6]. Lorsque ces vieilles familles sacerdotales s'éteignirent, le tirage au sort parut un des meilleurs moyens d'avoir des prêtres qui fussent aimés des dieux. A Athènes, les sacer-

1. Valère Maxime, I, 3, 1 : *Sortes Fortunæ Prænestinæ adire.*
2. Cicéron, *In Cæcilium*, 14 ; *In Verrem*, II, 1, 15.
3. Sur la *sortitio præerogativæ* et l'importance de ce premier vote, voir Cicéron, *Philippiques*, II, 33, et Tite Live, XXIV, 7 ; XXVII, 6. La même pensée s'attachait à toute opération qui se faisait par tirage au sort ; on y voyait l'arrêt des dieux: *Cui Dii sortem dederunt* (Tite Live, XXVII, 11).
4. Platon, *Lois*, VI, p. 759 : Τὰ μὲν οὖν τῶν ἱερῶν τῷ θεῷ ἐπιτρέποντα αὐτῷ τὸ κεχαρισμένον γίγνεσθαι κληροῦν οὕτω τῇ θείᾳ τύχῃ ἀποδιδόντα....
5. Idem, *Lois*, III, p. 690. Il est vrai que le maître de Platon se séparait du vulgaire sur ce point ; s'il faut en croire Xénophon, il trouvait qu'il était insensé de tirer au sort les magistrats. La pensée de Socrate était celle de la philosophie et de la raison nouvelle ; celle que Platon exprime dans ses *Lois* était celle de la religion et de l'esprit antique. — Platon dit ailleurs que le sort est un dieu : Κλῆρος ὢν θεός (*Lois*, V, p. 741).
6. Voir des exemples de cette ancienne règle dans Alf. Maury, *Religions de la Grèce*, t. II, p. 505-505. Cette règle est encore exprimée par Platon : Ἱερῶν δὲ ἱερέας, οἷς μέν εἰσι πάτριαι ἱερωσύναι, μὴ κινεῖν (*Lois*, VI, p. 759).

doces qui n'étaient pas héréditaires étaient conférés par la voie du sort. La loi disait : « Nul, s'il n'est pur et sain de corps, n'obtiendra du sort un sacerdoce [1]. » Le tirage au sort était usité pour le prêtre de Dionysos; il l'était aussi pour les prêtres des dèmes et pour ceux des γένη [2]. Il en était de même dans beaucoup de villes grecques, à Delphes, à Olympie, à Syracuse [3].

Or les archontes athéniens étaient des prêtres en même temps que des magistrats [4]. L'archonte éponyme présidait à la fête de Dionysos et aux Thargélia [5]. Le roi accomplissait les sacrifices les plus solennels de la cité, ceux auxquels le salut public était attaché [6]. Le polémarque avait la direction du culte d'Artémis Agrotéra et d'Ényalios [7]. Il n'est donc pas surprenant que le tirage au sort ait été employé pour les archontes comme il l'était pour beaucoup de prêtres [8].

Nous ne devons pas oublier que l'archontat tenait la place de la royauté sacerdotale et sainte des premiers siècles. Dans toutes les anciennes cités grecques, cette royauté dont la fonc-

1. Eschine, *In Timarchum*, 188 : Ἱερωσύνην οὐδενὸς θεῶν κληρώσεται, ὡς οὐκ ὢν ἐκ τῶν νόμων καθαρὸς τὸ σῶμα. Démosthène, *In Eubulidem*, 48 : Τὸν ξένον καὶ μέτοικον μὴ ἱερωσύνην κληροῦσθαι. — Le prêtre de Dionysos était désigné par le sort (Bœckh, *Corpus inscriptionum græcarum*, n° 2270). De même les ἱεροποιοί étaient κληρωτοί (Aristote, *Fragmenta*, p. 243, édit. Didot [Idem, *Respublica Atheniensium*, c. 54]; Démosthène, *In Theocrinem*, 29). Cf. *Corpus inscriptionum atticarum*, Kœhler, t. II, n° 581 : Οἱ λαχόντες ἱεροποιοί.

2. Démosthène, *In Eubulidem*, 46 : Κληροῦσθαι τῆς ἱερωσύνης τῷ Ἡρακλεῖ. Harpocration, v° γεννῆται · Ἐκ τῶν γενῶν αἱ ἱερωσύναι αἱ ἑκάστοις προσήκουσαι ἐκληροῦντο. — [Voir Haussoullier, *La Vie municipale en Attique*, p. 137 et suiv.]

3. Cicéron, *In Verrem*, II, 51 : *Syracusis lex est de religione quæ in annos singulos Jovis sacerdotem sortito capi jubeat.*

4. Lysias, *De Evandri probatione*, 6 ; Démosthène, *In Neæram*, passim.

5. Pollux, VIII, 89 [Aristote, *République des Athéniens*, c. 56].

6. Démosthène, *In Neæram*, 74. Lysias, *De Evandri probatione*. Aristote [Ἀθηναίων πολιτεία, c. 57], cité par Harpocration, v° ἐπιμελητής. Héraclide, *Fragmenta*, édit. Didot, t. II, p. 210. Pollux, VIII, 90.

7. Pollux, VIII, 91 [Aristote, ibidem, c. 58].

8. On a cité à ce sujet une ligne du 55ᵉ exorde attribué à Démosthène, édit. Dindorf, t. III, p. 579 : Τὸν αὐτὸν τρόπον ὅνπερ τοὺς ἱερεῖς οὕτω καθίστατε τοὺς ἄρχοντας. Toutefois cette citation n'est pas exacte; le passage ne se rapporte pas aux neuf archontes. On sait que le mot ἄρχοντες désignait tous les magistrats sans distinction, y compris les stratèges. L'ensemble du passage montre que c'est précisément des stratèges qu'il s'agit ici, et l'auteur veut dire, dans un moment de boutade : « Vous choisissez vos stratèges avec aussi peu de soin que vos prêtres et vous ne leur demandez pas de garanties d'autre nature. »

tion principale avait été l'entretien du prytanée et la conservation du culte [1], avait été héréditairement attachée à une
famille aimée des dieux ou qui même descendait d'un dieu.
Quand ces familles s'éteignirent ou devinrent odieuses, les
anciens éprouvèrent une grande difficulté à choisir des
hommes qui pussent les remplacer. Car il ne faut pas se
figurer que l'idée de choisir par les seuls suffrages les chefs
d'État ait surgi de bonne heure dans l'esprit des hommes. Les
Grecs crurent longtemps qu'ils devaient, en telle matière,
s'adresser aux dieux. Voici, par exemple, une légende où cette
préoccupation se manifeste : « A Argos, la famille des Héra-
clides, dans laquelle il était de règle qu'on prît les rois, étant
venue à s'éteindre, les citoyens se demandèrent quel roi ils
devaient prendre. Ils s'adressèrent à l'oracle de Delphes.
Celui-ci leur répondit qu'un aigle leur montrerait celui qu'ils
devaient choisir. En effet, à quelque temps de là, un aigle
vint s'abattre sur la maison d'Ægon, et Ægon fut pris pour
roi [2]. » Ces faits, où l'esprit moderne ne voit qu'une super-
cherie, correspondent à des pensées qui étaient très sincères
et très puissantes dans l'âme des anciens.

Athènes conserva pendant plusieurs siècles sa famille
royale des Codrides. D'abord à titre de rois, plus tard à titre
d'archontes héréditaires, ou d'archontes décennaux, les descendants de Codrus se succédèrent dans le pouvoir suprême
jusqu'aux environs de l'année 712 [3]. Mais il arriva alors qu'un
Codride nommé Hippomène se rendit coupable d'un meurtre
particulièrement odieux et inexpiable [4]. Cette souillure, suivant les idées des anciens, enlevait à sa famille le caractère
sacré et la rendait indigne d'approcher des autels. Il fallut
une raison ou un prétexte de cette nature pour déterminer les
Athéniens à chercher dans des familles nouvelles les chefs re-

1. Aristote, *Politique*, III, 9, 7; édit. Didot, p. 538. Cf. *Iliade*, III, v. 275;
Odyssée, XIII, v. 171 et 186. Hérodote, VI, 56-57.
2. Plutarque, *De fortunâ Alexandri*, II, 8.
3. Pausanias, I, 3, 2; IV, 5; VII, 2, 1. Platon, *Ménexène*, p. 258. Élien,
Histoires variées, V, 15. Marbres de Paros, n°ˢ 44-48.
4. Héraclide, *Fragmenta*, 1. Nicolas de Damas, *Fragmenta*, 51. Diodore, VIII,
24. Photius et Suidas, v° παρ' ἵππον.

ligieux et politiques de la cité. C'est alors aussi, suivant toute vraisemblance, qu'ils eurent recours au tirage au sort, comme à un moyen de connaître la volonté des dieux. Par là les dieux choisissaient eux-mêmes les hommes qui devaient chaque année se charger de leur culte et être les intermédiaires entre eux et la cité [1].

Tel était le sens du tirage au sort. Il était un procédé religieux et non pas un procédé égalitaire. L'esprit ancien n'y associait même pas l'idée d'égalité démocratique. On sait en effet que jusqu'à Solon les Eupatrides seuls pouvaient être archontes. On sait aussi que, depuis Solon jusqu'à Aristide, le tirage au sort n'avait lieu qu'entre les hommes des γένη les plus riches [2]. Même à l'époque de la démocratie, nous voyons par la δοκιμασία que les premiers venus ne pouvaient pas être archontes. Il n'était plus exigé qu'on fût eupatride, ni qu'on fût riche ; mais il fallait au moins être d'une famille assez ancienne, d'une famille réputée pure et en règle avec les dieux comme avec l'État [3].

Le tirage au sort ainsi compris n'était pas incompatible avec le choix, αἵρεσις. Nous savons d'abord que pour chaque place d'archonte on tirait de l'urne deux noms [4]. La δοκιμασία ne

1. On peut penser, d'après un passage de Platon, que ce tirage au sort se faisait au milieu de prières par lesquelles on suppliait les dieux de déterminer le sort suivant les intérêts de la cité : Θεόν καὶ ἀγαθὴν τύχην ἐν εὐχαῖς ἐπικαλουμένους ἀπορθοῦν αὐτοὺς τὸν κλῆρον (Lois, VI, p. 757). D'ailleurs aucun acte public ne se faisait sans quelque prière ; c'était par un sacrifice et la récitation d'une prière que l'assemblée du peuple commençait ; il devait en être de même à plus forte raison du tirage au sort qui avait lieu dans un temple (Eschine, In Ctesiphontem, 13).

2. Démétrius de Phalère, dans Plutarque, Aristide, 1 : Ἐκ τῶν τὰ μέγιστα τιμήματα κεκτημένων [cf. Aristote, Politique des Athéniens, c. 26, cité plus haut, p. 159, n. 3]. — La double règle du tirage au sort et de la richesse fut conservée pour les trésoriers de la déesse : Pollux, VIII, 97 ; Photius et Suidas, v° ταμίαι [Aristote, ibidem, c. 47].

3. Nous avons vu plus haut que les questions de la δοκιμασία avaient pour but principal de vérifier l'ancienneté et la pureté de la famille. Démosthène, In Neæram, 27, mentionne un archonte-roi qui était pauvre, mais εὐγενής.

4. Harpocration, v° ἐπιλαχών : Ἐκληροῦντο οἱ ἄρχειν ἐφιέμενοι, ἔπειτα ἑκάστῳ τῶν λαχόντων ἕτερος ἐπελάγχανεν, ἵν' ἐὰν ὁ πρῶτος λαχὼν ἀποδοκιμασθῇ, ἀντ' ἐκείνου γένηται ὁ ἐπιλαχών. C'est un point digne d'attention que le tirage au sort de deux noms pour chaque place se faisait avant la δοκιμασία [cf. plus haut, p. 155, n. 1].

venait qu'après et fournissait un moyen indirect de choisir
entre deux hommes également désignés par le sort. Mais il y
a plus : avant même l'opération du tirage au sort, il pouvait y
avoir un choix préalable. Cet usage existait pour les sacerdoces. On lit, par exemple, dans Démosthène, que, si le
prêtre d'Hercule devait être désigné par le sort, on n'en faisait pas moins à l'avance un choix des noms qui seraient mis
dans l'urne[1]. A Syracuse aussi, la religion prescrivait que le
grand-prêtre de Jupiter fût désigné par le sort; mais on commençait par choisir trois personnages, et le sort ne décidait
qu'entre les trois[2].

L'alliance du sort et du choix entrait donc dans les idées
des anciens, le premier étant commandé par la religion, le
second par l'intérêt ou la prudence[3]. La part de chacun d'eux,
dans la nomination des magistrats pouvait varier suivant les
circonstances, les besoins, l'état des esprits. Dans la nomination de Solon, c'est certainement le choix qui prévalut, et
l'on n'en est pas surpris si l'on songe à la situation où était
alors Athènes. Plutarque ne s'est pas trompé en disant de
lui : ἡρέθη ἄρχων; mais cela même ne prouve pas que la formalité du tirage au sort n'ait pas été pratiquée pour lui. De
même pour Aristide : Démétrius de Phalère assure qu'il fut
désigné par le sort; Idoménée affirme qu'il le fût par le choix;
il se peut bien que les deux écrivains aient raison; seulement,
chacun d'eux aura été particulièrement frappé de l'un des
deux procédés qui furent associés pour la nomination d'A-
ristide; et qui l'étaient peut-être, dans une certaine mesure,
pour la nomination de tous les archontes. Aristote dit, en
effet, qu'avant Solon et encore après lui la dignité d'archonte
                                                              [1].

1. Démosthène, *In Eubulidem*, 46 : Ἐνεγράφην εἰς τοὺς δημότας, καὶ ὑπ' αὐτῶν προεκρίθην ἐν τοῖς εὐγενεστάτοις κληροῦσθαι τῆς ἱερωσύνης τῷ Ἡρακλεῖ. [Voir Haus-soullier, *Vie municipale*, p. 137.]

2. Cicéron, *In Verrem*, II, 51 : *Quum suffragiis tres creati sunt, res revocatur ad sortem... cujus nomen exit, is habet sacerdotium.*

3. Il y a, dit Aristote, deux sortes de tirages au sort : le tirage au sort simple, et le tirage au sort après un choix préalable : Κληρωτοὶ ἢ ἁπλῶς ἢ ἐκ προκρίτων (*Pollux*, IV, 11, 7, édit. Didot, p. 560). — Platon, dans ses *Lois*, combine sans cesse les deux procédés; or on sait que dans cet ouvrage il reproduit volontiers les anciens usages d'Athènes.

était αἱρετή, ce qui ne veut pas dire que le tirage au sort n'y
fût pas employé, mais ce qui implique que le tirage au sort
n'avait lieu qu'avec le choix [1]. Isocrate est formel sur ce point :
« Nos ancêtres, dit-il en parlant des contemporains de Solon
et de Clisthènes, n'aimaient pas cette sorte d'égalité qui donne
les mêmes faveurs aux bons et aux méchants ; l'égalité qu'ils
aimaient est celle qui donne à chacun suivant son mérite ;
*aussi n'était-ce pas entre tous les citoyens qu'ils tiraient au
sort les magistrats, mais ils faisaient un choix à l'avance des
hommes les meilleurs et les plus propres à remplir chaque
fonction* [2]. »

Nous ignorons comment et par qui ce choix préalable était
fait. Peut-être était-il abandonné aux soins des thesmothètes
qui tenaient l'urne. Peut-être leur était-il dicté par l'Aréopage [3]
ou plus tard par la βουλή. L'hypothèse la moins vraisemblable

---

1. Aristote, *Politique*, II, 9 [alias 12] : Ἔοικε Σόλων οὐ καταλῦσαι τὴν τῶν ἀρχῶν
αἵρεσιν. Il dit un peu plus haut que ce choix est de nature aristocratique, τὸ τὰς ἀρχὰς
αἱρετὰς ἀριστοκρατικόν. Or par les mots ἀρχὰς αἱρετάς Aristote n'entend pas nécessairement des magistratures électives par une assemblée populaire ; car ni Aristote
ni personne n'a jamais prétendu que l'élection par les suffrages populaires fût un
procédé aristocratique : c'est au contraire le procédé le plus démocratique que l'on
ait jamais connu, surtout quand il s'agit du vote à mains levées. Le vrai sens de sa
phrase est que, dans la législation de Solon, les magistratures n'étaient pas
accessibles à tous indistinctement, mais qu'elles ne se donnaient qu'avec un certain choix. Aussi dit-il encore : Ὁ Σόλων τὰς ἀρχὰς ἐκ τῶν γνωρίμων καὶ πλουσίων
κατέστησε πάσας (*Politique*, II, 9, 4, édit. Didot, p. 519). — [Si l'on admet que
l'αἵρεσις est compatible avec le κλῆρος, on ne trouvera aucune contradiction entre
ces passages de la *Politique* d'Aristote et celui de sa *Politique des Athéniens*,
c. 8, où il nous dit : Σόλων τὰς ἀρχὰς ἐποίησε κληρωτὰς ἐκ προκρίτων, οὓς ἑκάστη, etc.
Sur l'αἵρεσις avant et après Solon, cf. ibidem, c. 3, 4, 22, 26 ; plus haut, p. 158, n. 1.]

2. Isocrate, *Aréopagitique*, 22 : Οὐκ ἐξ ἁπάντων τὰς ἀρχὰς κληροῦντες, ἀλλὰ
τοὺς βελτίστους καὶ τοὺς ἱκανωτάτους ἐφ᾽ ἕκαστον τῶν ἔργων προκρίνοντες. [L'existence d'une πρόκρισις avant le tirage au sort se trouve singulièrement confirmée
par le c. 8 de l'Ἀθηναίων πολιτεία : Σόλων τὰς ἀρχὰς ἐποίησε κληρωτὰς ἐκ προκρίτων.] — Le mot προκρίνειν indique un choix à l'avance, un choix qui précède quelque autre opération décisive. C'est la même expression qui se trouve dans Démosthène, *In Eubulidem*, 46 : Προεκρίθην κληροῦσθαι, et dans Aristote : Κληρωτοὶ ἐκ
προκρίτων. Voir le *Thesaurus græcæ linguæ*, édit. Hase, au mot προκρίνω.

3. [Il n'est pas douteux maintenant que ce choix préalable n'appartînt à l'origine à l'Aréopage ; Aristote, ibidem, c. 3, dit de l'époque avant Dracon : Ἡ αἵρεσις
τῶν ἀρχόντων ἀριστίνδην καὶ πλουτίνδην ἦν, ἐξ ὧν οἱ Ἀρεοπαγῖται καθίσταντο. — A
partir de Solon, il passe aux tribus, c. 8 ; cf. plus haut, p. 161, n. 2. — Sur cette
πρόκρισις au vᵉ siècle, voir c. 22 : Προκριθέντων ὑπὸ τῶν δημότων πεντακοσίων (ce
dernier mot paraît douteux). — Il semble qu'au temps d'Aristote elle fût remplacée
par un premier tirage au sort, ibidem, c. 8.]

est celle qui attribuerait ce choix à l'assemblée populaire; car ni les faits de l'histoire, ni les termes employés dans les textes n'indiquent un vote et n'en donnent l'idée. Il est possible qu'aucune règle n'ait été formellement établie à cet égard et que le choix ait été déterminé par l'usage plutôt que par la loi. D'une part, les thesmothètes étaient à peu près maîtres de placer dans l'urne les noms qu'ils voulaient. D'autre part, la volonté du peuple avait toujours quelques moyens indirects de se faire connaître et de s'imposer. Il y a eu là des pratiques délicates sur lesquelles les documents sont nécessairement muets et qui échapperont toujours à l'historien. Une chose du moins peut être affirmée, c'est que dans cette époque qui s'étend de l'institution de l'archontat annuel à la réforme d'Aristide, le tirage au sort et le choix étaient associés : le premier était employé ostensiblement par respect pour les dieux, le second se faisait indirectement et obscurément pour sauvegarder les intérêts des hommes.

Une comparaison peut nous aider à comprendre ces vieux usages. Il y a, en effet, une cité ancienne où les magistrats ont été nommés d'une manière analogue. On sait combien les Romains différaient des Athéniens par le caractère et le tour d'esprit; aussi les institutions politiques des deux peuples sont-elles devenues, avec le temps, absolument différentes. Mais on sait aussi que leur plus ancien droit et leurs plus vieilles institutions s'étaient ressemblé d'une manière frappante. Or, si nous nous plaçons au 1er siècle de la République romaine et si nous observons comment les consuls étaient nommés,— nous retrouvons cette même combinaison entre des procédés religieux et des procédés purement humains. Pendant la nuit qui précédait l'élection, le consul qui devait y présider prenait les auspices, c'est-à-dire cherchait à saisir la volonté des dieux relativement aux candidats[1]. Le jour venu, il prononçait devant l'assemblée les noms des candidats auxquels les dieux s'étaient montrés favorables; il est clair

____

1. Plutarque, *Marcellus*, 5. Valère Maxime, I, 1, 3; III, 8, 3. Velléius, II, 92. Tite Live, IV, 7.

qu'il taisait ceux auxquels les auspices avaient été contraires[1]. L'assemblée, dans cette première époque, ne pouvait voter que sur les noms que le président lui présentait comme agréés des dieux. Elle choisissait entre eux si les auspices avaient été favorables à plusieurs concurrents; si les dieux ne s'étaient prononcés que pour deux noms, elle votait forcément pour ces deux candidats[2]. Le consul qui présidait et qui, ayant pris les auspices, avait le secret de la divinité, ne tenait aucun compte des suffrages qui se portaient sur d'autres[3]. Cette puissance des auspices fut, à l'origine, fort considérable en matière d'élection, et c'est ce qui explique que le peuple ait nommé si souvent des consuls qu'il détestait. Cela tenait sans nul doute à des idées très enracinées dans l'esprit des Romains. Ils voulaient être sûrs que leurs consuls, qui, ainsi que les archontes d'Athènes, accomplissaient les plus grands sacrifices de la cité, étaient acceptés des dieux. Il n'en est pas moins vrai qu'ils ne s'en rapportaient pas uniquement aux auspices et que le choix avait une grande part dans la nomination de ces magistrats. En effet, avant les auspices, le consul recevait presque toujours du sénat des instructions qui lui indiquaient les candidats préférés par ce corps, et, après les auspices, le peuple avait presque toujours la faculté de choisir entre plusieurs noms. Ces divers actes qui aboutissaient à la désignation des consuls, se retrouvent dans la nomination des archontes. Le tirage au sort correspond aux auspices et sert,

1. Denys d'Halicarnasse, IV, 75, présente toutes ces règles sous la forme d'une loi précise : Ὁ μεσοβασιλεὺς συναγαγὼν τὴν λοχῖτιν ἐκκλησίαν, ὀνομασάτω τοὺς μέλλοντας ἕξειν τὴν ἐνιαύσιον ἡγεμονίαν, καὶ ψῆφον ὑπὲρ αὐτῶν τοῖς πολίταις δότω. « Les auspices consultés, l'interroi, président des comices, réunira l'assemblée centuriate, il dira les noms de ceux qui doivent avoir la magistrature et il fera voter sur eux. » L'assemblée ne faisait presque que confirmer le choix fait par le président et déclaré par les auspices; c'est ce que dit encore l'historien : Ἐὰν τοῖς πλείοσι δόξῃ λόχοις κυρίαν εἶναι τὴν τῶν ἀνδρῶν αἵρεσιν, « s'il plaisait à la majorité des centuries que le choix fût ratifié ».

... 2. C'est ce qui ressort des faits rapportés par Tite Live, II, 42, 43 et 64 et par Denys, VIII, 87.

3. Sur ce droit des présidents de comices, voir Tite Live, III, 21 ; VII, 22 ; XXXIX, 39 ; Velléius, II, 92 ; Aulu-Gelle, VI, 9 ; Valère Maxime, III, 8, 3 ; Cicéron, *Brutus*, 14. Il est à peine besoin d'ajouter qu'au temps de Cicéron, et déjà longtemps avant lui, ce droit des présidents de comices n'était plus qu'une lettre morte.

comme ceux-ci, à s'assurer l'agrément des dieux. Il est précédé, comme les auspices, d'un certain choix qui se fait secrè-
tement. Il est suivi de la δοκιμασία dans laquelle deux concurrents sont toujours en présence, comme les auspices romains
sont suivis d'un vote entre quelques candidats désignés[1].

On comprend aisément qu'au travers des révolutions qui
agitèrent les deux républiques, une combinaison si délicate,
et un ressort si compliqué ne purent pas se maintenir longtemps sans altération. La tendance commune aux deux cités
fut de faire prévaloir l'élection populaire pour le choix de
leurs chefs. A Rome, la volonté des centuries devint peu à
peu la source unique des magistratures, et les auspices ne
subsistèrent plus que comme simple formalité. Dès le second
siècle de la République, il fallut que ces auspices fussent im-
partialement favorables à tous les candidats, et il fallut aussi
que le président des comices permît de voter sur tous les noms.
Si l'on vit un consul, de loin en loin, rappeler l'ancienne règle
et essayer de la faire revivre, ce fut une exception et les comices n'en tinrent pas compte[2]. Dès lors, on peut dire qu'à
Rome les consuls étaient nommés uniquement par l'élection.
A Athènes, il semble à première vue que le contraire se soit
produit ; c'est le choix que nous voyons disparaître, c'est le
tirage au sort que nous voyons subsister. Mais en observant
les choses de près nous allons reconnaître que le même but
fut atteint.

C'est vers l'époque de Clisthènes, entre 510 et 500, qu'A-
thènes entra réellement dans la voie de la démocratie. C'est
alors aussi qu'elle voulut que la volonté des hommes dominât
dans la désignation des chefs de la cité. Elle institua des magistrats nouveaux, les stratèges, et elle les nomma directement

---

1. Ajoutons que le peuple athénien a encore la ressource de destituer un
archonte qui lui déplaît. Voir Démosthène, *In Theocrinem*, 27-28. Dans ce cas on
emploie la χειροτονία (ibidem).

2. C'est ce qui arriva, par exemple, à Appius Cæcus (Cicéron, *Brutus*, 14). Pourtant le consul C. Piso réussit encore, en l'an 687 de Rome, à écarter un candidat
en déclarant qu'il ne tiendrait pas compte des suffrages qui lui seraient donnés
(Valère Maxime, III, 8, 3).

par ses suffrages[1]. Pour les archontes elle ne supprima pas le tirage au sort, apparemment parce que l'esprit athénien avait un grand respect, quoi qu'on en ait dit plus tard, pour toutes les institutions antiques, surtout quand elles touchaient à la religion. Seulement elle eut soin que les magistrats choisis par les suffrages eussent beaucoup plus de puissance dans la cité que les magistrats choisis par le sort. Les stratèges, en effet, dirigèrent, non seulement l'armée, mais l'État. Quant aux archontes, ils perdirent toute importance politique; ils continuèrent à faire les sacrifices[2], ils présidèrent les tribunaux, mais la direction des affaires publiques cessa de leur appartenir. Athènes arriva par cette voie détournée au même résultat que Rome : elle fit prévaloir l'élection sur le tirage au sort pour la nomination de ses véritables chefs.

Ceux qui présentent le tirage au sort comme une innovation démocratique et qui élèvent là-dessus tout un système sur l'esprit d'égalité du peuple athénien, nous paraissent faire un faux raisonnement; car ce tirage au sort, dont ils font un symbole de l'égalité, restait usité pour les magistratures qui n'étaient plus rien, et était écarté pour les magistratures qui étaient tout.

Ce tirage au sort n'était pas démocratique à l'origine; mais il l'est devenu. Aristote montre fort justement que le tirage au sort n'est, par nature, ni démocratique, ni aristocratique; tout dépend de savoir s'il a lieu dans certaines catégories d'hommes, ou si tous y sont admis; car il existe, dit Aristote, un κλῆρος ἐκ τινῶν et un κλῆρος ἐξ ἁπάντων[3]. Le premier convient à l'aristocratie et le second à la démocratie. Or Isocrate nous dit que les ancêtres ne tiraient pas au sort ἐξ ἁπάντων, comme faisaient ses contemporains; c'est donc que le tirage

---

1. Eschine, *In Ctesiphontem*, 13. Harpocration : Οἱ καθ' ἕκαστον ἐνιαυτὸν χειροτονούμενοι στρατηγοί. [Cf. plus haut, la note 2 de la page 155. Sur le mode de nomination des stratèges à partir de Clisthènes, voir Aristote, Ἀθηναίων πολιτεία, c. 22. Hauvette-Besnault, *Les stratèges athéniens*, 1884.]

2. Voir Démosthène, *In Neæram*, passim ; Pollux, VIII, 85 [Aristote, ibidem, c. 56 et suiv.].

3. Aristote, *Politique*, IV, 12, édit. Didot, p. 562, 563. Il y a de même, dit-il, une αἵρεσις ἐκ τινῶν et une αἵρεσις ἐκ πάντων. Ce qui est démocratique, ajoute-t-il, c'est τὸ πάντας ἐκ πάντων αἱρέσει ἢ κλήρῳ γίνεσθαι.

au sort avait changé, sinon de nature, au moins d'application,
et que, aristocratique à l'origine, il était devenu démocratique[1].

En même temps, le choix, αἵρεσις, avait disparu. Le choix
antique, qui n'avait pas dépendu des suffrages directs, qui ne
s'était pas fait par mains levées, qui avait été peut-être secret,
en tout cas sans garantie, avait eu un caractère aristocratique
que les générations nouvelles ne pouvaient plus admettre. Il
était d'ailleurs inutile : peu importait qui fût archonte, pourvu
toutefois que cette dignité, à laquelle s'attachait toujours le
respect des hommes, ne sortît pas des familles honorables.
L'indignité morale devint le seul motif d'exclusion.

C'est par ces deux modifications que le tirage au sort perdit
son ancien caractère. Dès lors, par une conséquence naturelle,
il arriva peu à peu que l'idée d'égalité s'y associa. Au temps
de Platon, il apparaissait aux esprits comme un procédé égalitaire. « Il y a démocratie, dit-il, lorsque c'est surtout par
le sort que les magistratures sont conférées[2]. » « Employons
le sort, dit-il ailleurs, pour ne pas nous exposer à la mauvaise humeur de la multitude[3]. » De même Aristote juge qu'en
général « il semble de l'essence de la démocratie que les magistratures soient données au sort, et de l'essence de l'oligar-
chie qu'elles soient données au choix[4] ». Tel était en effet le
caractère du tirage au sort à l'époque de Platon et d'Aristote.
Le sort et le choix, qui avaient été associés aux époques anciennes, s'étaient si bien détachés l'un de l'autre, que, dans
la langue d'Aristote, ils s'opposent presque toujours l'un

1. Isocrate, *Aréopagitique*, 22 : Οὐκ ἐξ ἁπάντων τὰς ἀρχὰς κληροῦντες.
2. Platon, *République*, VIII, p. 557 : Δημοκρατία γίνεται ὅταν ὡς τὸ πολὺ ἀπὸ
κλήρων αἱ ἀρχαὶ γίνονται.
3. Idem, *Lois*, VI, p. 758 : Δυσκολίας τῶν πόλλων ἕνεκα.
4. Aristote, *Politique*, IV, 7, édit. Didot, p. 553 : Δοκεῖ δημοκρατικὸν εἶναι τὸ
κληρωτὰς εἶναι τὰς ἀρχὰς, τὸ δ' αἱρετὰς ὀλιγαρχικόν. — Aristote cite la ville d'Héræa
en Arcadie qui, fatiguée des cabales qu'entraînaient les élections, institua le tirage
au sort; c'était donc, sans nul doute, un procédé égalitaire; mais le fait dont il
s'agit ici est d'une époque relativement récente, puisque la ville d'Héræa ne fu
fondée qu'au iv⁰ siècle (Aristote, *Politique*, V, 2, édit. Didot, p. 567). De même
les Tarentins ont deux séries de magistratures, les unes κληρωτὰς ὅπως ὁ δῆμος
αὐτῶν μετέχη, les autres αἱρετὰς ἵνα πολιτεύωνται βέλτιον (Aristote, *Politique*, VI, 3,
édit. Didot, p. 596). — Enfin Aristote conseille comme une bonne règle de la démo-

à l'autre[1]. Enfin par suite de tous ces changements, le sort avait perdu sa signification aristocratique des vieux âges.

Quand on examine les listes d'archontes, telles qu'elles nous sont parvenues, on fait d'abord cette remarque que, durant la première époque de la République athénienne, c'est-à-dire jusqu'au milieu du ve siècle avant notre ère, quelques hommes considérables figurent sur les listes; on y trouve les noms de Miltiade (664), de Dracon (621), de Critias (604), de Mégaclès (599), de Solon (584), d'Isagoras (508), de Thémistocle (493 [?]), d'Aristide (489?), de Xanthippe (479). Au contraire, dans la seconde époque, les listes ne nous présentent plus que des noms obscurs. Ni Périclès, ni Nicias, ni Cléon, ni Alcibiade, ni Thrasybule, ni Conon, ni Démosthène, ni Phocion, ni l'orateur Lycurgue n'ont été archontes. Les raisons de cela s'aperçoivent sans peine. Dans la première période, le petit nombre des compétiteurs et l'usage de l'αἵρεσις pouvaient faire arriver à l'archontat les hommes dont la cité avait besoin. Dans la seconde, les mêmes conditions ne se rencontraient plus. D'ailleurs, dans la première période, les ambitieux et les hommes de talent visaient à l'archontat, qui était la grande magistrature de la cité; au lieu que, dans la seconde, l'archontat n'étant plus rien, les ambitieux s'en éloignaient. Non seulement cette dignité ne donnait plus aucun pouvoir, mais elle écartait l'homme du pouvoir, en l'enfermant dans l'Aréopage, c'est-à-dire dans un corps qui était devenu impuissant dans l'État. C'est à partir de la réforme de l'Aréopage par Éphialte que nous voyons que les hommes politiques ne figurent plus parmi les archontes; mais cela tient, non pas à ce que le mode de nomination des archontes ait été alors changé, mais à ce que l'Aréopage ne fut plus rien. Non seulement Périclès n'aurait rien gagné à obte-

---

cratie de donner les magistratures au sort, au moins celles qui n'exigent ni grande expérience ni talent distingué (VI, édit. Didot, p. 591). Il est donc avéré qu'au temps d'Aristote le tirage au sort avait pris un caractère démocratique.

1. Κλήρῳ ἢ αἱρέσει (Aristote, *Politique*, IV, 13, 1), au lieu que Xénophon opposait encore κλῆρος à χειροτονία (*Respublica Atheniensium*, I, 2).

nir cette dignité d'archonte ; mais il y a apparence qu'elle eût
été pour lui une entrave dans sa carrière politique. Or nous
avons vu plus haut qu'on ne subissait les chances du tirage
au sort qu'autant qu'on le voulait bien ; nous pouvons donc
croire que Périclès se garda de faire mettre son nom dans
l'urne.

Tel est le détail des faits et l'ensemble des textes que l'antiquité nous a laissés relativement à la nomination des archontes. Nous ne nous dissimulons pas qu'il reste encore sur
ce point bien des obscurités et des incertitudes ; toutefois, de
l'étude de tous ces faits et de tous ces textes nous croyons
pouvoir conclure : que le tirage au sort n'a pas eu le caractère exclusivement démocratique que les historiens modernes
lui ont attribué ; que la conjecture suivant laquelle il n'aurait
été imaginé qu'au temps de Périclès est inutile, aussi bien
que contraire aux documents[1] ; que ce tirage au sort, qui
était incompatible avec l'élection à mains levées, n'excluait
pourtant pas un certain choix ; que ce tirage au sort était un
procédé ancien qui était entouré de règles nombreuses, complexes, et fort opposées à l'esprit d'égalité ; qu'il s'est d'ailleurs modifié avec le temps, qu'il a changé de nature suivant
les catégories d'hommes qui y ont été admises ; qu'en un mot
il a été tour à tour, comme la cité athénienne elle-même,
aristocratique et démocratique.

1. [Cela ressort surabondamment aujourd'hui du livre d'Aristote sur *la République des Athéniens*, livre qui vient apporter une force singulière aux théories
exposées dans ces *Recherches*.]

COMMENT

LE DRUIDISME

A

DISPARU

Deux théories opposées se partagent les érudits[1]. D'après l'une, la race gauloise, vaincue par Rome et tenue par elle dans une dure sujétion, aurait défendu opiniâtrément ses croyances, aurait gardé en secret ses habitudes, son droit, son caractère et sa langue. D'après l'autre, au contraire, Rome aurait en très peu de temps, par des moyens ou violents ou habiles, arraché de la Gaule les vieilles croyances et la langue elle-même.

Ce problème de la persistance du génie gaulois est fort difficile à résoudre. Il est clair qu'il ne faut introduire dans cette recherche aucune idée préconçue, aucun préjugé de patriotisme ou de poésie, aucune théorie préjudicielle sur la permanence des races. Les raisonnements *a priori* et la logique abstraite doivent d'abord être écartés. Les documents seuls et les faits doivent être observés. Il est prudent aussi, pour rendre la recherche plus facile, de diviser le problème. L'aborder de front et d'ensemble, c'est s'exposer à rester dans le vague et les généralités; en examiner successivement les différentes faces est le seul moyen d'arriver, s'il se peut, à une solution. Nous bornerons donc aujourd'hui notre étude à un seul point. Nous chercherons seulement si le druidisme a vécu sous la domination romaine, et nous le chercherons en réunissant tous les textes que l'antiquité pourra nous fournir sur ce sujet.

1. [Cf., à propos du présent mémoire, d'Arbois de Jubainville, *Revue archéologique*, n. s., t. XXXVIII, p. 277 et suiv., décembre 1879, *Les Druides en Gaule sous l'Empire romain*, et la réponse de M. Fustel de Coulanges, ibidem, t. XXXIX, p. 111-113; plus loin, p. 194-197; Duruy, *La politique des empereurs romains à l'égard du druidisme*, dans le *Compte-rendu de l'Académie des sciences morales*, 1880, t. CXIV, p. 896; le même, *Comment périt l'Institut druidique*, *Revue archéologique*, n. s., t. XXXIX, p. 247 et suiv. — Ajouter *La Gaule Romaine*, 1891, liv. I.]

I

Deux textes anciens, l'un de Pline, l'autre de Suétone, semblent indiquer que la religion druidique aurait été absolument détruite par un acte de l'autorité romaine, et cela dès le règne de Tibère et celui de Claude. Nous lisons, en effet, dans Pline ces mots : *Tiberii Cæsaris principatus sustulit druidas*, « Le principat de Tibère fit disparaître les druides »[1]. De son côté, Suétone écrit : *Druidarum religionem Claudius penitus abolevit*, phrase que l'on traduit généralement ainsi : « Claude abolit entièrement la religion des druides »[2].

Au premier abord, ces deux phrases semblent d'une parfaite clarté et sont d'une grande énergie. Elles donnent tout de suite l'idée d'une destruction complète. Remarquons bien, en effet, la force des deux mots *sustulit, abolevit*. Les deux écrivains ne disent pas seulement que le prince ait prononcé une interdiction, qu'il ait lancé une loi visant à faire disparaître le druidisme ; ils parlent d'un fait accompli et achevé, d'une disparition totale de la religion et des druides. Il semble donc qu'il n'y eut plus de druides à partir de Tibère, plus de druidisme à partir de Claude.

Pourtant, si l'on continue à observer les textes et les faits de l'histoire, on est saisi par un scrupule et par un doute. En effet, ces mêmes druides que Tibère aurait fait disparaître, cette même religion que Claude aurait effacée, nous les retrouvons dans les époques suivantes. Pline lui-même, dans un autre passage, montre qu'au temps où il écrivait, c'est-à-dire sous Vespasien, les druides existaient encore et continuaient à présider aux cérémonies religieuses. « Les druides, dit-il, n'ont rien qui leur soit plus sacré que le gui du chêne et ils l'emploient dans leurs plus grands sacrifices ; la recherche du gui se fait le sixième jour de la lune ; quand ils l'ont trouvé, ils font un repas religieux au pied de l'arbre ; l'un d'eux, vêtu

---

1. Pline, *Histoire naturelle*, XXX, 4, 13.
2. Suétone, *Claude*, 25.

de blanc, coupe le gui avec une serpe d'or, puis on immole
des taureaux blancs en prononçant des prières[1]. » Pline décrit cette cérémonie comme étant pratiquée au moment où il
parle ; tous les verbes qu'il emploie sont au temps présent,
et il ne paraît pas se douter que les druides et leur religion
aient été supprimés sous l'un des règnes précédents. Ailleurs,
il rapporte la croyance des druides à la vertu magique de
« l'œuf de serpent », et c'est encore au temps présent qu'il
s'exprime[2]. Les druides ont si peu disparu à l'époque de Tibère, que Tacite mentionne leur action dans les troubles qui
agitèrent la Gaule à l'avènement de Vespasien. Profitant du dé-
sordre de l'Empire déchiré par les compétiteurs, « les druides
répandaient des prédictions mensongères, qui annonçaient la
chute de Rome[3] ». Or, ce qui est digne d'attention ici, c'est
que Tacite ne saisit pas cette occasion pour nous dire que les
druides eussent été proscrits antérieurement et que leur existence fût contraire aux lois de l'Empire.

Voilà donc une contradiction. D'une part, Pline et Tacite
nous montrent les druides vivant et agissant sous Vespasien ;
et d'autre part, Pline et Suétone nous disent que ces druides
ont cessé d'être sous Tibère. En présence d'un désaccord si
apparent, on est amené à se demander s'il est bien vrai que,
dans les deux phrases que nous avons citées d'abord, Pline et
Suétone aient voulu que les druides et leur religion eussent
disparu. Reprenons donc ces deux textes ; une première vue,
trop rapide, peut nous avoir trompé ; examinons-les de plus
près et dans leur intégrité. Tous ceux qui lisent savent que
le vrai sens d'une phrase, c'est-à-dire la pensée que l'auteur
avait dans l'esprit en l'écrivant, n'est déterminé pour nous que
par les phrases qui précèdent et qui suivent, c'est-à-dire par
le contexte.

Pline dans toute la partie du trentième livre où se trouve le
passage allégué, s'occupe de la magie et de ce qu'il appelle « les
impostures des magiciens », *magicæ vanitates*. « Nous allons

1. Pline, *Histoire naturelle*, XVI, 95, 251.
2. Ibidem, XXIX, 12, 52.
3. Tacite, *Histoires*, IV, 54.

dévoiler, dit-il, la fausseté et le néant de la magie ; elle est à la fois ce qu'il y a de plus faux et ce qui a le plus régné dans le monde. On ne s'étonnera pas de l'empire qu'elle s'est acquis, si l'on songe qu'elle a embrassé et confondu en elle les trois choses qui sont les plus puissantes sur l'esprit humain, je veux dire la médecine, la crainte des dieux et le désir de connaître l'avenir. C'est en Orient qu'elle est née, chez les anciens Perses. On la trouve ensuite en Grèce ; elle a régné aussi en Italie ; on en voit des traces dans nos lois des Douze Tables et dans d'autres documents ; ce n'est même qu'en l'an 657 de Rome qu'un sénatus-consulte a interdit d'immoler des victimes humaines, ce qui prouve que jusqu'à cette époque on faisait cet horrible sacrifice. » Si nous avons suivi avec attention l'ordre des idées de Pline dans ce passage, si nous avons observé dans quelle direction se meut sa pensée, nous avons pu remarquer que son esprit a surtout en vue cette sorte de magie qui ne se contente pas de prédictions inoffensives, qui ne s'arrête même pas aux incantations et aux sortilèges, mais qui va jusqu'à l'immolation de l'homme. Et l'historien indique les objets de cette magie, qui sont : 1° le besoin de guérir ; 2° le désir de plaire aux dieux ; 3° la divination. Il réprouve cette magie qui immole l'homme pour guérir un autre homme, qui l'immole aussi pour apaiser la divinité, qui l'immole enfin pour deviner l'avenir dans les entrailles du mourant. Tel est l'ordre des idées de Pline. Il continue : « Cette magie a aussi possédé les Gaules, et même jusqu'à un temps voisin de nous. » Arrêtons-nous encore ici un moment pour constater que cette assertion de Pline, en ce qui concerne la Gaule, est confirmée de tous points par César et par Tacite. Pour ce qui concerne la magie appliquée à la médecine, César écrit que « lorsqu'un personnage est atteint d'une maladie grave, il fait immoler pour victime un autre homme ; ce sont les druides qui président à l'immolation ; ils pensent que l'on ne peut racheter aux dieux la vie d'un homme que par la vie d'un autre homme[1] ». S'agissait-il de plaire aux dieux ou de

---

1. César, VI, 16 : *Qui sunt adfecti gravioribus morbis,... aut pro victimis ho-*

les apaiser, c'étaient encore des hommes qu'on sacrifiait[1]. Enfin, pour ce qui est de la divination, Tacite nous dit que les
druides « consultaient les dieux dans les entrailles palpitantes
des hommes[2] ». On comprend que de telles pratiques appliquées à la médecine, à la religion et à la divination ne fussent pas du goût des Romains; aussi Pline dit-il : « Cette magie a possédé les Gaules jusqu'à un temps voisin de nous;
c'est seulement, sous le principat de Tibère qu'un sénatus-
consulte a fait disparaître leurs druides et toute cette tourbe
de mages-médecins[3]. »

Assurément, quand nous lisons ce chapitre entier, notre
impression n'est plus la même que quand nous avions sous les
yeux les deux seuls mots *sustulit druidas*. Ces deux mots isolés
pouvaient nous faire supposer que Pline songeait à l'interdiction d'un culte; le chapitre entier nous montre qu'il avait
seulement dans l'esprit l'interdiction d'une sorte de sorcellerie
qui allait jusqu'à immoler des hommes pour guérir des ma-
lades ou pour deviner l'avenir. La Gaule « était possédée » de
cette imposture avant César; elle en fut débarrassée sous Tibère : voilà ce que dit Pline. Sa pensée n'est pas que Rome ait
proscrit une croyance religieuse, qu'elle ait défendu l'exercice
d'un culte, qu'elle ait persécuté et supprimé des prêtres. Il ne
songe qu'à une chose, c'est qu'un sénatus-consulte a délivré
la Gaule d'une horrible pratique. Ce qui prouve bien que telle
est sa pensée, c'est la phrase qu'il écrit immédiatement après :
« Il n'y a plus aujourd'hui que l'île de Bretagne qui use de
ces pratiques de magie; aussi ne saurait-on estimer assez haut
ce que l'on doit aux Romains pour avoir fait disparaître une
monstruosité dans laquelle c'était un acte de religion d'im-

mines immolant, aut se immolaturos vovent, administrisque ad ea sacrificia
druidibus utuntur; quod pro vita hominis nisi hominis vita reddatur, non posse
aliter deorum immortalium numen placari arbitrantur.

1. Justin, XXVI, 2 : *Sperantes deorum minas expiari cæde suorum, conjuges
et liberos suos trucidant.* — Pomponius Méla, III, 2 : *Gens superstitiosa adeo ut
hominem optimam et gratissimam diis victimam cæderent.*

2. Tacite, *Annales*, XIV, 30 : *Hominum fibris consulere deos fas habebant.*

3. Pline, XXX, 1, 13 : *Gallias possedit, et quidem ad nostram memoriam;
namque Tiberii Cæsaris principatus sustulit druidas eorum et hoc genus vatum
medicorumque per senatusconsultum.*

moler un homme et un remède efficace d'en manger la chair[1]. » Telle est la page écrite par Pline; il fallait la lire tout entière pour voir sa véritable pensée et pour comprendre ce qu'il entendait par les deux mots *sustulit druidas*.

Le passage de Suétone est plus court : raison de plus pour n'en supprimer aucun mot : *Druidarum religionem diræ immanitatis et tantum civibus sub Augusto interdictam Claudius penitus abolevit.* Les deux mots *diræ immanitatis* me paraissent dignes d'attention; ils marquent sur quel point se fixe la pensée de Suétone. En parlant ici des druides, il ne songe ni à leurs dieux ni à leur doctrine sur l'âme; son esprit ne voit qu'une cruelle barbarie, *dira immanitas*. Pour avoir le sens de cette expression de Suétone, il faut la rapprocher de celle de Lucain : *Immitis placatur sanguine diro Teutates*[2], ou de celle-ci de Tacite : *Luci sævis superstitionibus sacri, nam cruore adolere aras fas habebant.* Toutes ces expressions désignent les mêmes sacrifices humains que César avait déjà décrits, et ce sont eux aussi que Suétone avait en vue lorsqu'il écrivait les mots *religio diræ immanitatis*. — Il faut d'ailleurs prendre garde au sens que le terme *religio* présentait à l'esprit d'un Romain; on le traduirait inexactement par notre mot religion; il se disait de toute pratique qui avait pour but de plaire aux dieux, et surtout de les apaiser[3]. Je traduirais donc la phrase de Suétone de cette façon : « La pratique religieuse des druides, la cruauté des sacrifices humains, avait déjà été interdite par Auguste aux citoyens romains; Claude l'interdit à tous et la fit disparaître ». Il ne me semble pas que Suétone ait voulu dire autre chose.

---

1. Pline, *Histoire naturelle* : *Nec satis æstimari potest quantum Romanis debeatur qui sustulere monstra in quibus hominem occidere religiosissimum erat, mandi vero etiam saluberrimum.*

2. Lucain, *Pharsale*, I, v. 445; cf. III, v. 404 : *Structæ sacris feralibus aræ.*

3. Ainsi, lorsque César dit (VI, 16) en parlant des Gaulois *natio admodum dedita religionibus*, il ne veut pas dire que les Gaulois aient un sentiment religieux plus profond et plus élevé que les autres races, mais qu'ils se livrent aux pratiques les plus minutieuses du culte. De même il dit des druides (VI, 13) : *Religiones interpretantur*, ce qui signifie, non pas qu'ils fussent des théologiens expliquant des dogmes, mais qu'ils interprétaient les présages de manière à dire quelles pratiques les dieux réclamaient.

Si l'on comprend de cette manière le chapitre de Pline et la phrase de Suétone, ils ne sont plus en contradiction avec les autres passages de Pline et celui de Tacite qui nous montrent encore des druides au temps de Vespasien. Ils se trouvent surtout en parfait accord avec deux autres textes qui se rapportent au même sujet. Strabon, qui écrivait au temps de Tibère, dit, non pas que Rome ait interdit le culte et supprimé les prêtres, mais « qu'elle a fait disparaître ce qui, dans leurs pratiques sacrées et dans leur divination, était en opposition avec les mœurs romaines[1] »; et pour préciser sa pensée, il ajoute aussitôt « qu'auparavant les druides avaient coutume d'égorger un homme et de prédire l'avenir d'après la nature de ses convulsions ». Pomponius Méla a vécu dans le temps même où fut accomplie la réforme dont parlent Pline et Suétone; car il a écrit sous le règne de Claude[2]; or, non seulement il ne nous dit pas qu'on ait supprimé le druidisme, mais, après avoir rapporté l'abolition des sacrifices humains, il ajoute qu'on permet au moins d'en faire le simulacre; on ne va plus, dit-il, jusqu'à immoler des hommes; mais il y a encore des hommes qui sont désignés pour être victimes; on les approche des autels, on fait mine de les frapper, et par quelque piqûre on fait couler des gouttes de leur sang[3]. Cette curieuse assertion d'un contemporain montre bien que le culte subsiste, que les druides vivent encore, et que toutes leurs cérémonies restent permises, à la seule condition que l'on n'aille pas jusqu'à mort d'homme.

En résumé, voilà deux textes très précis de Strabon et de Pomponius Méla qui marquent l'abolition des sacrifices humains, mais non celle du culte; deux autres textes de Pline et de Tacite montrent les druides subsistant sous Vespasien et pratiquant leur culte; enfin deux textes de Suétone et de Pline ne nous paraissent indiquer que la suppression des sacrifices humains. Tous ces écrivains nous semblent

1. Strabon, IV, 4, 5, édit. Didot, p. 164.
2. Pomponius Méla mentionne l'expédition de Claude en Bretagne.
3. Pomponius Méla, III, 2 : *Manent vestigia feritatis jam abolitæ, atque, ut ab ultimis cædibus temperant, ita nihilominus, ubi devotos altaribus admovere, delibant.*

d'accord entre eux. Ce qui a été aboli par l'autorité romaine, ce n'est pas la croyance, ce n'est pas le culte, ce ne
sont pas les prêtres; c'est seulement l'immolation de l'être
humain. Sur ce point, la suppression a été complète, et les
termes *sustulit* et *abolevit* dont se servent Pline et Suétone
n'ont rien d'exagéré. L'histoire ne contient plus la trace d'aucun sacrifice humain en Gaule. Les lois impériales ont été
parfaitement exécutées.

Quant à une persécution du druidisme, il n'y a aucun texte
qui en parle. On a supposé, il est vrai, que la politique romaine avait dû être hostile à un ordre sacerdotal qui représentait, disait-on, l'esprit d'indépendance de la Gaule. Mais
ces raisonnements *a priori* ont peu de valeur. Pour que celui-
ci eût quelque justesse, il faudrait démontrer d'abord que les
druides étaient particulièrement ennemis des Romains. Or
c'est un point qu'on ne saurait prouver. En effet, durant les
années de la conquête, César n'indique jamais qu'ils se soient
fait remarquer par l'ardeur de leur patriotisme : nulle part
il ne les présente comme les chefs du parti national; il ne leur
attribue aucune action dans les luttes que la Gaule a soutenues;
il n'a jamais vu dans les révoltes ni leur main ni leur inspi-
ration; dans aucune des insurrections gauloises il ne cite leur
nom[1]. Plus tard, la conquête achevée, aucun écrivain ne les
signale comme des hommes de résistance. Il y a eu plusieurs
révoltes en Gaule : leur nom ne figure dans aucune d'elles.
Tacite rapporte, à la vérité, que, dans un moment de trouble
général, ces devins, ayant appris l'incendie du Capitole, eurent
à interpréter ce présage. « Il marque, dirent-ils, que les dieux
sont irrités contre Rome et que l'Empire va passer à des nations transalpines[2]. » Mais il y a loin de l'interprétation d'un
présage à une révolte effective. Or Tacite ne dit nulle part
qu'ils se soient révoltés ou qu'ils aient réveillé l'esprit d'indépendance chez leurs compatriotes. Quant au paysan Maric,
qui s'arma contre les Romains, rien ne nous dit qu'il fût un

---

1. [*La Gaule romaine*, p. 31.]

2. Tacite, *Histoires*, IV, 54 : *Fatali igne signum cælestis iræ datum et possessionem rerum humanarum gentibus Transalpinis portandi.*

druide[1]. Remarquons que Tacite, dans ses récits des soulève-
ments de la Gaule, n'a pas un mot sur la religion du pays; il
dit que les Gaulois étaient mécontents des impôts et du service militaire; il ne rapporte pas que la religion ait été pour
quelque chose dans leur révolte. Présenter le druidisme comme
le champion opiniâtre et invaincu de la liberté gauloise est
une hypothèse qu'aucun texte n'appuie et à laquelle aucun
auteur ancien n'a pensé. Nous ne voyons donc pas de raisons
suffisantes pour supposer *a priori* que Rome ait dû exercer
des rigueurs contre les druides, alors que les documents ne
contiennent aucun indice de ces rigueurs[2].

Il n'est fait mention d'aucune condamnation à mort contre
les druides ou contre leurs sectateurs. On a dit que « des lois
barbares défendirent sous peine de mort tous les signes qui
appartenaient à cette croyance[3] »; mais il n'existe pas dans
les documents la plus légère trace de ces « lois barbares ».
On a dit encore, d'après une phrase de Pline, qu'un Gaulois
« avait été livré aux bourreaux parce qu'on découvrit sur lui un
talisman druidique appelé œuf de serpent[4] »; mais si l'on se
reporte au passage de Pline, on voit qu'il s'agit d'un citoyen
romain, même d'un chevalier romain, qui avait un procès et
qui avait imaginé de se munir du talisman « qui était réputé
le meilleur pour faire gagner tous les procès », c'est-à-dire
l'œuf de serpent. Il portait donc cet objet sur lui devant le tribunal, *in lite*; mais Pline remarque « que ce talisman lui servit si peu, qu'il fut au contraire condamné à mort ». L'historien donne à entendre que sa cause n'était peut-être pas si
mauvaise qu'il méritât une peine aussi sévère; mais le juge,
qui était précisément l'empereur Claude, le punit surtout pour
avoir employé un talisman en justice, c'est-à-dire pour avoir

____

1. Tacite, *Histoires*, II, 61.
2. Michelet dit que « la lutte du druidisme *ne peut* avoir été étrangère au sou-
lèvement des Gaules, quoique l'histoire lui donne pour cause le poids des impôts ».
La seule raison qu'il donne est qu'un des révoltés s'appelait Julius Sacrovir « et le
nom de Sacrovir n'est peut-être qu'une traduction du mot druide ». Ce n'est pas
avec de pareils raisonnements que l'on fait la science historique. — [*La Gaule
romaine.* p. 79.]
3. Amédée Thierry, *Histoire des Gaulois*, t. III, p. 285, édit. de 1844.
4. Ibidem.

essayé de le tromper. Mais Pline ne dit nullement que cet homme fut mis à mort parce qu'il croyait aux dieux gaulois; il ne dit même pas s'il y croyait. On ne peut donc pas voir dans cette sentence de Claude l'indice d'une persécution contre la religion gauloise[1].

La meilleure preuve que les druides ne furent pas supprimés par l'autorité romaine, c'est que nous les voyons durer pendant presque tout l'Empire, et même sans se cacher. Je ne sais s'il faut faire beaucoup de fond sur une inscription où l'on croit lire qu'une druidesse, *druis*, a élevé un monument sacré pour obéir à un songe[2]; mais nous avons des documents plus sûrs. Lampridius, dans la vie d'Alexandre Sévère, rapporte que la mort de cet empereur lui fut prédite par une druidesse qui cria sur son passage en langue gauloise : « Défie toi de tes soldats[3] ». Un autre historien, Vopiscus, dit qu'Aurélien consulta les druidesses gauloises[4]. Il raconte aussi que Dioclétien, n'étant encore que soldat, vivait à Tongres dans une sorte d'auberge tenue par une druidesse qui lui prédit qu'il serait empereur[5]. Ce qu'il y a de curieux dans ces anecdotes, ce ne sont pas les prédictions, — tout le monde en faisait en ce temps-là, — mais c'est l'existence persistante des druidesses, laquelle suppose bien aussi l'existence de quelques druides. Allons encore plus loin; voici, au IVe siècle, Ausone qui écrit des vers à la louange des professeurs de l'École de Bordeaux; or deux d'entre eux appartiennent à [une] famille druidique. L'un, nommé Patéra, est né à Bayeux; *stirpe druidarum satus*, d'une famille vouée au culte de

1. Pline, *Histoire naturelle*, XXIX, 5, 54 : *Vidi equidem id ovum.... ad victorias lilium mire laudatur, tantæ vanitatis ut habentem id in lite in sinu equitem romanum e Vocontiis a divo Claudio interemptum non ob aliud sciam.*

2. Cette inscription est dans Orelli, n° 2200 ; mais l'original est perdu, et il y a quelque raison de douter de l'authenticité; la lecture du mot *druis* est suspecte : voyez Ch. Robert, *Épigraphie gallo-romaine de la Moselle*, p. 89.

3. Lampridius, *Alexander*, 60 : *Mulier dryas eunti exclamavit gallico sermone: Vadas nec victoriam speres nec militi tuo credas.*

4. Vopiscus, *Aurelianus*, 44.

5. Idem, *Carinus et Numerianus*, 14 : *Cum Diocletianus apud Tungros in Gallia in quadam caupona cum dryade quadam muliere rationem convictus sui faceret....*

Bélen [1] [ce qu'Ausone développe plus loin, en nous disant que
Phébicius, le père de Patéra, est] né dans l'Armorique, *stirpe
satus druidum*, et qu'il a été d'abord prêtre de Bélen, *Beleni
ædituus*. Sans doute on aurait tort de conclure de ces lignes
d'Ausone qu'il existât encore un sacerdoce druidique bien
organisé et bien puissant ; j'en tirerais plutôt la conclusion
opposée ; car ce Phébicius, paraît-il, avait tiré si peu d'argent et d'honneur de sa qualité de prêtre de Bélen, qu'il avait
volontiers échangé son sacerdoce contre une chaire à Bordeaux. Encore faut-il que le nom des druides n'ait été ni
proscrit ni méprisé, pour qu'Ausone, le fidèle observateur
des moindres lois impériales, loue deux de ses maîtres d'appartenir à des familles druidiques ; assurément, on a le droit
de conclure de là que le nom de druide n'était pas une injure.

Il y a pourtant quelque chose que la conquête romaine a
supprimé dans le druidisme, c'est l'unité d'organisation et la
hiérarchie. Avant César, les druides tenaient des assemblées
régulières, périodiques, où ils se réunissaient de tous les
points de la Gaule ; on n'aperçoit aucune de ces assemblées
après lui. César parle d'un chef suprême que les druides se
donnaient par élection et qui présidait au culte de la Gaule
entière ; après lui, ce chef suprême ne se retrouve plus. Or,
si la Gaule avait continué à élire un chef de sa religion, il est
vraisemblable que l'histoire ferait quelque mention d'un acte
qui aurait été le plus important dans la vie des Gaulois, le
plus fertile en incidents graves, et qui aurait certainement
éveillé l'attention des gouverneurs romains. Le silence absolu
des documents sur un pareil sujet nous paraît suffisant pour
croire que les druides n'avaient plus ni assemblées, ni chef
suprême. Est-ce l'autorité romaine qui a défendu ces réunions
et renversé cette hiérarchie, ou bien sont-elles tombées d'elles-
mêmes et ont-elles disparu spontanément au milieu de la
transformation du pays, c'est ce qu'on ne saurait dire. Les
textes ne montrent ni un acte de Rome pour détruire ces
institutions, ni un effort de la Gaule pour les conserver.

---

1. Ausone, *Professores*, IV et X [*alias* V et XI].

En résumé, Rome a interdit certaines pratiques de magie, elle a défendu absolument les sacrifices humains, elle a renversé ou a laissé tomber l'organisation druidique ; voilà tout ce qu'on peut affirmer qu'elle ait fait disparaître. Quant à une persécution contre les croyances, à l'abolition du culte, à des rigueurs contre les prêtres, il n'y en a pas le moindre indice dans les documents.

II

Je viens de lire avec une très grande attention[1] l'article de M. d'Arbois de Jubainville sur les druides sous l'Empire romain ; mais je n'aperçois pas nettement sur quel point il est en désaccord avec moi. J'avais combattu l'opinion suivant laquelle la religion gauloise aurait été absolument interdite par les Romains et ses sectateurs punis de mort ; M. d'Arbois ne défend pas cette opinion. J'avais montré ce que l'autorité romaine a enlevé au druidisme ; M. d'Arbois ne montre pas qu'elle lui ait enlevé davantage. Est-ce le mot *persécution* qui nous divise ? Il y a, en effet, des persécutions de plusieurs sortes. C'est précisément parce que le terme est trop vague et trop dilatable que je m'étais efforcé de déterminer en quoi les druides ont été persécutés et en quoi ils ne l'ont pas été. Ils l'ont été en deux choses : 1° on a interdit absolument leurs pratiques sanguinaires ; 2° on a supprimé leur organisation hiérarchique. Mais ils ne l'ont pas été en ce sens que : 1° on n'a pas interdit le culte de leurs divinités ; 2° on n'a pas fait violence à leurs personnes, ni puni de mort ceux qui leur restaient fidèles, ni proscrit le nom de druide. Telles sont mes quatre propositions ; M. d'Arbois n'en conteste aucune.

Il y ajoute, il est vrai, deux propositions nouvelles, que je n'ose pas partager : l'une, que César se serait appuyé sur le clergé gaulois, qu'il avait su détacher de la cause nationale ; l'autre, qu'à partir de Tibère les druides se seraient cachés

---

1. Dans le numéro de décembre 1879 de la *Revue archéologique.*

par crainte de l'autorité romaine. Mais sur quels textes ces
deux assertions sont-elles fondées?

De la première, M. d'Arbois ne donne aucune autre raison
si ce n'est que l'Éduen Divitiac était l'ami de César. Mais, de
ce qu'un druide était partisan des Romains, conclurons-nous
que tous les druides étaient partisans des Romains? Qu'é-
tait-ce d'ailleurs que ce Divitiac? César parle de lui treize fois,
sans nous dire une seule fois qu'il fût un druide. Il le montre
tour à tour chef d'État[1], ambassadeur à l'étranger[2], chef d'armée et commandant de troupes éduennes[3], prêtre jamais. Nous
ignorerions qu'il fût un druide si Cicéron ne nous disait dans
le *De divinatione* qu'il a connu un druide nommé Divitiac[4].
Qu'il s'agisse du même personnage, je ne le mets guère en
doute; j'admets donc que l'ami de César fut un druide,
quoique César ne paraisse pas s'en être aperçu; mais faire
de cet homme le type du druidisme et juger tous les druides
d'après lui me paraît téméraire. Je serais plutôt porté à croire
que Divitiac n'était druide que comme César était pontife.

M. d'Arbois dit encore que César comptait sur l'appui du
clergé gaulois pour empêcher les Éduens de se joindre à Vercingétorix. Il y a ici une interprétation au moins exagérée
d'une ligne de César[5]. César indique qu'il était de règle chez
les Éduens, *more civitatis*, que les comices électoraux fussent
tenus en présence et avec l'intervention des prêtres, *per sacerdotes*[6]. De ce que César, appelé à se prononcer entre deux concurrents qui, tous deux, prétendaient avoir été légalement
élus, *legibus creatos*, se décide pour celui dont les comices
ont été tenus suivant toutes les règles, *per sacerdotes*, *inter-
missis magistratibus*, il ne suit nullement que César ait
cherché l'appui politique du clergé. Dans aucun endroit de ses
Commentaires il n'exprime cette pensée. Pour croire que les
druides eussent joué ce rôle d'amis de Rome, je voudrais que

1. *De bello gallico*, I, 3 ; I, 18.
2. Ibidem, VI, 12.
3. Ibidem, II, 5, 10, 14.
4. [Cf. plus bas, p. 210, n. 1.]
5. Ibidem, VII, 33.
6. Comparer les assemblées des Germains dans Tacite, *Germanie*, 11.

César nous l'eût dit quelque part ou que nous en eussions quelque indice ; autrement c'est une pure conjecture.

Pour sa seconde assertion, à savoir que les druides à partir de Tibère étaient réduits à se cacher, M. d'Arbois croit pouvoir la tirer de deux textes de Pomponius Méla et de Lucain. Mais aucun de ces écrivains ne dit cela. Méla dit simplement que les druides donnent un enseignement mystérieux et qui dure longtemps, *clam et diu vicenis annis* ; ils tiennent leurs écoles dans des cavernes ou dans de sombres forêts. Or il peut y avoir plus d'une raison pour qu'un clergé tienne à de telles pratiques ; le géographe latin ne se prononce pas entre ces raisons ; mais M. d'Arbois se hâte de se prononcer et déclare que, si les druides tiennent leurs écoles dans les forêts, c'est par crainte de l'autorité romaine ; et il ajoute, ce que Méla ne dit nullement, qu'ils n'ont pris cette habitude qu'à partir du règne de Tibère. En revanche, il retranche de la phrase latine un détail caractéristique : ce sont les mots *docent nobilissimos gentis*. Sur quoi nous ferons deux remarques : d'abord, si cet enseignement se donne aux fils des plus grandes familles, il est difficile de croire que ce soit un enseignement qui se dissimule et se dérobe ; ensuite, comme nous savons que, à partir d'Auguste, les grandes familles gauloises tournaient les yeux vers Rome et qu'elles envoyaient leurs enfants aux écoles latines d'Augustodunum[1], nous devons croire que Méla a puisé son information à des sources antérieures et que l'enseignement des druides dont il parle est l'enseignement d'avant la conquête[2].

Le texte de Lucain[3] n'est pas plus d'accord que celui de Méla avec l'assertion de M. d'Arbois. Le poète dit que les druides « habitent les retraites profondes des forêts sacrées », *nemora alta remotis incolitis lucis.* Mais habiter les bois n'est pas la même chose que se cacher dans les bois comme des proscrits. Lucain, qui d'ailleurs parle des druides d'avant la domination romaine, veut simplement signaler leur vénéra-

1. Tacite, *Annales*, III, 43.
2. Cf. César, VI, 13.
3. *Pharsale*, I, v. 453.

tion pour les forêts, et il exprime la même pensée sous une autre forme dans un autre passage[1]. Prétendre que les druides fussent poursuivis, traqués, réduits à se cacher, c'est faire dire à Pomponius Méla et à Lucain tout autre chose que ce qu'ils ont dit.

Je ne puis donc pas admettre comme vérités historiques les deux propositions qu'a exprimées M. d'Arbois, et je conserve mon doute jusqu'à ce qu'il se rencontre un texte qui les autorise. La petite discussion que je me suis permise ici n'est pas d'ailleurs de nature à porter atteinte à la grande autorité de celtisant que je reconnais à M. d'Arbois de Jubainville. Ses travaux m'ont beaucoup appris. Il est un des trois ou quatre hommes de France qui ont ramené les études celtiques dans la bonne voie, dans la voie de la science. Aussi suis-je heureux de croire que, au fond, sauf peut-être quelque imperceptible nuance, mon opinion sur la question d'aujourd'hui est d'accord avec la sienne. J'ai dit que l'autorité romaine a interdit au druidisme ses pratiques terribles; qu'elle lui a enlevé son organisation puissante, sa hiérarchie et son pouvoir judiciaire; que les druides n'ont plus duré que comme de vulgaires sorciers et des vétérinaires; qu'enfin, dans les siècles suivants, si le nom de druide subsiste, le druidisme n'est plus. J'ajoute seulement que, comme les textes n'indiquent jamais une persécution violente ni une proscription de personnes, j'incline à croire que c'est surtout la transformation sociale et les changements de l'esprit gaulois qui ont tué le druidisme.

III

[Car] maintenant une autre question se présente à l'esprit. De ce que les croyances n'ont pas été persécutées, il ne suit pas nécessairement qu'elles n'aient pas disparu. De ce que l'autorité romaine n'empêcha pas quelques druides de subsister, il ne faut pas se hâter de conclure que le druidisme

_____
1. *Pharsale*, III, v. 405 et suiv. : *Lucus erat*, etc.

ait subsisté aussi. L'un n'entraîne pas l'autre. Il y a donc ici
un nouveau problème, fort différent du précédent, et qu'il
importe d'étudier à part.

Ce qui augmente la difficulté, c'est que ces croyances druidiques nous sont fort mal connues. Ceux qui passent leur vie
à chercher la vérité historique, savent combien il est difficile
de comprendre avec exactitude la pensée religieuse d'un peuple
ancien. Apercevoir les traits extérieurs, les rites, les formules,
est chose assez facile; mais il y a loin de cette vue superficielle à la connaissance précise des idées qui ont eu vie autrefois dans des âmes qui ne ressemblaient peut-être pas aux
nôtres. On connaît passablement les croyances des anciens
Perses, parce qu'on a leurs livres. On se fait une idée assez
nette de la religion de l'antique Egypte, parce qu'on possède
ses inscriptions et son rituel. Pour les Grecs et les Romains,
nous avons, à défaut de leurs livres sacrés qui sont perdus,
un nombre incalculable de renseignements épars dans toute
leur littérature. Malgré cela, il reste encore beaucoup d'incertitudes; il est surtout une chance d'erreurs que nous devons
reconnaître : nous ne sommes jamais sûrs, quand nous avons
sous les yeux des textes anciens relatifs aux croyances des
hommes, de posséder le rapport exact entre les mots et les
idées; nous ne pouvons pas affirmer que telle expression ré-
ponde précisément à telle croyance. Le mot Dieu, par exemple,
et le mot âme peuvent n'avoir pas présenté à l'esprit de ces
anciens hommes l'idée qu'ils présentent à notre esprit moderne ; et il en est de même des mots religion, prière, sacrifice, vœu, serment, et de beaucoup d'autres. Une autre cause
d'erreur est que les opinions peuvent se modifier sans que les
mots changent, sans que les formules et les rites varient, en
sorte que les transformations les plus graves d'une religion
peuvent nous échapper. C'est assez dire combien il faut être
réservé quand on parle de la religion d'un peuple disparu,
et combien il faut se réduire à citer les textes qu'on a, sans
y rien mêler de nos idées personnelles ou des idées de notre
temps.

Or, sur les vieilles croyances druidiques, nous ne possédons

aucun livre sacré, et notre unique renseignement à cet égard
est qu'il n'en existait pas[1]. Nous n'avons même pas d'inscriptions; les quelques signes qui sont marqués sur quelques
pierres n'ont aucune signification certaine, et c'est notre esprit seul qui croit y voir des symboles de croyances. Aucune
formule de prière, aucun chant réellement druidique n'est
parvenu jusqu'à nous. Des rites, nous ne connaissons que
ceux qui se rapportent à la manière de cueillir le gui du
chêne, et ils sont de même nature que ceux qu'on rencontre
dans toutes les religions[2]. Des pratiques, nous ne connaissons
guère que les sacrifices humains, et nous ne pouvons pas affirmer qu'ils aient eu une autre signification que celle qu'ils
avaient chez tous les peuples barbares[3]. Nous connaissons
aussi leur excommunication; mais ce châtiment qui consiste
à éloigner un coupable des cérémonies du culte, à l'exclure
de la religion et en même temps de la société civile, n'est pas
particulier aux Gaulois; nous en trouvons l'analogue chez les

1. César, VI, 14 : *Neque fas esse existimant ea litteris mandare.* [Voir d'Arbois
de Jubainville, *Introduction à l'étude de la littérature celtique,* 1883.]

2. [Voir à ce sujet les excellentes remarques de Gaidoz, *Revue de l'histoire des
religions,* 1880.]

3. Les textes présentent ces sacrifices humains comme inspirés par la pensée
d'apaiser la colère des dieux. César, VI, 16 : *Quod pro vita hominis nisi hominis
vita reddatur, non posse deorum numen* PLACARI *arbitrantur.* Voir un exemple
curieux de cela dans l'abréviateur de Trogue Pompée : *Sperantes deorum minas*
EXPIARI *cæde suorum conjuges et liberos suos trucidant* (Justin, XXVI, 2). —
Les anciens Grecs aussi, ont immolé des victimes humaines pour apaiser la colère
des dieux ou pour obtenir leur faveur ; voir la légende d'Iphigénie, et beaucoup
d'autres exemples dans Plutarque, *Questions grecques,* 39 ; Pausanias, I, 5 ; IV,
9 ; VII, 19 ; VIII, 2 ; IX, 8 ; X, 24 ; Élien, *Histoires variées,* XII, 28. — Cette
même pensée que la divinité fût apaisée par l'immolation d'un homme ou se fît
payer sa faveur à ce prix, se retrouve chez les Romains ; voyez Tite Live, XXII, 57 :
Ad oraculum missus est sciscitatum quibus suppliciis deos possent PLACARE.... *Gallus et Galla, Græcus et Græca in foro boario sub terra vivi demissi sunt in locum saxo conseptum, jam ante hostiis humanis imbutum.* Cf. Pline, *Histoire
naturelle,* XXX, 4, 12 : *Anno demum DCLVII urbis senatusconsultum factum
est ne homo immolaretur.* L'idée antique est exprimée par Virgile, *Énéide,* II,
v. 116 : *Sanguine placastis ventos et virgine cæsa.... animaque litandum Argo-
lica.* A la même idée se rattache la pratique appelée *devotio*; voir Preller, *Rœ-
mische Mythologie,* liv. VII, c. 2. — Tacite remarque le même usage chez les Germains : *Mercurio humanis hostiis litare fas habent* (Germanie, 9). — De ces rap-
prochements, que l'on pourrait multiplier, il ressort que les sacrifices humains
avaient chez les Gaulois le même caractère que chez les autres peuples ; au moins
les textes ne signalent-ils aucune différence.

Grecs, chez les Romains, chez les Germains[1]. Il ne nous est
pas parvenu une seule légende dont nous puissions dire avec
certitude qu'elle soit gauloise et surtout qu'elle soit druidique.
Quant aux monuments, tels que dolmens et menhirs, ils ont
ce grave inconvénient que l'on en rencontre de semblables
dans tous les pays du monde, ce qui fait qu'on ne saurait
y trouver la clef des croyances propres aux Gaulois[2].

Sont-ce les livres de l'Irlande et du pays de Galles qui nous
diront ces vieilles croyances? Mais ces livres sont, par la date,
plus rapprochés de nous que des anciens druides. Ils sont
postérieurs de beaucoup au christianisme, et aucun d'eux ne
nous parle en termes précis de l'ancienne religion gauloise.
Il y a beaucoup de témérité à supposer que le recueil connu
sous le nom de *Mystère des bardes* représente la doctrine druidique; car ce livre n'a paru qu'en 1794, et l'on n'a jamais
pu montrer un manuscrit ni un indice quelconque qui le rattache à une époque ancienne[3]. Peut-on, sur des textes dont la
date est certainement récente, dont l'origine est incertaine,
dont le contenu est vague et obscur, dont les termes sont d'une
interprétation douteuse, prétendre qu'on ait retrouvé une religion et des croyances disparues depuis vingt siècles?[4]

Qu'un homme paraisse et nous dise : « Voici une suite de
sentences que je vous présente le premier; elles ne sont pas
de moi; elles sont vieilles de vingt siècles et constituent une

---

1. César, VI, 13 : *Sacrificiis interdicunt.... neque his petentibus jus redditur,
neque honos ullus communicatur.* — Comparez l'ἀτιμία chez les Grecs : Εἴργεσθαι
τῆς ἀγορᾶς καὶ τῶν ἱερῶν, ὥστε μήτ' ἀδικούμενον δίκην λαβεῖν (Lysias, *In Andocidem*, 24); voir surtout Eschine, *In Timarchum*, 21. Même chose à Sparte, Thucydide, V, 34; Plutarque, *Agésilas*, 30 [cf. plus haut, p. 103 et suiv.]. — Comparez chez les Romains l'*interdictio aqua et igni*, et l'*infamia* [*La Cité antique*,
liv. III, c. 13]. — Les Germains, qui n'avaient pas de druides, connaissaient pourtant l'excommunication avec ses effets religieux et civils : *Neque aut sacris adesse
aut concilium inire ignominioso fas est* (Tacite, *Germanie*, 6). — [*La Gaule Romaine*, p. 27.]

2. Voir A. Bertrand, *Archéologie celtique*, p. 111, 131, 148 et suiv. [Reinach,
Le travail en Gaule, p. 42.]

3. [Voir les textes célèbres donnés dans *The Myvyrian Archaiology of Wales*,
1801-1807. Sur leur bibliographie, voir en dernier lieu la préface de M. Loth aux
Mabinogion.]

4. [La même remarque peut être faite à propos de l'ancien droit gaulois; *La
Gaule Romaine*, p. 120.]

antique doctrine religieuse ; il est vrai que je ne puis vous
montrer aucune preuve qu'elles soient cette vieille doctrine ;
mais je vous affirme qu'elles viennent des anciens druides,
et je les tiens d'eux par une tradition orale que cinquante générations de bardes se sont transmise jusqu'à moi, bien qu'il
n'y ait ni preuve ni indice de cette transmission. » Si l'on
nous dit cela, sommes-nous tenus de le croire ? La critique
historique est-elle obligée d'abdiquer tous ses droits, de
renoncer à toutes ses règles ? Et si l'histoire entre dans
cette voie, jusqu'où nous faudra-t-il aller ?

Un texte est publié en 1794, et la seule raison qu'on nous
donne pour nous prouver qu'il est antique est que la doctrine
étant secrète n'a pas pu être révélée plus tôt ; mais cette
preuve aurait elle-même besoin d'être prouvée. On n'a rien
montré jusqu'ici qui indique que durant le moyen âge il y
eût un druidisme qui se cachait. Tous ces pays étaient chrétiens, et l'on sait comme l'Église veillait. C'est une conjecture
bien hardie que de penser qu'un druidisme ait pu durer à
travers cinquante générations chrétiennes. Que les bardes,
poètes assez semblables à nos trouvères, aient eu entre eux de
certains secrets professionnels, ou qu'ils aient affecté d'en avoir,
cela ne prouve pas que ces secrets fussent ceux des druides ;
n'oublions pas que ces bardes étaient chrétiens. Aussi les pensées qu'on peut saisir dans le *Mystère des bardes* sont-elles
chrétiennes par bien des endroits ; tout ce qui n'y est pas
chrétien ressemble fort à des fantaisies demi-philosophiques
et demi-poétiques, vagues surtout et où l'esprit peut voir tout
ce qu'il veut. L'ancienneté de trois ou quatre termes, que l'on
ne sait s'il faut prendre dans leur sens antique et littéral ou
dans un sens dérivé, ne prouve pas nécessairement l'ancienneté du texte et de la doctrine. D'ailleurs, il n'y est pas parlé
des anciens druides ; aucun des traits qui nous sont fournis
sûrement par les auteurs anciens ne s'y retrouve, et l'on
n'aperçoit pas par quel point de jonction ces *triades* se peuvent rattacher à ce qu'on connaît du druidisme[1].

C'est donc uniquement par le canal des écrivains grecs et latins que nous savons quelque chose des croyances de l'ancienne Gaule. Trois chapitres de César, quelques lignes de Diodore et de Strabon, quinze vers de Lucain et une assertion du Grec Timagène reproduite par Ammien Marcellin, voilà nos seuls documents. On ne voit pas qu'aucun de ces écrivains ait fait une étude approfondie et vraiment scientifique de la religion gauloise; la plupart n'en parlent que par ouï-dire; aucun d'eux, pas même César, ne nous assure qu'il ait conversé longuement avec les druides et qu'il ait obtenu leurs secrets, au cas qu'ils en eussent. Malgré cela, le peu qu'ils ont su est la mesure de ce que nous pouvons savoir, et je crois que le plus sûr est encore de nous en tenir à ce qu'ils disent sans y rien ajouter de nous[1].

Or il y a, dans ce qui nous est dit de la religion gauloise, deux éléments qu'il importe de distinguer, d'une part les noms et les attributs des divinités, de l'autre les doctrines plus ou moins secrètes, plus ou moins élevées que les druides avaient peut-être sur la nature divine et sur la nature humaine.

Pour ce qui est des dieux gaulois, nos renseignements sont assez nombreux. Nous avons d'abord un chapitre de César; seulement, il se trouve que César désigne les divinités gauloises par des noms de divinités romaines : il les appelle Mercure, Jupiter, Apollon, Minerve, Mars. Bien plus, il reconnaît en eux les mêmes attributs que ceux des divinités de Rome.

« Les Gaulois disent que Mercure est l'inventeur des arts et le dieu du commerce; qu'Apollon guérit les maladies, que Jupiter

n'avons nul besoin de protester de notre respect pour la science de cet historien, notre confrère et notre maître. Il est possible qu'il ait eu l'intuition de la vérité, et que quelque jour des documents nouveaux lui donnent raison; mais *jusqu'ici* sa théorie nous paraît manquer de preuves suffisantes, et nous nous prononçons provisoirement pour une méthode plus rigoureuse et pour ainsi dire plus expectante. Voir d'ailleurs Leflocq, *Études de mythologie celtique*, 1869; Roger de Belloguet, *Le Génie gaulois*, 1868; Ferd. Walter, *Das alte Wales*, 1859; de Valroger, *Les Celtes*, 1879; Gaidoz, *Esquisse de la religion des Gaulois* et *Revue celtique*, t. I, p. 467 [les travaux de d'Arbois de Jubainville, *Introduction à l'étude de la littérature celtique* et *Le Cycle mythologique irlandais*, 1883 et 1884; Loth, *Les Mabinogion*, 1889].

1. Voir, sur ce sujet, des vues très justes et très sages émises par M. Gaidoz, *Esquisse de la religion des Gaulois*, 1879.

préside aux phénomènes célestes, que Minerve enseigne les
travaux et les arts, que Mars conduit la guerre[1]. » Ils ont
aussi une sorte de Pluton, un *Dis Pater*, qui règne dans la
nuit infernale[2]. César, qui est de tous les anciens celui qui
a le moins imparfaitement connu les Gaulois, affirme qu'il ne
voit presque pas de différence entre les idées qu'ils ont sur les
dieux et celles des autres peuples[3]. Il ne paraît pas que la
représentation des dieux par la figure humaine fût interdite
par leur religion[4].

D'autres documents nous font connaître les noms gaulois
d'un assez grand nombre de divinités. Les écrivains latins
nomment Teutatès, Hésus, Tarann[5], Bélen[6], et une sorte
d'Hercule appelé Ogmios[7]. Outre les divinités d'un caractère
général, les Gaulois avaient, comme les Grecs et les Romains,
un nombre infini de dieux topiques qui étaient attachés à un
fleuve, à une montagne, à une ville. Les inscriptions de
l'époque romaine nomment ces divinités locales, telles que
Vosegus, Arduenna, Borvo, Grannus, Nemausus, Luxovius et
beaucoup d'autres[8].

La domination romaine a-t-elle détruit ce panthéon gaulois?
On n'aperçoit pas quel motif les Romains auraient eu pour
proscrire des dieux qui, à les en croire, ressemblaient tant

1. César, VI, 17 : *Mercurium inventorem artium ferunt,... viarum atque iti-
nerum ducem, hunc ad quæstus pecuniæ mercaturasque habere vim maximam
arbitrantur... Apollinem morbos depellere, Minervam operum atque artificiorum
initia tradere, Jovem imperium cælestium tenere, Martem bella regere.*

2. Idem, VI, 18 : *Galli se omnes ab Dite patre prognatos prædicant; idque
ab druidibus proditum dicunt. Ob eam causam spatia omnis temporis non numero dierum, sed noctium finiunt.*

3. Idem, VI, 17 : *De his eamdem fere, quam reliquæ gentes, opinionem
habent.*

4. Idem, VI, 17 : *Mercurii sunt plurima simulacra.* — Lucien, dans son petit
traité intitulé *Hercule*, dit que les Gaulois représentaient ce dieu sous la figure
d'un vieillard.

5. Lucain, *Pharsale*, I, 445-446.

6. Hérodien, VIII, 5; Jules Capitolin, *Maximin*, 22.

7. Lucien, LV, *Préface ou Hercule*.

8. Il n'est pas de notre sujet de tracer le tableau complet de la religion gauloise.
Pour de plus amples détails, voir Gaidoz, *Esquisse de la religion des Gaulois*; de
Valroger, *Les Celtes;* Roger de Belloguet, *Le Génie gaulois* [les articles de Mowat
dans la *Bulletin épigraphique*, d'Allmer dans la *Revue épigraphique*, et la collection si précieuse de la *Revue Celtique*].

aux leurs. Aussi trouvons-nous un nombre infini d'autels et d'images qui, au temps de l'Empire, nous montrent ces dieux toujours adorés. Rome a si peu proscrit les dieux gaulois, que nous ne les connaissons que par l'époque romaine. On peut dire que, sans la domination de Rome, nous ne saurions rien de ces dieux, et que c'est grâce à elle qu'ils ont laissé quelques souvenirs et quelques traces. Mais il est bon d'ajouter que, dans les textes de l'époque romaine, ces dieux gaulois sont toujours présentés comme fort semblables aux dieux romains. Ils sont souvent adorés sur les mêmes autels et reçoivent un culte analogue. Les hommes associent Hésus à Vulcain et à Jupiter[1], leur Bélen semble un Apollon[2], Bélisama est une Minerve, et les mêmes Gaulois qui continuaient de vénérer leurs anciens dieux vénéraient également Jupiter, Diane, et même des divinités orientales, comme Isis, Sérapis et Mithra. Nous apercevons donc la persistance des dieux gaulois, mais nous n'apercevons pas la persistance d'une religion qui soit particulière à la Gaule.

IV

Il reste à nous demander si, en dehors des dieux et du culte, une doctrine intime et profonde a subsisté. Mais il faudrait d'abord démontrer que les druides, au temps de l'indépendance, aient possédé une doctrine secrète qui ait été supérieure aux opinions populaires, supérieure surtout aux pratiques abominables et au culte grossier. Or c'est là un point qui n'a jamais été bien démontré. L'opinion qui attribue aux anciens druides une doctrine secrète repose sur une phrase mal interprétée et inexactement citée de César. On la cite ainsi : *neque in vulgum disciplinam efferri volunt*. Mais

---

1. Orelli, n° 1993 [Mowat, *Inscriptions de Paris*, 1883].

2. Dans Jules Capitolin (*Maximin*, 22) le même dieu est appelé dans deux phrases consécutives Bélen et Apollon; cf. Hérodien, VIII, 3, et Orelli, n°° 1967 et 1968. Il faut faire toutefois cette réserve que l'assimilation de Bélen et d'Apollon n'apparaît que dans des monuments d'Aquilée; il y a là un motif de douter en ce qui concerne la Gaule. [Cf. Ausone, *Professores*, IV et X.]

dans le texte il n'y a pas *volunt*, il y a *velint*, et ce subjonctif
mérite bien qu'on y prenne garde[1]. C'est que César n'affirme
pas un fait, il exprime une simple supposition de sa part.
Après avoir rapporté que les druides s'interdisent de mettre en
écrit leurs chants sacrés; quoiqu'ils connaissent et emploient
l'écriture[2], il se demande quelles peuvent être les raisons de
cette règle qu'ils s'imposent, et il lui semble qu'il y en a
deux : *Id mihi duabus de causis instituisse videntur:* « L'une
serait qu'ils ne voudraient pas que cette connaissance se ré-
pandît dans la foule; l'autre serait qu'ils craindraient que
leurs élèves se fiant à l'écriture ne négligeassent la mémoire. »
Ce sont là deux explications que César présente, et il les
donne comme des conjectures personnelles.

On n'a pas non plus regardé d'assez près au sens du mot
disciplina qui est employé par César dans ce passage. Ce
terme se dit de tout ce qui s'apprend. Dans la phrase de César,
disciplina résume l'expression *ediscere magnum numerum
versuum* qui est dans la ligne précédente[3]. L'historien veut
parler de la connaissance des vers et des chants sacrés; il ne
songe nullement à la connaissance des dogmes particuliers.
Or nous savons que, chez tous les peuples anciens, les pon-
tifes et les prêtres avaient grand soin de cacher les formules,
les chants sacrés, les rites, les vers et le rhythme des prières,
souvent même le vrai nom des divinités, afin de se réserver
la possession de ces paroles puissantes et de ces hymnes auxquels les dieux ne résistaient pas. Un esprit moderne, pour
qui toute religion est un ensemble de dogmes, suppose d'abord
que les druides cachaient une doctrine; mais César, qui est
accoutumé aux pensées des anciens, remarque simplement
qu'ils possèdent un grand nombre de vers et qu'ils les cachent.
Cela est si vrai, que c'est seulement dans les phrases suivantes

1. César, VI, 14, édit. Fr. Kraner et Dittenberger, 1875, p. 249.
2. Ibidem : *Neque fas esse existimant ea litteris mandare, cum in reliquis
fere rebus publicis privatisque rationibus, græcis utantur litteris.*
3. Ibidem : *Magnum ibi numerum versuum* EDISCERE *dicuntur : itaque annos
nonnulli vicenos in* DISCIPLINA *permanent. Neque fas esse existimant ea litteris mandare.* — On voit qu'en toute cette phrase il s'agit de vers et non pas de
dogmes.

qu'il arrive à parler de leurs dogmes, et ici il n'est plus
question de secret : « Ils veulent persuader à tous que l'âme
est immortelle, et ils veulent qu'on le croie pour que les
hommes en aient plus de courage[1] ». Que les druides se soient
réservé la connaissance de chants sacrés, de formules ma-
giques, d'hymnes, de règles augurales, c'est ce qui se voit dans
les documents. Qu'ils se soient réservé aussi la connaissance
de quelques dogmes, c'est ce qui est possible, mais les textes ne
l'attestent pas. On ne peut, sur ce point, ni affirmer ni nier.

Secrète ou non, quelle était leur doctrine? Croyaient-ils à
un dieu unique, ou tout au moins à un dieu suprême? Sur
ce point si grave, nous n'avons aucun renseignement. Rien
qui ressemble à l'unité de Dieu n'est attribué aux druides par
les anciens[2]. Il est avéré qu'ils croyaient à l'immortalité de
l'être humain, ce qui n'est pas très étonnant, puisque tous les
peuples anciens y ont cru. Mais quelle était la nature de cette
immortalité, c'est ce qui est loin d'être clair. D'une part,
César dit que les druides enseignent que les âmes ne meurent
pas et passent d'un corps d'homme dans un autre corps

---

1. Une phrase de Pomponius Méla, III, 2, signale des écoles druidiques qui auraient été établies loin de la foule, *clam*, dans des cavernes ou des forêts. Il est
très possible qu'il ait existé quelques écoles de cette nature, mais Pomponius Méla
se trompe grandement quand il se figure les druides comme des hommes vivant
loin du monde. César les présente, au contraire, comme fort mêlés au monde et très
avant dans la vie politique. Ils formaient une aristocratie; ils jugeaient, ils figuraient
dans les comices d'élections et y présidaient peut-être. Qu'ils eussent quelque chose
de semblable à des couvents, cela est possible, et il est possible aussi que dans ces
retraites la religion druidique ait pris une teinte particulière; le druidisme était
peut-être beaucoup plus divers et complexe qu'on ne croit; mais qu'une partie
d'entre eux aient vécu en communautés dans des forêts, cela n'implique pas nécessairement que tout le corps ait eu un ensemble de doctrines secrètes. — M. Desjardins, dans sa *Géographie de la Gaule romaine*, t. II, p. 250, écrit : « Nous
avons été amené par nos réflexions personnelles à considérer les druides plutôt
comme des missionnaires étrangers que comme formant un sacerdoce séculaire
sorti des entrailles du pays. » Cette conjecture est ingénieuse; mais nous craignons
qu'elle ne puisse pas se concilier avec les textes de César, avec le grand pouvoir
judiciaire dont les druides étaient armés, avec l'influence politique qui leur était
accordée par la constitution, *mos civitatis* (VII, 33), avec leur richesse et leur
exemption d'impôts (VI, 14), enfin avec le rôle d'aristocratie que l'écrivain latin
leur attribue.
2. On a pensé que Lucain, I, 452, faisait allusion à ce dogme par ces mots :
Solis nosse deos aut solis nescire datum (de Belloguet, p. 131) ; mais cette interprétation nous paraît par trop hardie.

d'homme[1]. Lucain va plus loin : il parle d'une suite d'existences, toujours dans un corps, mais au milieu d'un autre
monde[2]. D'autre part, Pomponius Méla représente la vie fu-
ture des druides comme celle que se figuraient les Romains :
ce n'est pas une suite d'existences, c'est seulement une autre
vie, et elle se passe sous la terre, *ad manes, ad inferos*[3]. Or,
ce qui donne quelque poids à cette assertion de Pomponius
Méla, c'est d'abord que nous savons que les Gaulois avaient
un dieu infernal, un Pluton, un *Dis pater* qui possédait la
région de la nuit. C'est ensuite qu'ils avaient la coutume d'en-
terrer ou de brûler avec le mort les objets qui pouvaient leur
être utiles dans cette autre vie[4]. Beaucoup de sépultures gauloises nous montrent qu'on entourait le mort des armes et des
ustensiles dont il pouvait avoir besoin dans son existence sous
la terre. Un ancien prétend même que les Gaulois avaient
l'habitude d'aller consulter et interroger les morts sur leurs
tombeaux[5], tant on croyait qu'ils vivaient là. Il faut avouer
que de tels usages s'accordent mal avec la doctrine de la métempsycose ou avec celle de la résurrection dans un autre
monde.

Peut-être les idées des Gaulois étaient-elles très confuses,
très mêlées, et nous pouvons douter au moins qu'ils eussent
sur ces difficiles questions des dogmes bien arrêtés.

A en croire quelques auteurs grecs, les druides auraient

1. César, VI, 14 : *Non interire animas, sed ab aliis post mortem transire ad
alios.* Les mots *ab aliis, ad alios* ne peuvent s'entendre que de corps d'hommes.
Telle est au moins la pensée de César.

2. Lucain, I, 456 : *Regit idem spiritus artus orbe alio.* — Nous ne citons pas,
et pour cause, un passage souvent allégué de Plutarque (*De facie lunæ*, c. 26); il
n'a aucun rapport avec notre sujet. Il s'agit d'un récit entendu à Carthage sur des
îles imaginaires situées à cinq journées de navigation de l'île d'Ogygie, qui est déjà
elle-même une île imaginaire. Plutarque ne prononce d'ailleurs ni le nom des
druides ni le nom des Gaulois, et rien ne marque qu'il pense à eux. Nous sommes
donc surpris de voir ce passage cité par M. de Belloguet et encore par M. de Valroger.

3. Pomponius Méla, III, 2. Valère Maxime, II, 6, 10.

4. César, VI, 19-20. Pomponius Méla, ibidem : *Itaque cum mortuis cremant ac
defodiunt apta viventibus.*

5. Nicander, cité par Tertullien, *De anima*, 21 : *Et Nasamonas propria oracula
apud parentum sepulcra mansitando captare... et Celtas apud virorum fortium
busta eadem de causa pernoctare Nicander affirmat.*

eu les mêmes doctrines que Pythagore, et ce serait même ce philosophe ou un de ses disciples qui aurait instruit les prêtres gaulois. « Le système de Pythagore régnait chez eux, dit Diodore de Sicile[1]. » « Ils se conformaient, dit l'historien Timagène, aux dogmes et même aux règles de discipline que Pythagore avait institués[2]. » Cette opinion était fort répandue dans le monde grec; Origène la répète; il sait même le nom du disciple de Pythagore qui aurait porté sa doctrine aux druides[3]. De telles assertions nous mettent naturellement en défiance, et l'on ne peut s'empêcher de se demander comment Diodore de Sicile et Timagène, à supposer qu'ils sussent bien ce que Pythagore avait enseigné, pouvaient savoir ce qu'enseignaient les druides. Cette opinion courait dans le monde grec, sans qu'on sût comment elle y était venue; à peine est-il besoin de dire qu'elle a peu de valeur aux yeux de la critique historique.

Il est encore un trait que les anciens se plaisent à attribuer au druidisme. Aristote parlait déjà de « la philosophie » des druides, comme de celle des gymnosophistes indiens et des prêtres de Chaldée[4]. Diodore appelle les druides « des philosophes et des théologiens ». Même sans attribuer à ces deux mots toute la valeur qu'ils ont dans notre langue, on ne peut s'empêcher d'y voir un grand éloge. Strabon représente les druides comme s'occupant de l'étude de la nature et de celle de la morale[5], et Pomponius Méla les appelle des « maîtres de sagesse[6] ». On a parlé aussi de la science des druides. César remarque « qu'ils disputent sur le cours des astres, sur la forme et la grandeur de la terre, sur le système de la nature[7] ». Il est vrai que disputer sur le cours des astres n'est

---

1. Diodore, V, 28.
2. Timagène, cité par Ammien Marcellin, XV, 9.
3. Origène, *Opera*, édit. de 1733, t. I; p. 335, 882, 906. *Philosophoumena*, édit. Cruice, I, 22, p. 48.
4. Aristote cité par Diogène de Laerte, *proœmium*.
5. Strabon, IV, 4, 4; édit. Didot, p. 164 : Πρὸς τῇ φυσιολογίᾳ καὶ τὴν ἠθικὴν ἀσκοῦσι.
6. Pomponius Méla, III, 1.
7. César, VI, 14 : *Multa præterea de sideribus, atque eorum motu, de mundi ac terrarum magnitudine, de rerum natura... disputant.*

pas nécessairement connaître les lois de l'astronomie. S'ils enseignaient, comme le rapporte Strabon, que le monde n'aurait pas de fin, mais « qu'un jour le feu et l'eau l'emporteraient[1] », il faut reconnaître qu'une pareille théorie n'avait rien de bien scientifique. Pomponius Méla dit « qu'ils prétendent connaître la forme de l'univers et le cours des astres[2] ». Enfin Ammien Marcellin écrit « que les druides vivaient en communautés étroites, l'esprit toujours tendu vers la recherche des problèmes les plus élevés[3] ». Voilà encore des affirmations en présence desquelles la critique historique est assez embarrassée. Ces « philosophes et ces théologiens » étaient les mêmes qui « immolaient des hommes pour découvrir l'avenir dans leurs entrailles palpitantes[4] ». Ces « solitaires qui tendaient leur esprit vers la recherche des grands problèmes » étaient certainement des devins et des sorciers : toute l'antiquité l'atteste. Ces hommes qui, suivant Strabon, « étudiaient la physiologie », guérissaient aussi toutes les maladies avec quelques gouttes d'une eau bénite où avait trempé le gui sacré[5] ; ils avaient une autre herbe qui était aussi fort efficace, à la condition qu'on l'eût cueillie de la main droite passée dans l'ouverture gauche d'une tunique blanche[6] ; une troisième herbe guérissait toutes les maladies de tous les animaux, pourvu qu'elle eût été cueillie de la main gauche : mais le grand et capital remède pour sauver la vie d'un homme était d'immoler aux dieux un autre homme. Telle était leur médecine. Pour ce qui est de leur astronomie, Cicéron a connu intimement un druide, l'Éduen Divitiac, qui a été son hôte à Rome ; or Cicéron dit bien que « ce druide prétendait connaître le système de la nature », mais il ajoute aussitôt « qu'il

----

1. Strabon, IV, 4, 4, édit. Didot, p. 164 : Ἀφθάρτους λέγουσι τὰς ψυχὰς καὶ τὸν κόσμον; ἐπικρατήσειν δέ ποτε καὶ πῦρ καὶ ὕδωρ.

2. Pomponius Méla, III, 1 : *Scire profitentur.*

3. Ammien Marcellin, XV, 9 : *Druidæ ingeniis celsiores, ut auctoritas Pythagoræ decrevit, sodalitiis adstricti consortiis, quæstionibus occultarum rerum altarumque erecti sunt, et despectantes humana pronuntiarunt animas inmortales.*

4. Tacite, *Annales*, XIV, 30 : *Hominum fibris consulere deos.*

5. Pline, XVI, 95, 251.

6. Idem, XXIV, 63-64.

se servait de cette connaissance, et aussi des augures, pour annoncer l'avenir[1] ». Voilà un renseignement qui rabaisse les connaissances des druides à un emploi qui n'est pas précisément celui de la science. Pomponius Méla dit aussi que ces druides prétendent savoir « le mouvement des astres et la volonté des dieux[2] ». Était-ce astronomie ou astrologie? S'agissait-il de science, de poésie, ou simplement de divination et d'augurat? c'est ce qu'on ne saurait dire[3]. Il ne faut donc accepter qu'avec les plus grandes réserves les éloges, d'ailleurs très-vagues, que les anciens font de la philosophie et de la physiologie des druides. Leur métempsycose, si réellement ils avaient cette doctrine, pouvait être aussi naïvement matérielle que l'Érèbe des Grecs et des Romains. Leur science de la nature pouvait être aussi grossière et aussi conjecturale que celle des Étrusques. Avant d'apprécier et d'admirer de telles doctrines, il faudrait être bien sûr d'elles, il faudrait surtout en posséder l'expression exacte et le détail.

On observera encore que, si les druides avaient véritablement possédé quelques connaissances positives en astronomie, en médecine, en philosophie, il est infiniment vraisemblable que ces connaissances n'auraient pas été aisément rejetées par les Gaulois, et qu'elles auraient même pénétré dans le monde romain. Les Romains n'avaient aucun intérêt à s'en priver. On sait qu'ils empruntaient volontiers aux vaincus tout ce qui pouvait être utile, et que, comme dit Pline, ils étaient ardents à s'approprier tout ce que les autres peuples avaient de bon, *omnium utilitatum et virtutum rapacissimi*[4]. Ils n'ont rien pris aux druides.

Nous pouvons donc conserver de grands doutes jusqu'à ce

---

1. Cicéron, *De divinatione*, I, 41 : *In Gallia druidæ sunt, e quibus ipse Divitiacum Æduum, hospitem tuum laudatoremque, cognovi; qui et naturæ rationem... notam esse sibi profitebatur, et partim auguriis, partim conjectura, quæ essent futura, dicebat.*

2. Pomponius Méla, ibidem : *Motus siderum et quid dii velint scire profitentur.*

3. L'abréviateur de Trogue Pompée signale, comme Cicéron, le goût des Gaulois pour les pratiques augurales : *Augurandi studio Galli præter ceteros callent* (Justin, XXIV, 4).

4. Pline, XXV, 2.

que surgissent de nouveaux documents sur les doctrines secrètes du druidisme. Dès lors, il est bien difficile de dire si l'autorité romaine a volontairement combattu ces doctrines, et d'établir la mesure de ce qu'elle a détruit. Tout ce qu'on peut affirmer, c'est que les documents ne mentionnent aucune lutte à l'égard des croyances ou des théories druidiques; nul indice d'instructions données aux fonctionnaires romains à cet égard; nul indice d'un effort de l'autorité publique ou d'une résistance des populations. Une chose sans doute a disparu, ce sont les écoles druidiques. On ne peut pas constater que Rome les ait fermées par un acte d'autorité; mais on ne peut pas constater non plus qu'elles subsistent. Il semble bien que les druides n'enseignent plus.

Il est une autre remarque qu'on peut faire. Tous les textes qui permettraient de concevoir quelque haute idée des doctrines druidiques, sont des premiers temps de la domination romaine; ils sont de César, de Diodore, de Strabon, de Pomponius Méla, et le dernier est de Lucain. A partir de là, tous les textes relatifs aux druides prennent un autre caractère. Pline ne voit en eux que des magiciens, *magi*[1]; Tacite ne connaît d'eux que les sacrifices humains qu'ils font encore dans la Bretagne, et, en Gaule, leurs prédictions mensongères; puis on ne nous signale plus les druides que comme des diseurs de bonne aventure. Ammien Marcellin fait encore un grand éloge des druides, mais il nous avertit qu'il prend ses renseignements chez le Grec Timagène, qui vivait au temps d'Auguste; il s'exprime d'ailleurs sur eux au temps passé; il parle du druidisme comme d'une chose qui n'existe plus[2].

Il est visible, en effet, dans les documents et les faits de l'histoire, que dès le IIIe siècle il n'y a plus de doctrine druidique. Les dieux de la Gaule, tels que les monuments et les inscriptions nous les montrent, sont semblables aux dieux du monde romain; ils ont les mêmes attributs, les mêmes autels, les mêmes prêtres. L'intelligence gauloise, si nous en jugeons

<hr>

1. Pline, *Histoire naturelle*, XVI, 95, 249; XXV, 59, 106.
2. Ammien Marcellin, XV, 9.

d'après toutes les manifestations qui nous viennent de cette
époque, a exactement les mêmes conceptions que celle de l'Italien ou de l'Espagnol du même temps. S'il y a eu des différences, elles échappent à l'historien et, ne pouvant être constatées, elles sont du domaine de l'hypothèse. Partout, dans
cet Empire, la vie privée et la vie publique présentent les
mêmes habitudes. Écoles, langage, littérature, travaux et plaisirs, croyances et cérémonies, culte et superstitions, par tout
cela la Gaule paraît semblable au reste de l'Empire. Il n'est
pas jusqu'aux druides et aux druidesses de ce temps qui ne
ressemblent trait pour trait à tous les devins et magiciens qui
pullulaient alors dans toutes les provinces. Ainsi, il est bien
vrai qu'il existe encore des druides; mais quant à une doctrine druidique, quant à un ensemble d'opinions propres à
la Gaule, il n'en est jamais question.

Ce qui est encore bien digne d'attention, c'est que l'on
n'aperçoit pas que la religion chrétienne ait eu lieu de faire
la guerre au druidisme. On a supposé, à la vérité, qu'elle
avait pu, au contraire, se servir de lui, et le rallier à elle pour
renverser le polythéisme romain : pure hypothèse, qu'aucun
document, aucun mot, aucun indice n'autorise. La prétendue
affinité entre le druidisme et le christianisme n'a été remarquée par aucun des écrivains de ce temps-là et est, par conséquent, une opinion moderne[1]. Quand il serait avéré que les
deux religions eussent quelque analogie par certains côtés, ce
n'était pas une raison pour qu'elles fussent moins ennemies;
car on sait bien qu'en matière de religion, moins on est éloigné, plus on se déteste. Il n'y avait donc pas de motif pour
que l'Église chrétienne ménageât le druidisme, si elle l'avait

1. On a allégué un passage de saint Augustin, *Cité de Dieu*, VIII, 9; mais il
fallait le citer entièrement, et non pas quelques mots isolés. Saint Augustin dit qu'on
a vu chez toutes les nations du monde quelques hommes qui ont eu une certaine
idée d'un Dieu unique : « Il y a eu de ces hommes chez les Libyens, les Égyptiens,
les Juifs, les Perses, les Chaldéens, les Scythes, les Gaulois, les Espagnols. » Il
ajoute : « Tous ces hommes, à quelque nation qu'ils aient appartenu, nous les préférons aux autres hommes, et nous disons qu'ils se rapprochent de nous. » Cela peutil signifier que le druidisme eût des affinités plus particulières que la religion des
Égyptiens, des Chaldéens ou des Scythes avec le christianisme?

trouvé encore debout. Or jamais nous ne la voyons le combattre. Je ne connais aucun acte des conciles de la Gaule qui
nomme les druides. Je trouve encore leur nom dans Origène
et dans Clément d'Alexandrie ; mais ces écrivains marquent
eux-mêmes qu'ils ne connaissent les druides que par des
écrits antérieurs, comme ceux de Diodore de Sicile ou d'A-
lexandre Polyhistor[1]. Lactance nomme encore deux dieux gaulois, mais il s'exprime au temps passé, et ne dit nullement
qu'ils fussent encore adorés au moment où il écrit[2]. Sulpice
Sévère raconte la résistance que le paganisme opposa à saint
Martin ; mais il ne cite ni les druides ni aucun dieu gaulois,
et tous les détails de son récit conviennent au polythéisme romain[3]. Dans les écrits des Pères et des évêques de la Gaule,
on voit quels sont les dieux qu'ils poursuivent de leurs pré-
dications et de leurs anathèmes : c'est Jupiter, c'est Vénus,
c'est Minerve ; ce n'est ni Hésus, ni Teutatès, ni Bélen. Parmi
les opinions qu'ils s'efforcent de détruire, je ne vois pas la
doctrine de la métempsycose, ni rien qui semble spécialement gaulois. Parmi les superstitions qu'ils signalent, je ne
trouve pas la vénération particulière pour le chêne ni pour le
gui. Certains usages ont duré, tels que les feux de la Saint-
Jean ; mais ils sont communs à presque tous les peuples et
personne ne soutient qu'ils aient un caractère essentiellement
druidique.

Les fées et les lutins[4] ont persisté, mais comme objets d'imagination populaire plus que comme objet de religion. On sait
aussi que, jusqu'au viiie siècle, l'Église dans ses conciles et
les rois par leurs capitulaires, continuent à poursuivre certaines pratiques, telles que le culte des fontaines et l'évocation
des morts ; mais nul ne peut dire que ces pratiques appartien-

1. Origène ne fait que répéter les fables sur le pythagorisme des druides. Clément d'Alexandrie (*Stromates*, I) ne les mentionne qu'en citant Alexandre Polyhistor, qui vivait avant l'ère chrétienne.

2. Lactance [*Institutions divines*, liv. I], *De falsa religione*, 27 : *Galli Hesum
atque Teutatem humano cruore placabant.*

3. Sulpice Sévère, *Vita Martini*, 12-15, dans la Patrologie latine, t. XX,
p. 167-160 [et édit. Halm, p. 121 et suiv.]

4. Les *dusii*, dont parle saint Augustin (*Cité de Dieu*, XV, 23), sont assimilés
par lui aux δαίμονες des Grecs, aux *genii* des Romains.

nent plutôt à l'ancien druidisme qu'au polythéisme gallo-
romain ou germanique[1]; ce sont des superstitions qui appartiennent à tous les peuples; on les voit chez toutes les sociétés
à l'état barbare, et même dans les sociétés civilisées on les
retrouve chez les esprits incultes; elles vivent et vivront éter-
nellement dans le fond de l'âme humaine, car elles sont l'in-
firmité naturelle de l'humanité. Elles n'ont rien qui soit
propre aux Gaulois ni qui soit spécialement druidique. Il n'y
a pas, à notre connaissance, un seul document qui marque
que l'Église chrétienne ait rencontré en Gaule une religion
qui fût différente de celle du reste de l'Empire.

V

De cette étude des textes il nous paraît résulter deux choses :
la première, que les Romains, en proscrivant les pratiques
sanguinaires, en brisant la hiérarchie et l'unité d'organisation
du sacerdoce, n'ont pourtant jamais proscrit ni les dieux gaulois ni les druides; la seconde, que le druidisme, sans être
autrement persécuté, est pourtant tombé, et que les vieilles
croyances n'avaient plus aucune vie dans les derniers siècles
de l'Empire. La disparition de la religion gauloise n'a pas été
le résultat d'une mesure politique ou d'un acte de violence;
elle s'est faite insensiblement, spontanément, comme toute la
transformation sociale et intellectuelle de la Gaule.

Il n'était pas nécessaire de déclarer une guerre ouverte au
druidisme. Les religions peuvent mourir de mort naturelle,
lorsque l'esprit et la conscience les quittent. Avant César, les
druides avaien été un ordre puissant, riche, dominateur, et
l'historien avait remarqué qu'ils tenaient « la plèbe » fort au-
dessous d'eux. Après lui, ils ne paraissent plus comme caste
supérieure; ils sont de la plèbe. Autrefois ils avaient été les
juges de la Gaule; les crimes et les procès de tous avaient

1. Les Germains, qui n'avaient pas de druides, avaient le culte des fontaines et
des forêts (Tacite, *Germanie*, 9; Grégoire de Tours, *Historia Francorum*, II, 10;
cf. le concile de Leptines, l'*Indiculus superstitionum* dans Pertz, t. 1 des *Leges*,
p. 19, le capitulaire de 785 [p. 222 et p. 69, édit. Boretius]).

été portés devant eux[1]; en politique, on les avait vus intervenir dans l'élection des magistrats[2]; ils avaient eu des privilèges en matière d'impôts[3]. Ils avaient pratiqué seuls l'unique
espèce de médecine que la Gaule connût. Ils avaient tenu de
grandes écoles où la jeunesse des plus nobles familles gauloises venait recevoir l'instruction[4]. Tout cela disparut après
César et sous la domination romaine. L'autorité judiciaire leur
fut enlevée; les magistrats municipaux furent élus sans eux;
les exemptions d'impôts cessèrent; on ne crut plus à leur médecine; il s'ouvrit partout des écoles latines, et la jeunesse
gauloise y courut; aux vieux vers druidiques qu'il fallait vingt
ans pour se mettre dans la mémoire, on préféra les vers de
Virgile et d'Horace. Les druides n'eurent plus rien de ce qui
fait la force ou de ce qui donne au moins le prestige. Leurs
pratiques, qui avaient terrifié les générations précédentes,
n'inspirèrent plus que le dégoût. Leurs sacrifices humains,
réduits à un simple simulacre, firent sourire. Leurs sentences d'excommunication n'effrayèrent plus personne; elles
furent une arme impuissante qui, s'ils continuèrent à
s'en servir, ne nuisit plus qu'à eux-mêmes. Les Romains
n'eurent pas besoin de les persécuter; les Gaulois les aban-
donnèrent. Les esprits incultes purent leur rester assez longtemps fidèles; mais à la longue toutes les classes de la société,
à mesure qu'elles s'éclairèrent, se séparèrent d'eux, et quand
vint le christianisme, il n'eut même pas à les combattre.

1. César, VI, 13 : *Fere de omnibus controversiis publicis privatisque constituunt.... Si de hæreditate, si de finibus controversia est, iidem decernunt, præ-
mia pœnasque constituunt.... Considunt in loco consecrato. Huc omnes undique
qui controversias habent, conveniunt, eorumque judiciis decretisque parent.* —
[Cf. *La Gaule Romaine*, p. 25 et suiv.]

2. Idem, VII, 33 : *Magistratum qui per sacerdotes, more civitatis, esset
creatus.*

3. Idem, VI, 14.

4. Ibidem : *Sua sponte multi in disciplinam conveniunt, et a parentibus mit-
tuntur.* — Pomponius Méla, III, 2 : *Docent multa nobilissimos gentis.*

LES TITRES ROMAINS

DE

LA MONARCHIE FRANQUE

Il y a dans l'histoire de la royauté mérovingienne beaucoup
de choses qui étonnent d'abord nos esprits modernes et qui
déconcertent les idées qu'on s'est habitué à se faire sur cette
histoire. Les contradictions entre les documents anciens et ces
idées préconçues des modernes sont perpétuelles. Il semblerait que ces rois aient dû agir en oppresseurs d'une population conquise, et pourtant ils prennent souvent parmi les
vaincus leurs conseillers et même leurs soldats. On voudrait
qu'ils fussent les représentants d'une race nouvelle, et pourtant c'est dans la langue des indigènes qu'ils écrivent leurs
lois, leurs lettres, leurs actes de donation, de testament, d'affranchissement, et jusqu'à leurs arrêts judiciaires. Il serait
naturel et logique qu'ils eussent été les destructeurs de
l'ancien ordre de choses, et nous voyons pourtant que l'état
des personnes n'a pas été transformé, que le régime de la
propriété ne s'est pas modifié tout de suite, que l'administration elle-même a subsisté. Ces barbares auraient dû être des
hommes d'une nature simple et primitive, fort rebelles par
conséquent à la servilité et à la courtisanerie des Romains ;
et au contraire ils ont une cour et ils se font appeler Votre
Excellence. Ces faits sont indéniables. Si opposés qu'ils
puissent être aux idées subjectives des hommes d'aujourd'hui,
il faut bien que nos yeux s'accoutument à les voir, car ils sont
marqués en traits bien nets dans les documents de ce temps-
là. Le véritable historien ne se soucie guère de ce que les
faits passés se trouvent contraires aux conceptions d'esprit
d'aujourd'hui.

Ce qui est particulièrement un objet de surprise, c'est que
ces rois francs aient adopté des titres romains. Les érudits

ont constaté cet usage[1]. Les uns en ont exagéré la portée, les autres ont affecté de n'en pas tenir compte. Tout récemment même on l'a nié[2]. Nous voulons essayer de reproduire ce qu'il y a sur ce point dans les documents : non que ce sujet nous paraisse avoir une grande importance, mais simplement parce que rien n'est à négliger dans la science historique[3].

I

Nous dirons peu de chose du titre de proconsul que le prologue de la Loi Salique applique à Clovis[4]. Nous ne pensons pas que ce prologue ait une grande valeur comme document historique ; il n'est pas un texte officiel, et l'on n'en peut établir ni l'auteur ni la date. Les manuscrits qui le contiennent sont du ixe siècle, et il faut noter que plusieurs d'entre eux remplacent le mot *proconsulis* par un autre mot présentant à peu près les mêmes lettres[5]. Il serait donc très téméraire d'affirmer, sur une ligne unique et si peu certaine, que Clovis ait eu le titre de proconsul[6]. Encore faut-il faire une remarque : ce ne sont pas les auteurs du prologue, ce ne sont pas les copistes du ixe siècle qui ont pu inventer un titre si étrange. Loin de l'inventer, ils ne le comprenaient pas, et c'est justement pour cette raison que plusieurs copistes y ont substitué un autre mot plus en rapport avec les habitudes de langage de leur temps. Ce terme de proconsul leur est venu visiblement d'une époque ancienne. Une tradition vraie ou

---

1. Mabillon, *De re diplomatica*, édit. de Naples, t. I, p. 71-72. — Bréquigny et Pardessus, *Diplomata*, Prolégomènes, p. 160 et 190 ; texte, t. I, p. 31. — K. Pertz, *Diplomata*, p. 3. — A. Maury, *Musée des Archives nationales*, 1872, Introduction, p. 5. — Waitz, *Verfassungsgeschichte*, 3e édit., t. II, p. 187.

2. J. Havet, *La formule N. rex Francorum vir inluster*, dans la *Bibliothèque de l'École des chartes*, 1885.

3. [Cf. *La Monarchie franque*, p. 121.]

4. *Lex Salica*, édit. Pardessus, p. 345, édit. Hessels, p. 422 : *Quod minus in pactum habebatur idoneo per proconsulis regis Chlodovei fuit emendatum.*

5. Trois manuscrits portent *præcelsos*, trois *perculsus* ou *perculsis*, etc.

6. Le titre de proconsul existait encore dans la hiérarchie romaine au ve siècle ; mais il n'était attaché qu'à un petit nombre de provinces, et la Gaule n'était pas parmi ces provinces.

fausse leur disait que Clovis avait été paré d'un titre romain.

D'autre part, Grégoire de Tours affirme que Clovis porta avant sa mort le titre de consul. Ce n'est pas qu'il ait été consul réellement ni qu'on puisse le trouver dans les Fastes Consulaires. Grégoire dit seulement que l'empereur Anastase alors régnant lui envoya le diplôme de consul[1]. C'était un usage assez répandu; et il n'y a en effet aucune invraisemblance à ce que l'empereur ait concédé au chef franc, qui était devenu catholique et qui avait vaincu des ennemis de l'Empire, les codicilles et les ornements consulaires. Suivant le même historien, Clovis avait pris cette concession fort au sérieux et s'en serait montré fier; se revêtant de tous les insignes de la dignité romaine, il aurait accompli la cérémonie exigée de tout nouveau consul[2]. Or Grégoire était bien placé pour savoir la vérité sur ce point; car c'était à Tours, et dans la basilique même de Saint-Martin, que la cérémonie avait eu lieu : cérémonie bien vaine, si on la juge d'après nos idées modernes, mais qui peut paraître importante aux hommes de cette époque. La manière dont Grégoire la décrit marque bien qu'il ne la jugeait pas insignifiante. Beaucoup d'événements du règne de Clovis lui échappaient et étaient déjà oubliés au temps où il écrivait; mais cette réception d'un diplôme consulaire était un des événements qui étaient restés dans la mémoire des hommes ou qu'on avait soigneusement consignés dans les notes que consultait l'historien. Clovis, à

---

1. Grégoire de Tours, *Historia Francorum*, II, 38 : *Chlodovechus ab Anastasio imperatore codicillos de consulatu accepit.* — Junghans traduit à tort par « une lettre missive au sujet du consulat ». *Codicilli* a son sens propre de diplôme et, dans la langue de Grégoire de Tours, *de consulatu* ne signifie pas autre chose que le génitif *consulatus*; c'est déjà une forme du génitif. Il s'agit du diplôme de consul, *codicilli consulatus*, c'est-à-dire d'un de ces diplômes honoraires dont il est fait souvent mention dans les Codes et quelquefois dans les inscriptions; voir notamment Code Théodosien, VI, 22. — Sur les formules de ces diplômes consulaires, voir Cassiodore, *Lettres*, VI, 1, 10, 19. — [Voir *L'Invasion Germanique*, p. 500 et suiv.]

2. Grégoire de Tours, ibidem : *Tunica blatea indutus est et chlamyde, inponens vertici diadema; tunc ascenso equo aurum argentumque præsentibus populis manu propria spargens...* Cf. *Gesta regum Francorum*, c. 17. — Sur cette cérémonie, qui s'appelait *processus consularis*, comparer Symmaque, *Lettres*, VI, 40; Cassiodore, *Lettres*, VI, 1. Junghans suppose que le clergé fit de cela une fête religieuse; c'est une erreur; Grégoire de Tours ne dit rien de pareil.

partir de ce moment, « fut généralement appelé par les hommes du titre de consul[1] ».

L'historien ajoute même que Clovis aurait porté le titre d'Auguste. Ce titre n'était certainement pas celui des consuls ; il n'appartenait qu'aux empereurs. On a peine à croire, sur le seul témoignage de Grégoire de Tours, que l'empereur Anastase aït autorisé Clovis à prendre ce titre, ce qui eût été l'associer à l'Empire. Il n'est pourtant pas impossible que Clovis après de si éclatantes victoires ait eu un moment la pensée de prendre la place des empereurs ; il a pu se faire aussi que quelques Romains de la Gaule aient eu cette pensée[2]. Mais le plus vraisemblable est que la tradition s'était méprise sur un événement qui avait frappé les imaginations de tous, mais dont le détail précis n'avait été connu que de peu d'hommes. Ces choses étaient restées vagues pour ces générations d'hommes et le sont encore pour nous.

On devra remarquer que, pendant que le texte de Grégoire de Tours décrit « le consulat » de Clovis, l'index de ses chapitres parle de son « patriciat[3] ». Ces deux dignités étaient à peu près de même ordre dans la hiérarchie impériale. Les contemporains de Clovis confondirent-ils l'une avec l'autre, ou bien les reçut-il toutes les deux, c'est ce qu'on ne saurait dire. Le Burgonde Gondebaud avait été patrice, ainsi que l'Hérule Odoacre ; l'Ostrogoth Théodoric avait été consul[4]. La collation de ces titres à des chefs barbares était chose habituelle et ne doit pas surprendre. L'esprit le plus sceptique pourra encore supposer que Clovis, sans recevoir effectivement ces titres, les prît lui-même et fit croire qu'il les avait reçus.

---

1. Grégoire de Tours, ibidem : *Et ab ea die tamquam consul... est vocitatus.* Grégoire ajoute *et augustus ;* mais ce titre était absolument réservé aux empereurs ; si Anastase l'avait conféré à Clovis, c'eût été associer Clovis à l'Empire.

2. En Italie, au même temps, un Romain gravant une inscription y donnait à l'Ostrogoth Théodoric le titre d'*augustus* [Henzen, n° 5594].

5. Grégoire de Tours, édit. Arndt et Krusch, page 58 : *De patriciatu Chlodovechi regis.* — *L'Historia epitomata* est muette sur ce point. — Suivant Aimoin, I, 22, l'empereur Anastase aurait adressé à Clovis à la fois le titre d'*amicus imperatoris*, celui de *patricius*, et les ornements consulaires.

4. Malchus, *Fragmenta*, 10, édit. Didot, p. 119. *Cuspiniani anonymus, ad annum 472.* Jordanès, *De rebus gelicis*, c. 57. [Cf. *L'Invasion*, p. 506 et 457.]

Il y a sur tout cela beaucoup d'incertitude ; ce qu'on peut affirmer, c'est que les hommes ont cru qu'il avait été décoré du titre de consul romain ou de celui de patrice romain ; et ce dont on ne peut guère douter, c'est qu'il ait revêtu, ne fût-ce qu'un jour, les insignes correspondant à ces titres.

D'ailleurs le titre de consul ou de patrice n'était pas transmissible héréditairement. Aussi n'a-t-il été porté par aucun des successeurs de Clovis.

Il faut constater aussi, dès l'abord et pour éviter tout malentendu, qu'aucun des rois francs n'a porté le titre d'une véritable fonction romaine. Il est possible que Clovis et son père aient été *magistri militum* de l'Empire[1] ; mais ces fonctions leur furent personnelles. Leurs successeurs n'ont été ni maîtres des soldats, ni préfets, ni patrices. Aussi ne leur voyons-nous jamais aucun de ces titres. Les seuls titres romains que nous allons voir qu'ils portaient, n'étaient pas des titres de fonctions, mais seulement des titres d'honneur.

II

Les qualificatifs honorifiques avaient toujours été en usage dans la société romaine. Au temps de Cicéron chacun était, suivant son rang, ou *clarissimus* ou *splendidus* ou au moins *honestus vir*. Cinq siècles après Cicéron, les qualificatifs en usage étaient *vir illuster* ou *illustris*, *vir spectabilis*, *vir clarissimus*[2]. L'échelle de ces titres est bien marquée dans une loi de 412 qui, pour un même délit, fixe l'amende d'un *illustris* à 50 livres d'or, celle d'un *spectabilis* à 40, celle d'un clarissime à 20, celle d'un décurion à 5[3]. Déjà une loi de 317 avait marqué que l'*illustris* était au-dessus du *clarissimus*[4].

1. [Cf. *L'Invasion germanique*, p. 481 et suiv.]

2. Nous laissons de côté les titres de *vir egregius* et *vir perfectissimus* qui tombèrent en désuétude à la fin de l'Empire et ne passèrent pas aux âges suivants. Il y avait encore les épithètes *magnificus*, *magnificentissimus*, *eminentissimus* qui, sans avoir un sens bien précis, s'appliquaient aux grands personnages. [Cf. *L'Invasion*, liv. I, c. 10.]

3. Code Théodosien, XVI, 5, 52.

4. Code Justinien, III, 24, 1, *anno* 317 : *Quicumque non illustri sed tantum clarissima dignitate præditus.....*

L'usage et la loi déterminaient quels hommes pouvaient ajouter à leur nom l'une de ces épithètes. Ce n'était ni la richesse ni la naissance, c'était l'exercice des fonctions publiques qui conférait ce droit. Au commencement du ve siècle, il n'y avait guère qu'une trentaine de fonctionnaires dans tout l'Empire auxquels fût attaché le titre de *vir illustris*; c'étaient les quatre préfets du prétoire, les deux préfets de Rome et de Constantinople[1], les sept maîtres de la milice[2], les neuf plus hauts dignitaires ou ministres du palais impérial[3], enfin les patrices et peut-être les consuls. Quant aux gouverneurs de provinces, aux ducs des soldats, et même aux vicepréfets, ils n'avaient que le titre de *spectabilis*[4]. Les sénateurs n'étaient que clarissimes. La qualification de *magnificus* se joignait parfois à celle d'« homme illustre » ou la remplaçait[5]. Deux titres pouvaient être réunis par le même homme : il se pouvait qu'un consul fût à la fois *clarissimus* et *illustris*[6].

1. *Notitia dignitatum*, édit. Bœcking, t. II, p. 9 : *Sub dispositione virorum illustrium præfectorum prætorio*; ibidem, p. 15 : *Viri illustris præfecti urbis Romæ.* — Code Théodosien, *Gesta in senatu : Faustus v. c. et illuster præfectus prætorio*; ibidem, I, 6, 11 : *Vir illustris præfectus Urbi.* — Novelles de Valentinien, XXXIV, 1, § 16, édit. Hænel, p. 252 : *Illustri viro præfecto Urbis.* — *Corpus inscriptionum latinarum*, t. VI, n° 1656 : *Fabius Felix v. c. et inluster præfectus Urbi.* VI, n° 1666 : *Eusebius, v. c. et inluster.* VI, n° 1777 : *Vettio Agorio v. c. et inlustri.*

2. *Notitia dignitatum*, p. 17 : *Insignia viri illustris magistri peditum*; ibidem, p. 29 : *Viri illustris magistri equitum.* — Novelles de Théodose, VII, 4, édit. Hænel, p. 32 : *Viri illustres magistri militum*; p. 55 : *Permissu viri illustris magistri militum*; p. 104 : *Viros illustres magistros militum.*

3. *Notitia dignitatum*, t. II, p. 41 : *Insignia viri illustris præpositi sacri cubiculi*; p. 42 : *Viri illustris magistri officiorum*, etc. — Code Théodosien, édit. Hænel, p. 93 : *Martyrius vir illustris comès et quæstor.* I, 5, 3 : *Si quis ex officio viri illustris comitis sacrarum largitionum.* I, 8, 1 : *Viro illustri Eustathio quæstore suggerente.* — Novelles de Théodose, tit. II, p. 4 : *Maximinus vir illustris ex quæstore nostri Palatii.* — *Corpus inscriptionum latinarum*, VI, n° 1727 : *Illustrem sacri patrimonii comitivam.* VIII, n° 989 : *Inlustris viri magistri officiorum.*

4. *Notitia dignitatum*, t. II, p. 37, 38, 40, 56, 57, 59, 61, 63, 65. — Code Théodosien, *Gesta in senatu : Vir spectabilis vicarius præfecti Urbis.*

5. Code Théodosien, I, 1, 6 : *Eubulus illustris et magnificus.* — Code Justinien, I, 55, 8 : *Viri illustres et magnifici præfecti prætorio.* — Dans les inscriptions et dans les Codes on voit plusieurs fois un même personnage être qualifié tantôt *illustris*, tantôt *magnificus*; par exemple, dans une Novelle de Théodose, p. 54, Aétius a successivement les deux titres.

6. *Corpus inscriptionum latinarum*, V, n° 8120; VIII, n° 1412 [cf. note 1].

Ces titres étaient aussi usités dans la partie orientale de l'Empire que dans la partie occidentale[1]. A Constantinople on était *vir illustris* comme à Rome. Même ce mot *illustris* entra dans la langue grecque, et l'on écrivit ἰλλούστριος[2].

Il faut bien préciser le sens de tous ces termes. Ils ne désignaient pas des fonctions, mais des rangs parmi les fonctionnaires. L'*illustratus*, par exemple, était le degré le plus élevé de l'échelle des honneurs publics[3]. Pour dire d'un fonctionnaire qu'il était du premier ou du second rang, on disait qu'il était *vir illuster* ou *vir spectabilis*[4]; mais ni l'une ni l'autre expression ne signifiait proprement qu'il était fonctionnaire. La meilleure preuve de cela, c'est que les empereurs pouvaient, par diplômes, conférer ces titres sans aucune des fonctions correspondantes[5]. Une autre preuve est que l'homme conservait le titre quand il avait cessé d'exercer la fonction, et qu'il le communiquait même à sa femme[6].

---

1. *Notitia dignitatum*, édit. Bœcking, t. I, p. 9, 11, 12, 13, 14, 15, 18, 30, 54, 56, 57, 58, etc.

2. Novelles de Justinien, XV, 1 (édit. Zachariæ, XXXV, 1) : Τετιμημένος τῇ τῶν ἰλλουστρίων ἀξία. — Ibidem, XLIII, 1 (Zachariæ, LXV, 1). — Cf. S. *Nili epistolæ*, I, 54, 138, 144, 278. — Le même terme se retrouve encore sous la plume de Constantin Porphyrogénète lorsqu'il décrit les cérémonies du palais : Πρὸ πάντων ἰλλουστρίων. Ἐπιδίδωσιν αὐτῷ ὁ βασιλεὺς κωδικέλλιν ἰλλουστρίου (édit. Reiske, t. I, p. 387); ibidem, p. 394 : Ἔχων ἰλλουστρίαν ἀρχήν ; ibidem, p. 628 : Ἕως τῶν ἰλλουστρίων. — Cf. *Corpus inscriptionum græcarum*, n° 9017. — Noter que les Grecs avaient pourtant dans leur langue des termes équivalents : ils disaient ἐνδοξότατος, ἐπιφανέστατος, μεγαλοπρεπέστατος ; ces mots sont fréquents dans les Codes et correspondent à *illustris* et à *magnificus*.

3. Code Justinien, III, 1, 13 : *Magistratus majores usque ad illustratus gradum.* — Ibidem, I, 1, 15, § 8 : *In majore dignitate usque ad illustratus gradum.* — Code Théodosien, XII, 1, 187 : *Illustrium dignitas.* — Cassiodore, *Lettres*, I, 4 : *Cinctus honore illustratus.*

4. C'est en ce sens que l'on dit quelquefois : *Illustres personæ*, Code Justinien, IV, 32, 26 ; XII, 1, 16. *Illustres dignitates*, Novelles de Valentinien, X, 1, p. 161. — Les comtes hauts dignitaires sont distingués des autres comtes par les mots *comites illustres viri*, Code Théodosien, VIII, 8, 4. — C'est par suite des mêmes habitudes de langage que les tribunaux supérieurs, c'est-à-dire ceux des préfets et autres grands dignitaires, sont appelés *illustria judicia*, Novelles de Valentinien, XXXI, 1 ; de Marcien, I, 1, édit. Hænel, p. 254 et 273.

5. Voir dans Cassiodore la *formula illustratus vacantis*, VI, 16.

6. *Corpus inscriptionum latinarum*, V, n° 6268 : *Inlustris femina.* — [Ibidém, XII, n° 1524 : *Clarissima et inlustris femina.*] — Novelles de Valentinien, XX : *Illustrem feminam Pelagiam.* — Novelles d'Anthémius, III : *Dominæ illustri feminæ.* — Symmaque, IX, 37 : *Italica illustris femina.*

On pourrait supposer que l'emploi de ces titres était l'effet de la servilité des inférieurs. Ce serait se tromper. L'empereur même les employait. Lorsqu'il écrivait à un grand personnage, il était de règle qu'il lui donnât le qualificatif de son rang. Il écrivait, par exemple : « A Aétius, homme illustre, comte, et maître des soldats[1] » ; « A Aspar, homme illustre, maître des soldats[2] ». Même dans les actes législatifs il ne citait guère un personnage sans joindre à son nom l'épithète honorifique à laquelle il avait droit. Théodose II veut-il désigner les hommes qui ont travaillé à son Code, il énumère « Antiochus, questeur du Palais, homme illustre, Théodore, chef des bureaux de la *memoria*, homme *spectabilis* », et ainsi de suite[3]. Valentinien III a-t-il l'occasion de mentionner Sigiwald, maître des soldats, il ne manque pas de l'appeler *vir illuster*[4]. De même dans les procès-verbaux du sénat, Flavius Paulus, qui est préfet de la ville, est un *vir illuster*, et le vice-préfet Pomponius est un *vir spectabilis*[5]. Quand ces personnages s'écrivaient entre eux, il était de la plus rigoureuse courtoisie de se donner réciproquement ces titres[6]. Quand l'un d'eux mourait, son titre était gravé sur son tombeau ou sur sa statue. [Il en était de même sur les monuments élevés en leur honneur.] L'inscription portait : « A Marcianus homme illustre », « A Stilicon homme illustre », « A Ricimer homme illustre[7] ». On sait que nombre de bar-

1. *Aetio viro illustri comiti magistro militiæ*, Novelles de Valentinien, XVI, édit. Hænel, p. 472.

2. *Aspari viro illustri magistro militum*, Novelles de Théodose, VII, p. 55.

3. Code Théodosien, I, 1, 5 : *Antiochum virum illustrem quæstorem sacri Palatii, Theodorum virum spectabilem comitem et magistrum memoriæ, Ecdicium et Eusebium viros spectabiles magistros memoriæ.*

4. Novelles de Valentinien, IX, édit. Hænel, p. 159. Cf. ibidem, VIII : *Viri illustris Auxiliaris querela.... Per virum illustrem Apollodorum.* — Les exemples sont innombrables.

5. Code Théodosien, *Gesta in senatu*, édit. Hænel, p. 84 et 85.

6. Symmaque, *Lettres*, X, 56 : *Vir clarissimus et illustris comes Hesperius.* — X, 37 : *Viro illustri magistro officiorum.* — X, 59 : *Vir cl. et illustris Anthemius.*

7. *Flavio Stilichoni illustrissimo viro*, Corpus inscriptionum latinarum, VI, n° 1750. *Viri inlustris comitis et magistri militiæ Stilichonis*, ibidem, VI, n° 1189. *Flavio Stilichoni v. c. et inl. comiti et magistro militiæ*, ibidem, VI, n° 1752. — *Marciano v. c. et inlustri*, ibidem, VI, n° 1755. — *Flavius Ricimer vir illustris*

bares exerçaient des fonctions de l'Empire; ils avaient les
mêmes titres que les Romains.

Il n'est peut-être pas inutile d'observer que l'usage le plus
ordinaire était d'écrire ces titres en abrégé. Il y avait des
sigles usités à cet effet. Les lettres v. c. signifiaient *vir clarissimus*; v. s., *vir spectabilis*, v. i. ou v. inl., *vir inluster* [1]. Il
était rare que ces titres, qui étaient de pures décorations,
fussent indiqués autrement que par ces signes connus de
tous [2].

A ces divers titres correspondaient certaines formes de langage. Aux *illustres* on disait « Votre Excellence », « Votre
Grandeur », *Tua Excellentia*, *Tua Magnitudo*, *Tua Amplitudo*,
Tua Sublimitas [3], comme on disait à d'autres *Tua Spectabilitas* ou *Tua Claritas*. L'emploi de ces expressions était plus
qu'une marque de savoir-vivre : il était presque obligatoire.
La chancellerie impériale en faisait un usage habituel. Les
actes impériaux avaient toujours la forme d'une lettre. Quelques-uns étaient adressés au sénat, d'autres aux provinciaux,
quelques-uns à tous les gouverneurs des provinces. La plupart
étaient adressés spécialement à un fonctionnaire désigné, par
exemple à un préfet du prétoire, ou à un comte des largesses, ou à un maître des soldats [4]. En tête était le nom du

magister utriusque militiæ, Orelli, n° 1152. Novelles de Majorien, XI : *Ricimeri viro illustri*.

1. *Corpus inscriptionum latinarum*, V, n° 6268 : *V. inl.* — V, n° 6752 :
V. il. — V, n° 8120 : *Vir ill.* — VI, n° 1656 : *V. c. et inl.* — VI, n° 1666 :
V. c. et inl. — VI, n° 1664 : *V. c. et inl.* — VI, n° 1777 : *V. c. et inl.* — X,
n° 1550 : *V. i.* — X, n° 6850 : *V. c. et inl.* — [XII, n° 133 : *V. c. et inl.* — XII,
n° 1524 : *V. inl.*] — Orelli, n° 1152 : *V. i.*

2. Il y a toutefois des exemples de *vir inlustris* écrit en toutes lettres; *Corpus
inscriptionum latinarum*, VI, n° 1189 et 1790; VIII, n° 1412 et 5334. — Nous
n'avons pas besoin de dire que *inluster* ou *illuster*, *inlustris* ou *illustris* sont le
même mot; les quatre formes sont également usitées. — Notons aussi que l'on
disait indifféremment *vir inlustris* ou *inlustris vir* sans qu'il y eût la moindre
différence entre les deux manières de parler.

3. Code Théodosien, I, 5, 9 ; I, 5, 11 ; I, 7, 2 ; I, 9, 3, etc. — Novelles de
Valentinien, édit. Hænel, p. 137, 140, 141, 145, 146, etc.

4. Il arrivait quelquefois qu'une même lettre fût envoyée à plusieurs fonctionnaires ; mais chaque exemplaire était adressé spécialement à chacun d'eux ; voir,
par exemple, Novelles de Théodose II, p. 14 et 35. De même, à la suite de la Novelle
de Valentinien et Marcien, nous lisons ces mots : *Scripta Palladio viro illustri
præfecto prætorio, Hermogeni viro illustri comiti largitionum*, etc.

prince et celui du destinataire. Dans le corps de la lettre, le prince se servait de formules comme celle-ci : « Sache Ta Grandeur que », *sciat Magnificentia Tua* ; ou bien : « Ta Grandeur fera en sorte que », *Tua Magnificentia perficiet*[1]. La lettre se terminait assez souvent par une appellation au vocatif, *carissime atque amantissime*[2], et quelquefois par une formule d'adieu[3].

Les empereurs avaient aussi leurs titres particuliers. Outre celui d'*augustus*, qui était le plus vénéré de tous, ils avaient les épithètes *invictissimus, clementissimus, piissimus, sacratissimus.* Ils disaient *Nostra Serenitas, Nostra Majestas*[4]. Ces expressions étaient quelque chose de plus que pur orgueil ou pure servilité. Elles avaient une signification déterminée au milieu de l'usage universel des titres et des épithètes. Elles répondaient à certaines conceptions d'esprit des hommes de ces temps-là.

1. Novelles de Valentinien, tit. II, c. 3 : *Illustris Magnificentia Tua sciat* ; c. 4 : *Illustris Magnificentia Tua edictis propriis in universorum faciet pervenire notitiam ut....* — Ibidem, VI, 1 : *Illustris Magnificentia Tua sciat nos jussisse.* — Ibidem, X, 1, § 4 : *Illustris Magnitudo Tua in notitiam populorum perferet.* — Ibidem, XI, 1 : *Magnitudo Tua cognoscat.* — Novelles de Marcien, III, 1 : *Celsitudo Tua cognoscat.* — Novelles de Justinien, II : *Tua Sublimitas... festinet.* — Ibidem, IV : *Tua Eminentia... procuret.* — Ibidem, VIII, *epilogus* : *Hæc Tua Celsitudo cognoscens... procuret.* — Ibidem, XXI, *epilogus* : *Hæc Tua Magnificentia in perpetuum custodire festinet.*

2. Novelles de Valentinien, II, 3 et 4 : *Albine, parens carissime atque amantissime.... Storaci, parens carissime atque amantissime.* — Ibidem, VI, 1 : *Sigivalde, parens carissime atque amantissime.* — Novelles de Théodose, XIX : *Eudoxi, frater amantissime.* — Ibidem, XXI : *Flegeti, frater amantissime.* — On voit bien que les termes *parens* et *frater* sont des termes honorifiques.

3. Novelles de Valentinien, XVI, 1, p. 176 et XIX, 1, p. 188, : *Divinitas te servet per multos annos, parens carissime* ; ces actes sont adressés, l'un à Aétius, maître des soldats, l'autre à un préfet du prétoire. — Novelles de Majorien, I, p. 293 : *Optamus vos bene valere.* — On trouve parfois en tête une formule telle que celle-ci : *Have, Tatiane, carissime nobis,* Code Théodosien, IX, 21, 9. Cf. Novelles de Valentinien, I, 3, p. 124 et 130.

4. Code Théodosien, V, 14, 7 : *Serenitas Nostra decernit.* — Novelles de Valentinien, VII, 3 : *Serenitas Nostra.* — Novelles de Théodose, I : *Scita Majestatis Nostræ.* — Novelles de Marcien, I, 1 : *Majestatem Nostram adire.*

III

Viennent les Germains ; ces habitudes de langage, ces épithètes honorifiques et ces titres vont-ils disparaître ? Il serait aisé de montrer qu'ils se continuent dans la partie orientale de l'ancien Empire ; ils se continuent également dans la partie occidentale, c'est-à-dire dans les royaumes germains.. Si nous ne regardons que le royaume des Francs, nous observons que le titre de *vir clarissimus* a naturellement disparu, puisqu'il ne pouvait s'appliquer qu'à des hommes qui fussent sénateurs de Rome. Celui de *vir spectabilis* subsista peu de temps, pour un autre motif que la suite des faits va montrer. Celui de *vir illuster* fut d'un usage aussi fréquent, pour le moins qu'au temps de l'Empire.

Avant de chercher si les rois se parèrent de ce titre, nous allons marquer qu'il a appartenu à d'autres qu'aux rois. Il est d'abord facile de constater que les deux mots *vir illuster* ou *illuster vir* se rencontrent dans les documents mérovingiens un nombre incalculable de fois. On observe ensuite que cette expression ne désigne jamais ni la gloire personnelle d'un homme, ni son mérite, ni son courage à la guerre. Elle ne désigne pas davantage l'éclat de la naissance, et il n'existe pas chez les Francs une caste d'hommes illustres. L'expression *vir illuster* est un titre, et ce titre est attaché, comme sous l'Empire romain, à des dignités ou à des fonctions du gouvernement monarchique.

On voudrait étudier chronologiquement l'extension du titre *vir illuster* aux fonctionnaires mérovingiens. Si l'on se place aux débuts de l'État franc, vers 486, on n'aperçoit aucun officier qui, d'après les principes romains, ait eu droit à ce titre. Les comtes que Clovis plaça dans les cités étaient fort au-dessous des personnages que les Romains avaient qualifiés d'illustres[1]. A peine étaient-ils les égaux des gouverneurs de

---

1. Le testament de Perpetuus, écrit en 475, nomme un comte Agilo, et ne le qualifie pas *vir illuster*. *Diplomata*, Pardessus, t. I, p. 23 et 25.

provinces, lesquels n'avaient été que des *spectabiles*. Nous avons, à la vérité, un diplôme attribué à Clovis où ses comtes sont déjà qualifiés *viri illustres* [1]; mais il y a de fortes raisons de douter que cet acte, au moins sous la forme où il nous est parvenu, soit authentique [2]. La phrase même où le titre de *viri illustres* est donné aux ducs et aux comtes est une de celles qui soulèvent le plus d'objections. On a les mêmes doutes au sujet d'un diplôme de Clotaire Ier, de 539, où la même expression se rencontre [3]. Il n'est donc pas très sûr que sous Clovis et sous ses fils ce titre ait appartenu aux fonctionnaires du royaume franc. Au moins n'avons-nous sur cela aucun indice certain.

Mais nous ne devons pas négliger d'observer que ce titre était déjà usité dans d'autres États voisins. On le trouve en tête du *Breviarium Alarici*, qui est daté de l'année 506; il est appliqué, non pas à tous les comtes du royaume wisigoth, mais au moins au comte Goiaric, qui était un des plus hauts dignitaires de la cour de Toulouse [4]. Dans le même document, les comtes des provinces ont seulement le titre de *viri spectabiles* [5]. Si l'on s'en rapportait complètement à ce texte, l'usage aurait été, dès l'année 506, dans la Gaule méridionale, que le roi eût le titre de *gloriosissimus* [6], les fonctionnaires du plus haut rang celui d'*illuster*, les simples comtes celui de *spectabilis* : ce qui nous reporte justement aux règles en vigueur dans l'Empire.

---

1. Pardessus, *Diplomata*, t. I, p. 51 : *Chlodoveus.... Notum sit omnibus episcopis, abbatibus, et illustribus viris magnificis ducibus, comitibus, domesticis, vicariis, grafionibus, centenariis.*

2. Voir Pardessus, p. 50, note 4. Même opinion dans Junghans, *Childeric et Chlodovech;* p. 144 de la traduction.

3. *Diplomata*, Pardessus, n° 136 : *Omnibus episcopis, et illustribus viris magnificis ducibus, comitibus, domesticis, grafionibus.* Ce diplôme a été publié par Pérard, *Recueil de pièces servant à l'histoire de Bourgogne*, 1665, p. 3. On n'en a pas l'original.

4. *Lex romana Wisigothorum*, édit. Hænel, p. 1 : *Ordinante viro illustri Goiarico comite.*

5. Ibidem : *Commonitorium Timotheo viro spectabili comiti.* — De même Anianus, qui signe l'exemplaire, se qualifie *vir spectabilis.*

6. Ibidem, p. 4 : *Anianus vir spectabilis ex præceptione domini nostri gloriorissimi Alarici regis hunc codicem subscripsi.*

Vers la même époque, l'évêque et ministre Avitus, écrivant
aux rois burgondes, ne leur donne pas la qualification
d'illustre ; mais il la donne à plusieurs grands personnages,
tels que Apollinaris, Arigius, Ansemund[1] ; Grégoire de Tours
donne aussi la qualification de *vir inluster* à un fonctionnaire
du roi burgonde[2]. Nous voyons d'autre part, par le recueil de
Cassiodore, que l'usage des titres avait subsisté dans le
royaume des Ostrogoths : le titre de *vir illuster* est donné
officiellement aux hauts fonctionnaires, aux patrices[3], aux
préfets[4], même à de simples gouverneurs de provinces[5]. Il est
appliqué indifféremment aux fonctionnaires romains et aux
fonctionnaires goths[6].

Avec les communications continuelles que les divers
royaumes de l'Occident avaient entre eux, et qu'ils avaient
aussi avec Constantinople, il était inévitable que l'usage des

1. Avitus, *Opera*, édit. Peiper, p. 43 : *Vir inlustris Laurentius* ; p. 56 : *Viro
illustri Apollinari* ; p. 66 : *Viro illustrissimo Apollinari* ; p. 78 : *Viro illustrissimo Arigio* ; p. 83 : *Viro illustrissimo Ansemundo* ; p. 95 : *Viro illustrissimo
Rucloni*.

2. Grégoire de Tours, *Historia Francorum*, II, 32 : *Habebat secum virum
inlustrem Aridium*.

3. Cassiodore, *Lettres*, I, 10 : *Boetio viro illustri et patricio Theodoricus rex*.
Ibidem, I, 15 ; I, 20 ; III, 5 ; IV, 5, etc. — Cf. I, 27 : *Cæliani atque Agapiti
illustrium virorum*. I, 39 : *Illustris Magnificentia Tua*. III, 6 : *Illustri et magnifico viro Importuno patriciatus culmen indulsimus*. III, 8 : *Illustris viri comitis
sacrarum largitionum*. III, 29 : *Illustris et magnifici viri Paulini*. Voir surtout,
VI, 11, la formule *patriciatus vacantis*.

4. Ibidem, I, 32 : *Agapito viro illustri præfecto prætorio... Artemidoro
illustri viro urbanæ præfecturæ fasces indulsimus*.

5. Ibidem, II, 7 ; III, 23 : *Colossæo viro illustri comiti... ad Sirmiensem provinciam proficiscere, illustris cinguli dignitate præcinctus*. Cf. III, 25 ; IV, 11.
— Il y a aussi des *viri spectabiles* : II, 11 ; II, 21 ; il y a aussi des *clarissimi*, V,
6 ; V, 31. Un vice-préfet des Gaules est *vir spectabilis*, III, 17.

6. Ibidem, I, 40 : *Assuin viro illustri comiti... Illustris Sublimitas Tua*. —
IV, 12 : *Marabado viro illustri comiti*. — IV, 17 : *Idæ viro sublimi duci*. —
IV, 22 : *Illustri viro comiti Arigerno*. — IV, 39 : *Theodahado viro illustri*. —
IV, 37 : *Theodagundæ illustri feminæ*. — Dans la lettre III, 13, un certain
Siniwald, gouverneur du Samnium, est qualifié *vir senator*, et le roi lui dit
Spectabilitas Tua. — IX, 12 : *Vitigiselo viro spectabili*. — IX, 14 : *Gildiæ viro
sublimi*. — VIII, 28 : *Cunigasto viro illustri*. — Noter que ce n'est pas seulement
Théodoric qui emploie cette forme de langage ; c'est Athalaric, c'est Amalasunthe,
c'est Théodat. — Il importe d'ailleurs assez peu que les rédacteurs de ces lettres
fussent des Romains ; l'usage ne subsistait pas moins, et appliqué à des Goths. Cf.
Marini, *Papiri Diplomatici*, n° 79 : *Gundihild illustris femina* ; ibidem : *Gun-
dulus vir inlustris* ; n° 86 : *Felithane vir sublimis*.

mêmes titres se répandit dans l'État franc. Le pape Vigile
écrivant à un évêque de Gaule et ayant à parler d'un fonctionnaire franc nommé Mundéric, accompagne son nom du
titre de *vir illuster*[1]. Cela ne prouve pas forcément que Mundéric portât ce titre ; mais à tout le moins le pape croyait
qu'il le portait. De même, le pape Pélage qualifie de *vir
magnificus* un envoyé d'un roi franc[2]. Dans un capitulaire de
Chilpéric, les *optimates*, qui étaient les dignitaires du Palais
mérovingien, sont appelés *viri magnificentissimi*[3], comme
l'étaient les *proceres* du Palais impérial. Une lettre de Childebert II qualifie un optimate *illuster vir*[4]. Il y a une fonction à laquelle le titre de *vir illuster* a dû se trouver dès
l'abord attachée : c'est celle de patrice. Le patrice romain
avait été un *illustris* ; on admettra sans peine que le patrice
mérovingien ait gardé le titre[5]. Quant aux ducs et aux comtes,
il n'y a pas de texte précis qui montre qu'ils aient été, dès le
vi[e] siècle, décorés du titre d'homme illustre.

Cela ne se voit bien que dans les documents du viie siècle.
Ici nous trouvons, sans nul doute possible, le titre de *vir
illuster* appliqué aux fonctionnaires royaux. Le testament de
Bertramn, écrit en 615, le donne aux maires du Palais et
même à de simples comtes[6]. Dans une charte de 631, un certain Landégisile se qualifie *vir illuster*, et il donne le même
titre au comte Barontus[7]. L'auteur de la Vie de Désidérius de

---

1. Vigile, *Epistola ad Cæsarium episcopum*, Bouquet, IV, p. 59 : *Interrogationem Theodeberti regis qua nos per Modericum virum illustrem legatarium
suum credidit requirendos.*
2. Pélage, *Epistola ad Childebertum*, Bouquet, IV, p. 71 et 74.
3. *Capitularia*, édit. Boretius, p. 8.
4. Dans Bouquet, IV, p. 82 : *Illustri viro Sennodio optimate.* — De même,
Fortunat, dans sa Vie de saint Germain, c. 20, donne le titre de *vir illuster* à un
certain Waddo, conseiller du roi ; de même à un certain Attila, *regalis aulæ domesticus* (c. 61). — [Cf. *La Monarchie franque*, p. 140, 143, 159, etc.]
5. Sur les patrices mérovingiens, voir Grégoire de Tours, *Historia Francorum*,
IV, 24 ; Marculfe, I, 8 ; I, 35 ; *Diplomata*, Pardessus, n° 378, Tardif, n° 21 ; *Vita
S. Præjecti*, c. 10 ; *Vita S. Leodegarii*, c. 5 et 9.
6. *Testamentum Bertramni*, Pardessus, n° 230, t. I, p. 201, 209, 211 : *Viri
illustris Sigileni... Vir magnificus Baudechisilus... Virum illustrem Gundolandum, majorem domus... Viris illustribus Bradoni et Marnchario majoredomus.*
— [Cf. *La Monarchie franque*, p. 210.]
7. *Diplomata*, n° 253 ; c'est un acte de partage de succession : *Placuit atque*

Cahors cite un diplôme royal qui donne à Désidérius, alors
trésorier du Palais, le titre de, *vir illuster*[1]. Et de même,
Génésius, comte d'Auvergne, est qualifié *vir illustris* par l'auteur de la Vie de saint Præjectus[2]. On remarque que, dans le
prologue de la Loi des Bavarois, les quatre personnages que
Dagobert a chargés de rédiger la loi, sont appelés *viri illustres*;
cette épithète fait allusion, non à la notoriété personnelle,
mais à la fonction et au rang des quatre personnages[3].

Dans les diplômes que nous possédons en originaux, le
titre de *viri illustres* est plusieurs fois donné à des fonctionnaires du roi franc. Clotaire II, par exemple, confirme un
testament en faveur de l'abbaye de Saint-Denis; l'acte royal
est adressé à plusieurs fonctionnaires désignés nominativement, et dont les noms sont précédés de l'épithète *inlustribus*[4].
De même un diplôme de 631 est adressé à un duc Wandelbert et à un *domesticus* Gaganric, lesquels sont qualifiés *viri
inlustres*[5]. Un autre de 640 est adressé à deux *viri inlustres*
qui sont le même duc Wandelbert et le *graf* Ébrulf[6]. Un
autre de 653 porte la signature d'un maire du Palais
qualifié *vir inluster*, et la même qualification est donnée au
comte du Palais Aigulf, au patrice Auderd, au *domesticus*
Ermenric et à cinq autres personnages[7]. Ailleurs, le roi parle

---

*convenit inter viro illustri Landegisilo qui ad vicem illustræ matronæ Teudi-
lanæ.... Ut præceptio illustri viro Baronto comite data edocet.* — La charte de
Théodétrude, n° 241, est signée par un Berthelmus *vir illustris*.

1. Bouquet, III, p. 529.; Baluze, *Capitulaires*, I, 141 ; Pardessus, *Diplomata*,
II, p. 3.

2. *Vita S. Præjecti*, dans les *Acta Sanctorum ordinis S. Benedicti*, II, p. 640.
Vita S. Amandi, 16, ibidem, p. 716.

3. *Lex Baiuwariorum*, Pertz, *Leges*, III, p. 215, 216, 259 : *Dagobertus rex
gloriorissimus per viros illustres Claudium, Chadoindum, Magnum, Agilulfum
renovavit:* — Il est vrai que ce prologue ne fait pas corps avec la loi, et il n'est
pas probable qu'il soit de même date qu'elle; les mots *quæ usque hodie perse-
verant* semblent dénoter une époque ultérieure.

4. *Archives nationales, Cartons des rois*, Tardif, n° 5. Cette charte est très
mutilée; les premières lettres qu'on y lit sont... *bus Chrodegar...; ...bus* terminait les mots *viris inlustribus* ; *Chrodegar[io]* commençait l'énumération de deux
ou plusieurs noms propres.

5. Tardif, n° 7 : *Rex Francorum viris in[lustribu]s Vuandelberto duci,
Gaganrico domestico, et omnibus agentibus.*

6. Ibidem, n° 9.

7. Ibidem, n° 11.

d'un certain Daobert à qui il donne le titre de *vir inluster*[1]. Ailleurs encore, il nomme un certain Ursinus qu'il qualifie de même[2]. Dans tous les actes de jugement que nous possédons, le titre *inluster vir* est donné au comte du Palais[3].

Les formules mérovingiennes nous font constater l'usage général de ce titre. Déjà dans le recueil d'Anjou, qui est le plus ancien, les mots *illuster vir* sont accolés au nom du comte[4]. Il en est de même dans les recueils, dits de Bignon et de Merkel, et dans celui de Tours[5]. Marculfe donne la formule des lettres que le roi ou sa chancellerie adresse à un comte ; elle porte en tête : *Ille rex Francorum viro inlustri illi comiti*, c'est-à-dire : « Un tel, roi des Francs, à l'homme illustre un tel, comte »[6]. Il donne aussi des modèles pour les lettres qu'un particulier peut avoir à écrire aux dignitaires du Palais ou aux fonctionnaires royaux, *ad viros illustres*[7].

Nous voyons même que, dès la seconde moitié du viie siècle, ce titre était donné d'une manière générale à tous les grands[8]. Un roi déclare en 653 qu'il a pris une décision « avec le conseil des évêques et de ses grands, hommes illustres[9] ». On en vient à désigner ainsi tous les grands de l'ordre laïque, par opposition à ceux de l'ordre ecclésiastique. Ceux-ci ont le titre

1. Tardif, n° 4 : *Inlustri viro Daobertho.*
2. Ibidem, n° 6 : *Vir inluster et fidelis noster Ursinus.*
3. Ibidem, n° 28 : *In quantum inluster vir Ansoaldus comes palatii testimuniavit.* — N° 30 : *Inluster vir Warno comes palatii nostri.* — N° 38 : *Inluster vir Bercharius... inluster vir Drogo.* — N° 39 : *Inluster vir Adalricus.* — N° 45 : *Inluster vir Grimbertus comes palatii.*
4. *Formulæ Andegavenses,* 32 : *Illuster vir ille comes* ; n° 50 : *Ante viro illustri illo comite.* — [Nous donnons ici au texte des Formules et de plusieurs diplômes l'orthographe classique, afin d'éviter toute confusion sur les cas employés. Il est à peine besoin d'avertir qu'elle n'est ni celle des manuscrits ni celle de l'époque.]
5. *Formulæ Turonenses* (*vulgo Sirmondicæ*), 26 : *Convenit inter inlustrem virum illum et illum.... Dedit vir inluster ille.* — Ibidem, 29 : *Ante inlustre viro illo.* — *Bignonianæ,* n°* 7 et 9 ; *Merkelianæ,* n° 28.
6. Marculfe, I, 28 ; Rozière, n° 79. Ibidem, I, 2.
7. Idem, II, 50 et 51 ; Rozière, n°* 666 et 722.
8. Idem, I, 9 : *Viros inlustres illos et illos* ; I, 17 ; I, 31. — *Vita S. Ansberti,* 4 : *Quidam illustris Rotbertus, gerulus annuli regis Chlotarii.... Illustris Siwinus* (*Acta Sanctorum ordinis Benedicti,* II, p. 1049). — *Vita S. Amandi,* 15 : *Virum illustrem Dadpnem* (ibidem, p. 716).
9. Tardif, n° 11, Pardessus, n° 522 : *Cum consilio pontefecum et inlustrium virorum nostrorum procerum.*

de *viri apostolici*, ceux-là sont des *viri inlustres*[1]. Le roi adresse ses actes « à tous hommes apostoliques, ses pères en Jésus-Christ, évêques et abbés, ainsi qu'à tous hommes illustres, ducs et comtes[2] ». Dans ses jugements, il déclare qu'il a siégé « avec tels et tels évêques, qui sont hommes apostoliques, et avec tels et tels hommes illustres, qui sont ses optimates, ses sénéchaux, ses référendaires[3] ». Dès la fin du viie siècle, nous rencontrons le titre appliqué à tous les agents du pouvoir sans distinction[4], et dans un diplôme de 716 nous le voyons appliqué à de simples fermiers des douanes[5]. L'usage se continua durant tout le viiie siècle, même sous les Carolingiens[6]. Encore en 877, l'ensemble des fonctionnaires laïques est désigné par l'expression *illustres viri*[7].

1. Cette distinction est très nette dans les documents du vi^e, du viie et encore du viiie siècle. — Il n'y a pas à s'étonner que les hagiographes du ixe et du xe donnent parfois le titre de *vir venerabilis* à un comte ou celui de *vir illustris* à un évêque (p. ex. *Vita Aicadri*, c. 7, *Acta Sanctorum ordinis Benedicti*, II, p. 956). C'est ainsi que l'auteur de la Vie de saint Bertin, c. 16, applique l'épithète *venerabilis* au roi Childebert. Tous ces termes sont confondus à partir du ixe siècle ; jusque-là chacun d'eux avait eu son sens précis et son application spéciale.

2. Marculfe, I, 2 : *Ille rex viris apostolicis patribus nostris necnon inlustribus viris illis comitibus*. — Ibidem, II, 49 : *Omnibus apostolicis domnis et patribus necnon et inlustribus viris patriciis, ducibus, comitibus*. — Ibidem, I, 25 : *Apostolico viro illo aut illustri viro illo*. — Cf. Pardessus, n°s 58, 136. — Dans un acte de 662 en faveur de Saint-Bertin, le titre *viris illustribus* est appliqué à tous les grands de l'ordre laïque (Cartulaire de Saint-Bertin, p. 25) ; et dans un acte de 685 pour le même monastère, Amalfrid est qualifié *illuster vir* (ibidem, p. 29), et l'acte se termine par la *subscriptio illustrium virorum* (p. 31).

3. Tardif, n° 32, Pardessus, n° 429 : *Cum nos in palacio nostro una cum apostolicis viris Sygofrido, Constantino, Gribone et Ursiniano episcopis, necnon et inlustribus viris Ragnoaldo, Nordeberto, Ermenfrido optimatis, Madelulfo, Erconaldo gravionibus, Benedicto et Chardoino seniscalcis, resideremus*. De même, Tardif, n° 33.

4. Idem, n° 23, Pardessus, n° 397 : *Theudericus rex Francorum viris inlustribus omnibus agentibus*.

5. Idem, n° 47, Pardessus, n° 496 : *Chilpericus rex Francorum viris inlustribus omnibus telonariis Massiliensis*.

6. Capitulaire de 779, Boretius, p. 47 : *Episcopis, abbatibus, virisque inlustribus comitibus*. — Voir les *Formulæ Marculfinæ ævi Carolini*, dans l'édition Zeumer, p. 116, 122, 123, 124. Toutefois l'expression devient plus rare sous les Carolingiens.

7. Capitulaire de Kiersy, 877, c. 1. — Mêmes expressions dans le capitulaire de Coulaines, 844, c. 1. — Mêmes expressions encore en 881 ; Hincmar, *Capitularium in synodo apud S. Macram*, c. 3, Migne, I, col. 1073. — De même encore, Hincmar, dans une lettre, appelle *illustres viri* deux personnages, le comte Régimund et un certain Stéphanus (*Lettres*, 22, Migne, II, col. 134), qu'il appelle aussi *viri nobiles* ;

Il est donc avéré que les mots *vir illuster* ou *illustris* ont conservé le sens qu'ils avaient eu sous l'Empire. Ils ont continué à former un titre pour les dignitaires et fonctionnaires du pouvoir. Seulement il est arrivé que le titre a reçu une application plus étendue. Peu à peu un plus grand nombre d'hommes se sont élevés jusqu'à lui. Après les patrices et les maires du Palais, après les optimates et les hauts dignitaires, les simples comtes l'ont obtenu ou l'ont pris. Des fonctions qui sous l'Empire auraient donné droit tout au plus au titre de *spectabilis* conférèrent le titre d'illustre[1].

C'est que l'usage des titres et des épithètes honorifiques, issu de la société romaine, est allé croissant dans la société mérovingienne. Un évêque était toujours un *vir apostolicus*; un abbé un *vir venerabilis*[2]. Le titre de *vir magnificus*, qui avait été très honorable et très rare au temps de l'Empire, se prodigua à tel point, que nous voyons dans les actes et les formules qu'un simple propriétaire le prenait[3]. Le plus mince officier municipal, en un temps où les officiers municipaux n'étaient plus rien, se donnait pour le moins le titre de *vir laudabilis*[4].

On doit faire encore une remarque : c'est que les deux

les deux expressions semblent synonymes. — Lettres de Jean VIII, n° 158, *anno* 878 : *Comitibus aliisque personis illustribus*. — Ibidem, n° 189, *anno* 879 : *Rostagni illustris viri conjux*. — Cf. Aimoin, *Vita Vincentii*, c. 20 (Patrologie, CXXVI, col. 1024) : *Georgius quidam vir illuster*. Ratbert, *De casibus S. Galli*, c. 1 : *Willibertus presbyter et Tatto vir illustris, Dagoberti scilicet camerarius et postea comes illius pagi.*

1. C'est probablement pour cette raison que le titre de *spectabilis* ne se voit pas dans les documents mérovingiens.

2. *Formulæ Andegavenses*, 27, 29, 32. Marculfe, I, 4; I, 5; I, 11; I, 16; I, 23; I, 29; I, 55; I, 56.

3. Marculfe, II, 37; Rozière, n° 259 : *In civitate illa, vir magnificus ille prosecutor dixit*. Cela se trouve déjà dans une formule d'Anjou datée de la quatrième année du règne de Childebert : *Vir magnificus ille prosecutor dixit* (*Andegavenses*, 1; Rozière, n° 260). — *Turonenses*, 9; Rozière, n° 291 : *Venditio de servo. Magnifico fratri illi ego ille.* — *Bignonianæ*, 3; Rozière, n° 295 : *Magnifico illi emptori ego ille.* — Cf. *Andegavenses*, 25, 38, 48, 52; *Turonenses*, 5, 8, 13, 14; Marculfe, II, 38.

4. *Formulæ Andegavenses*, 1 : *Rogo te, vir laudabilis ille defensor, ille curator.* — *Arvernenses*, 1 b : *Te, vir laudabilis defensor, necnon et vos honorati.* — Marculfe, II, 37 : *Adstante viro illo laudabile defensore et omni curia.... Peto vos, laudabiles curiales et municipes.* — *Formulæ Senonicæ*, 39 : *Viro laudabile defensore et omni curia civitatis.*

races se ressemblaient sur ce point. Les titres étaient aussi en usage chez les fonctionnaires francs que chez les Romains. Si nous dressions la liste des *viri illustres*, nous y trouverions une foule de noms tels que ceux de Wandelbert, Gaganric, Ébrulf, Austrebert, Madalfred, Amoald, Grimoald, Pépin et Drogon. Comme les deux races se mêlaient dans les fonctions publiques, elles se partageaient aussi les titres.

Il faut observer encore que les mots *vir illuster* ne signifiaient pas précisément homme en fonction. Ils formaient simplement l'épithète honorifique des fonctionnaires. Aussi voyons-nous qu'on la conservait même quand on était sorti de fonctions [1]. Quelques exemples permettent même de penser qu'elle était donnée quelquefois à des hommes qui n'étaient pas fonctionnaires [2]. Elle était donnée même à des femmes [3].

IV

Revenons aux rois francs et cherchons s'ils ont porté, eux aussi, des titres romains, en commençant par celui d' « homme illustre ».

1. Cela paraît clairement dans le diplôme du recueil Pardessus n° 240, où Lonégisile est qualifié *vir inluster*; il s'est pourtant fait moine, *sacerdos et monachus*, au moment où le diplôme est rédigé, et par conséquent il n'est plus parmi les *viri inlustres* en fonctions; mais il avait été fonctionnaire du roi, ainsi que le montre un diplôme antérieur, n° 237, et c'est pourquoi le titre d'illustre lui est conservé.

2. Je ne puis expliquer autrement la mention si fréquente d'un *vir illuster* sans nulle désignation de fonctions : *Vir inluster et fidelis noster Ursinus* (Tardif, n° 6) ; *inluster vir Bercharius* (ibidem, n° 38) : *inlustri viro Pannichio* (ibidem, n° 34); *inluster vir Rigofridus* (ibidem, n° 45) ; *vir illustris Landegisilus* (Pardessus, n° 253); *Berthelmus vir illustris* (idem, n° 241); *viri illustris Sigelini* (idem, n° 250); *inlustris vir ille* (Marculfe, I, 17; I, 21; I, 22; I, 2 : *Aut abbas, aut inluster vir*). — Les exemples abondent. Un acte de 722, que nous n'avons à la vérité que par une transcription du x⁰ siècle (Tardif, n° 54), porte : *Si nobilium et inlustrium fidelium virorum votis favemus*. Il y a un exemple encore plus singulier dans Pardessus, n° 406 : *Cum consensu meorum concivium Remensium, hoc est abbatibus, presbyteris, diaconibus, et inlustribus viris qui infra urbem commanere videntur ;* ces habitants de Reims, qui sont qualifiés illustres, ne sont sans doute pas d'anciens comtes. Il est d'ailleurs juste d'observer que cette charte ne nous est parvenue que par un cartulaire du xiii⁰ siècle. — L'auteur de la *Vita S. Wlmari* mentionne dans le pays de Boulogne *quamplurimi illustres viri* (*Acta Sanctorum ordinis Benedicti*, III, p. 255).

3. *Archives nationales*, Tardif, n° 52 : *Inlustris Deo sacrata Agantrude filia Ebrulfi*. — *Testamentum Bertramni : Illustris matrona Ægidia*. — Pardessus,

Nous possédons, à partir de Clovis, un assez bon nombre de diplômes royaux. M. K. Pertz en compte 110 jusqu'à l'année 775. Nous avons les uns en originaux, les autres en copies. En tête de la plupart d'entre eux, immédiatement après le nom du roi et son titre de *rex Francorum*, nous lisons les deux mots *vir inlustris* ou *inluster*. Si l'on accepte comme vrai l'acte de donation de Clovis en faveur de Jean de Réomé, on y lit : *Chlodoveus rex Francorum vir illustris*[1]. Il existe du même prince un autre acte [dont l'authenticité est généralement admise] : c'est une lettre adressée à Euspicius ; elle commence par *Chlodoveus rex Francorum vir inluster*[2]. Puis viennent sept diplômes de Childebert Ier, de Théodebert et de Chilpéric ; nous y lisons le même titre[3]. Un diplôme de 559, que Pérard dit avoir copié sur l'original, porte de même *Chlotarius rex Francorum vir illustris*, ce qui n'empêche pas qu'à la ligne suivante le même titre *viri illustres* soit donné aux ducs et aux comtes[4]. Un autre de Childebert Ier, qui est un acte de donation, porte aussi *vir inluster*[5], et il en est de même d'un diplôme de Chilpéric, de 583.

Ce ne sont, à la vérité, que des copies ; mais à partir du viie siècle nous avons les originaux. Si on laisse de côté ceux dont les premières lignes manquent, et qui sont au nombre de 8, il en reste 30 qui peuvent servir à notre présente étude. Sur ces 30 diplômes de rois francs, les paléographes ont toujours affirmé que 24 portaient en tête les mots *rex Francorum vir inluster*[6]. C'est ainsi que la formule initiale

n° 253 : *Illustris matrona Teudilana.* — *Vita Albini*, 12 : *Illustris femina.* — Tardif, n° 12 : *Inlustris matrona Amanchildis.* — Cf. Cassiodore, *Lettres*, IV, 37 : *Illustris femina Theodagunda.*

1. *Diplomata*, Pardessus, n° 58. — [Cf. *Les Origines du système féodal*, p. 339.]

2. Ibidem, n° 87. — [Cf. *Les Origines du système féodal*, p. 305, n. 3.]

3. Ibidem, Pardessus, n°° 111, 117, 135, 137, 144, 168, 173. L'authenticité de ces diplômes est contestable ; tous les sept se rapportent d'ailleurs à une même affaire, et l'on peut dire qu'ils n'ont à eux tous que la valeur d'un seul.

4. Ibidem, n° 136 : *Chlotarius rex Francorum vir illustris omnibus episcopis, abbatibus, et illustribus viris magnificis ducibus, comitibus.*

5. Tardif, *Archives nationales, cartons des rois*, n° 2. On n'a ce diplôme qu'en copie, et l'authenticité en est plus que douteuse. Nous parlerons plus loin du degré d'importance de ces copies.

6. Ce sont, dans le Recueil J. Tardif, les n°° 6, 11, 12, 13, 15, 20, 22, 25, 28, 30, 31, 32, 33, 34, 35, 37, 58, 42, 43, 44, 45, 48, 49, 50. — Les six qui ne

a été lue par Mabillon[1], par Bréquigny, par Pardessus[2], par Teulet, par J. Tardif, par A. Maury[3], par Sickel[4]. Aussi tous ces savants se sont-ils trouvés d'accord pour dire que le titre *vir illuster* avait été adopté par les rois francs. Cependant cette opinion a été combattue récemment par M. J. Havet. Cet érudit a soutenu que le titre *vir inluster* n'a jamais été porté par les rois mérovingiens[5].

Je ferai à ce sujet une première remarque. L'opinion que M. J. Havet croit fausse n'est pas une de ces théories qui ont été introduites dans l'histoire par des esprits trop hardis ou trop généralisateurs, par des hommes à systèmes, par des penseurs de parti pris. De celles-là je me défie volontiers et je ne crains guère de les contester. Quand des théories ont été apportées par Mézeray ou par l'abbé Dubos, même par Montesquieu, par Waitz ou Sohm, elles n'ont qu'une valeur incertaine, par la raison que très souvent elles sont nées d'impressions personnelles ou d'idées subjectives. Un esprit préoccupé d'un système de faits imagine quelquefois à son insu l'un de ces faits, et il le croit d'autant plus vrai qu'il concorde mieux avec l'ensemble du système. Mais ce n'est pas le cas ici. Ceux qui nous ont enseigné que les rois francs avaient adopté ce titre romain ne sont pas des historiens philosophes, ce sont des paléographes. C'est Mabillon, c'est Pardessus, c'est Teulet, c'est Sickel. Ils ont déduit cette opi-

contiennent pas l'expression *vir inluster* sont les nᵒˢ 7, 18, 21, 23, 46, 47, et nous verrons plus loin pourquoi ils ne la contiennent pas. — Ceux dans lesquels la formule initiale manque ou est incomplète sont les nᵒˢ 1, 4, 5, 9, 14, 16, 17, 27.

1. Mabillon, *De re diplomatica*, p. 72, p. 463 et suiv.

2. Pardessus, *Diplomata*, Prolégomènes, p. 149. De même, K. Pertz, *Diplomata*, p. 5.

3. Voir *Musée des Archives nationales*, 1872, Introduction par M. Alf. Maury, p. 3, et texte, p. 17 et 20.

4. Sickel, *Acta regum et imperatorum Karolinorum*, 1867, t. I, p. 213. — Cf. de même, Waitz, t. II, p. 187.

5. J. Havet, *La formule N. rex Francorum v. inl.*, 1885. — [Les théories de M. Havet ont été combattues coup sur coup en Allemagne par M. Bresslau, *Neues Archiv*, t. XII, en Belgique par M. Pirenne, *Compte rendu de la Commission royale d'histoire*, ivᵉ s., t. XIII. M. Havet leur a répondu, *Bibliothèque de l'École des chartes*, t. XLVIII, 1887. — M. d'Arbois de Jubainville a repris, à l'aide d'autres arguments, la thèse de M. Havet, *Académie des inscriptions*, 1887, 13 et 20 mai. — M. Gasquet l'a à son tour combattue, *L'Empire byzantin et la Monarchie franque*, p. 136 et suiv.]

nion, non d'un ensemble ou d'un système de faits, mais de
la lecture toute matérielle des textes paléographiques. Ils nous
ont dit : « Sur les diplômes, soit originaux, soit copies, nous
lisons *rex Francorum vir inluster* », et c'est de cette lecture
qu'ils ont conclu, sans nul parti pris possible, que ce titre
avait été porté par les rois.

Le sentiment de M. Havet est présenté avec une grande
force de conviction. Suivant lui, « aucun diplôme authentique
d'un roi de la première race ne porte les mots *vir inluster* ».
Si les érudits depuis deux siècles ont lu ces mots, c'est que
tous « se sont trompés et ont mal lu ». Il soutient que le
titre de *vir illuster* n'a appartenu qu'aux fonctionnaires
royaux, et particulièrement aux maires du Palais. Il ajoute
que ce titre n'a pris place sur les actes des rois qu'à partir
de Pépin le Bref, et seulement jusqu'en 775. « Le titre de *vir
inluster* est carolingien, non mérovingien, et il est un souvenir de la mairie du Palais exercée par Pépin. »

Cette théorie est incontestablement ingénieuse. Elle a un
premier mérite, celui d'être fort simple ; or il y a beaucoup
d'esprits qu'une apparente simplicité séduit toujours. Elle en
a un autre : si elle est exacte, elle supprime une des difficultés de l'histoire mérovingienne. En effet, il ne faut pas se
dissimuler que l'adoption de ce titre romain par les rois
francs embarrasse. On serait très heureux de pouvoir se persuader qu'ils ne l'ont pas pris. Cela ferait disparaître, comme
l'observe M. Havet, beaucoup d'invraisemblances. Mais il faut
examiner si la nouvelle théorie est exacte.

L'auteur commence pas poser « qu'aucun diplôme ne contient les mots *vir inluster* ». Mais cela se réduit à dire que ces
mots n'y sont pas écrits en toutes lettres. Il n'établit pas autre
chose. Toute son argumentation est fondée sur ce que, dans
nos diplômes, on lit seulement *v inl.*

Mais cela même n'est qu'à moitié exact. Regardons, en effet,
soit les originaux eux-mêmes qui sont aux Archives, soit les
fac-similés qui en ont été publiés[1]. Nous y verrons, à la

<hr>

[1]. Voir les fac-similés publiés par Letronne, in-folio, sous le titre *Diplomata*, etc.,

vérité, que les mots *vir inluster* n'y sont pas écrits en toutes
lettres ; mais nous y verrons aussi qu'il y a autre chose
qu'une simple abréviation. Ce qu'il y a, c'est un monogramme, c'est-à-dire un signe convenu, signe qui est formé
par un enchevêtrement de lettres ou d'embryons de lettres.
On y distingue très nettement les lettres *v* et *inl*; mais on y
discerne aussi, assez souvent, un *t*, parfois un *r*, parfois
même un *s* ; ce qui fait supposer que le monogramme représente les mots *vir inluster* ou peut-être *vir inlustris*. Mais il y
a deux autres remarques à faire. 1° Ces mots ne sont pas
écrits des mêmes caractères que le diplôme ; ils sont écrits des
mêmes caractères que la suscription, et sont particulièrement
analogues au titre *rex Francorum* qui les précède immédiatement. 2° Ils sont placés en rubrique ; ils ne font pas corps
avec le diplôme ; ils appartiennent à la suscription[1].

L'importance de cette remarque frappera surtout si l'on
compare la façon dont les mêmes mots sont écrits lorsqu'ils
ne se rapportent pas au roi. Plusieurs fois, en effet, les chartes
contiennent les mots *vir inluster* se rapportant à un particulier, ou *virorum inlustrium*, ou encore *viris inlustribus*.
Toujours ces mots sont écrits en toutes lettres et dans les
mêmes caractères que la charte. Au contraire, *vir inluster* ou
vir inlustris, à côté du titre *rex Francorum*, forment un monogramme en rubrique.

Si nous suivons la filière de nos diplômes d'après l'ordre
chronologique, nous ferons encore une remarque. Le monogramme n'est pas immuable. Avec le temps, il s'allonge, et
quelquefois se dédouble. Nous lisons alors, d'une part le mot
complet *vir*, et d'autre part le sigle *inlt*[2]. Bientôt même ce
dernier devient *inlter* (peut-être *inltris*?), puis *inlust*, et en
769 nous lisons nettement *vir inluster*. C'est d'ailleurs le

in archivo Franciæ asservata. On peut voir aussi le *Musée des Archives nationales*
qui donne le fac-similé de quelques titres, notamment les nᵒˢ 16, 22, 30 et 31.
Voir aussi les planches données par Mabillon, *De re diplomatica*, p. 486 et suiv.,
et quelques fac-similés donnés par K. Pertz.

1. Voir Letronne, planches 4, 8, 9, 10, 12, 16, 18, 20, 24, 25, 26, 27, 28,
29, 30, 32, 33, 35, 36, 45.

2. Idem, planches 37, 38, 41, 42.

même monogramme, tracé de la même manière, à la même place, toujours en rubrique ; les linéaments s'en sont seulement un peu élargis et éclaircis. Tel est l'état des textes.

Mabillon, Pardessus, Teulet, J. Tardif, Sickel ont lu partout *vir inluster*[1]. Il ne leur avait certainement pas échappé que les mots n'étaient pas en toutes lettres, et cela ne les avait pas arrêtés. Je ne vois pas qu'aucun de ces savants ait pris la peine de nous donner les raisons qui les avaient déterminés ; mais ces raisons se devinent. Premièrement, ils voyaient bien que *v. inl.* n'était pas une abréviation fortuite, arbitraire, comme le seraient deux mots tronqués par les copistes. C'était une sorte de sigle, c'est-à-dire une abréviation constante, voulue, régulière, d'une signification déterminée et précise. Ils voyaient que ce sigle, placé à la suite des mots *rex Francorum* et de la même écriture qu'eux, se rapportait au nom du roi. Enfin, en suivant la filière des diplômes pendant un siècle et demi, ils rencontraient successivement les formes *v inl, vir inlt, vir inlust, vir inluster*, et ils pensaient que ces formes successives représentaient les mêmes mots et la même chose. Voilà apparemment les raisons qui ont déterminé tous les paléographes à lire *vir inlustris* ou *vir inluster* après les mots *rex Francorum*, et ces raisons ne manquent pas de force[2].

M. Havet vient à son tour et dit : l'abréviation *v. inl.* doit signifier *viris inlustribus*, et ne se rapporte pas à *rex Francorum*. Mais il est bien difficile d'admettre que le sigle *v inl* représente un pluriel, et surtout un pluriel à un cas indirect. Je voudrais qu'on citât au moins un exemple où les mots *viris inlustribus* aient été écrits ainsi. Tout au contraire, les auteurs des diplômes ont eu maintes fois l'occasion d'écrire les mots

---

1. Ils ont imprimé *vir inluster* plutôt que *vir inlustris*. Les deux formes étaient également usitées. La première a prévalu au viii° siècle. Il importe assez peu de savoir si *v inl* représente l'une ou l'autre. Je signale toutefois que quelques paléographes croient voir parfois à la fin du monogramme la marque d'une *s*.

2. C'est pour cela que dans leurs-imprimés ils ont mis *vir inluster* en toutes lettres. On pourrait leur reprocher cela comme une inexactitude de transcription, et cette inexactitude aurait été reproduite par tous les paléographes. C'est qu'ils n'ont pas vu qu'il y eût là une lacune, et ils n'ont pas cru devoir imprimer *v[ir] inl[uster]* ; dans *v inl* ils ont vu deux mots entiers.

viris inlustribus se rapportant aux fonctionnaires publics : ils les ont toujours écrits en toutes lettres[1]. S'ils les ont un peu abrégés, au moins ont-ils conservé la terminaison : ils ont écrit *viris inlbus* ; cette terminaison leur était tout à fait nécessaire[2]. N'oublions pas que la langue des diplômes est une langue très foncièrement latine, bien que l'altération des désinences lui donne un faux air de langue barbare. L'abréviation convenue *v. inl.* ne pouvait représenter qu'un singulier et au même cas que le substantif à côté duquel elle était placée. *Childebertus v. inl.* ne pouvait signifier autre chose que *Childebertus vir inlustris*.

Rappelons d'ailleurs que l'abréviation *v. inl.* n'a pas été imaginée par les scribes mérovingiens. Elle était déjà usitée au temps de l'Empire. Si nous voulons avoir des textes originaux de cette époque, nous devons recourir aux inscriptions ; or ce que nous trouvons dans les inscriptions c'est presque toujours l'abréviation *v. inl.*, et cette abréviation représente toujours deux mots du même cas et du même nombre que le nom auquel elle est attachée. Il n'y a pas à s'étonner que cette façon d'écrire les deux mots en abrégé soit restée en usage dans la chancellerie des rois francs, laquelle n'était que la continuation de l'*officium* des préfets ou des gouverneurs, et dont les premiers scribes furent apparemment des Romains.

Mais, dit M. Havet, il existe sept chartes où se lisent, et précisément en tête, les mots *viris inlustribus*[3]. Cela est vrai ; mais regardons-y de près et nous verrons que cela n'a rien de

---

1. *Inlustribus viris*, *Archives nationales*, Tardif, n⁰ˢ 5, 7, 9, 24, 25, 32, 33. — *Vir inlusler* ou *inlustris femina*, ibidem, n⁰ˢ 6, 11, 12, 15, 28, 52, 55, 38, 39, 42, 44.

2. Fac-similés, n⁰ˢ 5 et 17 : *Viris inlbus* ; n⁰ 19 : *V inlbus*. — De même pour les formules de Marculfe, on peut constater dans les manuscrits de Paris 4627 et 10756 que *viro inlustri* et *viris inlustribus* sont écrits en toutes lettres.

3. M. J. Havet en compte 10, au lieu de 7 ; c'est qu'il ajoute à ceux qui contiennent réellement les deux mots, trois diplômes où il y a seulement *vir inl*, mais où il croit voir des signes d'abréviation. J'ai quelque doute sur ce dernier point ; voir les fac-similés n⁰ˢ 4, 9, 10, correspondant à Tardif n⁰ˢ 6, 12, 13 ; on notera qu'aucun de ces trois actes ne contient la formule *Vestra Magnitudo*, et que rien n'indique qu'ils soient adressés à des fonctionnaires.

commun avec le *v. inl.* de nos 24 diplômes. Il s'agit des sept
actes qui portent dans le Recueil de Tardif les n°[s] 5, 7, 9, 21,
23, 46, 47. Mettons de côté le n° 46 sur lequel nous reviendrons, et examinons les six autres. Nous remarquons que le
datif pluriel *viris inlustribus* s'y trouve toujours à côté d'un
ou plusieurs noms de personnages également au datif. Par
exemple, le n° 7 est un acte adressé « aux hommes illustres
Wandelbert duc et Gaganric ». Le n° 9 est adressé « aux hommes illustres Wandelbert duc et Ébrulf *graf* ». Le n° 21 « aux
hommes illustres Audobert et Roccon patrices[1] ». Ainsi, dans
ces six diplômes, *viris inlustribus* forme une épithète à
d'autres noms qui sont placés à côté.

Le n° 46 fait seul exception : on y lit seulement *Chilpericus
rex Francorum viris inlustribus.* Ici, l'expression n'est plus
une épithète se rapportant à un substantif; c'est comme substantif qu'elle est employée. Mais, outre que cet exemple serait
unique, la lecture n'en est pas très certaine. Si l'on regarde
les fac-similés[2], surtout si l'on compare ce n° 46 au n° 47 qui
est du même prince, de la même année, et pour ainsi dire du
même scribe, on observe que les mots *viris inlustribus* n'y
sont pas écrits de la même façon, et cela suggère quelque
doute au sujet du n° 46. Ce serait en tout cas la seule fois que
viris inlustribus serait écrit en monogramme et de la même
écriture que le nom du roi; on ne trouverait pareil exemple
ni avant ni après, et peut-être aurait-on tort de faire grand
fond sur un exemple unique et douteux. Dans les six autres
diplômes, n°[s] 5, 7, 9, 21, 23, 47, les mots *viris inlustribus*
sont accolés comme épithète à des noms de fonctionnaires désignés immédiatement. Cela n'a aucun rapport avec l'abréviation *v. inl.* placée immédiatement après le nom du roi et sans
aucun datif à côté.

M. Havet s'est trop hâté, à notre avis, d'établir un rapprochement étroit entre l'abréviation *v. inl.* qu'on lit dans une
vingtaine de diplômes, et les mots complets *viris inlustribus*

---

1. De même le n° 23 : *Viris inlustribus omnibus agentibus*, où *agentibus* est
le substantif qui désigne proprement les fonctionnaires royaux.
2. *Diplomata in archivo Franciæ asservata*, planche 59. Cf. *Musée*, 27.

qui se lisent dans six ou sept. Il dit que « la règle la plus évidente de la critique paléographique » est que l'abréviation des uns a le même sens que les mots complets des autres. Cette règle est loin d'être évidente. Pour qu'elle le fût, il faudrait au moins que l'abréviation des uns et les mots complets des autres fussent placés dans les mêmes conditions, c'est-à-dire dans des phrases semblables. Or c'est le contraire ici. Les phrases où se lit l'abréviation *v. inl.* sont tout à fait différentes de celles où se lisent les mots *viris inlustribus*. De plus, les caractères mêmes sont différents ; quand il est certain que l'épithète se rapporte aux fonctionnaires, elle est écrite en toutes lettres et, sauf un exemple douteux, en caractères ordinaires, au lieu que le monogramme est toujours de la même écriture que le nom du roi. Rien n'autorise donc à identifier l'abréviation avec les mots complets. L'abréviation est une chose, les mots en toutes lettres en sont une autre. Les paléographes les ont toujours distingués : ils ont bien vu que *v inl* se rapporte au nom du roi qui est placé avant, et que *viris inlustribus* se rapporte aux fonctionnaires qui sont nommés après[1].

Je prie de remarquer d'ailleurs que ce n'est pas ici une pure question de paléographie. Les faits et la langue même du temps doivent être observés. M. Havet soutient qu'il faut lire partout *N. rex Francorum viris inlustribus*, et que cela signifie : « Un tel, roi des Francs, aux fonctionnaires publics ». Mais, pour que cela fût exact, il faudrait établir : 1º que tous les actes mérovingiens étaient adressés aux fonctionnaires ; 2º que la langue du temps désignait ces fonctionnaires par l'expression *viri illustres.*

1º Sur le premier point, c'est s'avancer beaucoup que de prétendre, comme fait M. Havet, que *tous* les actes royaux fussent adressés aux fonctionnaires. C'était sans nul doute l'usage le plus fréquent, mais ce n'était pas une règle absolue. Les diplômes des rois francs étaient rédigés à peu près comme l'avaient été les actes impériaux. La plupart de ceux-ci avaient

____

1 Voir notamment Sickel, *Acta Karolinorum*, I, p. 175, note 5.

été adressés à des fonctionnaires, c'est-à-dire à tel ou tel
fonctionnaire désigné nominativement ; ils avaient eu la forme
d'une lettre individuelle ; le prince avait dit en parlant du
destinataire : *Sciat Magnificentia Tua.* Mais il y avait eu aussi
des actes impériaux qui étaient adressés à d'autres personnes
qu'aux fonctionnaires, par exemple au sénat, au peuple[1], aux
provinciaux, quelquefois à un évêque, quelquefois même à
des particuliers[2]. La même diversité exista dans les actes des
Mérovingiens. Beaucoup d'entre eux, je dirai même le plus
grand nombre parmi ceux qui nous sont parvenus, ont la
forme d'une lettre adressée à des fonctionnaires. Quelquefois
les noms propres de deux ou trois fonctionnaires sont restés
inscrits en tête de l'acte. D'autres fois les noms ont disparu,
peut-être même ont-ils été omis, mais on lit dans le corps de
l'acte cette phrase *cognoscat Magnitudo Vestra*, qui semble
empruntée aux diplômes impériaux et qui marque bien que
ces diplômes francs continuent à être adressés à des agents du
prince. Mais il ne faut pas conclure de là, comme le fait
M. Havet, à une règle universelle, invariable, absolue. Il est
excessif de dire que les actes des rois francs n'aient jamais eu
qu'une seule forme. Nous devons bien reconnaître que nous
n'avons qu'une faible partie des actes de cette chancellerie mérovingienne ; nous ne pouvons même pas affirmer que nous
ayons des spécimens de toutes les sortes d'actes. Il y a eu des
catégories de diplômes qui ont péri tout entières : les unes,
parce qu'elles ne concernaient que des particuliers, et que les
particuliers n'ont pas gardé leurs archives ; d'autres, parce
que les actes n'avaient qu'un intérêt trop secondaire pour que
l'Église elle-même prît la peine de les conserver ; d'autres enfin, parce qu'ils n'avaient d'effet que pour un temps court, et
que, cet effet une fois éteint, le diplôme n'avait plus aucune
valeur. En effet, si les hommes de cette époque ont conservé
les chartes, ce n'est pas par curiosité historique, c'est seulement dans un intérêt pratique ; ce dont ils n'avaient plus à se
servir a facilement disparu. Tenons donc pour certain qu'il y

1. Ex. : Novelles de Valentinien, IX, col. 158 et 160 ; ibidem, XIV, col. 170.
2. Ex. : *Fragmenta Vaticana*, § 266 et suivants.

a des séries entières d'actes qui sont complètement perdues
pour nous; nous n'en connaissons donc ni les formules ni le
style, et il est tout à fait téméraire de dire qu'ils aient été rédigés dans les mêmes formes que les actes qui nous sont parvenus.

D'ailleurs, à ne regarder même que les actes que nous
avons, nous pouvons constater qu'il en est plus d'un qui
n'est pas adressé aux fonctionnaires. Nous en avons qui sont
adressés aux évêques; telle est cette lettre qui ouvre la série
des Capitulaires dans l'édition de M. Boretius, et que l'éditeur
a trouvée dans un manuscrit du vi° siècle[1]. Nous avons aussi
un acte de donation émané de Clovis; il est constitué sous la
forme d'une lettre adressée au donataire, lequel est un homme
d'église; et adressée en même temps à l'évêque de qui cet
homme dépend[2]. Or, dans cet acte, le roi se qualifie *vir inlus-*

1. *Capitularia*, Boretius, p. 1 : *Dominis sanctis... episcopis Chlothovechus rex.*
La formule finale est : *Orate pro me, domini.*

2. Mabillon, *De re diplomatica*, p. 463 ; Pardessus, n° 87 ; K. Pertz, n° 1 :
*Chlodoveus rex Francorum vir inluster. Tibi, venerabilis senex Euspici....
Miciacum concedimus.... Tu vero, Eusebi episcope.* — Pardessus, Pertz et Junghans regardent ce diplôme comme authentique; je n'oserais pas aller jusque-là.
Je n'oserais pas non plus aller en sens contraire, aussi loin que M. J. Havet, qui,
dans ses *Questions mérovingiennes*, II° partie, refuse toute valeur à cette charte et
la croit fabriquée au xvii° siècle par un prêtre de l'Oratoire, Jérôme Vigner. Toute
son argumentation porte sur ce que d'Achery n'a publié cette pièce que d'après une
copie trouvée dans les papiers de cet érudit. Voilà ce pauvre Jérôme Vigner qualifié de faussaire et de fabricateur de chartes, parce qu'on a trouvé chez lui, après
sa mort, cinq ou six copies qu'il avait prises pour ses travaux; et que, la plupart de
ses papiers ayant été volés, nous ne retrouvons plus les originaux dont il s'était servi
pour faire ses copies. Voyez à quoi les érudits sont exposés. — Pour moi, je crois bien
que Jérôme Vigner a manqué de critique; la façon dont il a été dupé par un
certain Pistor le Bègue nous permet de croire qu'à plus forte raison il a pu prendre
pour originaux de simples copies. La lettre à Euspicius présente des marques assez
visibles d'altération; je soupçonne grandement les mots *pro filiorum sospitate,* etc.,
les mots *absque tributis, naulo et exactione,* et surtout les dernières lignes *desinite
inter Francos,* etc. Mais je ne puis pas soutenir la fausseté de la pièce tout entière,
comme fait M. J. Havet, sur ce qu'elle a la forme d'une lettre adressée à deux ou
trois personnes. Cette forme, dont nous n'avons pas d'autre spécimen, a pu néanmoins être fort usitée. Il est vrai qu'il s'y trouve des mots inintelligibles pour nous;
tels que *per sanctam confarreationem et annulum* ; mais de ce qu'une formule ne
se rencontre qu'une fois à notre connaissance, nous ne sommes pas en droit de
conclure que la pièce soit fausse. — Je dirai plus : les formes insolites sont quelquefois
des marques de fidélité, les copistes n'inventant guère des expressions qu'ils n'entendent pas. Je ne vois pas comment Jérôme Vigner aurait pu imaginer la formule
per sanctam confarreationem et annulum inexceptionaliter tradimus. Si Vigner

ter. Il n'y a pas moyen de supposer que ces mots soient mis pour *viris inlustribus*, puisque l'acte est visiblement adressé à des hommes qui ne sont pas des fonctionnaires publics[1].

Nous avons d'autres lettres royales qui sont adressées à des évêques[2]. Nous avons des actes de donation, dans lesquels nous ne lisons pas la formule *cognoscat Magnitudo Vestra* et où rien ne nous autorise à dire qu'ils soient adressés aux fonctionnaires. Je citerai comme exemples, dans le Recueil de Tardif, le n° 2, qui n'est à la vérité qu'une copie ; les n°s 6, 12 et 13, qui sont des originaux. Ils n'ont trait qu'à des actes d'intérêt privé, et l'on ne voit à aucun signe qu'ils aient été envoyés aux comtes. J'en dirai autant du n° 11, qui est une confirmation d'immunité ecclésiastique, et qui ne règle que des rapports entre un monastère et l'évêque diocésain[3]. Un tel acte ne concernait en rien les fonctionnaires laïques, et il n'y avait aucune raison pour l'adresser *viris inlustribus* ; aussi n'y lit-on pas la formule *Magnitudo Vestra*. — Or, dans les cinq diplômes que nous venons de citer, on trouve en tête le monogramme *vir inluster* à côté du nom du roi.

Nous avons fait ailleurs la remarque que les diplômes d'immunité étaient toujours adressés aux fonctionnaires royaux, bien que chacun d'eux fût remis aux mains de l'immuniste[4].

avait voulu fabriquer un diplôme de toutes pièces, comme M. Havet le lui impute, il aurait imité de son mieux les diplômes vrais qu'il connaissait. — Pour moi, j'incline à croire : 1°. qu'il a copié exactement une pièce qui n'était elle-même qu'une copie ; 2° que cette copie, faite à une époque inconnue, ne reproduisait l'original qu'avec des altérations et surtout des additions ; 3° qu'il a existé en effet une lettre primitive adressée à Euspicius et dont quelques lignes ont passé dans la copie. J'ajouterais volontiers que ce qui me semble le plus antique dans cet acte, ce sont, précisément les formes les plus insolites. [Cf. *Les Origines du système féodal*, p. 305, n. 3.]

1. On ne peut pas supposer non plus qu'il faille lire *viro inlustri* se rapportant à Euspicius ou à Maximinus ou à Eusébius ; car le titre d'*inluster* ne s'appliquait jamais à des ecclésiastiques ; Euspicius est qualifié *venerabilis* ; Eusébius comme évêque, est qualifié *sanctus* ; tout cela est conforme aux règles du v° siècle. *Vir inluster* ne peut, dans cet acte, se rapporter qu'au roi.

2. Par exemple, dans les *Capitularia*, Boretius, n° 2 : *Epistola regis nostri Childeberthi data per ecclesias sacerdotum vel omni populo.*

3. Cet acte porte de nombreuses signatures d'ecclésiastiques et de laïques, mais cela ne prouve nullement qu'il ait été adressé aux fonctionnaires, surtout à des fonctionnaires de l'ordre laïque, les seuls qui pussent être qualifiés *viri inlustres*.

4. Cf. notre étude sur *l'Immunité mérovingienne* [dans les *Origines du système féodal*, dernier chapitre, p. 360].

Cela s'explique : l'acte avait précisément pour effet d'interdire
au fonctionnaire l'entrée d'une terre; il était naturel qu'il eût
la forme d'une lettre à lui adressée. Il en était de même de
certains actes de donation, qui portaient sur des terres du fisc;
l'administrateur du comté devait être visé dans l'acte[1]. C'est
pour des raisons de cette nature que beaucoup de diplômes,
qui sembleraient toucher à des intérêts purement privés, sont
pourtant adressés à des fonctionnaires. Mais il ne faudrait pas
généraliser cette règle outre mesure. Quand le roi donnait une
epistola ou une *auctoritas* à un personnage pour épouser une
veuve ou une orpheline[2], dirons-nous que cette *auctoritas* était
adressée aux comtes? La lettre que le roi accordait à un ecclésiastique pour le réconcilier avec son évêque n'était sans
doute pas adressée à d'autres qu'à cet évêque[3]. Nous ne pouvons donc pas admettre cette règle absolue « que les diplômes
mérovingiens fussent toujours rédigés sous la forme d'une
lettre adressée aux fonctionnaires royaux[4] ».

Nous avons un assez bon nombre d'actes de jugement des rois
mérovingiens. L'un d'eux est un acte d'exécution et paraît être
adressé à un fonctionnaire[5]. Mais les autres sont de simples
arrêts, de pures attestations d'un jugement entre deux parties;
ils ont été remis à la partie gagnante, qui les a conservés dans

1. Par exemple, dans le n° 34 de Tardif, il s'agit d'une donation de revenus pris
sur le fisc; il est assez naturel que le roi s'adresse à ses agents, et il leur dit :
Nullum teloneum... nec vos nec juniores vestri requiratis, et plus loin : *Videte ut
aliud ob hoc non faciatis, si gratiam nostram optatis habere propitiam.* — De
même dans le n° 34, où il s'agit d'enlever une forêt au fisc pour la donner à un
monastère; le roi a besoin d'interdire à ses agents l'entrée de cette forêt : *Ut neque
vos neque juniores vestri*, etc. — De même dans le n° 50, où il s'agit de la donation
d'une forêt; il faut qu'il ne se produise dans l'avenir *nullum impedimentum ab
judicibus publicis*; aussi le diplôme est-il adressé aux fonctionnaires, et on y lit :
Cognoscat Vestra Magnitudo.

2. *Chlotarii præceptio*, art. 7 : *Nullus per auctoritatem nostram matrimonium
viduæ vel puellæ sine ipsarum voluntate præsumat expetere.* — Ibidem, art. 5. :
*Si quis auctoritatem nostram subreptilie contra legem elicuerit fallendo prin-
cipem, non valebit.*

3. *Edictum Chlotarii*, art. 3 : *Si clericus cum principis epistola ad episcopum
suum fuerit reversus.*

4. Havet, *Questions mérovingiennes*, II, p. 28.

5. C'est, dans le Recueil Tardif, le n° 50. On y lit : *Quidquid lex loci vestri
edocet... omnimodis vobis distringentibus.* Ce pluriel n'indique pas que l'acte
soit adressé à plusieurs personnes.

ses archives; on n'y trouve pas un mot qui indique qu'ils fussent adressés aux fonctionnaires publics[1]. Mais on lit dans tous, à côté du titre de roi des Francs, le monogramme *vir inluster*, lequel ne peut pas être pris pour *viris inlustribus*.

2° L'hypothèse de M. J. Havet présente une autre difficulté. Quand même il serait établi que tous les actes des rois portassent une adresse aux comtes et fonctionnaires royaux, resterait encore à établir que cette adresse aurait pu s'exprimer par les mots *viris inlustribus*. Or il n'est nullement prouvé que les comtes, simples gouverneurs de cité, aient eu ce titre au vi° siècle. Plus tard, au vii° siècle, quand ce titre s'étendit à tous les comtes, encore ne fut-il pour eux qu'une épithète honorifique. Jamais les deux mots *vir inluster* ne signifièrent un fonctionnaire royal. Jamais les deux mots *viris inlustribus* ne purent être le terme-général par lequel on s'adressa à la hiérarchie des fonctionnaires. Nous avons des exemples certains de la manière dont le roi s'exprimait en parlant aux hommes de son administration. Tantôt il les appelle du nom propre de leurs fonctions, et il dit : « Le roi des Francs aux ducs, comtes, patrices, *domestici*.» Tantôt il emploie un terme plus général, et il écrit : « Le roi des Francs à tous ses agents », *omnibus agentibus*[2]. Car dans la langue du temps le terme général qui désigne les fonctionnaires publics est celui d'*agentes* ; et si l'on veut désigner plus spécialement les agents d'ordre supérieur, on emploie le mot *judices*. Clotaire, par exemple, promulguant une *præceptio* l'adresse *omnibus agentibus* ; et dans cette même ordonnance, ayant à parler plusieurs fois des fonctionnaires publics, il les appelle *judices*[3]: Suivez les documents mérovingiens, vous y verrez maintes fois les

1. Voir, dans le Recueil Tardif, les n°ˢ 32, 33, 35, 38, 42, 43, 45, 48. Dans aucun de ces actes on ne lit ni la formule *cognoscat Magnitudo seu Utilitas Vestra*, ni la formule *vobis distringentibus*, ni aucun verbe à la seconde personne du pluriel.

2. Marculfe, I, 11 : *Ille rex omnibus agentibus*.

3. *Chlotarii præceptio*, Boretius, p. 18, art. 1, 6, 11, 13 : *Chlotarius... omnibus agentibus...: Si judex.... Requirant agentes publici functionem... Provideat strenuitas omnium judicum.* — *Edictum Chlotarii*, art. 15 : *Ab agentibus publicis.* — Cf. Marculfe, I, 8, où la fonction publique est désignée par le mot *actio*. — [Cf. *La Monarchie franque*, p. 327.]

fonctionnaires désignés par les termes *agentes* ou *judices*[1] ; jamais vous ne les verrez désigner par les mots *viri illustres*. C'est tout au plus au viiie siècle que l'on peut admettre que l'expression soit devenue une sorte de substantif désignant les fonctionnaires de l'État ; encore cela ne ressort-il que d'un exemple unique et peu sûr[2]. Jusque-là, le roi avait souvent écrit *viris illustribus ducibus*, ou encore *viris illustribus agentibus nostris* ; mais il n'avait pas pu adresser ses actes *viris illustribus* sans autre désignation. Nous ne devons pas oublier que le titre de *vir illuster* était une simple épithète d'honneur, comme on a dit plus tard « noble homme », ou « illustrissime seigneur ». Dès le viie siècle ce titre était porté par des hommes qui n'étaient plus en fonctions, [peut-être] même [par des hommes] qui n'y avaient jamais été. Tout personnage un peu considérable était *inluster*, toute femme de haut rang était *inlustris*. La suscription *rex Francorum viris inlustribus* n'aurait pas eu de sens, et n'aurait pas été comprise.

Regardons d'ailleurs la série des diplômes royaux et voyons comment le roi s'adresse à ses fonctionnaires. Si l'acte n'est applicable qu'à une localité, le roi s'adresse spécialement aux fonctionnaires de l'endroit et il les appelle de leurs noms propres[3]. Par exemple, l'acte de donation du village d'Écouen est adressé nommément au duc et au *domesticus* dans le ressort desquels se trouvait ce village[4]. Mais s'il s'agit d'un acte qui soit exécutoire dans tout le royaume, le roi l'adresse à la fois aux évêques et aux comtes ; en ce cas, les évêques sont nommés les premiers avec leur titre de *viri apostolici* ; et les

---

1. En vain alléguerait-on Marculfe, I, 32 : *Inlustribus viris illis præcipimus.* Il faut, dans cette phrase, faire attention au mot *illis* ; ici comme dans toutes les formules le pronom *ille* tient lieu des noms de personnes que le notaire inscrira dans l'acte. Cette ligne de Marculfe confirme donc que les mots *inlustres viri* ne pouvaient pas être employés tout seuls et qu'ils n'étaient qu'une épithète. — De même, I, 9 : *Viros inlustres illos et illos.*

2. C'est le n° 46 de Tardif, dont nous avons déjà parlé ; l'acte est de 716 ; et, si vous comparez le n° 47 qui est de la même année, vous remarquez que les mots *viris inlustribus* ont conservé leur signification de pure épithète honorifique. C'est seulement au ixe siècle que l'on trouve des exemples certains de *viri inlustres* désignant par eux-mêmes les fonctionnaires publics.

3. Voir Tardif, n°s 5, 9, 21.

4. Ibidem, n° 7 ; Pardessus, n° 279.

comtes sont nommés ensuite avec celui de *inlustres viri*. La
formule est alors celle-ci : *Viris apostolicis episcopis abbatibus
necnon et inlustribus viris ducibus comitibus*[1]. Mais jamais le
titre d'*illuster* ne peut être placé avant le mot *episcopis*, parce
que c'eût été un contre-sens grossier d'appliquer ce titre à
des ecclésiastiques. Lors donc que nous trouvons les mots *vir
inluster* entre le nom du roi et le nom des évêques, nous pouvons être bien sûr, quand même ils seraient en abrégé, qu'ils
se rapportent au roi[2].

Nous tenons compte dans notre étude, non seulement des
originaux, mais encore des copies. M. Havet systématiquement
les laisse de côté. Sa méthode est plus rigoureuse en apparence. Il y aurait en réalité une radicale inexactitude à négliger les copies. La plupart d'entre elles ont été faites sur des
originaux. Il est vrai qu'elles ont rarement la fidélité scrupuleuse que nous souhaiterions. Plusieurs d'entre elles sont
scandaleusement altérées par des interpolations. Encore con-
tiennent-elles un fond vrai. Les additions ne sont pas fort difficiles à discerner. Les copistes n'ajoutent, au point de vue des
choses, que celles qu'ils ont intérêt à ajouter, et au point de
vue des mots, que ceux qui sont dans les habitudes de leur
temps. Or, dans ces copies, nous trouvons la formule *vir inluster* accolée au titre de roi des Francs, et cela en toutes lettres, sans nul doute possible. Les copistes qui vivaient au
Xe siècle n'avaient aucun intérêt à ajouter le titre d'homme
illustre aux rois mérovingiens. Ils ne trouvaient pas non plus
ce titre dans les habitudes de langage de leur époque, puisqu'il y avait deux cents ans que ce titre n'existait plus. Nous
sommes donc obligés d'admettre que si les copistes ont écrit

---

1. Marculfe, I, 2.

2. Par exemple, dans le n° 8 du Recueil de Tardif, lequel n'est d'ailleurs qu'une
copie : *Dagobertus rex Francorum vir inluster omnibus episcopis, abbatibus,
ducibus, comitibus*. A supposer que l'original portât *v inl*, ces lettres ne pouvaient signifier *viris inlustribus*, étant placées devant *episcopis*. — Ce n'est qu'au
IXe siècle que nous voyons quelquefois la qualification d'*illuster* donnée à quelques
ecclésiastiques ; cela tient à des raisons particulières, et cela même est rare. Aucun
exemple pareil, à ma connaissance, pour le VIe et le VIIe siècle. Si Lonégisile, dans
Pardessus, n° 240, est qualifié illustre, c'est qu'il avait été précédemment fonctionnaire royal, *militiæ regali adjunctus* (ibidem, n° 237).

ces mots sur leurs copies, c'est qu'ils les lisaient sur les originaux.

Il y a même cette singularité : le copiste rencontre en tête d'un même acte, dans la même phrase, les mots *vir inluster* se rapportant au roi, et les mots *viris inlustribus* se rapportant aux comtes. Il ne confond pas les deux expressions. Il écrit très nettement : *Rex Francorum vir inluster omnibus episcopis abbatibus, et inlustribus viris ducibus comitibus*[1]. Ainsi le copiste a écrit le même terme dans deux lignes consécutives, la première fois au nominatif singulier comme titre du roi, la seconde fois au datif pluriel comme titre d'une partie des destinataires.

Il est regrettable que M. Havet, attaquant une opinion si autorisée, ne se soit servi que d'une seule classe de documents. Les recueils de Formules n'étaient pas à dédaigner. Il est vrai qu'on ne trouve guère dans Marculfe la suscription *rex Francorum vir inluster*; mais il faut observer que Marculfe ne donne presque jamais la suscription vraie des actes; le plus souvent il la supprime tout entière, quelquefois il écrit seulement *ille rex*, alors qu'il aurait dû dire tout au moins *ille rex Francorum*. Une fois pourtant, il semble bien qu'il ait écrit *ille rex vir inluster*; c'est au moins ce qu'on lit dans deux manuscrits sur quatre[2]. Le formulaire de Tours porte la même suscription nettement écrite[3]. Dans une formule de Saint-Gall, un pétitionnaire s'adresse *domino excellentissimo viro inlustri regi*[4], et il y a ici une impossibilité absolue à lire *viris inlustribus*. On retrouve

---

1. *Diplomata*, Pardessus, n⁰ˢ 58, 136, 727.
2. Marculfe, 1, 29 ; Zeumer, p. 6, Rozière, n° 453 : *Ille rex vir inluster illi.* Cette formule est un ordre de comparaître en justice pour meurtre : il est difficile de lire *viro inlustri*; on ne voit pas bien pourquoi l'homme prévenu d'un crime serait qualifié d'homme illustre. — Le manuscrit de Paris 2123 insère dans le Recueil de Marculfe une formule où nous lisons nettement : *Ille rex vir inluster.*
3. *Formulæ Turonenses*, 33. Dans le manuscrit de Paris 4404, folio 144 verso, les mots *vir inluster* sont écrits en toutes lettres et d'une écriture très nette. Il en est de même dans le manuscrit 10756, folio 60 recto. Ces deux manuscrits sont du ix⁰ siècle. Les formules de Tours sont toutes mérovingiennes et n'ont rien de carolingien.
4. Formules, Rozière, n° 721.

le même titre pris par le roi dans plusieurs formules de Sens[1]. Le roi écrit : « A nos saints pères les évêques et vénérables abbés, et aux hommes illustres, ducs, comtes, vicaires, moi, roi des Francs, homme illustre[2]. » Voilà une phrase sur laquelle il n'y a pas moyen de se tromper ; car c'est après avoir donné aux ducs et comtes la qualification d'illustre que le roi la prend pour lui-même en la répétant. Il y avait donc un titre d'homme illustre appliqué au roi, et un titre d'homme illustre appliqué aux fonctionnaires royaux.

C'est ce double emploi de la même expression qui étonne le plus M. Havet. « Peut-on croire, dit-il, que ce titre, qui appartenait à des sujets du roi, pût appartenir en même temps au roi ? » C'est là un de ces arguments qui sont dangereux en histoire. La logique pure tient peu de place dans cette science. Si les textes me montrent le même titre appliqué au roi et à des sujets du roi, je serai pour les textes contre la logique. Il suffit d'ailleurs d'une observation bien simple : *vir illuster* ne fut jamais un nom de fonction, mais une épithète honorifique, une pure décoration. Il est fort admissible qu'un titre d'honneur ou une décoration soit partagée par le roi avec les dignitaires qu'il a choisis lui-même et qu'il veut honorer. Cela s'est vu dans beaucoup d'États.

Le titre de *vir illuster* était, dit-on, « indigne d'un roi ». Cela serait vrai si l'on se plaçait au viiie siècle. Il fut tellement prodigué à cette époque, qu'on ne comprendrait pas que les rois l'eussent adopté alors. Mais au ve et au vi^e siècle il avait été assez rare pour ne pas être dédaigné des rois. Par une hypothèse bien singulière, M. Havet suppose que c'est justement au viiie siècle que les rois l'adoptèrent, c'est-à-dire

---

1. *Formulæ Senonicæ*, n°s 18, 19, 26, 35 ; Zeumer, p. 193-200 ; Rozière, n°s 436, 38, 224, 25. Cf. *Bignonianæ*, 1, Rozière, n° 91 ; c'est ici un simple acte d'affranchissement, et il n'y a aucune apparence qu'il soit adressé aux comtes ; on y lit : *Rex Francorum vir inluster* (Zeumer, p. 228).

2. *Formulæ Senonicæ*, 28 ; Zeumer, p. 197, Rozière, n° 11 : *Dominis sanctis et in Christo patribus episcopis seu et venerabilibus abbatibus, atque inlustribus viris et viris magnificis, ille rex Francorum vir inluster.* — De même une formule du manuscrit de Paris 2123 : *Ille rex vir inluster venerabilibus episcopis vel abbatibus, seu et inlustribus viris ducibus comitibus.*

lorsqu'il n'avait plus aucune valeur. Voilà une opinion difficile à admettre, n'étant appuyée d'ailleurs d'aucun texte. On concevra que les rois aient pris le titre lorsqu'il était rare, et qu'ils l'aient ensuite prodigué à leurs fonctionnaires de proche en proche ; on ne concevra pas qu'ils aient commencé par le prodiguer à leurs fonctionnaires et qu'ils l'aient ensuite adopté pour eux. Le titre a pu s'étendre du roi à ses agents, non des agents au roi[1].

Quelques érudits ont pensé que, le titre d'homme illustre ayant appartenu d'abord au roi, ensuite à ses agents, on avait pourtant établi une distinction : le roi s'était appelé *vir inluster*, un comte s'était appelé *inluster vir*. Cette opinion a été soutenue par Bréquigny, Pardessus et Sickel[2]. M. Havet a raison de la combattre. Il dit très justement que les comtes sont appelés quelquefois *viri inlustres*, et non pas *inlustres viri*[3]. Mais il y a à faire trois autres observations. — Premièrement, s'il est vrai que pour les fonctionnaires on trouve les deux

---

1. Il est vrai que M. Havet, voulant expliquer que les rois ne prirent le titre qu'au viiie siècle, suppose qu'à la même époque les fonctionnaires avaient cessé de le porter, et qu'il n'appartenait plus qu'au maire du Palais. Cela n'est pas exact. Un diplôme de 735 (Pardessus, n° 557) porte *vir inlustris Eberhardus* ; un de 748 (n° 594) porte *Boronus inluster vir* ; un de 749 (n° 603) porte *illustribus viris ducibus atque comitibus*. On trouve plusieurs fois la même expression dans les *Traditiones Wizenburgenses*. — Il est bien vrai que les diplômes de Pépin et de Charlemagne omettent [souvent] de donner ce titre aux fonctionnaires ; mais il y a peu de chose à conclure de là ; l'emploi du titre subsista dans la langue usuelle, puisque nous le retrouvons dans un capitulaire de 844, appliqué à tous les fonctionnaires, et encore dans des capitulaires de 877, art. 1, et de 881, art. 3 ; Hincmar appelle encore *illustres viri* des personnages en dignité, des comtes. Voir Hincmar, lettre 22, Migne, t. II, col. 134, et encore la lettre 57 *ad Engelgarium virum illustrem*.

2. Pardessus, *Diplomata*, Prolégomènes, p. 193 ; Sickel, *Acta regum Karolinorum*, t. I, p. 175.

3. Les exemples sont assez nombreux. Tardif, n° 5 : *Viris inlustribus Chrodegario....* — N° 6 : *Vir inluster Ursinus.* — N° 7 : *Viris inlustribus Wandelberto....* — N° 11 : *Vir inluster Radobertus.* — N° 21 : *Viris inlustribus Audoberto et Rocconi.* — N° 23 : *Viris inlustribus omnibus agentibus.* — N° 47 : *Viris inlustribus telonariis.* — *Testamentum Bertramni*, Pardessus, t. I, p. 211 : *Viris illustribus* ; p. 209 : *Virum illustrem Gundolandum.* — *Lex Baiuwariorum*, prologue : *Per viros illustres.* — *Formulæ Andegavenses*, 50 : *Ante viro illustri illo comite.* — Si l'on remonte à l'époque impériale, on voit par les inscriptions et par les Codes que la forme *vir inlustris* était la plus fréquente, mais qu'elle n'excluait pas la forme *inlustris vir*, et il est impossible de saisir une distinction entre les deux.

formes, on n'en trouve qu'une pour le roi. Le roi est toujours *vir inluster*, il n'est jamais *inluster vir* ; nous tirerons plus loin quelque conclusion de cette remarque. — Deuxièmement, s'il est vrai que les fonctionnaires sont quelquefois appelés *viri inlustres*, il y a pourtant une distinction à faire entre les temps ; dans les cent dernières années, c'est visiblement la forme *inluster vir* qui prévaut pour eux[1]. Cela est-il le fait du hasard ou d'une volonté arrêtée, nous ne saurions le dire ; mais cela n'est pas sans quelque signification. — En troisième lieu, on aurait dû remarquer une différence qui est assez visible dans l'emploi du titre d'homme illustre, suivant qu'il s'applique au roi ou aux fonctionnaires. Pour le roi, il suit toujours le nom ; pour les fonctionnaires, il le précède[2]. Toutes ces observations peuvent paraître bien menues. Il fallait pourtant les faire pour étudier le problème qui nous occupe, et la lecture des documents devait les suggérer[3].

Reste à examiner la dernière partie de la théorie de M. Havet. Dans la première, il a nié l'application du *vir*

---

1. Tardif, nº 28 : *Inluster vir Ansoaldus*. — Nº 30 : *Inluster vir Warno comes palatii*. — Nº 35 : *Inluster vir Ermenricus optimatis noster*. — Nº 38 : *Inlustri viro Pipino... inluster vir Bercharius.... Inluster vir Drogo*. — Nº 39 : *Inluster vir Adalricus*. — Nº 45 : *Inluster vir Grimoaldus... inluster vir Grimbertus*. — Nº 48 : *Inluster vir Warno comes palatii*.

2. Les exceptions à cette règle sont très rares. Je trouve dans un diplôme de 655 (Tardif, nº 11) : *Auderdus vir inluster atque patricius*. De même encore dans Pardessus, nº 594, *Boronus illuster vir*. Partout ailleurs le titre précède le nom, et l'on dit par exemple : *Illustribus ducibus comitibus* (Tardif, nºˢ 21, 23, 47 ; Pardessus, nº 136) ; ou bien : *Illustrium virorum nostrorum procerum* (idem, nº 11) ; ou encore : *Inluster vir Chadoaldus comes palatii* (ibidem). La même règle est suivie même dans les actes privés ; Bertramn écrit : *Viris illustribus Bradoni et Marnchario, viri illustris Sigeleni, virum illustrem Gundolandum*.

3. Que, parmi les diplômes mérovingiens, il s'en trouve plusieurs où le roi ne prenne pas ce titre de *vir inluster*, c'est un argument dont je suis peu touché. M. Havet voit là une « incohérence » inexplicable. Cette incohérence ne choque pas plus que tant d'autres que l'on voit dans les actes de cette époque. Nous ne sommes pas tenus de croire que tous les diplômes fussent rédigés sur un modèle absolument uniforme, ni qu'il n'y eût qu'un seul bureau dans la chancellerie mérovingienne. M. Havet aurait pu d'ailleurs observer que, si l'on s'en tient aux diplômes originaux, il n'y en a que cinq où les mots *vir inluster* manquent ; ce sont, dans Tardif, les nºˢ 7, 21, 23, 46, 47 ; les autres, ou bien sont des copies, ou bien sont mutilés au début et la formule initiale fait défaut. Or, dans ces cinq actes, les mots *vir inluster* semblent avoir disparu à cause des mots *viris inlustribus* qui venaient immédiatement après. Tout s'explique sans qu'il y ait tant « d'incohérence ». Et pourquoi vouloir mettre dans les textes plus d'harmonie qu'il n'y en a ?

illuster au roi par cette seule raison qu'il ne trouvait pas ces
mots écrits en toutes lettres dans les diplômes mérovingiens.
Mais, arrivé aux Carolingiens, il voit ces mots écrits en toutes
lettres dans des actes de Pépin et de Charlemagne. Son interprétation par *viris illustribus* devient ici insoutenable. Il soutient alors que c'est Pépin le Bref qui a changé la formule.
Les Mérovingiens écrivaient : *N. rex Francorum v. inl.* ; les
Carolingiens écrivent : *N. rex Francorum vir inluster.* Au lieu
de dire que c'est la même formule plus nettement écrite, il
affirme que ce sont là deux formules tout à fait différentes.
La première aurait été une adresse aux fonctionnaires *viris
inlustribus* ; puis Pépin aurait cessé de s'adresser *viris illustribus* et il aurait pris pour lui ce même titre de *vir
illuster.*

Mais comment expliquer que Pépin ait songé, le premier
de tous les rois francs, à prendre un titre qui de son temps
n'avait plus aucune valeur et qui était commun à tous les
fonctionnaires de l'État ? C'est que, suivant M. Havet, Pépin
avait déjà ce titre comme maire du Palais ; sa chancellerie de
maire était habituée à le lui donner ; cette chancellerie se
substituant à celle des rois, et mal initiée au style des actes
royaux, le conserva par routine et l'ajouta par mégarde au
titre de roi des Francs, et c'est pourquoi les diplômes por-
tèrent désormais *rex Francorum vir inluster*[1].

Cette théorie trop ingénieuse repose sur deux hypothèses. La
première est que la chancellerie du maire aurait été distincte
de celle du roi. C'est une inexactitude. Le maire était le chef
de la chancellerie royale elle-même, comme il l'était de tout
ce qu'on appelait le Palais ; il est absolument inadmissible

---

1. J. Havet, page 13 du tirage à part : « Quand Pépin est devenu roi, il ne s'est
point approprié la chancellerie mérovingienne pour la faire passer à son service,
mais il l'a supprimée et a élevé la sienne propre au rang de chancellerie royale. La
chancellerie du maire, en devenant la chancellerie du roi, a transporté dans les
diplômes royaux les formules et le style des diplômes des maires. » — Nous n'avons
pas besoin de dire que toutes ces affirmations sont de pures hypothèses. L'existence
de cette double chancellerie, la suppression de l'une, l'élévation de l'autre, et
l'erreur que celle ci aurait commise, sont autant de conjectures sans aucun texte
à l'appui, sans aucun semblant de preuve.

qu'il ait eu une chancellerie particulière. La seconde hypothèse est que les scribes de Pépin auraient été assez mala-
droits ou assez ignorants pour se tromper sur le vrai titre du
roi, titre que Pépin avait le plus grand intérêt à prendre exactement, sans y rien changer[1].

Tout ce système tombe d'ailleurs devant la simple observation des textes. Si vous regardez les diplômes de Pépin, maire
du Palais, vous y lisez la formule *inluster vir Pippinus major
domus*[2] ; puis, si vous regardez les diplômes de Pépin roi,
vous lisez *Pippinus rex Francorum vir inluster*[3]. Tout est
changé. Le mot *Pippinus* vient le premier, comme le nom du
roi venait le premier dans les actes mérovingiens ; *rex Francorum* remplace *major domus* ; *inluster vir* devient *vir
inluster* ; et enfin ce titre, au lieu de précéder le nom suivant
l'usage des maires, est placé à la suite de *rex Francorum*
suivant l'usage constant des rois. Il n'y a donc rien de commun entre l'ancienne formule du maire et celle que Pépin
adopte désormais. Il n'est pas possible d'admettre que sa
chancellerie ait conservé quelque chose de la formule usitée
pour les maires. Elle a au contraire répudié toute cette formule et a reproduit exactement le titre royal. Si Pépin a écrit :
Rex Francorum vir inluster, c'est apparemment parce que
les Childebert et les Childéric avaient écrit : *Rex Francorum vir inluster*.

La seule différence serait qu'on aurait alors écrit le titre
en toutes lettres. Encore cette différence me frappe-t-elle
moins qu'elle n'a frappé M. Havet. On aurait dû remarquer,
en effet, que cinquante ans avant les Carolingiens l'abréviation
v inl s'était déjà allongée. Un diplôme de 709 porte très-

---

1. Ajoutons que ce titre de *vir inluster* n'est pas seulement laissé à Pépin par
l'erreur des scribes de sa chancellerie. Le concile de Vern de 755 appelle Pépin
inluster vir Francorum rex Pippinus (Boretius, p. 33).

2. *Diplomata*, Pardessus, n° 552 : *Illustris vir Carolus major domus.* —
Ibidem, n°° 557 et 563, même formule. — N° 598 : *Illuster vir Pippinus major
domus.* — N°° 599 et 603, même formule. — Tardif, n°° 53 et 54 : *Inluster
vir Pippinus major domus* ; ces deux actes sont des années 750 et 751. — De
même le *Capitulare Pippini Suessionense*, qui est de 744, porte : *Signum inluster
vir. Pippino majorum domus* [Boretius, p. 30].

3. Tardif, n°° 55 et 56.

visiblement *inlter*, ce qui marque bien que le titre se rapporte au roi[1]. L'usage d'écrire *inlter* est attesté par trois autres diplômes de 710 et de 716[2]. Si vous prenez maintenant les diplômes carolingiens, vous remarquez que les premiers en date ne portent aussi qu'une abréviation, *v inlt*, ou même *v inl*, ainsi qu'au temps des Mérovingiens[3]. Ce n'est qu'à partir de 768 que nous rencontrons les formes plus allongées *vir inlt* ou *vir inlust*[4], et enfin les mots complets *vir inluster*[5]. C'est seulement dans les deux ou trois premières années du règne de Charlemagne que les deux mots ont été écrits en toutes lettres. Il est donc assez peu exact de dire que le titre des rois ait été autre sous les Carolingiens qu'il n'avait été sous les Mérovingiens. Il y a eu seulement plus de diversité et d'indécision. Quand il est arrivé aux scribes de Charlemagne d'écrire *vir inluster*, ils ont simplement mis en toutes lettres ce que leurs prédécesseurs et eux-mêmes avaient mis ordinairement en abrégé.

Comparez aux diplômes des Mérovingiens ceux de Pépin et de Charlemagne. Voici par exemple deux actes de donation. Le Mérovingien écrit : *Chilpericus rex Francorum v. inl. Si aliquid ad loca sanctorum concedimus, hoc nobis ad mercedem nostram pertinere confidimus*[6]. Charlemagne écrit : *Karolus rex Francorum vir inluster. Quidquid ad loca sanctorum ob amorem Dei concedimus, hoc nobis ad æternam beatitudinem pertinere confidimus*[7]. Qui ne reconnaît la même formule? Cette comparaison peut être faite sur d'autres sortes de diplômes et sur des actes de jugement. Suivez la filière, et vous retrouvez toujours mêmes idées, mêmes mots, mêmes

---

1. C'est le n° 43 de Tardif; voir le fac-similé dans Pertz, *Diplomata*.

2. Tardif, n°° 44, 45, 48; Letronne, planches 37, 38, 41.

3. Idem, n°° 55 et 56; *Musée des Archives nationales*, n° 31. — Comparez, dans le *Musée des Archives* les fac-similés 16 et 22, qui sont des diplômes mérovingiens, au fac-similé 31 qui est carolingien, vous verrez que le monogramme est à très peu de chose près identique.

4. Idem, n°° 60, 61, 62, 65, 69, 70, diplômes de 768, 769, 771, 772 : *Vir inlust*. — Ibidem, n° 75, diplôme de 775 : *Vir inlt*.

5. Idem, n°° 63, 64, 66, diplômes de 769. Cf. Böhmer, n°° 120 et 146.

6. Tardif, n° 50, diplôme de 717.

7. Idem, n° 71, diplôme de 774.

formes. Le *v inl* des uns répond exactement au *vir. inluster* des autres, et ne peut pas signifier *viris inlustribus*.

Loin que les Carolingiens aient les premiers adopté ce titre, la vérité est qu'ils se sont hâtés d'y renoncer. Ils l'ont pris aux Mérovingiens, mais ils ne l'ont gardé que jusqu'en 775, c'est-à-dire 25 ans. Après 775, le titre de *vir inluster* disparaît de leurs diplômes[1]. Il n'avait pas été au-dessous des premiers Mérovingiens ; mais il était trop visiblement au-dessous d'un Charlemagne. Encore Charlemagne n'y renonça-t-il que le jour où il put le remplacer par un autre titre romain, celui de *patricius Romanorum*. C'est le « patrice des Romains », et plus tard « l'Auguste » qui a fait disparaître « l'homme illustre[2] ».

Je crois donc devoir m'en tenir à l'opinion de Mabillon, de Ducange, de Pardessus, de J. Tardif, de Sickel. L'abréviation *v inl* que l'on trouve dans presque tous les originaux mérovingiens et les mots *vir inluster* qu'on lit à la même place dans quelques originaux carolingiens et dans nombre de copies de chartes mérovingiennes, sont une seule et même chose : c'est un des titres du roi des Francs.

A quelle époque les rois ont-ils pris ce titre, et quel prétexte ont-ils eu à la prendre, nous l'ignorons absolument. On sait qu'il n'y a pas d'histoire plus mal connue que celle de Clovis et de ses fils. Sur ce point comme sur tant d'autres, on ne peut faire que des conjectures.

Pour l'époque, il nous semble qu'il faut la chercher au temps où ce titre avait encore une grande valeur, c'est-à-dire avant la fin du vi° siècle. Je crois même qu'il faut la chercher à un moment où les rois francs n'avaient pas encore rompu tout lien avec l'Empire ; autrement, on ne comprendrait pas qu'ils eussent pris une qualification qui les assimilait aux fonctionnaires de l'Empire ; or cette époque est entre 480 et

---

1. On retrouve encore le *vir inluster* dans le n° 82 de Tardif, qui serait de 779 ; mais il faut noter que la date est incertaine ; elle manque dans l'acte.

2. C'est par une exception que je crois unique, que la formule *Merkeliana* 41 porte à la fois *patricius Romanorum* et *vir inlustris* (Rozière, n° 37).

530[1]. Je vais un peu plus loin, et il me semble que l'unani-
mité des Mérovingiens à prendre ce titre, aussi bien en
Austrasie qu'en Neustrie, implique que Clovis l'a porté.

Mais pour quelle raison l'a-t-il porté? Mabillon, Ducange,
Pardessus, Sickel, Waitz, ont pensé que Clovis avait pris la
qualification d'homme illustre le jour où il avait reçu de l'empereur le diplôme de consul[2]. Je n'oserais l'affirmer. D'abord
je ne suis pas tout à fait assuré que le simple diplôme de consul suffit à conférer le rang d'illustre. Puis, ce diplôme étant
essentiellement personnel, je ne m'explique pas comment ce
titre d'illustre serait resté à la famille; le consulat de Clovis
étant d'ailleurs des dernières années de sa vie, ou même de la
dernière année, on ne voit pas comment les scribes de ses
bureaux auraient eu le temps de s'habituer si bien à écrire ce
titre à côté de celui du roi que l'habitude en soit restée. Une
partie de ces difficultés disparaîtrait s'il était prouvé que
Clovis eût été patrice, comme le furent les rois burgondes;
mais ce patriciat de Clovis ne nous est indiqué que par Aimoin.
Il est possible encore que Clovis ait été *magister militum*. Plusieurs érudits ont interprété en ce sens un passage d'une lettre
de saint Remi. Cela concorderait aussi avec un passage de Procope qui nous dit que Clovis commanda à des corps de troupes
romaines. S'il est vrai, ainsi qu'il l'affirme, que ces troupes
conservèrent, sous Clovis et sous ses fils, leurs costumes et
même leurs enseignes[3], ce qui implique qu'elles restaient ou
croyaient rester romaines, il est assez vraisemblable que Clovis
ait été à leur égard un véritable *magister militum*. Or cette
fonction conférait le rang de *vir inluster*. Clovis put bien
prendre une qualification que Stilicon, Ricimer, et d'autres

---

1. [Cf. *L'Invasion germanique*, p. 510 et suiv.]

2. Mabillon, *De re diplomatica*, édit. de Naples, t. I, p. 71-72. — Ducange,
v° *illuster*. — Pardessus, *Diplomata*, Prolégomènes. — A. Maury, Introduction au
Musée des Archives nationales, p. 3 : « Clovis paraît avoir pris la qualification de
vir illuster lorsqu'il eut reçu de l'empereur Anastase la dignité de consul. » —
K. Pertz, *Diplomata*, p. 3, note : *Chlodoveus titulum viri illustris post oblatum
sibi per Anastasium imperatorem consulatus honorem assumpsit.* — Sickel,
Acta Karolinorum, p. 215.

3. Procope, *De bello gothico*, liv. I, c. 12 [*L'Invasion*, p. 494].

barbares avaient porté[1]. Beaucoup d'exemples prouvent que les titres romains n'étaient nullement dédaignés par les barbares. Ce titre présentait, à ce moment de l'histoire, un certain avantage : en le prenant, Clovis entrait dans la hiérarchie des honneurs romains. Cela le relevait aux yeux de la population romaine de la Gaule, sans l'abaisser en aucune façon aux yeux des Francs.

Dira-t-on qu'un tel calcul ne put entrer dans l'esprit d'un barbare? Il put entrer dans l'esprit de ses sujets romains, des fonctionnaires romains qui le servaient, des scribes romains qui rédigeaient ses diplômes. Il est possible que les rois n'aient pas eu une idée politique en prenant ce titre. Il n'est même pas nécessaire de supposer qu'ils l'aient, d'eux-mêmes et volontairement, pris et adopté. Il était le titre des fonctionnaires dont ils occupaient la place. Ils prirent fonctions, pouvoir, titre, tout à la fois. Nous ne savons pas de quelle formule se servait le préfet du prétoire ou le *magister militum* lorsqu'il adressait ses instructions à ses subordonnés; il est vraisemblable que, comme les empereurs, il écrivait en tête son nom et ses titres; on avait alors la suscription : *Rutilius præfectus prætorio vir inluster, Paulus comes vir inluster, Aetius magister militum vir inluster*. Quand vinrent les rois francs, les scribes de l'*officium*, recevant l'ordre de rédiger un diplôme, écrivirent une formule analogue; les mots *rex Francorum* remplacèrent les mots *magister militum*, et le titre habituel de *vir inluster* ne fut pas effacé.

Mais ce ne sont là que des conjectures. En réalité, nous ne savons ni en quelle année, ni pour quel motif ce titre se joignit au nom des Mérovingiens. Leurs diplômes nous montrent seulement qu'il s'y joignit.

Quand il s'agit d'une époque de laquelle tant de faits importants nous échappent, il n'est pas surprenant qu'un fait secondaire, comme l'est celui-ci, soit resté ignoré ou négligé

1. *Corpus inscriptionum latinarum*, VI, n° 1189 : *Viri illustris Stilichonis.* — Novelles de Majorien, XI : *Ricimeri viro illustri.* — Novelles de Théodose; VII : *Aspari viro illustri magistro militum.* — Novelles de Valentinien, IX : *Sigiwaldum virum illustrem.* — [Voir plus haut, p. 226, n. 7 et p. 224, n. 2.]

des chroniqueurs, et qu'il ne nous ait été révélé que par des formules de chancellerie.

V

Si l'étude des documents ne nous permet pas de nier que les rois francs aient porté le titre de *vir inlustris* ou *inluster*, encore faut-il nous mettre en garde contre les conclusions exagérées qu'on a voulu tirer de là. Dire que ces rois, en le prenant, se soumirent au rôle effectif de fonctionnaires impé-riaux serait une puérilité. Dire encore qu'ils régnèrent sur les Francs avec le titre de *rex Francorum* et sur les Romains avec celui de *vir illuster* serait une autre erreur. Ce dernier titre n'eut pas, à notre avis, une si grande importance.

Il y a une observation qui n'échappe pas à ceux à qui les documents de ce temps sont familiers. C'est que la qualifica-tion de *vir illuster* ne se trouve appliquée aux rois que dans des actes de chancellerie, c'est-à-dire dans des lettres émanées de leurs bureaux. On ne les rencontre nulle part ailleurs. Nous avons des lettres écrites à Clovis par saint Remi[1], par Avitus, par le roi Théodoric; aucune d'elles ne lui donne la quali-fication de *vir illuster*[2]. Ni dans le testament de Bertramn qui est de 615, ni dans la charte d'Éligius qui est de 631, ce titre n'est donné à un roi franc. Les rois ne l'inscrivent pas non plus sur leurs sceaux. Il n'y a pas de preuve qu'ils l'aient pris dans leurs ordonnances ou capitulaires[3], et certainement

---

1. Toutefois l'une des lettres attribuées à saint Remi, celle qui paraît la seconde en date, porte la suscription : *Domino illustri* (dom Bouquet, t. IV). Je note aussi dans le testament de saint Remi (Pardessus, t. I, p. 85) les mots *illustris memoriæ Chlodoveus* ; or, dans les habitudes de langage du ive, du ve, du vi[e] siècle, le mot *memoriæ* précédé d'un qualificatif implique que le défunt possédait ce qualificatif de son vivant. Mais on ne peut pas tirer une conclusion bien ferme de ce testament, qui ne nous est connu que par Flodoard.

2. Théodoric appelle Clovis *Excellentia Vestra* ; il réserve le titre *vir illuster* pour les patrices (Cassiodore, *Lettres*, III, 5 et 10).

3. Nous avons fort-peu de capitulaires mérovingiens; nous n'en avons aucun en original ; dans nos copies, la formule initiale manque presque toujours. Il est donc impossible de dire si dans leurs capitulaires les rois prenaient ce titre ou ne le prenaient pas. — Un seul, celui de Childebert de 595, contient le nom et le titre du roi ; on y lit *Childebertus rex Francorum vir inluster*. *Vir inluster* est écrit en

les lois ne le leur donnent pas. Nous avons quelques lettres de ces princes, adressées aux empereurs de Constantinople ou à des évêques : ils ne s'y qualifient pas hommes illustres[1]. Le pape Grégoire le Grand leur écrit, et ne leur donne pas ce titre. Grégoire de Tours, dans plusieurs de ses récits, nous montre quelles formes de langage on employait pour parler au roi : il ne montre jamais qu'on l'appelât homme illustre. Les Actes des conciles étaient toujours adressés au roi par des lettres, dont plusieurs nous ont été conservées; nous y voyons que les évêques ne lui ménageaient pas les titres : pourtant ils ne lui donnent jamais celui de *vir illuster*[2].

Devons-nous supposer que dans ces divers documents, que nous ne possédons que par des copies fort postérieures, les copistes auraient toujours négligé et omis ces deux mots? Assurément non. Nous attribuons plutôt l'absence de ce titre à ce que les rois y attachaient peu d'importance, à ce qu'ils en faisaient peu de cas, et à ce que leurs sujets ne croyaient pas les flatter beaucoup en le leur adressant. Si les rois en faisaient peu de cas, c'est qu'ils en avaient d'autres. Il y en avait surtout deux qu'ils devaient préférer, parce qu'ils ne les partageaient pas avec leurs fonctionnaires : c'étaient ceux de *gloriosus* et d'*inclytus*.

On peut se demander de quelle source venaient ces deux nouveaux titres. L'usage des qualificatifs honorifiques existait-

toutes lettres et très nettement dans le manuscrit 4409, fol. 135 v° ; de même dans le manuscrit 4627, fol. 57, sauf que le mot *vir* a été omis, puis ajouté d'une autre main. Le manuscrit 18237, fol. 94, porte très nettement *Childebertus rex Francorum vir inluster*, ces derniers mots en toutes lettres et en rubrique. Le manuscrit 10758 contient deux fois ce même décret, à la page 68 et à la page 138, et les deux fois c'est *vir inluster* qu'on lit en toutes lettres. Boretius paraît avoir lu de même dans le manuscrit de Saint-Gall 731 ; aussi écrit-il sans nulle hésitation ni réserve *vir inluster*. Toutefois le manuscrit de Paris 4628 A ne porte pas ces mots ; 4404 porte *viris inlustribus*, mais non pas en rubrique, et comme faisant partie de la première phrase, laquelle d'ailleurs est copiée très incorrectement dans ce manuscrit et n'offre pas de sens.

1. Bouquet, IV, p. 58 et 59.

2. Voir dans Sirmond, *Concilia Galliæ* : concile d'Orléans de 511 ; concile d'Orléans de 533 ; concile d'Auvergne de 535 ; concile de Paris de 555 ; concile de Tours de 567 ; concile de Mâcon de 581 ; concile de Paris de 614 ; concile de Chalon de 650. — Une lettre des évêques du concile d'Auvergne porte : *Domino illustri Theodeberto regi.*

il chez les anciens Germains? On ne peut ni le nier ni l'affirmer sûrement. Comme les Germains avaient des insignes royaux[1], ils pouvaient bien avoir aussi des titres et des épithètes réservés aux rois. Il est donc possible que les Francs eussent dans leur langue des qualificatifs correspondant à ceux de *gloriosus* et d'*inclytus* que nous trouvons dans les actes écrits en latin. Mais on ferait erreur si l'on supposait que ces deux titres fussent simplement une traduction de titres germaniques. Ils étaient romains, sans aucun doute, et ils avaient été portés par les empereurs avant de l'être par les rois francs.

Dès la fin du IVe siècle, on avait pris l'habitude de donner aux empereurs l'épithète de *gloriosissimus*[2]. Nous avons une lettre adressée par un synode d'évêques « aux très glorieux empereurs Gratien, Valentinien et Théodose[3] ». Un peu plus tard, Valentinien III, parlant de son collègue Théodose II, l'appelle *gloriosissimum principem*, ce qui, pour un prince enfant, ne peut être qu'un titre de convention[4]. L'évêque Avitus, écrivant à un autre évêque, désigne l'empereur de Constantinople par les mots *gloriosissimus princeps*[5]. On disait aux empereurs *Vestra Gloria*[6] aussi bien que *Vestra Majestas*. Justinien, dans les actes officiels, est qualifié *gloriosissimus* comme ses prédécesseurs[7].

Cette épithète, si haute qu'elle fût, n'était pourtant pas réservée exclusivement au prince. Elle pouvait être appliquée à quelques dignitaires du rang le plus élevé. Théodose II et Justinien la donnent dans des actes officiels aux questeurs du Palais[8]. Nous savons par les inscriptions que Narsès avait

1. Ammien Marcellin, XVI, 12.

2. On trouve déjà cette épithète appliquée à Constantin dans une inscription ; Henzen, n° 5575.

3. Dans les œuvres de saint Ambroise, édit. de 1690, t. II, p. 810 : *Imperatoribus gloriosissimis Gratiano, Valentiniano et Theodosio.* — Dans une lettre (ibidem, p. 812) saint Ambroise appelle Gratien : *Gloriosissime princeps.*

4. Novelles de Valentinien, tit. XXV, édit. Hænel, p. 211.

5. Avitus, *Opera*, édit. Peiper, p. 42 et 43.

6. *Epistola Theodeberti ad Justinianum*, Bouquet, IV, p. 59.

7. Code Justinien, I, 1, 8, *præfatio* : *Gloriosissimo Justiniano Augusto.* Ibidem, § 25 : *Gloriosissime imperator;* Ibidem, § 59.

8. Code Théodosien, I, 1, 6 : *Contextores hujus codicis, Antiochus amplissimus*

rang de *vir gloriosissimus*[1]. Bélisaire était *gloriosissimus*
en même temps qu'*illustris*[2]. Les patrices grecs qui gouver-
naient l'exarchat avaient droit au même titre[3].

Les rois germains, qui prisèrent toujours les titres attachés
aux dignités romaines, affectionnèrent surtout celui-là. Le roi
des Burgondes Gondebaud, en tête du code de lois qu'il pro-
mulgua en latin, est appelé *vir gloriosissimus* en même temps
que *rex Burgundionum*[4]. Il en est de même de son fils Sigismond. Avitus appelait ce prince barbare *Vestra Gloria*[5]. Chez
les Wisigoths, dès 506, le référendaire Anianus signe le code
qu'il promulgue « d'après l'ordre du glorieux Alaric[6] ». Le
roi ostrogoth Théodoric est appelé dans les inscriptions « seigneur très glorieux[7] ». Les rois wisigoths prennent le même
titre dans leurs lois, et on les appelle *Vestra Gloria*[8].

Il n'y pas à être surpris de trouver les mêmes termes usités
chez les rois francs. Quand on leur adressait la parole, l'usage
était de les appeler « Votre Gloire[9] ». Bertramn, dans son

---

atque gloriosissimus. Ce personnage avait été préfet et questeur. — Code Justinien.
De codice confirmando : Vir gloriosissimus quæstor sacri nostri palatii Thomas.
— Novelles de Justinien, VIII, édit. Schœll, p. 81.

1. *Corpus inscriptionum latinarum,* VI, n° 1199 : *Narses vir gloriosissimus ex
præposito sacri palatii, patricius.*

2. *Epistola Vigilii papæ ad Auxanium,* Bouquet, IV, p. 61 : *Suggerente gloriosissimo patricio Belisario.* — Ibidem, p. 64 : *Glorioso viro Belisario gratias
referatis.*

3. Grégoire le Grand, *Lettres,* VII, 11, 22, 52, 70 ; VIII, 8, etc. — De même
on écrivait à ces personnages *Vestra Gloria* (Grégoire, *Lettre à Léontius*).

4. Pertz, *Leges,* III, p. 525. : *Vir gloriosissimus Gundebadus rex Burgundionum.* Suit un préambule que Bluhme croit avoir été écrit entre 480 et 490. Puis
vient un second titre : *Anno secundo regni domni nostri gloriosissimi Sigismundi.*

5. Avitus, *Opera,* édit. Peiper, p. 93.

6. *Lex Romana Wisigothorum,* édit. Hœnel.

7. *Corpus inscriptionum latinarum,* X, n° 6850 : *Dominus noster gloriosissimus
atque inclytus rex Theodericus.*

8. Voir par exemple dans la *Lex Wisigothorum,* II, 1, 1 : *Gloriosus rex...,
A Nostra Gloria.... Leges quas Nostra Gloria promulgavit... Serenitatis Nostræ
celsitudo.* — Dans les Actes du concile d'Agde, en 506, nous lisons : *Ex permissu
gloriosissimi eminentissimi regis Alarici.* — Il se trouve, dans le code des Wisigoths, XII, 2, 16, une lettre écrite par des juifs au roi Récésuinthe ; ils l'appellent
Gloria Vestra. — [Dans les inscriptions, *Inscriptiones Hispaniæ christianæ,* n°[os] 115,
155, 175 ; Le Blant, n° 620 A.]

9. Lettre de saint Remi, Bouquet, IV, p. 51 : *Salutans Gloriam Vestram.* —
Grégoire de Tours, *Historia Francorum,* IV, 47 : *Gloriæ Vestræ deposco ut.....* —
Marculfe, I, 9 : *Vestram Gloriam decet.*

testament, rappelle les biens que le roi Clotaire lui a donnés,
quæ Gloria Vestra nobis contulit[1]. Les conciles eux-mêmes
employaient cette forme de langage, et appelaient le roi
« Votre Gloire[2] ». Les Actes sont adressés « à notre seigneur
très glorieux le roi[3] ». Le traité d'Andelot nomme Gontran
« le seigneur glorieux[4] ». Les papes de ce temps, lorsqu'ils
ont l'occasion d'écrire soit aux rois eux-mêmes, soit aux
sujets de ces rois, ont soin de joindre au nom du roi le titre
de glorieux[5]. Les évêques de Gaule le leur donnent aussi[6]. Les
laïques font comme les évêques. Les hommes de race franque
font comme les hommes de race romaine. Le duc Helping
s'adressant au roi Thierry lui dit : « Écoute, très glorieux
roi, les conseils de Mon Humilité[7]. » Bertramn, dans son tes-

1. *Testamentum Bertramni*, Pardessus, nº 230, t. I, p. 204.
2. *Epistola Synodi Parisiensis ad Sigibertum regem* (Sirmond, I, p. 353) :
Absque conniventia Gloriæ Vestræ.
3. Concile de 511 (Sirmond, I, p. 177) : *Domino suo Chlodovecho gloriosissimo
regi.* — Concile de 555 (ibidem, I, p. 228) : *Ex præceptione gloriosissimorum regum.*
— Concile de 535 (ibidem, I, p. 241) : *Consentiente domino nostro gloriosissimo
rege Theodeberto.* — Concile de 555 (ibidem, I, p. 301) : *Cum ad invitationem
gloriosissimi Childeberti venissemus.* — Concile de 573 (ibidem, I, p. 353) : *Domine
gloriosissime.* — Concile de 614 (ibidem, I, p. 470) : *Ex evocatione gloriosissimi
principis domni Chlotarii regis.*
4. *Per judicium gloriosi domni Guntramni regis* (Boretius, *Capitulaires*,
p. 13-14). — *Chlotarii præceptio*, art. 12 : *Gloriosæ memoriæ principibus.*
5. *Epistola Vigilii* (Sirmond, I, p. 246) : *Rex Theodebertus gloriam suam desi-
derat informari an....* — *Epistola Vigilii ad Auxentium* (Bouquet, IV, p. 61) :
Sicut pro gloriosissimi Childeberti regis devotione mandatis. Ibidem, p. 64 :
Gloriosissimum virum Childebertum regem. P. 65 : *Gloriosus Childebertus rex.*
P. 66 : *Glorioso Childeberto regi.* — *Epistola Pelagii* (ibidem, p. 72) : *Legati
gloriosissimi regis Childeberti.*
6. *Epistola Leonis episcopi ad Sigibertum* (Sirmond, I, p. 258) : *Gloria Vestra
cognoscat.* — *Epistola Floriani* (Bouquet, IV, p. 67) : *Ut domino gloriosissimo regi
Theodeberto insulam Lariensem commendetis.* — *Charta Germani*; Archives
nationales, Tardif, nº 5 : *Inclitæ memoriæ gloriosissimus Childebertus rex.* —
Charta Landerici, Tardif, nº 10 : *Domnus gloriosissimus Chludovius.* — *Epistola
Desiderii Caturcensis episcopi*, Bouquet, IV, p. 57 : *Gloriosi principis domni Sige-
berti regis*; ibidem, p. 43 : *Pro incolumitate gloriosi domni Childeberti regis.*
— Dans Grégoire de Tours, IV, 26, un prêtre salue le roi Caribert par les mots :
Salve, rex gloriose. — *Glorioso regi ille episcopus*, Marculfe, II, 44.
7. Grégoire de Tours, *Vitæ Patrum*, IV, 2 : *Audi, gloriosissime rex, consilia
Parvitatis Meæ.* — Le passage de Grégoire ne prouve pas d'une manière certaine
que ces paroles aient été textuellement prononcées; il marque au moins que
Grégoire pensait que les Francs eux-mêmes parlaient ainsi au roi; or Grégoire
savait comment on parlait à la cour des Mérovingiens. — De même, *Historia
Francorum*, VIII, 30, il montre des ducs disant à Gontran : *Omnia quæ Gloria*

tament, ne nomme pas le roi Clotaire sans l'appeler *gloriosus*[1] ;
l'auteur de la Vie de saint Léger mentionne « l'homme glorieux roi Thierry III[2] » et Childebert III, lui aussi, est appelé
roi· glorieux[3]. Même dans des actes privés·le terme *gloriosus*
ou *gloriosissimus* se trouve maintes fois joint au nom du roi[4].
On date ces actes par les années de règne « du très glorieux
notre seigneur le roi Clovis II » ou « du très glorieux roi
Thierri III[5] ». Les rois, lorsqu'ils s'écrivent entre eux, se donnent l'un à l'autre ce même titre[6]. Il n'est pas jusqu'aux rois

Vestra profert recta esse censentur. — Ceux qui font l'histoire avec leurs idées
subjectives et *a priori* ne manqueront pas de dire tout de suite qu'il est impossible que des Francs aient parlé ainsi. Ceux qui se dégageront des idées subjectives
et ne penseront que d'après les documents diront que les Francs parlaient au roi
à peu près comme Grégoire de Tours les fait parler. Il n'y a aucune raison scientifique de rejeter son témoignage.

1. *Testamentum Bertramni*, Pardessus, t. I, p. 199, 200, 201, 203 : *Gloriosissime domine Chlotarie.* — Si la lettre de l'empereur Mauriée à Childebert est
bien authentique (Bouquet, IV, p. 88, n° 65), l'empereur écrivait au roi franc :
Viro glorioso Childeberto regi.

2. *Vita S. Leodegarii*, c. 14 ; *Acta Sanctorum ordinis S. Benedicti*, II, p. 691 :
Eo tempore vir gloriosus Theodoricus rex et Ebroinus. — Cf. *Altera vita Leodegarii*, c. 7 : *Theoderici gloriosi regis* ; c. 14 : *Vir gloriosus Theodericus rex*
(ibidem, p. 703). — De même *Vita S. Condedi*, c. 4 : *Theodericus gloriosus rex.*
— *Vita S. Lantberti*, c. 3 : *Glorioso domno Childerico regi.*

3. *Vita Benigni abbatis*, c. 6 ; *Acta Sanctorum ordinis Benedicti*, III, p. 441 :
Glorioso rege Hildeberto. — *V. Leutfredi*, 17, ibidem, p. 588 : *Childeberti* (Childebert III) *gloriosissimi regis.*

4. Voir, par exemple, la *Charta divisionis bonorum*, Pardessus, n° 255 : *Ut præceptio gloriosissimi domni Dagoberti edocet.* — Voir encore la *Charta Eligii*, Pardessus, n° 254 : *Agrum qui mihi ex munificentia gloriosissimi regis Dagoberti
evenit.* — *Charta Landerici*, Tardif, n° 10 : *Domnus gloriosissimus Chludovius.*
— Cf. *Formulæ Merkelianæ*, 61 ; Rozière, n° 577 : *Gloriosissimo domno regi...
Gloriose rex.* — Rozière, n° 751 : *Domino præpolenti atque glorioso regi.*

5. *Charta Eligii*, Pardessus, n° 254, année 631 : *Anno decimo gloriosissimi
domni nostri Dagoberti regis.* — *Charta Landerici*, Tardif, n° 10 : *Anno decimo
regnante Chludovio gloriosissimo rege.* — *Charta Chrotildis*, Tardif, n° 19 : *Anno XVI regni domni nostri Chlotarii gloriosi regis.* — *Charta Wandemari*, Tardif, n° 24 : *Anno decimo regnante Theoderico gloriosissimo rege.* — De même
Tardif, n° 36 et 39. — De même encore dans les Formules ; Marculfe, II, 52 :
Actum ibi, sub die illo, regnante domno illo gloriosissimo rege. — *Bituricenses*,
Zeumer, p. 170 : *Anno XIV regni domni gloriosissimi regis sub VIII kalendas
illas.* — Cartulaire de Saint-Bertin, p. 27 : *Regnante glorioso rege Theoderico* ;
p. 31 : *Anno XII regni domni nostri Theoderici gloriosissimi regis* ; p. 38 : *Regnante glorioso rege Hildeberto* ; ibidem, p. 39, 41, 50. — [Ajouter les inscriptions ; *Corpus*, XII, n° 2097 ; *Inscriptions Chrétiennes* de Le Blant, n° 597 A.]

6. Marculfe, I, 9 et 10. — Les Mérovingiens donnaient aussi cette qualification
aux empereurs ; Bouquet, IV, p. 82 et 83. Ils la donnaient même aux grands dignitaires du Palais de Constantinople ; Bouquet, IV, p. 84 et suiv. : *Viro glorioso Hono-*

anglo-saxons à qui la qualification de *vir gloriosus* ne fût
donnée[1].

Quand la famille des Pépin succéda aux Mérovingiens, elle
ne dédaigna pas de prendre dans l'héritage le qualificatif *gloriosissimus*[2]. On le donnait à Pépin, à Charlemagne, à Charles
le Chauve[3], et aux successeurs mêmes de Charles le Chauve[4].

Les Mérovingiens prenaient encore d'autres titres; celui
d'*inclytus*, celui de *clementissimus*. C'étaient encore des termes
de la phraséologie impériale. Les Romains avaient dit *Constantinus inclytus*[5]. Théodose II, s'adressant à son collègue Valentinien III, écrit : *Domino Valentiniano inclyto*[6]. Justinien, en
tête de son Code, prend parmi tous ses titres celui d'*inclytus*[7].

rato apocrisiario ; *viro glorioso Theodoro magistro ; viro glorioso Meganti cura-
tori ; viro glorioso Venantio patricio.*

1. Béda, *Historia ecclesiastica*, II, 10 : *Viro glorioso Æduino regi Anglorum.*
De même, II, 4.

2. *Archives nationales*, Tardif, nᵒˢ 55, 56, 60, etc. : *Signum domni nostri Pippini gloriosissimi regis.* — Cartulaire de Saint-Bertin, p. 60, 61, 63, 64, 66. —
Dans la *Vita Remberti*, Louis le Pieux est plusieurs fois appelé *Ludovicus gloriosus
rex.* — *Concilium Vernense*, præfatio, Boretius, p. 33 : *Anno quarto regnante
domno nostro Pippino gloriosissimo rege.* — Capitulaire de 779, Boretius, p. 47 :
Anno undecimo regni domni nostri Karoli gloriosissimi regis. — *Capitulare Man-
tuanum* (Boretius, p. 194) : *Placuit nobis Karolo gloriosissimo regi.* — *Capitularia*, Boretius, p. 211 : *Pippino glorioso regi.* — Formule nᵒ 695 : *Gloriosissimo
regi Ludovico.*

3. Hincmar, *Epistola ad Carolum* (édit. de la Patrologie, t. I, col. 491) :
Domino glorioso regi Carolo. — Idem, *De divortio*, t. I, col. 623 : *Dominis regibus gloriosis.* — Idem, t. I, col. 630 : *Gloriosus rex Lotharius.* — Idem, col. 1018 :
Obsecramus gloriosam Sublimitatem Vestram. — Idem, *Epistola ad Adrianum*,
t. II, col. 176 : *Principes nostros, dominos scilicet ac reges gloriosos.*

4. *Epistola Johannis VIII* (Patrologie, t. CXXVI, col. 781) : *Dum de Ludovici
gloriosi regis adventu audieritis.* — Ibidem, col. 785 : *Ludovici gloriosi regis.* —
Ibidem, col. 810 : *Ludovico gloriosissimo regi.* — Ibidem, col. 895 : *Ludovico et
Carlomanno gloriosissimis regibus.* — Jean VIII donne d'ailleurs parfois le même
titre à des ducs et à des comtes. On l'applique même à des rois à venir : *Glorioso
domno quem tunc Deus regnum Burgundiæ gubernare permiserit*, Rozière,
p. 725. — Rozière, nᵒ 754 : *Gloriosissimus dominus meus imperator.* Ibidem,
nᵒ 754 : *Gloriosissimo domino meo imperatori.* Ibidem, nᵒˢ 757, 758.

5. Code Théodosien, *Gesta in Senatu*, édit. Hænel, p. 83 : *Cunctas colligi con-
stitutiones decernimus quas Constantinus inclytus et post eum divi principes tu-
lerunt.* — Code Théodosien, I, 1, 5. — Ailleurs, XII, 3, 2, Théodose II nomme
son aïeul *inclytæ recordationis avus noster.* — Orelli, nᵒ 1126 : *Inclytæ memoriæ
Theodosius.* — *Corpus inscriptionum latinarum*, VIII, nᵒ 960 : *Imperatores incliti.*

6. Novelles de Théodose II, tit. II, édit. Hænel, p. 4.

7. *Imperator Justinianus pius felix inclitus, etc.* De même dans le titre *De
emendatione codicis.*

Symmaque et Avitus, dans leurs lettres, appliquent aux empereurs le même qualificatif[1]. Le terme *clementissimus* était aussi une épithète impériale[2]. Les princes disaient pour désigner leur personne *Nostra Clementia*[3], comme ils disaient *Nostra Pietas* ou *Nostra Serenitas*[4], et ceux qui leur parlaient employaient les mêmes termes[5]. On ne saurait dire si ces expressions furent inventées par les empereurs ou si elles s'établirent spontanément dans les habitudes des sujets.

Ces mêmes expressions furent adoptées par les rois francs. Ils firent écrire ou laissèrent écrire à côté de leur nom le qualificatif *inclytus*[6]. Ils dirent en parlant de leur personne *Nostra Clementia*[7], *Nostra Pietas*, *Nostra Sere-*

1. Symmaque, *Lettres*, X, 20; X, 23. Avitus, *Lettres*, Bouquet, IV, p. 56 et 58.

2. *Corpus inscriptionum latinarum*, IX, n° 5949; X, n° 7204 [XII, n° 1852]. — Saint Ambroise, édit. de 1690, t. II, p. 812 : *Imperatores clementissimi, Gratiane, Valentiniane et Theodosi.* — Théodoric écrit à Anastase : *Clementissime imperator* (Cassiodore, *Lettres*, I, 1).

3. Code Théodosien, *Gesta in Senatu*, édit. Hænel, p. 89 : *Pater Clementiæ Nostræ.* — Ibidem, p. 90 : *Sæpe Clementia Nostra dubitavit.* — Ibidem, II, 6, 1 : *Per indulgentiam Clementiæ Nostræ.* — Novelles de Valentinien, tit. X, 1, § 3, édit. Hænel, p. 162 : *Præceptio Clementiæ Nostræ.* — Novelles de Marcien, I, 1 : *Nostræ Clementiæ.* — Novelles d'Anthémius, Hænel, p. 543 : *Nostræ Clementiæ consulatis.... Ad consultationem Clementiæ Nostræ.* — Novelles de Majorien, tit. II, Hænel, p. 295 : *Interest enim Clementiæ Nostræ.* — Code Justinien, I, 1, 1 : *Cunctos populos quos Clementiæ Nostræ regit temperamentum.*

4. *Nostra Serenitas*, Code Théodosien, I, 1, 2 ; Novelles d'Anthémius, III. — Avitus écrit à l'empereur *Serenitas Vestra* (Bouquet, IV, p. 57). — L'empereur Marcien dit *Pietas Mea* (Novelles de Marcien, V, 1, p. 285). — Le pape saint Léon écrit à Théodose II (*Lettres*, 17) : *Dies concilii quem Vestra Pietas constituit.* — Noter que dans la langue du temps le mot *pietas* n'avait pas le sens étroit de notre mot piété; on disait *divina pietas*, la bonté divine [cf. *Les Origines du système féodal*, p. 115, n. 5].

5. Saint Ambroise écrit à Théodose : *Clementia Tua; mandato Clementiæ Tuæ; consistorium Clementiæ Tuæ* (lettres 14 et 21, pages 818, 860, 863). — Symmaque écrit de même : *Clementiæ Vestræ semper dicatus... Cum Clementia Vestra meminisset* (*Lettres*, X, 55 et 57).

6. *Archives nationales*, Tardif, n° 3 : *Inclitæ memoriæ Childebertus rex.* — Ibidem, n° 18 (copie) : *Signum Childerici incliti regis.* — *Epistola Aureliani episcopi*, Bouquet, IV, p. 63 : *Domino inclito regi Theodeberto.* — *Formulæ Senonicæ*, 44 ; Rozière, n° 420 : *Inclito atque præcellentissimo-domno illi glorioso regi.* — *Testamentum Bertramni*, p. 198 : *Inclitus domnus Chlotarius rex.*

7. *Chlotarii præceptio*, Boretius, p. 18 : *Usus est clementiæ principalis.* — *Archives nationales*, Tardif, n°⁵ 8 et 11 : *Oportet clementiæ principali.* — Marculfe, I, 4 : *Principalem clementiam decet.* — Idem, I, 17 : *Suggessit Nostræ Clementiæ.* — Idem, I, 34 : *Principalitatis Vestræ clementia novit.* — Cf. Turonenses, 27 ;

nitas[1]. Leurs sujets employèrent tout naturellement ces formes
de langage. L'épithète *clementissimus* fut parmi les plus usitées, et tous ces Mérovingiens furent, dans des actes officiels,
des « rois très cléments[2] ».

On se tromperait d'ailleurs si l'on attribuait à chacun de
ces termes une signification rigoureusement déterminée et
exclusive. Ils étaient employés arbitrairement, et l'on peut
reconnaître par l'usage qui en est fait qu'il était assez indifférent d'appeler le roi *inclytus*, ou *gloriosus*, ou *præcelsus*[3]. On
disait indistinctement *Vestra Clementia*, *Vestra Gloria* ou *Vestra Excellentia*. Il fallait employer un de ces termes, mais il
était loisible d'employer l'un ou l'autre. Ces termes n'étaient
même pas scrupuleusement réservés aux rois. Nous avons vu
que celui d'illustre s'était étendu à tous les agents supérieurs
de l'État et même à des personnes qui n'étaient pas fonctionnaires. Les épithètes *inclytus* et *gloriosus* furent beaucoup
moins répandues; encore les trouve-t-on quelquefois appliquées à d'autres qu'aux rois[4]. C'est qu'il faut bien entendre
que tous ces termes étaient de pures épithètes d'honneur.

Rozière, n° 392 : *Clementiæ regni nostri petiit.* — Remarquer la formule de Marculfe, II, 44; la lettre est faite pour être adressée soit à un roi, soit à un évêque ;
mais l'auteur de la formule s'interrompt un moment pour dire que si la lettre est
adressée au roi, il faudra écrire *Clementiæ Vestræ*, et si elle l'est à un évêque,
Sanctitati Vestræ (Rozière, p. 903). — De même dans Cassiodore, *Lettres*, IV, 42,
principalis clementia signifie simplement le roi. — Mêmes expressions sous les
Carolingiens; Hincmar, t. II, col. 505 : *Apud domni gloriosissimi regis Caroli
clementiam.*

1. *Edictum Gunthramni* (Boretius, p. 11) : *Sermo Nostræ Serenitatis.* — Marculfe, I, 19 : *Petiit Serenitati Nostræ.* — Idem, I, 54 : *Pietas Vestra jubeat.* —
On disait aussi *Nostra Celsitudo*, idem, I, 16.

2. *Charta Eligii*, Pardessus, n° 254 : *Clementissime princeps.* — Sirmond, *Concilia Galliæ*, I, p. 300 : *Epistola clementissimi regis nostri Theodeberti.* — *Inci-
pit epistola clementissimi et beati regis nostri Childeberti*, manuscrit de Paris,
12097, folio 162.

3. Déjà au temps de l'Empire ces termes n'avaient pas une précision aussi rigoureuse que l'ont cru quelques historiens modernes. Prenez, par exemple, une novelle de Théodose II, édit. Hænel, p. 34, et vous verrez le même personnage qualifié tantôt *illustris* et tantôt *magnificus*. Ailleurs, un personnage est qualifié successivement *gloriosus* et *inlustris*. Pareils exemples abondent.

4. Grégoire le Grand écrit *Vestra Excellentia* aux rois francs, tandis qu'il écrit
Vestra Gloria à Dynamius, patrice de Gaule (Bouquet, IV, 12). Il qualifie d'autres
patrices du titre de *gloriosus* (ibidem, p. 20 et 90). On trouve le qualificatif
inclitus appliqué à un maire du Palais (Marculfe, supplément, 3; Rozière,

Le vrai titre politique des Mérovingiens fut celui de *rex Francorum*, comme le vrai titre politique des empereurs du v° siècle était celui d'*imperator Augustus*. Tout ce qu'on y ajoutait était simple qualificatif, simple marque de respect, nous dirions volontiers simple marque de politesse.

L'usage des titres et des épithètes n'était pas un fait de servilité à l'égard du souverain ; car on trouve le même usage dans les relations des hommes entre eux. Dans les hautes classes et même les classes moyennes, les hommes se donnaient l'un à l'autre le titre de *dominus*, c'est-à-dire maître ou seigneur. Cela était d'usage même entre égaux. On écrivait à un ami qu'on était « son esclave », *servus*. Les règles du savoir-vivre le voulaient ainsi. Il fallait qu'en parlant de soi-même on dît *Exiguitas Mea*, *Mea Parvitas*, et qu'on employât pour les autres les superlatifs les plus pompeux. Le triomphe du christianisme ne fut peut-être pas étranger à l'abus de ces formes de langage, qui d'ailleurs avaient commencé avant lui. L'arrivée des barbares dans l'Empire ne les fit pas disparaître. Vous les retrouvez dans les lettres du temps, et, d'une manière plus frappante encore, dans les formules d'actes, sans que l'on puisse dire qu'elles appartiennent plutôt à une race qu'à une autre. On disait à un fonctionnaire public « Votre Grandeur » ou « Votre Éminence ». De simples particuliers se traitaient réciproquement d' « homme magnifique » ou d' « homme vénérable ». Il était donc assez naturel que les rois eussent à plus forte raison leurs qualificatifs d'honneur et leurs superlatifs de respect. Tout cela faisait partie de la langue du temps. Le nom du roi, comme le nom de tout évêque ou de tout seigneur, devait avoir à côté de lui son épithète. Voyez les hagiographes : ils ne manquent jamais à cette règle ; tout roi est pour eux ou *gloriosus* ou *inclytus* ou *præcelsus*.

Nous ne pensons pas que le titre de *vir inluster* ait eu plus d'importance que les autres titres. Il est possible qu'il y ait

---

n° 641). Quant aux épithètes *magnificentissimus* et *excellentissimus*, elles étaient données aux grands personnages aussi bien qu'aux rois, voir Marculfe, II, 50 et 51.

eu un moment où il ait été pris à la lettre et où Clovis ait
voulu montrer en le prenant qu'il entrait dans la hiérarchie
des hautes fonctions[1]. On peut admettre que, le titre de *rex
Francorum* n'ayant pas un sens officiel aux yeux des Romains
de la Gaule, les premiers rois aient cru utile d'y ajouter un
autre titre. Mais en tout cas ce moment fut court, et il est
visible que sous les successeurs de Clovis les mots *vir illuster*
ne furent plus qu'une épithète. Pourquoi est-ce celle-là plutôt
que les autres qui figure dans les diplômes mérovingiens? On
ne sait; mais il y a lieu de croire que c'est la routine des bureaux qui décida la chose. Les scribes du Palais continuèrent
à écrire *vir inluster* parce qu'ils l'avaient d'abord écrit. Ils en
firent un monogramme, un sigle convenu, une sorte de forme
cristallisée par la tradition, et qu'ils se transmirent d'un diplôme à l'autre. Les hommes n'y attachaient pas grande importance; je n'affirmerais même pas qu'ils le comprissent toujours. *Vir inluster* était pour eux un mot, moins qu'un mot,
un simple signe qui restait accolé à la suite du titre de roi
des Francs. C'est apparemment parce qu'on y tenait peu qu'il
s'est trouvé omis dans quelques actes. Il n'était pas nécessaire.
Les rois n'avaient pas besoin de ce titre pour se faire obéir des
populations indigènes : ces populations leur obéissaient comme
rois des Francs. Plusieurs raisons, que nous n'avons pas
à dire ici, firent que tous les hommes furent également sujets,
sans distinction de races, et aussi sans distinction de titres.
Le Mérovingien n'était pas un *rex* pour les Francs et un *vir
illuster* pour les Romains[2]. Qu'on lise Grégoire de Tours, les

---

1. Cela ne peut être vrai que de Clovis, et tout au plus de ses fils pendant une
vingtaine d'années. — Dans notre *Histoire des institutions de la France*, nous
n'avons dit cela que de Clovis, p. 433 de la 2ᵉ édition. A la page 482, nous n'avons
pas dit que *vir illuster* fût autre chose qu'un simple titre.

2. [*La Monarchie Franque*, p. 121.] — Il n'est pas inutile de remarquer que,
pour les générations romaines qui virent arriver les barbares, le titre de *rex* n'était
pas un titre inconnu, insolite, dédaigné ou odieux. Il y avait près de deux siècles
qu'il était entré dans la langue courante pour désigner un souverain en général.
On l'appliquait même aux empereurs, quoiqu'il ne fût pas leur titre officiel. Les
exemples sont innombrables de l'emploi du mot *rex* pour désigner le prince, du
mot *regius* appliqué à ce qui appartient au prince, de l'expression *regia urbs* pour
désigner la capitale. [*L'Invasion Germanique*, p. 4, n. 8.]

Vies des saints, les Actes des conciles, les lettres du temps,
tout ce qui porte la marque des usages et des pensées de la population indigène, on verra bien qu'elle appelait le monarque
du titre de roi, et non pas du titre d' « homme illustre ».
Le Mérovingien était un *rex Francorum* pour les Romains
comme pour les Francs. De même, les épithètes « d'homme
illustre » ou d' « homme glorieux » étaient aussi bien usitées
dans la bouche des Francs que dans celle des Romains.

En résumé, l'adoption de titres romains par les rois francs
a peu d'importance au point de vue politique. Elle n'est pourtant pas un fait négligeable pour l'historien, à qui rien de ce
qui est humain n'est indifférent. Elle est un des traits de
mœurs de l'époque mérovingienne. Elle forme un point dans
l'ensemble des habitudes du temps et contribue à en marquer
l'état moral. Beaucoup d'autres faits, et de plus grande conséquence, marquent que l'établissement de Germains en Gaule
n'a pas produit tout de suite et par lui seul une brusque et radicale transformation. Il fallait noter aussi que les formes de
langage et les mots se sont transmis des empereurs aux rois,
de la société romaine à la société mérovingienne. Or il est
curieux d'observer que l'usage des titres, après s'être établi au
ive siècle, a duré jusqu'au ixe ; que, pendant cette période, il
se répandit de plus en plus, et que, parti de cette source commune, il se développa de la même façon et au même degré
dans l'empire de Constantinople et dans les royaumes germains de l'Occident.

RECHERCHES

SUR QUELQUES POINTS

DES

LOIS BARBARES

Aux ouvrages que j'ai publiés dans ma carrière de travail et d'austères recherches, deux ou trois critiques ont reproché que les chapitres se suivaient et que les diverses vérités que j'avais mises en lumière avaient quelque lien entre elles ; c'est ce qu'on appelle être systématique. Le travail que je publie aujourd'hui ne méritera pas le même reproche. J'aurai soin de ne mettre aucun lien entre les divers mémoires. Un esprit bien fait apercevra peut-être un lien caché entre tant de faits divers ; il y a apparence que dans un organisme social tout se tient et que dans l'histoire qui décrit cet organisme il doit se trouver aussi quelque système. Mais nous laissons à d'autres le soin de pressentir cette unité. J'écarte de mon mieux la généralisation, et tout ce qui pourrait ressembler à une idée philosophique, me bornant à la pure recherche du détail.

PREMIÈRE PARTIE

[Les lois germaniques indiquent-elles un partage des terres
entre Barbares et Romains ?]

Il n'y a pas un seul texte qui indique que les Francs aient
dépossédé les indigènes. Quant aux Wisigoths et aux Burgondes,
il se trouve dans leurs codes deux articles qui ont paru être
une allusion à un partage des terres. Il faut examiner de
près le sens de ces deux articles, et chercher s'ils sont des
preuves suffisantes pour affirmer que les conquérants se
soient emparés du sol des vaincus.

I

Notons d'abord qu'il n'y a pas dans ces codes un seul mot
qui marque que les indigènes fussent des vaincus ni les
Germains des conquérants. L'expression de terre enlevée aux
vaincus, ni celle de terre distribuée aux vainqueurs ne se
rencontrent jamais.

Le titre LIV du code des Burgondes, promulgué suivant
toute apparence en 501, rappelle un édit antérieur en vertu
duquel « le peuple burgonde a reçu le tiers des esclaves et les
deux tiers des terres ». Ce passage, s'il était isolé, semblerait
être l'édit lui-même qui aurait décrété la spoliation des propriétaires gaulois. Mais il convient d'observer que les termes
mêmes de l'article montrent qu'il est l'œuvre du roi Gondebaud ;
à supposer que cet édit fût de la première année de ce long
règne, encore serait-il postérieur à l'établissement des Burgondes dans le pays ; la mesure qu'il établit n'est donc pas un
fait de conquête. Qu'on le lise d'ailleurs tout entier, et l'on remarquera deux choses : l'une, qu'il vise des terres sur lesquelles

le Burgonde n'a, aucun droit de propriété, sur lesquelles il a
seulement l'*hospitalité*, et que la loi même continue d'appeler
« les terres de son *hôte* »; l'autre, que cet édit a pour but, non
pas d'assurer aux Burgondes la possession de ces terres, mais
au contraire de les en [écarter] pour la plupart et de les contraindre à rendre aux Gallo-Romains [tout ce qu'ils ont prélevé sur ces terres], *sine dilatione restituant.* Loin que cet édit
de Gondebaud prononçât la confiscation des propriétés, il en
était tout l'opposé. Nous chercherons tout à l'heure quel pouvait en être le sens[1]; au moins est-il certain qu'il ne pouvait
pas être un décret de confiscation.

Quant à l'article de la Loi des Wisigoths[2], il commence ainsi :
« Le partage fait entre un Goth et un Romain au sujet d'une
portion de terres ou de forêts ne sera modifié pour aucun motif,
si toutefois il est prouvé que ce partage a été fait authentique-
ment » : *Divisio facta inter Gothum et Romanum de portione
terrarum sive silvarum nulla ratione turbetur, si tamen pro-
batur celebrata divisio.* Ici encore il faut se défier du sens apparent des mots et y regarder de près. *Portio* est employé dans
la langue du vi[e] et du viie siècle pour désigner une propriété :
on en peut voir cent exemples dans les actes de vente ou de donation; la *villa* était un très grand domaine; la *portio* était
un domaine moins étendu[3]. *Celebrata* est l'expression consacrée pour signifier un acte régulier et authentique; on lit dans
Sidoine Apollinaire : *Consortes habeo, coheredes, necdum celebrata divisio est*[4] : « J'ai des cohéritiers et l'acte de partage
n'est pas encore passé. » — On voit clairement que le législateur wisigoth n'a pas en vue dans cet article une confiscation
générale et un partage de toutes les terres du pays; il vise un
certain partage qui a pu être fait entre un Goth et un Romain d'un domaine particulier; il exige même que ce partage

---

1. [Voir plus bas, p. 287 et p. 296.]
2. X, 1, 8.
3. [*L'Alleu*, p. 238 et suiv.]
4. *Lettres*, IV, 21. Sur le sens de *celebrare*, voir [aussi] Symmaque, II, 87. Il
écrit à propos d'un contrat de vente : *Cum ad soliditatem transcriptæ in novum
dominum possessionis cuncta ex more celebrata sunt.*

ait été fait par acte authentique. Il ne s'agit pas ici d'une spoliation universelle; il s'agit d'un contrat régulièrement conclu entre deux hommes.

Voulons-nous savoir quelle était la nature de ce contrat qui est appelé *divisio*? Il faut regarder d'abord dans quel milieu et, pour ainsi dire, dans quel courant d'idées la loi qui le concerne se trouve placée. Elle fait partie d'un chapitre intitulé : *Des partages et des terres données à condition*. Les sept premiers articles sont relatifs à des terres partagées entre frères, entre cohéritiers, entre voisins. Plus loin vient une suite de cinq articles qui ont trait aux terres données sous condition, c'est-à-dire affermées, moyennant redevance, *terræ quæ ad placitum canonis datæ sunt* [1]. Les sept premiers visent le partage d'un domaine entre deux hommes qui en sont également propriétaires ; les cinq autres règlent une autre façon de partage qui a lieu pour les fruits d'un même domaine entre un propriétaire et un tenancier.

C'est précisément entre ces deux séries d'articles que se trouve celui qui signale le partage entre un Goth et un Romain. On se demande si, par le lien des idées, il se rattache à ce qui le précède ou à ce qui le suit, c'est-à-dire si la *divisio* qui est mentionnée est un partage de propriété comme dans les articles précédents, ou un acte analogue aux tenures dont il est parlé dans les articles suivants. Les mots, à première vue, font pencher d'abord vers le premier sens. « Les deux tiers, y est-il dit, appartiendront au Goth, le tiers au Romain, sans que l'un ni l'autre puissent prétendre davantage. » L'idée qui vient d'abord à l'esprit est que la propriété a été partagée et que le Goth a eu les deux tiers du sol. Cette interprétation ne soutient pourtant pas l'examen. En effet, si c'est la propriété qui a été autrefois partagée, il y a eu, à partir de ce jour, deux domaines distincts et deux propriétaires à titre égal ; les lois ordinaires de la propriété les régissent; le législateur n'a donc nul besoin d'avertir (et cela si longtemps après l'établissement, car cette loi n'est pas de celles qui sont qualifiées *antiquæ*) qu'aucun

des deux propriétaires ne doit empiéter sur le bien de l'autre ;
le titre III, *De terminis et limitibus*, suffirait à interdire cette
sorte d'empiètement. Si le législateur croit devoir introduire
un article si spécial, c'est qu'il a affaire à des relations d'une
nature toute particulière.

Les *tiers* dont il s'agit ici sont donc autre chose qu'une fraction du sol. La pensée se reporte alors vers les articles qui
suivent et où l'on voit le législateur régler les rapports entre
un propriétaire et un tenancier ; on songe aussi que, dans la
langue de cette époque et des siècles suivants, le mot *tertia*
était souvent employé pour désigner, non le tiers du sol, mais
un prix de fermage, qui était apparemment le tiers des fruits.
Cela se voit maintes fois dans les actes et dans les lois ; Sidoine
Apollinaire, par exemple, nous apprend qu'il a hérité d'une
terre *in usum tertiæ*, c'est-à-dire affermée au tiers, et qu'il
offrait de la compter, dans sa part d'héritage, comme si elle
avait été affermée à moitié, *sub pretio medietatis* ; il faisait ce
sacrifice à ses cohéritiers, afin d'entrer plus vite en possession[1]. La Loi des Wisigoths, une page plus loin que l'article
que nous examinons, mentionne l'homme qui paye la redevance appelée *tertia* ; la Loi des Burgondes en parle également[2]. Serait-il téméraire de penser que c'est un contrat de
cette nature que le législateur a eu en vue, et que, lorsqu'il
fixe la part du Goth aux deux tiers, il entend que ce Goth, qui
est un tenancier, jouira des deux tiers des fruits et qu'il en
laissera le tiers au Romain propriétaire ?

Ces obscurités s'éclaircissent un peu si l'on rapproche de
cet article les dispositions analogues du code des Burgondes.

Un premier fait à constater, c'est qu'il n'y a aucun texte qui
montre que ces Burgondes se soient établis dans le pays par
conquête. Les chroniqueurs contemporains ne parlent que de
leurs désastres ; écrasés par Aétius vers 435, ils sont presque
exterminés par les Huns l'année suivante[3], et c'est après ces
grands coups qui les avaient accablés qu'on donna à ce qui

<hr>

1. *Lettres*, VIII, 9.
2. *Terram sine tertiis habere*, titre LXXIX.
3. [*L'Invasion Germanique*, p. 447.]

restait d'eux la Sabaudie, à *partager* avec les indigènes, *reliquiis datur Sabaudia cum indigenis dividenda*. Peu après,
Marius d'Avenches dit qu'ils partagèrent les terres avec les
grands propriétaires gaulois, *terras cum Gallis senatoribus diviserunt* [1]. De quelque façon qu'on entende ce *partage*, il est
difficile d'y voir un fait de conquête; car ces Burgondes, en
l'état que les chroniqueurs décrivent, étaient bien loin de ressembler à des conquérants.

Un fait qui s'était passé quelques années avant les invasions
jette quelque jour sur l'objet de nos recherches. [La Chronique
dite de] Frédégaire rapporte que, sous le règne de Valentinien Ier, « les Burgondes furent invités par les Romains, c'est-
à-dire par les Gaulois qui habitaient la Lugdunaise, la Gaule
Chevelue et la Gaule Cisalpine, à s'établir dans le pays, et
qu'ils s'y établirent avec leurs femmes et leurs enfants » :
*Sunt invitati a Romanis vel Gallis qui Lugdunensium pro-
vincia et Gallia Comata et Gallia Cisalpina commanebant...
Ibi cum uxoribus et liberis visi sunt consedisse* [2]. Le chroniqueur place cet événement avant la mort de Valentinien Ier,
vers l'année 372. En ce moment tous les barbares avaient été
repoussés; la Gaule était en paix, le gouvernement impérial
était vainqueur partout, l'Empire était dans une de ses phases
de grande force. Cette arrivée de Burgondes appelés par les
habitants n'était assurément pas une invasion.

Mais à quel titre et sous quelles conditions étaient-ils invités
à s'établir dans le pays? Le chroniqueur l'indiquait en quelques
mots qui malheureusement sont fort altérés dans les manuscrits
qui nous en restent : *ut tributarii publice potuissent rennuere*,
telle est la leçon d'un très grand nombre de manuscrits. [Seul
le manuscrit de Paris, le principal il est vrai, donne : *tributa*

---

1. [*L'Invasion Germanique*, p. 448 et 449.]

2. Cf. Jahn, *Geschichte der Burgundionen*, t. II, p. 526; dom Bouquet, t. II,
p. 462. — [Voici le texte que donne M. Monod, 1885, p. 591, d'après le ms. de
Paris 10910, source principale de tous les autres mss. F° 58 et 69 du ms. :
*Et cum ibidem duobus, annis resedissent, per legatis invitati a Romanis vel
Gallis qui Lugdunensium provinciam et Gallea Comata, Gallea Domata et Gallea
Cepalpina manebant, ut tributa reipublice potuissent rennuere.* — Voir aussi
l'édition Krusch, 1889, p. 68, liv. II, c. 46.]

rei publicæ rennuere, qui offre un sens très clair au premier
abord.] Quelques historiens modernes ont sur ces quatre mots
construit tout un système. « Les Burgondes, disent-ils, avaien
été appelés par les Romains, afin qu'eux (les Romains) pussent s'affranchir des impôts qu'ils payaient à l'Empire », *tributa rei publicæ rennuere*. Étrange calcul, en vérité, que les
habitants de la Lugdunaise, de la Gaule Chevelue et même de
la Cisalpine, pour ne pas payer leurs contributions, se fussent
livrés corps et biens à une race étrangère ! — Philologique-
ment, cette interprétation [prête à discussion, car la leçon *tributa rei publicæ*, si claire qu'elle soit, n'est point indiscutable
et] les mots *tributarii rennuere* ne sauraient signifier en latin
qu'on refuse de payer l'impôt ; d'ailleurs le membre de phrase
ut tributarii [ou *tributa*] *potuissent rennuere* dépend de *invitati
sunt* et se rapporte aux Burgondes et non pas aux Romains.
— Historiquement, cette opinion n'est pas soutenable ; car,
en 372, si une province eût appelé des barbares pour se soustraire aux devoirs publics, une telle révolte eût été bien vite
réprimée ; d'ailleurs les écrivains du temps nous en diraient
quelques mots ; or il n'est pas un seul document qui en fasse
la moindre mention. Il faut de toute nécessité chercher une
autre explication à la phrase de Frédégaire[1]. — Assurément les
mots *ut tributarii publice potuissent rennuere* n'offrent aucun
sens acceptable et il n'est pas douteux que nous ayons affaire à
un texte corrompu. Nous laissons aux philologues le soin d'en
essayer une restitution[2]. Un mot du moins paraît certain, c'est
celui de *tributarii*, lequel, d'après l'ensemble de la phrase,
ne peut se rapporter qu'à ceux des Burgondes qui répondirent
à l'appel des Romains en cette année 372. On appelait *tributarii*, dans la langue du ive siècle comme dans celle de Frédégaire, les hommes qui cultivaient le sol sans en avoir la
propriété et sous condition d'en payer une redevance. Que des

1. [M. Monod place le texte entre 456 et 457, avant l'avènement de Majorien.
« A Lyon se trouvaient ces Gallo-Romains qui, lassés de l'impôt, avaient appelé les
Burgondions ». *Mélanges des Hautes Études*, t. XXXV, 1878, p. 229 et suiv.] Cf.,
contre cette théorie, *L'Invasion germanique*, p. 450.

2. [Si l'on acceptait *tributarii*, on pourrait supposer *tributarii publice remu-
nere*. Code Justinien, XI, 48, 12 : *Tributarios volumus remanere.*]

Germains aient été établis ainsi dans l'Empire comme colons
tributaires, c'est ce qui étonnera d'abord ceux qui ont dans
l'esprit l'idée préconçue que ces Germains fussent toujours des
conquérants; mais on ne s'en étonnera plus si l'on songe à
tous les faits complexes et divers que nous avons décrits dans la
vie du ive siècle et si l'on se rappelle toutes les formes sous
lesquelles les Germains s'introduisaient dans l'Empire.
Maintes fois, nous l'avons vu, ils y étaient amenés ou de gré
ou de force; à titre de colons. L'opération dont parle Frédégaire s'est répétée vingt fois à cette époque. Les propriétaires
gaulois pouvaient avoir besoin de bras, soit pour cultiver leurs
terres, soit pour les défendre contre les envahisseurs. Des
Germains étaient ainsi appelés, soit par le gouvernement lui-
même, soit par une province ou par une ville[1].

La conjecture que nous présentons se trouve confirmée par
un article de la Loi des Burgondes[2] qui fut écrit quarante années environ après l'établissement définitif de cette nation. On
y rappelle qu'il est souvent arrivé autrefois « qu'un propriétaire du pays invitât un homme de naissance barbare à s'établir à demeure sur sa propriété, et qu'il en détachât volontairement un lot de terre pour le donner à habiter à ce barbare » :
*Si quis in populo nostro barbaræ nationis personam invitasset
ut in re sua consisteret, ac si ei terram ad habitandum volun-
tarius deputasset*[3]. Il avait donc été fréquent qu'un propriétaire
eût appelé un barbare et lui eût concédé à titre permanent
une partie de son domaine. Il ne lui en avait pas donné la
propriété, car le même article de loi indique que ce barbare

1. [Cf. *Recherches*, p. 100.]
2. Titre LXXIX.
3. Les mots *populus noster* ne désignent pas exclusivement les sujets germains
de Gondebaud; ils s'appliquent à tous les sujets indistinctement, ainsi qu'on le peut
voir au titre II : *Si quis hominem ingenuum ex populo nostro cujuscunque nationis occidere præsumpserit.* Il y a des articles (LI, LIV) où ils s'appliquent plus spécialement aux Burgondes; il en est d'autres (XLV et XLVI) où ils n'impliquent aucune
distinction de race. Le préambule annonce que la loi est rédigée *pro utilitate populi nostri* et ce même préambule marque bien que le législateur songe autant aux
Romains qu'aux Burgondes. — Quant au mot *barbarus*, il désigne tous les hommes
de race germanique, y compris les Burgondes, *judices tam barbari quam romani*
(préambule).

devait payer annuellement les *tertiæ*, c'est-à-dire la redevance du tiers des fruits; dans le cas où ces *tertiæ* étaient restées impayées pendant quinze années consécutives, l'ancien propriétaire perdait tout droit sur le sol. L'opération que vise cet article de loi est très claire : un propriétaire gallo-romain avait établi un barbare sur une partie de son domaine ; en d'autres termes, il avait partagé son domaine avec lui, *terram deputaverat*; mais il est resté propriétaire du tout, et le barbare devait, pour le sol qu'il occupait, lui payer une part des fruits.

Les faits que nous essayons ici de décrire n'ont d'ailleurs aucun rapport avec les invasions. Des milliers de Burgondes avaient pu venir comme colons dès cette année 372. Il en était resté d'autres aux environs de Mayence; ce sont ceux-ci qui ont fait l'invasion de 406, qui ont été enrôlés en 412 par l'usurpateur Jovinus, qui ont été plus tard battus par Aétius et cantonnés en Sabaudie; ce sont enfin les chefs de ces Burgondes, les rois Gundioc, Chilpéric, Gondebaud, qui, à la suite d'événements inconnus de nous, ont réussi à devenir les chefs militaires et politiques des Burgondes et des Romains dans toute la vallée du Rhône[1]. D'une part une introduction lente et pacifique de travailleurs burgondes, d'autre part une suite d'efforts ou d'incursions d'une armée burgonde avec ses rois, ce sont là deux séries d'actes qui se sont prolongées simultanément pendant une centaine d'années, et que l'historien ne doit pas confondre. Des Burgondes sont entrés comme cultivateurs en vertu d'un contrat, d'autres sont entrés comme guerriers.

Ces derniers eux-mêmes n'ont pas été des conquérants. Sauf l'incursion stérile de 406 et la révolte réprimée en 435, les documents les présentent toujours comme des soldats fédérés, c'est-à-dire liés à l'Empire par cette sorte d'engagement qu'on appelait *fœdus*. Une des clauses de cet engagement portait sans nul doute qu'on leur donnerait les moyens de vivre, c'est-à-dire une part des fruits de la terre. Cela ne signifiait pas que les

---

1. [Cf. *L'Invasion Germanique*, p. 446 et suiv.]

anciens propriétaires seraient dépouillés de leurs domaines au profit des nouveaux venus : la Loi Burgonde ne contient aucun indice d'une pareille spoliation ; mais voici, d'après le titre LIV de cette loi, les deux opérations qui furent pratiquées : 1.° Les chefs burgondes, ayant la disposition des terres fiscales, en distribuèrent une certaine quantité entre leurs meilleurs guerriers ou leurs amis ; le titre LIV rappelle ce fait en ces termes : *Quicumque agrum cum mancipiis seu parentum nostrorum seu nostra largitate perceperat* ; et plus loin : *Hi qui agris nostra munificentia potiuntur* ; notons en passant qu'il n'est question ici ni d'une spoliation générale de vaincus ni d'un tirage au sort entre vainqueurs ; il n'y a eu qu'une série de dons faits par les rois suivant leur volonté. 2° Les autres Burgondes, c'est-à-dire la majorité des guerriers, n'ont reçu aucune terre en propre ; mais ils ont obtenu seulement l'*hospitalité*, *eis hospitalitas fuit delegata*.

Cette distinction entre la propriété et l'hospitalité est capitale ; la loi sépare nettement ceux des Burgondes qui ont reçu le droit de propriété sur un domaine de ceux qui ont reçu seulement l'hospitalité sur un autre domaine ; elle distingue formellement ceux qui sont devenus propriétaires de ceux qui sont devenus *hôtes*. Dans d'autres articles encore il est question de Burgondes propriétaires, mais jamais ces propriétaires ne sont confondus avec les *hôtes*. On peut même faire cette remarque que, partout où il est parlé de tiers et de partage, le Burgonde n'est qu'un hôte ; quand au contraire le Burgonde est présenté comme propriétaire, par exemple au titre LXXXIV, § 1, il n'est plus parlé ni de tiers ni de partage. Au titre LV, § 2, le Burgonde propriétaire, *qui agrum ex integro cum mancipiis publica largitione percepit*, est opposé au Burgonde qui n'est qu'*hospes* et traité tout autrement que celui-ci. C'est surtout au titre LV, § 2, qu'apparaît la différence essentielle entre la propriété et l'hospitalité : un procès, y est-il dit, peut surgir entre deux Romains au sujet des limites de deux domaines occupés par des Burgondes à titres d'hôtes, *quoties de agrorum finibus, qui hospitalitatis jure à barbario possidentur, inter duos Romanos fuerit mota contentio*. Il est clair que si les deux Burgondes établis sur ces deux champs à titre d'hôtes en étaient devenus propriétaires, les deux Romains n'auraient plus aucune raison de contester sur les limites. La suite de l'article est plus claire encore : dans ce procès, ajoute la loi, les hôtes burgondes n'auront pas le droit d'intervenir, *hospites non socientur litigio*. Ainsi le débat, en matière de propriété, ne regarde que les deux Romains et passe par-dessus la tête des deux hôtes burgondes[1]. Pour mieux marquer encore sa pensée, le législateur fait cette réserve qu'il y a d'autres cas où le Burgonde n'est plus un hôte, mais un propriétaire; alors c'est lui qui paraît en justice pour défendre sa propriété, et il est même autorisé à la défendre par le droit romain. La distinction est donc bien marquée entre la propriété et l'hospitalité : sur la terre où le Burgonde est un hôte, il n'est pas un propriétaire.

Les conditions de l'*hospitalité* ont été réglées à l'origine par un acte de l'autorité publique, *præceptio* : sur le sol où le Burgonde a reçu l'hospitalité, *in quo hospitalitas fuit delegata*, on lui a assigné le tiers des esclaves et les deux tiers des terres, *mancipiorum tertiam et duas terrarum partes accepit*. Par les deux tiers des terres, il faut entendre les deux tiers des produits du sol, l'autre tiers restant au propriétaire romain[2]. Par le tiers des esclaves, il faut entendre le tiers des revenus de toute nature que les esclaves fixés au sol produisaient, soit par leur travail agricole, soit par leur travail industriel, soit surtout par leur pécule et par leur succession[3].

Telle est la *divisio terrarum* dont il est parlé dans deux chroniques. En 443, « ce qui restait de Burgondes reçut la Sabaudie à partager avec les propriétaires du pays », *reliquiis Burgundionum Sabaudia datur cum indigenis dividenda*[4]. Quelques années plus tard, les Burgondes partagent les terres avec les grands propriétaires gaulois, *terras cum Gallis senatoribus diviserunt*[5]. Les Burgondes, après le double désastre

---

1. [Cf. plus loin, p. 298.]
2. *Lex Wisigothorum*, X, 1, 8.
3. Comparer un passage de la *Lex Wisigothorum*, X, 1, 17, où est définie la *medietas servorum*.
4. Chronique de Prosper Tyro.
5. Chronique de Marius d'Avenches.

qu'ils avaient essuyé en 435 et quelques années après, étaient incapables de faire une invasion et une conquête; mais, admis comme fédérés et désormais fidèles, ils furent établis dans les provinces sous la condition de cette sorte de partage qu'on appelait *hospitalité*. Ce n'était pas un partage de propriété, c'était un partage de jouissance. Le grand propriétaire gaulois, *Gallus senator*, n'était pas dépouillé de son domaine éminent; mais sur une grande partie de ses terres il devait recevoir des guerriers burgondes et leur abandonner la plus forte part des revenus. — C'est ainsi que, trois siècles plus tard, lorsque Charles-Martel et Pépin le Bref auront à payer et à faire vivre leurs guerriers, ils les établiront sur des terres d'église; les guerriers ne seront jamais propriétaires de ces terres : ils ne pourront ni les vendre, ni les léguer, ni se présenter en justice dans un procès relatif à la propriété; ils en jouiront, ils les feront cultiver par les esclaves fixés au sol; ils en percevront les fruits, mais ils devront en payer la none et la dîme à l'église qui en reste le vrai propriétaire. Les partages du v⁰ siècle, les précaires du viii⁰, sont deux opérations de même nature: Ni l'une ni l'autre, assurément, n'a été avantageuse aux anciens maîtres du sol; mais ni l'une ni l'autre ne ressemble à une dépossession.

Aucun article de la Loi des Burgondes ni aucun autre document n'indique que des vainqueurs aient dépouillé des vaincus de leurs terres et les aient ensuite partagées entre eux par le sort. Le mot *sors*, qui est souvent employé dans ce code, n'a pas d'autre sens que celui qu'il avait alors dans la langue latine. Il signifie héritage; l'expression *jure sortis* est synonyme de *hereditas*, ainsi qu'on le voit au titre XIV, § 5; l'expression *terra sortis titulo acquisita* désigne le patrimoine et s'oppose à l'acquêt, *labor*, comme on peut s'en convaincre en lisant le titre I⁰ʳ du code[1].

La confiscation du sol d'un pays et la dépossession de tout un peuple serait un événement assez grave pour qu'il nous fût connu par des textes clairs et précis, surtout quand il s'agit

---

1. [Voir plus loin, *Deuxième partie de ces Recherches*.]

d'une époque qui nous a laissé un si grand nombre de documents écrits. Qu'on lise Sidoine Apollinaire : on n'y trouvera pas un mot qui soit l'indice d'une spoliation générale. Il a été témoin de l'établissement des Goths ; il en a même été victime, car il a été frappé par eux d'une sentence d'exil. On voit qu'il implore auprès du roi barbare la permission de rentrer dans sa ville natale ; il félicite un ami qui, plus heureux que lui, a déjà obtenu la permission de revoir ses domaines ; mais on ne voit nulle part qu'il ait à déplorer, ni pour lui, ni pour aucun de ses riches amis, la confiscation des deux tiers du sol.

Il existe un petit livre qui a été écrit en ce temps-là et qui est singulièrement instructif : c'est l'*Eucharisticos* de Paulin de Pella[2]. Ce Paulin appartenait à une très riche et très noble famille d'Aquitaine ; né vers 377, il parvint à la vieillesse ; à l'âge de plus de quatre-vingts ans, c'est-à-dire vers 459, il écrivit en vers l'histoire de sa vie. Témoin de l'entrée des Wisigoths en Gaule et de leur établissement, il a décrit les désordres et les souffrances de cette malheureuse époque ; mais il n'a dit nulle part que les Germains aient dépossédé ses compatriotes et se soient partagé le sol. La troupe des Goths, dans un premier séjour qu'elle fit en Aquitaine, vers 412, avant de se rendre en Espagne, fut logée chez les habitants en vertu des règles de l'*hospitalitas militaris* qui étaient usitées dans l'Empire. La maison de Paulin eut le privilège de n'en pas recevoir ; mais cette faveur même lui devint funeste : la troupe, au moment de quitter la ville, pilla tout ; les maisons qui avaient reçu des hôtes germains furent défendues par eux ; celle de Paulin, n'ayant personne pour la protéger, fut mise à sac[3]. — Peu après, un désastre le frappa personnellement. Il avait pris parti pour l'usurpateur Attalus, le protégé d'Ataulph, et avait été élevé par lui à la dignité de Comte des Largesses[4] ;

1. *Lettres*, VIII, 9.
2. Publié à Breslau par L. Leipziger, 1866, et à la suite d'Ausone, t. I, dans la coll. Panckoucke [plus récemment par Brandes dans le *Corpus* des Écrivains ecclésiastiques de Vienne].
3. Vers 285-288.
4. Vers 295.

il avoue dans ses vers qu'il avait été, en ce temps-là, du parti
des Goths, « comme tant d'autres l'ont été après moi et le sont
encore sans s'en repentir ». Son malheur était d'avoir été leur
allié lorsqu'ils soutenaient Attalus, au lieu de l'être lorsqu'ils
soutinrent Honorius. Les Goths, qui avaient élevé Attalus au
trône et l'en avaient ensuite précipité, poursuivirent tous ses
amis, et celui-là surtout qui avait été un de ses ministres.
Paulin fut donc persécuté « comme comte de ce même prince
par l'autorité duquel il avait été l'allié des Goths[1] »; ses biens
furent confisqués, et lui-même condamné à l'exil. Il songea à
se retirer en Épire, où il possédait un immense patrimoine[2];
mais là encore la sentence de confiscation avait été prononcée :
on frappait, en effet, en lui le ministre d'un usurpateur; on le
frappait en vertu des lois romaines, et il n'eut pas lieu d'être
surpris « que des mains romaines achevassent en Épire ce que
des mains barbares avaient commencé en Aquitaine[3] ».

Il paraît toutefois que la confiscation ne fut pas complète;
le récit de Paulin montre, en effet, d'une part, qu'il vécut à
Marseille avec un grand train de maison et un nombreux
domestique[4], et d'autre part, qu'il lui était permis de recevoir
les revenus, au moins en partie, de ses terres d'Aquitaine[5].
Cela prouve que ces terres n'étaient pas devenues la propriété
des guerriers wisigoths. Peut-être étaient-elles en séquestre
entre les mains du fisc, qui, suivant l'humeur du roi[6], permettait ou refusait qu'on en envoyât le revenu à l'exilé. Ce qui
paraît probable, d'après le vers 502, c'est que le chef wisigoth
avait établi sur ces terres quelques guerriers à titre de colons,
gothico consorte colono. Paulin conservait son droit de propriété; les colons, gardant pour eux les deux tiers des fruits,
faisaient parvenir le tiers restant (fort inexactement sans doute)
à Paulin. Celui-ci réussit assez bien à se faire payer tant qu'un
de ses fils vécut à Bordeaux; les sommes ne lui parvinrent plus

1. Vers 315.
2. Vers 415-425.
3. Vers 424.
4. Vers 460, 479, 480, 537.
5. Vers 500.
6. Vers 514.

dès qu'il n'eut plus personne pour représenter ses intérêts [1].
Il vécut dans cette situation quarante-quatre ans [2], relégué à
Marseille, entouré de nombreux serviteurs, qu'il employait à
la culture [3], mais s'appauvrissant insensiblement et réduit à
s'endetter [4]. Enfin, vers l'an 459, un bonheur inespéré s'offrit
à lui : un Wisigoth voulut devenir propriétaire d'une de ses
terres situées près de Bordeaux ; peut-être était-ce celui-là
même qui l'occupait à titre d'hôte ; il l'acheta et en envoya le
prix à Paulin [5]. La somme, nous dit celui-ci, n'était pas celle
qu'il eût exigée à une autre époque ; elle était du moins assez
considérable pour qu'il pût payer ses dettes [6] et retrouver
quelque opulence. Paulin appelait ce domaine *agellus*, comme
Ausone appelait *herediolum* une propriété de mille *jugera* [7].
Dans un temps de grande propriété, mille arpents passaient
pour un coin de terre.

Cette histoire d'un homme nous enseigne l'histoire de toute
une génération. Nous y voyons le mal que firent deux fléaux
réunis, la lutte des compétiteurs qui se disputaient la pourpre,
et l'entrée de troupes germaines qui étaient avides et brutales.
Nous n'y apercevons pas que les rois barbares aient décrété
une confiscation générale du sol ; mais nous y voyons que,
pour des raisons politiques ou pour des prétextes qu'il était
toujours facile de trouver, on éloignait un grand propriétaire
de ses domaines et on y faisait vivre des guerriers. Ceux-ci
n'étaient jamais considérés comme propriétaires ; ils étaient
hôtes, presque fermiers ; mais la meilleure part des fruits, et
la plus sûre, était pour eux. Quant au droit de propriété, il
fallait qu'ils l'achetassent.

C'est ainsi, si nous ne nous trompons dans ces recherches
fort difficiles, qu'il faut entendre le *partage* dont il est parlé
dans les Lois des Burgondes et des Goths, et dans la Chronique

---

1. Vers 505-515.
2. Rapprocher les vers 473 et 478.
3. Vers 536.
4. Vers 560-574.
5. Vers 575-579.
6. Vers 580.
7. *Idylles*, 3 [*L'Alleu*, p. 35].

de Marius d'Avenches. Il s'agit d'un partage de jouissance et non de propriété; et ce partage même n'a pas été un fait général : il a eu lieu aux dépens de beaucoup de propriétaires, mais non pas de tous, et il n'a guère frappé que ceux contre qui les rois avaient un prétexte plausible.

Il faut d'ailleurs ajouter que les rois burgondes se sont appliqués à faire cesser cette étrange situation, et qu'ils ont donné à leurs guerriers des terres en propre, aux dépens de leur fisc, afin de les obliger à quitter les domaines où ils étaient hôtes. Si les rois wisigoths n'ont pas fait les mêmes efforts, le même résultat a été certainement obtenu, en ce qui concerne la Gaule, par la bataille de Vouglé. Quant aux Francs, on ne voit à aucun signe ni qu'ils aient confisqué la terre, ni qu'ils aient usé de l'*hospitalité*.

Qu'il y ait eu beaucoup de violences et de spoliations partielles, cela ne fait aucun doute. Un chroniqueur raconte, par exemple, qu'une troupe d'Alains au service de l'Empire fut établie sur le territoire de la cité de Valence par un ordre formel du gouvernement romain, et que, mal reçue par les habitants, elle les chassa et s'empara de leurs terres[1]. Pareils faits durent être fréquents; mais il y a loin de là à une confiscation universelle et légale du sol.

Cette confiscation des terres est une conjecture des historiens modernes; conjecture commode, à la vérité, et qui cadrait bien avec l'opinion systématique qu'on se faisait de l'invasion. Mais il faudrait, pour l'admettre, des preuves plus fortes que celles qu'on allègue. Si on la présentait comme simple conjecture, nous ne l'aurions pas combattue ici; mais puisqu'on la présente comme un fait certain, nous demandons qu'on cite un document qui en contienne la mention. Nous avons passé en revue tous les textes par lesquels on croit pouvoir l'appuyer; ce sont des phrases qui, prises isolément et citées de seconde main, peuvent être interprétées dans le sens d'un partage des terres, mais qui, étudiées au milieu de leur contexte, présentent une autre signification. Ni le titre LIV de

1. [Chronique de Prosper Tyro, aux années 440 et 442.]

la Loi des Burgondes, ni le passage si souvent allégué de la Loi
des Wisigoths, n'avaient, dans la pensée de ceux qui les ont
écrits, aucun rapport avec un partage des propriétés. Les deux
phrases de Prosper Tyro et de Marius d'Avenches, venant après
le désastre des Burgondes, ne peuvent pas désigner un acte qui
n'appartiendrait qu'à des conquérants. Pas un mot de Sidoine
Apollinaire, ni de Paulin de Pella, ni d'aucun autre contemporain, ne signale ni la confiscation ni le partage du sol. La
première règle que doit s'imposer l'érudition est de ne croire
qu'aux documents.

II

Aucun document n'indique que le sol ait été violem-
ment enlevé à la population gallo-romaine par les Germains,
— sauf, bien entendu, des usurpations particulières, comme
celles que nous voyons les rois condamner dans leurs diplômes. La manière dont les Burgondes sont entrés dans
l'Empire n'autorisait pas de leur part une confiscation générale.

Un érudit, qui m'était déjà sympathique par le nom qu'il
porte, et qui me l'est encore par son goût pour l'érudition
et par son ardeur au travail, M. Julien Havet, a fait [de son
côté] des recherches sur ce sujet[1]. Je suis heureux de voir
qu'il se rencontre avec moi sur le point capital, à savoir que
les Burgondes n'ont pas confisqué le tiers ou les deux tiers des
terres. Sa conclusion est qu'il n'y a eu ni spoliation de vaincus,
ni partage au sort entre vainqueurs. Ce qu'il appelle la doctrine régnante doit donc être écarté.

Mais, s'il n'y a pas une seule phrase dans toute la littérature du vᵉ siècle qui signale des terres enlevées aux vaincus ni
des terres partagées entre des vainqueurs, il se trouve pourtant

____

1. [*Revue historique*, t. VI, p. 87 et suiv. : *Du partage des terres entre les Romains et les Barbares chez les Burgondes et les Wisigoths.* — Cf. Caillemer, *Établissement des Burgondes dans le Lyonnais au milieu du vᵉ siècle*, 1877.
Léouzon-Le-Duc, *Le régime de l'hospitalité chez les Burgondes*, dans la *Nouvelle
Revue historique de droit*, de 1888. Viollet, *Institutions*, t. I, p. 176 et suiv.]

deux phrases qui mentionnent une *divisio terrarum* entre
Burgondes et Romains. L'une est de Prosper Tyro à l'année
443, l'autre de Marius d'Avenches, à l'année 456. Les deux
chroniqueurs indiquent le fait, sans d'ailleurs nous dire qu'il
eût le caractère de spoliation. Comment devons-nous entendre
cette *divisio terrarum*? S'agit-il, comme cela est vraisemblable
au premier coup d'œil, d'un partage de la *propriété* des terres?
Et s'il en est ainsi, comment concilier un tel partage avec le
fait acquis qu'il n'y a pas eu confiscation?

L'explication que propose M. J. Havet est ingénieuse et
digne d'attention. Il rapproche de cette *divisio terrarum* ce
que la Loi des Burgondes dit de l'*hospitalitas*. Il voit un lien
entre ces deux choses. L'*hospitalitas* lui paraît avoir engendré
la *divisio*. Les Burgondes ont obtenu d'abord le droit d'hospitalité, chacun sur le domaine d'un propriétaire, et, plus tard,
ils ont transformé cette hospitalité en un partage de l'immeuble; d'hôtes sur le tout, ils sont devenus propriétaires des
deux tiers.

Sur la nature de l'*hospitalitas*, je suis pleinement d'accord
avec lui. C'était une pratique qui datait de la fin de l'Empire
romain. J'ai essayé de la décrire[1]. Le soldat était logé à
demeure chez un propriétaire dont il était réputé l'hôte. Il
avait droit à une part déterminée de la maison. Le Code Théodosien[2] est d'une parfaite clarté à cet égard. Il était d'ailleurs
bien entendu qu'il ne s'agissait que d'un partage de jouissance,
ou plutôt d'une cohabitation, non pas d'un partage de propriété.
L'*hospitalitas* impériale ne conférait aucun droit sur le fonds.

Cet usage a dû être appliqué aux Burgondes qui arrivaient
à titre de soldats de l'Empire. Sur ce point il n'y a nulle dissi-
dence entre M. Havet et moi. Mais lorsqu'il ajoute que l'*hospitalitas* a conduit naturellement au partage du sol, c'est ici
que commence la partie conjecturale de sa théorie. Je conviens
que son argumentation est très logique : l'*hospitalitas* avec ses
ennuis et ses conflits quotidiens a dû peser aux propriétaires

1. [*L'Invasion Germanique*, p. 022.]
2. VII, 8, 5.

qui ont dû spontanément proposer un partage. Mais à ce raisonnement, si juste et si vraisemblable qu'il soit, je voudrais
qu'il pût ajouter quelque texte. Or il se trouve, tout au contraire, des textes formels qui contredisent cette théorie; ce
sont les titres LIV et LV de la Loi des Burgondes, l'un qui
oblige toute une catégorie de Burgondes à restitution, l'autre
qui marque en termes d'une singulière clarté que les hôtes
burgondes occupaient des terres sur lesquelles le droit complet
de propriété appartenait à des Romains. Observons de près ces
deux textes.

Le titre LIV, qui est l'œuvre du roi Gondebaud, commence
par rappeler une ordonnance antérieure du même prince,
a nobis fuit emissa præceptio, ordonnance qui fut faite « au
moment où notre peuple reçut la *tertia mancipiorum* et les
duæ terrarum partes ». Ne traduisons pas trop vite et inconsidérément ces mots-là; c'est précisément leur vrai sens qui
est en question. Mais ce qu'on doit d'abord remarquer, c'est
qu'il s'agit ici d'un acte qui s'est produit sous le règne de
Gondebaud, c'est-à-dire entre les années 470 et 500, et qui
n'est pas par conséquent le même acte que la *divisio terrarum*
dont parlait le chroniqueur en 456. Cette première ordonnance de Gondebaud visait ceux des Burgondes « qui possédaient en propre une terre avec ses esclaves, terre reçue en
don des princes burgondes antérieurs à Gondebaud, ou de
Gondebaud lui-même ». Il y avait donc, dès cette époque, des
Burgondes qui étaient propriétaires[1]; et ils l'étaient, non en
vertu d'une spoliation ou d'un partage, mais par un don
royal, et apparemment sur les anciens domaines du fisc. La
præceptio du roi interdisait à ces hommes « de requérir du
lieu où ils étaient hôtes la *tertia mancipiorum* et les *duæ
terrarum partes* ». La défense adressée spécialement à ces
hommes nous montre quelle était la règle pour les autres.
Ils avaient le droit « de requérir du lieu où l'hospitalité leur
avait été assignée la *tertia mancipiorum* et les *duæ terrarum
partes* ». Telles étaient les conditions de l'*hospitalitas* chez

____

1. Cf. titre I, § 3 et 4.

les Burgondes. Mais cela signifie-t-il que l'hôte avait le droit de découper le domaine en trois parts et d'en prendre deux pour lui, de compter les têtes d'esclaves et d'en prendre une sur trois? Cette explication ne ressort pas manifestement du texte, car il ne contient aucune expression qui indique un partage, un dénombrement. Il est visible d'ailleurs dans tout ce paragraphe qu'il a pour objet, non pas de constituer la propriété en faveur du Burgonde, mais d'établir les règles de l'hospitalité. — L'ancienne ordonnance de Gondebaud ayant été violée « par plusieurs » qui avaient prétendu exercer à la fois les droits de propriétaires sur les domaines qu'ils avaient reçus des rois, et les droits d'hôtes sur les terres des Romains, Gondébaud promulgue le nouvel édit, qu'il adresse à ses comtes et juges, ainsi que l'indiquent les derniers mots du titre. Il exige que « tout ce que ces hommes ont prélevé sur les terres de leurs hôtes romains, ils le restituent sans délai ». Ici encore, la loi ne dit pas qu'il y ait un partage du fonds ; elle ne dit pas *terras restituant, e terris ejiciantur*; elle dit : *Restituant quicquid de hospitum suorum terris præsumpsisse docentur.*

La suite de l'ordonnance a encore pour objet de réprimer les prétentions des *faramanni* contre les *possessores* ; or les *faramanni* sont des Burgondes ; les *possessores*, ainsi qu'il est visible à la lecture de tous ces paragraphes, sont des Romains. Les trois paragraphes règlent la part qui revient aux Burgondes et celle qui revient aux Romains sur les diverses sortes de terres ; le premier concerne les *terræ*, c'est-à-dire les terres arables, le second et le troisième les *silvæ*, les *pomaria* et la *curtis*. Des champs, le Burgonde a les *duæ partes* ; des bois, des vergers, de la cour, il a seulement la *medietas*. Voici encore un mot dont le sens est douteux. Devons-nous entendre que les bois, les jardins et la cour elle-même aient été partagés par moitié ? Les expressions du législateur, *medietatem silvarum ad Romanos pertinere, de curte et pomariis medietatem Romani existiment præsumendam*, n'impliquent nullement qu'il y ait eu division du sol en deux lots et partage de la propriété.

Remarquons d'ailleurs que ce code de lois est des environs de l'année 501. S'il y a eu division de la propriété, chaque domaine s'est depuis longtemps partagé en deux ; il y a eu deux domaines constitués une fois pour toutes et à tout jamais ; le législateur de l'an 501 se trouve donc en présence de deux propriétaires à titre égal, l'un Romain, l'autre Burgonde ; que ces deux hommes gardent le titre d'hôte, l'un par rapport à l'autre, cela ne les empêchera pas d'être deux propriétaires voisins. Telle sera la conséquence manifeste d'un partage du sol. Or c'est justement le contraire de cela que nous montre le titre LV.

Ce titre concerne encore les hôtes burgondes, c'est-à-dire ces mêmes hommes à qui une loi antérieure avait accordé la *tertia mancipiorum* et les *duæ partes terrarum*. Si ces expressions désignent un partage de la propriété, les hôtes burgondes sont depuis longtemps des propriétaires. Mais nous lisons dans ce titre LV que « toutes les fois qu'à propos des limites de deux champs qui sont occupés par des Burgondes en vertu du droit d'hospitalité, un procès surgit entre les deux Romains, les hôtes burgondes ne doivent pas intervenir au procès ». Une telle disposition législative serait absolument inexplicable si les hôtes burgondes avaient opéré un partage du domaine. Devenus propriétaires, ils auraient à plaider eux-mêmes pour les limites de leurs propriétés. La loi au contraire leur dit que, sur les champs qu'ils possèdent comme hôtes, les Romains seuls sont véritablement propriétaires ; seuls aussi ils doivent plaider. Il s'agit de deux hôtes voisins, entre lesquels les limites sont contestées ; les deux Romains plaident ; « les deux hôtes burgondes doivent attendre l'issue du procès, et celui des deux dont le propriétaire a obtenu gain de cause, devra compter avec lui au sujet de la terre en litige ». Compter avec le Romain, *habere rationem*, cela signifie-t-il qu'il pourra refaire un nouveau partage, prendre encore les deux tiers de cette petite bande de terre qui était contestée ? L'expression *habere rationem* ne dit pas tant de choses. Elle signifie seulement que, dans ses comptes avec le Romain, l'hôte burgonde devra faire entrer en ligne tout ce que la justice a adjugé à ce

Romain. Il y a donc un compte en règle, et un compte permanent, entre ce Romain et l'hôte burgonde : et cela quarante ou cinquante années après l'établissement. Pour qu'aucun doute ne subsiste, le législateur prend le soin d'ajouter que cette exclusion des procès ne s'applique aux Burgondes que dans le cas où ils sont hôtes. Sur les champs dont ils sont véritablement propriétaires, *ex integro*, les procès qui peuvent surgir les regardent ; c'est à eux de plaider, et ils peuvent même plaider suivant les lois romaines qui protègent la propriété.

Cette différence si nettement marquée entre les terres occupées en *hospitalité* et les terres possédées en propre est la principale difficulté qui s'oppose à la théorie de M. Havet. L'hospitalité ne s'était certainement pas transformée en propriété à l'époque où le code de Gondebaud a été écrit ; et, comme la promulgation de ce code précède de peu d'années la destruction du royaume burgonde, nous ne saisissons pas à quelle époque cette transformation se serait opérée. Les textes de la Loi des Burgondes ne se prêtent donc pas à la théorie de M. Havet.

Ce n'est pas que nous rejetions d'une manière absolue tout partage de propriété foncière. Il a pu s'en produire dans bien des cantons, ici et là, d'année en année, sans que nous sachions au juste quels procédés on a employés. Mais ce qui nous paraît inadmissible, c'est que la *divisio terrarum* se soit faite, d'une manière générale, par la division de chaque domaine en deux parts, dont l'une eût été laissée à l'ancien propriétaire et l'autre eût été donnée à un Germain. En effet, s'il en eût été ainsi, chaque propriété se fût morcelée, et ce morcellement se verrait dans les actes de testament, de vente et de donation ; tout au contraire, les documents et les faits marquent que le régime de la grande propriété s'est continué et même développé. Ce qui frappe tout d'abord dans les actes de testament et de donation, c'est l'unité de la *villa*, c'est-à-dire du grand domaine. Trois fois sur quatre, la *villa* forme un tout indivis qui n'a qu'un seul propriétaire. Bien plus rarement, elle est divisée en deux, trois, quatre *portiones* ;

mais en ce cas il n'y a jamais un mot qui laisse supposer que
la division se soit faite entre un Romain et un Germain, entre
un ancien propriétaire et un nouvel arrivant; tout permet de
croire que la *villa* s'est divisée par l'effet naturel des ventes
ou des partages de succession [1].

La question de savoir comment les Burgondes sont devenus
propriétaires ne me paraît donc pas encore résolue, et l'explication qu'on vient de proposer me semble téméraire et au
moins incomplète. Je crois d'ailleurs qu'à he cher une explication unique on s'égarera toujours. Nous sommes en présence
de faits très multiples et très divers et il y a de l'imprudence
à les vouloir ramener à un seul fait. Rien ne prouve que les
duæ terrarum partes dont parle la Loi Gombette soient la
même chose que la *divisio terrarum* que les chroniques men-
tionnaient à une date antérieure. Peut-être même les deux
chroniqueurs, parlant des années 443 et 456, entendent-ils
deux actes fort différents. Quand Prosper Tyro dit qu'en 443
la Sabaudie fut *donnée* (par le gouvernement romain) « à partager aux Burgondes avec les indigènes »; il est très vraisemblable qu'il s'agit ici d'un partage du sol. Quand Marius
d'Avenches, treize années plus tard, dit que les Burgondes, qui
n'étaient nullement des vainqueurs, « divisèrent la terre avec
les riches sénateurs de la Gaule », il s'agit peut-être d'une
opération d'une tout autre nature. L'hospitalité était encore
autre chose, et peut-être distinguait-on plusieurs sortes d'hospitalité. Il y a de tout dans cet établissement des Burgondes :
il y a du colonat, il y a de l'hospitalité, il y a aussi, dans une
certaine mesure, de la propriété; tout s'y trouve, excepté une
spoliation générale des indigènes.

Ne perdons pas de vue que le peuple burgonde n'est pas
entré d'un seul coup dans l'Empire. Distinguons bien les faits.
Dès l'année 372, une chronique nous dit que des Burgondes
furent appelés par les propriétaires de la Gaule pour cultiver

---

1. Sur le sens du mot *portio*, voir *Diplomata*, nᵒˢ 460, 470, 475, 480, 358,
540, 546; cf. *Testamentum Adalgyseli*, dans la Patrologie latine, t. LXXXVII,
col. 1546 [Beyer, nᵒ 6. — *L'Alleu*, p. 238 et suiv., surtout p. 245 et p. 247.]

le sol[1]. La Loi Gombette, au titre LXXIX, nous dit aussi que beaucoup de barbares ont été admis par les propriétaires sur des parties de leurs domaines *ad habitandum*; elle ajoute que ces tenanciers barbares devaient payer aux propriétaires une redevance appelée *tertia*, par quoi il faut entendre qu'ils avaient les deux tiers de la récolte et le propriétaire l'autre tiers. — D'autres Burgondes furent comme amenés en Savoie par l'Empire lui-même, qui leur *donna* ce pays à partager avec les habitants. — D'autres entrèrent dans d'autres provinces en 456, nous ne savons à quel titre; et c'est pour ceux-ci que fut faite une *divisio terrarum* avec les grands propriétaires gaulois. — Beaucoup de Burgondes servaient l'Empire comme soldats fédérés, et pour ceux-là il y avait l'*hospitalitas* impériale, c'est-à-dire le logement et la nourriture chez le propriétaire. — D'autres Burgondes enfin ne cessèrent d'entrer d'année en année : c'étaient des chefs de petites bandes guerrières, des *faramanni*; ils sont encore mentionnés dans les lois après l'année 501. Ces hommes, ces petits chefs de groupes, étaient établis par le gouvernement royal sur les grands domaines des riches « sénateurs gaulois ». A eux s'appliquait une hospitalité d'un genre singulier, qui n'était plus tout à fait l'hospitalité militaire de l'Empire, qui n'était pas non plus le régime de la propriété, mais que la Loi des Burgondes décrit comme une pratique *sui generis* et comme une forme particulière de l'occupation du sol.

Ce qui rend difficile pour nous l'intelligence de ces textes du ve siècle et des faits très complexes qu'ils indiquent, c'est que l'esprit moderne n'est plus accoutumé qu'à deux sortes de relations entre l'homme et la terre : ou l'occupant est propriétaire ou il est fermier; nous ne concevons guère un troisième mode d'occupation. En vertu de cette habitude d'esprit, nous ne comprenons pas aisément que le Burgonde ait pu être autre chose qu'un colon ou un propriétaire. Aussi, lorsque arrivent sous nos yeux les mots *dividere terram*, *partes terrarum*, *medietas pomarii*, nous les interprétons d'abord comme s'ils

____

1. [Cf. plus haut, p. 283.]

répondaient à nos pratiques actuelles, et nous n'admettons pas facilement qu'il se puisse agir d'autre chose que d'un partage de la propriété. Mais, lorsqu'on aura étudié attentivement le régime de la propriété foncière entre le iv⁰ siècle et le ix⁰, lorsqu'on sera parvenu, par une analyse minutieuse, à distinguer les opérations très diverses et très éloignées de nos mœurs auxquelles le sol donnait lieu, on en trouvera une qui consistait en ceci : qu'un intermédiaire venait se placer entre le grand propriétaire qui possédait dix ou quinze *villas*, et la multitude plus ou moins asservie qui cultivait chacune d'elles. Tantôt cet intermédiaire était appelé par le propriétaire lui-même, tantôt il s'imposait à lui. Il y a un moment, dans le moyen âge, où cette situation singulière apparaît brusquement et éclate aux yeux : c'est quand les princes de la famille d'Héristall placent leurs guerriers sur les domaines des grands propriétaires ecclésiastiques. C'était une usurpation de la propriété, ont dit d'abord les historiens. Aujourd'hui, cette assertion est reconnue fausse, et l'on sait que ces guerriers étaient une façon de bénéficiaires qui jouissaient des fruits du sol, en payant la dîme et la none au propriétaire véritable. Il y a grande apparence que cette combinaison est plus ancienne que le viii⁰ siècle. Quand nous lisons les titres LIV et LV de la Loi Gombette, nous sommes peut-être en présence d'un fait analogue.

Elle nous montre en effet des *faramanni*, hôtes fort gênants des grands propriétaires, mais qui ne sont pas propriétaires eux-mêmes. Ils sont des occupants ; ils jouissent du sol *hospitalitatis jure*. Quelles sont les conditions de leur jouissance ? nous les connaissons imparfaitement. Tout ce que nous savons, c'est qu'ils doivent compter avec le Romain, *habere rationem*. Ils ont droit « de requérir du sol où ils sont hôtes la *tertia* des esclaves, les *duæ partes* des champs, la *medietas* des forêts, des vergers et de la cour ». Que signifient ces tiers et cette moitié ? De telles expressions ont pu se dire, sans aucun doute, d'un partage une fois fait, c'est-à-dire d'un partage du fonds ; mais si c'est un partage de cette nature qui a été opéré, comment se fait-il que la loi ne reconnaisse pas au Burgonde la qualité de propriétaire ? Les mêmes expressions, dans la

langue du Ve siècle, peuvent signifier aussi les deux tiers de ce
que les champs produisent, la moitié de ce que donnent les
bois, le verger, la cour, le tiers enfin de ce que les esclaves
procurent soit par leurs corvées, soit par leurs redevances,
soit enfin par leur mainmorte. Si l'on adopte cette seconde
signification, on comprendra que le législateur ait pu s'exprimer dans les termes que nous lisons au titre LIV : « L'hôte
requiert du lieu, *ex loco*, où l'hospitalité lui a été assignée,
la *tertia* des esclaves et les *duæ partes* des terres arables. »

On comprendra aussi cette autre expression qui revient
plusieurs fois, *reddere rationem cum hospite*; le Romain et
le Burgonde avaient, en effet, à compter l'un avec l'autre; et
cela, non pas une fois, au moment d'un partage de propriété,
mais d'une manière permanente. Les deux hommes comptaient encore l'un avec l'autre en l'année 501, un demi-
siècle après l'établissement des Germains. Quel était le détail
des rapports entre eux, nous ne saurions le dire. Peut-être
l'occupant, ce *faraman* qu'il ne faut pas se figurer labourant
lui-même, se faisait-il livrer par les esclaves et les colons du
domaine la part du *reditus* à laquelle il avait droit. Peut-être
percevait-il le revenu tout entier, à charge de remettre l'excé-
dent de ce qui lui était dû au riche propriétaire, à ce *Gallus
senator* dont parle le chroniqueur, à ce possesseur de nombreuses *villæ* que mentionnent encore tant de diplômes du VIe
et du VIIe siècle. Quel que fût le mode employé, il en résultait
toujours que l'occupant jouissait du domaine pour les deux
tiers environ, et le vrai propriétaire pour l'autre tiers.

Ce n'est pas seulement dans les Lois des Burgondes que ces
singulières pratiques se laissent apercevoir. L'*Eucharisticos* de
Paulin de Pella nous présente, en un style malheureusement
trop vague, des faits qui paraissent être de même nature. Le
riche Aquitain voit ses domaines entre les mains des Wisigoths. Le *gothicus consors* semble bien analogue à l'*hospes
Burgundio*. Paulin reste pourtant propriétaire, puisque toute
sa vie il reçoit des revenus, tout exilé qu'il est. Ces revenus, à
la vérité, diminuent sensiblement et ne suffisent pas à son grand
train de maison : c'est qu'il y a un occupant qui en prélève la

meilleure part. Il se dit pauvre, relativement à la grande opulence de sa jeunesse; il souffre visiblement, et sa situation
d'exilé ne lui permet guère de faire valoir ses droits. Pourtant
ces droits, qui sont après tout ceux d'un propriétaire, ne
sont pas contestés. Qu'un de ses domaines soit mis en vente,
Paulin ne devra pas s'étonner que la valeur vénale en soit
fort réduite; mais encore son droit de propriété subsiste-
t-il, et ce qui le prouve, c'est qu'un Wisigoth, à qui plaît ce
domaine, n'en peut devenir propriétaire qu'en l'achetant.

Cette même situation apparaît dans le code des Wisigoths.
Ce code mentionne une *divisio facta inter Gothum et Romanum*
au sujet d'une *portio terrarum* ou *silvarum*. Il n'explique pas
clairement cet acte, mais ce qui est bien frappant, c'est que
l'endroit où il en est parlé n'est pas le titre du code qui
traite de la propriété. Quand on rencontre dans ce code le mot
tertia, on est d'abord tenté de le traduire inconsidérément
comme s'il désignait le tiers d'un domaine; mais ce mot avait
plus d'une signification au vi[e] siècle; il désigne bien souvent,
et dans ce code même, une redevance[1].

Nous n'avons pas d'indice que les Francs aient usé des
mêmes pratiques; mais pour ce qui est des Wisigoths et des
Burgondes, nous trouvons dans leurs lois et dans les chroniques un certain nombre de phrases ou de faits qui révèlent un
mode particulier d'occupation du sol. Assimiler ce mode d'occupation à notre fermage moderne serait une grande erreur;
y voir un partage pur et simple de la propriété en serait une
autre. Il y a partage sans doute, non en ce sens qu'on ait divisé
les champs en trois, le verger et la cour en deux, mais plutôt
en ce sens que les profits et les droits utiles de la propriété se
trouvent partagés entre deux hommes. Employer déjà les termes
de domaine direct et de domaine utile serait un anachronisme
et une inexactitude; mais il y a ici une situation dont ces deux

---

1. Voir, par exemple, X, 1, 15. — Au paragraphe suivant, M. Havet traduit
tertias Romanorum comme s'il s'agissait de terres; pourtant les mots *sua exactione*
et *ut nihil fisco pereat* auraient dû l'avertir qu'il s'agit d'argent à recouvrer.
L'expression *occupatas tenent* ne doit pas arrêter. Les hommes du vi[e] siècle appelaient *tertia* à la fois la redevance et le domaine qui y donnait lieu.

termes donnent une idée approximative ; situation très éloignée de nos usages et qu'il nous est difficile de bien comprendre, mais qui se rapprochait de beaucoup d'autres pratiques usitées en ce temps-là et que tous les esprits concevaient donc aisément.

Pour nous, toutes ces questions sont fort obscures ; je le sais mieux que personne ; le seul mérite auquel je prétends est d'en avoir signalé l'obscurité. C'était un système bien commode de dire que les Germains étaient venus en vainqueurs, qu'ils avaient confisqué le sol des vaincus et qu'ils l'avaient partagé au sort. On ne peut plus se contenter de ces généralités vagues et fausses. Mais, le faux système écarté, la vérité n'est pas encore acquise. Les problèmes sont là ; il faut chercher. Ce qu'il y a de plus dangereux dans la science historique, comme dans toute science, c'est de prendre pour démontré ce qui ne l'est pas et de passer à côté des problèmes sans les apercevoir.

DEUXIÈME PARTIE

De la signification du mot « sors » dans la Loi des Burgondes.

Que signifie, dans la Loi des Burgondes, l'expression *terra sortis jure* [ou *titulo*] *adquisita*, [que nous trouvons aux premières lignes de ce document [1]]?

La première apparence est qu'il s'agit d'une terre acquise par la voie du sort. Les esprits qui se laissent absorber par l'idée préconçue que les Burgondes ont dû s'emparer des terres et se les partager, vont tout de suite à cette explication, qui concorde avec l'opinion qu'ils se sont d'abord faite.

[C'est l'opinion d'à peu près tous ceux qui se sont occupés de ce texte [2]. C'est en particulier celle que manifeste, à chaque ligne de ses notes, le plus connu des éditeurs modernes de la Loi des Burgondes, M. Bluhme. Il admet comme une vérité incontestée, dès la première de ses notes, que *sors* désigne « la terre enlevée aux Romains et assignée aux Burgondes par les maîtres du pays [3] ». Reprenons après M. Bluhme l'examen de ce problème.]

Au lieu de tout l'esprit de système et de toute la logique que l'on a dépensés dans cette question, nous persistons à croire

---

1. [Titre I, § 1. — Cf. XIV, § 5 : *Sortis jure possidens.* — Cf. *L'Alleu*, p. 169.]

2. Dubos croit que les *sortes* sont les parts ou portions que chaque Burgonde a eues pour son lot lors du partage général et sont une sorte de bénéfice militaire dont les possesseurs ne peuvent disposer que du consentement du prince; p. 555. — Voir les travaux de Jahn et de Caillemer. [Cf. plus haut, p. 283 et 294.]

3. [« *Terra sortis titulo adquisita.... Sic agrorum duæ partes nominantur Romanis ereptæ et a dominantibus hospitalitatis jure Burgundionibus adsignatæ; cf. tit. XIV, § 5; XLVII, § 3; LIV, § 1; LXXXIV, § 1.* »] Bluhme, dans les *Monumenta Germaniæ*, t. III des *Leges*, p. 532. — Voir encore note 41 : « *Scilicet e consortio vel hospitalitate cum Romanis delegata.* » En sorte que la *terra sortis jure adquisita* du titre XIV serait précisément la même que les *duæ terrarum partes* du titre LIV [cf. plus haut, p. 296].

que le plus sûr est de s'en tenir aux textes et d'en observer le
sens. Le problème pour nous se réduit à savoir si le législateur, au moment où il écrivait les mots *terra sortis jure
adquisita*, entendait parler d'une terre enlevée aux indigènes
et tirée au sort, ou si ces mots avaient dans sa pensée une
autre signification.

Ce problème n'est pas fort difficile. Il suffit de replacer ces
quatre mots au milieu de leur contexte. Il en est ainsi de beaucoup de questions historiques, où il ne faut que de l'attention,
avec absence de toute idée préconçue, pour ne pas tomber dans
l'erreur.

I

[Le titre] XIV [porte en tête] : « Des successions et (en particulier des successions) des religieuses. » Les premiers articles
disposent de «-l'héritage » en faveur du fils, de la fille à défaut du fils; puis des collatéraux. L'article 5 introduit la fille
qui s'est faite religieuse. L'importance de cet article tient à ce
que l'article 1er excluait implicitement la fille de l'héritage
quand il y avait un fils; l'article 5 veut établir une exception
en faveur de la fille qui est entrée dans un couvent.

Il est ainsi conçu : « Quant aux filles qui se seront vouées
à Dieu et qui seront demeurées dans l'état de virginité, si une
fille a deux frères, nous ordonnons qu'elle reçoive la tierce
partie de l'héritage du père, par quoi nous entendons exclusivement la tierce partie de la terre que le père possédait *jure
sortis* au moment de son décès. » Supposera-t-on que dans
cette phrase *jure sortis* signifie en vertu du tirage au sort?
Ce serait alors la terre du guerrier, la terre de la conquête.
Mais alors comment expliquera-t-on que ce soit justement cette
terre-là, et non pas toute autre terre, que le législateur donne
à la fille qui s'est faite religieuse? La loi peut-elle dire que la
religieuse aura une part, mais seulement de la terre conquise?
Elle exclurait, pour elle, les biens meubles, l'argent, et les
terres acquises par d'autres moyens que par la conquête, c'est-
à-dire les terres acquises par don ou par achat? Et ce serait

exclusivement la terre de conquête, la terre acquise par l'épée,
qu'elle donnerait à la religieuse? Il faut reconnaître que s'il
y a eu des terres tirées au sort entre les conquérants, ce n'est
pas de ces terres-là qu'il peut être question ici. Nous ne savons pas encore le sens des mots *sortis jure* dans notre phrase,
mais nous devons tout d'abord écarter le sens de terre tirée au
sort après la conquête.

Quand on veut connaître la vraie signification d'un mot, il
faut observer, non pas son étymologie, mais son emploi dans
les textes. Il serait trop aisé et trop commode de traduire toujours un mot par son sens apparent. La philologie, pas plus
que l'histoire, n'est une science tellement facile. Les mots ont
changé de sens, aussi bien que les institutions et les mœurs
ont changé. Si l'on veut savoir le sens d'un mot à une époque
donnée, le vrai et unique moyen est d'observer toutes les
phrases où ce mot se rencontre à cette même époque. C'est
à cette condition seulement qu'on pourra dire sans trop de
chances d'erreur quelle idée les hommes de cette époque
attachaient à ce mot.

Le mot *sors* est d'un emploi très fréquent dans la langue du
v^e et du vi^e siècle. Dans la Loi des Burgondes il se rencontre six
fois. Il est dans la Loi Salique, dans la Loi Ripuaire, dans la Loi
des Wisigoths. Il est dans le Code Théodosien, dans Cassiodore.
Il est souvent dans les formules mérovingiennes, dans les diplômes, dans les Actes des églises de Rome et de Ravenne.

Dans cette centaine de textes de toute source et de toute nature, j'en cherche où le tirage au sort soit indiqué ou rappelé,
où *sors* ait visiblement le sens de tirage au sort, et je n'en
trouve pas un. Nous allons voir que le mot a toujours une
autre signification.

Prenons surtout les textes de la Loi des Burgondes. Nous lisons au titre XLVII, § 5 : « Si un criminel laisse un fils âgé de
moins de dix ans, cet enfant ne portera pas la peine de la faute
du père, et il revendiquera *sortem vel facultatem parentum.* »
Dans ce passage, *parentes* signifie le père et la mère ; *sors parentum* est l'héritage du père et de la mère ; et le fils revendiquera « l'héritage ou la fortune [de ses parents] ».

Sors a le même sens au chapitre LXXVIII, dont le titre est
De hereditatum successione, « de la manière dont on succède
pour les héritages ». Le législateur s'exprime ainsi : « Traitant
avec attention de la manière de succéder aux *héritages,* nous
décidons que si un père fait un partage de *sa fortune* entre
ses fils, et qu'ensuite l'un des fils meure du vivant du père, le
père reprenne toute la part *de ses biens* qu'il a donnée à ce fils,
à charge de ne la posséder qu'en usufruit. » Dans ce texte,
l'héritage, la fortune du père, et la totalité des biens du père
sont la même chose. Trois mots l'expriment : *hereditas, sors,
facultas.* Les trois mots, désignant un même objet, sont synonymes. Essayez de traduire *sors* par la terre tirée au sort, vous
ne comprendrez plus ni *hereditas* ni surtout *integra portio
facultatum,* et la loi n'aura aucun sens[1].

Au titre Ier du même code, le sens du mot est encore le
même, mais avec une certaine nuance. L'objet du législateur
est de modifier la règle de l'hérédité, qui était très absolue
chez les anciens Germains. Il veut assurer au père le droit de
faire des donations, au moins sur une partie de sa fortune.
« Les anciennes lois, dit-il, ne disaient rien sur le droit du
père de disposer par donation ; nous décidons que le père,
avant de faire le partage de ses biens, pourra prendre sur les
biens communs et sur ses acquêts pour faire des donations à
qui il voudra ; mais il ne pourra rien prendre sur la terre acquise à titre de patrimoine ; sur ce point, l'ancienne loi sub-
sistera. » Nous traduisons les mots *terra sortis titulo adquisita*
par « terre acquise à titre de patrimoine ». Ce sens ressort
manifestement du contraste que cet article [établit] entre *de
labore suo* et *de sortis titulo*[2]. *Labor* dans la langue de cette
époque est employé fréquemment pour désigner les acquêts ;
sors en est l'opposé. La loi veut dire que le père peut disposer
comme il veut de ses acquêts, et c'est en cela qu'elle innove ;

---

1. Ce qui lève tout doute au sujet du sens de l'expression *si pater sortem suam
diviserit,* c'est le rapprochement du titre LI, § 1, où le même partage est exprimé par
les mots : *Ut pater cum filiis omnem substantiam divideret* ; dans les deux passages,
sors et *substantia* désignent visiblement la même chose.

2. Cf. LX, 1, : *Hereditatis nomine.*

mais elle ne lui permet pas de disposer de la terre patrimoniale, et c'est en cela qu'elle reste fidèle au vieux principe[1].

Cette distinction entre les acquêts et le patrimoine n'est pas
particulière aux Burgondes. Nous connaissons trop peu et trop
mal le vieux droit germanique pour affirmer qu'elle fût une
règle universelle des Germains[2]; mais nous en retrouvons des
traces chez plusieurs peuples issus de la Germanie.

Nous lisons au titre LXXXIV de la Loi des Burgondes : « Nous
avons appris que les Burgondes aliènent trop facilement leurs
sortes; aussi établissons-nous que nul ne pourra vendre sa
terre à moins qu'il ne possède en un autre lieu une *sors* ou des
propriétés. » Ici encore, M. Bluhme croit voir la terre tirée au
sort au moment de la conquête[3]. Mais peut-on admettre qu'un
Burgonde possède des terres conquises en plusieurs lieux? Si,
au moment de la conquête, la terre a été partagée entre les
guerriers, chacun a eu sa part, chacun a eu sa terre assignée
par le sort. Ici le mot *sortes* a une signification bien plus générale. Le Burgonde peut avoir plusieurs *sortes*; il peut avoir
une *sors* dans un autre lieu, *in alio loco*, que celui où il vend
une *sors*. Or rapprochez cela du titre LIV où il est réellement
question des effets de la conquête et où le mot *sors* n'est pas
prononcé, et vous remarquerez que le Burgonde qui possède
une terre en propre par donation royale doit renoncer aussitôt
à la terre romaine sur laquelle on lui avait donné le droit d'*hospitalitas*. D'où il y a une sorte d'incompatibilité entre la terre
de conquête et la terre en propre. Il n'est donc pas vraisemblable que le titre LXXXIV suppose des Burgondes qui possèdent à la fois l'une et l'autre. Ce titre doit se traduire ainsi :
« Nous avons appris que les Burgondes aliènent trop facilement leurs patrimoines; aussi établissons-nous que nul ne
vendra sa terre à moins qu'il ne possède en un autre lieu un

1. Cf. la note de Bluhme, p. 532.

2. Voir d'ailleurs notre étude sur *La propriété chez les Germains*, c. 5
[*Recherches*, surtout p. 245 et 296. Voir pareille chose chez les Spartiates, plus
haut, p. 98.]

3. [C'est du moins ce qui ressort de sa note, p. 539, l. 53 : « *Sortis jure : E
consortio scilicet vel hospitalitate cum Romanis delegata*; cf. infra, XLVII, § 3 ;
LIV, § 1 ; LV, § 1 ; LXXXIV, § 1.» Voir encore sa note, p. 531, l. 47, au titre J, § 1.]

patrimoine ou une propriété. » *Sortem* est, dans cette phrase, exactement synonyme de *possessionem*, lequel dans la langue du temps signifie toujours propriété foncière.

Je reviens au titre XIV, dont je n'ai traduit qu'un paragraphe.

Les mots *sortis juré* ont le même sens que *sortis titulo* du titre Ier. Il s'agit de la terre acquise par droit d'héritage, c'est-à-dire de la terre patrimoniale. Mais ici se présente une objection. Comment la loi assure-t-elle à la fille qui s'est faite religieuse précisément le tiers de la terre de patrimoine? Pourquoi dit-elle que c'est de cette terre seule qu'elle veut parler? L'explication est au paragraphe suivant. Nous y lisons une clause qui, visiblement, se rapporte aux deux paragraphes : « Si la fille qui s'est faite religieuse n'a qu'un frère, elle n'aura toujours qu'un tiers, et non pas la moitié ; et il y aura cette condition qu'elle ne possédera cela qu'en usufruit, et qu'après sa mort les biens paternels reviendront à ses plus proches parents, sans qu'elle puisse rien aliéner ; mais il n'en sera pas de même des biens qu'elle pourra tenir de sa mère, non plus que des meubles, ni enfin de ses acquêts. » Dans toute cette loi, ce qui domine est la distinction des acquêts ou des meubles d'une part, de la terre patrimoniale de l'autre. Le législateur, qui veut favoriser la fille qui se fait religieuse, n'a pas besoin de dire que le père pourra lui donner tout ce qu'il voudra de ses acquêts : il l'a dit au titre Ier. Il n'a pas besoin non plus de dire qu'elle aura la dot de sa mère : c'est un principe constant[1]. La faveur qu'il peut lui faire, c'est de lui donner un droit de partage dans la terre patrimoniale, dont toute fille était exclue. C'est ce qu'il fait, et il avertit « qu'il veut parler nommément et exclusivement de la terre que le père possède par patrimoine ». Il ne parle que de celle-là, parce que pour toute autre terre ou tout autre objet il n'a rien à innover. Puis, songeant combien il s'est écarté de la vieille règle, il ajoute, au paragraphe suivant, que cette religieuse n'aura, d'ailleurs que l'usufruit de cette part du patrimoine qui doit

____

1. Cf. Loi des Burgondes, LI, 3-6.

après sa mort revenir à la famille, ses biens, d'autre nature pouvant être laissés par elle au monastère.

II

Ce que nous venons de dire surprendra peut-être ceux qui ont dans l'esprit que ces codes sont tout barbares. Mais ceux qui connaissent la *Lex Burgundionum* savent que l'esprit romain la pénètre par tous les côtés. Ils savent surtout qu'elle est écrite exactement dans la langue que parlaient les populations romaines de la Gaule au ve siècle.

[Or précisément] le mot *sors* avait dans la langue latine le sens que nous venons d'indiquer.

[*Sors patrimonium significat*, dit fort nettement le grammairien Festus. C'était un mot de l'ancienne langue latine, et il était déjà employé, avec ce même sens de propriété, ou de patrimoine, avant les invasions. On trouvera ailleurs[1] une] longue série d'exemples où le mot *sors* a visiblement [conservé, après les invasions] le sens de patrimoine, héritage, ou tout au moins celui de propriété.

Il y a d'autres exemples où il a une autre signification. Il peut désigner le pays qu'un roi gouverne, comme dans cette phrase de l'*Additamentum* à la Loi des Burgondes : *Quicumque servum suum de regione nostra in sortem alienam vendiderit*, où l'on voit bien que *sors* est synonyme de *regio*, et où l'on ne peut pas supposer qu'il y ait eu tirage au sort, puisque l'auteur de cet article est le roi Sigismond[2]. D'autres fois le mot *sors* signifie le capital d'une dette[3]. D'autres fois encore, et très souvent au vi{e} siècle, il désigne l'épreuve judiciaire par laquelle on constatait la culpabilité ou l'innocence. *Ad sortem veniat*, dit un décret de Clotaire[4] : que l'accusé se présente à

---

1. [*L'Alleu*, p. 167 et suiv.]

2. *Additamentum*, II, 3 ; Walter, p. 349 [Pertz, p. 575, l. 16]. De même *Lex Burgundionum*, VI, 1 : *Extra sortem* est synonyme de *extra provincias ad nos pertinentes.*

3. *Edictum Theodorici*, 134. — [Voir une chose analogue en Grèce, plus haut, p. 113, où κλάριον (κλήριον) signifie un titre de créance.]

4. *Decretio Chlotarii*, 3 ; de même *Edictum Chilperici*, 7.

l'épreuve du fer chaud ou de l'eau bouillante. Or les hommes
qui parlaient ainsi ne pensaient pas que cette épreuve fût une
sorte de tirage au sort : l'idée de hasard était très loin de leur
esprit; ils voyaient au contraire dans cette épreuve un jugement certain prononcé par un juge infaillible qui était Dieu.
On peut signaler encore d'autres significations du mot *sors*.
Sors humana signifie la condition humaine[1]. Parfois *sors*
signifie manière et prend déjà le sens de notre français *sorte*[2].

Les significations de ce mot sont presque innombrables;
mais il y en a une qu'on ne lui voit jamais, qui ne se rencontre dans aucune ligne du ve, du vie, du viie siècle : c'est
celle de tirage au sort, de droit du sort, de terre acquise par
le sort. Nous devons penser que, dans la Loi des Burgondes,
laquelle est écrite dans le latin correct du vie siècle, le mot
sors a l'une des significations que la langue latine lui attribuait. *Jure sortis, titulo sortis* sont des expressions synonymes de *jure hereditario*[3].

1. Grégoire le Grand, *Lettres*, XI, 35.
2. Exemple dans Grégoire le Grand, *Lettres*, X, 25 : *Si differendum qualibet
sorte putaverit*, « s'il croit pouvoir différer de quelque manière ». Déjà dans
le Code Justinien, XI, 48, 13, *anno* 400 : *Qualibet sorte*.
3. [De la même manière, chez les Grecs, κλῆρος signifie à la fois tirage au sort,
oracle des dieux, domaine rural et succession héréditaire. Cf. plus haut, p. 23
et suiv.]

TROISIÈME PARTIE

[Sur l' « hospitalité » dans la Loi des Burgondes.]

Le titre XXXVIII de la Loi des Burgondes est un des plus
difficiles à expliquer, et aussi nous fournirait-il de vives
lumières sur l'état social et sur le régime de la propriété, si
nous étions sûr de le comprendre avec exactitude.

On n'y a guère remarqué qu'un point, à savoir que l'hospitalité y est une obligation; et c'est en effet la première chose
qui saute aux yeux dans toute cette page. Aussi a-t-on tout de
suite vanté l'hospitalité burgonde. [On y a vu le souvenir des
mœurs de la Germanie primitive, qu'on se figure volontiers
simples et patriarcales. « La Loi des Burgondes, dit Michelet,
fait un devoir de l'hospitalité. Si quelqu'un a refusé le cou-
vert ou le foyer à un voyageur, qu'il soit frappé d'une amende
de trois *solidi*[1]. » De son côté, l'historien des Burgondes,
Jahn, célèbre à ce propos la sainte hospitalité du vieux droit
germain, devenue chez ce peuple une obligation légale[2].

D'autre part, Garsonnet arrive à une conclusion inat-
tendue à ce propos.] Son esprit étant dominé par l'idéal de la
Mark germanique, il la découvre ici et il s'écrie : « C'est la
Mark, on doit l'hospitalité au voyageur », et il cite la Loi des
Burgondes, XXXVIII[3].

Je me propose de chercher, par l'observation attentive du
texte, ce que la loi entend ici par hospitalité, et je chercherai
aussi s'il s'agit de la marche, et même s'il s'agit d'un village.

1. Michelet [*Origines du droit*, édit. de 1837, p. 410].
2. Jahn [*Geschichte der Burgundionen*, t. I, p. 74].
3. Garsonnet [*Locations perpétuelles*, p. 204].

I

Voici le 1ᵉʳ paragraphe : « Quiconque aura refusé à une personne venant à titre d'hôte le toit et le foyer, sera puni d'une amende de trois pièces d'or. » Tous ces termes sont clairs, excepté celui d' « hôte », *hospiti venienti*[1], lequel aurait besoin d'être défini; car il avait plusieurs significations très distinctes. Toutefois on ne peut pas confondre cet *hospes* avec celui dont il est parlé aux titres LIV et LXXXIV. Il est visible qu'ici il n'est pas un homme établi à demeure; on ne lui donne que le toit et le foyer, et enfin il est visible par l'ensemble de ce titre, et surtout par le paragraphe 5, que cette hospitalité se réduit à une nuit.

Mais cet homme qui se présente ainsi pour passer une nuit, est-il un pauvre, un indigent, est-il le premier venu? Ce qui m'en ferait douter tout d'abord, c'est qu'à la page suivante du même code je lis que, si un homme étranger et inconnu se présente, quelle que soit sa nationalité, Germain ou Romain, il y a défense de le recevoir, et il faut tout d'abord qu'on le conduise au juge et qu'on le soumette à la torture pour s'assurer s'il n'est pas un esclave échappé.

Aussi n'est-ce pas d'un indigent ou d'un vagabond qu'il s'agit au titre XXXVIII, et l'obligation que notre loi impose n'est nullement une obligation de charité. C'est ce qu'explique bien le second paragraphe : « Si ce voyageur est convive du roi, l'amende sera double. » L'expression *convive du roi* était un titre d'honneur, et il faut prendre le mot *conviva* non pas dans le sens de notre mot *convive*, mais dans son sens littéral de *cum vivere*. C'est un suivant, un compagnon, un membre de la maison. Il ne faudrait pas croire trop vite que cette expression révèle un usage exclusivement germanique. Être « membre de la maison du prince » était une distinction germanique et romaine en même temps. On la trouve à la cour des petits rois barbares; et on la trouve aussi à Rome, à Ravenne,

---

1. [Les manuscrits donnent *hospitium venienti*.]

à Constantinople. Les *comites*, les *amici*, les *convivæ*, les *domestici*, les *palatini*, les *aulici* sont romains autant que germaniques. Nous savons d'ailleurs que « les convives du roi burgonde », comme « les convives du roi franc », appartenaient indifféremment aux deux races. En réalité le titre de *convive*, comme celui de *comes*, était celui qui était donné aux fonctionnaires des premières catégories; il faisait de celui qui le portait un des membres les plus élevés du *palatium*[1]. Je ne puis insister plus longuement sur ce point, qui ne touche qu'incidemment à mon sujet.

Le paragraphe 2, qui parle du fonctionnaire de rang supérieur, implique que le premier paragraphe parlait du fonctionnaire de second ordre. Les deux paragraphes ne font qu'un seul tout; nous y voyons un homme qui traverse le pays pour le service du roi, et qu'on doit loger, sous peine d'une amende qui s'élève suivant son rang.

Regardons les autres lois barbares; nous n'y trouverons pas l'obligation de recevoir les indigents, ni même les voyageurs; mais nous y trouvons l'obligation de recevoir tout homme qui voyage pour le service du roi. La Loi des Ripuaires appelle ce devoir *hospitium*, et elle déclare que « si un homme voyage pour l'utilité du roi, celui qui lui aura refusé l'*hospitium* payera 60 *solidi*[2] ». C'est au fond le droit de gîte.

Cette sorte d'hospitalité n'était pas nouvelle. Les Burgondes l'avaient trouvée en usage dans l'Empire romain. Au IVe siècle, on appelait *hospitium* l'obligation qui pesait sur tous les *provinciales* d'avoir à recevoir et héberger pendant une nuit, non seulement l'empereur et sa suite, non seulement les gouverneurs de provinces dans leurs tournées, mais encore tous les fonctionnaires en voyage et même les soldats rejoignant leur garnison ou se déplaçant par ordre[3]. Le Code Théodosien ne dit pas s'il y avait une amende pour ceux qui manquaient

---

1. Voir Fortunat décrivant le *cursus honorum* d'un fonctionnaire de la cour mérovingienne, à qui le roi finit par conférer le titre de *conviva* : *Convivam reddens proficiente gradu* (Fortunat, VII, 16, v. 42). [Voir *Les Origines du système féodal*, p. 327.]

2. *Lex Ripuariorum*, LXV, 3.

3. [Code Théodosien, édit. Godefroi-Ritter, t. II, p. 353 et suiv.]

à ce devoir; mais nous ne pouvons guère en douter. Il n'est pas trop téméraire de penser que le taux de l'amende s'élevait suivant le rang que le voyageur avait dans la hiérarchie impériale.

Les ambassadeurs venant de l'étranger avaient-ils le même droit que les fonctionnaires? Les lois romaines ne le disent pas expressément. Il est vrai qu'au temps de l'Empire le cas était trop rare pour qu'il fût nécessaire de l'inscrire dans les lois. Il devint fréquent au v⁰ siècle. On sait que ces petits rois barbares étaient en perpétuelles relations d'ambassade, soit entre eux, soit avec la Cour de Constantinople. Il n'est donc pas étonnant que la Loi des Burgondes, comme celle des Ripuaires, signale l'obligation de recevoir les ambassadeurs étrangers. Le roi burgonde qui écrit la loi ne dit pas qu'il fasse ici une innovation : « Quant aux ambassadeurs des nations étrangères, nous voulons qu'on conserve la règle qui a été établie, à savoir que, partout où ils prendront gîte, ils aient le droit de prendre un mouton et un porc; celui qui les en empêchera, payera 6 *solidi* à titre d'amende. En hiver ils auront droit de prendre du foin et de l'orge (pour la nourriture de leurs chevaux; en été, leurs montures auront le droit de paître l'herbe)[1]. »

Jusqu'ici je ne vois pas que le législateur pense à un voyageur ordinaire, c'est-à-dire à un simple particulier, à qui les habitants seraient tenus de fournir le logement. Mais il est possible que cet homme figure au paragraphe 6. Il commence par ces mots : *Si in causa privata iter agens*. Il se peut que ces mots signifient : « Si un homme voyageant pour affaire privée. » La loi aurait voulu dire *homo privatus*, et elle se serait servie de cette périphrase. S'il en est ainsi, il y a devoir légal de recevoir tout voyageur, à la condition, bien entendu, que ce ne soit pas un homme qui tombe sous le coup du titre XXXIX, c'est-à-dire à condition qu'il se présente en tel équipage qu'on ne soit pas tenté de le prendre pour un vagabond ou un esclave échappé.

J'ai pourtant quelque doute sur ce point: outre que *in causa*

---

1. Cf. Loi des Ripuaires, LXV, 3.

privata est une périphrase assez singulière pour *privatus*, et outre que je ne trouve dans aucune autre loi l'obligation de recevoir le voyageur, il y a surtout à faire attention que plusieurs manuscrits, au lieu de *causa*, portent *casa* [*casa privata*], *casa prœliata*[1]. Il est visible que cette ligne a embarrassé les copistes et qu'ils l'ont comprise de plusieurs façons. *Casa privata* s'expliquerait de soi-même ; le mot *casa* s'appliquerait à toute maison, et plus souvent à une grande et belle maison qu'à une petite[2]. Aucun sens défavorable ne s'attachait à ce mot. *In casa privata* serait donc la demeure d'un particulier. Ce qui donne beaucoup de vraisemblance à cette interprétation, c'est que le paragraphe suivant parle de *in agro regio*, ce qui signifie dans un domaine appartenant au roi. Ces deux paragraphes s'opposent l'un à l'autre, l'un signalant le cas où le voyageur s'arrête pour passer la nuit dans une maison privée, l'autre celui où il s'arrête dans une propriété du roi. Dans le premier cas, le voyageur s'adresse à un Burgonde ou à un Romain ; dans le second, il rencontre un colon du roi. Tout cela est conforme à ce que l'on sait d'ailleurs sur la constitution des domaines royaux[3]. La leçon *casa privata* est donc une leçon très justifiable.

J'ajoute que si l'on conservait le mot *causa*, il ne serait pas impossible que le passage eût le même sens. Car le mot *causa*, d'où est venu le français *chose*, est employé quelquefois, dès cette époque, avec le sens de *res* ; il signifie un bien quelconque et peut s'appliquer même à la terre.

Quoi qu'il en soit, il y a doute sur le sens de ce 6ᵉ paragraphe. Je ne sais si la loi introduit ici un nouveau personnage, « homme voyageant pour ses affaires privées », ou bien si elle parle ici du même voyageur que plus haut, c'est-à-dire

---

1. [*Casa privata*, dans le ms. de Paris latin 9653 ; *casa prœliata*, dans le ms. de Paris 4418 ; *casa pliata* pour *preliata*, dans le ms. de Paris 4633. M. Zeumer nous a confirmé que *causa privata* est la leçon de la plupart des manuscrits ; c'est celle qu'adopte von Salis dans son édit. in-4° de la Loi des Burgondes, annoncée pour 1891 dans les *Monumenta Germaniæ*.]

2. Dans le Polyptyque d'Irminon, *casa* est le terme employé presque toujours pour désigner la maison du maître.

3. Cf. titre L.

du fonctionnaire, du « convive du roi », ou de l'ambassadeur
étranger, qui, dans son voyage, se présente dans une demeure
privée pour y passer la nuit. Je crois que si l'on fait attention
à la suite des idées dans les paragraphes 5, 6, 7 et 9, on pen-
chera pour la seconde interprétation; car on remarquera que
ces quatre paragraphes énumèrent les quatre sortes de propriétés devant lesquelles un même voyageur peut se présenter,
et qui sont : 1° les terres de bénéfice royal; 2° les maisons
des simples particuliers; 3° les terres du fisc; 4° les *villæ* ou
domaines des grands propriétaires. Il semble bien qu'en tout
cela la loi vise un même voyageur, ayant droit à l'*hospitium*,
et rencontrant sur son chemin quatre propriétés différentes,
plutôt qu'elle ne vise deux voyageurs différents. Il y a certainement à hésiter. Mais, en présence d'une leçon douteuse,
il me semblerait téméraire d'admettre que tout particulier
eût droit à l'*hospitium*, alors qu'on ne possède aucun autre
document, aucune autre ligne que cette leçon douteuse,
pour confirmer un fait qui serait si curieux, et même si
étrange.

Ce qui est bien établi par les dix paragraphes du titre XXXVIII,
ce n'est nullement le devoir de charité qui consisterait à
accueillir l'étranger, à le nourrir, à lui donner aide et soutien.
Il s'agit ici, non d'une obligation morale, mais d'une obligation légale. La mesure en est nettement marquée : on n'a à
fournir que le toit et le foyer; seul l'ambassadeur étranger a
droit à quelque chose de plus, un mouton et la nourriture de
ses chevaux; et tout cela est limité à une nuit et à un seul
repas. La loi entre dans des détails; elle signale un cas [1] où le
propriétaire seul doit supporter la dépense. Elle distingue le
cas où c'est l'intendant du domaine ou le colon. Elle a même
soin de dire qu'en un autre cas la dépense faite par l'un devra
être couverte par tous [2]. La loi parle de tout cela comme elle
parlerait d'un impôt. Au fond, ce n'est pas autre chose que
le droit de gîte, lequel existait sous l'Empire romain, qui

1. Art. 5.
2. Paragraphes 3 et 4.

existera aussi au moyen âge[1], et que nous trouvons entre les
deux dans la Loi des Burgondes et dans celle des Ripuaires.

Cela n'a aucun rapport avec la vertu d'hospitalité que Tacite
avait louée chez les Germains, et aussi n'y a-t-il entre le passage de l'historien et notre titre de loi aucun trait commun.
Que cette vertu fût particulièrement pratiquée par les Burgondes, c'est ce que notre loi ne dit pas. Elle nous montre au
contraire le Burgonde conduisant le voyageur à la maison du
Romain, et elle punit ce délit. Le législateur paraît se défier
du Burgonde plus que du Romain. Dans deux passages il
marque expressément que l'obligation pèse «.aussi bien sur
les Burgondes que sur les Romains ». Et cela s'explique. Il ne
s'agit pas d'une vertu nationale que les Burgondes importe-
raient et que le législateur essayerait d'inculquer aux indigènes. Il s'agit d'une charge envers l'État, charge qui est
toute romaine et que le législateur veut imposer aux Burgondes.
Les Romains y sont accoutumés; ce sont les Burgondes qu'il
veut y habituer. Le Burgonde, en voyant venir le convive du
roi ou l'ambassadeur, disait : « Cette charge ne me concerne
pas, adressez-vous à un Romain. » Ou bien, quand un ambassadeur avait reçu ses fournitures de table, et qu'il fallait répartir
la dépense faite, les Burgondes prétendaient n'en pas porter
leur part. C'est contre cela que la loi est faite. Aussi le législateur prononce-t-il expressément que le Burgonde n'enverra
plus le voyageur à la maison d'un Romain. Aussi déclare-t-il
encore que la dépense faite devra être répartie entre tous, sans
distinction de Romains et de Burgondes[2]. Aussi termine-t-il
en disant que la charge est pour tous, et qu'on ne distinguera
pas si le propriétaire est un Burgonde ou un Romain[3]. Tel
est le sens du titre XXXVIII.

1. [*L'Invasion germanique*, p. 46; *La Monarchie franque*, p. 260 et suiv.; *Les
Transformations de la royauté*, liv. IV.]
2. Paragraphe 4.
3. Paragraphe 10.

II

J'arrive à la seconde partie du problème que je me suis posé, à savoir, quelle est la société rurale au milieu de laquelle ce chapitre de la loi nous place. Sommes-nous ici, comme on l'a dit, dans la marche germanique, c'est-à-dire sur des terres de demi-communauté? Ou bien, sommes-nous dans un village tel que sont nos villages modernes, c'est-à-dire au milieu d'une agglomération de petits propriétaires libres? Quel est le régime des terres où s'arrête ce voyageur, et de quelle condition sont les hommes qui doivent le recevoir?

La loi n'emploie dans tout ce chapitre ni le mot *marca* ni le mot *vicus*. Elle emploie trois fois le mot *villa*[1]. Or, dans la langue latine du v⁰ siècle, c'est-à-dire de l'époque où la Loi des Burgondes a été écrite, *villa* ne signifiait pas un village; il signifiait un domaine appartenant à un propriétaire et cultivé par un certain nombre de colons[2], d'esclaves ou de tenanciers libres. C'est le sens qu'il garde encore au vi⁰, au vii⁰ siècle, ainsi que les chartes en témoignent[3]. Il ne serait pas impossible que le mot eût été employé ici avec le sens de village; mais ce serait un exemple unique, et nous ne serions autorisé à l'admettre que s'il se trouvait dans notre texte un indice certain qu'il eût cette signification. Or il n'y a pas un trait dans tout ce chapitre qui fournisse cet indice.

Tout au contraire, nous lisons au paragraphe 10 que la villa est habitée par des colons et par des serfs, et, ce qui est encore plus significatif, nous lisons au paragraphe 9 qu'il y a dans cette *villa* un *conductor*, lequel peut être indifféremment ou un homme libre ou un esclave. Le terme *conductor*, au v⁰ siècle, ne se disait pas exclusivement d'un fermier par bail; et en effet nous voyons bien ici que ce *conductor*, qui peut être un esclave, n'est pas un fermier par location. Le *conductor* est le

1. Paragraphes 3, 4 et 9.
2. La Loi des Burgondes parle ailleurs des colons, qu'elle appelle *coloni* ou *originarii*, VII; XVII, 5; XXI, 1; XXXIX, 3.
3. [Voir le volume sur *L'Alleu*, passim, surtout p. 201.]

chef du personnel de la *villa* et le gérant des intérêts du propriétaire. C'est le même homme qui, dans d'autres articles de
la Loi des Burgondes, est appelé *actor*[1]. La présence de ces
colons, de ces esclaves, et surtout de ce *conductor*, prouve
manifestement que cette villa n'est pas un village et qu'elle
est un domaine.

La loi dit que cette villa a un *terminus*, c'est-à-dire une
ligne de termes, une limite arrêtée, suivant l'usage ancien qui
persistait encore à cette époque[2].

Cette villa est habitée, visiblement, par un assez grand
nombre d'hommes. « Celui qui aura fourni à un ambassadeur
étranger le mouton ou le porc qui lui est dû se fera rembourser le prix par ceux qui habitent dans les limites de la
villa. » Le mot qu'emploie le législateur est *qui commanent*,
et plus loin *consistentes*. Aucune des deux expressions n'implique l'idée de propriété. Le mot *commanere* surtout se dit
en général de ceux qui sont habitants sans être possesseurs.
Les *commanentes*, dans toutes les chartes, sont des hommes
de condition ou serve ou libre, mais toujours sujets et dépendants; ce sont de simples *manants*[3]. Lorsqu'il arrive qu'une
villa est partagée entre plusieurs propriétaires, ce dont on
voit des exemples, ces copropriétaires ne sont pas appelés
commanentes : ils sont appelés *participes villæ*[4].

Je ne pense donc pas que par ces hommes « qui habitent
dans les limites de la villa », la loi entende une réunion de
propriétaires; il me paraît plutôt qu'elle entend des tenanciers.
On s'étonnera peut-être que la loi oblige de simples tenanciers
à recevoir ces voyageurs; mais précisément au paragraphe 10
qui termine et résume tout le chapitre, le législateur avertit
expressément qu'il parle de colons et d'esclaves, et que cette

---

1. XXXIX, 3; XLIX, 2; L; XVII, 5. [Cf. *L'Alleu*, p. 447.]
2. Paragraphes 3 et 4.
3. Voir dans un diplôme de 663, Pardessus, t. II, p. 132, la même expression :
Infra terminum (*villæ Elariaci*) *commanentes*. Elle désigne des tenanciers, car
il est dit qu'ils négligent de payer les redevances au propriétaire, qui est l'abbé de
Saint-Bénigne de Dijon.
4. Grégoire de Tours [*Historia Francorum*, VII, 47]. — Ailleurs, *consortes*, Loi
des Burgondes, XLIX, 2.

charge les regarde. Il existait d'ailleurs des tenanciers d'ordre
supérieur, hommes libres, colons aisés, quelquefois même
fermiers par contrat (car cette condition n'avait pas encore
tout à fait disparu). Notre loi signale cette catégorie supérieure, au paragraphe 4, sous le nom de *majores personæ.*
M. Bluhme fait une étrange erreur quand il traduit ce mot
par *optimates*[1]. Le mot *optimates* avait un sens très précis
dans la langue du temps, et sans contredit il ne pouvait
pas y avoir plusieurs *optimates* dans l'intérieur d'une villa.
Ces *majores personæ* sont les paysans les plus aisés; ils doivent
se partager les frais de l'*hospitium* d'un ambassadeur qui a
passé la nuit dans la *villa*.

Ces habitants de la villa sont aussi bien Burgondes que
Romains. Nous savons par d'autres passages du même code
que, de même qu'il y avait des esclaves burgondes[2], il y avait
des colons burgondes[3], et il y avait aussi de petits tenanciers
burgondes[4], et ceux-ci se trouvaient vraisemblablement parmi
les plus aisés.

Toutefois le chapitre de la loi que nous étudions ne mentionne pas seulement des *villæ* [de grands propriétaires]. On y
aperçoit bien que le sol n'est pas distribué tout entier en
grands domaines. La villa n'est nommée, dans le titre XXXVIII,
qu'aux paragraphes 3, 4, 9 et 10. On doit même faire attention qu'à partir du paragraphe 5 le législateur distingue et
énumère les différentes sortes de propriétés que le voyageur
peut rencontrer et où il doit être reçu. Quatre cas se présentent.

Le législateur mentionne d'abord[5] la terre de don royal.
« Si la personne est telle qu'ayant reçu une terre de notre
munificence elle soit en état de recevoir l'ambassadeur étranger, elle devra faire toutes les dépenses de sa réception pendant une nuit, sous peine de payer une amende de 12 pièces
d'or. » Ces terres « de munificence royale » sont signalées

---

1. [Note de son édition, *Monumenta Germaniæ, Leges*, t. III, à ce mot.]
2. *Lex Burgundionum*, X, 1.
3. Ibidem, XVII, 5.
4. Ibidem, LXXIX, 1.
5. Paragraphe 5.

dans d'autres passages de la Loi des Burgondes, notamment au titre Ier et au titre LIV. C'étaient des terres, petites ou grandes, que les rois burgondes donnaient, ainsi que les esclaves pour la culture[1], à ceux qui les avaient servis, et sous certaines conditions[2]. Le législateur considère que l'homme qui tient une terre par don royal a des obligations particulièrement strictes en tout ce qui touche le service du roi. C'est donc lui de préférence qui recevra ou le fonctionnaire royal en voyage ou l'ambassadeur se rendant vers le roi. Il supportera les frais de la réception pendant une nuit. S'il manque à ce devoir, la peine sera bien plus forte pour lui que pour tout autre : l'amende sera de 12 pièces d'or.

Le législateur mentionne en second lieu[3] une terre de propriété privée. C'est ici l'article le plus obscur ; nous en essayons seulement une interprétation. *In causa privata* ou *in casa privata* me paraît s'opposer à *in agro regio* du paragraphe 7 ; il s'oppose aussi à la terre mentionnée au paragraphe 5 ; car la terre de don royal n'est pas tout à fait une terre de propriété privée, ayant des liens qui la rattachent d'une certaine façon au roi. Ici l'étranger rencontre une véritable terre privée, qui est, si l'on nous permet une expression qui n'est pas dans la Loi des Burgondes, possédée en alleu. Ce n'est pas d'ailleurs une villa, ce n'est pas un grand domaine : c'est une simple *domus*. Nous savons d'ailleurs que la langue du temps appelle *domus* une propriété rurale, indiquant d'un même mot la maison et la terre. Cette petite propriété peut appartenir à un Burgonde ou à un Romain. « Si le voyageur est venu à la maison d'un Burgonde et y a demandé l'*hospitium*, et que ce Burgonde, au lieu de le recevoir, lui ait montré la maison d'un Romain, le délinquant payera au Romain 3 sous d'indemnité, et il payera en outre au roi 3 sous d'amende. »

Le paragraphe 7 vise les domaines royaux. Le mot *ager* ne désignait pas un simple champ ; *ager* et même *agellus*, dans la langue du temps, s'appliquaient à de grandes propriétés.

---

1. *Agris et mancipiis*, LIV, 1 ; LV, 2.
2. I, 4.
3. Paragraphe 6.

Colonica se disait spécialement des terres occupées en tenure par des colons. L'épithète *regius* se rapporte visiblement aux deux mots *ager* et *colonica*. Il s'agit par conséquent des terres du fisc, des mêmes terres que le législateur burgonde appellera plus loin [1] *possessiones patrimonii nostri* ou *regiæ domus*. Le législateur veut dire que les terres du fisc ne sont pas exemptes du droit de gîte, et que cette charge pèse sur les colons qui les occupent. Il est vrai qu'il ajoute que, si le voyageur prend plus que ce qui lui est dû ou fait quelque dégât, il restituera neuf fois la valeur [2].

En quatrième lieu, le voyageur peut s'arrêter dans une villa [3]. Il s'agit ici sans aucun doute d'un grand domaine, et comme le législateur vient de parler des domaines du fisc, il vise ici les domaines des grands propriétaires. Il ne songe pas que le voyageur puisse s'adresser au propriétaire en personne; les écrits, les lettres, les chartes du temps montrent assez que ce personnage possède presque toujours plusieurs *villæ* et n'habite aucune d'elles d'une manière permanente. La Loi des Burgondes elle-même fait plusieurs fois allusion à ces usages. Elle montre ces domaines privés administrés chacun par un *actor* [4]. Ici elle appelle le représentant du maître *conductor*, et elle fait observer que ce représentant peut être ou un homme libre ou un esclave. Comme le maître est presque toujours absent, et qu'au contraire son agent est toujours là, c'est celui-ci qu'elle charge de remplir les obligations du droit de gîte, et c'est lui qu'elle frappe en cas de refus. « Si dans une villa le représentant du maître est un homme libre, et qu'il refuse le toit et le foyer, il payera 3 *solidi* d'amende; s'il est un esclave, il subira la peine du bâton. » La loi termine en disant qu'en parlant des colons et des serfs elle entend aussi bien ceux des Burgondes que ceux des Romains, ce qui revient à dire que toute villa est soumise à cette obligation, quelle que soit la race du propriétaire. Peu importe aussi la

1. Titre L.
2. Paragraphe 8.
3. Paragraphe 9.
4. *Lex Burgundionum*, XLIX, 2; L, 2, 3, 5; XVII, 5; XXI, 1; XXXIX, 3.

race du *conductor*, la race des *coloni*, la race des habitants, *commanentes*. Tous indistinctement, Burgondes ou Romains, supportent et se partagent entre eux les charges du droit de gîte [1].

Voilà donc quatre sortes de terres : la terre de don royal, que l'on appellera plus tard bénéfice, la terre privée et de petite propriété, la terre du fisc royal, et enfin la *villa*, domaine d'un grand propriétaire. Ajoutez-y la terre d'église, dont le législateur ne parle pas, et vous aurez un tableau assez complet de la répartition du sol au v° siècle. [Dans tout cela, nous ne trouvons absolument rien qui rappelle nos villages modernes ; rien encore qui annonce la marche germanique. Ici, comme dans tous les documents de l'époque, le sol nous apparaît réparti de la même manière uniforme : cultures et cultivateurs, hommes et terres, sont distribués en domaines [2].]

1. Paragraphe 4.
2. [Cf. *L'Alleu*, c. 6.]

QUATRIÈME PARTIE

Étude sur le titre de la Loi Salique « De migrantibus ».

Le titre XLV de la Loi Salique porte ce qui suit[1] : *De migrantibus. Si quis super alterum in villa migrare voluerit, et unus vel aliqui de ipsis qui in villa consistunt eum suscipere voluerint, si vel unus extiterit qui contradicat, migrandi ibidem licentiam non habebit*[2]. Je me propose de chercher le sens de cet article. Il est vrai qu'il paraît très clair à première vue ; il s'en dégage tout de suite une idée qui frappe l'esprit, au point qu'il semble qu'on n'ait pas à le lire deux fois pour le comprendre. Mais dans la lecture des textes mérovingiens il est prudent de se défier des premières apparences.

I

On le traduit généralement ainsi : « Si un homme veut s'établir dans un village au mépris de la volonté d'un autre homme, quand même plusieurs habitants de ce village voudraient l'admettre, il suffit qu'il y en ait un seul qui s'oppose à son admission ; il ne lui sera pas permis de s'établir. »

Puis, de cet article ainsi interprété, on déduit que le vil-

---

1. C'est le titre XLV dans le manuscrit de Paris 4404 et dans celui de Munich ; XLI dans celui de Wolfenbüttel ; XLVII dans l'*Emendata*. — [Cf. sur le sens de ce titre, *L'Alleu*, p. 187 et suiv., et l'article sur *Les Origines de la propriété foncière*, *Revue des questions historiques*, avril 1889, p. 387. Contre les conclusions de ce mémoire, Dareste, *Journal des Savants*, octobre 1886 ; Viollet, *Revue critique*, 9 août et 11 octobre 1886 ; *Institutions*, t. I, p. 513, n. 1 ; *Les Communaux et le Domaine rural à l'époque franque*, réponse à M. Fustel de Coulanges, de M. Glasson, Paris, 1890.]

2. Telle est la phrase dans 4404 ; voir Loi Salique, édit. Pardessus, p. 95 ; édit. Hessels, col. 280 ; édit. Behrend, p. 59. — Nous examinerons plus loin les différences que présentent les autres textes.

lage franc était une sorte d'association ou de communauté
rurale qui avait le droit de repousser un nouveau venu et où
l'on n'entrait qu'en se faisant admettre par un consentement
unanime.

Telle est l'opinion des historiens de notre siècle. Eichhorn,
dans son *Histoire de la Constitution et du Droit de l'Allemagne*, explique qu'il existait en pays franc deux sortes de
villæ, les unes qui étaient de grands domaines appartenant
chacun à un seul propriétaire, les autres qui étaient des villages libres et qui se composaient de petits propriétaires formant entre eux une communauté. Il ajoute que, pour être
reçu dans une de ces communautés, il fallait le consentement de tous les associés ou au moins leur adhésion tacite
sans nulle opposition durant une année entière. Or le savant
auteur ne cite à l'appui de cette théorie aucun autre texte
que ce titre XLV de la Loi Salique[1].

Benjamin Guérard, dans son admirable étude sur le Polyptyque de Saint-Germain-des-Prés, écrit[2] : « Outre les *villæ* qui
appartenaient à l'État, au roi, à l'Église ou à des seigneurs, il
y avait des *villæ* qui, habitées et possédées par des hommes
libres, formaient des communautés libres. Elles étaient des
espèces de communes, dans lesquelles un étranger ne pouvait
fixer son domicile sans le consentement des habitants. » Et
Guérard cite notre titre *De migrantibus* sans aucun autre
texte[3].

Pardessus, dans ses savants commentaires sur la Loi Salique,
exprime la même opinion. Après avoir dit qu'au titre XIV le
mot *villa* désignait un domaine, il pense qu'au titre XLV le
même mot signifie une commune rurale. Il ajoute que « les

---

1. Eichhorn, *Deutsche Staats und Rechtsgeschichte*, § 83 et 84, t. I, p. 465,
466, 467 de la 4ᵉ édition.

2. *Polyptyque de l'abbé Irminon*, Prolégomènes, p. 47.

3. Guérard fait d'ailleurs un rapprochement avec le titre XXXVIII de la Loi des
Burgondes ; mais si l'on se reporte à ce titre, on n'y trouve aucune indication de
communauté de paysans, ni aucune disposition analogue à celle dont nous nous
occupons ici. Il n'y est question que de l'hospitalité due aux voyageurs, ce qui est
tout autre chose que ce qui fait l'objet du titre *De migrantibus*. En réalité, on
ne trouve pas dans la Loi des Burgondes une seule ligne qui ait du rapport avec
notre article de la Loi Salique. [Cf. le précédent mémoire.]

habitants de ce village ayaient le droit de s'opposer à l'établissement d'un nouveau venu ». Il cite le titre *De migrantibus*
et ne présente aucun autre document[1].

M. Waitz reproduit la même théorie. Les *villæ* dont il est
question au titre XLV sont, suivant lui, « des villages où les
hommes libres habitent en association[2] ». Un peu plus loin,
voulant prouver l'existence d'un régime de communauté rurale, il dit : « Ce qui démontre que ce régime existait, c'est
un document où nous voyons les habitants du village réunis
en une association dans laquelle aucun étranger ne peut
entrer sans la permission de tous. » Or cet unique document est encore notre titre XLV, *De migrantibus*[3].

M. Sohm pense de même : « Le droit de s'établir sur un
territoire dépendait de l'adhésion unanime de tous les membres de l'association ; un étranger s'était-il établi dans une
circonscription communale au mépris de la volonté d'un
seul membre de la commune, ce membre avait le droit de
chasser cet étranger. » A l'appui de cette thèse, il allègue
uniquement le titre XLV[4].

M. Thonissen suit ces guides : « L'établissement d'un étranger sur le territoire d'un village exigeait l'assentiment unanime de tous les habitants[5]. » Il ne cite, lui aussi, qu'un seul
texte, le titre XLV.

M. Garsonnet, cherchant la *Mark* germanique, croit la rencontrer dans ce même article de la loi. « Voici la *Mark*,
dit-il, et nul n'y est admis qu'avec le consentement unanime de ses membres[6]. »

---

1. Pardessus, *Loi Salique*, 1843, p. 389 et 390, notes 527, 528, 529. Suivant
cet auteur, le droit qu'auraient les habitants d'exclure un nouveau venu s'expliquerait par l'existence de biens communaux ; les copartageants auraient un intérêt à ne
pas s'adjoindre un nouvel associé. — J'observe toutefois que la Loi Salique ne
mentionne jamais de biens communaux.

2. Waitz, *Deutsche Verfassungsgeschichte*, 3ᵉ édit., t. II, p. 90.

3. Ibidem, t. II, p. 90 ; *Das alte Recht*, p. 124. — Voir, dans le même sens,
Maurer, *Einleitung zur Geschichte der Mark*, p. 143-144.

4. R. Sohm, *Procédure de la Loi Salique*, traduction Thévenin, p. 9-10.

5. Thonissen, *Organisation judiciaire de la Loi Salique*, 2ᵉ édit., p. 362.

6. Garsonnet, *Histoire des locations perpétuelles*, p. 204. — Ainsi pense aussi
M. Paul Viollet. Dans sa vaste et ingénieuse synthèse sur la propriété chez tous les
peuples (*Bibliothèque de l'École des chartes*, 1872, p. 490), il allègue cette loi *De*

On voit la grande importance de ce texte. Si l'interprétation qu'on en donne est exacte, il nous révèle toute une constitution rurale. C'est par lui que nous savons que chaque village aurait formé une association permanente et fermée. Le village aurait été, de quelque façon, copropriétaire du sol, et il aurait dépendu de l'ensemble des habitants de permettre ou d'interdire à un nouveau venu d'entrer en partage du fonds commun. Nous aurions ainsi sous les yeux un régime de communauté agraire, ou au moins un reste de ce régime. Un tel fait serait l'un des plus curieux de l'histoire des sociétés humaines, s'il était prouvé.

Un peu de doute est permis. On doit constater d'abord que cette organisation rurale ne nous est signalée par aucun autre document. Or les Francs ne sont pas le seul peuple germain qui ait écrit ses coutumes. Cherchez dans les lois des Burgondes, dans celles des Lombards, dans celles des Alamans et des Bavarois, dans celles des Thuringiens, des Saxons, des Anglo-Saxons, vous ne trouverez rien de pareil[1]. Rien de pareil dans la Loi des Francs Ripuaires[2]. La Loi Salique elle-

---

migrantibus, et il y voit « un souvenir de l'indivision originaire de la terre ». — M. D. W. Ross, dans son savant livre *The Early History of Land-Holding among the Germans*, p. 50-51, montre qu'en tout cas le titre XLV de la Loi Salique n'est pas contradictoire au régime de la propriété privée ; il marque seulement, suivant l'auteur, un droit qu'auraient les voisins d'hériter à défaut de descendance directe.

1. M. Hessels, col. 288, cite trois références : Rotharis, 177 ; Liutprand, 134 ; Alfred, 37 ; mais aucune des trois n'est exacte. L'article 177 de l'édit de Rotharis correspond au titre XIV de la Loi Salique et non pas au titre XLV. L'article 134 de Liutprand vise un délit de violence contre un homme qui est déjà propriétaire, et n'a aucune analogie avec la loi que nous étudions. Quant à la loi d'Alfred (art. 37, dans les *Ancient Laws and Institutes of England*, 1840, fol., p. 495), elle concerne un colon libre qui passe d'un comté dans un autre avec la permission du comté et va se mettre en service chez un propriétaire ; elle ne fait mention ni d'un village ni d'une communauté quelconque.

2. Il est vrai qu'on a rapproché de ce texte un passage de l'*Edictum Chilperici*, Boretius, *Capitulaires*, p. 8 : *Frater terras accipiat, non vicini*. Mais cet édit ne mentionne nulle part ni une communauté rurale, ni un droit d'exclure un étranger. D'ailleurs nous craignons fort que l'on n'ait tiré de ces deux mots *non vicini* une conclusion bien exagérée. Les érudits ne sont pas d'accord sur le sens de *vicini*. A supposer que ces deux seuls mots signifient que les habitants du *vicus* auraient le droit d'hériter de la terre à défaut de fils, encore resterait-il à se demander comment cet édit mentionnerait un droit de succession qui n'est pas dans la Loi Salique et auquel même la Loi Salique contredit. Nous ne voulons pas examiner ici cette question ; mais observons seulement que cette ligne de l'édit de Chilpéric et

même, si nous mettons à part cet unique article, montre bien
qu'elle est faite pour une population rurale, mais ne laisse
jamais voir qu'elle soit faite pour une population vivant-en
communauté. On n'y voit nulle part qu'un village formât un
groupe, que ce groupe eût des intérêts communs, ni que les
membres de ce groupe s'assemblassent pour traiter ces intérêts. Il est bien remarquable qu'elle ne renferme aucune des
dispositions qui seraient naturelles et nécessaires dans une
société où un semblable organisme existerait. Elle punit les
délits commis contre la propriété individuelle ; elle ne punit
ni ne prévoit les nombreuses atteintes qui pourraient être
portées aux droits d'une communauté. Entre la communauté
et l'individu, il y avait mille conflits inévitables que la loi
eût dû résoudre ; elle n'en dit pas un mot. Dans le passage où
elle s'occupe des successions, elle ne fait pas entendre qu'une
association de village ait le moindre droit sur la terre. Il y a
un autre article où elle parle du *migrans* ; mais, au lieu de
dire que les habitants du village décident s'il sera admis ou
repoussé, elle prononce seulement que, s'il a une lettre du
roi, nul ne pourra agir contre lui ; elle ne mentionne ici aucune communauté ; elle ne nomme pas même le village[1].

le titre *De migrantibus* forment deux problèmes distincts, entre lesquels il n'y a
aucun rapport certain. [*L'Alleu,* p. 191.]

1. *Lex Salica*, XIV, 4 : *Si quis hominem qui migrare voluerit et de rege
habuerit præceptum... et aliquis contra ordinationem regis testare præsumpserit, solidos CC culpabilis judicetur.* — Voilà encore un article qui n'a pas été
étudié d'assez près ; on a cru qu'il s'agissait de l'admission d'un étranger parmi les
habitants d'un village ; mais il n'y a ni un mot qui signifie *village* ni un mot qui
signifie *admission.* L'article se trouve sous la rubrique *De supervenientibus*, c'est-à-
dire « des attaques à main armée ». Sur le sens de *supervenire* et *superventum*,
voir Loi Salique, XIV, rubrique du manuscrit de Munich : *De superventis vel expo-
liationibus,* et l'article 1er : *Si quis hominem in superventum expoliaverit.* Comparez Grégoire de Tours, *História Francorum,* III, 16 : *Non desistebant a furtis,
homicidiis, ac superventis* ; ibidem, VIII, 40 : *Furta, superventa, cædes* ; Sidoine
Apollinaire, *Lettres,* VI, 4 : *Latrunculorum superventus* ; *Lex Burgundionum,*
XXIX, 1 : *Si quis superventu aut latrocinii scelere negociatorem occiderit* ; *Lex
Romana Burgundionum,* XVIII : *Si quis superventu quemquam fuerit adgressus.*
Notre article est donc au milieu d'une série d'autres qui visent tous le délit d'attaque
à main armée sur les chemins. C'est aussi le sens qu'il a, et l'on s'en convaincra si
on le rapproche de l'article 5, qui suit immédiatement : *Si quis hominem migrantem adsallierit, LXII s. solidos culpabilis judicetur* (4404, Munich) ; on remarque
que, dans les deux articles également, il s'agit du *migrans*, et, dans les deux

Nous possédons des chartes, des actes de vente et de donation, des testaments. Nous y pouvons voir en traits précis quel
était le régime des terres ; car, neuf fois sur dix, ce sont des
terres qui font l'objet de ces chartes. S'il existait une communauté de village, une association de paysans, si la communauté exerçait un droit de copropriété ou quelque sorte de domaine éminent sur les terres du village, il serait incroyable
que tant de chartes ne nous le fissent pas savoir. Nous voyons
dans toutes, et avec une pleine évidence, que le propriétaire
était libre de disposer du sol à sa guise. Cela est dit expressément. Il vendait, donnait, léguait la terre « à qui il voulait ». Nous n'apercevons pas une seule fois que sa volonté
fût subordonnée au consentement des habitants d'un village[1].
En vain dira-t-on que ces chartes sont postérieures à la Loi
Salique. Si elles ne sont pas du temps où la Loi Salique a été
composée, elles sont du temps où elle était appliquée. Cela
est exprimé formellement dans ces chartes elles-mêmes, ou
dans les formules qui leur correspondent. Nous y lisons
qu'elles sont faites « suivant la Loi Salique[2] ». Nous y lisons
encore que « le droit des Francs permet de vendre ou de

aussi, d'une attaque à main armée. Si la peine est triple dans le premier, c'est à
cause de la lettre du roi, qui suppose la mainbour royale et par conséquent le triple
wergeld. Mais pas plus dans l'un que dans l'autre article il n'est question de
l'admission dans un village. Tous les manuscrits de l'*Emendata* traduisent notre
article sous cette forme : *Si quis hominem præceptum regis habentem adsallire
vel viæ laciniam ei facere præsumpserit, CC solidos culpabilis judicetur.* — Il
est bon de noter que le mot *testare* qui se lit dans 4404, Wolfenbüttel, Munich,
9653, 4405, et Montpellier, manque dans tous les autres manuscrits. Il est remplacé par *restare* (18 237, 4403 *b*) ou *viæ laciniam facere* ; les *Septem Causæ*,
édit. Behrend, p. 130 [Hessels, p. 424, VI, n° 1], portent : *Contra ordinationem
regis stare.* — Ainsi l'observation attentive de ce titre XIV ne laisse voir aucun
rapport avec le titre XLV.

1. Voir les formules de vente, Marculfe, II, 19 et 21 ; Rozière, n°° 268, 269,
271, 272, 273, 274, 278. — Formules de constitution de dot, avec don de terre,
Marculfe, II, 15 ; Rozière, n°° 223, 228, 229, 230, 231. — Formules de cession,
Rozière, n°° 161, 164, 165, 167, 171. — Formules d'échange de biens ruraux,
concambium de terra, Marculfe, II, 23 et 24 ; Rozière, n°° 303, 304, 305, 306,
307, 310. — Actes de partage de succession, Marculfe, I, 20 ; II, 14 ; Rozière,
n°° 123, 124, 126, 127. — Formules de testament, Marculfe, II, 19 ; Rozière,
n°° 128, 129, 130. — *Diplomata*, édit. Pardessus, *passim*.

2. *Secundum Legem Salicam*, Formules, n°° 228, 229. — *Dono tibi secundum
Legem Salicam mansum juris mei... ut quidquid exinde facere volueris liberam
habeas potestatem*; Formules, n° 231.

céder sa terre à qui l'on veut[1] ». Il ne s'agit même pas ici d'un droit nouveau ; les chartes disent que cela est permis « par la vieille coutume[2] ».

Dira-t-on que notre titre XLV était une vieille disposition d'un droit primitif qui avait pu tomber en désuétude, et que c'est pour cette raison que les chartes sont en désaccord avec lui ? Cette hypothèse n'est pas soutenable. Car, d'une part, nous savons que Charlemagne l'avait maintenu intégralement, dans le texte revisé, et d'autre part nous possédons un document de l'année 819, dont nous parlerons plus loin, dans lequel ce même titre XLV est cité comme étant en pleine vigueur.

On devrait donc nous expliquer comment il se fait qu'un article de la Loi Salique puisse décrire un régime de communauté rurale, tandis que tous les documents, tous les écrivains, durant quatre siècles, et toutes les chartes faites « suivant la Loi Salique » décrivent un régime de propriété individuelle, sans faire la moindre allusion aux droits d'une communauté.

En présence de cette difficulté, et puisqu'il est bien certain que le titre *De migrantibus* est le seul document sur lequel cette théorie d'une communauté rurale puisse s'appuyer, il me paraît sage d'étudier de près ce passage de la loi, et de vérifier s'il a réellement la signification qu'on lui attribue.

1. *Leges et jura sinunt et convenientia Francorum est ut de facultatibus suis quisque quod facere voluerit liberam habeat potestatem;* charte d'Engelbert en Toxandrie, dans les *Diplomata*, nᵒˢ 474 et 485. — Il est vrai que M. Sohm a soutenu que *facultas* ne désignait que des biens mobiliers ; mais cela est démenti par un grand nombre de passages, et d'abord par celui-ci même ; la suite de la phrase d'Engelbert montre en effet que ses *facultates* comprennent *casatas cum sala, cum silvis, terris, pratis,* et il donne tout cela en pleine et absolue propriété.

2. Formules, nᵒ 171 : *Unicuique de rebus suis lex et consuetudo longinqua percurrit facere quod voluerit... Idcirco mansum illum tibi dono.* — Ibidem, nᵒ 205 : *Priscorum patrum sanxit auctoritas ut unusquisque de rebus suis propriis ubicumque voluerit dare... Idcirco vendimus campum illum.* — Des diplômes du pays de Trèves marquent qu'on vend une terre *secundum Legem Salicam,* et on la vend sans consulter les voisins : Hontheim, *Historia Trevirensis diplomatica,* nᵒˢ 32, 34, 35, t. I, p. 105, 107, 108.

II

En lisant d'un bout à l'autre les trois paragraphes qui composent le titre XLV, on constatera d'abord que certaines choses n'y sont pas. Il s'agirait, suivant les érudits que nous avons cités, d'un étranger qui viendrait s'établir dans un village à titre légitime, c'est-à-dire au même titre que les autres propriétaires, en y acquérant une terre comme eux ou le même droit qu'eux sur la terre. Ce *migrans* serait, dans cette supposition, un homme parfaitement honnête et loyal qui demanderait ou l'acquisition d'un lot de terre ou la jouissance du fonds commun. Cependant il ne se trouve dans ces trois paragraphes aucun terme qui implique ou l'une ou l'autre chose. Vous n'y voyez pas un mot qui signifie possession ou propriété ; vous n'en voyez pas non plus qui signifie copropriété, communauté de biens, partage de fruits. Ainsi l'idée même qui est le point de départ de toute la théorie n'est pas exprimée dans le texte.

Dira-t-on que la Loi Salique n'avait pas à s'expliquer sur ce point parce qu'il aurait été assez connu que le sol était la copropriété du village ? Mais il faudrait qu'on trouvât cela quelque part dans la Loi Salique ; or c'est justement le contraire que l'on y trouve. Non seulement elle ne parle jamais de terres de copropriété, mais encore elle montre que chaque jardin, chaque vigne, chaque champ de blé appartient sans partage à quelqu'un[1] ; la prairie même et la forêt ont un propriétaire[2]. Elle pousse le respect du droit de propriété privée jusqu'à punir d'une forte amende l'homme qui s'est permis de labourer le champ d'un autre sans que « le propriétaire du champ » l'y ait autorisé[3].

---

1. *Lex Salica*, XXVII, 6 : *Si quis in horto alieno....* Ibidem, 8 : *Si quis de campo alieno....* Ibidem, 13 : *Si quis vincam alienam.*

2. Ibidem, XXVII, 10-11 : *Si quis prato alieno-secaverit-et fenum ad domum suam duxerit.* Ibidem, 17 : *Si quis ligna in silva aliena furaverit.*

3. Ibidem, XXVII, 23 : *Si quis campo alieno araverit extra consilium domini sui, solidos XV culpabilis judicetur.* — *Domini sui* : Nos lecteurs sont

Si le *migrans* a voulu se fixer dans un village en, devenant propriétaire comme les autres, il a dû se proposer d'acheter une terre ou un droit sur la terre. Mais nos trois paragraphes ne renferment aucun mot qui signifie *acheter*. Il n'est pas fait la moindre allusion à un prix qui aurait été ou donné ou promis. Quand la loi prononcera que cet homme est expulsé, elle dira seulement qu'il perd « son travail » ; elle ne dira ni qu'il perde un prix payé, ni que ce prix lui soit restitué. Cet homme n'a donc ni acheté, ni payé, ni promis de payer.

Il y a encore autre chose qui manque dans nos articles : c'est l'idée même d'une communauté d'habitants. Elle n'est exprimée par aucun terme. Les érudits allemands voient ici, avec une foi profonde, une *Gemeinde*[1]. Je voudrais trouver un mot analogue dans le texte. La loi dit seulement : « Ceux qui habitent dans le village », *qui in villa consistunt* ; elle désigne des domiciliés, non des associés[2]. Que ces hommes aient entre eux un lien quelconque, c'est ce qu'on peut supposer, mais la loi ne le dit pas. Elle ne montre pas qu'ils s'assemblent. Elle ne marque par aucun indice qu'ils décident en commun si le nouveau venu sera admis ou rejeté. Elle parle « d'un ou quelques-uns des habitants qui veulent le recevoir », « d'un ou deux qui s'y opposent[3] » ; ni dans l'un ni dans l'autre cas elle ne parle d'une décision collective et générale, et elle ne nomme pas l'*universitas* des habitants. Elle prononce qu'un

assez familiers avec la langue de l'époque mérovingienne pour savoir que *domini sui* signifie *domini campi*. Cet emploi de *suus*, qui eût été un solécisme dans l'ancienne langue classique, était ordinaire dans la langue du vi[e] siècle, même chez les écrivains instruits.

1. Sohm, *Reichs und Gerichtsverfassung*, p. 61.

2. Les mots *consistere*, *commanere* sont infiniment fréquents dans les textes mérovingiens ; ils n'ont pas d'autre sens que celui d'habiter, et n'impliquent nullement l'idée d'association que la préposition *cum* aurait indiquée dans la langue classique. Voir, par exemple, *Edictum Chilperici*, 10 : *Si non habeat ubi consistat.* *Lex Salica*, XLI, 7 : *Qui res habet in pago ubi commanet.*

3. Le mot *contradicere*, qu'emploie ici la loi, n'implique nullement l'idée de discours pour et contre. *Contradicere* est un synonyme de *interdicere* (ibidem, § 2), et signifie « s'opposer ». Voir dans la Loi Ripuaire, LVIII, 18, *codices* B : *Si Ribuaria servum secuta fuerit, et parentes ejus hoc contradicere* (ailleurs *refragare*) *voluerint.* Ibidem, XXXII, 4 : *Strudem contradicere* ; LXXX : *Viam contradicere.* Dans la langue des conciles et des Capitulaires, *contradicere* est synonyme de *interdicere*, et signifie « empêcher », « interdire ».

seul homme peut s'opposer, et aussitôt les autres habitants s'effacent, restent inertes, disparaissent. Il serait bien étrange que, dans une communauté libre, la volonté d'un seul homme pût annuler toutes les autres volontés.

Dire que cette communauté expulse elle-même le nouveau venu, c'est dire encore quelque chose qui n'est pas dans le texte, et qui est même absolument contraire au paragraphe 2. En effet, ce paragraphe trace une longue procédure à suivre ; et, parmi ces minutieux détails, nous ne voyons pas que la réunion des habitants prononce une exclusion ni un arrêt quelconque. Elle n'intervient même pas. C'est un homme seul qui agit, et tout l'article marque qu'il agit en son nom seul. Il engage même sa responsabilité propre et ses biens personnels[1]. Cet adversaire du nouveau venu doit s'adresser d'abord à lui ; il lui fait trois sommations à dix jours d'intervalle ; puis il le cite à comparaître en justice. Notons bien qu'il ne l'ajourne pas à se présenter devant les hommes du village, devant cette prétendue communauté dont on parle. C'est au *mallus* qu'il le cite à comparaître[2]. Or le *mallus* est le tribunal du comte ou de son délégué, le centenier[3]. Si l'étranger persiste à demeurer, le poursuivant s'adresse au comte et lui demande qu'il vienne dans le village, *ut accedat ad locum*, et qu'il expulse l'étranger[4]. Ce comte n'est certes pas un agent de la

1. *Super fortuna sua ponat*, § 2. Voir Pardessus, *Loi Salique*, p. 390, note 532.

2. *Tunc maniat eum ad mallum.*

3. Jamais, ni dans la Loi Salique ni ailleurs, le terme *mallus* n'est dit de l'assemblée d'un village. Le système qu'on a imaginé sur une justice de canton, sur un tribunal de paysans, est une pure hypothèse que l'on n'a jamais appuyée d'aucun texte. Il a pu exister une justice d'arbitrage entre *vicini* ; mais ce n'est jamais à cette sorte de justice que s'applique le mot *mallus*. Le mot *mallus* s'applique toujours au tribunal du comte ou d'un de ses délégués. Nous avons présenté les textes dans nos *Problèmes d'histoire*, p. 375 et suiv. [et dans *La Monarchie franque*, p. 550].

4. *Roget grafionem.* L'homme qui est appelé ici *grafio* n'est autre que le *comes*. Les deux mots sont toujours synonymes. Voir *Lex Salica, Additamenta*, édit. Behrend, p. 91 [Hessels, p. 408] : *Judex, hoc est comes aut grafio. Lex Ripuaria*, LI, LII, LIII (*codices* B, LIII, LIV, LV), où le même personnage est appelé *comes, judex* et *grafio*. Voir aussi *Formulæ Bignonianæ*, 8 ; *Diplomata*, Pardessus, n° 294, 512, 534 ; Frédégaire, *Chronicon*, 42 et 74 ; *Vita Eligii*, II, 47, 52, 54 ; Paul Diacre, *De gestis Langobardorum*, 36. [*La Monarchie franque*, p. 203.]

petite commune rurale; il est un officier du roi. Il ne représente pas la liberté populaire, il représente l'autorité royale et souveraine[1].

Ce n'est donc pas le village qui expulse l'étranger. Il est expulsé par les pouvoirs publics, c'est-à-dire par le même agent du roi qui exerce dans toute l'étendue de la *civitas* les attributions de justice et de police[2]. Ainsi, pour que cet homme soit exclu du village, il faut l'intervention d'un fonctionnaire étranger au village. L'arrêt d'expulsion vient du dehors, et le comte doit se déplacer pour l'exécuter, *accedat ad locum*. Si les habitants du village forment une communauté, et si cette communauté est maîtresse d'admettre ou de rejeter un nouvel associé, pourquoi n'est-ce pas elle qui prononce l'expulsion? Pourquoi, tout au moins, n'est-ce pas elle qui poursuit devant le comte? Pourquoi la poursuite a-t-elle lieu hors du village? Pourquoi l'expulsion est-elle opérée, non par une autorité locale, mais par l'autorité publique?

Ainsi les éléments de la théorie dont nous vérifions l'exactitude ne se trouvent pas dans le texte. La loi ne mentionne ni une « communauté », ni un acte juridique opéré par cette communauté, ni un droit que « la communauté » aurait de repousser un nouvel « associé ». Toutes ces choses-là sont dans l'esprit des commentateurs; elles ne sont pas dans les articles de la loi. Les commentateurs ne les ont pas tirées du texte; ils les ont ajoutées au texte.

C'est une méthode dont on a beaucoup usé pour l'interprétation de la Loi Salique. On a lu la loi sous l'empire d'opinions préconçues, et il est arrivé que l'esprit, qui croyait la lire, y introduisait sans s'en apercevoir ses propres idées. Cette méthode, que l'on peut appeler subjective, a plus d'une fois fait

---

1. La Loi Ripuaire l'appelle *judex fiscalis* (LIII, 1); *fiscalis* ayant, dans la langue mérovingienne, le sens de *regius*. Ce caractère de fonctionnaire royal chez le comte ressort nettement de la formule de nomination, Marculfe, I, 8, et d'une foule de passages de Grégoire de Tours, *Historia Francorum*, IV, 24, 40, 42, 44; V, 14 et 18; VIII, 18; IX, 7, 14; etc. [*La Monarchie franque*, c. 10, § 2.]

2. Il est vrai que, suivant M. Sohm, ce comte serait obligé, sur la seule demande du poursuivant, et même sous peine de mort, de procéder à l'expulsion; mais rien de tout cela n'est dans le texte.

apparaître dans la Loi Salique des institutions et des coutumes auxquelles les auteurs de la loi n'avaient pas pensé. C'est que les commentateurs modernes y mettaient beaucoup du leur. Il leur semblait, par exemple, que les Francs, étant une société parfaitement primitive et libre, n'avaient dû avoir que des chefs élus par eux, et dès qu'ils ont aperçu dans la loi le mot *tunginus*, ils en ont fait tout de suite un chef électif, quoique la loi ne dît rien de pareil. Lisant de même le mot *teoda*, dont il est impossible de savoir la signification, ils en ont fait bien vite « le peuple assemblé[1] ». Comme il leur paraissait évident *a priori* que ces hommes n'avaient dû être jugés que par eux-mêmes, le mot *mallus* a été pour eux un jury populaire. Il en a été de même pour le titre *De migrantibus*. Ils avaient dans l'esprit que ces Francs étaient un peuple de petits paysans, et que ces paysans avaient dû pratiquer longtemps le communisme agraire, et pour cette raison ils ont compris le titre *De migrantibus* comme s'il était le débris d'une vieille charte des communautés rurales. Il est ainsi arrivé, sur bien des points, qu'au lieu de déduire la constitution franque du simple texte de la Loi Salique, on a déduit le sens et l'interprétation de la Loi Salique d'une constitution franque qu'on se figurait à l'avance.

C'est à la méthode inverse qu'il faut revenir. Il faut prendre la Loi Salique comme un texte à étudier en soi. Il faut l'interpréter, non d'après des idées *a priori*, mais d'après le sens littéral, sans y rien ajouter. Cela prêtera à de moins beaux systèmes et ne donnera peut-être que des résultats incomplets, mais cela sera plus près de la vérité.

Je sais bien la raison ou le prétexte qu'allèguent les commentateurs pour se dispenser de cette explication littérale et lui substituer une interprétation systématique. Ils supposent que la Loi Salique, que nous possédons en latin, a été écrite ou par des barbares qui ne savaient pas la langue latine, ou par des Romains qui comprenaient mal un texte franc qu'ils traduisaient. Notre latin n'étant, dans leur pensée, qu'une traduction

---

1. M. Kern a montré l'inanité de cette interprétation; voir *Lex Salica*, édit. Hessels, col. 534.

vague et approximative, ne mériterait pas qu'on s'arrêtât au
sens propre de chaque terme. Par-dessous ce texte latin, ils
imaginent un texte germanique, lequel aurait seul de la valeur;
et c'est celui-ci qu'ils prétendent traduire, bien qu'ils ne l'aient
jamais vu. Car on n'a jamais pu montrer qu'un texte germanique ait existé. Mais ils ont une théorie préconçue sur ce qu'a
dû être la première législation franque, et, sans qu'ils s'en
doutent, c'est peut-être cette théorie de leur esprit qu'ils
appellent le texte germanique.

Nous croyons, pour notre part, qu'on doit s'en tenir au texte
latin et l'expliquer mot à mot sans aucune pensée d'à-côté. Il
ne faut pas supposer non plus que ce latin de la Loi Salique
soit la langue incorrecte et incertaine d'un barbare maniant
un idiome étranger. Il est, au contraire, le vrai latin, tel qu'il
existait dans le nord et le centre de la Gaule au vi° siècle. S'il
n'est pas précisément le latin écrit, il est le latin parlé. Cela
ressort d'une double remarque. Regardez les désinences des
mots, elles vous sembleront autant de solécismes; c'est que ces
désinences ne se prononçaient plus; elles n'existaient plus dans
le latin parlé. Mais regardez le radical de ces mêmes mots, et
vous reconnaîtrez que, sauf cinq ou six qui n'existaient pas
dans l'ancienne langue et que les Germains avaient peut-être
apportés, tous les autres sont des radicaux latins. Prenez indifféremment les mots de la langue domestique ou ceux de la
langue judiciaire, et vous remarquerez, non seulement qu'ils
sont de vrais mots latins, mais encore qu'ils ont conservé avec
une singulière exactitude la signification qu'ils avaient eue au
iv° siècle de l'Empire. Une étude superficielle de la Loi Salique
laisse penser que la langue en est grossière, barbare, indécise.
Une étude patiente fait voir que cette langue possède encore à
un haut degré la netteté et la propriété des termes. Beaucoup
de mots nous semblent obscurs; cela peut tenir à ce qu'ils
appartiennent à une langue populaire que nous connaissons
mal; mais nous n'irons pas croire, pour cela, que ces mots
fussent vagues et indéterminés pour ceux qui les employaient.
La langue de la Loi Salique est une langue difficile pour nous;
elle n'en est pas moins une langue précise en soi. Nous devons

donc, pour comprendre chaque article, examiner le sens littéral des mots qui le composent et nous tenir à ce sens littéral.

III

Demandons-nous d'abord ce que signifie, dans la langue de
la Loi Salique, le mot *migrans* ou l'expression *homo qui super
alterum in villam migrare vult*. De quelle sorte d'hommes la
loi entend-elle parler ici?

Le terme *migrare*, dans la langue du temps, ne contenait
pas l'idée spéciale qui s'attache à notre mot *émigrer*. Il ne
s'agit donc pas ici nécessairement d'hommes étrangers au pays,
quoique la chose soit possible. *Migrare* se disait d'un simple
déplacement. On le trouve employé dans le sens de *ambulare*;
« aller », « voyager »[1]. Le plus souvent il désignait un changement de domicile. Grégoire le Grand l'emploie au sujet d'un
moine qui passe d'un couvent dans un autre[2]. L'*Interpretatio*
au Code Théodosien, laquelle a été écrite dans la seconde
moitié du ve siècle, parle du colon qui quitte son domicile natal pour passer dans un autre, et elle appelle ce colon
migrans[3]. Dans l'*Edictum Theodorici*, l'esclave rural que son
maître a transporté d'un de ses domaines sur un autre est dit
migratus voluntate domini, « il s'est déplacé par la volonté
de son maître[4] ». *Migrare* indique donc un simple changement de domicile. Il avait déjà cette signification dans
la langue classique[5]; il la garde dans la langue mérovin-

---

1. Par exemple, dans Grégoire de Tours ; comparez deux passages, *Historia
Francorum*, IX, 20, édition de la Société de l'histoire de France, t. II, p. 155 et
160, et vous remarquerez que la même chose est exprimée, dans le premier passage, par *migrare*, et dans le second par *ambulare*.

2. Grégoire le Grand, *Lettres*, V, 6, édition de la Patrologie, t. III, col. 728 :
Audio Marciam sanctimonialem in monasterium aliud fuisse migratam.

3. Code Théodosien, édit. Hænel, p. 474 : *Si quis colonum alienum in re sua
vel fuga lapsum vel sua voluntate migrantem.*

4. *Edictum Theodorici*, 142.

5. Ulpien dit du fermier qui, à l'expiration de son bail, quitte la terre, *soluta
pensione vult migrare* (Digeste, XLIII, 32, 1, § 1 et 4). Déjà Labéon avait dit
migrare ab aliquo, dans le sens de « cesser d'habiter avec quelqu'un » (Digeste,
XXXII, 50, § 5 : *Filius a matre migravit*). Une loi de Théodose II, au Code
Théodosien, IV, 4, 7, applique le mot *migrare* à un plaideur qui veut passer d'un

gienne[1]. Il renferme à la fois deux idées, celle de quitter un
lieu, et celle de s'établir dans un autre lieu; mais, tandis que
dans notre mot *émigrer* c'est l'idée de déplacement qui pré-
domine, c'était l'idée d'établissement qui prévalait dans le mot
migrare. Dans la plupart des exemples, il peut se traduire par
« se fixer » ou « s'installer quelque part[2] ».

In villam. Le mot *villa* est un de ceux qui se rencontrent le
plus fréquemment au Ve, au VIe siècle. C'est par centaines de
fois qu'on le rencontre chez les écrivains, dans les lois, dans
les chartes. Toujours il désigne un domaine unique. Il représente l'unité de propriété rurale. Mais il ne suit pas de là
qu'une *villa* appartienne toujours à un seul propriétaire. Souvent nous voyons ce domaine se diviser, par l'effet des successions ou des ventes, en deux, trois, quatre *portiones* appartenant à des propriétaires différents[3]. Quelquefois même il se
trouve dans une *villa* de tout petits propriétaires qui possèdent trois ou quatre manses ou même un seul manse. Dans la
plupart des cas, *villa* doit se traduire par domaine, et c'est le
sens qu'il a visiblement dans trois passages de la Loi Salique[4] et

mode de procédure à un autre : *Qui ex testamento agere voluerit ad fideicommis-
sum migrare non possit.*

1. On disait aussi *migrare a sæculo* ou simplement *migrare*, « mourir »
(Grégoire de Tours, *Historia Francorum*, II, 21), et l'expression était déjà dans
Cicéron, *De finibus*, I, 19. On disait aussi *migrare ad secundas nuptias* (*Edictum
Theodorici*, 57), expression qui était déjà au Digeste, XXIV, 2, 6.

2. Il y a dans la Loi Salique elle-même une preuve que c'était l'idée d'installation
ou d'établissement à demeure qui prévalait dans *migrare*. Au titre XIV, l'un des
meilleurs manuscrits, celui de Munich, remplace *migrare* par *manere*, sans rien
changer au reste de l'article et comme si les deux mots pouvaient se mettre l'un
pour l'autre. Remarquons aussi que notre titre XLV se termine précisément par le
mot *maneat*; ce *migrans* est donc un homme qui veut *manere*, « s'établir ».

3. Comparez aux *portiones villæ* des chartes écrites en Gaule, les *unciæ fundi*
des chartes écrites en Italie, à la même époque. Voir Marini, *Papiri diplomatici*,
et Fantuzzi, *Monumenti Ravennati*, passim. [*L'Alleu*, c. 8, § 1, surtout p. 248;
cf. p. 21 et 22.]

4. *Lex Salica*, XIV, 6 : *Si quis villam alienam adsallierit.* Le manuscrit 18257
porte : *Si quis villam alienam adsallierit et ibidem ostia fregerit.* — Ibidem,
XLII, 5 : *Si quis villam alienam expugnaverit et res ibi invaserit.* — Le sens
est douteux dans III, 5 : *Taurus de tres villas communis.* — *Villa* a certainement le sens de domaine dans cet *Additamentum Legi Salicæ*, Behrend, p. 111
[Hessels, p. 410] : *Si quis cum liberto in villa, nesciente domino, negotiaverit.*
Il s'agit ici d'une *villa* qui n'a qu'un propriétaire et qui est administrée par l'affranchi de ce propriétaire. — [Voir du reste, *L'Alleu*, c. 6, surtout p. 201 et suiv.]

dans la Loi Ripuaire[1]. Même en Toxandrie et dans le pays de
Tournai, où l'on dit que la tribu franque a longtemps vécu,
les *villæ* que les chartes nous montrent sont des domaines et
non pas des villages[2]. Elles appartiennent à un propriétaire
unique et sont cultivées par un petit groupe de colons ou d'esclaves *casati*. Toutefois, comme le partage de la *villa* entre
plusieurs propriétaires était fréquent[3], on est en droit de traduire quelquefois ce mot par « village », à la seule condition
qu'on ne se hâte pas de croire qu'il s'agisse de villages constitués comme sont les nôtres.

Les mots *super alterum* ont été traduits par « contre la volonté d'autrui ». Pardessus dit que *super alterum* signifie *contra voluntatem alterius*[4]. Cela ne me paraît pas très exact. On
ne trouve pas dans les documents une seule phrase où *super*
signifie « contre la volonté ». Cette idée est fréquemment
exprimée par *altero invito, altero nolente, altero contradi-
cente*, elle ne l'est jamais par *super alterum*[5]. Mais on aurait
dû remarquer que dans les temps où la Loi Salique a été
écrite, la préposition *super* joignait à plusieurs autres significations celle de *apud*. Nous lisons dans la Loi Salique elle-
même : *Si quis servum aut caballum super alterum agnoverit*,
« si quelqu'un a reconnu son esclave ou son cheval chez un

1. *Lex Ripuaria*, LX, 1 : *Si quis villam ab alio conparaverit.*

2. Pour le pays de Tournai, voir une charte, dans Pardessus, n° 457. Pour la
Toxandrie, ibidem, n°° 474, 476, 483, 490, 540, et t. II, p. 550.

3. Voir, sur les *participes villæ*, Grégoire de Tours, *Historia Francorum*,
VII, 47. [*L'Alleu*, p. 246.]

4. Pardessus, *Loi Salique*, p. 389. De même Sohm, *Procédure*, traduction Thévenin, p. 9.

5. Il est vrai que *super* a souvent le sens qu'avait *adversus* dans la langue antérieure. On dit *irruere super hominem, currere super hominem*, d'où le gallicisme
« se jeter sur quelqu'un », « courir sus à quelqu'un ». De même, dans la Loi
Salique, *superdicere* signifie « parler contre quelqu'un », c'est-à-dire l'accuser
(Behrend, p. 55 ; Hessels, col. 266), et l'on trouve aussi dans Grégoire de Tours,
V, 26, *se objicere super aliquem*, « se porter contre quelqu'un », *confiteri super
aliquem*, « témoigner contre quelqu'un »; VI, 22. Mais de ce que *super hominem*
peut signifier souvent *adversus hominem*, il ne suit pas qu'il puisse signifier
contra voluntatem hominis ou *homine nolente*. Ce sont là deux idées et deux
rapports fort différents l'un de l'autre. Quand on traduit, dans notre titre XLV,
super alterum par « sans l'agrément », « contrairement à la volonté », « au
mépris de la volonté », on donne à *super* une signification dont je n'ai jamais vu
un seul exemple dans les textes.

autre [1] ». Nous trouvons des exemples pareils dans la Loi Ripuaire, dans celle des Alamans et chez les chroniqueurs [2]. Tel est aussi le sens de l'expression dans notre titre XLV; les mots *migrare super alterum* signifient s'installer chez un autre, ou, plus littéralement, sur une terre appartenant à un autre.

Que ce soit là le vrai sens de l'expression, c'est ce qu'un peu d'attention aurait fait apercevoir. Tout le monde sait que les divers manuscrits de la Loi Salique présentent des différences de leçons là même où ils expriment les mêmes choses. Or les mots *super alterum in villam* sont remplacés dans un manuscrit par *in alienam villam* [3]. D'autres portent *super alterum in villam alienam*, ce qui n'est qu'une redondance, mais ce qui marque bien comment les copistes comprenaient le texte [4]. On aurait pu remarquer encore que presque tous les manuscrits, qui ont au paragraphe 1 *super alterum in villam*, portent au paragraphe 3 *in villam alienam*, et il n'est pas douteux qu'il s'agisse de la même chose dans les deux paragraphes [5]. Enfin, tous les manuscrits de la classe dite de l'*Emendata* portent dans la rubrique *villam alterius*. Nous devons donc admettre que les mots *super alterum in villam* étaient synonymes de *villam alienam*, expression qui se retrouve d'ailleurs dans deux autres passages de la Loi Salique [6].

1. *Lex Salica*, XLVII, 1. On lit *super alterum* dans les manuscrits 4404 et 4627, ainsi que dans ceux de Montpellier et de Saint-Gall. Les manuscrits de Munich et de Wolfenbüttel remplacent *super* par *cum*; or on sait que *cum* avait le sens de *apud* (par exemple : Grégoire de Tours, VII, 47, *cum Aunoiie* équivaut à *apud Aunonem*; Frédégaire, *Chronicon*, 61, *cum Dagobertum* équivaut à *apud Dagobertum*). — De même dans la Loi Salique, LV, 5, Behrend, p. 72, *super alterum* signifie « chez un autre », ou plus littéralement « dans la terre d'un autre ». — On trouve aussi, dans un *Additamentum*, Behrend, p. 93 : *Res inventas super alterum*, « des objets trouvés dans la maison d'un autre ».

2. *Lex Ripuaria*, LXXVII : *Si quis hominem super res suas conprehenderit, aut super uxorem aut super filiam*. — *Lex Alamannorum*, LXXXI, Pertz, t. III, p. 161 ; Walter, t. I, p. 225 [Lehmann, p. 140] : *Si quis super aliquem focum miserit*, « si quelqu'un a mis le feu chez quelqu'un ». De même, *Lex Baiuwariorum*, IX, 1, 1; Pertz, p. 416.

3. C'est le manuscrit de Paris 9653, anciennement 65 supplément latin, celui que Pardessus a pris comme type de son second texte [Hessels, texte 4].

4. Manuscrits de Montpellier et de Paris 4627 [Hessels, textes 7 et 8].

5. Voir dans l'édition Hessels les colonnes 283, 285, 203 et 206.

6. *Lex Salica*, XIV, 6; XLII, 5 : *Si quis villam alienam adsallierit.*

C'était une première erreur de traduire *super alterum* par « contre la volonté d'un autre », et cette erreur en a entraîné une seconde ; car elle a induit à penser que l'homme qui était désigné dans *super alterum* était le même que celui qui est indiqué deux lignes plus bas par les mots *unus qui contradicit*. Les commentateurs n'ont vu dans les deux passages qu'un seul et même homme, et c'est justement cette confusion qui les a empêchés de voir le véritable sens de l'article[1]. L'homme qui est indiqué dans *super alterum* et l'homme qui est indiqué par *unus qui contradicit* sont deux personnages différents. Le premier est le propriétaire d'une *villa* ou d'une partie de *villa*, le second est l'un des habitants de la même *villa*. La distinction des deux termes est fondamentale.

Nous voyons maintenant ce que la loi entend par le *migrans*. Celui qui *migrare vult super alterum* est un homme qui prétend s'installer sur une terre appartenant à un autre. Cela est tellement vrai, que les trois quarts des manuscrits, au lieu de la rubrique *De migrantibus*, portent : *De eo qui villam alterius occupaverit*, « de celui qui aura occupé la terre d'un autre ». De ces deux rubriques, visiblement synonymes, la première est dans onze manuscrits, la seconde dans quarante-sept[2]. Il fallait avoir l'esprit bien prévenu pour ne pas s'en apercevoir.

Il est vrai que ces quarante-sept manuscrits sont ceux que l'érudition moderne considère comme représentant le texte revisé par Charlemagne. Mais il est reconnu que l'*Emendata* n'a pas changé le fond de la législation et n'a corrigé que les formes et les mots. Cela est surtout visible dans notre titre XLV. Comparez les onze manuscrits qui portent la rubrique *De migrantibus*, et les quarante-sept qui portent *De eo*

<hr>

1. La confusion est surtout visible dans Sohm : « Un étranger s'était-il établi dans une circonscription communale au mépris de la volonté d'*un seul membre, ce membre avait le droit de chasser l'étranger* » (traduction Thévenin, p. 9-10).

2. Le *De migrantibus* ne se trouve que dans les manuscrits de Paris 4403 *b*, 4404, 4627, 4629, 9653, 18 237, et les manuscrits de Wolfenbüttel, Munich, Montpellier, Saint-Gall 729 et 731. Ce sont nos meilleurs manuscrits ; aussi peut-on admettre que *De migrantibus* est la meilleure des deux leçons et la plus ancienne. C'est aussi la leçon du texte Herold. — Trois ou quatre manuscrits ne portent ni l'une ni l'autre rubrique.

qui villam alterius occupaverit, vous reconnaîtrez que les articles se ressemblent exactement et contiennent les mêmes dispositions ; et vous conclurez que les deux rubriques, s'appliquant au même texte, ont le même sens.

On objectera peut-être que les copistes qui écrivaient les manuscrits dits de l'*Emendata* ont mal compris le texte ; on supposera que ces hommes, ne sachant plus ce que signifiait *De migrantibus*, ont imaginé d'y substituer l'autre rubrique. Cette hypothèse n'aurait quelque valeur que s'ils avaient supprimé aussi le mot *migrare* dans les paragraphes ; or ils l'y ont laissé en deux endroits et dans tous les manuscrits. Il ne faudrait pas non plus s'imaginer que les manuscrits qui portent *De migrantibus* soient beaucoup plus anciens que les autres. Les deux classes de manuscrits sont sensiblement de la même époque. Les onze où on lit *De migrantibus*, et les quarante-sept où on lit *De eo qui villam alterius occupaverit*, ont été également écrits sous le règne de Charlemagne et de ses successeurs. Le plus ancien de tous est des dernières années du viiie siècle ; la plupart sont du ixe, quelques-uns du xe. Les systèmes modernes en ont mis treize à part, comme représentant un texte très antique, au lieu que tous les autres représenteraient un texte beaucoup plus récent ; mais c'est là une théorie dont on n'a jamais donné une pleine démonstration. On devrait au moins remarquer que ces mêmes manuscrits, dans lesquels on croit reconnaître un texte fort antérieur à celui de Charlemagne, n'ont pourtant été écrits que postérieurement à la révision faite par ce prince.

Imputer aux copistes de n'avoir pas compris leur texte est une hypothèse très commode[1]. Une simple observation suffit à en faire voir l'inanité. La Loi Salique, pour les hommes du viiie et du ixe siècle, n'était pas un vieux texte inconnu et inutile qu'on copiât par distraction ou par labeur comme on aurait copié du Cicéron ou du Tacite. Elle était une législation appliquée, une législation en pleine vigueur, et c'est pourquoi

---

1. C'est une supposition que M. Sohm fait à tout propos, et toutes les fois qu'un texte gêne son système. Il va jusqu'à dire que les hommes du ixe siècle « évidemment » ne comprenaient plus ce que signifiait *testare* (*Procédure*, p. 10).

nous en possédons un si grand nombre de manuscrits. Ceux qui la copiaient à cette époque, la copiaient pour l'usage des praticiens, c'est-à-dire des juges ou des plaideurs. Cela est démontré par la nature et la composition des manuscrits, qui sont tous des *libri legales*, c'est-à-dire des livres de pratique[1]. Nous n'y trouvons jamais la Loi Salique seule, mais toujours parmi d'autres lois ou romaines ou barbares, et l'on peut faire cette remarque qu'elle est toujours au milieu de lois qui étaient appliquées au ixe siècle. C'était donc un texte bien connu et usuel. Les copistes pouvaient apporter plus ou moins de soin dans leur travail et laisser échapper plus ou moins de fautes; mais il est hors de doute qu'ils comprenaient le texte, et ils écrivaient pour des hommes qui le comprenaient.

J'ajouterai encore une observation. Ce même titre XLV, dont nous nous occupons, se trouve cité dans un capitulaire de 819, et il l'est sous la rubrique *De eo qui villam alterius occupaverit*[2]. Or l'ensemble du passage montre que ce sont ces mots qui étaient écrits dans l'exemplaire de la Loi Salique que Louis le Pieux avait mis dans les mains de ses évêques et de ses comtes réunis en *conventus* dans cette année 819. Les mots *villam alterius occupaverit* étaient donc la rubrique officielle, celle qui figurait sur les exemplaires du Palais. Il s'en faut de tout que ce fût la glose d'un copiste inintelligent. Il n'y a aucune raison de soutenir que les copistes du Palais n'aient pas compris le texte. Si les mots *De migrantibus* ont été remplacés par *De eo qui villam alterius occupaverit*, sans qu'il y ait aucun autre changement dans les paragraphes, c'est que les deux expressions signifiaient la même chose. L'une était seulement plus claire que l'autre.

Il me semble que nous marchons maintenant sur un terrain plus solide. Il n'est plus question de nous figurer, par ce mi-

---

1. Sur ces *libri legales*, voir *Lex Baiuwariorum*, II, 15, 2 : *Judex librum legis habeat ut semper rectum judicium judicet de omni causa quæ componenda sunt.*

2. *Capitularia*, édit. Boretius, p. 293; Baluze, I, 610 : *De eo qui villam alterius occupaverit... migrandi gratia.* Les mots *migrandi gratia* et tout l'ensemble du passage montrent bien qu'il s'agit du même article de la loi, qui est le XLVe dans plusieurs manuscrits, et le XLVIIe dans les autres.

grans, un honnête laboureur qui viendrait demander une place
dans un village et qui voudrait y acquérir par achat une maison et une pièce de terre. Il s'agit d'un homme qui prétend
s'établir sur une terre qui est celle d'un autre, sur une terre
à laquelle il n'a aucun droit. Comparez, dans les autres articles de la Loi Salique et dans les autres lois barbares, les expressions si fréquentes, *campus alienus, silva aliena* ou *alterius,
villa aliena*; ces mots indiquent toujours, par rapport à
l'homme qui est nommé à côté, une terre qui n'est pas à lui et
sur laquelle il ne doit même pas mettre le pied sans l'aveu du
propriétaire, *dominus*. Tous les articles où ces mots se rencontrent visent un délit qui consiste à entrer sans droit sur
une terre qui appartient à un autre. Il en est de même ici.
L'acte qui est visé au titre XLV est celui de s'installer sur une
terre qui n'est pas à soi, *migrare super alterum*. Loin que cet
article de la loi concerne un régime de communauté, il est
relatif à une atteinte portée à la propriété privée.

Mais alors pourquoi n'est-ce pas le propriétaire qui agit?
On s'attendrait en effet à voir cet homme se charger lui-même
de repousser l'intrus, ou au moins s'adresser lui-même à la justice. Il n'en est rien; Notre titre XLV ne dit pas un mot de lui.

C'est que la loi a déjà parlé de lui dans d'autres passages.
Elle s'est déjà occupée de l'usurpation de propriété. Au
titre XXVII elle a prononcé que « l'homme qui aurait labouré
le champ d'autrui payerait quinze *solidi* », « que l'homme
qui aurait semé le champ d'autrui payerait quarante-cinq
solidi [1] ». On se tromperait fort sur le sens de ces deux passages, si l'on croyait que la loi punit seulement l'acte de labourer ou l'acte de semer. C'est l'atteinte au droit et l'usurpation
de la terre d'un autre qu'elle punit d'une si forte amende.
L'amende est de quinze pièces d'or; si le détenteur de la
terre a seulement eu le temps de labourer. Elle est portée à
quarante-cinq, si son occupation à duré assez longtemps pour

---

1. *Lex Salica*, édit. Behrend, XXVII, 24 et 25 [Hessels, 23 et 24] : *Si quis
compo alieno araverit extra consilium domini sui, solidos XV culpabilis judicetur. Si quis vero eum seminaverit, solidos XLV culpabilis judicetur.* — Comparez, pour l'usurpation de propriété, *Lex Ripuaria*, LX.

qu'il ait fait les semailles. Nul doute que cette amende, comme toutes les amendes du titre XXVII, ne soit prononcée sur la plainte du propriétaire et à son profit. Le législateur n'a donc plus besoin de dire, au titre XLV, que le propriétaire aura le droit d'exclure tout usurpateur ou de s'adresser à la justice. Cela est bien entendu. Aussi est-ce d'un cas fort différent qu'il s'agit ici. C'est celui où il y a usurpation de propriété sans que le propriétaire puisse agir, apparemment parce qu'il est absent.

Il peut être absent pour plusieurs raisons. Il peut, possédant plusieurs terres, comme la plupart des personnages de nos chartes, ne pas savoir ce qui se passe sur l'une d'elles[1]. Il peut être occupé à la guerre, *in hoste*, ou au service du roi, *in ambascia dominica*, ou *in utilitate regis*[2]. Il peut être exilé ou en fuite, ou se cacher à la suite de quelque crime. Il peut avoir été assassiné ou enlevé pour l'esclavage, *plagiatus*, et vendu à l'étranger[3]. Nous sommes au milieu d'une époque fort troublée où de tels faits étaient fréquents.

L'hypothèse que le *migrans* aurait fait disparaître lui-même le propriétaire pour s'emparer de son champ, doit être écartée. L'ensemble de nos trois paragraphes y répugne visiblement. L'idée de crime n'est exprimée nulle part. S'il y avait eu vio-lence, la procédure serait autre, et autre aussi la peine. Au titre XXVII, la peine était de quarante-cinq pièces d'or. Au titre XLII, pour être entré dans une *villa* par violence, la peine est de soixante-deux *solidi*, c'est-à-dire le double de celle qui va frapper le *migrans*[4]. Il s'agit donc d'un délit moins grave dans notre titre *De migrantibus*. Ici la loi a en vue l'occupation, sans nul emploi de la force, d'une terre dont le maître est absent. La loi paraît même supposer qu'il

---

1. Comparez *Lex Wisigothorum*, X, 3, 4 : *Si quis intra terminos alienos per absentiam aut per ignorantiam domini partem aliquam possederit.*

2. *In hoste*, Lex Salica, XXVI, 1, et LXIII, Behrend, p. 31. — *In ambascia dominica*, ibidem, I, 4. — *In utilitatem regis*, Lex Ripuaria, LXV.

3. *Lex Salica*, XXXIX, 2 : *Si quis hominem ingenuum plagiaverit et vendi-derit.* — *Lex Ripuaria*, XVI : *Si quis ingenuum Ribuarium extra solum vendi-derit.*

4. *Lex Salica*, XLII, 5. Cf. *Septem Causæ*, IV; Behrend, p. 130; Pardessus, p. 352.

n'y a eu ni fraude ni intention mauvaise. La terre était peut-être abandonnée; elle n'était pas sans maître, mais on n'en voyait pas le maître; le *migrans* trouvant cette terre vide a voulu s'y établir, *migrare*, et la mettre en culture, *laborare*[1]. Le délit n'est donc pas grave; aussi verrons-nous bientôt que la loi lui est indulgente.

La question que s'est posée le législateur est de savoir si cette sorte d'occupation était licite. L'examen du second et du troisième paragraphe nous montrera qu'il l'a autorisée. Toutefois il commence, dans le paragraphe 1ᵉʳ, par lui opposer un obstacle. Il constate d'abord que la terre est à un autre, *super alterum*. Et alors, à défaut de ce propriétaire qui aurait sans aucun doute un droit d'opposition incontesté, il accorde ce droit d'opposition aux voisins, c'est-à-dire aux habitants de la *villa*. Ces hommes savent, en effet, mieux que personne, que le champ occupé appartient à quelqu'un. Il est tout simple qu'ils se présentent pour interdire l'occupation.

Sur ce point la loi est très formelle. Elle n'exige même pas que tous les habitants de la *villa* soient d'accord. Peu importe que plusieurs d'entre eux renoncent à faire cette opposition[2]: un seul peut la faire. Tel est le sens du premier paragraphe. Il offre cette particularité que, contre l'usurpation de propriété, il autorise la poursuite, non seulement du propriétaire, mais même d'une tierce personne, à condition qu'elle habite le pays. « Si un homme a voulu occuper dans une *villa* la terre d'un autre, quand même plusieurs des habitants de la *villa* voudraient l'admettre, s'il en est un seul qui lui fasse opposition, la faculté d'occuper ne lui sera pas accordée[3]. »

---

1. Comparez, en Droit romain, le *in vacuam possessionem intrare* (Digeste, XLI, 3, 4), le *pro derelicto usucapere* (Digeste, XLI, 7), le *rem jacentem occupare*, et le principe énoncé par Paul : *Qui pro derelicto rem jacentem occupavit, furtum non committit, tametsi a domino derelinquendi animo relicta non sit* (Paul, *Sentences*, II, 31, 27). Dispositions analogues dans la *Lex Langobardorum*, Liutprand, 90, et dans la *Lex Wisigothorum*, X, 3, 4.

2. *Lex Salica*, XLV, 1 : *Si unus vel aliqui de ipsis qui in villa consistunt, eum suscipere voluerint.*

3. *Si vel unus extiterit qui contradicat, migrandi ibidem licentiam non habebit.* — Le manuscrit 4627 porte : *Si unus extiterit qui contradicat migranti, ibidem licentiam non habeat permanere.* On voit, par cet exemple, que, comme

L'objet du paragraphe 2 est de marquer la procédure à suivre pour cette sorte d'opposition. Il est digne de remarque que la procédure n'est pas la même que celle qui serait permise au propriétaire. Elle est d'une nature assez spéciale, comme il convient pour une tierce personne qui n'a par elle-même aucun droit sur la terre en question. Ce qui doit le plus frapper dans cette procédure, c'est d'abord qu'on ne permet au poursuivant ni l'emploi de la force ni aucun acte coercitif ; c'est ensuite qu'on lui impose une série de délais ; c'est enfin que, dans l'intervalle de ces délais, l'occupant reste libre, continue à cultiver et travaille paisiblement[1]. La loi oblige, en effet, le poursuivant à se rendre en personne au domicile de l'étranger et à lui signifier devant témoins qu'il ait à se retirer de cette terre qui n'est pas à lui[2]. Remarquons même la forme de cette sommation, et combien elle est favorable à l'étranger : « Homme, la déclaration que je te fais devant témoins est pour ceci : tu peux rester ici la nuit prochaine, mais tu auras à sortir dans dix nuits[3]. » Ce n'est pas tout. L'opposant devra revenir deux fois, faire encore deux fois une sommation dans les mêmes termes, en marquant chaque fois un délai de dix jours pleins. Ce n'est donc qu'après un répit de trente jours au minimum qu'il pourra agir, et c'est alors seulement qu'il citera l'adversaire en justice. Il n'expulsera pas lui-même l'étranger ; il ne le fera pas expulser par les gens du village ; il le citera simplement à comparaître au *mallus*, c'est-à-dire au tribunal du comte[4]. L'étranger ainsi ajourné, *mannitus*, devra naturellement comparaître ; et il est sous-entendu qu'il pourra se défendre. Mais, s'il ne comparaît pas et qu'il

---

nous le disions plus haut, *migrare* et *permanere* offraient à peu près le même sens ; c'est donc bien d'une occupation à demeure qu'il s'agit.

1. Cela ressort de ce qu'on lit à la fin, *quod laboravit*. Nous voyons d'ailleurs qu'après chaque *testare* du poursuivant, l'occupant peut encore *adsedere*, rester paisible.

2. *Ei testare debet.... Testet cum testibus....*

3. *Homo, in hoc tibi testor ut in hac nocte proxima, in hoc quod Lex Salica habet, sedeas, et testo tibi in decem noctes de villa ista excas* (texte de Wolfenbüttel). — *Decem noctes* ; on sait que les anciens Gaulois et les anciens Germains comptaient par nuits (César, *De bello gallico*, VI, 18 ; Tacite, *Germanie*, 11).

4. *Tunc maniat eum ad mallum.*

n'allègue aucune excuse légale[1], le poursuivant comparaît seul. Il doit alors s'adresser au comte, et énoncer sa demande sous une forme qui exclue toute idée de revendication personnelle : « Il demande au comte qu'il vienne dans la localité et qu'il expulse le nouveau venu[2]. » Il n'est question ici ni de revendication ni de restitution de biens, parce que le demandeur n'a aucun droit personnel ; il doit bien spécifier dans sa demande qu'il ne s'agit que d'une expulsion.

Nous n'ajouterons pas ici, comme fait M. Sohm, que « le comte est obligé, sous peine de mort, d'obtempérer à cette invitation ». Cela n'est pas dans le texte[3]. La loi fait même entendre le contraire, puisqu'elle dit que le défendeur a été *mannitus*. C'est parce qu'il n'a pas comparu, c'est parce qu'il n'a même pas présenté une excuse, c'est surtout parce que les faits sont bien établis par la présence des témoins[4], que le comte prononce l'expulsion ; il exécute lui-même, ou par un de ses délégués, son arrêt[5].

L'expulsion est immédiate ; la loi dit que le *migrans* « perdra son travail », par quoi elle entend qu'on ne lui accordera pas un nouveau délai qui lui permette de récolter ce qu'il a semé[6]. La loi lui inflige en outre une amende, comme il arrive

1. *Si ipse cui testatum est, noluerit inde exire et cum aliqua summis non tenuerit.*
2. *Roget grafionem ut accedat ad locum ut eum inde expellat.*
3. Sohm, *Procédure de la Loi Salique*, traduction Thévenin, p. 12. — Cette affirmation, qui surprend d'abord, n'est que la conséquence d'une idée préconçue de M. Sohm. Cet auteur a introduit dans la science historique l'idée qu'il y aurait eu en droit franc de certaines paroles solennelles et de certains actes formels auxquels le juge était contraint d'obéir. C'est une théorie fort ingénieuse et qui jouit d'une grande vogue, mais qui aurait besoin d'être vérifiée. Il allègue le titre L, *De fides factas*, mais il ne fait pas attention qu'il s'agit d'une *fides facta* contractée à la suite d'un jugement, comme on le voit au § 4 ; on comprend alors que dans ce cas il n'y ait plus lieu à un second jugement et que le comte soit tenu de procéder à l'exécution. Il n'en est pas tout à fait de même ici. M. Sohm paraît surtout frappé de ce que la Loi Salique enseigne quelquefois au plaideur quelles formules il doit prononcer ; mais il ne suit pas nécessairement de là que ces formules aient une puissance mystérieuse sur la décision du juge. On ne trouve rien de pareil dans les documents.
4. *Et testes super singula placita qui fuerunt secum (petitor) habeat.*
5. Je ne sais pourquoi M. Sohm dit que « ce n'est point par un acte de police que l'expulsion avait lieu, mais par acte d'autorité privée ». Tout au contraire, c'est au *mallus* du comte que l'expulsion est prononcée, et c'est par le comte qu'elle est exécutée : *Ad mallum… roget grafionem ut expellat.*
6. *Quod ibi laboravit dimittat.* — On traduit quelquefois *laboravit* par « ce

toujours quand la justice publique a été mise en mouvement.
Remarquons que ce n'est pas ici une *composition*, car on ne
voit pas à qui la composition pourrait être payée. C'est un
fredum, et cela résulte de cette explication : *Quia legem
noluit audire*[1]. Il n'a, en effet, commis de délit envers personne en cultivant une terre inoccupée ; mais il n'a pas obéi
à la loi qui lui enjoignait, après trois sommations et une
mannitio, ou de déguerpir ou de se présenter au tribunal. Ce
fredum sera payé au comte qui a agi. Il est de trente *solidi*[2].

qu'il a acquis ». Il est très vrai que *laborare* a fréquemment ce sens dans les
chartes et les formules ; il s'applique aux acquêts par opposition à l'héritage. Cette
traduction peut donc se soutenir. Mais nous préférons prendre *laborare* dans
son sens littéral. Comparez le mot *labor* dans la Loi Salique, IX, 8 (texte de Wolfenbüttel) : *Si quis in messe, in prato vel* QUEMLIBET LABOREM *pecora miserit* ;
voir aussi XXVII, 20 (*Emendata*) : *Si quis pratum alienum secaverit,* LABOREM
SUUM *perdat*. Ces derniers mots nous paraissent synonymes du *quod laboravit
dimittat*. — On peut encore rapprocher *Lex Wisigothorum*, X, 1, 6 : *Qui in
eadem terra labores suos exercuit, id quod laboravit non perdat* ; *Lex Langobardorum*, Rotharis, 359 : *Perdat operas et fruges* ; Liutprand, 90 : *Reddat fruges
et labores*.

1. Pour le sens du mot *audire*, cf. titre L, § 4 : *Quod si audire noluerit.
Childeberti decretio*, 2 : *Qui episcopo suo noluerit audire*.

2. Vient ensuite un paragraphe que l'on considère comme une addition postérieure et qui manque en effet dans les meilleurs manuscrits (Paris, 4404 et 9653,
Wolfenbüttel, Munich) : *Si vero quis alium in villam alienam migrare rogaverit,
antequam conventum fuerit, solidos XLV culpabilis judicetur.* — Merkel et Behrend
rejettent ce paragraphe parmi les *Novellæ*. Il signifierait, suivant Pardessus (note
530), que « l'habitant qui accueille l'étranger avant que le consentement de tous
l'ait admis serait passible de l'amende de 45 sous d'or ». Cette explication me laisse
bien des doutes. Elle est en contradiction avec le § 1, qui autorise *unum vel aliquos*
à *suscipere migrantem*. Comment, d'ailleurs, si l'on ne punit le *migrans* coupable
que d'une amende de 30 *solidi*, infligerait-on une amende plus forte à celui qui
n'a fait que l'accueillir ou même l'appeler ? Je ne suis pas sûr non plus que *antequam conventum fuerit* soit bien traduit par « avant que tous se soient réunis pour
donner leur consentement ». En effet, le mot *convenire* se rencontre dix-huit fois
dans la Loi Salique, et pas une fois il ne se dit d'une réunion d'hommes formant
un *conventus*. Notez d'ailleurs que tout le titre XLV exclut l'idée d'un *conventus*
du village. *Convenire* n'a que deux significations dans la Loi Salique : tantôt il est
un verbe impersonnel, synonyme de *oportet* (*convenit observare*, II, 6 ; IV, 3 ;
VIII, 2, etc.), tantôt il marque un accord conclu entre deux personnes (*ambis
convenientibus*, XXV, 2), et surtout un accord survenu entre deux parties adverses
(XL, 2 et 11 ; LIII, 1 ; LV, 2). Je ne pense donc pas que l'interprétation donnée
par Pardessus, et aussi par Kern, col. 597, s'impose. — Ni Waitz ni Sohm n'essayent
d'expliquer ce paragraphe. Faut-il le rejeter, comme semblent le faire tous les
commentateurs ? ou faut-il en tenter une explication ? — Je ferai remarquer que dans
les deux meilleurs manuscrits (les meilleurs après ceux qui ne contiennent pas ce
paragraphe additionnel), c'est-à-dire dans 4403 *b* et 18257, on lit, non pas *si quis
alium*, mais *si alium* ; et comme cette phrase vient immédiatement après *migrans*

Vient enfin le troisième paragraphe, qui est peut-être le plus important du titre entier. « Mais si l'occupant est resté durant douze mois sans que personne ait accompli les actes de procédure dont il a été parlé ci-dessus, il pourra continuer d'habiter en toute sécurité, comme les autres habitants du village[1]. » Voilà qui est tout à fait en faveur de l'occupant. Après une année écoulée, aucun habitant de la *villa* ne pourra plus demander son expulsion. Devient-il propriétaire? La loi n'en dit pas tant. Sera-t-il à l'abri de la revendication du propriétaire légitime, s'il se présente? La loi se tait sur ce point. En tout cas, il sera à l'abri de cette opposition des tiers, *contradictio*, *interdictum*, qui fait l'objet de notre article de loi.

IV

Telle est l'explication aussi littérale que possible du titre *De migrantibus*. Elle étonnera peut-être ceux qui ont dans l'esprit l'idée fixe d'une communauté rurale repoussant un nouvel associé. Elle surprendra aussi ceux qui ont la conviction bien arrêtée que les Francs Saliens devaient ignorer la propriété, et ceux qui, encore aujourd'hui, professent que la vindication de propriété foncière n'existait pas dans le droit franc. Notre interprétation se trouve, en effet, en désaccord avec ces beaux systèmes; mais elle a l'avantage d'être d'accord avec celle que les contemporains de Charlemagne ont donnée des mêmes articles. Transportons-nous au milieu du recueil des Capitulaires, et nous y trouverons, dans un document de l'année 819, le meilleur commentaire et la plus claire expli-

XXX solidos culpabilis judicetur, il s'ensuit qu'elle s'applique à ce *migrans* et non pas à un habitant du village. La Loi pourrait donc signifier que le *migrans* paye 30 sous, s'il n'a fait qu'occuper *contra interdictum*, mais que son amende est portée à 45 sous s'il a aggravé sa faute en appelant un autre à occuper avec lui, ou peut-être à prendre sa place, ce qui pourrait être une fraude pour interrompre les effets des premières sommations. — Je propose cette explication; d'autres sont possibles.

1. *Lex Salica*, XLV, 3 (4 dans l'*Emendata*) : *Si vero quis migraverit et infra duodecim menses nullus testatus fuerit, securus, sicut et alii vicini, maneat,*

cation que nous puissions désirer du passage que nous étudions.

En cette année-là, un annaliste nous apprend que, sur l'ordre de Louis le Pieux, on fit, dans un *conventus* tenu à Aix-là-Chapelle, la revision des *leges*[1]. On sait qu'un *conventus* était, le plus ordinairement, une réunion des grands de l'État, c'est-à-dire des comtes et des évêques, tous également conseillers du prince. Cette assemblée, assez analogue à ce que serait de nos jours un Conseil d'État, était consultée par l'empereur. Elle délibérait sur ce qu'il présentait à son examen. D'ordinaire elle discutait hors de sa présence; elle lui soumettait ensuite son avis par écrit; puis l'empereur décidait. Or il nous a été conservé, de ce *conventus* de 819, sinon le procès-verbal des séances, du moins le résultat définitif des délibérations, c'est-à-dire l'acte écrit par lequel l'assemblée présentait son opinion au prince. Elle avait été consultée au sujet de plusieurs articles de la Loi Salique; et, sur chacun de ces articles, elle donnait sa réponse. Le titre *De migrantibus* est précisément un de ceux qui furent examinés et discutés, et voici ce que répondit l'assemblée :

« Sur le xlviie chapitre[2] *De l'homme qui a occupé la terre d'un autre*. Au sujet de ce chapitre, la réunion a pensé qu'il n'est pas bon qu'un homme puisse, à titre de *migrans*, tenir et posséder, par longue suite d'années, la terre et les biens d'un autre; mais, à quelque époque que cet homme, qui n'est qu'un usurpateur de propriété, sera appelé en justice, il devra rendre la terre au réclamant, à moins qu'il ne puisse alléguer un titre légal pour la revendiquer à son profit[3]. »

Observons de près cette réponse. Elle n'est pas un commentaire complet du chapitre qu'elle vise. Elle n'en dit que le

1. Éginhard, *Annales*, année 819 : *Conventus Aquisgrani habitus in quo... legibus etiam capitula quædam pernecessaria conscripta atque addita sunt.*

2. Notre titre XLV était devenu le titre XLVII dans le texte revisé par Charlemagne; il n'avait pas d'ailleurs été modifié.

3. *De XLVII capitulo, De eo qui villam alterius occupaverit. De hoc capitulo judicaverunt ut nullus villam aut res alterius migrandi gratia per annos tenere vel possidere possit; sed in quacumque die invasor illarum rerum interpellatus fuerit, aut easdem res quærenti reddat aut eas, si potest, juxta legem se defendendo sibi vindicet* (Capitularia, édit. Boretius, p. 293 ; édit. Baluze, I, 610).

principal, ce qui frappe le plus, ce qui intéresse le plus les hommes. Elle en donne donc, sinon l'explication intégrale, au moins le sens général et la vraie portée. Or les hommes à qui l'empereur avait présenté ce chapitre n'ont certainement pas compris qu'il signifiât qu'une commune rurale aurait le droit de repousser tout nouveau venu. Il n'y a rien de cela dans leur réponse. Ils ont compris que celui qui usait du droit de *migrare* était simplement un homme qui « occupait la terre d'un autre », et il l'occupait sans-titre et sans droit, puisqu'ils l'appellent un usurpateur de propriété, *rerum invasor.*

Ils ne disent rien de l'opposition d'un tiers ni de la procédure qu'elle doit suivre. Ils n'en parlent pas, parce qu'ils n'ont rien à redire à ces règles. Ils les approuvent tacitement; ce n'est pas contre elles qu'ils réclament. Ils signalent au prince un vice de cette loi ou tout au moins du dernier des trois paragraphes qui la composent : c'est que, lorsque les douze mois sont écoulés, et que l'opposition ne peut plus se produire, l'occupant se trouve à l'abri de toute éviction, d'où il suit qu'au bout d'une série d'années il tient et possède si bien, qu'il semble un propriétaire légitime. Que le vrai propriétaire se présente alors, l'occupant oppose la prescription et ne lui rend pas la terre, *quærenti non reddit.* L'assemblée de 819 se prononce contre cet abus. Elle demande que l'occupant de la terre d'un autre ne devienne jamais un possesseur légitime, et que, même au bout de plusieurs années, il la rende au propriétaire qui la réclame, *quærenti reddat.* Elle ne touche pas à l'opposition des tiers; elle ne demande même pas que cette opposition puisse se produire au delà d'une année : c'est la revendication du propriétaire qu'elle soutient[1]. Elle maintient le chapitre *De migrantibus,* mais en y faisant cette réserve qu'il sera bien entendu que l'occupation annale, en mettant l'occupant à l'abri de l'opposition des tiers, ne le couvrira jamais contre la revendication du propriétaire légitime.

---

1. Cela ressort bien des mots *quærenti reddat.* Au contraire, l'opposition d'un tiers n'aboutissait pas à une restitution, à un *reddat;* elle n'aboutissait qu'à une expulsion, *expellat.*

Les hommes de 819 avaient raison quand ils signalaient cet effet abusif de la loi *De migrantibus*. Les commentateurs modernes se trompent étrangement quand ils se figurent que cette loi était défavorable au *migrans*, parce qu'elle exigeait, ainsi qu'ils disent, « l'assentiment unanime de tous les membres de la *villa* ». Parler ainsi, c'est ne voir que les premières apparences. On aurait dû remarquer plusieurs choses qui n'apparaissent pas tout de suite, mais qu'une lecture attentive fait apercevoir. D'abord, cette loi autorise le *migrans* à s'établir, *adsedere*, à cultiver, *laborare*. Puis, si elle permet à un habitant du lieu de faire opposition, encore n'est-ce qu'une opposition verbale, *contradicere*, et il lui est soigneusement défendu d'expulser lui-même; c'est l'objet principal de toute la loi. Remarquons encore que, si la loi accepte son opposition, encore lui rend-elle cette opposition bien difficile et onéreuse. Elle lui impose une longue procédure. Elle exige qu'il réunisse des témoins pour faire sa sommation, et même qu'il en réunisse trois fois pour faire sa triple sommation. Il devra ensuite se rendre au tribunal, qui n'est peut-être pas très proche, et il faudra aussi qu'il y emmène tous ses témoins[1]. Car la loi tient tellement à ces témoins, à ces sommations, à ces délais, que l'opposition sera nulle si tous les témoins des diverses sommations ne se présentent pas au tribunal[2]. Ce n'est pas tout. Le poursuivant devra encore engager son bien, c'est-à-dire que dans ce procès qu'il intente, comme cela a lieu dans plusieurs sortes de procès, il s'engagera, vis-à-vis de la partie adverse et vis-à-vis du juge, à perdre une certaine somme si sa poursuite est reconnue mal fondée[3]. C'est ainsi

---

1. *Et testes super singula placita qui fuerunt, ibi præstos habeat.*

2. *Si ista omnia quæ superius diximus secundum legem est testatus.*

3. *Ipse qui testatur super fortuna sua ponat.* Voir Pardessus, p. 390, note 552. Un des manuscrits remplace ces mots par une phrase explicative : *Tunc ipse qui ei testatus est, omnem substantiam suam promittit; si illi supradicta probare non potuerit, super fortunam suam ponetur.* La même règle est marquée dans un autre passage de la Loi Salique, titre L, § 2 ; un demandeur dit au comte : *Ego super me et fortuna mea pono quod...*, et l'article suivant montre, en effet, que le demandeur est passible d'une forte peine si sa demande n'est pas reconnue fondée. Sur cette responsabilité pécuniaire du demandeur, voir *Lex Ripuaria*, LI ; *Lex Salica*, *Additamenta*, Behrend, p. 97; *Formules*, Rozière, n° 440. Cf. *Edictum*

qu'il se présente devant le comte. Or le comte est un grand
personnage, un haut fonctionnaire, et la loi ne dit pas qu'il
soit contraint d'obtempérer à la réquisition du petit villageois.
Si l'étranger, qui a été *mannitus*, se présente au tribunal, le
juge écoutera ses raisons et ses allégations. Il fera quelque
enquête; il exigera peut-être qu'on lui donne la preuve que
la terre en question a un propriétaire légitime. Le comte peut,
ayant quelque raison pour cela, donner gain de cause au défendeur; ou bien il peut, pour quelque vice de procédure,
débouter le demandeur. C'est alors celui-ci, vraisemblablement, qui se trouve sous le coup de l'amende de 30 *solidi*
dont il menaçait son adversaire. Voilà une procédure bien
longue, bien dangereuse, et qui semble faite exprès pour
arrêter, non le *migrans*, mais celui qui serait tenté de lui
faire opposition. C'est sans doute pour cela que la loi suppose
qu'il n'y a dans la *villa* qu'un seul homme qui veuille courir
cette chance, tandis que la plupart des autres accueillent sans
mot dire le nouveau venu.

Enfin, quand la loi a rendu la réclamation aussi difficile et
aussi onéreuse que possible, elle prononce que, si la réclamation ne s'est pas produite dans l'année, elle ne pourra plus
se produire. Remarquons même qu'elle exprime cela sous une
forme qui prête à un malentendu, et que ce malentendu est
justement dans l'intérêt du *migrans*. En effet, elle le déclare
désormais *securus*, c'est-à-dire à l'abri de toute poursuite, sans
même énoncer une réserve pour le cas où le véritable propriétaire ou son héritier se présenterait. Ce dernier paragraphe
pourrait presque être interprété comme donnant au *migrans*
un droit de propriété. La loi ne va pas jusqu'à dire cela, mais,
en ne disant pas le contraire, elle semble autoriser toutes les
prétentions.

On voit bien qu'une telle loi était favorable au *migrans*.
Peut-être a-t-elle été faite en un temps de désordres; beaucoup
de terres étaient abandonnées, beaucoup de propriétaires dis-

Theodorici, 13; *Lex Wisigothorum*, VII, 1, 1, *antiqua*; *Lex Baiuwariorum*, IX,
18; Pertz, t. III; p. 306.

parus, et le législateur avait pensé que le premier besoin
social était d'assurer la culture du sol. Il avait donc encouragé
le *migrans*, c'est-à-dire l'homme qui voulait s'établir et cultiver. Il l'avait protégé contre des oppositions trop empressées.
Il lui avait surtout assuré, après douze mois, la sécurité et un
établissement stable.

Il est si vrai que c'était bien là le véritable objet de notre
loi, que les deux tiers des manuscrits lui donnent cette rubrique : « De celui qui aura occupé la terre d'un autre, et du
cas où il l'aura tenue pendant douze mois[1]. »

Ce n'est pas ici le lieu d'examiner si cette faveur accordée
aux *migrantes* ne concordait pas avec de certains faits historiques du ve et du vie siècle. Elle a été peut-être une sage
mesure d'ordre public à l'époque où la loi a été faite. Mais
en 819 les hommes furent frappés des inconvénients qu'elle
présentait. Ils firent entendre au prince qu'elle lésait les
droits des propriétaires légitimes. Ils demandèrent que ces
propriétaires eussent toujours la faculté de poursuivre la
revendication. Sans réclamer la suppression de l'article, ils
voulurent se mettre en garde contre l'abus qui s'en faisait.

Voilà comment les hommes de 819 comprirent l'article *De
migrantibus*. Dirons-nous qu'ils se soient trompés? Rien n'est
plus facile que d'alléguer qu'ils ne l'ont pas compris. Mais cet
argument commode vaut peu de chose. Il n'y avait guère
qu'une quarantaine d'années que Charlemagne avait fait revoir le texte et qu'en conservant tout le fond il en avait rendu
la langue plus correcte et plus claire. D'ailleurs cette loi n'é-
tait pas, pour les hommes du ixe siècle, un vieux texte d'érudition inaccessible. Elle était dans toutes les mains, sous tous
les yeux, lue sans cesse et par tous, car on l'appliquait dans
les tribunaux. Le ixe siècle est peut-être le temps où la Loi
Salique a été le plus en vigueur, et c'est pour cela qu'elle a
été si souvent copiée et que nous possédons tant de manuscrits de cette époque. La plupart des membres de l'assemblée

---

1. *De eo qui villam alterius occupaverit, vel si duodecim mensibus eam
tenuerit.* Lex Salica, Pardessus, p. 308 ; Hessels, col. 287 ; Hubé, p. 34.

de 819 étaient des hommes qui avaient l'habitude de rendre la justice, et ils la rendaient en grande partie d'après cette loi. Les évêques et les comtes de Louis le Pieux n'étaient pas des barbares ignorants. Ces évêques et même ces comtes étaient des hommes instruits, des fonctionnaires expérimentés, des juges rompus à l'application des lois. Ils appliquaient l'article XLV aussi bien que les autres. Rien ne nous autorise à dire qu'ils ne l'aient pas compris.

Je sais tous les beaux arguments qu'on objectera. On dira que la Loi Salique doit venir de très loin, qu'elle a été faite pour une société qui devait être très primitive et que, par conséquent, elle doit, de toute nécessité, représenter un état social tout particulier. Mais ce sont des choses dont on n'a pas encore donné une bonne démonstration. En attendant qu'on la fasse, je prends la Loi Salique pour un texte dont on ne connaît pas la date de composition, mais dont la date d'application est bien connue. Ce texte, tel que nous le possédons, a été copié et a été appliqué sous Charlemagne. Les contemporains de Charlemagne savaient ce qu'il signifiait. Or, en 819, les premiers personnages et les plus instruits de l'Empire, ayant à examiner l'article XLV, n'ont pas vu en lui ces communautés rurales que les érudits modernes croient y apercevoir : ils y ont vu des hommes à qui l'on permettait d'occuper, en certains cas, des terres appartenant à d'autres, ou que l'on n'expulsait qu'après une longue procédure et sous certaines conditions[1].

1. Il peut être utile de chercher, dans les autres législations des mêmes époques, ce qui se rapproche de notre article de loi. D'une part, si on l'interprète dans le sens d'une communauté de village refusant d'admettre un nouvel associé, on ne trouvera rien d'analogue dans aucun autre des codes barbares ; on cherchera vainement parmi les lois des Goths, des Bavarois, des Alamans, des Burgondes, des Lombards, des Thuringiens, des Saxons, des Frisons et des Anglo-Saxons. D'autre part, si on l'interprète dans le sens d'une occupation de la terre d'autrui, on trouvera, sinon des dispositions exactement semblables, du moins des dispositions analogues. On lit, dans les lois de Liutprand, c. 90, édit. Bluhme : *Si quis res alienas, casas aut terras, malo ordine possederit et per legem ac judicium exinde convictus et expulsus fuerit, aliud non componat nisi retro tempus reddat fruges et labores sub sacramento ab illo die quod inde compellatio facta et manifestata est.* Comparez cela à notre titre XLV ; le *alienas terras malo ordine possidere* correspond à notre *super alterum migrare* ; le *per judicium expulsus* rappelle notre *grafionem roget ut expellat* ; la *compellatio facta et*

Nous pensons qu'il est sage. de comprendre cet article comme le comprenaient les hommes de 819. Nous n'y pouvons apercevoir aucune expression qui convienne à des associations rurales. C'est sur de pures apparences, par quelques mots hâtivement interprétés, et surtout par l'introduction d'idées étrangères au texte, que l'on a réussi à y voir cette règle singulière qu'un seul habitant d'un village aurait eu le droit d'empêcher un nouveau venu de s'établir par achat ou de quelque autre manière dans ce village. Une telle règle n'est indiquée dans aucun autre document, elle ne l'est pas non plus dans la Loi Salique.

La constitution des villages dans l'État franc est une question fort difficile. Nous ne voulons pas l'étudier ici, et, si nous voulions la traiter[1], nous aurions à examiner beaucoup d'autres documents que la Loi Salique. Nous souhaitons seulement qu'on ne la tranche plus par ce seul article de loi qui n'a aucun rapport avec elle, et qui ne peut donner qu'une solution fausse.

manifestata répond à notre *testari cum testibus* ; le *reddat fruges et labores* est notre *quod laboravit dimittat*; enfin, l'indulgence pour l'occupant est la même ; elle est encore plus grande, puisqu'il n'y a pas d'amende. Voir aussi *Lex Wisigothorum*, X, 3, 4, la loi *Si quis terminos alienos per absentiam aut ignorantiam domini partem aliquam possederit*, etc., et *Lex Baiuwariorum*, XI. 3; cette loi a pour objet d'autoriser la revendication, même tardive, du propriétaire; mais elle implique que l'occupant a pu rester trente ans paisible et elle ne le frappe d'aucune peine; c'est à peu près ce que demandera le *conventus* de 819.

1. [Cf. *L'Alleu*, c. 5 et 6.]

CINQUIÈME PARTIE

De l'inégalité du wergeld dans les lois franques. [1]

Il a paru dans le dernier numéro de la *Revue historique* un article sur le sens du mot *romanus* dans les Lois Salique et Ripuaire [1]. L'auteur a combattu une proposition que nous avons émise récemment; il s'est prononcé pour une opinion que nous avions partagée autrefois, que nous avions même enseignée longtemps, dont nous connaissions par conséquent le fort et le faible, et dont nous ne nous étions séparé qu'après de longues études. Nous comprenons qu'il reste encore des doutes et nous ne sommes pas surpris qu'on hésite comme nous avons hésité. Mais les faits et les textes sont là, il faut les observer. Il ne s'agit pas de raisonnements ou de conjectures sur les mérites de tel ou tel système; il ne s'agit que de regarder les documents et de voir ce qu'ils contiennent. C'est affaire de pure érudition. La méthode analytique est la seule qui convienne. Il n'y a pas ici une théorie à attaquer ou à défendre, il y a seulement un fait historique à chercher.

Posons d'abord nettement les termes du problème. Ce qui est contesté, ce n'est pas que l'expression *homo romanus* n'ait été employée dans l'État franc pour désigner des affranchis. Sur ce point on est d'accord.

Dans la société de l'Empire romain, il avait existé une

---

1. Article de M. J. Havet, *Revue historique*, 1ᵉʳ juillet 1876 : *Du sens du mot* ROMAIN *dans les lois franques*, examen d'une théorie récente, présentée par M. Fustel de Coulanges. [Voir *Les Institutions politiques de l'ancienne France*, 1ʳᵉ et 2ᵉ édit., livre III, c. 6, § 2 et 3; Éclaircissements, n° 6. — Fournier, *Les Affranchissements du Vᵉ au XIIIᵉ siècle*, dans la *Revue historique*, t. XXI, p. 1 et suiv.; idem, *Essai sur les formes et les effets de l'affranchissement dans le droit gallo-franc*, LXᵉ fasc. de la Bibliothèque de l'École des Hautes-Études.]

classe sociale intermédiaire entre la liberté et l'esclavage[1]. Cette même classe se retrouve dans les siècles qui suivent l'établissement des Germains. Elle existe sous le nom de *liberti* chez les Wisigoths, chez les Burgondes, chez les Ostrogoths et les Lombards. Partout elle est à côté des *lites* germains sans se confondre avec eux. Partout elle est dans la dépendance héréditaire à l'égard de patrons qui sont des hommes libres, soit de race germanique, soit de race indigène ; souvent les patrons sont les rois eux-mêmes ou les églises. Partout ces affranchis se divisent en deux catégories, les uns jouissant du droit complet de propriété et pouvant être appelés *possessores*[2], les autres vivant sur la terre du maître et lui payant une redevance, *tributarii* ou *tributales*. Les formules et les diplômes de l'État franc nous signalent l'existence de cette même classe d'hommes. Elle est mentionnée dans la Loi Ripuaire sous la dénomination d'*homines regii, romani, ecclesiastici*. Ces trois épithètes distinguent les affranchis d'après la nature du patronage auquel ils sont soumis. Les *ecclesiastici* sont ceux qui, ayant été affranchis devant l'évèque ou l'archidiacre d'une église, restent à tout jamais, eux et leur postérité, sous le patronage de cette église. Les *regii* sont ceux sur lesquels le roi lui-même exerce tous les droits de patronage. Quant aux *romani*, ils sont des affranchis comme les précédents ; aussi la loi les compte-t-elle parmi les *tabularii*[3].

Leur dénomination de *romani* peut être expliquée de différentes façons. Elle ne désigne pas la race, puisqu'un esclave germain peut devenir par l'affranchissement un *homo romanus*, de même qu'un *homo romanus* peut devenir un *denarialis* par un second affranchissement. Indique-t-elle que le *manumissor*, qui restait patron, était un homme de race romaine? Cela est possible, mais un texte de la Loi Ripuaire permet d'en douter[4]. Peut-être signifiait-elle seulement que

---

l'esclave avait été affranchi, quelle que fût sa race, *secundum Legem Romanam*, et qu'on avait inscrit dans les *tabulæ* qu'il serait *civis romanus*. On peut hésiter entre toutes ces explications; une chose au moins est certaine, c'est qu'il existait dans l'État mérovingien une classe d'hommes que l'on appelait, sans égard à leur race, des *homines romani* et qui étaient rangés parmi les affranchis « tabulaires »[1].

Ce point de notre travail n'a pas été contesté. Il est formellement admis par ceux-là mêmes avec qui nous sommes en discussion. L'objet du débat est ailleurs. Il s'agit de savoir si les Lois Salique et Ripuaire, dans les articles où elles prononcent que les *romani* n'ont qu'un demi-wergeld, entendent parler de cette classe des affranchis, ou si elles visent les hommes libres de race gallo-romaine.

Tout deviendrait clair si parmi ces articles il s'en trouvait un seul où les hommes fussent désignés par un autre nom que celui de *romani*, ou si ce terme était accompagné d'un mot portant avec lui l'idée de race, tel que *genus* ou *natio*. Mais c'est ce qui n'est pas. Pour désigner les hommes qui n'ont qu'un demi-wergeld, les lois emploient uniquement le mot *romani*, qui est le même par lequel les mêmes lois désignent des affranchis.

Nous reconnaissons volontiers que cette similitude de termes n'est pas une preuve suffisante; loin de l'invoquer, il faut d'abord se défier d'elle. Étudions donc la question comme si elle était intacte et sans rien préjuger. Suspendons notre jugement jusqu'à ce que les textes peu à peu le déterminent.

Ces textes, nous allons les présenter *tous*. Ils n'appuieront pas *tous*, nous le disons d'avance, l'une ou l'autre des deux opinions qui sont en présence. Aussi n'espérons-nous arriver,

civis romanus, dit simplement *si quis*, ce qui peut s'entendre sans nul doute d'un maître appartenant à la race franque. Le même titre montre que l'esclave, quelle que fût sa race, pouvait devenir, au choix du maître, un *romanus* ou un *denarialis*. Voir Guérard, *Polyptyque d'Irminon*, p. 375-380, et Pardessus, *Loi Salique*, 7ᵉ dissertation. — [Cf. *L'Alleu*, p. 521 et p. 535.]

1. *Lex Ripuariorum*, tit. LVIII et LXI. Voir aussi Waitz, *Deutsche Verfassungsgeschichte*, t. II, p. 179, édit. de 1870. — [*L'Alleu*, c. 10, § 5.]

ni dans un sens ni dans l'autre, à une solution qui soit définitive. Ce sera beaucoup, en un sujet si difficile, d'avoir
marqué quelques points qui pourront être regardés comme
certains, et d'avoir indiqué ce qui restera encore douteux.

I. DOCUMENTS AUTRES QUE LES LOIS FRANQUES.

La question serait tout de suite résolue si quelque autre
document que les Lois Salique et Ripuaire nous montrait que
le Gallo-Romain libre n'eût qu'un demi-wergeld par rapport
au Germain. Mais nous ne trouvons nulle part l'indice de cette
règle. Il n'y a pas eu, depuis Clovis, une seule génération
d'hommes qui ne nous ait laissé des écrits, tels que Chroniques, lettres, poésies, formules, diplômes, Actes des conciles,
Vies des saints; pas une dont nous n'ayons quelques anecdotes
et quelques traits qui dépeignent son état social. Or aucun
de ces textes ne marque que la population indigène fût traitée,
en justice, sur un pied d'infériorité à l'égard de la population
germanique. Les formules d'actes judiciaires usitées dans
l'État franc n'indiquent pas qu'il fallût dire, en justice, à
quelle race on appartenait. Les énoncés de jugements ne
mentionnent ni la race de la victime ni celle du coupable.
Aucun récit, aucune plainte ne porte l'indice d'une inégalité
de wergeld entre Francs et Gallo-Romains. De ce côté donc,
rien qui nous puisse éclairer[1]..

1. M. J. Havet affirme (p. 123-125) que « le mépris très vif des barbares pour
les Gallo-Romains (au vie et au viie siècle) est attesté par des témoignages formels ».
Voilà qui est bien péremptoire. Où sont-ils donc ces témoignages si formels? Dans
Grégoire de Tours? Dans Frédégaire? Dans les Chroniques et les *Acta Sanctorum?*
Dans les Formules? Dans les diplômes? Dans les actes législatifs des rois? Dans les
Lois Salique et Ripuaire? M. J. Havet ne cite que Liutprand. Or Liutprand est du
xe siècle, et l'on ne saurait prétendre qu'un sentiment exprimé par un écrivain du
xe siècle puisse servir à attester l'existence de ce même sentiment au viie, quand
on n'en trouve d'ailleurs aucun symptôme. De plus Liutprand n'est pas un Franc, il
est un Lombard. Enfin il ne parle pas des Romains de Gaule, mais des Romains de
Rome, et de leurs successeurs, les Romains de Constantinople, ainsi que le prouvent clairement les phrases qui précèdent et qui suivent celle que l'on cite avec
tant de complaisance. Il est toujours prudent de vérifier les textes qu'on rencontre.
On aurait vu que Liutprand écrivait en 968 et adressait à l'empereur Othon Ier (nous
sommes loin des Mérovingiens) un rapport sur son ambassade à Constantinople. Ni-

Regardons l'état moral des diverses parties de la Gaule au
vi⁰ et au vii⁰ siècle, tel qu'il nous est décrit par les documents.
Les actes de testament ou de donation nous montrent des
Gallo-Romains qui sont de grands propriétaires. Dans les Formules, nous voyons des hommes qui vivent selon la Loi
Romaine et qui sont riches en biens fonciers. Grégoire de
Tours et Frédégaire parlent maintes fois de Gallo-Romains
qu'ils appellent du titre de *senatores* ou *seniores*[1]; et les Vies
des saints vantent souvent la noblesse et la richesse des
familles gallo-romaines. Nul indice que ces riches et nobles
personnages eussent un wergeld inférieur à celui des Francs.

Regardons les lois des autres peuples germains. Si nous
y trouvons l'inégalité du wergeld entre les hommes de race
germanique et les indigènes, ce sera une forte présomption
pour croire qu'il en est de même dans les Lois Salique et
Ripuaire. Or l'inégalité des races, quant au wergeld ne se
trouve marquée ni dans le code des Burgondes, ni dans celui
des Wisigoths, ni dans celui des Ostrogoths, ni dans celui des
Lombards, bien que tous ces peuples se fussent établis dans
l'Empire à peu près de la même manière que les Francs. Elle
ne paraît pas non plus dans les Lois des Alamans, des Bavarois, ni des Frisons. Tous ces codes admettent la *composition*,
au moins dans le cas d'homicide involontaire; tous connaissent

céphore Phocas l'a d'abord mal reçu; lui a adressé des injures, lui a dit: « Vous n'êtes
pas des Romains, vous n'êtes que des Lombards; » à quoi Liutprand, transporté de
colère, *ira commotus*, a répliqué que Romulus n'avait été qu'un brigand, que les
Romains n'étaient que les descendants des vagabonds de l'asile et qu'en conséquence
toutes les nations les méprisaient. Tout le passage est dans Pertz, t. III, p. 349-350.
Mais quel rapport M. J. Havet trouve-t-il qu'il ait avec notre sujet? Y a-t-il là de
quoi prétendre si hardiment que « le mépris des Germains est attesté par des témoignages formels »? Il cite encore un glossaire roman-allemand de Cassel, où l'on
a écrit que les Bavarois avaient plus d'esprit que les Romains. Qu'est-ce que cela
prouve encore? Est-ce assez pour affirmer comme un fait historique, « que les Barbares tenaient les Romains pour des inférieurs »? En présence de ces seuls textes
que nous oppose M. Havet, nous croyons pouvoir maintenir notre proposition « que
dans les documents du vi⁰ et du vii⁰ siècle il n'y a pas un seul mot qui marque
chez les Germains un sentiment de *mépris* pour les populations gallo-romaines ou
de *supériorité légale* à leur égard ». Le fameux Prologue de la Loi Salique ne reproche aux Romains que d'avoir persécuté les chrétiens.

1. Voir Guérard, *Polyptyque d'Irminon*, p. 215. [Cf. *Les Transformations de la
royauté*, p. 128 et 129.]

le wergeld, c'est-à-dire la valeur ou prix de l'homme, *pretium quo homo appreciatur* ; dans tous, cette valeur est inégale entre les hommes. Or il y a ceci de bien remarquable que, dans aucun de ces codes, le wergeld ne varie suivant les races, et que, dans tous au contraire, il varie suivant les conditions sociales. L'homme a un wergeld plus ou moins élevé selon qu'il est noble, ou libre, ou affranchi, ou esclave, et non pas selon qu'il est de race germanique ou de race indigène[1].

Si les Lois Salique et Ripuaire n'accordent au Gallo-Romain que la moitié de la valeur du Germain, elles sont sur ce point en désaccord avec les autres codes germaniques. Cette divergence ne peut être niée ; on a cherché à l'expliquer : on a dit que les lois franques étaient plus anciennes que les autres, et qu'étant plus anciennes il était naturel qu'elles fussent plus dures pour les indigènes. — Mais l'ancienneté des Lois Salique et Ripuaire est encore à démontrer. Il est bien vrai que quelques lignes du Prologue et quelques mots des *Capita Extravagantia* nous apprennent qu'une loi avait été établie par les Francs avant l'invasion[2] ; mais personne ne peut affirmer

---

1. M. J. Havet affirme pourtant que l'inégalité de wergeld « existait dans le droit primitif de tous les barbares ». Il ne peut citer une seule ligne des codes germaniques. Il donne alors cette raison : la Loi des Burgondes répète plusieurs fois que les Burgondes et les Romains sont égaux ; puisqu'elle le répète plusieurs fois, c'est qu'il y avait inégalité (p. 126-127). Voilà une argumentation bien hardie et contraire à toutes les règles de la méthode historique. Pourquoi donner dans ces subtilités ? Pourquoi ne pas reconnaître que, dans les codes des Wisigoths, des Burgondes, des Ostrogoths, il n'y a pas une seule ligne qui établisse une inégalité de wergeld entre les deux races ou qui rappelle que cette inégalité ait jamais existé ? Bornons-nous toujours aux faits et aux textes ; les raisonnements et les systèmes qu'on y ajoute sont trop trompeurs. — M. Havet tire aussi de grandes conclusions des mots *ne Romanos opprimerent* de Grégoire de Tours (II, 33). Ces mots disent-ils qu'il y ait eu un wergeld inégal entre les deux races ? Ils disent tout simplement qu'avant de recevoir les lois de Gondebaud, les Burgondes ne se gênaient pas pour opprimer les Romains dans leurs rapports privés ; le verbe *opprimerent* a pour sujet *Burgundiones* et non pas *leges* ; et l'on n'est pas en droit de prétendre « qu'avant Gondebaud la condition *légale* faite aux Romains était un *régime d'oppression* ». — M. Havet est bien forcé de reconnaître que l'égalité juridique existait partout ; alors il dit : « C'était le fruit d'une réforme. » Mais cette réforme qu'il suppose, en ce qui concerne l'inégalité du wergeld, n'est indiquée par aucun texte, par aucun fait.

2. *Quando illi legem composuerunt, non erant christiani* (*Capita Extravagantia*, 161 *bis*) [Pardessus, p. 335 ; ms. de Leyde *Vossianus* 119]. Suivant une tradition qui est rapportée dans la Chronique de Moissac, cette rédaction primitive avait eu lieu au temps de l'empereur Théodose II *in Germania* (Pertz, t. I, p. 283).

que ce soit cette même loi qui nous est parvenue. Si la loi
primitive a été rédigée en langue germanique, aucun texte de
cette rédaction n'est arrivé jusqu'à nous ; il nous est resté
plus de soixante manuscrits de la Loi Salique et ils sont tous
en latin, non pas même en un latin qui paraisse une traduction et qui soit l'œuvre d'un lettré, mais en un latin très
vulgaire, très corrompu, très mélangé de mots germaniques,
et qui semble bien être la langue parlée des populations du
nord de la Gaule à la fin du vi^e siècle. Les plus vieux de ces
textes ne sont certainement pas antérieurs au règne de Clotaire II, dont ils mentionnent le nom. On a allégué que quelques-uns de ces textes « ne contiennent aucune mention
relative au culte chrétien » ; il est vrai ; mais le Prologue,
qui se trouve dans le plus vieux manuscrit [1], vante la piété des
Francs à l'égard des saints [2]. Quand il serait exact qu'on pos-
sédât des textes où l'influence chrétienne ne se remarquerait
pas, l'argument qu'on tirerait de là serait bien affaibli par
les signes de l'omnipotence monarchique qui s'y constatent.
Des textes législatifs où on lit les mots *leges dominicæ, trustis
dominica, ratio dominica* signifiant le service du roi, *conviva
regis, præceptum regis* [3], *judicium principis* [4], peuvent-ils être
sérieusement regardés comme antérieurs à Clovis [5] ? Nous

1. N° 4404 de Paris. [C'est du moins celui que tous les éditeurs regardent
comme le plus important parmi les plus anciens. C'est le premier texte dans toutes
les grandes éditions, Pardessus, Merkel, Hessels. Le ms. de Wolfenbüttel est entre
autres un peu antérieur en date.]

2. Pardessus, *Loi Salique*, p. 345. [Hessels, p. 422.]

3. *Lex Salica*, I ; XLI, 3 ; LXIII, 2 ; nous citons d'après le plus ancien texte,
ms. 4404 de Paris [reproduit intégralement dans l'édition Hessels].

4. *Lex Ripuaria*, LXXIII. — Ajoutons que la Loi Ripuaire indique l'habitude des
contrats de mariage par écrit (XXXVII, 1 et 2), des testaments (XLVIII), des actes
de vente, *testamenta venditionis* (LIX).

5. C'est pourtant ce que dit M. J. Havet, p. 130 ; il ne pense pas que la Loi Salique ait pu s'occuper de la classe des affranchis, et la seule raison qu'il donne de
cela, c'est « qu'elle a été rédigée avant la conversion des Francs au christianisme ».
M. Thévenin disait de même (*Revue de législation*, avril 1875) que « la Loi Salique
est antérieure à la période mérovingienne ». Mais voilà une assertion qu'il faudrait
démontrer et elle en vaudrait la peine. Entendons-nous bien : ce qu'il faudrait établir et prouver, ce n'est pas que les Francs aient jadis en Germanie composé une
loi, c'est que ce qui nous est parvenu sous le nom de *Lex Salica* puisse avoir été
rédigé et écrit avant Clovis, disons mieux avant Clotaire II. La confusion de mots
qu'on fait sur l'antiquité de la Loi Salique est la source de plusieurs erreurs en his-

sommes fort disposé à admettre que ces textes renferment quelques dispositions qui datent de plus loin que l'époque où ils ont été écrits ; mais la distinction en est difficile.

On croit volontiers que la Loi Salique est un « ancien coutumier national » de la tribu salienne. Mais ici se dresse une question, qui est peut-être insoluble : l'existence d'une tribu salienne n'a jamais été démontrée. Il est vrai qu'Ammien Marcellin, au ive siècle, mentionne certains Francs « qu'on avait pris l'habitude d'appeler Saliens » ; mais il se trouve qu'ils furent tous exterminés ou pris [ou soumis] par Julien[1]. A partir de ce moment, le mot Salien ne paraît plus que pour désigner plusieurs petits corps de troupes au service de l'Empire, qui, [vers] l'année 400, tenaient garnison en Gaule, [en Espagne] et à Constantinople[2]. Ensuite, ce nom disparaît absolument. Viendra plus tard Clovis ; mais c'est une pure hypothèse de dire qu'il fût un Salien : cela ne se trouve dans aucun document. L'expression de chef salien ou de peuple salien ne se rencontre jamais. Le savant Guérard a démontré que la *terra salica* n'était pas la terre du Salien : on n'a pas prouvé jusqu'ici que la *Lex Salica* fût une loi particulière à une tribu salienne[3].

toire. [Voir *La Monarchie franque*, p. 14 et 15.] — Il est encore bien téméraire de dire, comme M. J. Havet, que la Loi Salique « a été rédigée par des commissaires tirés du peuple ». Qu'on la lise sans parti pris, et il faudra bien reconnaître que le peuple n'y paraît jamais comme auteur de la Loi, que cette loi est toute monarchique, et que les rois en sont les auteurs. Quand le Prologue, qui ne fait pas corps avec la Loi, cite quatre personnages « qui habitaient au delà du Rhin », il rappelle la mémoire de vieux législateurs plus ou moins légendaires ; il ne dit pas que ces quatre personnages soient les auteurs du texte latin que nous possédons. — Quant à la Loi Ripuaire, nous savons qu'elle a été rédigée, non par des commissaires tirés du peuple, mais par de hauts fonctionnaires, *viri illustres*, choisis par le roi.

1. Ammien Marcellin, XVII, 8 ; Zosime, III, 6 [*L'Invasion germanique*, p. 462 ; p. 464-466].

2. *Notitia dignitatum*, t. I, p. 18 et 19 ; t. II, p. 18, 24, 37 [Seeck, Orient, V ; 50 ; Occident, V, 177 ; V, 210 ; VII, 67 et 192. *L'Invasion*, p. 467.]

3. On a fait encore cette hypothèse que la Loi Salique n'aurait été appliquée que dans un petit canton. Cette conjecture ne soutient pas l'examen. Outre que la *Lex Salica* se trouve mentionnée dans un grand nombre de formules appartenant à plusieurs parties de la Gaule, on ne doit pas oublier que la Loi Salique parle de la Loire et de la Forêt Charbonnière comme des deux limites entre lesquelles elle a sa pleine application, *intra Ligerim et Carbonariam* [et si c(is ?) c. Ligere. aut Carbonaria.,

D'ailleurs la Loi Salique a été revisée par Charlemagne. On ne peut pas supposer que la *Lex a Carolo Magno Emendata*, laquelle avait force de loi dans la moitié de la *Francia* et qui, à ce titre, est encore citée par Charles le Chauve dans ses capitulaires, soit un « ancien coutumier », un texte « de droit primitif ». C'est ici un véritable code, et il date de la fin du viiie siècle. Or Charlemagne, qui a retranché de la Loi ce qui était devenu suranné ou inapplicable, a conservé les articles qui établissaient l'infériorité du wergeld de l'*homo romanus*. Donc ces articles indiquaient une disposition qui était encore appliquée au viiie et au ixe siècle. D'ailleurs il est impossible d'avoir lu les capitulaires de Pépin, de Charlemagne, de Louis le Pieux et de Charles le Chauve sans être convaincu que ces princes n'établissaient aucune inégalité entre leurs sujets de race gallo-romaine et leurs sujets de race franque ; on ne voit même à aucun signe qu'ils eussent coutume de distinguer les uns des autres. Donc ces articles, au moins dans l'*Emendata*, signifiaient autre chose que l'inégalité des races.

Ainsi nous avons cherché dans les documents autres que les Lois Salique et Ripuaire quelque indice qui nous éclairât sur la cause de l'inégalité du wergeld ; et nous n'avons rien trouvé qui indiquât que la différence des races fût cette cause[1]. Partout au contraire, dans les Lois des Wisigoths et des

---

ms. 4404] ; (1er texte, tit. XLVII [Hessels, col. 298] ; *Emendata*, XLIX). Que l'on ait cherché en Toxandrie un cours d'eau qui pût s'appeler *Liger* ou à peu près, c'est à quoi l'esprit systématique des commentateurs ne devait pas faillir ; mais l'esprit sage de Pardessus n'a pas donné dans cette subtilité, et à la page 391 de son beau livre il reconnaît que la Loire est bien la Loire. Il suffisait d'ailleurs de comparer ce titre XLVII avec les titres XXXIII et LXXII de la Loi Ripuaire, où se trouve exactement la même disposition ; on aurait remarqué que les mots *extra Ligerim et Carbonariam* qui se lisent dans l'une correspondent à *extra regnum* qui se trouvent dans l'autre. — C'est faire une conjecture contraire aux textes que de dire que ces deux lois, telles que nous les avons, aient été faites pour deux petits pays. — [Cf. plus haut, p. 558 et suiv.]

1. Il n'y en a pas non plus d'indice dans les ordonnances rédigées par les rois mérovingiens. M. J. Havet dit « qu'il a cherché dans ces textes et qu'il n'y a pas trouvé l'égalité ». Il est pourtant assez visible que la *constitutio* de Childebert Ier, de 554, la *decretio* de Clotaire Ier [cf. *La Monarchie franque*, p. 141], la *præreptio* de Gontran, de 585, et l'*edictum Chilperici* ne mentionnent pas l'inégalité entre les races. Quand Clotaire Ier assure aux Gallo-Romains le bénéfice de leurs lois romaines, il ne constitue pas une inégalité à leur détriment. La personnalité des lois n'a d'ailleurs aucun rapport avec l'inégalité du wergeld. Le décret de Chil-

Burgondes comme dans les capitulaires de Charlemagne, c'est entre les classes sociales que le wergeld est inégal[1]. Cette règle est universelle et partout incontestable. Reste à voir si dans les Lois Salique et Ripuaire, par exception, nous trouverons la règle opposée. C'est la lecture seule de ces textes qui nous le montrera.

II. LES LOIS FRANQUES ; DIFFÉRENTS SENS DES MOTS QUI Y SONT EMPLOYÉS.

Personne ne contestera sans doute que, lorsqu'on se met en présence d'un texte, le premier travail à faire consiste à chercher la signification des termes qu'on y rencontre. Comme cette signification varie avec le temps, il ne suffit pas de regarder le sens intrinsèque des mots ; il faut observer comment ils étaient employés à l'époque où le texte qu'on veut lire a été écrit. Quels contresens l'on ferait si l'on traduisait dans le Digeste *latinus* par homme de race latine, ou si, dans les textes mérovingiens, on rendait *suffragium* par suffrage, *comes* par compagnon, où *vassus* par vassal !

Les textes que nous possédons des Lois Salique et Ripuaire sont du viiᵉ et du viiiᵉ siècle ; c'est donc dans cette période de temps qu'il faut nous placer pour observer le sens des mots *francus* et *romanus* qui y sont employés.

I. — Le terme *francus* se rencontre avec trois significations bien distinctes :

1° Il signifie homme de race franque dans les phrases telles que les suivantes : *Grippo genere Francus*[2] ; — *gens Franco-*

---

debert II, de 596, punit de mort le ravisseur, le meurtrier, le brigand, sans nulle distinction de race, et si au § 8 il écrit le mot *francus*, c'est pour l'opposer à *debilis persona*, comme Childebert Iᵉʳ en 554 avait opposé l'*ingenuus* et l'*honoratior* à *persona servilis* ; *francus* n'a pas ici le sens ethnique, il est synonyme d'*ingenuus* ou d'*honoratus*, comme nous le verrons tout à l'heure. Qu'on lise d'ailleurs les lois et les diplômes des Mérovingiens, et l'on verra s'ils font la moindre allusion à une inégalité de wergeld entre les deux races.

1. *Componat unusquisque juxta ordine suo.* Capitulaire de 744, art. 10.

2. Grégoire de Tours, *Historia Francorum*, X, 2.

rum[1], — *omnes pagenses vestros, Francos, Romanos, vel reliqua natione*[2]. C'est le sens ethnique du mot.

2° On rencontre fréquemment dans les capitulaires des Carolingiens une énumération des peuples de l'Empire : *Aquitani, Franci, Burgundiones, Alemanni*. Ces mots désignent les habitants des quatre régions qui, dans la *charta divisionis* de 806, sont appelées *Aquitania, Francia, Burgundia, Alemania*. Ils ont un sens géographique. C'est ainsi que Grégoire de Tours et Frédégaire emploient les mots *terra Francorum, regnum Francorum*. *Francus* est donc le nom d'une nationalité, et il est bon de remarquer qu'en ce sens il s'applique à tous les habitants d'un pays sans distinction de races ; c'est ainsi que *Burgundiones* s'applique à tous les habitants de la Burgondie.

3° Le mot *francus* signifie homme libre. Dans les articles de loi qui interdisent aux personnes libres d'épouser des esclaves, les personnes libres sont désignées indifféremment par les mots *francus* ou *ingenuus homo*, *ingenua* ou *franca femina*[3]. Maintes fois le mot *francus* est opposé à *servus*, à *colonus* ou à *lidus*, et le sens n'en est pas douteux. L'*ingenuus* de l'article XLI de la Loi Salique est remplacé par *francus* dans le résumé de cette même loi qui est appelé *Septem Septennas*. La synonymie des deux termes est incontestée[4].

II. — Le mot *romanus* avait aussi trois significations :

1° Il désignait, depuis le IIIe siècle de notre ère, tous les peuples qui faisaient partie de l'Empire romain. Il conserva ce sens pendant plusieurs générations après l'établissement des Germains. Lorsque la Loi Burgonde[5] parle du noble burgonde et du noble romain, *optimati Burgundioni et Romano*

---

1. Prologue de la Loi Salique.
2. *Formules*, édit. de Rozière, n° 1 [*Biturigenses*, 11].
3. *Lex Salica*, tit. XXV (*Emendata*, XXVII), art. 3. Le premier et le deuxième texte [mss. 6, 5 et texte 10 de l'édit. Hessels] portent *si quis francus*. Comparer le 6ᵉ capitulaire de 803, art. 8 [Boretius, n° 58] ; le 3ᵉ capitulaire de 819, art. 3 et 6 [idem, n° 142].
4. [*Septem Septinnas*, § 2, p. 424, édit. Hessels]. Ducange, v° *Francus*; Pardessus, *Loi Salique*, p. 462 ; Waitz, *Deutsche Verfassungsgeschichte*, II, p. 212.
5. Titre XXVI.

nobili, il est clair que cette dernière expression s'applique au Gallo-Romain. Le même sens ethnique se retrouve dans l'article qui mentionne l'esclave de naissance barbare et l'esclave romain, *servum natione barbarum et servum Romanum*[1], et dans ce passage d'un testament : *Famulos meos tam de natione Romana quam de barbara*[2]. Quand l'Édit de Théodoric[3] parle du *potens Romanus aut barbarus*; quand Cassiodore[4] dit que les Goths et les Romains jouissent du même droit, *Gothis Romanisque jus esse commune*; quand la Loi des Wisigoths autorise le Goth à épouser une Romaine[5]; quand l'auteur de la Vie de sainte Rusticola dit qu'elle était née de Romains très nobles, *clarissimis orta natalibus, conjugibus Romanis*; quand Frédégaire nous avertit qu'un patrice Richomer et un duc Chramnelène étaient de race romaine, *genere Romani*[6], on ne peut douter que dans tous ces exemples le mot *romain* ne désigne les hommes de la population indigène, les Romains d'Italie, d'Espagne, de Gaule.

Cette première signification, très fréquente au vi{sup}e siècle et au commencement du vii{sup}e, devint de plus en plus rare et finit par disparaître des pays occupés par les Germains. Un des derniers exemples qu'on en trouve, à notre connaissance, est dans le récit des miracles de saint Goar, où il est dit qu'un certain homme de Germanie « détestait les hommes de langue et de race romaine, même ceux d'entre eux qui étaient de bonne condition et nobles », *Romanæ linguæ vel gentis homines, et ipsos quoque bonos viros et nobiles*[7].

2° Le mot *Romanus* resta au contraire employé pour désigner les populations de l'ancien Empire qui n'étaient pas soumises aux Germains, c'est-à-dire celles qui restaient dépendantes

1. Titre X.
2. *Diplomata*, t. I, p. 212. [Cf. *L'Alleu*, p. 274.]
3. Titre XLIII.
4. *Epistolæ*, VIII, 3.
5. III, 1.
6. Frédégaire, c. 29 et 79. Il cite aussi (c. 28) un certain Claudius, *genere Romanus*, qui était maire du Palais en 606.
7. *Acta Sanctorum*, juillet, t. II, p. 339. Le récit du biographe marque d'ailleurs que la haine de ce personnage pour les Romains était un sentiment tout à fait individuel et dont il ne dit pas la cause.

de l'Empire de Byzance. C'est en ce sens qu'Éginhard dit[1]
que la puissance de l'État franc portait ombrage aux Romains,
suspecta Romanis. On sait que la partie de l'Italie qui resta le
plus longtemps soumise aux empereurs de Constantinople
garda le nom de *Romania*; elle est ainsi appelée dans les capitulaires de Charlemagne[2].

Il semble même que le nom de *Romani* soit resté attaché
aux Aquitains, c'est-à-dire aux populations du sud de la Loire;
celles du nord de ce fleuve étant désignées par le nom de
Franci. C'est du moins ce qu'on peut induire d'un texte du
Continuateur de Frédégaire où il est dit à l'année 742 qu'une
armée franchit la Loire, mit en déroute les Romains et
s'avança jusqu'à Bourges[3]. C'est peut-être dans le même sens
que saint Éloi, né en Aquitaine, est appelé *Romane* par des
Neustriens[4].

Nous ne connaissons aucun texte carolingien qui appelle
Romani les habitants des pays situés au nord de la Loire.

5° Le troisième sens du mot *romanus* était, ainsi que nous
l'avons dit plus haut, celui d'affranchi. Cette signification ne
se rencontre pas, à notre connaissance, dans les Chroniques.
Nous ne la trouvons usitée que dans les Lois Salique et Ripuaire
et dans les registres de *Traditions* de quelques églises de Germanie. Elle se présente d'ailleurs dans ces textes avec une
clarté parfaite. Quand les *Traditions* de l'Église de Salzbourg
parlent de *romani tributales*, quand elles mentionnent des
romani cum mansis tributalibus, on voit bien qu'il s'agit, non
d'une race romaine, mais d'une classe d'hommes, de cette
même classe qu'on désignait ailleurs par les mots *liberti*,
colliberti, *coloni*, etc., de ces hommes enfin qui, héritiers
d'anciens affranchis, et tenanciers toujours dépendants, cultivaient une terre dont ils n'avaient pas la propriété et pour

---

1. *Vita Caroli*, 16.
2. Capitulaire de 793, art. 16, dans Baluze, t. I, col. 260 [Boretius, n° 95].
3. *Carlomannus et Pippinus, congregato exercito, Liger [Ligeris] alveum transeunt, Romanos proterunt, usque Betirgas [Bourges] urbem accedunt*; Continuateur de Frédégaire, c. 111, anno 742. Nous n'avons pas besoin d'ajouter que
le mot *Aquitani* est infiniment plus fréquent.
4. Au livre II, c. 19, de sa biographie.

laquelle ils payaient une redevance[1]. — La Loi Ripuaire contient un titre *De tabulariis*, c'est-à-dire des hommes qui ont été affranchis par charte écrite, *per tabulas*. Elle partage ces affranchis en trois catégories, qu'elle distingue par les termes de *regii*, de *romani*, d'*ecclesiastici*[2]. Dans ce long chapitre de la Loi il est visible que le mot *romanus* n'emporte aucune idée de race; les esclaves, qu'ils fussent de race gauloise ou de race germanique, pouvaient devenir indifféremment des *regii*, des *romani*, des *ecclesiastici*; le *romanus* à son tour, quelle que fût sa race, pouvait devenir, par un affranchissement d'ordre supérieur, un *denarialis*, et c'était alors seulement qu'il était à peu près l'égal d'un homme libre[3].

Ainsi les mots *francus* et *romanus*, par une coïncidence qui s'explique d'ailleurs facilement, avaient également trois significations; ils s'opposaient l'un à l'autre, soit pour désigner deux races, soit pour désigner les habitants de deux régions, soit enfin pour désigner deux classes sociales.

Il faut faire la même étude sur la signification des mots *salicus* et *Ripuarius*.

III. — Le terme de *salicus* n'apparaît jamais dans les documents avec le sens ethnique. Jamais il n'est accompagné du mot *genus* ou *natio*. Le mot *Salii* ne se rencontre jamais[4]. Si, parmi tant de Chroniques, de lois, de capitulaires, de formules

---

1. Waitz, *Deutsche Verfassungsgeschichte*, t. II, p. 184 [*L'Alleu*, p. 399 et 400].

2. Titre LVIII [voir *L'Alleu*, c. 10, surtout p. 318].

3. La pluralité de significations pour un même mot n'étonnera certainement pas ceux qui sont un peu familiers avec les textes mérovingiens. Il n'est pas jusqu'au mot *ingenuus* qui n'ait été employé dans deux acceptions sensiblement différentes. La plupart du temps, il se dit de l'homme né libre, complètement libre et il est mis en regard des mots *libertus*, *colonus*, *litus*, *servus*. Quelquefois aussi il se dit de tous ceux qui ne sont pas esclaves et s'oppose uniquement à *servus*; ainsi on lit plusieurs fois dans les diplômes : *Omnes ibi commanentes, aut ingenui aut servientes*; *ingenui* comprend alors toutes les classes qui sont au-dessus de l'esclavage. Quelquefois même *ingenuus* désigne tout particulièrement l'affranchi. Voir Guérard, *Polyptyque d'Irminon*, p. 213-214 [*L'Alleu*, p. 341 et 342]. Dans le décret de Childebert II, art. 14, les *ingenui* sont tous ceux qui ne sont pas *servi* et se subdivisent en *salici* ou *romani*. D'ailleurs, dans les Lois Salique et Ripuaire, le terme *ingenuus* a toujours sa première et précise signification, celle d'homme né libre.

4. Sauf dans les textes du ivᵉ siècle que nous avons cités plus haut.

et de diplômes, je trouvais une seule fois une expression telle que *gens Salica, homo genere Salicus, regnum Saliorum*, je serais porté à croire que le mot *Salius* et même le mot *Salicus* emportait avec lui l'idée d'une race d'hommes particulière ; mais j'ai cherché ces expressions partout et ne les ai pas trouvées jusqu'à présent. Il est impossible de dire avec certitude quelle idée ce terme présentait à l'esprit des hommes du viie siècle ; il semble toutefois qu'il emportât surtout l'idée de pleine liberté et de propriété complète ; c'est bien le sens qu'il paraît avoir dans les mots *terra salica* qui désignaient la terre du maître [1], dans les expressions *operæ salicæ* ou *decimationes salicæ* qui signifient les corvées et les dîmes qui sont dues au maître de la terre, enfin dans cette ancienne formule où il est dit que l'homme qui se prétend ingénu et non colon doit faire attester son ingénuité par douze hommes bien libres, *apud duodecim homines bene francos salicos* [2].

IV. — Quant au mot *Ripuarius*, il n'a jamais désigné une tribu franque ; l'existence d'une tribu ou d'un peuple *Ripuaire* n'est signalée par aucun document du ive, du ve, du vi[e] siècle. Ce terme purement latin ne peut avoir un sens ethnique ; il ne paraît d'ailleurs dans les textes qu'à partir du viie siècle et il a une signification purement politique ou géographique : il désigne les hommes qui habitent ce que la Loi Ripuaire appelle la *provincia Ripuaria* ou le *ducatum Ripuarium* [3].

---

1. Guérard, *Polyptyque d'Irminon*, p. 491.

2. *Formules*, édit. de Rozière, n° 480 [Zeumer, p. 214]. — Nous trouvons le mot *salicus* dans l'art. 48 du décret de Childebert II de 596 ; il s'agit de l'amende qu'encourt l'homme qui n'observe pas le repos du dimanche ; l'amende varie suivant le rang et la fortune probable du coupable : *Si salicus, XIV solidi ; si romanus, VII ; si servus, III*. Nous avons peine à croire qu'il s'agisse ici de Francs et de Gallo-Romains ; pourquoi punirait-on les premiers plus sévèrement que les seconds ? Nous inclinons à penser qu'il s'agit ici de trois classes sociales. D'ailleurs comment *salicus* désignerait-il le peuple Salien ? Le décret est de Childebert II, roi d'Austrasie, et a été promulgué à Cologne ; on n'a jamais supposé que la tribu Salienne ait vécu dans ce pays. Ces termes, dit Pardessus (p. 462), ne désignent pas une nationalité, mais une supériorité sociale.

3. *Lex Ripuaria*, XXXI, 5 ; XXXIII, 1 ; LXXXVII. — On rencontre l'expression *servus Ribuarius* (LVIII, 18) ; pourtant le mot *Ripuarius* emporte généralement avec lui l'idée de liberté, comme dans l'art. LVII. *Sicut reliqui Riburii liberi permaneat*. Il allait de soi qu'on ne considérât comme membres de l'État ripuaire ou de l'État franc que les hommes libres.

Cette diversité de sens que présentent souvent les mêmes mots ne rend pas nos recherches faciles. Si les mots *francus* et *romanus* n'avaient qu'une seule signification, si les termes *salicus* et *Ripuarius* avaient toujours une application bien précise, rien ne serait plus aisé que de traduire les articles des lois franques où ces expressions se rencontrent. Mais il n'en est pas ainsi ; et ceux qui ont beaucoup étudié l'histoire savent qu'en effet les problèmes ne s'y présentent pas d'ordinaire avec cette simplicité. Lors donc que nous rencontrons dans les lois les mots *francus*, *romanus*, *salicus*, il sera nécessaire de nous demander ce qu'ils signifient ; et quand nous lisons, par exemple, que le wergeld du *francus* est de 200 *solidi*, et celui du *romanus* de 100, il sera prudent, il sera conforme à la méthode rigoureuse de la science, de chercher dans quel sens le législateur a entendu ces mots-là. A-t-il voulu parler de deux races ou de deux conditions sociales ?

III. LA LOI RIPUAIRE.

Nous allons présenter tous les articles de la Loi Ripuaire, en n'exceptant que ceux qui manifestement n'ont aucun rapport possible avec notre sujet. Nous n'omettrons aucun de ceux qui, marquant quelque inégalité entre les hommes, pourront nous indiquer si le législateur a pensé à des distinctions de race ou à des distinctions de classe [1].

Le titre I commence ainsi : *Si quis ingenuus ingenuum percusserit...* « Si un homme libre a frappé un homme libre, il payera pour chaque coup 1 *solidus*. » — « Si un homme libre a frappé un esclave, il ne payera que 1 *solidus* pour trois coups [2]. » — Mais si un esclave a frappé un *regius* ou un *ecclesiasticus* ou un *francus*, la peine est la même que dans le premier cas [3].

1. On attend encore une édition critique de la Loi Ripuaire. Nous nous servons de celle de Walter, qui reproduit Baluze. — [Voir maintenant l'excellente édition de Sohm, dans le tome V des *Leges* des *Monumenta Germaniæ* ; imprimée à part, en un in-8°, 1883. Nous avons collationné les citations sur cette édition.]
2. Titre XIX.
3. Titre XIX.

Titre II : « Si un *ingenuus* a frappé un *ingenuus* jusqu'à effusion du sang, il devra 9 sous. » — La peine est réduite à 5 sous et demi si la victime ou si le coupable est un esclave[1].

Titre III : « Si un *ingenuus* a brisé un os à un *ingenuus*, l'amende est de 36 *solidi*. » — Même peine si c'est un esclave qui a causé le même préjudice à un homme que le titre XXII appelle *francus*[2]. La peine est réduite de moitié si la victime est un *regius* ou un *ecclesiasticus*; elle est réduite au quart si la victime est un esclave[3].

Jusqu'ici il n'a pas été fait mention du *romanus*; mais on a pu remarquer trois classes d'hommes : 1° l'*ingenuus*, qui est également appelé *francus*; 2° l'*homo regius* ou *ecclesiasticus*; 3° l'esclave. Dans ces textes, le mot *francus* n'est employé que comme synonyme d'*ingenuus*; il s'oppose, non à l'indigène, mais à l'*homo ecclesiasticus* ou *regius* ou bien à l'esclave; il emporte l'idée d'une condition sociale, non d'une race.

Voici maintenant les articles relatifs au meurtre. — Si un *ingenuus* a tué un *ingenuus* du pays Ripuaire, il payera 200 *solidi*[4]; si la victime est un *homo regius* ou un *ecclesiasticus*, l'amende est de 100 *solidi*[5]; si l'homme tué est un esclave, il n'y a à payer que 36 *solidi*[6]. Les distinctions sont les mêmes entre les femmes. Pour une femme libre, qui a été tuée dans l'âge de l'enfantement, l'amende est de 600 *solidi*; elle est réduite à 300 si la femme était *regia*

---

1. Titre XX.

2. *Si servos hominem franco aut Ribuario ossa frigerit* [les mss. de la 2° classe donnent seuls *ōs*]. Cette expression semble indiquer un privilège pour les Francs de race : toutefois, si l'on continue la lecture de l'article, on reconnaît que ce *francus* s'oppose à *regio aut ecclesiastico homini*, et l'on peut d'ailleurs faire cette remarque que le *francus* n'a pas un autre wergeld que l'homme qui est simplement appelé *ingenuus* au titre III. — Remarquer d'ailleurs aux titres XIX et XX la parfaite synonymie entre ces deux manières de parler : *Francus aut regius vel ecclesiasticus, ingenuus aut ecclesiasticus*; dans ces phrases, les deux mots *francus* et *ingenuus* sont pris l'un pour l'autre.

3. Titre XXI.

4. Titre VII.

5. Titres IX et X.

6. Titre VIII.

ou *ecclesiastica*[1]. — En tout cela la pensée du législateur est visible; il veut que la peine soit proportionnée à la condition sociale de la victime. Il ne distingue pas les races: il ne parle ni de Francs ni de Gallo-Romains; mais il sépare l'homme libre de l'affranchi, et celui-ci de l'esclave.

Le titre XVIII est relatif au vol de douze chevaux, et il établit trois chiffres d'amende, suivant les trois classes: l'amende la plus élevée frappe l'*ingenuus*; elle est plus faible de moitié pour le *regius* ou l'*ecclesiasticus*, plus faible encore pour l'esclave. — Il est digne de remarque que dans cet article les mêmes hommes qui sont appelés *ingenui* à l'article 1er sont appelés *franci* à l'article 3, et que ces *franci* ne sont pas opposés à des indigènes, mais à des *regii* et à des *ecclesiastici*. Il paraîtra donc hors de doute que dans cet article le mot *francus* ne signifie pas autre chose qu'un homme libre.

La peine du rapt est indiquée au titre XXXIV, qui ne mentionne d'ailleurs que le rapt de la femme *ingenua*. Cette peine varie suivant que le ravisseur est un *ingenuus*, un *regius* ou *ecclesiasticus*, un *servus*.

Le titre XXXVI concerne les étrangers, *advenæ*; il énumère les divers peuples dans un ordre géographique et en faisant le tour de la *provincia Ripuaria* : Francs (de Neustrie), Burgondes, Romains, Alamans, Frisons, Bavárois et Saxons. — Il est visible qu'ici les mots Francs et Romains ne désignent ni deux classes ni deux races : ils désignent deux peuples; ils s'appliquent aux populations de deux circonscriptions géographiques[2]. De quelque façon qu'on veuille entendre ces Romains dont il est parlé ici, il est certain

---

1. Titres XII et XIV. — Dans le titre XII la femme libre est appelée *Ripuaria*. Or ce mot n'a jamais pu avoir un sens ethnique; il s'oppose d'ailleurs ici à *regia* ou *ecclesiastica*, ce qui marque bien qu'il indique la condition sociale ou qu'il suppose comme sous-entendu le mot *ingenua* des titres XVI et XXXIV.

2. Comparer le titre XXXI, 3, où les mots *Franci, Burgundiones, Alamanni* désignent aussi les habitants de trois régions ayant trois lois territoriales : *Sicut lex loci continet ubi natus fuerit*. N'oublions pas que le texte que nous possédons de la Loi Ripuaire a été rédigé sous Dagobert Ier; à cette époque on ne distinguait plus les races; ces Burgondes n'étaient pas les descendants des anciens Burgondes : ils étaient les habitants de la *Burgundia*.

qu'ils sont étrangers au pays Ripuaire ; par conséquent, les conclusions qu'on voudrait tirer de cet article pour le sujet qui nous occupe seraient téméraires[1].

Le même titre XXXVI contient une série d'articles sur le meurtre des clercs. Les *clerici*, qu'il ne faut pas confondre avec les *ecclesiastici*, étaient les hommes qui servaient l'autel, même dans les rangs inférieurs et au-dessous des sous-diacres. « Pour le meurtre d'un clerc, dit la loi, le chiffre de la composition est proportionnel à ce qu'était sa naissance, *juxta quod nativitas ejus fuerit*; c'est-à-dire, s'il était esclave, *si servus*, la composition est la même que pour un autre esclave; s'il était né *regius* ou *ecclesiasticus*, elle est la même que pour les autres *regii* et *ecclesiastici*[2]; s'il était né lite, elle est la même que pour un lite; s'il était né libre, la composition est, comme pour tout ingénu, de 200 *solidi*. » — Voilà qui est signi-

---

1. Il est impossible de dire avec certitude quel est cet *étranger de pays romain* dont la loi veut parler ici. Peut-être désigne-t-elle le Romain d'Italie; nous ne le croyons pourtant pas, et nous penchons plutôt à croire qu'elle a en vue l'Aquitain pour lequel le mot *Romanus* était encore employé au vii° siècle, ainsi que nous l'avons dit plus haut. Voici les raisons de notre opinion, que nous ne présentons d'ailleurs que comme une conjecture sur un point inexpliqué. — L'article XXXVI de la Loi Ripuaire vise les peuples en dehors de la *provincia Ripuaria*, mais il ne nomme que ceux qui font partie du *regnum Merovingorum* tel qu'il est constitué au temps de Clotaire II et de Dagobert. Il ne fait mention ni de Wisigoths, ni de Lombards, ni d'Anglo-Saxons, ni de Grecs, tandis qu'il énumère les Francs (c'est-à-dire les Neustriens, entre Meuse et Loire), les Burgondes, les Alamans, les Bavarois, les Frisons, les Saxons. L'énumération serait incomplète si l'on avait omis les Aquitains; ce sont eux peut-être qui sont désignés par le mot *Romanus*. — Quant aux différences de *wergeld* entre ces étrangers, nous ne voyons à choisir qu'entre deux explications : ou bien les divers peuples sont traités suivant leur rang dans l'État franc; or les Alamans, Bavarois, Frisons, Saxons sont tributaires; et quant à l'Aquitaine qui en ce moment même se détache de l'État franc avec Caribert, elle peut être considérée presque comme étrangère. Ou bien (et c'est ici la conjecture que nous adopterions le plus volontiers) la loi accorde à chacun de ces étrangers le même wergeld qu'il avait dans son pays natal, suivant le principe énoncé au titre XXXI; on peut remarquer en effet que les chiffres attribués au Franc, à l'Alaman et au Bavarois sont les mêmes que ceux que nous trouvons dans les lois de ces deux peuples pour les simples hommes libres; quant aux Burgondes, le chiffre marqué ici est de 160 sous, tandis qu'il est de 150 dans leur loi (tit. II, § 2). Pour ce qui est de l'Aquitain, nous n'avons aucun texte qui montre quel était son wergeld dans son pays, ni même si ce wergeld était nettement déterminé, et dans ce dernier cas il est naturel que la Loi Ripuaire lui en ait assigné un inférieur à celui de tous les autres peuples.

2. Baluze fait cette remarque (*Capitularia*, t. II, col. 991) que deux manuscrits portent *sicut alius homo regius aut ecclesiasticus libertinus*.

ficatif. La Loi Ripuaire veut dire que le clerc, s'il n'a pas reçu les ordres sacrés, s'il n'est pas même sous-diacre, n'a aucun privilège : il est traité comme tout le monde ; s'il est tué, la composition est réglée suivant les règles ordinaires, c'est-à-dire suivant la *nativitas* ; or la *nativitas* est définie ici de la façon la plus claire : elle est la condition sociale où l'homme est né, c'est-à-dire la condition d'esclave, de *regius* ou d'*ecclesiasticus*, de lite ou d'ingénu. Quant à savoir si ce clerc est né d'un Franc ou d'un Gaulois, la loi ne s'en occupe pas.

Elle parle ensuite des clercs qui ont reçu les ordres sacrés ; ici encore elle établit un wergeld inégal, non pas suivant la race, mais suivant le rang du clerc dans l'église.

Du titre XXXVII au titre LII, nulle distinction d'aucun genre, nul article qui puisse nous éclairer. — Le titre LIII est relatif au meurtre d'un comte. Si ce comte était un homme né libre, la composition est de 600 sous ; s'il était né *regius puer*[1] *vel ex tabulario*, c'est-à-dire s'il était né dans la classe des affranchis, elle n'est que de 300 sous. — Ainsi la dignité de comte triplait la valeur de l'homme, mais elle ne faisait pas disparaître l'inégalité native entre la condition d'affranchi et celle d'homme libre. Le *regius* devenu comte, dont parle le titre LIII, est le même *regius* qui au titre IX n'avait qu'un wergeld de 100 *solidi*.

Nous arrivons ainsi au titre LVII sans avoir jamais constaté une distinction de races ; nous n'avons même pas encore rencontré une seule fois le mot *romani*, ni aucun autre qui puisse désigner la population indigène ; quant au mot *franci*, nous l'avons rencontré deux fois (abstraction faite du titre *Des étrangers*), mais ces deux fois il était employé comme synonyme d'*ingenuus*.

Le mot *romani* paraît pour la première fois au titre LVIII. Or il faut d'abord remarquer que ce titre, qui est d'une longueur inusitée, commence par la formule *Hoc etiam jubemus ut*, formule qui ne se trouvait dans aucun des titres précédents, et qui nous paraît indiquer un *additamentum*. Il y

---

1. Les mots *regius puer* signifiaient un affranchi ; voir Pardessus, *Loi Salique*, p. 459 et 531 ; Deloche, *La Trustis*, p. 326.

aurait donc eu un temps où la loi ne parlait pas de *romani*,
et où déjà tous les meurtres avaient été taxés, celui de
l'homme libre à 200 sous, celui du *regius* ou *ecclesiasticus* à
100, celui de l'esclave à 36[1].

D'ailleurs ce titre LVIII, où se trouve pour la première fois
le mot *romanus*, concerne uniquement les affranchis; il est
intitulé *De tabulariis*; il contient toute une législation spéciale
sur le sujet. — Article 1er : Un esclave peut appartenir soit à
un homme libre, *francus*, soit à un affranchi, *tabularius*; l'un
comme l'autre maître peut affranchir son esclave, « soit pour
le salut de son âme, soit à prix d'argent ». — S'il veut l'affranchir suivant la Loi Romaine, il se présentera devant
l'évêque ou l'archidiacre d'une église; dès lors l'affranchi
appartiendra à l'église, il sera *ecclesiasticus*; il payera à
l'église une redevance annuelle et, s'il ne laisse pas d'enfants,
il aura l'église pour héritière[2]. — Les articles 9 à 18 sont
relatifs au mariage entre personnes de classes différentes,
c'est-à-dire entre affranchis et femmes libres, ou entre
affranchis et femmes esclaves. On peut noter que les affranchis,
qui sont désignés à l'article 9 par le terme général *tabularii*,
le sont à l'article 11 par les trois appellations plus particulières d'*ecclesiastici, romani, vel regii homines*; et c'est ici
que le mot *romanus* apparaît pour la première fois[3]. Si
l'on compare d'ailleurs entre eux les différents articles de ce
groupe, on voit aisément que les mots *regius, ecclesiasticus,
romanus*, désignent les diverses catégories de la classe des
tabularii. La question du mariage est ainsi réglée : si un
tabularius épouse une esclave, ses enfants deviennent esclaves;
si un *ecclesiasticus, romanus, vel regius* épouse une *ingenua*,
les enfants ne seront pas ingénus, ils seront *ecclesiastici,
romani, vel regii*; il en est de même si le père est un *inge-*

---

1. Titres VII à X.

2. Articles 1 à 8. — [Cf. *L'Alleu*, p. 312 et suiv., p. 344 et suiv., surtout
n. 5 de la p. 346.]

3. Les éditions mettent une lettre majuscule à *romani*, tandis qu'ils n'en
mettent pas à *regii* et à *ecclesiastici*; nous n'avons pas besoin d'avertir que cette
majuscule n'a ni valeur ni authenticité.

nuus et la mère une *ecclesiastica, romana, vel regia* [1]. — Il est clair qu'ici le mot *romanus* ne peut pas avoir un sens ethnique, puisque le fils de l'*ingenuus* devient un *romanus*. Il n'existe d'ailleurs aucune loi barbare qui interdise le mariage entre personnes des deux races [2], et nous savons par les Chroniques et les Vies des saints que ces mariages étaient fréquents et ne constituaient pour les enfants aucune espèce d'infériorité. Au contraire, toutes les législations barbares réprouvent le mariage entre les classes, et elles condamnent ordinairement les enfants qui naissent d'un mariage mixte à tomber dans la pire des conditions des parents. — La peine est même plus forte si l'*ingenuus* descend jusqu'à épouser une esclave : il devient esclave lui-même ; et de même, si une *ingenua Ripuaria* épouse un *servus Ripuarius*, elle tombe dans la servitude, à moins qu'elle ne préfère tuer de sa main l'homme à qui elle s'est unie [3]. Le sens du mot *romanus* au milieu de pareilles dispositions ne peut prêter à aucun doute : il désigne une classe ; il ne peut désigner ni une race ni une nation. — Les articles 19 à 21 établissent une procédure différente suivant que l'homme est ingénu, affranchi ou esclave [4].

Dans ce long titre LVIII, il n'était pas parlé du wergeld du *romanus homo* ; son wergeld n'est mentionné qu'au titre LXI. Ici encore nulle hésitation n'est possible. Ce *romanus* est manifestement l'affranchi, puisque le titre porte pour rubrique *De libertis secundum Legem Romanam*. Il y est dit que « si quelqu'un a affranchi son esclave suivant le mode romain »,

---

1. Article 11.

2. La loi romaine l'avait interdit ; voir une loi de l'année 370 au Code Théodosien, III, 14, 1 [voir *L'Invasion germanique*, p. 399, n. 1]. Cf. *Lex Romana Wisigothorum*, III, 1, qui autorise ces mariages, *priscæ legis remota sententia*. Cette *prisca lex* était-elle une loi germanique ou n'était-elle pas la loi romaine elle-même ? Celle-ci avait en effet été insérée dans la *Lex Romana Wisigothorum*, et par sa nature même elle avait été applicable aux deux races ; c'est elle probablement qui est abrogée par la loi postérieure. Aucune loi germanique, à notre connaissance, n'a défendu ces unions.

3. Articles 14 à 18.

4. On remarquera aux articles 19 et 21 que le terme *Ripuarius* s'oppose aux *tabularii* et désigne par conséquent les hommes libres du pays ripuaire.

le meurtre de cet affranchi, de ce *romanus*, donnera lieu à une amende de 100 sous. Comparons ce titre aux titres IX et X, et nous remarquons que ce *romanus* a le même wergeld que le *regius* et l'*ecclesiasticus*, ainsi qu'il est naturel, puisque ces trois personnages sont toujours sur le même rang et sont tous les trois des *tabularii*. — On sait que le *denarialis* était le seul parmi les affranchis qui eût la même valeur que l'homme libre[1]. D'ailleurs il n'y avait nulle différence de race entre ces diverses sortes d'affranchis, puisque la Loi Ripuaire dit formellement qu'un maître peut faire de son esclave, à son choix, ou un *romanus* ou un *denarialis*[2].

Le titre LXII mentionne des affranchis d'un rang inférieur aux *romani* : on les appelle *tributarii*; ils sont assimilés aux *liti*, et leur valeur est seulement de 36 sous.

Le titre LXV punit ceux qui refusent de se rendre à l'armée. — On sait par Grégoire de Tours que tous les hommes libres, sans distinction de race, étaient appelés au service militaire, et que même les affranchis et les colons[3] étaient sujets à ce devoir; seulement la peine n'était pas la même pour l'homme libre et pour l'affranchi qui y manquait. Elle était pour l'homme libre de 60 sous; elle n'était que de 30 sous pour le *romanus, ecclesiasticus, vel regius*.

Au titre LXXXVII, nous voyons encore que pour un délit où l'homme libre est frappé d'une amende de 60 sous, la peine est moindre de moitié pour le *regius, romanus vel ecclesiasticus*. — Cela se rapporte à une règle que nous trouvons dans tous les codes germaniques : pour tous les délits (les cas de meurtre et de brigandage exceptés) le chiffre de l'amende s'abaissait suivant le rang du coupable; il était moindre pour l'affranchi que pour l'homme libre, et moindre encore pour l'esclave. Jamais au contraire on ne voit que les peines fussent plus légères pour l'indigène que pour le Germain.

Telle est l'analyse de la Loi Ripuaire. La préoccupation du

1. Titre LXII. — [Cf. *L'Alleu*, c. 11, § 3.]
2. Titres LXI et LXII. [Cf. *L'Alleu*, p. 333.]
3. Grégoire de Tours, V, 27 [alias 26]; VII, 42. — [*La Monarchie franque*, p. 294.]

législateur est visible. Partout, qu'il s'agisse d'amendes, de compositions pour meurtre, ou de mariage, il sépare les conditions sociales ; il range les hommes dans les catégories suivantes : 1° les hommes libres, qu'il appelle trente-sept fois *ingenui*, trois fois *liberi* et trois fois *franci* ; 2° les *denariales*, qui sont des affranchis d'un ordre supérieur ; 3° d'autres affranchis, qu'il appelle *tabularii* et qu'il distingue en *regii*, *romani* et *ecclesiastici*, suivant la nature du patronage auquel chacun d'eux est soumis ; 4° d'autres affranchis d'un rang inférieur, qu'il appelle *tributarii* et *liti* ; 5° les esclaves.

Quant à une distinction de races, on ne la trouve jamais dans la Loi Ripuaire. On n'y rencontre pas un seul mot qui indique la race, tel que serait *genus* ou *natio* ; le mot *nativitas*, ainsi que nous l'avons vu au titre XXXVI, désigne la condition sociale et non pas la race. Là où se trouve le mot *francus*, il est opposé à des affranchis ou à des esclaves et synonyme d'*ingenuus*. Le terme *romanus* ne se lit que dans des articles où il est question d'affranchis ; et il est imposssible de lui attribuer le sens de Gallo-Romain.

Le wergeld en cas de meurtre est fixé dans les titres VII à XIV, et il n'y a pas là un seul mot qui indique que l'indigène eût un wergeld moindre que le Germain. Le demi-wergeld du *romanus* n'est établi qu'au titre LXI et ce même titre marque en termes formels que le *romanus* est ici un affranchi. Enfin, il n'est pas un seul article de cette loi qui indique une séparation des races, pas un seul qui place le Gallo-Romain au-dessous du Franc, pas un seul qui nous autorise à supposer que, dans la *provincia Ripuaria*, les indigènes fussent légalement inférieurs aux Germains[1].

<hr>

1. M. J. Havet a émis l'hypothèse que la Loi Ripuaire ne s'occupe pas des Romains libres, parce qu'il y en avait fort peu dans la contrée habitée par les Ripuaires. Encore en subsistait-il ; la Vie de saint Rigobert mentionne un certain Constantinus qui habitait le *pagus Ripuariorum* et qui avait épousé une *Francigena*, remarque qui suppose qu'il était un Romain (voir Waitz, t. II, p. 208). Plus tard, nous trouvons bien dans le pays de Prum des *Romani boni viri et nobiles* (Miracles de saint Goar) [ici, p. 372]. N'oublions pas d'ailleurs que la *provincia Ripuaria* s'étendait à l'ouest jusqu'à la forêt Charbonnière et à la Meuse ; tout n'était pas germanisé dans ces limites ; voir les faits qu'a cités Digot dans son *Histoire d'Austrasie*.

En cela la Loi Ripuaire ressemble à toutes les lois des barbares, qui séparent les hommes suivant la condition sociale, et non pas suivant la race. Celle des Wisigoths évalue la vie de l'homme à 300 sous s'il est libre, et à 150 s'il est affranchi[1]; celle des Burgondes parle du prix de l'homme suivant sa condition, *pretium secundum qualitatem personæ*[2], et elle montre que l'affranchi vaut la moitié de l'homme libre et le double de l'esclave[3]. Chez les Alamans, chez les Bavarois, l'homme libre vaut 160 sous, l'affranchi 80, l'esclave 40. Ce sont ces mêmes règles et ces mêmes proportions qui se retrouvent dans la Loi Ripuaire.

IV. — LA LOI SALIQUE.

La Loi Salique ne nous présentera pas les mêmes clartés que la Loi Ripuaire sur le sujet qui nous occupe. Nous n'aurons pas la bonne fortune d'y trouver la définition précise du *romanus homo*. Nous n'y rencontrerons pas un titre particulier et complet sur les affranchis comme le titre LVIII de la Loi Ripuaire. Le fait historique que nous cherchons pourra donc rester obscur. Les titres XIV et XLI seront particulièrement sujets à controverse. Parcourons d'abord l'ensemble de la loi, article par article, afin de constater, s'il se peut, la pensée dominante du législateur ; nous reviendrons ensuite aux titres XIV et XLI, auxquels nous donnerons une attention toute particulière.

Notre édition est celle de Pardessus, dont le travail analytique est fort supérieur à la synthèse trop systématique de Merkel. Parmi les huit textes que donne Pardessus, nous suivrons de préférence le plus ancien, celui qui est tiré du manuscrit 4404 de la Bibliothèque de Paris ; nous le comparerons d'ailleurs avec les autres textes, et surtout avec la *Lex Emendata* de Charlemagne[4].

1. Titre VIII, 4.
2. Titre II.
3. Titres II, X, XXVI, XXXII, LX.
4. [Voir maintenant l'édition si commode d'Hessels, où le ms. 4404 est intégralement reproduit, texte 1.]

Ne perdons pas de vue d'ailleurs que, si ancien que puisse être [le texte de] ce manuscrit 4404, il renferme le grand Prologue, dans lequel il est fait l'éloge de la piété chrétienne des Francs et où le roi Clotaire II est nommé. Il contient des articles qui marquent l'étendue du pouvoir monarchique; le roi y est appelé *dominus*, et le titre d'antrustion du roi triple la valeur de l'homme. Ce texte ne peut pas être antérieur aux premières années du viⁱ siècle, et il nous paraît être du même âge que la Loi Ripuaire.

Les dix premiers titres, où il s'agit de vols, ne signalent de différence d'aucune sorte entre les hommes. Les titres XI et XII distinguent l'*ingenuus* de l'esclave. La classe intermédiaire entre la liberté et la servitude paraît au titre XIII[1], sous les noms de *puer regis* et de *litus*[2].

Le titre XV fixe la composition en cas de meurtre et il dit seulement : *Si quis hominem ingenuum occiderit, solidos ducentos culpabilis judicetur*[3]. — Ainsi la loi se préoccupe uniquement de la qualité d'homme libre; elle ne cherche pas à quelle race cet homme libre peut appartenir.

Dans les titres qui suivent, la qualification d'*ingenuus* reparaît à tous moments : « Si un ingénu a frappé un ingénu ».... « Si l'on a pressé le bras à une femme ingénue »....

Le titre XXIV[4] traite du meurtre des femmes. Ce crime, si la femme était *ingenua*, est puni de 200 *solidi*; et la peine est triplée si la femme était d'âge à avoir des enfants. — Nul indice d'ailleurs d'une distinction de races.

La Loi Salique s'occupe, comme la Loi Ripuaire, du mariage entre personnes de classes différentes ; comme elle, elle ne l'autorise qu'en faisant tomber les enfants dans la classe inférieure. Comme elle, elle prononce[5] que l'homme libre qui aura épousé une esclave partagera sa servitude. Or

---

1. *Emendata*, XIV.

2. *Si vero puer regis vel litus ingenuam feminam traxerit*. Voir, sur le sens de *puer regis*, Pardessus, p. 531.

3. Cet article ne se trouve que dans le premier texte, Pardessus, p. 10 [Hessels, col. 91].

4. *Emendata*, XXVI.

5. Titre XXV, § 5 et 6.

il est à remarquer que, parmi les textes que nous avons de
cette loi, les uns désignent l'homme libre par le mot *ingenuus*, les autres par le mot *francus*, le reste de l'article étant
absolument identique. C'est le plus ancien [texte] et celui [du
manuscrit] de Wolfenbüttel qui écrivent *ingenuus*; c'est le
troisième texte et l'*Emendata* qui écrivent *francus*[1]. Sur quoi
Pardessus a jugé avec pleine raison que *francus* n'a pas un
autre sens que celui d'homme libre[2]. — La Loi Salique réprouve le mariage entre les classes; elle ne s'occupe pas du
mariage entre les races.

La distinction de l'*ingenuus* à l'égard de toute autre classe
continue à dominer dans les titres suivants : *Si quis hominem
ingenuum castraverit.... Si quis baronem ingenuum aut mu-
lierem ingenuam de via sua ostaverit....* — Nulle mention de
Gallo-Romain ni de Franc.

Le titre XXXII punit l'homme qui aura enchaîné un *ingenuus*.
Les deux plus vieux textes portent simplement : *Si quis hominem ingenuum ligaverit, XXX solidos culpabilis judicetur.*
Rien de plus dans le quatrième texte, ni dans ceux de Wolfenbüttel et de Munich. Mais l'*Emendata*, ainsi que le troisième
texte, ajoute deux paragraphes : *Si vero romanus francum
ligaverit, XXX solidos.... Si autem francus romanum ligа-
verit, XV solidos*[3].... — Il est assez singulier que ce *francus* et
ce *romanus* n'apparaissent que dans deux textes sur huit, et
dans les moins anciens. Nous savons parfaitement que Charlemagne dans ses nombreux capitulaires ne distingue jamais
l'homme qui descend des anciens Francs et l'homme qui descend des anciens Gaulois, et l'on ne voit pas pourquoi il aurait
introduit dans cet article de la Loi Salique une distinction
entre les races, laquelle distinction n'existait certainement
plus de son temps. Aussi n'est-ce probablement pas ce qu'il

1. Le deuxième texte [4e texte chez Hessels] dit seulement *si quis*; l'article
manque dans le quatrième; Herold [Hessels, texte 10] écrit *Francus* [cf. Hessels,
textes 5 et 6]. — [Le second texte de Pardessus est le 4e d'Hessels, ms. de Paris 9653.
Le troisième correspond aux nos 6 et 5 d'Hessels; le 4e aux nos 7, 8 et 9. Le ms. de
Munich est le 3e texte, le ms. de Wolfenbüttel le 2e texte de l'édit. Hessels.]
2. Pardessus, p. 376, n. 274; cf. p. 464 et 467.
3. *Lex Emendata*, tit. XXXIV; Pardessus, p. 291 [Hessels, col. 197].

veut dire. Si nous comparons les quatre articles de ce titre, nous remarquerons que celui qui est appelé *francus* à l'article 3 est traité exactement sur le même pied que l'*ingenuus* de l'article 1.ᵉʳ et paraît bien être le même homme ; il n'est pas non plus impossible que *romanus* soit ici l'homme de condition intermédiaire entre l'ingénuité et la servitude, que nous verrons paraître tout à l'heure. — Il nous est d'ailleurs impossible de ne pas songer ici à la Loi des Burgondes, qui, parlant du même délit, s'exprime ainsi : *Si quis hominem ingenuum ligaverit, inferat solidos XXIV ; si libertum ligaverit, solidos XII ; si servum, solidos sex*[1]. Que l'on compare les deux lois : le *romanus* de l'une semble bien être le *libertus* de l'autre.

Le titre XXXIX punit le crime qui consiste à vendre comme esclave un homme qui est ou homme libre ou affranchi. Si l'homme vendu était un *ingenuus*, la peine est de 200 *solidi* ; elle est de 63 s'il n'était qu'un *romanus*[2]. — On remarquera qu'ici le terme *romanus* s'oppose visiblement à *ingenuus* ; il n'y a d'ailleurs aucun signe qui indique avec quelque précision que ce *romanus* soit un homme de race gallo-romaine.

Le titre XLII[3] punit l'homicide commis à la tête d'un rassemblement armé. Si c'est un *ingenuus* qui est victime, la peine est de 600 sous. Si c'est un *romanus* ou un *litus*, la peine est réduite de moitié[4]. — Ce *romanus*, qui est opposé à l'*ingenuus*, et placé à côté du *litus* et du *puer regius*, est un affranchi. L'idée de race est ici fort éloignée de l'esprit du législateur ; c'est d'une distinction de classes qu'il s'agit. *Romanus* a visiblement dans cet article de la Loi Salique le même sens qu'il a dans toute la Loi Ripuaire.

Au titre LIII nous voyons que le meurtre d'un sacébaron, s'il était *ingenuus*, est payé 600 *solidi*, et seulement 300 s'il était *puer regius*, c'est-à-dire s'il appartenait à la classe des

---

1. *Lex Burgundionum*, titre XXXII.

2. Ce paragraphe ne se trouve que dans le premier texte et dans celui de Wolfenbüttel.

3. *Emendata*, XLIV.

4. *De romanis vero vel letis et pueris hæc lex superius conpræhensa ex medietate solvantur* (ibidem, § 4).

affranchis. — C'est ainsi que nous lisions dans la Loi Ripuaire
que le meurtre d'un comte était puni d'une amende de
600 sous, mais que l'amende était réduite de moitié si ce
comte avait été un *puer regius* ou un *tabularius*.

Tel est l'ensemble de la Loi Salique, les titres XIV et XLI
étant réservés. Jusqu'ici nous avons pu constater que la préoccupation du législateur est de distinguer les classes. Il en
marque trois fort nettement : 1° les hommes libres, qu'il appelle 34 fois *ingenui* et 4 fois *franci* ; 2° les affranchis, qu'il
appelle *liti, pueri regii,* et *romani* ; 3° les esclaves. Jusqu'ici
nulle idée de distinction de races n'apparaît.

Le doute ne reste que sur les titres XIV et XLI.

Le titre XIV[1] est relatif au crime qui consiste à dévaliser
un homme. Il distingue trois cas différents, suivant le rang
de la victime et celui du coupable : 1er cas, si l'un et l'autre
sont de condition libre, *ingenui* ; 2e cas, si le coupable est
d'un rang inférieur ; 3e cas, si c'est l'homme de rang inférieur qui est la victime. Le rang inférieur est exprimé par
le mot *romanus*. Le rang supérieur est exprimé diversement
par les différents textes : le 1er et le 2e emploient l'expression *barbarus salicus* ; le 3e dit *homo francus* ; le 4e, *homo barbarus* ; le manuscrit de Wolfenbüttel, *francus salicus* ; celui
de Munich, *barbarus salicus* ; l'*Emendata*, *homo francus*. Ces
termes permettent de croire que le rang supérieur est déterminé par la race. En effet, si les mots *francus* et *salicus*
peuvent souvent s'entendre dans le sens de la pleine ingénuité, le mot *barbarus* ne le peut pas. Or, si *barbarus* ne se
trouve plus dans l'*Emendata*, il est au moins dans les plus
vieux textes. On peut donc penser que la loi a séparé ici le
Franc du Gallo-Romain. En ce cas le titre XIV devrait être
traduit ainsi : 1° si un ingénu a dévalisé un ingénu, il payera
63 sous ; 2° si c'est un Gallo-Romain qui a dévalisé un Franc,
la peine sera la même ; 3° si c'est un Franc qui a dévalisé un
Gallo-Romain, la peine ne sera plus que de 35 *solidi*. — Cette
interprétation présente toutefois, si l'on y regarde de près,

____

1. *Emendata*, XV.

quelques difficultés. On est frappé tout d'abord du 1er paragraphe qui ne parle que d'*ingenui*, et qui place tous les *ingenui* sur le même pied ; ce paragraphe n'aurait pas de sens si c'était la race qui distinguât les hommes. Puis le paragraphe 2, qui nomme le *francus*, ne lui donne aucun privilège sur les simples *ingenui* et ne lui assure pas une autre indemnité qu'à eux. C'est seulement si la victime du délit est un *romanus* que le chiffre de l'indemnité change, et il ne reçoit que la moitié environ de ce qui est donné à l'*ingenuus*. Il faut d'ailleurs rapprocher ce titre XIV du titre XXXIV qui le complète : il s'agit du même délit commis contre le lite ou contre l'esclave. Nous lisons ici que si un *ingenuus* a dépouillé un *litus*, il payera 35 sous, ce qui est exactement l'amende infligée plus haut au *francus* qui a dépouillé un *romanus*. Il semble bien que ce *francus* et cet *ingenuus* soient le même homme ; il semble bien aussi que ce *romanus* et ce *litus* soient de même rang, et nous savons en effet par le titre XLII que les *romani*, les *liti*, les *pueri regii* étaient des catégories d'hommes placés sur le même pied. L'ensemble des deux titres se résume donc ainsi : pour avoir dévalisé un *ingenuus*, un *francus*, un *barbarus salicus*, 63 sous ; pour un *romanus*, un *litus*, 35 ; pour un esclave, 15. Ainsi donc, s'il est possible que le législateur ait voulu ici distinguer les races, il est sûr qu'il a encore plus songé à distinguer les classes.

Le titre XLI[1] fixe les diverses compositions en cas de meurtre. Ici encore se rencontrent les mots *francus*, *salicus*, *romanus*, et il faut nous demander dans quel sens ils sont employés. On se rappelle que déjà l'article XV avait prononcé que le meurtre d'un *ingenuus*, sans nulle distinction, donnerait lieu à une composition de 200 sous. Le titre XLI, en son article 1er, répète exactement la même disposition ; seulement il intercale après le mot *ingenuum* les mots *francum aut barbarum qui Lege Salica vivit*. — Il n'est pas admissible que *francus* ait ici le sens d'homme libre ; il est plus probable qu'il signifie ou bien homme de race franque ou

---

1. *Emendata*, XLIII.

bien homme du pays franc, par opposition à *barbarus* qui
signifierait alors un étranger germain vivant en pays franc et
ayant la Loi Salique. Il faut d'ailleurs remarquer que dans les
15 articles qui suivent, ainsi que dans les deux titres XLII et
XLIII qui en sont le complément, le mot *francus* ne reparaît
plus, et il n'est question que d'*ingenui*.

Nous lisons ensuite[1] que si l'homme tué était antrustion
du roi, la peine est de 600 sous ; s'il était un *romanus homo
conviva regis*, elle est de 500 sous. — Ici *romanus homo* signifie-t-il un Gallo-Romain ou un homme de la classe intermédiaire? Il est fort difficile de se prononcer avec certitude.
Il y a toutefois deux remarques qu'on peut faire : 1° nous
savons par la *Recapitulatio Legis Salicæ* que les hommes de
la classe des affranchis, les *pueri regis*, les *romani*, même les
liti, pouvaient être « convives du roi », antrustions, *in truste
dominica*[2] ; 2° cette différence entre l'antrustion *ingenuus* et
l'antrustion ou « convive du roi » *romanus homo* est exactement de même nature que celle qui est signalée au titre LIII
entre le sacébaron *ingenuis* et le sacébaron *puer regius* ; elle
ressemble aussi trait pour trait à celle que la Loi Ripuaire[3]
établit entre le comte né libre et le comte né *puer regius* ou
ex tabulario. La *Recapitulatio* mentionne aussi un comte *puer
regis*, qui a un wergeld trois fois plus élevé que les autres
pueri, mais inférieur de moitié à celui du comte né ingénu.
L'analogie est si frappante entre toutes ces dispositions, qu'il
est bien permis de penser que *romanus homo* n'est autre que
le *puer regius* ou le *tabularius* ; la Loi Salique s'accorderait
donc avec la Loi Ripuaire pour dire que les hautes dignités
royales triplent la valeur de l'homme, mais laissent subsister
l'inégalité native entre l'homme né libre et l'homme né dans
les classes intermédiaires.

Dans les articles 6 et 7 paraissent deux personnages qui

---

1. Articles 3-5.

2. Pardessus, p. 358 [Hessels, p. 425, n° 50] : *Si quis romanum vel lidum in truste dominica occiserit, DCCCC solidi;* — Idem, p. 360 [Hessels, p. 486, n° 33] : *Qui antrustionem qui puer regis est occiderit, DCCCC solidi.* Il s'agit ici de crimes pour lesquels l'antrustion *ingenuus* avait une composition de 1800 *solidi*.

3. Titre LIII [plus haut, p. 580].

sont appelés *romanus possessor* et *romanus tributarius*; le
premier a un wergeld de 100 sous, le second de 63[1]. — Ici
encore il est impossible de se prononcer avec une pleine certitude. Il n'est nullement impossible que ce *romanus possessor*
soit le Gallo-Romain propriétaire, et que le *romanus tributarius* soit le Gallo-Romain simple tenancier sujet à redevance. Mais on peut songer aussi aux deux classes inégales
d'affranchis qui avaient existé dans l'Empire romain et qui
existaient dans tous les États germains, les uns qui possédaient en propre et ne pouvaient léguer leurs champs[2], les
autres qui n'étaient que des tenanciers. Il est utile d'ailleurs,
pour avoir le sens de ces articles, d'en rapprocher les articles
correspondants de la Loi Ripuaire[3]; dans ceux-ci nous trouvons une classe désignée par le seul mot *romani*, et qui est
manifestement celle des affranchis tabulaires, et une autre
classe appelée *tributarii*. Or les *romani* de la Loi Ripuaire ont
exactement le même wergeld que les *romani possessores* de la
Loi Salique; et les *tributarii* sont au-dessous des *romani*, absolument comme les *romani tributarii* sont au-dessous des
romani possessores[4]. On peut donc, sans rien affirmer, in-
cliner à croire qu'ici encore la Loi Salique a entendu par
romanus homo l'homme qui était placé par sa naissance dans
une condition intermédiaire entre la liberté et l'esclavage[5].

Il n'est pas hors de propos de remarquer que pour le
meurtre des femmes il n'est jamais tenu compte des différences de races; la Loi Salique ne distingue jamais que l'*ingenua*, la *régia*, la *lida* et l'*ancilla*.

Enfin il est digne d'attention que la *Recapitulatio Legis
Salicæ* résume ainsi les divers tarifs du meurtre. Pour l'es-

---

1. L'*Emendata* dit 45 sous.

2. On peut comparer ces affranchis propriétaires aux *liberti idonei* dont parlent
les Lois des Wisigoths et des Lombards et à ces *liberti* complètement libres à qui le
maître avait donné une terre appelée *tertia* (*Lex Burgundionum*, tit. LVII).

3. Titres LVIII, LXI, LXII.

4. On remarquera encore que dans la *Recapitulatio*. [Hessels, p. 425 et 426]
le *romanus possessor* est seulement appelé *romanus* (p. 558, art. 24) et le
romanus tributarius est appelé *homo tributarius* (p. 560, art. 20), exactement
comme dans la Loi Ripuaire.

5. [Voir *L'Alleu*, p. 509, surtout n. 5.]

clave 25 sous, et le triple si le crime a eu lieu *in hoste*. —
Pour l'*homo tributarius*, 45 sous. —Pour le *romanus*, 100;
s'il était *in hoste*, 300; s'il était en outre antrustion, 900. —
Pour le lite, mêmes chiffres que pour le *romanus*. — Enfin
pour l'*ingenuus*, 200; s'il était *in hoste*, 600; s'il était de
plus antrustion, 1800. — Dans ce document, les conditions
sociales sont nettement séparées, les races ne le sont pas.

En résumé, la Loi Salique parle plusieurs fois du *romanus*,
sans jamais définir ce qu'elle entend par ce terme, sans jamais l'accompagner d'aucun de ces mots qui en préciseraient
le sens. Au titre XLII seulement, le *romanus* est visiblement,
avec le lite et le *puer*, un homme des classes intermédiaires.
Dans les autres titres, on peut avec une égale vraisemblance
interpréter le mot dans le sens d'affranchi et dans le sens de
Gallo-Romain. Toutefois il faut bien reconnaître que la Loi
Salique place toujours ce *romanus* dans la même situation
exactement où la Loi Ripuaire avait placé le *tabularius* et où
les autres lois germaniques placent les *liberti*[1].

1. Il n'est pas de notre sujet et ce serait dépasser les bornes de cette étude que
d'établir les différences qui séparaient la classe des affranchis de celle des ingénus.
Nous les avons indiquées dans l'*Histoire des institutions*, pages 503 et suivantes
[*L'Alleu*, c. 10 et 11]. — Toute l'argumentation de M. J. Havet, dans son article
du mois de juillet, se résume ainsi : On ne nie pas que le mot *romani* ne désigne
quelquefois les affranchis; mais d'autres fois il désigne les Romains libres, et *ces
deux classes étaient traitées de même parce qu'elles étaient égales entre elles.*
« L'affranchissement, dit-il, conférait la pleine liberté »; « l'affranchi était assimilé au Romain libre »; « il y avait égalité absolue entre l'affranchi et l'ingénu »;
« l'affranchi recevait la nationalité romaine ». Voilà une série d'affirmations qui
nous paraissent inexactes. M. Havet ne tient aucun compte de l'inégalité qui subsistait toujours entre les deux classes d'hommes. Il cite quelques formules où se trouvent des expressions telles que *vivas ingenuus*; mais il ne dit pas que dans ces formules, à côté ou à la suite de la phrase qui marquait d'une manière énergique
l'affranchissement, il s'en trouve une autre qui marque d'une façon non moins
énergique la dépendance où l'affranchi et ses fils devront rester. Le *manumissor*
dit à son esclave qu'il sera désormais affranchi, mais il ajoute qu'il devra avoir un
patron et se placer sous le *mundium* de quelqu'un. Les formules les plus favorables, celles qui contiennent les expressions *portas apertas* et *civis romanus*, permettent à l'affranchi de choisir lui-même son patron; mais ne le dispensent pas
d'en avoir un. M. Havet cite dans la formule 82 [*Lindenbrogianæ*, n° 10] cette
partie de phrase : *Nulli reddat libertinitatis obsequium*; il fallait citer la phrase
entière : *Nulli heredum ac proheredum meorum reddat libertinitatis obsequium*;
cela veut dire que le *manumissor* renonce pour ses héritiers au droit de patronage,
mais cela ne veut pas dire que l'affranchi ne devra l'*obsequium* à personne; car
la même formule ajoute : *Nulli heredum meorum reddat obsequium sed cui-*

V. CONCLUSION.

Nous avons passé en revue tous les textes qui pouvaient nous éclairer sur la question de savoir si dans les lois franques les différences de wergeld étaient déterminées suivant les races ou suivant les conditions sociales.

Ces textes ne sont pas tous d'une telle clarté que l'on puisse jusqu'ici formuler une conclusion absolue. Voici du moins ce qui nous paraît s'en dégager.

En ce qui concerne la Loi Ripuaire, le mot *romanus* est toujours et très clairement employé avec le sens d'affranchi. Il s'applique à une classe d'hommes qui étaient placés entre la liberté et la servitude et qui pouvaient être indifféremment Gallo-Romains ou Germains. Le wergeld n'est jamais déterminé par la race.

En ce qui concerne la Loi Salique, le doute peut subsister. D'une part l'ensemble de la Loi montre bien que la pensée du législateur est de distinguer les conditions sociales et non pas

cunque *eligere voluerit* (ou suivant un autre manuscrit *ubicunque eligere voluit*, ce qui présente le même sens; comparer la formule 86 [*Arvernenses*, n° 4] : *Civis romana.., defensionem tam ecclesiæ vel hominum Deum timentium, ubicunque expetire volueritis, libera in omnibus habeatis potestatem ad hoc faciendum quidquid volueritis*). Ces formules, qui sont les plus favorables de toutes aux affranchis, sont pourtant fort loin de les placer au rang des vrais hommes libres. Ceux à qui le *manumissor* laissait le choix du patron, choisissaient une église, ou le roi lui-même, ou quelque grand. L'infériorité perpétuelle des affranchis (autres que les *denariales*) est un fait incontestable. La Loi Ripuaire, au titre LVIII, montre que l'*ecclesiasticus* devait à l'église *ipse et procreatio ejus servitium tabularii... redditum ejus ad ecclesiam reddat*, etc. Le *regius* payait aussi une redevance au roi. Quant à celui qui restait sous le patronage du *manumissor*, voici quelle était sa condition : *Sub integra ingenuitate, super terra nostra aut filiorum nostrorum conmanere debeant, et redditus terre, ut mos est pro ingenuis, annis singulis desolvant.* (formule 107, n° 2; Marculfe, II, 29]). L'héritage de l'affranchi mort sans enfants passait au patron, c'est-à-dire à l'Église, au roi, ou à la famille du *manumissor*; cette règle n'excluait pas seulement les collatéraux, comme le croit M. Havet, elle enlevait encore à l'affranchi le droit de tester. Ce qui caractérise mieux que toute autre chose l'infériorité de l'affranchi, c'est que tous les codes lui interdisent d'épouser une ingénue, sous peine pour celle-ci de voir ses enfants *ad inferiora declinari*, c'est-à-dire tomber dans la condition des affranchis (Loi Ripuaire, LVIII, 11). Il s'en faut de tout qu'il y eût assimilation entre l'affranchi tabulaire et l'ingénu même gallo-romain ; c'est encore là une conjecture qu'il faut écarter, car elle ne s'appuie pas sur les textes.

les races ; c'est ce qu'il fait pour tous les délits. D'autre part, les titres XIV et XLI sont conçus de telle façon que le mot *romanus* peut être également entendu comme s'appliquant aux hommes de race indigène ou comme désignant des affranchis. Dans cette difficulté, il nous a paru pourtant plus probable que, même dans ces deux titres, le mot *romanus* avait le même sens que dans la Loi Ripuaire.

De tout cela nous croyons pouvoir conclure : 1° comme chose certaine, que les lois franques, comme toutes les lois barbares, tiennent compte des conditions sociales pour l'évaluation du wergeld ; 2° comme chose probable, qu'elles ne tiennent pas compte des races.

Si l'on diffère de nous sur le degré de probabilité qu'on accorde à cette seconde proposition, encore nous semble-t-il au moins qu'on ne peut plus affirmer comme une règle absolue et certaine que les hommes de race gallo-romaine fussent légalement considérés comme inférieurs aux hommes de race germanique, puisque cette prétendue règle ne s'appuierait tout au plus que sur un article ou deux d'une seule des deux lois et serait contredite par tout le reste.

Nous comprenons d'ailleurs qu'en se servant surtout du titre XIV de la Loi Salique et en généralisant outre mesure ce qui s'y trouve indiqué, on admette que le wergeld du Gallo-Romain n'était que la moitié du wergeld du Germain ; mais alors il faudra expliquer :

Pourquoi, tandis que la distinction des classes est si fortement marquée d'un bout à l'autre de la loi, la distinction des races n'est marquée que par exception et d'une manière si imparfaite et si incertaine ;

Pourquoi cette infériorité des populations indigènes ne se trouve que dans la Loi Salique et ne paraît pas dans la Loi Ripuaire ;

Pourquoi aucune infériorité de même nature n'est jamais indiquée ni dans les lois des Burgondes, ni dans celles des Wisigoths et des Ostrogoths, lesquels étaient vis-à-vis des populations indigènes dans la même situation que les Francs ;

Pourquoi, chez les Francs eux-mêmes, aucune des Chroniques, aucune des biographies qui ont été écrites alors, ne
fait la moindre allusion à une inégalité qui eût été si visible;
pourquoi aucun acte judiciaire, aucune formule n'en porte
la trace; pourquoi l'Église dans ses conciles n'en parle
jamais;

Pourquoi une inégalité de cette nature aurait été maintenue,
par Charlemagne dans la Loi Salique, alors qu'il est avéré par
les Capitulaires et par les faits de l'histoire que, si de son
temps on distinguait plus que jamais les classes sociales, on
distinguait moins que jamais les races dans l'intérieur de
chacune des provinces de la Gaule[1].

Il faudra encore expliquer une chose. Si la loi qui était en
vigueur dans la Gaule au temps de Charlemagne jugeait
l'homme suivant sa race, comment s'y prenait-on pour établir
en justice à laquelle des deux races l'homme appartenait? La
lecture des documents du VIe, du VIIe, du VIIIe siècle montre
que les familles s'étaient mêlées par des séries de mariages.
Il était devenu impossible de distinguer le sang gaulois du
sang germain. S'agissait-il en justice de discerner un homme
libre d'un *libertus*, d'un *colonus*, d'un *lite*, d'un esclave, rien
n'était plus facile; les Polyptyques montrent que ces classes
ne se confondaient pas. Mais s'agissait-il de discerner si un
homme descendait des anciens Francs ou descendait des anciens Gallo-Romains, rien n'eût été plus difficile. Les noms,
on le sait, ne prouvaient absolument rien, puisqu'ils n'étaient
héréditaires ni dans l'une ni dans l'autre race; Guérard a bien
démontré que, de même qu'on a des généalogies où l'on voit
le sang romain et le sang germain se mêler, on a aussi des
séries de noms appartenant à une même famille et où les
noms germaniques alternent avec les noms romains. La langue

---

1. M. Havet fait cette hypothèse que, si l'inégalité de wergeld entre les races ne
paraît pas dans les lois des Wisigoths et des Burgondes, c'est que les rois qui ont
rédigé ces lois l'ont fait disparaître. Alors, pourquoi Clotaire II, Dagobert Ier et surtout Pépin et Charlemagne n'ont-ils pas fait la même réforme? Est-il sérieux de
dire que « la pensée ne leur en est pas venue »? Pourquoi d'ailleurs toutes ces hypothèses contradictoires?

même n'attestait pas la race; car nous savons qu'au vi^e siècle
tous les hommes d'un rang élevé parmi les Francs savaient le
latin, qui était la langue de l'Église, de la Cour, de l'administration, de la justice même. Il est arrivé peu à peu que tout
ce qui était de race franque entre la Loire et les Vosges a oublié la langue germanique, de même que, entre les Vosges
et le Rhin, ce qui restait de population indigène a peu à peu
oublié le latin. Les races ne se reconnaissaient donc pas au
langage[1].

Pour faire un évêque, on ne distinguait pas les races; on ne
les distinguait pas non plus pour faire un comte ou un duc.
Les races se mêlaient dans l'armée; Grégoire de Tours et Frédégaire nous disent comment, en chaque besoin, on levait des
troupes, *commoto provinciæ populo*; les Gallo-Romains étaient
appelés dans l'armée comme les autres et ils exerçaient quelquefois les premiers commandements. Au temps de Clovis et
dans les deux générations qui suivirent, on aurait encore pu
distinguer les races; quoique les Chroniques nous montrent

1. M. J. Havet, dans son article, parle souvent de « nationalité romaine ». Ces
mots reviennent à chaque page. Nous nous sommes même demandé si le fond de sa
pensée n'était pas de substituer une distinction de nationalités à l'ancienne distinction de races, et cela depuis Clovis jusqu'à Charlemagne et même au delà. Pour
nous, nous avons montré que la nationalité romaine n'avait pas disparu tout à
coup par l'effet de l'invasion; mais nous n'avons pas trouvé dans les faits qu'elle
ait subsisté trois siècles, ni surtout que dans ce long espace elle ait été reconnue
légalement. C'est plutôt le contraire qui nous a paru ressortir des documents. Ni
sous Dagobert Ier ni surtout sous Charlemagne on ne distinguait, au sein de la Gaule,
une nationalité romaine; assurément aucun texte législatif ne mentionne rien de
semblable. Si M. J. Havet a des raisons de croire à la persistance de cette nationalité légale du vi^e au ixe siècle, nous ne pouvons discuter un système qu'après qu'il
l'aura présenté et établi. Nous ne connaissons, pour notre part, que deux textes
qui semblent se prêter à cette théorie : l'un est un décret de Clotaire Ier qui veut
que les Romains, dans leurs procès, soient jugés suivant les lois romaines; l'autre
est l'énoncé d'un jugement rendu en 918 par un plaid dont quelques membres se
qualifient de *romani*. Ni l'un ni l'autre ne nous paraît suffisant pour en tirer cette
conclusion, si générale et si hardie, que la nationalité romaine serait restée légalement distincte de la nationalité franque durant quatre siècles. Nous voyons au contraire des centaines de faits qui nous montrent que les Gallo-Romains et les Francs
étaient également sujets du roi, lui obéissaient au même titre, partageaient les
mêmes faveurs, se confondaient dans les mêmes armées, siégeaient dans les mêmes
plaids. Les Gallo-Romains étaient comtes, ducs, chefs d'armées, antrustions, *domestici*, quelquefois maires du Palais. Prétendre que de tels hommes fussent « des
étrangers au milieu du pays franc », c'est faire, à notre avis, une hypothèse contraire aux faits.

par une foule de faits qu'elles étaient égales; mais comment pouvait-on les distinguer au temps de Dagobert, au temps de Charlemagne? à quel signe reconnaissait-on, dans chaque procès, si un homme était de sang germanique ou de sang gallo-romain?

SIXIÈME PARTIE

Quelques remarques sur la-Loi dite des Francs Chamaves.

Deux manuscrits du x° siècle renferment un texte latin,
en 45 ou 47 articles, qui a tout d'abord les apparences d'une
sorte de code[1]. On voudrait savoir quel est ce code, à quelle
population il appartient, quelle en est la date, et quel en est
l'auteur.

Trois solutions nous sont présentées par l'érudition moderne. Suivant Baluze, ce texte est un capitulaire de Charlemagne. Suivant Pertz, c'est la loi populaire du canton de
Xanten. Suivant Gaupp, c'est la loi populaire des Francs
Chamaves. Examinons l'une après l'autre ces trois solutions.
Si l'une d'elles est exacte, nous n'aurons pas à chercher une
solution nouvelle[2].

I

Baluze dit que c'est un capitulaire donné par Charlemagne
dans le *conventus* d'Aix-la-Chapelle en 813[3]. Mais Baluze
n'apporte pas à l'appui de son opinion une preuve précise.
Ni le nom de Charlemagne, ni la date de 813, ni le nom
d'Aix-la-Chapelle ne sont dans le texte. Seulement, Baluze
était frappé de ce que, dans les deux manuscrits, ce document

---

1. Les deux manuscrits sont à Paris, Bibliothèque nationale, fonds latin,
n°° 4628, a, fol. 38 et suiv., et 9654, fol. 134 et suiv. Il en existe un troisième,
n° 4631, mais qui n'est qu'une copie du premier.

2. Ce texte a été publié par Baluze, *Capitulaires*, t. I, col. 511 et suiv., et par
Sohm dans les *Monumenta Germaniæ*, édit. in-f°, *Leges*, t. V. M. Sohm en a donné
aussi une édition in 8°, à la suite de la *Lex Ribuaria*, 1883.

3. Notons qu'il le dit avec quelque réserve, *ut videtur*. Il ne mérite donc pas
tout à fait le reproche que Pertz et Gaupp lui ont adressé.

se trouvait au milieu de capitulaires carolingiens[1]. Il se
souvint, à ce propos, d'avoir lu dans la Chronique de Moissac
qu'en l'année 813 Charlemagne avait promulgué un capitulaire important en 46 articles. Comme ce capitulaire manquait
à tous les recueils connus, Baluze crut, par une propension
bien naturelle aux chercheurs, l'avoir retrouvé ici. Ce n'était
pourtant qu'une illusion. La Chronique de Moissac annonçait
un capitulaire en 46 articles ; notre texte en a 45 dans un
manuscrit, 47 dans l'autre. Ce qui est plus grave, c'est que
le capitulaire dont parle le chroniqueur de Moissac avait pour
objet « les nécessités de l'Église de Dieu[2]. » C'était donc surtout un ensemble de règlements ecclésiastiques ; or notre
texte, tout au contraire, laisse de côté les choses de l'Église.

Pertz présenta contre Baluze un autre argument : il pré-
tendit avoir découvert le vrai capitulaire de 813 dont parlait
la Chronique de Moissac, et il l'inséra sous ce titre dans son
recueil[3]. Cet argument serait irrésistible s'il était exact ; mais
l'opinion de Pertz sur ce point me paraît fort contestable. Ce
qu'il donne comme le capitulaire en 46 articles n'est que la
réunion de deux capitulaires déjà connus, l'un en 20 articles,
l'autre en 26. Tous les deux avaient déjà été publiés par
Baluze, mais séparément[4]. L'idée de les joindre pour en faire
un total de 46 articles est ingénieuse, mais tout à fait arbitraire. Notons, en effet, que ces deux capitulaires ne se trouvent pas dans les mêmes manuscrits. Dans le seul manuscrit
où on les trouve tous les deux, ils sont séparés l'un de l'autre
par d'autres documents[5]. Ils n'ont d'ailleurs, visiblement,

1. Dans 4628 a il est placé entre un capitulaire de 817 et un de 805 ; dans
9654, il vient après une série de capitulaires de Charlemagne, de Louis le Pieux
et de Charles le Chauve, après la *Lex Salica* dite *Emendata* et avant la *Lex
Ripuaria*. — On sait bien que, dans la plupart de ces manuscrits, les textes législatifs sont écrits à la suite les uns des autres sans aucune règle.

2. Annales de Moissac (Bouquet, t. V, p. 82-83 ; Pertz, *Scriptores*, II, p. 259) :
*Conventum habuit magnum populi sui apud Aquis Palatium de omni regno vel
imperio suo... et ibidem constituit capitula numero XLVI, de causis quæ erant
necessariæ ecclesiæ Dei et christiano populo.*

3. Pertz, *Leges*, t. I, p. 187. Cf. Boretius, *Capitularia*, p. 170.

4. Le capitulaire en 20 articles est à la page 505 de Baluze ; le capitulaire en
26 articles est à la page 501.

5. C'est le manuscrit de Paris, fonds latin, 9654.

aucun rapport entre eux, aucun lien; enfin, ce qui aurait
bien dû frapper M. Pertz, la rédaction en est tout à fait différente.

Mais, si l'on écarte cet argument, il en reste un autre :
c'est que le capitulaire de 813 dont parle le chroniqueur de
Moissac était fait pour tout l'Empire, *de omni regno vel imperio*. Or il suffit de lire notre document pour s'apercevoir que
les dispositions législatives qu'il contient ne s'adressent qu'à
un petit groupe de population. C'est une sorte de code d'un
caractère tout local.

Baluze s'était donc trompé, au moins sur un point : il avait
à tort identifié notre texte avec celui dont parle la Chronique
de Moissac; à tort, par conséquent, il lui avait attribué la
date précise de 813. Mais il ne s'était pas trompé en disant que
ce texte était du commencement du ixe siècle, probablement
du règne de Charlemagne. Ce point est incontestable et incontesté; on pourrait, au besoin, en donner la preuve par la
citation de quelques articles[1]. Peut-être ne s'était-il pas
trompé non plus en l'insérant dans le recueil si large, si
complexe, si divers de ce qu'on appelle les *Capitulaires*.

II

M. Pertz, dès 1835, avait aperçu l'erreur de Baluze. Il lui
parut que ce texte n'avait, à ses yeux, aucun des caractères
des Capitulaires, et c'est pourquoi il se refusa à l'insérer dans
son recueil. Plus tard, en 1846, dans un mémoire qu'il lut à
l'Académie de Berlin, il crut avoir trouvé la vraie nature de
ce document[2]. C'était, suivant lui, une législation locale :
c'était la législation du pays de Xanten[3]. Aujourd'hui Xanten
est une petite ville située sur la rive gauche du Rhin, un peu

1. Voir, par exemple, l'article 8, où il est question du *missus dominicus*;
l'article 7, qui concerne le *comes in suo comitatu*; l'article 56, où il est parlé de
l'obligation de *wacta* ou *warda*.
2. Pertz, *Ueber das Xantener Recht*, dans les Mémoires de l'Académie de
Berlin, 1846, pages 411-425.
3. *Jus pagi Xantensis*. Cf. Pertz, *Leges*, I, préface, p. 30 et 31.

au sud de Clèves.; on croit qu'elle est l'antique *Colonia Trajana*[1].

L'unique raison que donnait le savant allemand à l'appui de sa thèse était qu'on lisait dans le texte les mots *sanctum* et *in sanctis*, qui seraient, à l'en croire, le nom de la ville de Xanten. Notons pourtant que le nom de cette ville, qu'on rencontre assez souvent au moyen âge, est toujours écrit *Xanthum* ou *Xanthis*, formes qui s'éloignent beaucoup de *Sanctum* et de *Sanctis*. Une fois, à la vérité, nous trouvons le nom écrit *Sancti*, mais c'est là un exemple que je crois unique[2]. Par contre, on trouve l'adjectif *sanctum* ou l'expression *in sanctis* employée plus de cent fois pour désigner un lieu saint. L'expression *in sanctis* est particulièrement fréquente pour désigner l'endroit où étaient déposées les reliques des saints. Il suffit de regarder avec un peu d'attention notre texte pour voir si le mot *sanctus* est un adjectif qui signifie saint ou s'il est le nom d'une ville.

On l'y trouve trois fois. Article 10 : *Cum duodecim hominibus in sanctis juret.* Il s'agit ici d'un homme qui doit prêter un serment avec douze autres. L'article signifie qu'il doit prêter ce serment sur les reliques des saints. On sait bien que dans l'époque mérovingienne et carolingienne le serment judiciaire se prêtait toujours dans une église, sur un autel, ou sur des reliques. Nous trouvons cela dans une série de documents[3]. « Qu'on se garde de faire un faux serment, soit sur

---

1. Ern. Desjardins, *Table de Peutinger*, p. 8.

2. *Annales Xantenses*, Pertz, *Scriptores*, t. II, p. 230 : *Pagani ecclesias vastantes per alveum Reni usque ad Sanctos pervenerunt.*

3. *Formulæ Andegavenses*, n° 10 : *In basilica sancti illius conjurare debeat.* — *Formulæ Turonenses*, 41 : *In basilica sancti illius apud homines tantos conjuravit.* — Marculfe, I, 38 : *Super capellam domini Martini debeat conjurare.* — Rozière, n° 481 : *In basilica sancti illius manu missa super altare conjuravit.* — *Lex Burgundionum*, VIII, 2 : *Si ei sacramentum tollere voluerit, antequam ecclesiam ingrediatur....* — *Lex Baiuwariorum*, I, 3, 5 : *Cum duodecim sacramentalibus juret super altare.* — *Lex Alamannorum*, 24 : *Juret in ecclesia coram duce.* — Rotharis, 269 : *Præbeat sacramenta ad Evangelia.* — Voir encore le vrai caractère du serment judiciaire dans quelques anecdotes racontées par Grégoire de Tours, *Historia Francorum*, III, 14 ; IV, 47 ; V, 49 et 50 ; VIII, 16 ; *In gloria confessorum*, 93, 94 ; *In gloria martyrum*, 20. — *Vita Eligii*, II, 57. [Voir *La Monarchie franque*, c. 14, § 5, notamment p. 435.]

l'autel, soit sur les reliques des saints » ; ainsi parlent les
Capitulaires, et ils emploient, tout justement comme notre texte,
l'expression *jurare in sanctis*[1]. C'était une expression consacrée
et usuelle. — L'article 11 prononce que le maître qui veut affranchir son esclave doit le conduire « dans le lieu qu'on appelle
saint », *in loco qui dicitur sanctum*[2]. S'agit-il ici de conduire
l'esclave dans le lieu qu'on appelle Xanten? Nullement. Cet
article, sur lequel on a fort discuté, vise l'affranchissement de
l'esclave dans l'église, mais sans emploi d'une charte ; *in loco
sancto* est précisément une expression assez fréquente à cette
époque pour désigner l'église ou tout lieu saint[3]. Dans un
sens plus spécial, on appelait *sanctum* la partie de l'église
qui était plus particulièrement consacrée, c'est-à-dire le sanctuaire, l'endroit où se trouvait l'autel et où étaient placées
les reliques. Tel est sans doute le sens du mot *sanctum* dans
le passage que nous étudions. On sait que l'acte d'affranchissement se faisait toujours près de l'autel[4]. — Enfin, l'article 32
condamne à perdre la main l'homme qui a prêté un faux
serment sur les saintes reliques, *qui in sanctis reliquiis se
perjuraverit*, et ici aucun doute n'est possible.

Il est assez visible que dans ces trois passages, qui sont les
seuls de notre document où le mot *sanctus* soit employé, ce
mot est simplement l'adjectif qui signifie saint ou chose sainte.
C'était une singulière méprise, pour un aussi grand érudit
que M. Pertz, de le prendre pour un nom de ville et de le
traduire par Xanten. Notons toutefois que, si Pertz a commis

1. Capitulaires d'Anségise, I, 61.
2. Ces mots ont été omis dans le manuscrit 9654.
3. Voir Grégoire de Tours, VI, 32 ; édit. de la Société de l'histoire de France,
t. I, p. 433.
4. *Ante cornu altaris*, *Formules*, Rozière, nᵒˢ 62, 64, 65, 66. — Les reliques
des saints étaient ordinairement placées *in altari* ou *sub altari*, Grégoire de
Tours, *In gloria martyrum*, 34, 49, 50, 52 ; *Vitæ Patrum*, XV, 1. — Nous ne
pouvons entrer ici dans l'explication de cet article 11 ; nous nous séparons complètement de l'opinion de M. Sohm, *Reichs und Gerichtsverfassung* (p. 573), de
M. J. Havet, *Revue historique de Droit*, 1877, p. 657, de M. Marcel Fournier,
Essai sur les formes de l'affranchissement, p. 55-58. L'article 11 ne parle ni d'un
serment promissoire comme dit M. Sohm, ni d'un affranchissement par l'autorité
publique comme le veut M. J. Havet, ni d'une « tradition » comme pense M. Fournier.
— [Voir *L'Alleu*, p. 515.]

une erreur comme Baluze, il a vu aussi, comme lui, une partie de la vérité. Il a mis en lumière que notre documen n'est pas un acte émané de l'autorité royale.

III

Ce qu'il y avait d'erroné dans la thèse de Pertz fut aisément relevé par un autre savant allemand, M. Gaupp[1]. Il fit paraître, en 1855, sous le titre de *Lex Francorum Chamavorum*, une étude qui fut fort remarquée[2]. Après avoir démontré qu'il ne s'agissait pas du pays de Xanten, M. Gaupp fut entraîné à son tour à chercher quel était le pays auquel cette loi appartenait. Il lui parut qu'elle devait être la loi de l'une des anciennes tribus franques; il l'attribua aux Francs Chamaves, et il aboutit à cette doctrine que nous aurions sous les yeux une loi populaire, œuvre libre et spontanée de cette tribu. Son opinion fut bien vite acceptée. Elle fut reproduite, avec quelques modifications, par Zœpfl, par Waitz, par Sohm et par Schrœder[3]. La plupart des érudits français l'ont admise sans la discuter, sans en vérifier l'exactitude[4].

Cependant tout esprit qui n'accepte les affirmations que lorsqu'elles sont prouvées, peut se demander sur quelles preuves M. Gaupp appuie la sienne. Disons d'abord qu'il ne pourrait y avoir pour attribuer cette loi aux Chamaves que deux preuves véritablement convaincantes. L'une serait que le nom des Chamaves se trouvât écrit dans notre texte. L'autre

1. Je dois dire, d'autant plus qu'on l'a trop oublié, qu'avant M. Gaupp, M. Pardessus avait rejeté l'identification de Xanten avec *Sanctum*, et que, fixant son attention sur le mot *Amor*, il avait attribué notre texte à une localité du duché de Clèves nommé *Ameren* (*Loi Salique*, Préface, p. 26).

2. Elle a été traduite immédiatement en français par M. Paul Laboulaye, dans la *Revue historique de Droit français et étranger*, 1855.

3. Zœpfl, *Die Euva Chamavorum*, 1856. Waitz, *Deutsche Verfassungsgeschichte*, 3e édit., t. II, p. 111, 115 et 384. R. Sohm, *Reichs und Gerichtsverfassung*, p. 573-575. Schrœder, *Die Franken und ihr Recht* (dans la *Zeitschrift der Savigny-Stiftung*, 1881, 2e partie, p. 47).

4. Ainsi font MM. J. Havet, *Revue historique de Droit*, 1877, p. 667, et Paul Viollet, *Précis de l'histoire du Droit français*. Ce dernier déclare adopter entièrement l'opinion de Gaupp, qui lui paraît « avoir dit le dernier mot », p. 97. —

serait que, en dehors de ce texte, quelque Chronique ou
quelque charte mentionnât une Loi des Chamaves et en indiquât certaines dispositions, que nous reconnaîtrions dans
notre texte.

Ni l'un ni l'autre. Dans nos 47 articles le mot *Chamavi* ne
se lit pas une seule fois. Aucun préambule, aucun titre,
aucune note même du copiste n'indique que nous ayons sous
les yeux une loi d'un peuple chamave. Dans les manuscrits,
les Lois Salique et Ripuaire portent en tête leur titre, parfois un prologue qui les caractérise, et les mots *salicus* et
Ripuarius se lisent plusieurs fois dans le corps du texte.
Rien de semblable ici : les hommes pour lesquels ce code
est écrit ne sont jamais appelés du nom de *Chamavi*. —
D'autre part, on pourra lire toutes les Chroniques et toutes
les chartes du moyen âge, on n'y trouvera jamais l'indication
d'une Loi des Chamaves. Ainsi les deux preuves qui pourraient seules forcer la conviction, font défaut.

Tout le système de M. Gaupp repose sur ce qu'on lit dans
notre texte le mot *amor*. Il s'y trouve trois fois, dans le titre
et dans les articles 26 et 28. Notons d'abord qu'il est écrit *ad
amorem*, *in amore* ou *ammorem*[1]. M. Gaupp prend pour
point de départ de son raisonnement ce mot *amor*: *Amor*,
dit-il, désigne ici un pays; *Amor* est le lieu d'habitation d'un
peuple; or le peuple des Chamaves est de tous les peuples
connus celui dont le nom ressemble le plus à *Amor*; donc,
Amor prouve à lui seul que notre code a été rédigé *dans* le
pays des Chamaves et *par* le peuple des Chamaves.

Cette argumentation soulève bien des doutes. D'abord, il
me paraît téméraire d'identifier le mot *Amor* avec le nom des
Chamaves, lequel, dans un texte latin du ixe siècle, serait

M. de Valroger est le seul qui ait eu assez d'indépendance d'esprit pour apercevoir
le faux de la théorie ; voir *Les barbares et leurs lois*, p. 88-89. — Qu'il me soit
permis de citer aussi un travail inédit d'un jeune étudiant de nos conférences de la
Faculté des lettres, M. Froidevaux, qui a très finement montré l'erreur de M. Gaupp.

1. Au titre, *ad amorem* n'est que dans le manuscrit 9654; le manuscrit 4628 *a*
ne le porte pas. — Dans le corps du texte, 9654 porte *in amore*, et 4628 *a*, *ammore*
ou *ammorem*, sans la préposition *in*.

écrit *Chamavi*[1]. De ce que les deux lettres *a* et *m* sont communes aux deux mots, je n'oserais pas conclure que *Amor* et *Chamavi* soient le même mot ; car dans le mot *Chamavi* ou *Chamaw* il y a au commencement un *ch* ou une aspiration, et à la fin un *w* ou *au*, qui ne se trouvent ni l'un ni l'autre dans le mot *Amor*. Par contre, il y a dans le mot *Amor* une syllabe *or* qui ne se trouve pas dans *Chamavi* et qui n'est pourtant pas un simple suffixe ou une désinence ; car le mot est écrit *Amorem*, *Amore* ; *or* est la syllabe accentuée et constitue une partie essentielle du mot. Les deux termes *Chamaw* et *Amor* n'ont presque rien de commun. Aucune loi phonétique n'expliquerait la transformation de *Chamaw* en *Amor*.

Si l'on se laissait aller à des identifications si faciles sur la simple rencontre de deux lettres, il n'y aurait pas de raison pour ne pas faire venir Bruxelles des Bructères, Cambrai des Sicambres, et Amiens des Ampsivariens.

Il est vrai que l'on trouve dans d'autres documents du moyen âge un nom de pays écrit *Hamaland*. Il est deux fois dans les Annales de Saint-Bertin[2], une fois dans Nithard[3], plusieurs fois dans le Cartulaire de l'abbaye de Corvey[4], et une fois dans une Chronique écrite au xie siècle par Sigebert Lévite[5]. Mais ces divers documents ne sont pas d'accord sur la situation et l'étendue du pays qu'ils appellent *Hamaland*. Quand même on se mettrait d'accord sur ce point, il resterait encore que ce nom de *Hamaland* ne se lit pas une seule fois dans notre document, qu'il est très téméraire d'identifier *Ha-*

1. Notons bien que l'orthographe latine des noms de peuples s'est toujours maintenue sans altération dans les textes législatifs ou autres. Du ve au xe siècle, on continue à écrire *Franci, Burgundiones, Alemanni, Frisiones, Saxones*, etc. Si le rédacteur de notre code avait voulu nommer les Francs Chamaves, nul doute qu'il n'eût écrit *Franci Chamavi*.

2. Annales de Saint-Bertin, édit. de la Société de l'histoire de France, p. 25 *Per fines Ribuariorum comitatus Moilla, Batua, Hammelant, Mosagao*. P. 37 : *Ducatum Fresiæ usque Mosam, comitatum Hamarlant, comitatum Batavorum*.

3. Nithard, 1, 6, édit. Pertz : *Ad fines Ribuariorum totam Frisiam, et per fines Ribuariorum comitatus Moila, Haettra, Hammolant, Masagouwe*.

4. Falke, *Traditiones Corbeienses*, p. 418 et 419.

5. Biographie de l'évêque de Metz Thierry (964-984), par Sigibertus Levita, dans Leibnitz, *Scriptores rerum Brunsvicensium*, 1707, t. I, p. 294 : *Virum ex pago Saxoniæ Hamalant oriundum*.

maland avec *Amor*, et qu'enfin il n'est pas tout à fait prouvé
que le nom même de *Hamaland* signifie « terre des Cha‑
maves[1]. » Grimm me semble bien hardi lorsque, rapprochant
Amor de *Hamaland* et supposant entre les deux mots une
forme intermédiaire *Amorland* qui ne se rencontre jamais,
il affirme que « l'*Amor* est la vieille terre des Chamaves[2]. »

Il faut se défier des similitudes de noms. C'est une des
causes d'erreur dans la science historique. Si l'on voulait à
tout prix retrouver le nom des Chamaves, on le trouverait tout
aussi bien en France. Il y a des chartes, un peu plus anciennes
que notre texte, qui nous présentent un *pagus Amavorum*[3].
Il s'agit d'un canton de la Bourgogne. *Amavi* ressemble plus
que *Amor* à Chamaves. Irons-nous dire pourtant que le peuple
des Francs Chamaves se soit fixé dans notre canton? Une res‑
semblance de nom serait une faible preuve. Parce qu'on a vu
en Bourgogne un *pagus Attoariorum*, on s'est hâté de dire
que les *Hattuari* de Tacite s'étaient établis là[4]. La science ne
doit pas procéder si légèrement. La *villa Marcomania*, qui est
citée dans une charte comme située en Bourgogne[5], nous
fera-t-elle dire que ce pays a été occupé par le peuple des
Marcomans? La *curtis Alamannorum* du pays de Reims[6]
suffira-t-elle pour nous faire croire à l'établissement d'une

---

1. Notez que cette racine *Ham* se retrouve dans d'autres noms de lieux. Une charte de 777 mentionne un simple fisc royal nommé Hamalumburg et qui est situé *in pago Salegau super fluvio Sala* (*Traditiones Fuldenses*, n° 57, p. 36; *Vita S. Sturmii, Acta Sanctorum ordinis Benedicti*, III, 282, c. 21). On connaît la *civitas* Hammabourg, en Saxe, aux bouches de l'Elbe, dont parle la *Vita Anscharii*, c. 19. Appliquera-t-on aussi ces noms aux Chamaves?

2. Grimm, préface à la *Lex Salica* de Merkel, p. 9. De même Waitz, *Deutsche Verfassungsgeschichte*, 3e édit., t. II, p. 385.

3. *Diplomata*, édit. Pardessus, n° 524; t. II, p. 324 : *In pago Ammaviorum*; p. 325 : *In pago Amavorum*; n° 587, p. 400 : *In pago Amœorum*.

4. *Diplomata*, n° 351 : *In pago Attoariorum*; n° 548 : *In pago Atoariense*; n° 491 : *In pago Atoariorum*; n° 514 : *In pago Athoariorum*. Cf. Annales de Saint-Bertin, à l'année 859. Il ne faut pas confondre avec ce canton de la Bourgogne un autre *pagus Attoariorum* situé sur le cours inférieur du Rhin (*Gesta regum Francorum*, 19; *Annales Fontanellenses*, anno 715; Annales de Saint-Bertin, à l'année 870).

5. *Diplomata*, t. II, p. 325 et 400.

6. *Vita Theodorici abbatis*, dans les *Acta Sanctorum ordinis Benedicti*, I, p. 614.

tribu d'Alamans? De ce que nous trouvons en Lorraine une
route des Sarmates, *strata Sarmatarum*[1], concluons-nous
qu'il y a ici un peuple sarmate? De tels raisonnements sont
puérils. Dans le *pagus Amavorum* de la Bourgogne, je ne
reconnais pas le pays des Chamaves; je ne le reconnais pas
plus dans l'*Amor*.

Mais quand même il serait établi que le mot *Amor* représente dans notre texte le mot *Chamave*, et qu'il désigne un
pays auquel les Chamaves auraient attaché leur nom, il resterait encore une difficulté. En effet, M. Gaupp ne dit pas
seulement que notre document a été écrit dans un pays qui a
reçu son nom des Chamaves; il soutient qu'il a été rédigé par
le peuple des Chamaves lui-même. Pour qu'il en fût ainsi, il
faudrait démontrer que le peuple des Chamaves vivait encore
en ce pays à l'époque où ce document a été rédigé, c'est-à-dire
au ixᵉ siècle. Cette difficulté n'a pas été aperçue par M. Gaupp.
Il lui suffit de croire qu'une localité a pris le nom des Chamaves pour croire du même coup que le peuple des Chamaves
a continué d'y vivre. Mais ces deux choses ne se suivent pas
nécessairement. Il est fréquent en géographie qu'un lieu conserve le nom d'un peuple longtemps après que ce peuple l'a
quitté. Quand même un canton appelé *Amor* devrait ce nom
à des Chamaves, je n'oserais pas conclure de là, sans autre
preuve, qu'un texte écrit dans ce canton au ixᵉ siècle soit la
loi du peuple chamave. Il y a, je le sais, une école historique
qui admet qu'un nom de lieu appartenant à une langue ou
à une race implique la persistance de cette race; mais ce
prétendu axiome est trop souvent démenti par la géographie
et par l'histoire pour qu'on y croie sans examen.

C'est la persistance des Chamaves en corps de peuple, et
leur persistance à la même place jusqu'au ixᵉ siècle, qui était
le point le plus important à démontrer, et c'est ce que
M. Gaupp n'a pas fait.

Les Chamaves sont signalés par Tacite comme un des
peuples importants de la Germanie[2]. Ptolémée les nomme

<hr>

1. *Diplomata*, nᵒ 340; t. II, p. 120.
2. Tacite, *Germanie*, 33 et 34; cf. *Annales*, XIII, 55. — On cite quelquefois

aussi[1]. Nous les retrouvons mentionnés dans les auteurs du
IVe siècle. Ils sont cités par Eumène, par Ammien Marcellin,
par Eunape, enfin par Sulpicius Alexander. Notons d'ailleurs
que ces écrivains ne parlent d'eux que pour signaler leurs
défaites[2]. La Table de Peutinger contient encore leur nom[3].
Puis, à partir de la fin du IVe siècle, le nom de Chamaves disparaît. On ne le trouve plus nulle part. Nous avons la longue
liste des peuples qui ont envahi l'Empire; les Chamaves n'y
sont pas. Depuis le IVe siècle, où l'on ne nous parlait que de
leur faiblesse et de leurs désastres, jusqu'au IXe où notre texte
a été écrit, les documents ne contiennent pas une seule fois
le mot Chamave. Dans les siècles suivants on ne le trouve pas
davantage. Que sont devenus les Chamaves dont parlait Tacite?
Ont-ils disparu dans la vaste tempête des invasions qui a bou-
leversé la Germanie autant que la Gaule? Ont-ils cédé à la
poussée universelle? Nous l'ignorons. Tout ce qu'on peut dire,
c'est que dans les documents on ne rencontre plus un peuple
chamave. Aucun roi, aucun duc des Chamaves n'est jamais
signalé. Les chartes, qui mentionnent des milliers de noms
géographiques, ne contiennent pas une seule fois le nom d'un
pays des Chamaves. Les Chroniques ne disent jamais que les
rois mérovingiens ou carolingiens aient subjugué des Chamaves; encore moins disent-elles que ces rois aient laissé
subsister un peuple chamave indépendant. Supposer que les

Strabon, VII, 1; mais le texte de Strabon porte Χαῦβοι (édit. Müller et Dübner,
p. 241).

1. Ptolémée, *Géographie*, II, 11, 19.

2. Eumène, *Panegyricus in Constantium*, dans Bouquet, I, p. 715 : *Arat nunc
ergo mihi Chamavus.* L'auteur fait allusion à des prisonniers chamaves réduits à
cultiver les champs gaulois. — Ammien Marcellin, XVII, 8 et 9 : *Juliànus Cha-
mavos adortus, partim cecidit, partim, acriter repugnantes vivosque captos
conpegit in vincula.* — Eunape, édit. Didot, *Fragmenta*, t. IV, p. 17, dit que
les Chamaves se soumirent à Julien. — Sulpicius Alexander, cité par Grégoire de
Tours, *Historia Francorum*, II, 9, dit que Julien ravagea le pays des Chamaves.
Voir aussi la lettre de Julien au peuple d'Athènes où il raconte son expédition. —
[*L'Invasion germanique*, p. 461 et 465.]

3. Table de Peutinger, édit. Desjardins, in-fol., p. 5; in-8°, p. 9; fac-similé,
table I. — Leur nom se trouve aussi dans une liste fort confuse et de nulle autorité,
qui est intitulée *Notitia gentium quæ pullulaverunt sub imperatoribus;* on la
trouvera à la suite de la *Germanie* de Müllenhof, p. 157; mais tout cela est du
IVe siècle.

Chamaves vécussent en corps de peuple au temps de Charlemagne, alors que leur nom avait disparu depuis quatre siècles
et ne devait plus reparaître, et supposer cela à cause de la
seule rencontre du mot *Amor*, est l'une des hypothèses les
plus hardies que l'on ait jamais faites.

Quant à une législation qui aurait été faite spécialement
pour un peuple chamave, aucun texte du moyen âge n'en a
jamais fait mention. Pour peu qu'on soit familier avec les
documents, tels que les diplômes et les formules, on sait
combien il est fréquent de trouver l'indication des différentes
lois qui régissaient les hommes. Maintes fois un testateur ou
un donateur rappelle quelle est sa loi. Dans les actes judiciaires, la loi des parties est souvent indiquée. C'est ainsi que
nous voyons nommer maintes fois la Loi Salique ou la Loi Romaine, la Loi Ripuaire, la Loi Lombarde, la Loi des Frisons ou
celle des Alamans. Les expressions *secundum Legem Salicam,
secundum Legem Alamannorum, secundum Legem Frisionum*,
ou quelque autre semblable, reviennent sans cesse. Au contraire, on ne trouve pas un acte, une donation, un jugement
qui soit fait « suivant la Loi des Chamaves ». Éginhard dit que
les Francs ont deux lois; il ne dit pas qu'ils en aient trois[1].
Éginhard a donc ignoré qu'il existât une Loi des Francs Chamaves. Les copistes qui, au IXe et au Xe siècle, ont écrit ces
libri legales que nous possédons en si grand nombre, et dont
chacun contenait le recueil des diverses législations alors
connues, ont tous ignoré la législation des Chamaves; car
ceux-là mêmes qui ont écrit nos deux manuscrits et qui y ont
inséré le code que nous étudions, ne lui ont pas donné le titre
de Loi des Chamaves et ne paraissent pas s'être doutés qu'il
renfermât la loi de ce peuple. Il y a encore cette singularité :
on a un acte de donation relatif à des terres du pays nommé
Hamaland; l'acte est de 855, postérieur de peu à notre texte;
l'auteur y allègue et y cite la *Lex Salica*, la *Lex Ripuaria*
et la *Lex Frisionum*[2], mais aucune loi chamave n'est citée.

1. Éginhard, *Vita Caroli*, 29.
2. Citée par Gaupp, d'après Kindlinger, *Münsterische Beitræge.*

Ainsi, dans ce canton même qui serait, dit-on, le pays des Chamaves, on applique toutes les lois excepté une loi chamave.

Nous ne pensons donc pas qu'après examen il y ait lieu d'adhérer à la théorie de Gaupp. Ce serait, à notre avis, une grande illusion de croire que ce texte nous mette sous les yeux une vieille loi populaire des Francs Chamaves.

IV

Nous voudrions maintenant nous rendre compte de la manière dont cette théorie est née dans l'esprit de son auteur. Cela peut être intéressant au regard de la méthode historique et des causes qui nous entraînent dans l'erreur.

M. Gaupp paraît avoir été très frappé de ce premier article de notre texte : « Au sujet des choses qui touchent à l'Église et aux serviteurs de Dieu, nous avons les mêmes règles que les autres Francs »; *habemus quomodo et alii Franci habent*[1]. Ces derniers mots impliquent sans nul doute que ce sont des Francs qui parlent; ils impliquent aussi que ces hommes ne sont pas à eux seuls tous les Francs, qu'ils ne sont qu'une partie des Francs. Mais ces mots n'impliquent pas forcément que ces hommes forment un *peuple* franc distinct d'autres *peuples* francs. Cette idée de peuple, qui tient une si grande place dans la théorie de Gaupp et qui en est même le fond, n'est pas dans le texte. Ni dans ce premier article, ni dans aucun des autres, elle n'est exprimée. Lisez tout notre document, vous n'y trouverez pas un mot qui signifie peuple, pas un indice qui marque que ces hommes soient considérés comme un peuple particulier. Vous y verrez au contraire que les hommes dont il est question n'ont d'autre chef politique que le roi qui règne sur tous les Francs, et qu'ils n'ont pas d'autre chef local que le comte que ce roi a envoyé pour le représenter. Pas une ligne ne fait même allusion à des chefs de canton qui seraient indigènes, ni à aucune organisation qui

—————————

1. *In primo capitulo de causis ecclesiæ et de illis servis Dei qui ibidem deserviunt, sic habemus quomodo et alii Franci habent.*

ferait de ces hommes une société séparée. Ils disent qu'ils se comportent « comme les autres Francs », *quomodo et alii Franci*; cela veut-il dire qu'ils forment un peuple distinct? Supposez qu'en France, au moment où les coutumes furent mises en écrit, les rédacteurs d'une coutume aient dit : « Sur tel point nous avons les mêmes règles que les autres Français »; cela signifierait-il que cette coutume appartînt à un peuple français distinct d'autres peuples français? Dans notre document le premier article a une signification bien claire : « Sur les choses qui touchent à l'Église, nous avons les mêmes règles que tout le reste de l'État franc. » De même à l'article 2 nous lisons : « Au sujet du ban du maître (le maître ici est le roi, suivant une expression ordinaire alors, et le ban du roi est l'amende due pour refus d'obéissance à un ordre quelconque du roi), nous suivons les règles communes aux Francs [1]. » — Au lieu de cette explication toute simple, l'érudit allemand interprète les deux phrases comme si ces hommes disaient qu'ils forment un peuple particulier et que sur ces deux points seulement ils ressemblent à deux autres peuples francs. Il tire donc de ces articles une chose qui n'y est pas, à savoir qu'il existait alors trois groupes francs et que les hommes qui ont écrit notre document sont un de ces groupes. Cette inexactitude de traduction, si légère en apparence, semble avoir été le point de départ de toute l'erreur.

Ajoutez à cela que M. Gaupp était d'un temps et d'une école où les préoccupations de race étaient très vives. Il faut reconnaître que dans notre siècle l'idée préconçue qui a le plus impérieusement dominé, non seulement dans la politique des États, mais dans les études mêmes des historiens, c'est l'idée de race. Sous l'empire de ce concept de l'esprit, M. Gaupp crut que dans notre texte le mot *Franci* désignait des descendants des anciens Francs, des hommes Francs par le sang et par la filiation directe.

Il fallait pourtant songer que dans les documents du viiie et du

---

1. Art. 2 : *De banno dominico similiter habemus sicut alii Franci habent.* — On sait qu'au viiie et au ixe siècle le verbe *habere* prend quelquefois le sens neutre et exprime la manière d'être.

ixe siècle, — or notre texte est manifestement du ixe, — le terme *franci* n'avait plus le sens ethnique qu'il pouvait avoir eu au vi^e siècle. Il avait alors deux significations : ou bien il désignait l'état de l'homme né libre, par opposition à l'esclave et à l'affranchi ; ou bien il indiquait ce que nous appelons aujourd'hui la nationalité, *Francus* se disant de l'homme qui faisait partie de l'État franc[1]. Dans l'usage ordinaire, les deux significations se combinaient : ceux qu'on appelait *Franci* au temps de Charlemagne, étaient les habitants libres du royaume des Francs ; tout homme libre dans ce royaume était un *Francus*, de même que, plus tard, tout sujet du roi de France fut un Français. Il apparaît nettement, quand on consulte les écrivains ou les lois du ixe siècle, que le mot *Francus* appliqué à un homme ne signifiait pas que cet homme fût un descendant des compagnons de Clovis. Les races s'étaient tellement mêlées dans l'État mérovingien, que nul n'aurait pu établir s'il descendait ou non des anciens Francs. L'idée d'une filiation franque n'est exprimée dans aucun document du ixe siècle. M. Gaupp partit néanmoins de cette idée que *Franci* désignait ici une race, et il crut que le premier article de notre texte impliquait la coexistence de plusieurs groupes ethniques de Francs.

Partant de là, et sa pensée remontant à l'époque antérieure, il voyait deux groupes francs déjà connus, celui des Saliens et celui des Ripuaires[2], auxquels on attribuait d'avoir rédigé

---

1. C'est en ce sens seulement qu'on peut dire que *Francus* a encore parfois un sens ethnique. Ainsi un homme qui habite l'Italie, mais qui est originaire de l'État franc, dira qu'il est *Francus* et même *salicus* s'il suit la Loi Salique. — Dans quelques exemples du viiie siècle, on voit encore *Franci* appliqué spécialement aux populations qui habitent entre le Rhin et la Loire, et opposé par conséquent aux Germains d'une part, aux Aquitains et aux Bourguignons de l'autre. Mais, que dans ces populations d'entre Rhin et Loire on ait distingué des hommes de race franque et des hommes de race romaine au viiie siècle, c'est ce qui ne se voit jamais dans les documents. Tout chercheur en histoire devrait être bien convaincu de deux choses : l'une, que le sens des mots change avec les époques ; l'autre, que nous ne devons traduire un mot que conformément à l'emploi que chaque époque en faisait. — [Cf. plus haut, p. 370 et suiv.]

2. Nous avons fait quelques réserves sur ces deux noms considérés comme noms de peuples dans notre *Histoire des institutions politiques* (2e édit., p. 539-540 [*L'Invasion germanique*, p. 462 et suiv. ; ici, plus haut, p. 574 et 575]). Ils sont inconnus à Grégoire de Tours et à tous les écrivains du vi^e siècle.

leurs lois. Il ne lui restait plus qu'à trouver le troisième groupe où, comme on dit, la troisième « tribu franque » dont nous aurions la législation dans notre document. Or l'antiquité nous donnait, parmi les Francs, les noms des Bructères, des Chamaves, des Ampsivariens, des Chattes[1], des Sicambres[2]. De ces noms, celui de Chamaves était le seul qui eût quelques lettres communes avec le terme *Amor* qui se trouve dans notre texte. Donc le peuple dont on cherchait le nom était celui des Chamaves.

C'est par cette association de trois idées, toutes trois inexactes, que l'on est arrivé à la conviction que notre texte était la législation populaire des Francs Chamaves. Un contre-sens sur les mots *alii Franci*, une opinion préconçue sur la persistance des races franques, et les deux lettres *a* et *m* du mot *amor*, voilà les trois éléments de la théorie. Ajoutez que la théorie était belle et séduisante. On était tout heureux et tout fier d'avoir trouvé un peuple nouveau, des Chamaves, au ixe siècle; d'avoir découvert un code de plus, et un code franc; d'avoir agrandi le terrain des lois dites barbares; d'avoir apporté un nouvel argument au système de la persistance des races, et surtout d'avoir fourni un appoint à une théorie chère aux érudits allemands, à la théorie du *Volksrecht*, c'est-à-dire des législations rédigées, disent-ils, par les peuples eux-mêmes. La théorie était de telle nature et de telle portée, que le cœur désirait qu'elle fût vraie. Elle avait un attrait irrésistible. Les érudits allemands s'éprirent d'elle, et les érudits français marchèrent à la suite. C'est ainsi que se forment les dogmes historiques. Et plus tard quand un esprit critique veut les vérifier et en voit le néant, il lui faut quelque courage pour les combattre et un rare bonheur pour les ébranler.

1. Sulpicius Alexander, dans Grégoire de Tours, II, 9.
2. Grégoire de Tours, *Historia Francorum*, II, 31. — Fortunat, *Carmina*, VI, 2, *De Sigiberto rege*, vers 97.

LES

ARTICLES DE KIERSY

877

Les Annales attribuées à Hincmar nous apprennent que, le 14 juin 877, Charles le Chauve empereur et roi tint son *placitum* général à Kiersy-sur-Oise[1]. Ce qu'on appelait *placitum* était une séance tenue par le roi avec quelques grands ; et ce qu'on appelait *placitum generale* était cette même séance au milieu de tous les grands et du *populus*. Ces grands, *primores*, étaient d'une part les archevêques, évêques et abbés, d'autre part les dignitaires et officiers du Palais, et les fonctionnaires royaux, tels que ducs, comtés et *missi*. Le *populus* se composait de ceux qui étaient hommes libres et, en même temps guerriers. Convoqués chaque année, soit qu'il y eût une guerre à faire, soit qu'il n'y en eût pas, ils se rendaient auprès du roi pour recevoir ses instructions, après quoi ils le suivaient en campagne ou retournaient chez eux[2].

Nous ne savons si le *populus* fut très nombreux à Kiersy. Tous les grands du royaume s'y trouvaient, à peu d'exceptions près[3]. Nous savons d'ailleurs que le *placitum* ne dura que trois jours et fut levé le 16 juin[4].

Les mêmes Annales nous disent en quelques lignes ce qui fut fait dans ce *placitum*. Charles le Chauve « y établit par des

1. Annales de Saint-Bertin, année 877, édit. Dehaisnes, p. 255 : *Inde placitum suum generale kalendas julii habuit.* La suite, *de Carisiaco Compendium*, montre que le lieu de la réunion fut Kiersy. Par les mots *kalendas julii* il faut entendre, conformément à l'usage du temps, le premier jour de la période désignée par le mot *calendes*; et en effet les articles de Kiersy portent *XVIII (ante) kalendas.* Ce jour est le 14 juin. M. Ém. Bourgeois [dans son étude sur *le Capitulaire de Kiersy-sur-Oise*, 1885] s'est trompé en disant 12 juin. Le 12 juin était désigné par l'expression *pridie idus junii.* — Cette manière de compter ressort bien de ce qu'on lit dans Hincmar, *Schedula*, c. 17, t. II [Patrologie latine, t. CXXVI], col. 587 : *Plures kalendæ mensis augusti pertransierunt*, etc.
2. [Voir *Les Transformations de la royauté*, liv. III.]
3. Hincmar, *Epistola ad Ludovicum Balbum*, c. 7 : *Omnes præsentes adfuerunt, excepto Bosone et Hugone abbate et Bernardo comite Arvernico.*
4. Cela résulte du titre de l'*Adnuntiatio*, comparé à celui des *capitula* : *XVI kalendas prædicti mensis, Karolus adnuntiavit...*

capitula comment, pendant son voyage à Rome, son fils Louis avec ses fidèles et les grands exercerait la régence du royaume[1]. Il y établit aussi quel impôt les provinces du royaume devaient payer[2]. » En effet, l'annaliste avait écrit quelques lignes plus haut que Charles le Chauve avait pris la résolution de faire un voyage en Italie où il avait à traiter de quelques affaires avec le pape Jean VIII, et où l'appelait, paraît-il, son devoir d'empereur[3]. Il était naturel qu'il réglât le gouvernement de la France pour le temps que durerait son absence. Son fils Louis, qui s'était précédemment révolté contre lui, ne lui inspirait pas une confiance absolue. D'ailleurs Hincmar ne dit pas que Charles ait fait à Kiersy des lois nouvelles; il ne dit pas non plus qu'il ait péniblement discuté avec une aristocratie malveillante; il dit seulement qu'il employa les trois jours que dura son *placitum* à établir dans une série d'articles la manière dont le royaume serait régi jusqu'à son retour de Rome.

Ces articles, dont Hincmar résume le contenu en quelques lignes, sont venus jusqu'à nous. Ils n'ont été conservés, il est vrai, que par un seul manuscrit. M. Émile Bourgeois[4] a fort bien expliqué pourquoi il n'y avait pas lieu de les trouver dans les recueils qui nous ont conservé les autres capitulaires. Comme ils ne formaient pas une loi qui dût durer, comme ils n'eurent plus à être appliqués cinq mois après la date où ils avaient été écrits, ils ne furent pas insérés dans la plupart des *libri legales* de l'époque, et c'est par un heureux hasard qu'il s'est trouvé un manuscrit pour nous les conserver[5]. Ce manu-

---

1. Annales de Saint-Bertin : Ubi, per capitula, qualiter regnum Franciæ filius suus Hludovicus cum fidelibus ejus et regni primoribus regeret, usque dum Roma rediret, ordinavit.

2. Ibidem : Et quomodo tributum, etc.

3. Charles le Chauve avait envoyé quatre mois avant, en février, un missus, l'évêque Adalgaire, pour faire tenir un synode à Rome, et l'objet principal de ce synode fut de confirmer la nomination de Charles comme empereur et de prononcer l'excommunication contre quiconque lui contesterait ce titre. Un peu plus tard, en avril, il avait reçu une lettre du pape qui lui rappelait son devoir de défendre l'Église de Rome contre les païens (Annales de Saint-Bertin, année 877).

4. Ém. Bourgeois, Le Capitulaire de Kiersy, c. 2.

5. C'était le n° 4761 de la Bibliothèque Nationale, manuscrit du x° siècle, peu postérieur par conséquent à l'acte de 877. M. Ém. Bourgeois a fait, dans son chapitre 2, une étude très ingénieuse et très sagace sur la composition de ce manuscrit

scrit est aujourd'hui perdu[1], et aucune vérification du texte
n'est plus possible. Du moins il avait été lu par le P. Sirmond
et par Baluze, et il l'a été plus récemment par H. Pertz[2].

I

Le manuscrit porte d'abord, suivant l'usage, un titre qui
en indique l'auteur, la date et le lieu. « Voici les articles qui
ont été établis par le seigneur Charles, glorieux empereur,
avec le *consensus* de ses fidèles, à Kiersy, l'an de l'incarnation
877, le 37e de son règne, le 2e de sa dignité impériale, le 18
des calendes de juillet[3]. » À ce titre s'ajoute cette ligne :
« Desquels articles, les uns ont été établis par lui-même (et
par lui seul); sur quelques-uns il a ordonné que ses fidèles
lui répondissent[4]. » Il est visible que ce préambule ne fait
pas corps avec les articles. Un préambule officiel d'acte législatif n'aurait pas cette teneur[5]. De deux choses l'une : ou ces
lignes ont été écrites par l'auteur du manuscrit, cinquante ans
peut-être après la date du capitulaire; ou bien le copiste lui-
même les a trouvées déjà écrites sur le manuscrit primitif dont
il se servait; et peut-être même l'étaient-elles déjà, comme

d'après les quelques lignes par lesquelles Pertz l'avait décrit. Il arrive à cette
conclusion que le capitulaire de Kiersy nous serait venu par une copie qui en aurait
été faite à Reims, dans l'église d'Hincmar lui-même.

1. [Ou du moins la partie du manuscrit qui renfermait le texte du capitulaire.]

2. Sirmond et Baluze ne le citent pas; ils ne disent pas d'où ils ont tiré leur
édition; mais comme on n'a jamais signalé d'autre manuscrit qui ait contenu ce
capitulaire, nous sommes fondé à croire qu'ils l'ont tirée de celui-là. Pertz déclare
dans sa préface qu'il a lu le n° 4761, et il s'en sert pour corriger deux ou trois
mots de l'édition de Baluze.

3. *Hæc capitula constituta sunt a domno Karolo glorioso imperatore cum
consensu fidelium suorum apud Carisiacum anno incarnationis dominicæ
DCCCLXXVII, regni ipsius XXXVII, imperii autem secundo, XVIII kalendas
julias, indictione decima.* — Nous traduisons *capitula* par articles; c'est le sens
littéral. On sait que le mot *capitulum* désignait toute espèce de petit chapitre, les
canons d'un concile, *capitula synodi*, les articles de la loi, *capitula legis*, les
chapitres d'un livre.

4. Ibidem : *De quibus quædam ipse definivit, et de quibusdam a suis fidelibus
responderi jussit.*

5. Voir, par exemple, le capitulaire de 805 *apud Tusiacum · In nomine sanctæ
et individuæ Trinitatis, Karolus gratia Dei rex omnibus episcopis, comitibus, etc.
Volumus...* [Pertz, p. 501.]

rubrique, en tête de la pièce sortie de la chancellerie impériale. En tout cas, elles marquent quelle idée les hommes du temps se sont faite de ces articles. Ils y ont vu une œuvre de l'empereur lui-même, *constituta sunt ab imperatore*; ils ont su d'ailleurs que l'empereur avait eu, suivant l'usage, le *consensus* de ses fidèles; ils ont même su qu'il avait voulu avoir, sur quelques-uns d'entre eux, une réponse écrite, car c'est le sens des mots *responderi jussit*. Le texte qui va suivre porte en effet à côté de chaque article la réponse écrite par les grands.

Ce préambule donne lieu à une autre remarque. Il y est dit que « les articles ont été établis par le roi le 14 juin ». Or le 14 juin est aussi, d'après les Annales d'Hincmar, le jour où le *placitum* s'est réuni. Il résulte de ce rapprochement que l'assemblée des grands n'a mis qu'un jour à en délibérer. La discussion n'a pas été longue; on pourrait presque dire qu'il n'y a pas eu de discussion.

Nous allons donner la traduction de ces articles, aussi littérale qu'il se pourra, et nous donnerons ensuite celle des réponses qui y furent ajoutées par les grands. Ce n'est pas par caprice que nous adoptons ce plan. Il est bien vrai que dans le manuscrit 4761 les articles et les réponses sont mêlés[1], chaque réponse étant placée immédiatement après l'article qu'elle vise; mais ce n'est pas ainsi que les choses ont été écrites le 14 juin 877. Il y a eu, ce jour-là, d'une part une lettre royale contenant les trente-trois articles, et d'autre part, séparément, quelques heures plus tard, une lettre des grands contenant les réponses. Ce qui le prouve, c'est que chaque réponse se réfère au numéro d'un article, *De primo capitulo, De secundo, De tertio,* ce qui n'eût pas été utile si chaque réponse avait suivi immédiatement l'article et avait été écrite sur une même feuille avec lui. Pour bien comprendre les articles et les réponses, il est bon de les replacer dans l'ordre où les uns et les autres se sont réellement présentés, c'est-à-dire d'abord tous les articles, ensuite toutes les réponses[2].

---

1. *Capitula proposita cum responsis conventus.*
2. M. Ém. Bourgeois a suivi l'ordre inverse, lequel était en apparence le plus

Article 1er : « Au sujet de l'honneur et du culte de Dieu et des saintes églises, lesquelles par la volonté de Dieu sont placées sous la puissance et protection de notre autorité, nous décidons que, autant elles étaient honorées, élevées en dignité et accrues en biens au temps de notre père, elles soient maintenues à tout jamais dans la pleine possession de leur état, ainsi que celles qui ont été pourvues par nous d'honneurs et de richesses ; que les prêtres et serviteurs de Dieu gardent la force ecclésiastique et les privilèges qui leur sont dûs ; qu'à ces mêmes prêtres la puissance royale et le zèle des fonctionnaires et administrateurs de l'État prêtent l'aide et le concours nécessaires en toute chose. Et voulons que notre fils maintienne toutes ces choses comme nous [1]. » — Cette clause est habituelle aux princes carolingiens. On la trouve en-tête de tous les capitulaires qui ont en vue le gouvernement général de l'État [2]. Ce qu'il y a ici de particulier, c'est que Charles « décrète » à la fois pour lui et pour son fils. C'est la dernière ligne de l'article qui en donne le sens. Il s'agit en effet, ainsi que nous l'avons lu dans les Annales d'Hincmar, de « disposer comment le fils du roi régira le royaume en l'absence du roi ». La première des prescriptions qui lui sont faites l'oblige à maintenir tous les droits, privilèges et biens des églises.

---

naturel. Il interprète chaque article, et ensuite chaque réponse. Cela le conduit à quelques inexactitudes d'interprétation ; par exemple, supposant que la réponse n° 8 n'a pas satisfait l'empereur, il imagine que l'article n° 9 a été alors ajouté par lui pour obtenir une réponse plus favorable. Ce n'est évidemment pas ainsi que les choses se sont passées.

1. Article 1 : [*De honore et cultu Dei atque sanctarum ecclesiarum, quæ auctore Deo sub ditione et tuitione regiminis nostri consistunt, Domino mediante, decernimus, ut sicut tempore beatæ recordationis domni et genitoris nostri excultæ et honoratæ atque rebus ampliatæ fuerunt, et quæ a nostra liberalitate honoratæ atque dilatæ sunt, de cetero sub integritate sui serventur; et sacerdotes ac servi Dei vigorem ecclesiasticum et debita privilegia juxta reverendam auctoritatem obtineant; et eisdem principalis potestas et inlustrium virorum strenuitas, seu rei publicæ administratores, ut suum ministerium competenter exequi valeant, in omnibus rationabiliter et juste concurrant. Et filius noster hæc suprascripta similiter Deo juvante conservet.*]

2. Cette clause signifie quelque chose de très matériel et de très précis ; c'est ce que Hincmar appelle ailleurs *privilegia, immunitates, honorem*, etc. ; t. II, col. 14. — Cf. idem, *Coronatio Caroli*, édit. de la Patrologie, Migne, t. I, col. 804. Voir aussi le rappel qu'il fait de cet article au moment du couronnement de Louis le Bègue, Hincmar, t. I, col. 809.

Il était naturel que Charles le Chauve commençât ainsi.

Article 2 : « Que le monastère construit par nous à Compiègne en l'honneur de la sainte mère de Dieu soit honoré par notre fils et nos fidèles autant qu'il l'a été par nous ; que le privilège à lui accordé par le seigneur pape et confirmé par tous les évêques, ainsi que notre décret impérial qui le concerne, soient respectés par tous nos fidèles, pour l'amour de Dieu et de nous, sans nulle malveillance ni violation, et qu'ils soient confirmés par notre fils[1]. » — Charles venait, en effet, de fonder un monastère, ce qui était un acte important pour sa conscience ; il avait, deux mois auparavant, réuni une nombreuse assemblée d'évêques pour en faire la consécration[2]. Son second article avait pour objet d'exiger que son fils conservât ce monastère.

Dans l'article 3, le prince s'adresse aux fidèles : « Choisissez des hommes qui, en dehors de ceux que j'ai déjà désignés, nous donnent conseil et aide dans notre voyage[3]. » — Ces termes nous montrent que Charles le Chauve avait déjà désigné, de son autorité propre, un certain nombre de fidèles pour l'accompagner en Italie, et que de même il avait dressé une liste de fidèles à qui il enjoignait de rester en France[4]. Par cet article, il demandait aux fidèles s'ils souhaitaient que quelques-uns d'entre eux s'adjoignissent à ceux qu'il emmenait avec lui.

Article 4 : « Que nous puissions être sûr[5] que, jusqu'à

---

1. Article 2 : [*Ut monasterium a nobis Compendio in honore sanctæ Dei genitricis Mariæ constructum, a filio nostro et fidelibus nostris eo tenore quo cœpimus honoretur, et privilegium a domno papa et ab omnibus episcopis confirmatum, imperiale etiam decretum, ab omnibus fidelibus pro Dei et nostro amore benignissime atque inviolabiliter conservetur et a filio nostro firmetur.*]

2. Annales de Saint-Bertin, édit. Dehaisnes, p. 254.

3. Article 3 : [*Ut tales a vobis eligantur, exceptis illis quibus commendatum habemus, quorum speciali consilio et adjutorio in præsenti itinere utamur.*]

4. Ainsi qu'on peut le voir dans les articles 12, 15, 17.

5. *Quomodo possimus.* On pourrait croire, à première vue, que ce *quomodo* est un interrogatif. Ce serait une erreur. Si cet article était une question, le verbe serait à l'indicatif, *possumus* ou *poterimus* ; nul n'ignore combien le latin de Charles le Chauve est correct et garde les vieilles règles. Or il y a le subjonctif *possimus.* C'est que, dans les Capitulaires et autres actes analogues, les mots *qualiter, quomodo* et *quatenus* indiquent une rubrique ; ils ont à peu près le même

notre retour, nul ne troublera notre royaume, autant qu'il
sera en votre pouvoir et avec l'aide de Dieu ; que nous puissions être en pleine sûreté à l'égard de notre fils et de vous,
et vous à l'égard de notre fils, et lui à l'égard de vous, et
vous tous à l'égard les uns des autres[1]. » — Une telle phrase
était fort claire pour les hommes de ce temps-là. Elle répondait aux idées de sécurité mutuelle qui étaient alors dans
l'esprit et dans la bouche de tous. Elle voulait dire que l'assemblée des grands devait s'engager de quelque façon à rester
fidèle au roi, ainsi que son fils, tant que durerait le voyage
d'Italie.

Article 5 : « Que tous les biens que, par actes émanés de
notre munificence, nous avons donnés à notre chère épouse
en pleine propriété, lui soient confirmés devant nous par
notre fils. Quant à ceux que nous lui avons concédés ou con-
céderons en simple bénéfice, (nous voulons), en cas que nous
mourions et qu'elle nous survive, que nous soyons assuré que
notre fils et nos fidèles s'appliqueront à la maintenir en possession de ces biens et en digne honneur[2]. » — On sait que la
jeune reine Richilde n'était pas la mère de Louis le Bègue ;
Charles le Chauve assure ses intérêts contre le mauvais vouloir
bien connu du futur roi.

sens que *ut*. — M. Ém. Bourgeois me paraît s'être mépris quand il a pris cette phrase
pour une simple question. Il y a une volonté exprimée. Le sens littéral de l'article
est : Je veux être sûr vis-à-vis de vous et de mon fils, et c'est à vous à faire ce
qu'il faut pour que je le sois. Peut-être le sous-entendu est-il : *Respondere
jubemus* ; non avec le sens d'une simple question, mais signifiant : Nous voulons
que vous disiez (et par écrit) comment nous pourrons être sûr vis-à-vis de vous et
de notre fils. — Sur cette forme de langage, cf. *Capitula*, édit. Boretius, p. 108 :
*Quod clericus fidejussor esse non debeat.... Quod presbyter in fornicatione
comprehensus deponatur.*

1. Article 4 : [*Quomodo securi esse possimus, quousque Deo donante huc re-
vertamur, a nullo regnum nostrum inquietari posse, quantum Deus vos adju-
vare voluerit et vestrum posse extiterit, et quomodo nos de filio nostro et de
vobis securi esse possimus, et vos de filio nostro securi esse possitis, et ipse de
vobis, et ut vos ad invicem credere possitis.*] — Sur le *esse securus*, comparer
traité de Mersen, c. 6, dans les Annales de Saint-Bertin, p. 75 et 76.

2. Article 5 : [*Ut ea quæ per largitatis nostræ præcepta dilectæ conjugi
nostræ in proprium habere concessimus, filius noster ante nos confirmet ; et ex
omnibus quæ illi jure beneficiario concessimus sive concesserimus, si obitus noster
evenerit et illa nos supervixerit, quomodo securi sumus, quatinus illam et sua
omnia filius noster et fideles nostri condigno honore studeant conservare.*]

Article 6 : « En quel honneur, en quelle protection et aide nos filles doivent vivre avec l'aide de Dieu[1]. Quant à ce que nous avons donné ou donnerons à la plus jeune de nos filles, avec quelle sûreté elle le puisse tenir. Si Dieu lui accorde venir à l'âge nubile, (nous voulons) que sa mère seule dispose d'elle et que personne ne la marie contre sa volonté ni ne lui impose le voile des religieuses[2]. » — Ici encore, Charles le Chauve prend des précautions contre son fils, pour le cas où lui-même viendrait à mourir.

Article 7 : « De l'ordonnance des troupes, et comment, au cas où nos neveux de Germanie voudraient entreprendre contre nous ou contre notre royaume, pendant le temps que durera notre voyage ou notre séjour en Italie, il sera résisté pleinement à leurs desseins avec l'aide de Dieu[3]. »

L'article 8 est une véritable question, au moins dans la forme. « Si avant notre retour quelques honneurs deviennent vacants, à considérer ce qu'il faudra faire[4]. » — Ce qu'on a appelé *honneurs* durant tout le moyen âge, c'étaient les fonctions et dignités, lesquelles sont plus tard devenues des fiefs ; par suite, le terme s'est appliqué aux terres qui étaient attachées à quelque fonction ou dignité. Dans la langue du ixe siècle, les *honores* se partageaient en deux catégories, les dignités ecclésiastiques, telles que évêchés et abbayes, et les dignités laïques, telles que les comtés[5]. On pourrait croire, à

---

1. Article 6 : [*De filiabus nostris, cum quo honore secundum Dei voluntatem et quali salvamento aut adjutorio consistere debeant.*] — Ici encore les mots *quo* et *quali* ne sont pas des interrogatifs. C'est la formule des rubriques; peut-être aussi y a-t-il le même sous-entendu que plus haut : *Respondere jubemus quo....*

2. Article 6 (suite) : [*Quod etiam parvulæ nostræ filiæ datum habemus aut deinceps dederimus, cum quali securitate tenere possit. Et si Deus eam ad perfectam ætatem venire donaverit, in matris suæ sit potestate, et a nullo contra ipsius voluntatem vel marito tribuatur, vel sacrum ei velamen imponatur.*]

3. Article 7 : [*De ordinandis scaris, et si nepotes nostri, sui patris imitantes vestigia, contra nos, aut in itinere aut postquam ad dispositum locum Deo duce venerimus, aliquid nobis mali aut regno nostro machinari voluerint, quomodo illis, Deo juvante, plenissime resistatur.*] — Ici encore il y a plus qu'une simple question. Le *quomodo* est un mot de rubrique, et n'a pas un sens très différent de *ut*.

4. Article 8 : [*Si antequam redeamus, aliqui honores interim, aperti fuerint, considerandum quid exinde agatur.*]

5. Cf. capitulaire de Vern, 845, art. 12, Baluze, II, 19 [Pertz, p. 586] : *Secu-*

première vue, que l'empereur entend ici les deux catégories à la fois; mais faisons attention qu'à la ligne suivante vient un article 9 où le roi parle des dignités laïques : il est donc évident qu'il n'a voulu parler ici que des dignités d'église, des *honores ecclesiastici*. La réponse des grands prouvera bien que c'est ainsi qu'ils ont compris la question.

Article 9 : « Si un comte meurt en notre absence, et que son fils soit avec nous, que notre fils avec le conseil de nos fidèles mette à la tête du comté l'un de ceux qui auront été les plus proches et les plus amis du défunt, seulement pour veiller sur ce comté de concert avec les officiers qui ont servi le défunt et avec l'évêque du diocèse, jusqu'à ce que nous ayons été informé de la vacance[1]. » — La pensée qui est exprimée nettement ici est que le fils du roi, au lieu de conférer lui-même les comtés vacants, ne désignera que des administrateurs provisoires, et que la vraie nomination sera réservée au roi. La pensée qui est sous-entendue, mais qui se laisse voir, est que le roi donnera le comté au fils du défunt qui l'accompagne. — Le roi continue : « Si le comte qui est mort laisse un fils en bas âge, que ce fils assisté des officiers de son père et de l'évêque veille sur le comté, jusqu'à ce que nous ayons été informé[2]. » — Ici encore le roi garde, contre son fils, le droit de nomination définitive, et en même

---

lares honores seculares possideant, ecclesiasticos ecclesiastici sortiantur. — Le mot est fréquemment appliqué aux dignités ecclésiastiques. Capitulaire de 803, art. 5 ; Baluze, I, 382 : *Ab omni honore ecclesiastico priventur.* Capitulaire de 755, art. 24 ; Baluze, I, 175 ; Boretius, p. 57 : *Ut per pecunias nullus ad ecclesiasticum honorem accedere debeat. Capitularia, V, 10 : Ecclesiastici viri qui talia admiserint facinora, perdant honores suos.* Déjà dans l'*Edictum Chlotarii* de 614, nous lisons : *Si quis clericus quolibet honore munitus.* Dans un capitulaire de 754 (Boretius, p. 31) : *Ecclesiasticus... perdat honorem suum.* Capitulaire de 794, art. 47 (Boretius, p. 77) : *Abbatissæ... quæ canonice non vivunt... ab honore priventur.* Capitulaire de 802, Boretius, p. 108 : *De his qui ad honorem presbyterii provecti sunt.*

1. Article 9 : [*Si comes obierit cujus filius nobiscum sit, filius noster cum ceteris fidelibus nostris ordinet de his qui illi plus familiares et propinquiores fuerint, qui cum ministerialibus ipsius comitatus et episcopo ipsum comitatum prævideat usque dum nobis renuntietur.*]

2. Article 9 (suite) : [*Si autem filium parvulum habuerit, isdem cum ministerialibus ipsius comitatus et episcopo in cujus parochia consistit, eundem comitatum prævideat donec ad nostram notitiam perveniat.*]

temps il veut que l'administration provisoire soit confiée au
fils, fût-il enfant. — « Si le défunt ne laisse pas de fils, que
notre fils avec le conseil de nos fidèles établisse quelqu'un
qui avec les officiers et l'évêque veille sur le comté jusqu'à
ce que nous ayons donné nos ordres ; et que personne ne
s'irrite si notre volonté accorde ce comté à un autre que celui
qui aura été désigné par notre fils¹. » — Voici qui montre
bien le fond de la pensée du roi. Ce qu'il ne veut pas, c'est
que le régent, en son absence, nomme un comte.

Il continue : « On agira de même à l'égard de nos simples
vassaux². » — Les vassaux du roi, dans la langue du IXᵉ siècle,
étaient ceux qui, sans être dignitaires ni fonctionnaires de
l'État, tenaient du roi une terre en bénéfice. — « Nous voulons
encore et ordonnons expressément que les évêques, les abbés,
les comtes et nos autres fidèles aient soin de procéder de
même à l'égard de leurs hommes³. » — Nous reviendrons plus
loin sur cette phrase, qui nous paraît la plus importante de
tout le capitulaire. — Enfin le roi termine cet article en disant : « Au sujet des évêchés et abbayes vacants, que l'évêque
le plus voisin et le comte prennent soin d'empêcher que nul
n'usurpe les biens d'église ou ne mette obstacle aux donations
qui pourraient être faites ; si quelqu'un commet ce délit, qu'il
en paye l'amende conformément aux lois séculières, qu'il en
fasse pénitence suivant les lois ecclésiastiques, et qu'il subisse
en outre la peine qu'il nous plaira de lui infliger suivant la
mesure de sa faute⁴. »

1. Article 9 (suite) : [*Si vero filium non habuerit, filius noster cum ceteris
fidelibus nostris ordinet qui cum ministerialibus ipsius comitatus et episcopo
ipsum comitatum prævideat donec jussio nostra inde fiat. Et pro hoc nullus
irascatur, si eundem comitatum alteri cui nobis placuerit dederimus quam
illi qui eum hactenus prævidit.*]

2. Article 9 (suite) : [*Similiter et de vassallis nostris faciendum est.*]

3. Article 9 (suite) : [*Et volumus atque expresse jubemus ut tam episcopi quam
abbates et comites, seu etiam ceteri fideles nostri, hominibus suis similiter conservare studeant.*]

4. Article 9 (fin) : [*Et tam de episcopatibus quam et de abbatiis vicinus episcopus et comes prævideant, ne aliquis res ecclesiasticas vel facultates diripiat,
et nullus ad eorum eleemosynam faciendam impediat. Quod si præsumpserit,
et secundum leges humanas hoc componat, et secundum leges ecclesiasticas inde
ecclesiæ quam læsit satisfaciat, et nostram harmiscaram secundum modum*

Article 10 : « Si quelqu'un de nos fidèles, après notre mort, mû par l'amour de Dieu et de nous, veut renoncer au siècle, et qu'il ait un fils ou un proche parent qui soit apte à servir l'État, qu'il puisse résigner ses honneurs en faveur de ce fils ou de ce parent, au mieux qu'il voudra, et s'il veut ensuite vivre en paix sur la terre qu'il possède en propre, que personne ne l'en empêche, et qu'on n'exige pas de lui autre chose que de marcher à la défense du pays[1]. » — Pour comprendre cet article étrange au premier abord, il faut songer à une règle du droit monarchique de l'époque. Il s'agit ici d'hommes qui sont laïques, puisqu'il est dit d'eux qu'ils ont l'obligation de combattre pour la défense du pays, et qui sont en même temps en possession d'*honores*, c'est-à-dire de fonctions ou de dignités. Ce sont donc des membres de la hiérarchie du Palais, à différents degrés. Or il avait toujours été reconnu que ces serviteurs du roi n'avaient pas le droit de quitter d'eux-mêmes le service. On ne comprenait cette sorte d'abandon que dans le cas de renonciation au siècle. La renonciation pouvait être réelle, ou bien, comme ici, purement fictive. En tout cas, pour cette renonciation même, il fallait l'autorisation du roi. Cette règle avait été en pleine vigueur sous les Mérovingiens; elle subsistait sous les Carolingiens. On ne saurait dire si cette autorisation s'obtenait aisément ou avec peine. En tout cas, Charles le Chauve, songeant à sa mort possible, l'accordait à ceux qui seraient « mus par l'amour de Dieu et de lui », c'est-à-dire à ceux qui sans doute en renonçant au monde lui promettaient leurs prières.

Article 11 : « Si pour quelque motif on annonçait notre mort à notre fils et à nos fidèles, qu'ils ne se hâtent pas trop d'y croire; que d'ailleurs ils se réunissent ensemble et qu'avec

<hr>

culpæ et ut nobis placuerit sustineat.] — Sur le sens de *harmiscara*, cf. capitulaire de 829, art. 1, Baluze, I, 663, [Krause], t. II, p. 12; capitulaire de 853, c. 9, Baluze, II, 56; de 857, c. 9, ibidem, II, 90; de 860, c. 4, ibidem, II, 148.

1. Article 10 : [*Si aliquis ex fidelibus nostris post obitum nostrum, Dei et nostro amore compunctus, seculo renuntiare voluerit, et filium vel talem propinquum habuerit qui rei publicæ prodesse valeat, suos honores, prout melius voluerit, ei valeat placitare. Et si in alode suo quiete vivere voluerit, nullus ei aliquod impedimentum facere præsumat, neque aliud aliquid ab eo requiratur, nisi solummodo ut ad patriæ defensionem pergat.*]

l'aide de Dieu ils disposent toutes choses suivant les ordres que nous aurons donnés[1]. »

Article 12 : « Si la mort nous frappe (dans ce voyage entrepris) pour le service de Dieu et de ses saints, que nos aumôniers, suivant les instructions que nous leur avons déjà données, règlent la distribution de nos aumônes[2]. Que nos livres soient partagés entre Saint-Denis, Sainte-Marie de Compiègne et notre fils. Ceux que nous chargeons de ce soin sont l'archevêque Hincmar, l'évêque Franco, l'évêque Eudes, l'abbé Gozlin, les comtes Arnulf, Conrad, Bernard et Adalelme....[3] »

Article 13 : « Si notre mort survient, on trouvera quelle part de l'Empire notre fils doit espérer qu'il lui sera assigné, et, au cas où Dieu nous donnerait un second fils, quelle part celui-ci devra prendre[4]. » — Cet article, qui étonne à première vue, s'explique si l'on songe au principe de droit public qui réglait alors la succession au trône. Sous les Carolingiens, la royauté n'était pas héréditaire de plein droit ni par ordre de primogéniture. La règle admise était que la succession au trône fût réglée par chaque roi de son vivant ou à l'article de la mort. Nul n'était censé roi qu'en vertu du choix et de la nomination que le roi défunt avait faits de lui[5]. Le sens de cet

1. Article 11 : [*Si aliqua occasione filio nostro aut fidelibus nostris de nostro obitu nuntiatum fuerit, non facile credatur : sed conveniant simul fideles nostri et rationabiliter secundum Dei voluntatem omnia a nobis ordinata disponant.*]

2. Article 12 : [*Si nos in Dei sanctorumque ipsius servitio mors præoccupaverit, eleemosynarii nostri, secundum quod illis commendatum habemus, de eleemosyna nostra decertent.*] — Sur le sens du mot *decertare*, cf. capitulaire de 789, c. 78 (ou 80, édit. Boretius, p. 61) : *Secundum quod genitor noster Pippinus decertavit ut fieret. Decertare* n'a pas un autre sens que *decernere*.

3. Article 12 (suite) : [*Et libri nostri, qui in thesauro nostro sunt, ab illis, sicut dispositum habemus, inter Sanctum Dionysium et Sanctam Mariam in Compendio et filium nostrum dispertiantur. Id est, Hincmarus venerabilis archiepiscopus, Franco episcopus, Odo episcopus, Gauzlinus abba, Arnulfus comes, Bernardus comes, Chuonradus comes, Adalelmus comes. Similiter de his quæ ad eleemosynam conjugis nostræ pertinent, si ipsa obierit, faciant. Quæ vero superfuerint, ab ipsis salventur usque ad nostram, Deo dante, interrogationem.*]

4. Article 13 : [*Inveniendum qualem partem imperii, si obitus noster evenerit, sibi decernendam sperare filius noster debeat, et si Deus alterum filium nobis interim donare voluerit, quam ipse habeat.*]

5. [Cf. *Les Transformations de la royauté*, liv. III, c. 4.] — M. Ém. Bourgeois suppose [p. 48 et s.] que le mot *inveniendum* est une invitation faite aux grands de

article est parfaitement éclairci par un texte des Annales
d'Hincmar, où il est dit qu'au mois de novembre suivant,
c'est-à-dire quelques semaines après la mort de Charles, sa
veuve rapporta en France « le diplôme royal par lequel avant
de mourir il avait transmis le royaume à son fils[1] ». C'est de
ce diplôme qu'il parlait dans l'article 13, en disant qu'on le
trouverait au moment opportun. Peut-être l'acte était-il déjà
écrit; mais il ne le faisait pas encore connaître, parce qu'il se
réservait de le modifier au cas où Richilde lui donnerait un
second fils. — Il ajoutait même : « Suivant que l'un de nos
neveux se montrera digne ou non, il sera fait alors suivant la
décision que nous aurons prise. » — Cela signifiait que
Charles se réservait le droit de disposer d'une partie de ses
États en faveur d'un de ses neveux, soit qu'il songeât par scrupule de conscience à rendre quelques-unes des provinces qu'il
avait prises, soit qu'il espérât traiter avec l'un des trois frères
contre les deux autres et qu'il voulût payer cette alliance
d'une partie de la Lotharingie ou de l'Italie[2].

Dans l'article 14, Charles le Chauve reprend le cas où il
reviendra vivant de son voyage, et il décide qu'alors son fils
Louis le Bègue partira à son tour pour Rome. « Que notre fils,
en notre absence, fasse ses préparatifs et se mette en mesure
d'aller à Rome aussitôt après notre retour, pour y faire le

« trouver » après la mort du roi quel doit être le successeur. Jamais les choses ne
se sont passées ainsi, ni avant ni après Charles le-Chauve, et cela serait absolument contraire à toutes les règles connues. Il disserte longuement sur l'expression
invenire capitula, mais il ne s'agit pas ici de trouver un article de loi. *Inveniendum* signifie : « On devra trouver »; et Charles le Chauve entend qu'on trouvera
après sa mort le *præceptum regale* par lequel il transmet la couronne; nous
voyons en effet que, cinq mois plus tard, l'impératrice Richilde apporte le *præceptum*.

1. Annales de Saint-Bertin, édit. Déhaisnes, p. 260.

2. Article 13 (suite) : [*Et si aliquis ex nepotibus nostris ad hoc se dignum
exhibuerit, vel si non fecerit, secundum quod nobis tunc, et cui placuerit cen-
seatur.*] — M. de Cordemoy [*Histoire de France.* t. II, p. 325] explique *nepotibus*
par petits-fils. Il ne serait pas impossible que Charles le Chauve, qui avait à se
plaindre de son fils, songeât à donner une part du royaume à ses petits-fils Louis
et Carloman. Toutefois il y aurait là une telle dérogation aux usages et au droit
public du temps, que j'incline plutôt à croire que ces *nepotes* sont, dans cet
article comme dans les articles 7 et 25, les fils de son frère. Remarquez d'ailleurs
que Charles parle ici du partage de l'Empire entier, *imperii*, et non pas seulement
de la France.

service de Dieu et des saints, et pour y être couronné roi[1]. »

Article 15 : « Comment et en quel ordre notre fils devra
rester dans ce royaume et quels doivent être ceux qui lui
prêteront aide et conseil et seront avec lui à tour de rôle[2].
Ce seront, parmi les évêques, ou Ingilvin, ou Reinelme, ou
Eudes, ou Ildebolde, de manière que l'un d'entre eux soit
toujours avec lui. Parmi les abbés, Welf, Gozlin et Folco
seront toujours avec lui, à moins d'autre nécessité. Parmi les
comtes, Thierri, Baudoin, Conrad et Adalelme seront à tour
de rôle auprès de lui; Boson et Bernard y seront aussi, du
moins autant que notre service le permettra[3]. Si notre fils se
rend dans la région de la Meuse, il aura avec lui les évêques
Franco et Jean, les comtes Arnoul, Gislebert, Létard, Matfried,
Widric, Adalbert, Ingelger, Gotbert et Rénier. S'il va dans la
région de la Seine, il aura avec lui l'abbé Hugues, les évêques
Walther, Wala et Gislebert et nos autres fidèles de cette région.
Et de tous nos autres fidèles, il aura avec lui ceux qu'il lui
sera nécessaire d'avoir dans chaque partie du royaume[4]. » —
L'objet de cet article est de désigner les conseillers intimes et

1. Article 14 : [*Ut filius noster talem se et taliter præparet quatenus, cum
Deo juvante reversi fuerimus, Romam ire valeat, et ibi Dei et sanctorum apostolorum quandiu necesse fuerit servitium agere; et ibi, Deo adminiculante, in
regem possit coronari.*] — On peut se demander si dans ce voyage Louis le Bègue
sera couronné comme roi de France ou comme roi d'Italie. Le premier est à peu près
inadmissible, étant donnés les traditions et les droits de l'église de Reims ; le second est plus vraisemblable, avec cette seule réserve que le couronnement aurait
lieu, non à Rome, mais à Pavie.

2. Article 15 : [*Qualiter et quo ordine filius noster in hoc regno remaneat, et
qui debeant esse, quorum auxilio utatur et vicissitudine cum eo sint.*] — *Qualiter* n'est pas ici un interrogatif, comme l'a cru M. Ém. Bourgeois [cf. p. 48].
La preuve en est qu'il y a ensuite *videlicet*. Charles ne demande pas aux grands
quels seront les conseillers de son fils : il les désigne lui-même ; le *qualiter* n'est
autre chose que la forme ordinaire d'une rubrique.

3. Article 15 (suite) : [*Videlicet ex episcopis assidue sint cum illo aut Ingil-
winus, aut Reinelmus, sive Odo, seu Hildeboldus. Ex abbatibus, si alia necessitas non evenerit, assidue sint cum eo Welpho, Gauzlinus, et Folco. Ex comitibus vero, aut Teudericus, aut Balduinus, sive Chuonradus, seu Adalelmus,
alternatim cum illo consistent, et quanto sæpius pro nostra utilitate potuerint,
Boso et Bernardus.*] — On voit par les derniers mots que Boson et Bernard avaient
quelque mission particulière du roi.

4. Article 15 (fin) : [*Si versus Mosam perrexerit, sint cum eo Franco episcopus, Johannes episcopus, Arnulfus comes, Gislebertus, Letardus, Matfridus,
Widricus, Gotbertus, Adalbertus, Ingelgerus, Rainerus, una cum prædictis. Si*

permanents de Louis le Bègue. On sait que le roi carolingien n'agit jamais qu'au milieu de quelques conseillers ; le père impose au fils les conseillers dont il s'entourera pendant son absence.

Article 16 : « S'il surgit quelque besoin imprévu dans notre royaume (c'est-à-dire une guerre étrangère, une invasion de Normans ou une révolte), nous voulons que, puisque notre fils est, grâce à Dieu, dans la force de l'âge, il n'appelle pas à lui tous les fidèles du royaume ; mais que, comme nous avons fait souvent nous-même, il prenne seulement avec lui quelques braves parmi nos fidèles, qu'il marche inopinément contre l'ennemi, et qu'il l'accable virilement. Que ceux qui ne pourront pas être avec lui de leur personne lui envoient quelques guerriers d'élite suivant la nécessité[1]. »

Article 17 : « Qu'Adalard, comte du Palais, reste aux côtés de notre fils avec le sceau royal. Qu'à défaut d'Adalard, ou Gérard ou Frédéric, ou quelqu'un de ceux qui sont de la suite du comte du Palais, tienne les plaids. Qu'au moins une fois par semaine ils tiennent les plaids, et qu'ils veillent au maintien de l'ordre[2]. » — L'objet de cet article est d'enlever au régent le pouvoir de destituer les fonctionnaires les plus importants du Palais carolingien.

Article 18 : « Que les comtes dans leurs comtés surveillent les malfaiteurs, afin que la paix règne ; qu'ils tiennent exactement leurs séances judiciaires. Qu'ils fassent savoir à tous ceux qui doivent l'ost, qu'ils soient prêts à marcher partout où

ultra Sequanam perrexerit, Hugo abba, Waltherus episcopus, Wala episcopus, Gislebertus episcopus, et ceteri nostri fideles illius partis, una cum prædictis. Sed et de aliis fidelibus nostris, secundum quod in unaquaque parte regni necesse fuerit.]

1. Article 16 : [*Si subito evenerit in aliqua parte regni necessitas, videtur nobis, ut, quia Deo gratias filius noster juvenis est, non omnes fideles nostros æqualiter faciat laborare. Sed, sicut nos jam, Deo juvante, sæpissime fecimus, acceptis secum strenuis viris ex fidelibus nostris, inimicis nostris insperate superveniat, et eos viriliter perterreat; et qui cum eo ire non potuerint, mittant cum eo electos viros, prout necessitas fuerit.*]

2. Article 17 : [*Adalardus comes palatii remaneat cum eo cum sigillo. Et si ipse pro aliqua necessitate defuerit, Gerardus, sive Fredricus, vel unus eorum qui cum eo scariti sunt, causas teneat; et vel una die in septimana ipse causas teneat; et ubicunque fuerint, de pace prævideant.*]

besoin sera pour le service de Dieu et pour le nôtre. Que nos
missi, établis dans notre royaume, n'apportent aucune négligence dans leur mission[1]. » — Ces instructions n'ont rien de
particulier; encore laissent-elles voir que Charles, avant de
partir, a pourvu à chaque comté, et qu'il a même désigné les
missi pour chaque missaticum.

Article 19 : « S'il surgit dans notre royaume une guerre
qu'un comte ne puisse pas comprimer par ses seules forces,
que notre fils avec nos fidèles ait soin de la comprimer le
plus vite possible, avant que le mal ne grandisse dans notre
royaume[2]. »

Article 20 : « Que notre fils avec nos fidèles réside dans la
partie du royaume où sa présence sera le plus nécessaire[3]. »
— Puis vient une série de prescriptions d'une nature toute
spéciale et qu'expliquent les usages du temps : « Que personne
ne prenne gîte dans nos villæ ni dans celles de notre femme ;
que personne ne fasse tort aux hommes de nos domaines
ni à d'autres. Que les propriétés et les bénéfices de ceux qui
nous accompagnent jouissent de toute immunité. Les méfaits
commis contre ces hommes ou contre ces terres seront punis
d'une triple composition, comme tout méfait qui frappe les
hommes ou les biens en truste du roi....[4] »

Article 21 : « Que personne ne manque de respect à toute

1. Article 18 : [*Comites quoque per suos comitatus de raptoribus et malis
hominibus prævideant, qualiter pax fiat, et malla teneant, et omnibus qui hos-
tem debent, denuntient ut parati sint, quatinus, si necessitas fuerit, in Dei et
nostrum servitium pergere valeant. Et missi nostri qui per omne regnum nostrum constituti sunt, missaticum nostrum, prout eis opportunum fuerit, agere
non negligant.*]

2. Article 19 : [*Si werra in regno surrexerit, quam comes per se comprimere
non possit, filius noster cum fidelibus nostris eam quantocius comprimere stu-
deat, antequam malum in regno nostro accrescere possit.*]

3. Article 20 : [*Ut filius noster cum fidelibus nostris in illa parte regni mo-
retur ubi major necessitas fuerit.*]

4. Article 20 (suite) : [*Et nemo in villis nostris vel in villis uxoris nostræ man-
sionaticum accipiat, et nullus homines nostros sive alios deprædari audeat, et
eorum qui nobiscum vadunt beneficia et villæ sub immunitate maneant. Quod
si aliquis præsumpserit, in triplo componat, sicut ille qui in truste dominico
committit. Et qui in villas episcoporum, abbatum, vel aliorum fidelium nostrorum deprædationes fecerint, sicut in capitularibus antecessorum nostrorum et
in nostro continetur emendent.*]

lettre signée de nous ou de notre fils ou de ceux que nous laissons avec lui dans notre royaume, et que nul ne désobéisse aux ordres qui y seront contenus. Celui qui l'oserait faire sera puni suivant la rigueur des capitulaires de notre aïeul et de notre père[1]. »

Article 22 : « Sont à avertir aussi et à exhorter ceux de nos fidèles qui restent avec notre fils à être exacts au conseil ; que chacun y parle suivant son opinion, et après que chacun aura parlé, qu'on choisisse le meilleur avis[2]. »

Article 23 : « Que la dignité royale que la nécessité a jadis contraint de donner aux Bretons par serment, leur soit reprise par nos fidèles, par la raison que de tous ceux qui ont prêté ce serment aucun ne survit plus[3]. »

De l'article 24, il ne nous est parvenu que les premiers mots ou le titre : « Du royaume d'Aquitaine.

Par l'article 25, Charles le Chauve prend les mesures utiles pour être régulièrement informé de tout ce qui se passera en son absence : « Devront venir vers nous, pour nous apporter toutes choses qui seront à nous adresser, en premier lieu l'évêque Willebert, plus tard l'évêque Arnold, et en troisième lieu l'évêque Wala[5]. De tout ce qui arrivera de nouveau ou de fâcheux dans le royaume, notre fils aura soin que nous soyons aussitôt informé par des courriers à pied et à cheval, parce que nous serons toujours soucieux de savoir si vos affaires et

---

1. Article 21 : [*Ut nemo despiciat litteras nostra auctoritate aut filii nostri nomine signatas, vel eorum quos in hoc regno cum illo dimittimus, neque inobediens sit quæ sibi mandata fuerint. Quod si præsumpserit, ita mulletur sicut in capitulari avi et domni ac genitoris nostri continetur.*]

2. Article 22 : [*Monendum quoque et hortandum, ut fidelium nostrorum, qui cum filio nostro remanserint, nullus in consilio tardus appareat ; sed unusquisque ut sibi melius visum fuerit loquatur, et post omnium locutiones, quod melius visum fuerit eligant.*]

3. Article 23 : [*Qualiter regnum quod necessitate Brittonibus quondam juramento confirmatum fuerat, quia de illis quibus firmatum est nullus superstes est, a fidelibus nostris recipiatur*]. — *Qualiter recipiatur* n'est pas une question, comme le croit M. Ém. Bourgeois, c'est un ordre ou tout au moins une invitation à agir.

4. Article 24 : *De regno Aquitanico.*

5. Willebert avait été prêtre de la chapelle du Palais (Baluze, II, 612), et le roi l'avait fait évêque de Châlons (ibidem, II, 1300). Arnold ou Arnald était évêque de Toul depuis 872 (ibidem, II, 246 et 276). Wala était évêque d'Auxerre. …

les nôtres sont en bon état. S'il arrive que nos neveux, à l'exemple de leur père, marchent contre nous en Italie, il ne sera pas besoin d'attendre que nous commandions à nos fidèles de venir à notre aide ; qu'ils viennent aussitôt qu'ils auront connaissance du fait, et qu'à cet effet ils se tiennent à l'avance toujours prêts et garnis[1]. »

Article 26 : « Que le château fort commencé par nous à Compiègne soit achevé pour l'amour de nous et pour votre honneur, en témoignage de votre attachement pour notre bonté[2]. »

, De l'article 27, nous n'avons qu'un résumé : « Au sujet de la cité de Paris et des châteaux forts sur la Seine et sur la Loire, comment et par qui ils seront rétablis ; et spécialement du château de Saint-Denis[3]. »

Article 28 : « Au sujet de Wulframn, Gauzmar, et l'orfèvre Hadebert, nous voulons qu'ils restent dans la situation où nous les avons établis[4]. »

De l'article 29, nous n'avons qu'un titre : « Des monnaies[5].»

De l'article 30, [nous n'avons aussi qu'] une rubrique : « De la manière d'effectuer la levée de la contribution qui doit être donnée aux Normans[6]: » — Cet article, qui était

---

1. Article 25 : [*Ut post nos cum his quæ nobis ferenda sunt, pergat primum Willebertus episcopus, deinde Arnoldus episcopus, et deinde Wala episcopus. Et ut filius noster et alii nostri fideles ad hoc studeant, ut nihil novi aut mali in hoc regno surgat quod aut per equites aut per cursores pedites non sciamus; quia de vestra prosperitate sicut de nostra semper solliciti erimus. Et si nepotes nostri, filii fratris nostri, sui patris imitantes exempla, post nos pergere et contra nos insurgere voluerint, non expectetur ut commendemus fidelibus nostris ut nobis occurrant; sed prout plenius potuerint, statim ut hoc cognoscere potuerint, nobis in adjutorium, prout citius potuerint, veniant, et ad hoc omnes semper warniti sunt.*]

2. Article 26 : [*Ut castellum de Compendio, a nobis cœptum, pro nostro amore et vestro honore perficiatur in testimonium dilectionis vestræ erga nostram benignitatem.*]

3. Article 27 : [*De civitate Parisius et de castellis super Sequanam et super Ligerim ex utraque parte, qualiter et a quibus instaurentur, specialiter etiam de castello Sancti Dionysii.*]

4. Article 28 : [*De Vulframno et Gauzmaro et Hadeberto aurifice, sicuti statuimus, ita permaneant.*]

5. Article 29 : [*De monetis.*]

6. Article 30 : [*Qualiter hoc perficiatur et ad effectum perveniat, quod Nortmannis dari debet de conjecto.*]

sans doute un des plus longs et des plus importants, a été
omis par le copiste; mais les Annales d'Hincmar nous en
donnent le résumé. Charles le Chauve établissait un impôt
foncier, lequel était d'un *solidus* par chaque manse domi-
nical, de 8 ou de 4 deniers par chaque manse de tenure,
payable moitié par le maître, moitié par le tenancier[1].

De l'article 51, nous avons une rubrique : « Des honneurs
de Boson, de Bernard, de Guy, et des autres de cette région[2]. »
— On ne peut faire sur le contenu de cet article que des
hypothèses; l'une est que ces fiefs étaient, sous certaines conditions, exemptés de l'impôt aux Normans.

Puis vient l'établissement d'un autre impôt qui frappe le
commerce : « Des commerçants qu'on appelle *cappi* et autres
négociants[3], nous voulons que ceux qui sont juifs donnent
un dixième de leur recette, et ceux qui sont chrétiens un
onzième[4]. »

Les deux derniers articles sont encore des précautions prises
par Charles le Chauve contre son fils. Il craint que Louis ne
profite de sa régence pour mettre au pillage les palais, les
domaines et les forêts du roi. Il donne donc la liste « des
palais dans lesquels Louis ne pourra résider, des forêts dans
lesquelles il ne pourra chasser ». Il lui interdit nommément
« le palais de Kiersy et toute la forêt, le palais de Senlis et
tout le pays de Laon, le palais de Compiègne et la forêt de
Cuise ». Pour quelques forêts, il permet de chasser, « mais

---

1. Annales de Saint-Bertin, année 877 : [*Tributum... disposuit, scilicet ut de
mansis indominicalis solidus unus, de unoquoque manso ingenuili quatuor
denarii de censu dominico, et quatuor de facultate mansuarii; de manso vero
servili duo denarii de censu dominico et duo de facultate mansuarii, et unusquisque episcopus de presbyteris suæ parochiæ secundum quod unicuique pos-
sibile erat. a quo plurimum quinque solidos, a quo minimum quatuor denarios
episcopi de singulis presbyteris acciperent; et missis dominicis redderent.*]
2. Article 51 : [*De honoribus Bosonis, Bernardi, et Widonis, et aliorum illarum partium.*]
3. *De cappis.* J'ignore le sens de ce mot, dont je n'ai trouvé aucun autre
exemple. On a supposé que c'était un sobriquet appliqué aux Juifs; mais les termes
de notre article indiquent plutôt qu'il y a des *cappi* qui sont juifs et d'autres *cappi*
qui sont chrétiens. Voir la note de Baluze, II, 1286, et Ducange, au mot *cappus, 2.*
4. Article 51 (suite) : [*Et de cappis et aliis negotiatoribus, videlicet ut Judæi
dent decimam, et negotiatores christiani undecimam.*]

seulement en passant ». Dans celle de Vern, Louis « n'aura
que le droit de prendre les porcs[1] ». Enfin le roi exige qu'A-
delelme tienne le compte « de tous les porcs et bêtes sauvages
que son fils aura pris dans les forêts[2] ».

II

Tels furent les articles écrits et établis par Charles le
Chauve, *a Karolo constituta*, le 14 juin 877. La pensée du
prince y est bien visible. Au moment de partir pour l'Italie,
il décide que son fils, déjà roi d'Aquitaine, régira le royaume
de France jusqu'à son retour ; en même temps il règle la manière dont il exercera cette régence ; il lui assigne ses conseillers qui ne le quitteront pas ; il lui donne à lui et à ces
conseillers des instructions précises ; il prévoit le cas où il
surviendrait quelque guerre et il donne ses ordres à l'avance ;
il prévoit même le cas où il mourrait et il fait entendre que
c'est à lui qu'il appartient de transmettre le pouvoir. Ces
trente-trois articles ont tous pour objet de limiter l'action de
la régence et de réserver les droits de Charles le Chauve.
Louis le Bègue ne pourra ni toucher aux possessions de l'impératrice, ni nommer un évêque, ni instituer un comte, ni
changer ses conseillers, ni destituer les grands officiers du
Palais, ni interrompre la construction des châteaux forts,
ni modifier le taux de l'impôt, ni même user pour son plaisir
des domaines royaux ; enfin, quand le roi sera revenu, c'est
lui à son tour qui devra aller à Rome.

1. Article 32 : [*In quibus ex nostris palatiis filius noster, si necessitas non
fuerit, morari vel in quibus forestibus, venationem exercere non debeat. Cari-
siacus penitus cum forestibus excipitur. Silvacus cum toto Laudunensi similiter.
Compendium cum Causia similiter. Salmonciacus similiter. In Odreia villa
porcos non accipiat; et non ibi caciet nisi in transeundo. In Attiniaco parum
caciet. In Verno porcos accipiat tantum. Arduenna penitus excipitur, nisi in
transeundo. Et villæ ad servitium nostrum similiter. In Ligurio porcos et feramina accipiat. Aristallium cum foreste penitus excipitur. In Lens et Wara et
Astenido et feramina et porcos capere potest. In Rugitusil. in Scadeboldt, in
Launif, tantummodo in transitu, et sicut minus potest. In Crisiacco similiter. In
Lisga porcos tantum accipiat.*]
2. Article 33 : [*Ut Adelelmus de forestibus diligenter sciat, quot porci et
feramina in unaquaque a filio nostro caciati fuerint.*]

Sur ce voyage de Charles le Chauve à Rome on s'est fait une illusion. On a cru qu'il s'agissait d'une expédition militaire. Les documents ne disent pas cela. Cherchez dans les trente-trois articles de Kiersy un mot qui donne l'idée d'une guerre entreprise, vous ne le trouverez pas. Charles ne parle que d'un voyage, *iter*[1], et il annonce que son fils fera plus tard le même voyage. Il ne signale aucun ennemi ; il prévoit, à la vérité, qu'il pourra être attaqué par un de ses neveux ; mais il se contente de déterminer qu'en ce cas une armée le rejoindra[2]. Les Annales rédigées par Hincmar ne disent pas qu'il ait emmené une armée en Italie ; elles disent, ce qui est bien différent, qu'il partit « avec sa femme, avec une grande quantité d'or et d'argent, avec beaucoup de chevaux et d'autres richesses[3] ». C'est un brillant cortège, et l'on voit bien qu'il porte au pape de nombreux cadeaux[4], mais ce n'est pas une force militaire. Les Annales de Saint-Waast ne parlent que d'un voyage *ad limina apostolorum*[5], et Charles dans son propre capitulaire n'indique pas d'autre objet à son voyage que de faire le service qu'il doit à Dieu et aux saints[6]. D'autres Annales, rédigées à Saint-Bertin, disent expressément qu'il partit sans armée[7], et cela ressort bien du récit que fait Hincmar des événements qui se passèrent en Italie[8].

1. Art. 7. : *In itinere aut postquam ad dispositum locum Deo duce venerimus.* — Cf. *Adnuntiatio : Karolus adnuntiavit ad populum de suo itinere Romam.*
2. Article 25.
3. Annales de Saint-Bertin, année 877, p. 256 : [*Cum uxore et maxima auri et argenti caballorumque ac facultatum aliarum copia de Francia Italiam petiit.*]
4. Cf. Annales de Saint-Bertin, p. 258.
5. Ibidem, édit. Dehaisnes, p. 296 : [*Iterum iter parat quo Italiam pergens et ad limina apostolorum.*]
6. Article 12 ; cf. art. 14.
7. *Exercitum non habebat. Annales Sithienses,* dans dom Bouquet, VII, p. 266, à l'année 877. Ces Annales ont été rédigées à Saint-Bertin par Jean d'Ypres, chef de cette abbaye, mort en 1503.
8. Annales de Saint-Bertin, p. 256 et suiv. — Toutefois les Annales de Fulde (Bouquet, VII, p. 183) disent : *Cum exercitu petiit Italiam.* Mais ces Annales sont visiblement inspirées par les ennemis de Charles le Chauve ; pour discerner la valeur de cette assertion, il faut la rapprocher de la manière dont les mêmes Annales racontent ce qui se passa en Italie, il faut à l'annaliste que Charles ait fui lâchement et que Carloman ait eu un brillant succès ; or la vérité fut que Charles, se trouvant en Italie sans armée et ne voyant pas venir l'armée qu'il attendait de France, se retira

Il est bien vrai que, l'année précédente, Jean VIII, dans plusieurs lettres, parle de Sarrasins qui menacent Rome; mais,
si l'on fait bien attention à ces lettres, on voit que sa grande
préoccupation est de lutter, non contre les Sarrasins, mais
contre un parti de chrétiens qui lui sont hostiles et qui sont
aussi hostiles au nouvel empereur[1]. Assurément l'empereur
ne livra aucune bataille aux païens. Il ne paraît même pas
avoir songé à marcher contre eux. C'est à Pavie qu'il s'arrêta.
De son côté, Jean VIII put quitter Rome sans aucun danger,
et il rejoignit l'empereur à Pavie. Leurs conférences eurent
un tout autre objet qu'une guerre contre les païens. Le seul
acte qui s'ensuivit fût le couronnement de Richilde comme
impératrice[2], couronnement pour lequel Charles donna au
pape les riches cadeaux qu'il avait apportés de France. C'est
ainsi que le voyage que Charles prescrivait à son fils par le
14e article de Kiersy devait avoir pour principal effet son couronnement comme roi[3].

C'est donc sans aucune raison que l'on s'est figuré Charles
le Chauve entreprenant en 877 une campagne en Italie. Son
voyage, dans sa pensée, devait avoir un caractère pacifique. S'il
parlait de sa mort possible, cela tient à l'état de santé dans
lequel il se trouvait; il relevait d'une maladie qui pouvait le
reprendre et qui, en effet, semble l'avoir repris[4]. On sait
d'ailleurs que ce voyage eut une malheureuse issue; Charles

à petites journées, et que Carloman, s'imaginant que Charles avait avec lui des
forces considérables, s'enfuit de son côté (Annales de Saint-Bertin, p. 258). On
comprend dès lors que les Annales allemandes aient cru que Charles le Chauve
avait une armée avec lui; la vérité est, comme Hincmar le montre très clairement,
qu'il attendait cette armée et qu'elle ne vint pas à temps.

1. Voir notamment la lettre 24, Migne, t. CXXVI, col. 675, où il semble bien que
les Sarrasins ne sont là que pour rendre les ennemis du pape plus odieux. Voir
d'ailleurs les n° 43, 45, 58, 59, 60, 79. — L'existence de bandes de Sarrasins autour
de Rome n'est pas douteuse. Comme les Normans en France, ils étaient une préoccupation incessante, mais non pas la première préoccupation, d'autant plus que
beaucoup de seigneurs prenaient ces bandes à leur solde ou traitaient avec elles.

2. Annales de Saint-Bertin, p. 258. Cf. Bouquet, VII, p. 260 : *Richildis regina in
imperatricem, a Johanne Papa consecratur.* C'est le seul acte que signale l'annaliste.

3. Art. 14 : *In regem coronari.*

4. Annales de Saint-Bertin, année 876, in fine : [*Graviter passione pleurisis
est infirmatus, adeo ut vivere desperaret.*]

réussit à faire sacrer l'impératrice ; mais son neveu Carloman
d'Allemagne, le voyant à peu près sans forces militaires, passa
les Alpes et marcha contre lui. Charles avait bien prévu cette
attaque et il avait, par le 7e et le 25e article de Kiersy, ordonné
qu'on se tînt prêt à le rejoindre. Mais l'armée qu'il attendait
n'arriva pas. Hincmar accuse Hugues l'abbé, Boson, et les
deux comtes Bernard, d'avoir refusé d'aller à son aide[1].
Charles le Chauve n'avait donc qu'à revenir en France ; il n'y
rentra pas vivant[2].

Il est clair que cette malheureuse issue du voyage d'Italie
n'a pu exercer aucune action sur les articles rédigés à Kiersy
avant ce voyage. Tout au plus peut-on dire qu'elle justifia
quelques-unes des précautions qu'avait prises alors Charles le
Chauve. Il semble qu'il eût tout prévu, sauf peut-être la dé-
fection ou le retard de Hugues l'abbé, de Boson et de Bernard,
qu'il croyait très attachés à sa personne et qu'il désignait
parmi les principaux conseillers de son fils. Quoi qu'il en soit,
le sens des trente-trois articles de Kiersy est bien clair. Il n'y
a pas deux interprétations possibles. Charles le Chauve, à la
veille d'une absence, prend toutes les mesures possibles pour
l'administration du royaume et la sauvegarde de ses propres
droits. Ces articles sont une série d'instructions et d'ordres.
D'un bout à l'autre, si vous exceptez l'article où il parle des
évêques, il parle en maître. Chaque verbe qu'il emploie est
au mode du commandement. Cela ne veut pas dire que
Charles soit un prince toujours obéi ; mais il parle comme
s'il l'était ou devait l'être.

---

1. Annales de Saint-Bertin, p. 258 : [*Exspectavit primores regni sui, Hugonem
abbatem, Bosonem, Bernardum Arvernicum comitem, itemque Bernardum Gotiæ
markionem, quos secum ire jusserat : qui una cum aliis regni primoribus,
exceptis paucis, et episcopis adversus eum conspirantes conjuraverunt.*]

2. Sa mort est du 6 octobre 877, le onzième jour après la potion donnée par un
médecin juif ; mais il n'avait pris cette potion que parce qu'il était déjà malade.
Le départ de Pavie pour revenir en France est du milieu de septembre. Du reste il
y aurait beaucoup à dire sur ce voyage en Italie au sujet duquel il s'est établi bien
des légendes, et dont les contemporains eux-mêmes paraissent fort mal informés.

III

Ces articles étaient adressés par le roi, *proposita*, aux fidèles convoqués par lui à Kiersy. Nous savons ce qu'étaient ces assemblées. Le caractère et la composition en sont bien marqués dans plusieurs autres capitulaires; ils le sont d'une manière plus précise encore dans le traité d'Hincmar *De Ordine palatii*.

Le *populus* entier, c'est-à-dire l'ensemble des hommes libres, était présent; mais il ne délibérait pas. La délibération n'appartenait qu'à ceux qu'on appelait les fidèles dans le sens le plus spécial du mot, et qu'on appelait aussi les « grands du royaume », *primores regni*[1]. Par ces deux dénominations on entendait, d'une part les archevêques, évêques et abbés de monastères, d'autre part les *missi*, les ducs, les comtes, et les dignitaires du Palais. Les premiers étaient presque toujours nommés par le roi ; les seconds l'étaient toujours. Les comtes comme les *missi* étaient des fonctionnaires royaux ; les évêques et les abbés, suivant les idées du temps, avaient aussi quelque peu ce caractère. Ni les uns ni les autres ne représentaient une nation. Ni les uns ni les autres n'étaient, surtout en droit, indépendants du roi. Ils étaient plutôt ses agents. Des comtes, cela était indéniable. Des évêques même, cela était vrai par un certain côté. Tous les capitulaires le montrent assez, et celui-ci même, où Charles le Chauve assigne à certains évêques l'obligation de rester comme conseillers auprès de son fils, et à quelques autres celle de venir le rejoindre en Italie et de lui apporter à tour de rôle les dépêches, les rapports, les pièces diverses de la chancellerie du Palais[2]. Ecclésiastiques et laïques, tous étaient, un peu plus ou un peu moins, les grands du royaume, c'est-à-dire les dignitaires et les fonctionnaires de la royauté. Chacun d'eux avait été mis en sa place par le roi. Leur grandeur venait du roi, non du peuple, non d'eux-mêmes.

1. [Voir le livre III des *Transformations de la Royauté*.]
2. Article 25.

Mais il y avait plusieurs siècles que l'usage s'était établi que cet entourage de la royauté la conseillât très librement. Ces mêmes hommes qui étaient chargés d'exécuter les volontés du roi dans les provinces, avaient aussi le droit ou plutôt le devoir d'intervenir dans la formation de chacune de ces volontés. Il n'y avait de volonté royale que celle à laquelle cet entourage avait donné son concours et son adhésion, *consensus*. Aussi les actes législatifs et même les moindres diplômes portent-ils que le roi n'a décrété, n'a agi, n'a voulu qu'après avoir consulté ses fidèles, *cum consultu*, qu'après avoir obtenu leur avis favorable, *cum consensu*; ces expressions, qui ne sont parfois que de pure forme, ont le plus souvent leur réalité littérale.

Ainsi ces fidèles délibèrent sur tous les actes de la royauté. N'allons pas croire qu'il s'agisse d'une représentation nationale; personne à cette époque n'exprima pareille idée. C'est plutôt une sorte de Conseil d'État. Ces fidèles ou ces grands ne sont pas un corps placé en face du roi pour le combattre; ils sont un corps inséparable du roi; ils ne font qu'un avec lui; ils sont comme l'extension de sa personne.

Le manuscrit qui nous a conservé ces articles de Kiersy nous dit qu'ils furent *proposita*. Ne nous hâtons pas de croire qu'ils furent « proposés », comme aujourd'hui le gouvernement présenterait aux Chambres un projet de loi. Le mot *proposita* ne signifie pas « proposés »; il signifie « mis en avant », « mis sous les yeux ». Le copiste n'a pas voulu dire autre chose sinon que ces articles furent adressés par le roi à ses fidèles. Cela était conforme à l'usage établi.

C'était l'usage aussi que les fidèles eussent à donner une réponse. Nous savons par le traité *De Ordine palatii*, qui fut écrit à cette époque, comment les choses se passaient. Les grands étaient ordinairement séparés en deux salles, les évêques et les abbés dans l'une, les comtes et les *missi* dans l'autre. Chacune des deux réunions recevait les *capitula* « que le roi jugeait bon de lui envoyer », et elle en délibérait. Le roi avait le droit d'assister, et même de présider; en fait, il était rare qu'il fût présent. Si les grands n'approuvaient pas tout d'abord, ou s'ils avaient besoin d'explications, plusieurs officiers portaient leurs observations au roi et leur rapportaient les réponses du roi. Les discussions n'étaient pas fort longues ; la session « durait un jour, deux jours, quelquefois trois jours et même davantage ». Celle de 877 ne dura qu'une journée. Les résultats des délibérations étaient ensuite « portés aux oreilles du glorieux prince ; puis, ce qu'il choisissait dans sa sagesse, tous s'y conformaient[1] ».

Il serait dangereux de transporter dans ces usages du IXe siècle les idées qui règnent dans nos esprits modernes. Se figurer ces dignitaires ou fonctionnaires royaux discutant les projets du gouvernement à la façon des parlements d'aujourd'hui serait une grande erreur. Ces grands n'avaient jamais la décision. On les consultait seulement. Il ne dépendait pas absolument de leur droit que les articles fussent rejetés. Si ces articles devenaient ensuite des lois, ce n'était pas parce qu'ils avaient été votés par eux. De telles règles sont celles auxquelles nous sommes habitués aujourd'hui, non celles que concevaient les esprits de ce temps-là. Nul doute que si les grands exprimaient un avis tout à fait défavorable, le prince fût dans l'impossibilité morale de promulguer ses *capitula*. Il était surtout dans l'impossibilité physique de les faire exécuter, puisque c'étaient ces mêmes hommes qui étaient chargés de l'exécution. Mais, en droit, ce qu'on demandait à ces grands, c'était seulement leur avis, leur opinion, leur sentiment. Dans la langue d'alors, ce sentiment favorable s'appelait *consensus*.

Il faut aussi regarder de près au sens du mot « réponses » dont il va être question. Dans les différents capitulaires des princes carolingiens, on distingue trois sortes de réponses. Quelquefois les articles envoyés par le roi sont de véritables questions. C'est ce qu'on voit, par exemple, dans un capitu-

---

1. *De Ordine palatii*, c. 34 [édit. Prou : *Capitula... eis ad conferendum vel ad considerandum patefacta sunt. Quibus susceptis, interdum die uno, interdum biduo, interdum etiam triduo vel amplius, prout rerum pondus expetebat, accepto, ex prædictis domesticis palatii missis intercurrentibus, quæque sibi videbantur interrogantes responsumque recipientes, tandiu ita nullo extraneo appropinquante donec res singulæ ad effectum perductæ gloriosi principis audilui in sacris ejus obtutibus exponerentur, et quicquid data a Deo sapientia ejus eligeret omnes sequerentur.*]

laire de Charlemagne en 811. Cela se voit mieux encore dans
un capitulaire de 819, où Louis le Débonnaire a voulu avoir
l'avis motivé des grands sur plusieurs articles de la Loi Salique.
D'autres fois, les *capitula* ne sont pas des questions; ils sont
déjà présentés sous la forme arrêtée de décrets royaux; et le
roi ne demande qu'une acceptation orale, ou même une acceptation tacite. D'autres fois enfin, le roi, présentant ces décrets,
exige une réponse écrite; et cette réponse n'a pas pour objet
de donner plus de valeur légale au capitulaire : elle a plutôt
pour objet d'engager les grands, lesquels promettent par là de
lui obéir et de l'exécuter. En un mot, ce que les divers textes
du ixe siècle appellent « réponses » est tantôt une véritable
consultation, tantôt une simple adhésion, et tantôt un engagement.

A Kiersy-sur-Oise, Charles le Chauve, en présentant ses
capitula aux grands, voulut qu'il lui fût fait une réponse par
écrit, *jussit responderi*, sinon sur tous, au moins sur quelques-
uns, *de quibusdam*[1]. Ces réponses nous ont été conservées en
même temps que les articles royaux. Les voici :

« L'article premier, tel que vous l'avez décrété par l'inspi-
ration de Dieu, nous le louons et voulons l'observer[2]. » — On
voit assez que cette réponse n'est qu'un *consensus* en bonne
forme et par écrit, c'est-à-dire un engagement.

« Nous répondons de même sur le deuxième article[3]. »

Sur l'article 3, par lequel le roi les invitait à lui désigner
quelques hommes pour l'accompagner en Italie, en outre de
ceux qu'il avait déjà désignés lui-même, les grands répondent :
« Ce que vous avez réglé pour la défense de votre royaume et
la garde de votre fils, a été bien réglé et nous le jugeons nécessaire; nous ne pouvons ni ne devons déranger l'ordre que vous
avez établi, et nous ne voyons rien de mieux à faire que ce
que vous avez fait[4]. » — Cette réponse semble d'abord obscure;

1. [*De quibus quædam ipse definivit, et de quibusdam a suis fidelibus responderi jussit.*]
2. [Article 1er, réponse : *Primum capitulum, sicut Deo inspirante decrevistis,
omnes conlaudamus et conservare volumus.*]
3. [Article 2, réponse : *De secundo similiter respondemus.*]
4. [Article 3, réponse : *De tertio vos, sicut melius Deo inspirante vidistis,*

le sens en est d'ailleurs facile à trouver. Charles le Chauve a, de son autorité personnelle, dressé la liste des fidèles qui l'accompagneront en Italie[1]; il a aussi, implicitement et par cela même, dressé la liste de ceux qui resteraient en France[2]. Toutefois il offre à ses fidèles de modifier ces deux listes en ajoutant quelques noms à ceux qui devaient aller en Italie. Les grands, qui en général aimaient peu ce voyage, répondent qu'ils n'ont aucun nom à ajouter à la liste du roi. Ils donnent même à entendre qu'à leur avis leur présence est nécessaire dans le royaume, qui peut être attaqué. Ils marquent ainsi qu'ils n'approuvent pas le départ du roi pour l'Italie, et l'on s'explique très bien qu'un annaliste ait dit qu'il accomplissait ce voyage contrairement à la volonté des grands, *contra voluntatem*. Il n'y a d'ailleurs rien d'hostile dans leur réponse. Ils indiquent leur opinion de la manière la plus correcte et la plus courtoise en disant que le roi a déjà réglé les choses pour le mieux et qu'ils ne prétendent rien changer aux deux listes qu'il a dressées. Ceux qu'il a désignés pour l'Italie partiront; tous ceux qu'il n'a pas désignés resteront en Gaule pour la défense du royaume.

Par l'article 4, le roi leur demandait, pour lui et pour son fils, des garanties de fidélité pendant son absence. Cette demande n'avait rien qui pût surprendre d'après les procédés en usage chez les hommes depuis soixante années, et elle était faite aussi en termes qui n'avaient rien de blessant. On comprend d'ailleurs que le roi exige ici une réponse qui le rassure, et qui engage les grands. Cet article est certainement un de ceux auxquels s'applique le *jussit responderi*. Voici comment les grands y répondent.

« Premièrement, vous nous demandez comment vous pourrez être tranquille au sujet de votre fils. Nous répondons que c'est

regni vestri defensionem atque tuitionem, et filii vestri custodiam per fideles vestros, tam per episcopos quam abbates, et comites, dispositum habetis, et necessarium esse cognoscimus. Ipsam dispositionem nos disordinare non possumus, nec debemus; et qualiter illam melius disponere possimus, non sapimus.]

1. C'est le sens des mots : *Illis quibus commendatum habemus* (sous-entendu *quorum consilio in præsenti itinere utamur*).

2. Voir d'ailleurs l'article 15.

vous qui l'avez engendré et élevé avec l'aide de Dieu et que
c'est par vos soins qu'il a grandi ; aucun de nous ne peut ni
ne doit plus que vous prendre ses intérêts ; c'est donc en
votre conseil, aide et disposition que résident ses intérêts et
son honneur après Dieu et les saints[1]. » — Ce langage répond
exactement à la pensée du roi. De même que le roi n'a pas dit
crûment : « Promettez-moi que vous n'aiderez pas mon fils à
se révolter, » les grands ne sauraient répondre non plus :
« Votre fils ne se révoltera pas. » Mais ils le disent sous une
forme adoucie : « Votre fils vous doit tout ce qu'il est et il
n'est pas assez ingrat pour l'ignorer. » « C'est dans votre secours, aide et disposition que consistent ses intérêts. » Nous
devons aussi remarquer la phrase où ils disent « qu'aucun
d'entre eux ne peut ni ne doit prendre les intérêts de Louis
plus que son père » C'est une façon très claire, dans la langue
de l'époque, de s'engager à ne pas soutenir Louis contre le roi
et à ne pas former autour du fils un parti hostile au père.
Ainsi la réponse est à mots couverts, comme l'était la demande ;
mais toutes les deux sont claires. Les grands ajoutent d'ailleurs, pour plus de netteté encore, cette phrase significative :
« Toutes les garanties que vous voudrez prendre vis-à-vis de
votre fils, vous pouvez les prendre[2]. » Il n'y a là aucun indice
d'opposition, comme l'a cru M. Ém. Bourgeois[3]. Les grands ne
font aucune réserve en faveur de Louis ; il n'est pas un mot
qui proteste contre la dépendance étroite que Charles le
Chauve lui impose dans tous les articles suivants.

Deuxièmement, « vous nous demandez que vous puissiez
être sûr de nous jusqu'à votre retour, de manière qu'aucun de

1. [Article 4, réponse, première partie : *De quarto, in quo scriptum est,
QUOMODO VOS DE FILIO VESTRO SECURI ESSE POSSITIS, respondemus, quia, Deo gratias,
vos eundem filium vestrum et generastis et nutristis, et sub nutrimento vestro
Deus ad hanc ætatem illum perduxit; et nemo nostrum illum amplius salvare
potest, vel debet, aut sapit, quam vos, et in vestro consilio et auxilio ac dispositione illius salvatio et honor post Deum et sanctos ejus consistit.*]

2. [Article 4, première partie de la réponse : *Et qualiter ad Dei voluntatem et
sanctæ ecclesiæ et regni vestri utilitatem securi de illo esse possitis, in vestra
dispositione maneat.*]

3. [Page 37 de son livre. Comment comprendre, s'il en était ainsi, que] Charles
fût parti pour l'Italie ?

nous ne trouble votre royaume avec l'aide de Dieu et suivant
tout notre pouvoir[1]. Nous répondons que nous vous avons fait
des serments, et qu'il existe une pièce écrite, *professio*, que
nous tous, clercs et laïques, nous avons mise dans vos mains,
signée de nous. Il y a aussi une lettre octroyée par vous à
nous vos fidèles et signée de vous. Il existe encore la pièce
écrite et le serment que nous vous avons fait à Gondreville à
la suite de faits nouveaux résultant de la mort de Lothaire et
du message du pape Hadrien. Il y a encore l'acte écrit que nous
avons fait à Reims sur notre fidélité à votre égard, sur l'ordre
établi par vous dans votre royaume, sur votre femme, sur le
fils que vous avez et sur celui que Dieu pourra vous donner
encore. Tous ces serments, nous les avons gardés jusqu'ici,
nous les gardons, et avec l'aide de Dieu nous voulons les garder
jusqu'à notre mort. Sur quoi vous pouvez être assuré que nous
disons vérité. Si d'ailleurs quelqu'un de nous s'est écarté de
ces serments, qu'il soit puni suivant juste raison et qu'il les
garde à l'avenir. S'il se trouve aussi parmi nous quelqu'un qui
ne vous ait pas prêté ces serments, qu'il les prête autant que
de besoin et qu'il les garde dans tout l'avenir. Il est aussi
parmi nous des hommes qui ne sont vos fidèles que depuis la
mort de votre frère ; quel serment ils vous ont fait, vous le
savez ; que ceux qui l'ont gardé jusqu'ici continuent à le
garder ; si quelqu'un s'en est écarté, qu'il porte la juste peine
de sa faute, et qu'il reste à l'avenir attaché à son serment[2]. »

1. Les mots *quantum Deus nos juvare voluerit et nostrum possè extiterit* ne
sont pas une formule restrictive. Quand les hommes du moyen âge disaient
ces mots, ils comptaient sur toute l'aide de Dieu, *quantum*, et ils entendaient y
mettre tout leur pouvoir. Supposer que ces mots soient une sorte de restriction mentale ou d'échappatoire, c'est juger d'après nos idées à nous, non d'après celles de
ces hommes.

2. [Article 4, deuxième partie de la réponse : *Et de hoc quod ibi scriptum
est,* QUOMODO DE NOBIS SECURI ESSE POSSITIS, *qualiter usquedum Deo donante huc
revertamini, ut a nullo regnum vestrum inquietari possit, quantum Deus nos
juvare voluerit, et nostrum posse extiterit : respondemus, quia sunt sacramenta
quæ vobis fecimus, et est professio quam vobis et clerici et laici in Carisiaco
fecimus et subscripsimus, et est perdonatio quam Dominatio Vestra nobis fidelibus vestris et perdonavit et subscripsit, et est professio et sacramentum quæ
in Gundulfi villa pro novis causis emergentibus ex morte Hlotharii et missatico
domni apostolici Hadriani et missatico Hludowici nepotis vestri vobis fecimus.
Est etiam professio quam Remis et de vestra fidelitate et de vestri regni disposi-*

— Ce langage répond encore à ce que le roi demandait. Tout ce qu'il pouvait souhaiter de plus était que les grands rappelassent leurs serments et prissent l'engagement écrit de les observer toujours [1].

Troisièmement, « vous demandez que nous soyons garantis vis-à-vis de votre fils. Nous répondons que par la grâce de Dieu et votre volonté nous voulons l'avoir pour seigneur après vous et que nous ne demandons de lui aucune autre sûreté sinon que, ainsi que vous l'avez prescrit et décrété par un de vos capitulaires, il nous maintienne chacun en notre rang. Quant à ce qui est de sa sûreté vis-à-vis de nous, nous répondons ce que nous avons déjà répondu dans l'assemblée de Reims, à savoir que, si Dieu et vous-même vous l'élevez au gouvernement du royaume, et dans la partie du royaume où vous aurez décidé qu'il régnera, nous voulons lui être fidèles comme on doit l'être à son seigneur [2]. »

tione ac defensione et de uxore vestra et de filio vestro quem habetis, et si Deus adhuc etiam alterum dederit, professi fuimus. Quæ omnia hactenus conservavimus et conservamus, et adjuvante Deo usque ad finem vitæ nostræ conservare volumus. Unde pro certo nos veraciter credere potestis. Si autem aliquis a præfatis sacramentis vel professionibus deviavit, hoc secundum rationem et auctoritatem atque consuetudinem emendet et de cetero conservet. Si autem talis est de vestris fidelibus qui has professiones non fecit, si necesse fuerit faciat, et de cetero conservet. Fideles etiam vestri post mortem fratris vestri ad vos venerunt. Quale sacramentum vobis fecerunt, vos scitis. Qui autem de illis illud sacramentum hactenus conservavit, de cetero conservet. Et si aliquis ab illo sacramento deviavit, secundum rationem et auctoritatem atque consuetudinem hoc emendet, et deinceps conservet.]

1. M. Ém. Bourgeois trouve ici [p. 37 et 38] encore que les grands témoignent du mauvais vouloir, marquent de l'hostilité. Il n'y a pas un mot qui indique ce sentiment. Il n'y a même pas un mot qui n'en soit l'opposé. Le jeune érudit suppose que le roi n'a pas dû être satisfait et qu'il aurait voulu que les grands prononçassent un nouveau serment ; c'est une supposition toute gratuite. Le roi n'a pas demandé un nouveau serment et les grands ne l'ont pas refusé. Il suffit à coup sûr que les grands rappellent et renouvellent par écrit leur ancien serment ; ils ajoutent d'ailleurs que, s'il en est parmi eux qui ne l'aient point prêté, ils le prêteront, et que, s'il en est qui l'aient violé, ils en seront punis. Que peuvent-ils dire de plus ?

2. [Article 4, troisième partie de la réponse : *De hoc quod ibidem scriptum est,* QUALITER NOS SECURI-DE FILIO VESTRO ESSE POSSIMUS, *respondemus, quia de filio vestro, quem per Dei gratiam et vestram dispositionem futurum seniorem post vos habere volumus, nullam firmitatem aliam quærimus, nisi hoc quod vos in capitulari vestro statuistis et decrevistis, nobis unicuique in suo ordine et persona conservet. De hoc quod ibidem scriptum est,* QUALITER IPSE DE NOBIS SECURUS ESSE POSSIT, *respondemus, quod et Remis respondimus, quia si Deus et vos illum*

Quatrièmement, « vous nous avez demandé que nous soyons garantis les uns à l'égard des autres. Nous répondons que nous, nous sommes assurés verbalement les uns les autres que nous étions unis entre nous, pour la volonté de Dieu, pour la fidélité à votre égard, pour l'honneur qui vous est dû, pour l'intérêt de la sainte Église et de votre royaume, et que, grâce à Dieu, suivant toutes les forces de chacun de nous, nous nous fions les uns aux autres et nous prêterons aide mutuelle[1]. »

Telle est la longue et claire réponse des grands au quatrième article du roi. Elle peut à première vue étonner un esprit peu familier avec les usages et les idées du IXᵉ siècle. Elle est absolument conforme à ces usages et à ces idées. Elle correspond d'ailleurs à tout ce que le roi a demandé dans son article et lui donne satisfaction sur tous les points. Le roi a voulu une garantie mutuelle entre lui et ses fidèles, et entre les fidèles eux-mêmes ; c'est cette mutuelle garantie qu'on lui donne.

Le cinquième et le sixième article du roi demandaient que, s'il venait à mourir, sa femme et ses filles fussent maintenues en possession de leurs terres allodiales et même de leurs terres bénéficiales. Les grands répondent : « Votre fils est prêt à confirmer votre femme et vos filles en possession de toutes leurs terres, et nous aussi, de toute notre force et savoir, nous sommes disposés à les y maintenir[2]. »

in regni regimine sublimaveritis, et in parte denominata illum designaveritis, sic ei fideles esse cupimus sicut per rectum esse seniori debemus.]

1. [Article 4, quatrième partie de la réponse : _De hoc quod ibi scriptum est, et nobis verbis dixistis,_ UT AD INVICEM NOS CREDERE POSSITIS, _verbis fideliter nos confirmavimus, ut ad Dei voluntatem et vestram fidelitatem et honorem et sanctæ ecclesiæ ac regni vestri utilitatem ac fidelium vestrorum salvamentum. Deo mediante adunati simus, quantum unusquisque nostrum in suo ordine et persona per Dei gratiam scire et posse habuerit, ut ad invicem nos credamus et mutuo adjuvemus._]

2. [Article 5, réponse : _De quinto capitulo, in quo scriptum est de dilectæ conjugis vestræ dominæ nostræ honore et salvamento, et de conservatione earum rerum quas illi dedistis vel dederitis, et de confirmatione a filio vestro exinde facienda, et filius vester ad hoc paratus est sicut jubetis, et nos, quantum scierimus et potuerimus, ad hoc parati erimus._

Article 6, réponse : _Similiter et de filiabus vestris, et etiam de parvula filia vestra, sicut in capitulo vestro continetur, et filius vester paratus est conservare, et ad hoc conservandum, quantum scierimus et potuerimus, adjutorium præstabimus._]

L'article 7, dont nous n'avons probablement que le titre et
le résumé, rappelait aux grands leur devoir militaire, et indiquait quel serait, en cas de guerre, la composition des divers
corps de troupes. Les grands répondent : « Au sujet de la
composition des corps de troupes et de l'aide que nous vous
devons, dans le cas où l'un de vos neveux vous attaquerait, il
vous appartiendra de décider quels sont ceux qui resteront
dans le royaume, et quels sont ceux qui devront aller à votre
aide[1]. »

Dans l'article 8, il était question des *honores*. Il était rédigé
en termes si brefs et si vagues, que l'on aurait pu supposer
d'abord qu'il s'agissait des dignités de comtes. Mais comme
l'article 9, qui suivait immédiatement, décidait ce qui serait
fait pour les dignités laïques, les grands comprirent sans aucune peine que l'article 8 ne visait que les *honores ecclesiastici*,
c'est-à-dire les dignités ecclésiastiques. Ils répondirent : « Si, en
votre absence, un archevêque meurt, l'évêque le plus voisin,
de concert avec le comte, administrera l'archevêché, jusqu'à
ce que le décès de l'archevêque ait été porté à votre connaissance. Si un évêque meurt, l'archevêque déléguera un administrateur qui, de concert avec le comte, gardera cette église
et la défendra de toute spoliation jusqu'à ce que vous ayez été
informé du décès de l'évêque. Si un abbé ou une abbesse
meurt, l'évêque du diocèse, de concert avec le comte, prendra
en garde le monastère jusqu'à ce que vous ayez donné vos
ordres[2]. » — Le sens de cette réponse est fort clair : elle veut

---

1. [Article 7, réponse : *De scaris ordinandis, et de adjutorio, si aliquis de
nepotibus vestris aut inter vias aut in Italia vobis aliquod impedimentum facere
voluerit, in vestra dispositione erit qui in isto regno remaneant, vel qui post vos
in vestrum adjutorium pergant.*] — Sur le sens du mot *dispositio* au IXe siècle,
voir le *De Ordine palatii*, c. 16.

2. [Article 8, réponse : *Si antequam, juvante Domino, revertamini, aliquis
archiepiscopus defunctus fuerit, vicinus episcopus ipsius dioceseos cum comite
ipsam sedem prævideat usque dum obitus ipsius archiepiscopi ad vestram notitiam perveniat. Si aliquis episcopus interim obierit, archiepiscopus ipsi sedi
visitatorem secundum sacros canones deputet, qui una cum comite ipsam ecclesiam, ne prædetur, custodiat usque dum ipsius episcopi obitus ad vestram notitiam perveniat. Si abbas vel abbatissa obierit, episcopus in cujus parochia
monasterium illud est, una cum comite illud monasterium custodiat usque dum
vestra jussio inde fiat.*]

dire qu'en cas de décès d'un dignitaire ecclésiastique, le régent
Louis le Bègue ne nommera pas le successeur ; l'église vacante
recevra un administrateur provisoire, et l'on attendra les
ordres du roi. Au roi est réservé, de l'aveu des grands eux-
mêmes, la nomination aux évêchés et aux abbayes.

Venaient encore vingt-cinq articles sur la liste envoyée par
le roi ; les grands y font une réponse collective : « Les autres
articles n'ont pas besoin que nous y fassions une réponse spéciale, parce qu'ils ont été établis et rédigés par votre sagesse[1]. »

Pourquoi ne prirent-ils pas la peine de répondre séparément
à chacun de ces vingt-cinq articles ? Ce fut peut-être parce
que le roi ne leur avait demandé de réponse que sur quelques-
uns, *de quibusdam responderi jussit*. Ce fut peut-être aussi
parce qu'aucun des vingt-cinq derniers articles n'était une
question ni pour le fond ni pour la forme[2]. Peut-être encore
y eut-il une autre raison. La réunion avait commencé le
14 juin ; dès le 16, Charles le Chauve, pressé de partir pour
l'Italie, congédiait l'assemblée. Il est visible par le reste du
document qu'il n'y eut pas de délibération le 16 juin ; il est
même probable qu'il n'y en eut pas le 15. L'unique délibération eut lieu le 14, et l'on conçoit que les grands n'aient pas
eu le temps d'examiner avec attention plus de huit ou neuf articles. Ils se contentèrent de lire les autres, et, comme ils virent
que ces articles avaient déjà une rédaction définitive, *disposita
et diffinita*, ils se bornèrent à répondre en bloc qu'ils n'avaient
rien à dire. Ce n'était pas une façon indirecte de les rejeter,
car ils ajoutaient que ces articles avaient été rédigés avec
sagesse. C'était au contraire une façon d'indiquer qu'ils les
acceptaient. Or ces vingt-cinq articles étaient une série de
dispositions édictées par le roi sur la nomination des comtes[3],

---

1. [Article 9, réponse : *Cetera capitula responsione non egent, quoniam æ vestra sapientia sunt disposita et diffinita.*] — M. Ém. Bourgeois croit que cette réponse ne s'applique pas à l'article 9, mais seulement à ceux qui suivent l'article 9.
Il y a ici une erreur manifeste. Dans la pièce écrite par les grands, la réponse n° 9
venait immédiatement après la réponse n° 8 : par conséquent elle s'appliquait à tout
ce qui suivait l'article 8, depuis le 9° jusqu'au 33°.

2. C'est par une illusion que M. Ém. Bourgeois a pensé que deux ou trois étaient
des questions [p. 47 et suiv.]

3. Articles 9 et 10.

sur le partage des aumônes royales[1], sur le droit du roi de
disposer du trône par acte de dernière volonté[2], sur la composition du conseil de son fils[3], sur la composition de l'armée
en cas de guerre[4], sur les devoirs des comtes, des *missi*, du
comte du Palais, des membres du conseil[5], sur le payement
des contributions[6], sur les monnaies, sur l'achèvement des
châteaux-forts[7], sur les domaines et forêts du roi[8], avec
quelques instructions spéciales sur la Bretagne, sur l'Aquitaine et sur les honneurs et emplois de quelques-uns des
grands[9]. Tous ces articles étaient des ordres royaux. Les
grands n'y répondent que par quelques mots qui signifient
qu'ils n'y font pas d'objection : « Ces articles ne demandent
pas de réponse, parce que vous les avez rédigés avec sagesse. »
On peut bien entrevoir que quelques-uns de ces articles
déplaisaient à plusieurs. Plus d'une réserve mentale put être
faite, et la suite le montra bien ; mais la réponse générale et
officielle n'en fut pas moins que les grands acceptaient. Ils
donnaient le *consensus*.

Dans les assemblées du ixᵉ siècle, cette sorte d'examen des
capitulaires royaux par les grands n'était qu'un acte prépara-
toire. L'acte solennel, important, définitif, était la promulgation des capitulaires par le roi devant le *populus*. Cette promulgation eut lieu le 16 juin 877, et nous avons, à la suite des
trente-trois articles, le procès-verbal de la cérémonie. « Le 16
des calendes de juillet, le seigneur empereur Charles parla au
peuple assemblé. Il lui annonça qu'il allait partir pour Rome.
Il l'informa qu'il venait de régler comment son fils se con-
duirait dans le royaume en son absence et quels seraient ceux
qui lui donneraient conseil et aide. Il ajouta qu'il avait aussi
réglé comment les Normans seraient mis hors du royaume

1. Article 12.
2. Article 13.
3. Articles 15 et 17.
4. Article 16.
5. Articles 17, 18, 19, 21, 22.
6. Articles 30 et 31.
7. Articles 26, 27, 29.
8. Articles 20, 32, 33.
9. Articles 23, 24, 28 et 31.

et en seraient ensuite écartés, et comment il faudrait réprimer toute guerre qui pourrait surgir dans quelque partie du
royaume[1]. » — On voit par là que le discours de l'empereur
fut un résumé des trente-trois articles. Il faisait, non pas précisément une promulgation, car plusieurs de ces articles ne
concernaient que les fonctionnaires royaux et n'avaient pas à
être promulgués, mais un simple discours ou une adresse au
peuple, à qui il faisait savoir ce qui pouvait l'intéresser. Pareilles allocutions étaient dans les usages des *placita* royaux ;
souvent les princes en profitaient pour donner des conseils
moraux et faire des réprimandes, au point que le discours du
roi carolingien prenait quelquefois le ton d'un sermon[2].

Charles le Chauve ajouta « qu'il avait rédigé sur des points
généraux ou spéciaux un certain nombre d'articles ayant un
caractère général ou spécial[3] ». C'étaient nos trente-trois articles. « Il les avait remis à son fils et à ses fidèles qui restaient
en France ; que d'ailleurs il en gardait copie ; qu'enfin de ces
articles il en détachait quelques-uns qu'il voulait porter à la
connaissance du peuple et dont il allait faire donner lecture[4]. »

« Alors le chancelier Gozlin, par ordre du roi, lut devant
le peuple les articles suivants[5]. » Ces articles n'étaient qu'au
nombre de quatre.

1. [Pertz, p. 541 : *XVI kalend. prædicti mensis, postquam domnus imperator Karolus adnuntiavit generaliter in populum de suo itinere Romam, et quia ordinatum habebat, qualiter filius suus in regno isto consistat, et quorum in specialibus et generalibus causis utatur consilio et adjuvetur auxilio, et quia ordinatum habebat, quomodo Nortmanni de isto regno expellantur, et postea defendantur, et si werra de quacumque parte in isto regno surrexerit, comprimatur, vel defendatur.*]

2. Voir un exemple dans Hincmar, *Ad Carolum Calvum, De coercendis rapinis*, Migne, t. I, col. 954 ; le prélat lui dit qu'il vient d'envoyer à ses prêtres une *admonitio* à lire au prône, et il ajoute : *Quarum exemplar Dominationi Vestræ transmitto, ut secrete eum teneatis et ad aliquem diem jubeatis venire fideles vestros, dicentes quia eis adcognitare vultis undecunque vobis placet dicere, et antequam de paramento vestro ad mansiones redeant, commonete eos secundum sapientiam vobis a Deo datam... et ideo secundum quod scitis unicuique convenire, temperate sermonem.*

3. [*Et quia de generalibus et specialibus causis generalia et specialia capitula habebat disposita.*]

4. [*Quæ filio suo et fidelibus suis, qui in isto regno remanebant, data habebat, et secum portabat, dixit quia de ipsis capitulis quædam capitula excerpta habebat, quæ in illorum omnium notitiam recitari volebat.*]

5. [*Et tunc jussit Gauzlenum cancellarium, ut hæc sequentia capitula in*

Le premier était le même qui figurait en tête de la liste des trente-trois ; il concernait le maintien des privilèges et biens de l'Église [1].

Le second reproduisait, sous une forme en partie nouvelle, les garanties réciproques que le roi, son fils, et ses fidèles s'étaient données. Le roi y relatait l'engagement que les grands avaient pris à son égard, et il déclarait à son tour qu'il prenait le même engagement vis-à-vis d'eux : « Que tous nos fidèles aient pleine garantie de notre part, et qu'ils tiennent pour certain que nous voulons continuer de maintenir et honorer chacun d'eux suivant son rang et son état. Aucun de nos fidèles n'encourra ni condamnation ni perte de ses honneurs ni tort quelconque, et nous conserverons à tous leur rang et dignité, à tous ceux du moins qui nous seront fidèles et obéissants, qui nous prêteront aide, coopération, conseil et secours, dans toute la mesure de leur savoir et pouvoir, comme chacun doit faire à son empereur et seigneur. Tous les capitulaires que nos ancêtres et nous-même nous avons faits pour le bien de l'Église et la paix du royaume, tous ceux que nous avons établis en commun avec nos frères et avec leurs fidèles et les nôtres, tous ceux que dans divers *placita* nous avons constitués avec le conseil et l'acceptation de nos fidèles, nous voulons qu'ils soient conservés ; et de même nous voulons et commandons que notre fils les maintienne et conserve sans altération [2]. »

populum recitaret.... Hæc capitula fecit domnus Karolus imperator et adnuntiari jussit novissime apud Carisiacum.]

1. [La rédaction est la même, si ce n'est que, à la fin, *suprascripta* est ici remplacé par *supradicta*.]

2. [*Adnuntiatio, c. 2 : Ut omnes nostri fideles veraciter sint de nobis securi, quia, quantum potuerimus et juste et rationabiliter scierimus, unumquemque secundum sui ordinis dignitatem et personam honorare et salvare et honoratum ac salvatum conservare volumus. Et unicuique eorum in suo ordine secundum sibi competentes leges, tam ecclesiasticas quam mundanas, rectam rationem et justitiam conservabimus ; et nullum fidelium nostrorum contra legem vel justitiam aut auctoritatem et justam rationem aut damnabimus aut dehonorabimus, aut opprimemus, vel indebitis machinationibus affligemus ; et legem, ut prædiximus, unicuique competentem, sicut antecessores sui tempore antecessorum nostrorum habuerunt, in omni dignitate et ordine nos, adjuvante Domino, servaturos perdonamus, illis videlicet qui nobis fideles et obedientes atque adjutores et cooperatores juxta suum ministerium et personam consilio et auxilio*

Le troisième article reproduisait l'article 9, qui était relatif à la nomination des comtes, et auquel les grands n'avaient fait aucune objection[1].

Le quatrième était une recommandation générale en faveur de la paix publique et menaçait de peines sévères quiconque ferait tort aux églises ou aux orphelins[2].

Aucun de ces quatre articles n'était précisément une loi et n'avait un caractère législatif. Aussi Charles le Chauve ne songeait-il pas ici à légiférer, mais seulement à donner des instructions; les unes s'adressaient à son fils, les autres à ses fonctionnaires, les autres au peuple; toutes avaient pour but commun d'assurer le calme en son absence et de réserver tous ses droits.

Le peuple n'avait jamais à répondre à ces discours des rois. Le traité *De Ordine palatii* marque nettement qu'il n'était pas consulté et n'avait rien à décider. Notre document de Kiersy le montre bien. Le procès-verbal de la grande convocation du 16 juin se termine ainsi : « Après la lecture de ces quatre articles, l'empereur donna à tous la permission de retourner chez eux. » C'est la formule ordinaire pour congédier les grands et le peuple. « L'empereur ne garda auprès de lui que quelques-uns, qu'il retint pour des raisons particulières[3]. »

---

secundum suum scire et posse et secundum Deum ac secundum seculum fuerint, sicut per rectum unusquisque in suo ordine et statu imperatori suo et (suo) seniori esse debet. Et capitula quæ avus et pater noster pro statu et munimine sanctæ Dei ecclesiæ et ministrorum ejus et pro pace ac justitia populi ac quiete regni constituerunt et quæ nos cum fratribus nostris regibus et nostris et eorum fidelibus communiter constituimus, sed et quæ nos et consilio et consensu episcoporum et ceterorum Dei et nostrorum fidelium pro suprascriptis causis in diversis placitis nostris conservanda statuimus, et manere inconvulsa decernimus, similiter et a filio nostro inconvulsa conservari volumus et mandamus.]

[1] [Il y a quelques variantes. Nous en reparlerons plus loin, p. 463.]

[2] [*Adnuntiatio*, c. 4 : *Volumus etiam et expresse præcipimus, quod si aliquis episcopus vel abbas aut abbattissa, vel comes aut vassallus noster obierit, nullus res ecclesiasticas aut facultates.... invadere vel usurpare præsumat, vel uxoribus defunctorum laicorum ac filiis quamcumque violentiam inferat, et nullus ad illorum eleemosynam faciendam eleemosynarios eorum impediat. Quod si aliquis præsumpserit, et secundum leges mundanas hoc cum banno nostro componat, et secundum leges ecclesiasticas inde ecclesiæ quam læsit satisfaciat. Insuper nostram harmiscaram, secundum modum culpæ, et ut nobis placuerit, sustineat.* — Cf. la fin de l'article 9, plus haut, p. 426, n. 4.]

[3] [Pertz, p. 542 : *Post hæc lecta capitula, dedit omnibus licentiam cum Dei*

IV

Nous avons analysé les articles de Kiersy ; il faut chercher maintenant quelle en était la portée et quelles en furent les conséquences.

Notons d'abord qu'il n'y a pas d'indice qu'ils aient eu une grande importance aux yeux des hommes de ce temps-là. Hincmar parle d'eux dans ses Annales, et il les rappelle dans une lettre qu'il écrivit, cette même année, au roi Louis le Bègue[1]. Mais à partir de 878 ils ne sont plus jamais mentionnés. Aucun annaliste ne les signale. Aucun des personnages qui dans les deux siècles suivants écrivirent des lettres ou des traités où ils avaient à parler du droit public, ne les cite ou n'y fait allusion. Plus tard, ni les auteurs des coutumiers ni les feudistes ne paraissent les avoir connus.

Après avoir passé inaperçus pendant huit siècles, ils ont pris, depuis deux cents ans, une place considérable dans nos histoires. Ils n'ont plus cessé d'être cités, allégués, commentés. Les historiens, mêmes qui n'avaient pas l'habitude de lire les textes, se sont occupés de celui-là. Beaucoup s'en sont même occupés sans le lire, et ont d'autant plus raisonné sur lui qu'ils ne l'avaient pas lu. Ce capitulaire de Kiersy, peu remarqué des contemporains, a frappé nos imaginations modernes. Il s'est fait sur lui, en plein xviiie siècle, une véritable légende. Des hommes qui s'étaient fait un système sur l'origine de la féodalité ont cru voir dans ce capitulaire une pièce justificative de leur système. Par une illusion fort naturelle, ils y ont lu ou cru lire ce qu'ils avaient dans leur esprit[2]. On a dit de lui

----

gratia et sua redeundi ad propria; exceptis his quos specialiter pro specialibus causis considerandis vel pro dona liberanda secum aliquantis diebus manere præcepit.]

1. [Migne, Patrologie latine, t. CXXV, col. 983 et suiv. — Annales de Saint-Bertin, à l'année 877.]

2. Voir notamment Montesquieu, *Esprit des lois*, liv. XXXI, c. 28 : [« Nous voyons une loi générale pour donner les fiefs et les offices aux enfants des possesseurs.... C'est le capitulaire de l'an 877. » — M. Bourgeois a complètement exposé la légende du capitulaire de Kiersy dans son c. 6.]

trois choses : d'abord qu'il était une sorte de loi organique et constitutive ; ensuite, qu'il avait été arraché à la faiblesse de Charles le Chauve par la volonté des grands ; enfin que c'était cet édit qui avait institué l'hérédité des fiefs.

1° Les articles de Kiersy ne sont pas une loi organique ; ils ne sont pas même une loi. Ils ne contiennent aucune disposition qui soit destinée à durer. Nous avons vu qu'ils sont simplement une série d'instructions données par un roi qui part pour un voyage à son fils qui doit tenir sa place pendant son absence. Ils n'ont été faits que pour le temps que durerait ce voyage, c'est-à-dire pour quelques mois. Le roi étant mort, ces articles n'ont plus eu aucune valeur et sont tombés d'eux-mêmes.

2° Il n'est pas plus exact de dire qu'ils aient été arrachés à Charles le Chauve par les grands. Rédigés par le roi lui-même ou ses conseillers les plus intimes avant le 14 juin 877[1], ils ont été présentés ce jour-là à la réunion des fidèles. Ces fidèles étaient, d'une part, des évêques et des abbés qui tenaient leurs sièges du roi et étaient accoutumés à lui donner conseil, d'autre part les officiers et dignitaires du Palais, les *missi* qui revenaient de l'inspection de leurs *missatica*, les comtes qui étaient les administrateurs des provinces pour le roi. Les premiers étaient des prélats dont la cause se confondait avec celle de la monarchie carolingienne ; les seconds étaient les fonctionnaires de cette monarchie. Tous ces hommes, si on les observait individuellement, n'étaient pas d'une docilité parfaite et d'un dévouement assuré ; mais, collectivement, ils étaient tout l'opposé d'un corps hostile à la royauté. Chacun d'eux avait des intérêts personnels à faire valoir contre des concurrents et parfois même contre le roi ; mais, pris ensemble, ils n'avaient pas un intérêt commun contre la monarchie. On ne voit à aucun signe certain qu'ils eussent la pensée de la limiter par des institutions d'ordre général. Supposer, comme on le fait, qu'ils fussent tous d'accord pour exiger

______

1. C'est ce qui est dit dans l'intitulé : *Hæc capitula constituta sunt a domno Karolo, glorioso imperatore.*

l'hérédité des offices, pourrait bien être une illusion ; car,
dans cette foule qui se disputait les faveurs du roi, nous pouvons bien croire que, pour une famille qui détenait un comté,
il y en avait deux ou trois qui convoitaient d'obtenir du roi ce
même comté. L'accord des grands contre la royauté n'est donc
pas une chose qu'il faille nécessairement admettre *a priori*.
Pour y croire, encore faudrait-il qu'il fût indiqué quelque
part dans les documents.

Or il ressort du texte même de notre capitulaire que ce
ne furent pas les grands qui présentèrent ces articles au roi.
C'est le roi qui en fut l'auteur et qui les adressa aux grands,
à ses fidèles. Il les avait rédigés, non pas sous forme de questions, un seul excepté qui concernait les évêques, mais sous
forme d'instructions très nettes et d'ordres précis. Il les présentait à ses fidèles, conformément à un usage ancien que
Charlemagne même avait observé[1]. Il ne leur demandait pas
de décider sur la valeur de ces articles ; la réponse qu'il leur
demandait était une réponse qui l'assurât qu'ils y adhéraient
et qu'ils y obéiraient ; pour deux de ces articles, la réponse
devait être un engagement formel vis-à-vis de lui. Les grands
eurent ces articles sous les yeux le 14 juin. S'ils les discu-
tèrent, rien n'indique que leur discussion ait été agitée, et ce
qui est certain, c'est qu'elle fut courte. Elle ne dura qu'un
jour, tout au plus deux. Ils mirent en écrit une série de
réponses spéciales à chacun des huit premiers articles, et
une réponse collective pour les vingt-cinq autres.

Dans ces réponses, il se peut bien qu'on entrevoie quelques
réserves secrètes, qu'on soupçonne quelques arrière-pensées ;
mais on ne trouve aucun signe d'opposition formelle, aucune
expression d'hostilité ou de mauvais vouloir. Chaque réponse
est celle que le roi désire, c'est-à-dire qu'elle est une acceptation très nette de l'article. Il n'y a ni un seul refus, ni même
une seule objection. Le seul objet sur lequel les fidèles soient
opposés au roi, c'est le voyage en Italie[2] ; mais ils ne sont pas

---

1. [Voir le livre III des *Transformations de la royauté*.]
2. *Contra voluntatem...* Annales de Saint-Waast, p. 296.

consultés sur cet objet, et ils n'en parlent pas. Sur les trente-
trois articles, leur avis est approbatif sans réserve. Je ne doute
pas qu'individuellement beaucoup d'entre eux ne songeassent
déjà à désobéir à telle ou telle des instructions qui leur étaient
données; mais, collectivement, ils promettent d'obéir. L'un
d'eux se réserve peut-être de ne pas payer l'impôt pour les
Normans, l'autre de ne pas aller guerroyer en Italie; un
autre convoite tel bénéfice ou tel office et travaillera à dépouiller l'impératrice Richilde : mais ces sentiments individuels se cachent pour ne laisser paraître qu'une obéissance
unanime. C'est parce que les historiens modernes sont dominés
par l'idée préconçue que Charles le Chauve était un prince sans
force et sans caractère, qu'ils se figurent que ce capitulaire lui
a été imposé par les grands. Chaque ligne du texte repousse
une telle opinion. C'est par l'effet de l'empire que cette même
idée exerce sur les esprits à leur insu, que quelques-uns croient
voir dans chacune des réponses un acte d'hostilité contre
chaque article; la lecture toute simple et l'explication littérale
de ces réponses montrent le contraire. Voici d'ailleurs comment un contemporain, un homme qui avait fait partie de
l'assemblée, la caractérise et résume ce qu'elle a fait : « Dans
l'assemblée de Kiersy, le roi établit comment son fils régirait
le royaume en son absence, et lui désigna les conseillers qui
devaient l'aider dans le gouvernement; tous les grands, à peu
d'exceptions près, étaient présents, et tous ceux qui étaient
présents donnèrent leur adhésion[1]. » La prétendue hostilité
des grands à Kiersy n'est donc signalée ni par les termes du
capitulaire ni par les documents qui relatent ce qui s'est
passé. Elle est la suite d'une de ces opinions subjectives que
les modernes ont introduites en si grand nombre dans toute
cette histoire.

---

1. Hincmar, *Lettre à Louis le Bègue*, c. 7 : [*Vos scitis quia pater vester.... Et
quando proxime in Carisiaco inde disposuit, et nomina vobis descripta dedit,
quorum consilio et auxilio regni negotia disponere deberetis..., omnes præsentes
adfuerunt, excepto...., et omnes.... in regia vestra constitutione consenserunt.*]
— Annales de Saint-Bertin, à l'année 877 : [*Ubi per capitula qualiter regnum
Franciæ filius suus Hludowicus cum fidelibus ejus et regni primoribus regeret,
usque dum ipse Roma rediret....*]

L'unique argument que l'on donne pour appuyer l'hypothèse d'une opposition faite par les grands au roi dans l'assemblée de Kiersy, c'est qu'il y aurait eu une révolte quelques
mois plus tard[1]. Mais, premièrement, si l'on songe aux habitudes de l'époque, une révolte au mois de septembre ne
prouve pas nécessairement un projet de révolte au mois de
juin. Deuxièmement, cette révolte du mois de septembre n'est
pas sans inspirer quelque doute à un esprit attentif; il n'en
est parlé ni dans les Annales de Fulde, ni dans celles de
Saint-Waast, ni dans celles de Saint-Riquier, ni dans celles de
Saint-Bénigne de Dijon, ni dans celles de Metz, ni dans la Chronique de Verdun, ni dans le Continuateur d'Aimoin, ni dans
Sigebert de Gembloux[2]. L'unique mention qui en est faite est
dans les Annales d'Hincmar. Or cette phrase même d'Hincmar
ne doit pas être admise sans examen. D'abord il ne dit pas
formellement que les grands se soient révoltés; il n'écrit pas
rebellati sunt, qui serait le terme précis; il dit seulement que
les grands appelés par Charles le Chauve à le rejoindre en
Italie s'entendirent et se conjurèrent entre eux pour ne pas
s'y rendre[3]. Il n'indique pas que leur entente ait eu aucun
autre objet que celui-là. S'il y avait eu une véritable révolte,
c'est-à-dire une action effective contre la royauté, on chercherait en vain quel en était le but et quel en fut l'effet; car on
ne voit en aucune façon ces révoltés agir.

Je dois remarquer encore qu'Hincmar nomme le premier
parmi ces grands qui s'entendirent pour ne pas aller en Italie,
Hugues l'abbé qu'il n'aimait pas[4]. A côté de lui, il nomme
Boson et les deux comtes Bernard. Or il se trouve qu'aucun

1. Voir Ém. Bourgeois [p. 81].
2. Une chronique italienne mentionne une révolte, mais fort différente de celle-
ci et qu'on a eu tort de confondre avec elle. *Chronicon Andreæ presbyteri*, dans
Bouquet, VII, p. 207 : *Quidam de suis in quorum fidelitate maxime confidebat, ab
eo defecti, cum Carlomanno se conjungebant.* — Il est visible que le chroniqueur
italien ne parle pas des mêmes hommes dont parlait Hincmar dans ses Annales.
Hincmar parle d'hommes qui sont en France, et qui refusent d'aller en Italie; le
chroniqueur italien parle d'hommes qui sont en Italie, qui sont avec le roi, et qui
se séparent de lui, *ab eo defecti*, pour rejoindre Carloman, qui est lui-même en
Italie. Ce sont deux faits différents, que M. Ém. Bourgeois confond par erreur.
3. Annales de Saint-Bertin, p. 258 [cf. plus haut, p. 459, n. 1].
4. Cf. Annales de Saint-Bertin, p. 154.

de ces quatre personnages n'était à l'assemblée de Kiersy[1]. Si donc on peut imputer un esprit de révolte à ces quatre personnages, il ne suit pas de là qu'on puisse imputer le même esprit à une assemblée où ils n'étaient pas. Remarquons enfin que le même Hincmar a écrit une lettre au nouveau roi dès le mois de novembre ou de décembre; ici il ne parle d'aucune révolte; il n'y a pas dans toute cette lettre un mot qui soit une allusion à un acte d'hostilité. Il parle encore ici de ces mêmes personnages, Hugues, Boson, Bernard, et il ne laisse voir à aucun signe qu'ils se soient révoltés[2]. M. Ém. Bourgeois suppose qu'ils se révoltaient contre Charles le Chauve en faveur de son fils Louis le Bègue; mais nous voyons au contraire qu'Hincmar dans sa lettre à Louis le Bègue croit devoir prendre la défense de ces mêmes hommes[3]. Ils étaient si peu conjurés d'avance avec Louis, que Louis a refusé de les convoquer à son plaid d'avènement, et qu'il faut que l'archevêque de Reims intercède en leur faveur. Rien n'est donc moins prouvé que cette prétendue révolte, et en tout cas on n'aperçoit pas quel lien elle aurait eu avec l'assemblée de Kiersy. Il faut rester dans l'interprétation exacte et littérale des textes; ils ne permettent pas de croire que l'assemblée de Kiersy ait fait une opposition ouverte ou même déguisée à Charles le Chauve. Tout au plus l'aurait-elle dissuadé d'aller en Italie[4]; mais elle ne délibéra pas sur cet objet.

V

3° Reste à chercher si ce capitulaire instituait l'hérédité des fiefs. Ici encore il suffit d'écarter toute vue subjective des

---

1. Annales de Saint-Bertin, p. 258. — [Lettre d'Hincmar à Louis le Bègue; cf. plus haut, p. 458, n. 1 : *Excepto ipso Bosone, et Hugone abbate, et Bernardo comite Arvernico....*]

2. Noter que les Annales ont été écrites postérieurement à la lettre à Louis le Bègue: [N'y aurait-il pas eu], entre 877 et 882, quelque motif, quelque brouille qui expliquerait que Hincmar ait voulu charger la mémoire de ces quatre personnages et les rendre responsables de l'insuccès de Charles le Chauve? La véracité d'Hincmar comme historien est fort contestable.

3. Ils avaient été imposés à Louis pour conseillers par l'article 15.

4. *Contra voluntatem*, [dit l'annaliste de Saint-Waast].

choses, et d'observer simplement les mots du texte. Les articles 9 et 10 sont les seuls où il soit traité de la succession
aux comtés et aux bénéfices. Il les faut examiner de près.

Notons d'abord que ces deux articles ont été rédigés par le
roi et non pas par les grands. Ils ont été ensuite acceptés par
l'assemblée, qui s'est contentée de les déclarer « édictés avec
sagesse ». Il suffit de les lire pour voir qu'ils n'ont ni le ton
d'une promesse ni celui d'une concession. Ils ont le ton et le
style d'une instruction royale, d'une précaution que prend le
roi pour le temps de son absence. Enfin ils ne disent sous
aucune forme que les comtés seront de plein droit héréditaires; vous n'y lisez ni le mot *hérédité* ni le mot *droit*.

Il faut bien remarquer aussi que ces comtés, dont il est parlé
dans plusieurs autres articles du capitulaire, sont toujours
présentés comme des offices du gouvernement monarchique.
A l'article 18, par exemple, le roi rappelle aux comtes leurs
devoirs d'administrateurs et de juges; il leur parle exactement
comme faisait Charlemagne; il leur parle comme aux agents
de son autorité. On voit dans le même article qu'il existe
encore des *missi* pour surveiller et contrôler la conduite des
comtes[1]. Si donc on s'en tient aux termes de notre capitulaire,
on doit reconnaître que les comtes n'ont pas encore quitté le
caractère de fonctionnaires royaux, pour prendre celui de
feudataires.

Cette situation implique presque forcément qu'ils continuent
à être nommés, comme tous fonctionnaires, par le roi. Le
fameux article 9 ne dit pas autre chose. Si un comte meurt,
le fils du roi, régent du royaume, nommera un administrateur provisoire « jusqu'à ce que le roi ait été informé ». Soit
que le fils du défunt se trouve en Italie avec le roi, soit qu'il
se trouve présent en France, il faudra toujours attendre que
le roi ait été informé et qu'il se soit prononcé. Cela signifie
clairement que le fils du défunt n'obtiendra le comté que
du roi. Si ce fils succède au père, ce ne sera pas de plein

---

1. [Voir l'article 18, plus haut, p. 452, n. 1. Noter], à l'article 10, [l'emploi
des mots] *rei publicæ prodesse*, [à propos des fidèles du roi]. . .

droit, c'est parce qu'il recevra une nomination royale. Voilà pourquoi le mot héritage n'est jamais prononcé. Prenons le cas où il n'y a pas de fils, c'est-à-dire où le comte défunt ne laisse que des filles ou des neveux ou des collatéraux : le roi n'a même pas besoin de dire qu'aucun d'eux n'héritera ; il s'exprime comme pour le cas précédemment visé : « Notre fils nommera un administrateur provisoire jusqu'à ce que nous ayons donné nos ordres. » Il avertit même qu'il pourra nommer un autre que celui qui aura été désigné provisoirement par le régent, et « personne n'aura à s'en fâcher ». Ainsi à chaque ligne de ce long article le roi rappelle son droit incontestable à nommer les comtes.

Le sens de cet article 9 devient très clair si on le compare au précédent. Dans l'article 8, il s'agissait des dignités ecclésiastiques, lesquelles étaient viagères en droit et en fait comme les dignités laïques l'étaient en droit. Le roi, par une forme de langage respectueuse pour l'Église, n'a pas édicté lui-même ce qui serait fait en cas de vacance d'un siège épiscopal ; mais il se l'est fait dire par l'assemblée, et surtout par les prélats. Ceux-ci ont écrit : Si un archevêque meurt, l'évêque le plus voisin et le comte administreront l'archevêché « jusqu'à ce que vous ayez été informé ». Si un évêque meurt, l'archevêque mettra un administrateur « jusqu'à ce que vous ayez eu connaissance de la vacance ». Si un abbé ou une abbesse meurt, l'évêque du diocèse veillera sur le monastère « jusqu'à ce que vos ordres soient arrivés ». Tout cela signifie que la nomination des évêques et des abbés, sous les réserves canoniques qui sont sous-entendues, appartient au roi. Or l'article 9, qui concerne les comtes, est exactement rédigé comme la réponse faite à l'article 8. Disons plutôt, pour être plus exact, que l'assemblée a répondu au sujet de l'article 8 dans les mêmes termes dont elle voyait que le roi se servait dans son article 9. Elle a répondu au sujet des dignités ecclésiastiques conformément à ce que le roi édictait au sujet des dignités laïques. Pour les unes comme pour les autres, la nomination appartient au roi. Cela ne veut pas dire qu'il n'existe pas pour les unes aussi bien que pour les autres certaines règles ou certains usages qui s'imposent au roi ; sans doute ces règles et ces usages sont assez connus de tous pour qu'on les sous-entende ; mais il reste toujours que la nomination officielle, légale, définitive, est faite par le roi. L'assemblée le dit pour les dignités ecclésiastiques ; le roi le dit lui-même pour les dignités laïques : tous le disent dans les mêmes termes.

Mais pourquoi le roi prend-il ce soin de rappeler son droit de nomination? On pensera au premier abord que ce droit lui est peut-être contesté par les grands, et que c'est contre leurs prétentions opposées qu'il se met en garde. Ce serait une erreur. Charles le Chauve, dans cet article 9 comme dans tous les autres, ne se met en garde que contre son fils. Tout son capitulaire a pour objet, nous l'avons vu par l'analyse du document, de limiter les pouvoirs de ce régent temporaire en qui il a peu de confiance. Le véritable sens des articles 8 et 9 est que le roi ne délègue pas à son fils le droit de nommer en son absence les évêques, les abbés, ni les comtes. Le régent ne nommera que des administrateurs provisoires, et c'est le roi lui-même qui nommera les titulaires. Il était nécessaire de bien constater la vraie signification des deux articles ; autrement, on aurait pu supposer que Charles le Chauve s'amusait à proclamer un droit qui lui était contesté par les grands. Il prend une simple précaution contre son fils et l'entourage de son fils. La nomination des comtés par le roi n'est encore contestée par personne.

Ce même article 9, qui avait été présenté aux grands le 14 juin et accepté sans objection, se trouve reproduit dans l'un des quatre articles qui furent lus solennellement au peuple le 16 juin. Quelques lignes nouvelles y furent même introduites, non pour en changer le sens, mais pour l'éclaircir. « Si un comte, parmi ceux qui restent dans le royaume, vient à mourir, et que son fils soit avec nous en Italie, notre fils entouré de nos fidèles devra établir dans le comté l'un des hommes les plus proches et les plus familiers du défunt, pour administrer ce comté avec la collaboration des officiers du comte et de concert avec l'évêque, jusqu'à ce que nous ayons été informé de la vacance, *afin que nous conférions la même dignité au fils qui sera avec nous[1].* » — Les historiens qui lisent superficiellement cette phrase sont tout de suite portés à croire que Charles le Chauve fait là une lâche promesse aux guerriers qui veulent bien le suivre en Italie. Sa pensée est tout autre. Le roi sait combien est grande, à chaque vacance de comté, l'âpreté des solliciteurs. Il sait aussi que son fils a des amis qui l'entourent, qui l'enveloppent, et que ces amis de son fils ne sont pas les siens. Il redoute qu'il ne mette à profit chaque vacance pour placer ses créatures. Il préfère de beaucoup le fils du défunt, qui est auprès de lui et à qui il se fie, à celui que le régent pourrait nommer. Les intérêts du fils et les droits du roi se trouvent d'accord ici, contre les convoi-tises possibles des amis et protégés du régent.

Le roi ajoute, parlant toujours au peuple : « Si le comte dé-funt laisse un fils en bas âge (c'est-à-dire un fils qui visiblement n'est pas en Italie avec le roi), c'est ce même fils qui, avec les officiers qu'avait son père et de concert avec l'évêque, admi-nistrera le comté, jusqu'à ce que notre concession lui ait con-féré les dignités paternelles[2]. » — Ici encore il y a une pro-messe en faveur du fils; mais il n'y a pas un droit d'héritage reconnu à ce fils, puisqu'il lui faudra attendre « la concession » royale. Il n'y a même pas un engagement formel de la part du roi, et ce serait exagérer la valeur de ces lignes que de dire que le roi accordera toujours la concession au fils, et se retire le droit de la lui refuser. Le roi indique une habitude qu'il suivra, il n'indique pas une obligation qui lui soit im-posée. Notons bien que cet article n'est plus, comme tout à l'heure, présenté au corps des grands; il est lu par un officier

---

1. [*Adnuntiatio,* c. 3 : *Si comes de isto regno obierit cujus filius nobiscum sit, filius noster cum ceteris fidelibus nostris ordinet de his qui eidem comiti plus familiares propinquiores fuerunt, qui cum ministerialibus ipsius comitatus, et cum episcopo in cujus parochia fuerit ipse comitatus, ipsum comitatum prævi-deant, usque dum nobis renuntietur,* UT FILIUM ILLIUS QUI NOBISCUM ERIT, DE HONO-RIBUS ILLIUS HONOREMUS.]

2. [*Adnuntiatio,* c. 3 : *Si autem filium parvulum habuerit, isdem filius ejus cum ministerialibus ipsius comitatus et cum episcopo in cujus parochia con-sistit, eundem comitatum prævideant, donec obitus præfati comitis ad noti-tiam nostram perveniat,* ET IPSE FILIUS EJUS PER NOSTRAM CONCESSIONEM DE ILLIUS HONORIBUS HONORETUR.]

du roi au *populus*. Il n'y a donc aucun motif pour le regarder comme un engagement qu'il prendrait envers les grands. C'est une simple notification aux hommes libres. Il semble bien que Charles le Chauve ne veuille autre chose, en ordonnant cette lecture solennelle, que prendre le peuple à témoin que son fils n'aura le droit en son absence de faire aucune nomination qui soit préjudiciable ni aux droits du roi ni aux intérêts des fils des comtes actuellement en place.

Il est très douteux que cette disposition ait été imposée aux rois par les comtes ; mais en voici une qui certainement ne l'a pas été. Le roi ajoute que les mesures qu'il vient de prendre pour la vacance des comtés seront applicables à la vacance des simples bénéfices royaux. « Il en sera de même, dit-il, au sujet de nos vassaux[1]. » — Ce que la langue du ixe siècle appelle les vassaux du roi, *vassalli*, ce ne sont ni les comtes ni les dignitaires, ce sont les simples bénéficiers qui tiennent une terre du roi. Ces hommes ne sont pas des grands. On peut même dire que dans la hiérarchie ils sont en général de petites gens, et c'est l'idée qu'exprime le mot *vassalli*. Assurément ces hommes n'avaient pas figuré dans l'assemblée du 14 juin. Ils n'avaient eu l'occasion de rien réclamer, de rien imposer. Or l'article 9 leur est tout aussi favorable qu'aux comtes, c'est-à-dire que la nomination aux bénéfices vacants, durant le voyage en Italie, se fera comme la nomination aux offices. Le régent ne conférera pas plus un simple bénéfice qu'une dignité de comte. On attendra la concession royale pour pourvoir aux vacances. Ici encore Charles le Chauve ne prend pas un engagement formel. Il ne reconnaît aucun droit, si ce n'est le sien ; il se met seulement en garde contre des convoitises qui pourraient se produire, en son absence, autour de son fils. Il ne veut pas que son fils puisse à son gré dépouiller les familles des serviteurs qui lui sont le plus fidèles.

Mais il y a quelque chose de plus dans l'article 9. Cette même règle qu'il établit en faveur de ses dignitaires et de ses vassaux, il l'impose aux évêques et aux comtes à l'égard des

---

1. [*Adnuntiatio*, c. 5] *Capitula proposita*, article 9 ; *Similiter et de vassallis nostris faciendum est.*]

vassaux qu'ils ont eux-mêmes. Ici on ne supposera pas qu'il
fasse une concession aux grands ; il leur prescrit au contraire
une règle qui peut blesser ou leurs intérêts ou leurs caprices.
« Nous voulons, dit-il, et ordonnons expressément que les
évêques et abbés, les comtes et autres de nos fidèles aient soin
de faire pour leurs hommes ce que nous faisons pour les
nôtres[1]. » — Le sens de cette phrase est clair ; elle sous-entend
et résume ce que le roi vient de dire qu'il ferait pour ses dignitaires et ses vassaux ; elle signifie que, si un arrière-fief ou
un petit bénéfice devient vacant, on attendra pour pourvoir
définitivement que le suzerain dûment informé ait le temps
de nommer le fils du bénéficiaire défunt. Cette mesure est
visiblement prise en vue d'assurer les intérêts des fils absents
avec le roi ou des fils mineurs.

Il n'est sans doute pas besoin de répéter que toutes ces dispositions étaient transitoires ; elles ne faisaient pas loi pour
l'avenir. Il s'agissait simplement d'empêcher que le régent et
la partie des grands qui restaient en France ne profitassent des
vacances qui se produiraient à tous les degrés de l'échelle des
bénéfices, pour écarter de la succession ceux des grands ou
des simples vassaux qui accompagnaient le roi en Italie. Nous
chercherons tout à l'heure si ces articles n'ont pas eu une
portée plus grande que celle que leur auteur leur donnait ;
mais nous devions d'abord marquer à quoi se réduit la pensée de Charles le Chauve.

L'article 10 doit encore être étudié. Le roi y déclare que si
quelqu'un de ses fidèles veut se retirer du monde et qu'il laisse
un fils ou quelque autre parent qui soit apte à servir l'État, il
pourra résigner ses offices, *honores*, en sa faveur, et vivre en
paix dans ses propriétés. Il semble à première vue qu'il permette aux grands de disposer de leurs offices de leur vivant et
de les transmettre par une succession anticipée. C'est ainsi
qu'on a généralement interprété cet article, sans songer que ce
serait là une mesure plus grave que l'hérédité même des fiefs.
Mais il faut faire attention à deux choses.

---

1. [*Adnuntiatio*, c. 3 ; *Capitula proposita*, article 9.]

Premièrement, il s'agit encore d'une disposition transitoire. Charles vise quelques-uns de ses dignitaires ou fonctionnaires qui voudront se retirer du service royal après sa mort. Mais, suivant les usages et les règles du service palatin[1], ils ne pourraient se retirer qu'avec l'agrément du nouveau roi. Il y a peut-être une raison pour que Charles tienne à ne pas laisser ces hommes à la discrétion de son successeur. Louis le Bègue a été un assez mauvais fils; il s'est révolté; les plus hauts dignitaires du Palais sont des hommes qui ont combattu autrefois sa révolte, qui depuis l'ont tenu en bride, et qui aujourd'hui même ont inspiré au roi ces articles de Kiersy qui sont si défavorables au régent. Le nouveau roi leur permettra-t-il de se retirer librement? ne préférera-t-il pas les dépouiller de leurs honneurs, et ruiner leurs familles en même temps qu'eux? Charles le Chauve prévient cette série de spoliations et de vengeances en décidant que ces personnages auront la permission « de renoncer au monde », formule habituelle pour dire qu'on se retire du service; il leur permet ainsi une retraite honorable après sa mort; et, ce qui marque bien sa pensée, il prend la précaution d'ajouter que ni le nouveau roi ni les amis du nouveau roi ne les inquiéteront sur les biens que ces hommes possèdent en propre; on ne leur imposera aucune charge en dehors de celle qui pèse sur tous les propriétaires, à savoir la charge de défendre le pays par les armes. Ces hommes sont donc, par une sorte de clause testamentaire du roi, à l'abri de tout mauvais vouloir de son successeur.

En second lieu, le roi veut que leurs *honores*, c'est-à-dire leurs offices, ou plutôt les terres qui en sont le prix, ne soient pas absolument perdus pour eux. Ces *honores* passeront à leurs fils ou à leurs parents. On a interprété cette clause comme si le roi leur reconnaissait le droit de « disposer » de leurs offices et de les transmettre comme ils auraient fait de biens propres. Il faut faire attention que l'auteur de l'article emploie le mot *placitare*, et non pas un mot tel que *donare*, *dare* ou *tradere*. C'est qu'il ne s'agit ici ni d'une donation entre-vifs ni

____

1. [Voir *Les Transformations de la royauté*, liv. III.]

d'une sorte d'héritage anticipé. *Placitare*[1] ne signifia jamais ni donner ni transmettre. Il est certainement fort difficile pour nous de trouver le vrai sens que les hommes attachaient à l'expression *honores placitare*; et cela est difficile par ce simple motif que l'expression ne se rencontre qu'une seule fois. Ce n'est pas une raison pour nous dispenser de chercher ce sens, ni pour nous contenter de la première apparence. Elle était sans doute une expression claire pour les hommes du ixe siècle, puisque l'auteur de l'article ne prend pas la peine de la définir. Elle était peut-être une expression de la langue usuelle, une de ces expressions techniques et de sens conventionnel, comme il y en a dans toute société, sur lesquelles tous les contemporains s'entendent, mais que les générations suivantes ne comprennent plus. Ce que nous pouvons dire en observant les deux mots *honores placitare*, c'est que l'idée qui est contenue dans le mot *honores* est celle de fonction publique, conférée par le roi, et que l'idée qui est contenue dans *placitare* est visiblement celle du *placitum* royal. Or on appelait *placitum* (nous ne parlons pas spécialement du *placitum generale*) chacune de ces séances où le roi, entouré de quelques conseillers, faisait un acte administratif et prenait une décision quelconque.

1. Le mot *placitare* se rencontre dans les textes avec deux significations assez différentes : 1° paraître au plaid, ou appeler quelqu'un au plaid ; il est synonyme de *litigare* (*ipse qui placitavit*, *Lex Ripuaria*, LXVII, 3) ; ou encore, tenir le plaid, en parlant du président (capitulaire de 807, art. 4 ; Baluze, 1, 459 ; Boretius, p. 135) ; 2° faire une convention, un pacte ; on dit de deux particuliers qui conviennent d'une chose, *placitant*, ou *alter placitat cum altero*. De ce sens est venu, par une dérivation naturelle, celui de « concéder par convention » ; par exemple, la Loi des Wisigoths, X, 1, 11-13, mentionne la *terra ad placitum data*, qui est une terre non pas donnée en propre, mais concédée en jouissance ; de même dans une charte de Saint-Gall, citée par Ducange, t. V, p. 282, 2, nous trouvons une *terra placitata*, qui n'est pas une terre donnée en propre. — Les continuateurs de Ducange disent que *placitare* signifie donner ; mais ils n'apportent pas d'exemples de cela ; je ne trouve en effet qu'un seul texte où le mot puisse à la rigueur être interprété en ce sens ; c'est dans l'article LV de la Loi des Alamans : la veuve qui renonce à rester dans la famille de son mari emporte sa dot *et quidquid parentes ejus ei legitime placitaverint*. Mais il est possible que dans cet exemple même, *placitare* signifie autre chose que donner ; il signifie littéralement, comme nous le disions plus haut, faire une convention, et cela s'explique si l'on songe qu'il était assez d'usage que les parents donnassent à la femme l'équivalent de ce que le mari lui donnait, l'équivalent du *Morgengab* ; la Loi des Alamans emploie le terme *placitaverint* parce qu'elle a en vue cette convention.

C'était dans un *placitum* que les fonctions et les comtés étaient conférés. Il est donc vraisemblable que *placitare honorem* était une expression convenue qui signifiait soit remettre un office au *placitum*, c'est-à-dire s'en démettre, soit demander un office au *placitum*, c'est-à-dire le solliciter. Dans l'un et l'autre cas, le sens de notre article 10 est le même. Le possesseur d'offices aura la faculté de s'en démettre au *placitum* en les sollicitant pour son fils ou pour qui il voudra, *suos honores prout voluerit ei placitare.* Il ne s'agit pas pour lui de disposer arbitrairement de ses fonctions, et il est clair que c'est le roi qui nommera le nouveau titulaire; mais on lui accorde de résigner ces dignités en présentant son successeur à l'agrément du roi, et il est à peu près entendu que le roi nommera, dans ce cas particulier, celui qui lui sera présenté. C'est jusqu'à cette limite que va la concession faite par l'article 10. Le droit du roi à nommer aux offices n'est pas supprimé.

Il est bien visible que toutes ces dispositions des articles 9 et 10 établissent en général la succession du père au fils; mais cette succession n'est pas précisément l'hérédité; car elle est toujours soumise à la condition de la nomination royale. Si l'office ou le bénéfice du père passe au fils, il n'est nullement dit que ce soit en vertu d'un droit de propriété du père ou d'un droit d'hérédité du fils; il est dit au contraire en termes exprès que c'est par concession du roi.

Il faut donc écarter les trois idées que l'on s'est faites du capitulaire de Kiersy, à savoir qu'il soit une loi organique, qu'il ait été imposé au roi par les grands, et qu'il ait institué l'hérédité des fiefs.

Hincmar a donné l'explication la plus vraie de ce capitulaire ou plutôt de cette série d'articles. A la fin de cette même année 877, il eut à écrire une lettre à Louis le Bègue devenu roi[1]. Le nouveau prince avait annoncé le jour de son premier *placitum*, de son *placitum* d'avènement. Ce *placitum* avait une

____

1. *Hincmari epistola ad Ludovicum Balbum,* dans la Patrologie latine, t. CXXV, p. 983 et suiv. — Cette lettre est probablement du mois de novembre 877, elle est certainement postérieure à la mort de Charles le Chauve, 6 octobre, et antérieure au couronnement de Louis le Bègue, 8 décembre.

très grande importance, non seulement parce qu'il était le
premier où le nouveau prince fît acte de roi, mais aussi parce
que c'était là qu'il constituait son Palais et tout son réseau de
fonctionnaires ; c'était là qu'il confirmait tous les offices ou
les changeait de mains: Dignités et bénéfices, étaient devenus
caducs par la mort du précédent roi ; c'était ce jour-là que le
roi nouveau en faisait une distribution nouvelle. Il était important que tous les grands fussent appelés à cette réunion où
chacun avait à faire valoir ses intérêts. Exclure un grand,
c'était le condamner d'avance à ne recevoir aucune faveur et
l'exposer même à perdre ce qu'il avait reçu du roi précédent.
Voilà pourquoi l'usage était de convoquer tous les grands. C'est
ce que Louis le Bègue n'avait pas fait. Il avait convoqué Hincmar et une partie seulement des grands. Ce qu'avait prévu
Charles le Chauve arrivait : le fils écartait systématiquement
une partie des fidèles qu'avait eus le père. Hincmar, qui avait
été l'un des inspirateurs de la pensée de Charles, se hâta
d'avertir son successeur qu'en excluant une partie des grands
il pouvait provoquer une guerre civile.

« Vous allez mettre la discorde entre nous, lui dit-il. Lisez
dans l'histoire du passé : vous y verrez qu'il est plusieurs fois
arrivé à l'avènement d'un nouveau roi que la discorde se mit
entre les grands du royaume, par cela seul qu'une partie
d'entre eux avaient prétendu user de cet avènement à leur
profit, en écartant du conseil du roi l'autre partie[1]. » — Voilà
qui est clair. Le prélat insinue ensuite que ceux que Louis le
Bègue a appelés à lui ne sont pas ses meilleurs conseillers.
Puis il rappelle les exemples antérieurs. A la mort de Pépin,
Carloman et Charlemagne n'ont pas manqué de convoquer
pour le *placitum* de leur avènement tous les grands sans exception, et tous sont venus. A la mort de Charlemagne, son fils
Louis a réglé les affaires du royaume avec tous les grands. Au

---

1. [Lettre à Louis le Bègue, § 1 ; col. 984 et 985 : *Dominatio Vestra mihi man-
davit, ut ad vos festinarem venire…. Legimus in antiquis historiis, quia sæpe,
quando reges constituti sunt, inter regni primores discordia orta est, quoniam
aliqui sine aliorum consilio ejus constitutionem vindicare sibi voluerunt. Quæ
discordia non sine impedimento fuit pacificata.*]

contraire, à la mort de Louis, les grands se partagèrent entre ses trois fils, et l'on vit alors trois groupes d'hommes se disputer les *honores*, ce qui engendra la plus horrible des guerres civiles.

« Faites donc attention, écrit Hincmar, de ne pas faire naître la discorde entre les grands de votre royaume; ceux des grands qui sont auprès de vous feraient bien de modérer leurs ambitions; qu'ils prennent garde de provoquer par leur cupidité les autres grands à la révolte[1]. » — C'est justement ce qu'avait craint Charles le Chauve, et la plupart des trente-trois articles de Kiersy avaient précisément visé à empêcher Louis le Bègue de distribuer les *honores* à ses propres amis au détriment des fidèles du roi.

Hincmar rappelle cela au nouveau prince. « Vous savez que votre père, dans une récente assemblée à Reims, a réglé avec les grands votre établissement comme roi après lui; tous les grands étaient là, sauf l'abbé Hugues et Bernard, comte d'Auvergne, et tous ont adhéré aux dispositions prises par votre père. Puis, plus récemment encore, à Kiersy, votre père a encore fait ses dispositions, et il vous a donné la liste de ceux par les conseils desquels vous deviez gouverner; Boson était sur cette liste; tous les grands furent présents, à l'exception de ce même Boson, de l'abbé Hugues et de Bernard, comte d'Auvergne; tous ceux qui étaient présents ont adhéré à ce que faisait pour vous votre père; ceux qui sont allés avec lui en Italie ont donné leur adhésion aussi bien que ceux qui restaient en France[2]. »

---

1. [Ibidem, § 6, col. 986 : *Propterea videtur Exiguitati Meæ, vestrum esse consilium, ut de antiquis historiis quantum potestis attendatis, ne in exordio regni vestri inter primores regni de vestro regimine oriatur discordia, quæ non sine impedimento possit esse sedata : et regni primores, qui vobiscum sunt, sic seipsos et suas voluntates contemperent, ne alios istius regni primores ad scandalum per suam cupiditatem aut negligentiam provocent.*]

2. [Lettre à Louis le Bègue, § 7, col. 986-987 : *Vos scitis, quia pater vester prius Rhemis de constitutione vestra post illum in regimine regni eum primoribus regni sui disposuit : ubi, quantum recordor, maxime omnes regni primores fuerunt, excepto venerabili abbate Hugone, et Bernardo comite Arvernense; et omnes secundum dispositionem patris vestri in vestra regia constitutione consenserunt. Et quando proxime in Carisiaco inde disposuit, et nomina*

La suite de la lettre montre que Louis le Bègue voulait précisément exclure de son *placitum*, d'une part ceux qui étaient allés en Italie, et d'autre part, parmi ceux qui étaient restés en France, ces mêmes personnages que son père lui avait imposés comme conseillers, Boson, Hugues l'abbé, les deux Bernard. Hincmar cherche à le détourner de cette pensée. « Vous devez convoquer tous les grands, appeler à vous Hugues l'abbé, Gozlin, Boson, les deux Bernard, et attendre aussi le retour de ceux qui ont fait avec le feu roi le voyage d'Italie, et qui sont peut-être les confidents de ses dernières pensées[1]. » — Hincmar n'admet pas qu'aucune fraction des grands soit exclue d'un conseil où se débattront les intérêts de tous les grands.

Il termine en rappelant au roi ce qu'il aura à faire : « Vous aurez tout d'abord à constituer le gouvernement et votre maison[2]. » — Par ces termes de convention il faut entendre que le roi aura à renouveler ou à distribuer tous les offices des provinces du royaume et toutes les dignités de l'intérieur du Palais.

« Vous aurez à garantir à l'Église les privilèges qui sont marqués dans le premier des articles de Kiersy ; vous veillerez à ce que les grands du royaume aient la sécurité qui leur est due et à ce qu'ils vous portent aussi le respect qu'ils vous doivent ; vous mettrez ordre aux brigandages qui se commettent sous toutes les formes ; vous aurez à défendre le pays contre les Normans ; vous devrez enfin assurer, comme l'ont

vobis *descripta dedit, quorum consilio et auxilio regni negotia disponere debe retis (inter quos et Boso adscriptus est). omnes præsentes adfuerunt, excepto ipso Bosone, et Hugone abbate, et Bernardo comite Arvernico : et omnes qui adfuerunt in regia vestra constitutione consenserunt, sed et illi qui cum patre vestro perrexerunt.]*

1. [Ibidem, § 7 : *Propterea sub celeritate mittite ad Hugonem et Gozlenum abbates, et ad Bosonem, et Conradum, et Bernardum, itemque Bernardum, comites.... § 8 : Credo etiam quia pater vester... non dimisit ut vobis de regni dispositione... quædam specialiter non mandaverit. Propterea necesse est, et bonum videtur, ut illi etiam intersint qui cum illo fuerunt....]*

2. [Ibidem, § 8 : *Primo, qualiter vos in regimine regni cum honore et salvamento... cum regno ac domo vestra possitis consistere.]* — Pour le sens de *regnum* et de *domus*, cf. *De Ordine palatii*, c. 12, où ces deux termes sont bien expliqués, et ibidem, c. 29.

fait les articles de Kiersy, la concorde entre vos fidèles, afin qu'ils puissent vous conseiller et vous servir[1]. » — Tout cela n'est autre chose que le résumé des articles de Kiersy; et ce résumé est fait, quelques mois après l'assemblée, par un homme qui y était. Il ne parle ni de concessions faites par Charles le Chauve, ni d'une institution d'hérédité des fiefs.

Il marque au contraire que l'unique pensée du roi a été de sauvegarder les intérêts de ses propres fidèles contre les préventions de son fils et contre les convoitises des fidèles de son fils. Si l'hérédité des offices avait été alors établie, on ne comprendrait pas qu'Hincmar n'y fît aucune allusion. Plus que cela : cette lettre même du prélat, dans tout son ensemble, suffirait à prouver que l'hérédité n'existait pas[2], puisqu'il prend la défense d'une série de grands qui sont visiblement menacés de se voir enlever leurs offices par le nouveau roi.

VI

Maintenant que notre analyse a ramené les articles de Kiersy à leur véritable sens, il importe de voir s'ils n'ont pas eu, ainsi qu'il arrive quelquefois, une portée plus grande et plus

---

1. [Ibidem, § 8 : *Secundo, ut præfatum capitulum a patre vestro nuper in Carisiaco denuntiatum, de honore sanctæ ecclesiæ, et sacerdotum ac servorum Dei debito privilegio, ad effectum perduci possit.... Tertio, qualiter regni primores cùm debita securitate ac honore erga vos consistere possint, et ceteri nobiles homines in regno securitatem habeant, ne per diversa ingenia a suis opibus quas habere potuerint despolientur.... Quarto, ut inveniatis... qualiter... miser iste populus....aliquod remedium habeat... ut virtutem nobis Deus reddat contra paganos.... Quinto ut concordiam, quæ secundum Deum est, de quá nuper in Carisiaco pater vester mentionem habuit, inter fideles Dei et vestros haberi et vigere quantum potueritis satagatis, et vos talem ergo eos præparetis, ut verum consilium vobis dare possint et audeant*, etc. — § 7 : *Et taliter quique conveniant ut regnum non deprædetur, nec devastetur, ut communi consilio de communi necessitate et utilitate tractetis, qualiter illa capitula, quæ pater vester proxime in Carisiaco annuntiavit, ad effectum pervenire possint, quæ interim relegite et vos et illi qui vobiscum sunt, et mente recondite.*]

2. Les comtes en 877 sont si peu héréditaires, ils conservent si bien leur caractère de fonctionnaires nommés par le roi, que Hincmar écrira encore en 882 que l'un des devoirs du roi est d'établir des comtes qui aiment la justice et détestent l'avarice (Hincmar, *De Ordine palatii*, c. 10) : [*Quales comites ac judices debeat onstituere.*]

générale que celle que leur auteur voulait leur donner.

Notons d'abord les usages et les pratiques qui y sont contenus. Nous ne parlerons pas de l'article 1er, qui marque la grande place que l'Église s'est faite dans l'État. Il n'est pas d'ailleurs une innovation. Nous ne dirons rien non plus sur quelques articles, tels que le 2e, le 5e, les nos 18 à 22, où Charles le Chauve, tout en parlant en maître, laisse voir sa crainte de ne pas être obéi. Nous n'insisterons pas sur le 18e, par lequel le roi éprouve le besoin de rappeler aux comtes qu'ils sont des fonctionnaires et qu'ils ont des devoirs d'administrateurs et de juges, comme s'ils avaient oublié ces devoirs; il semble que les *missi* eux-mêmes soient portés à négliger les leurs.

L'article 4 et la réponse qui y est faite par les grands méritent une attention particulière. On y voit le roi et les fidèles prendre des engagements les uns envers les autres. Le roi dit le premier : « Je veux être sûr de vous pendant mon absence. » Les grands répondent : « Vous serez sûr de nous, parce que ceux d'entre nous qui ne vous ont pas encore prêté serment vont le prêter, et que ceux qui vous l'ont déjà prêté s'engagent par écrit à y rester fidèles. » Puis le roi, à son tour, dit au peuple assemblé : « Nous voulons que nos fidèles soient sûrs de nous, et nous promettons de les maintenir dans leurs honneurs et leur rang, ceux du moins qui nous rendront fidélité, obéissance et aide. » — Ainsi l'engagement est réciproque : le roi sera sûr de ses fidèles, et les fidèles seront sûrs du roi. La réciprocité est la règle. L'engagement est pris presque dans les mêmes termes par les deux parties : c'est un engagement bilatéral et qui les oblige tous les deux également.

Le roi y prononce encore le mot « obéissance »; mais il est visible qu'il ne s'agit plus de cette obéissance générale, obligatoire, supérieure aux volontés, que des sujets doivent à un roi dans un état monarchique. Il s'agit seulement de celle qu'un homme doit à celui à qui il l'a promise, et pour cette seule raison qu'il l'a promise. Le serment, acte tout volontaire et tout individuel, est l'unique source du devoir d'obéissance. La garantie mutuelle, le contrat, devient la seule loi qui règle les relations entre les hommes, la seule loi qui unisse les hommes au prince, et les hommes entre eux.

Ce qui est curieux ici, c'est la simplicité avec laquelle ces idées sont exprimées comme vérités connues, banales, naturelles, incontestées. Ce qui est plus curieux encore, c'est qu'elles soient énoncées, non pas par les premiers venus des sujets, non pas par des hommes libres que leur situation mettrait dans une pleine indépendance, mais par le roi d'une part, et de l'autre par les comtes, par les officiers et dignitaires du roi, c'est-à-dire par ceux-là mêmes qui sembleraient devoir représenter le principe monarchique dans toute sa rigueur. Ces mêmes hommes, qui sont des fonctionnaires de l'État, qui devraient soutenir et défendre l'autorité de l'État contre tout principe contraire, sont précisément ceux qui prennent et reçoivent un engagement tout personnel, sans penser aux droits de l'autorité publique. L'idée même du pouvoir public semble avoir disparu des esprits, et chez ceux-là mêmes qui étaient les derniers chez qui elle devait disparaître, chez le roi et chez ses fonctionnaires.

Les historiens modernes, toujours [entraînés] à porter leurs idées dans cette histoire, inclinent naturellement à supposer que ces engagements et ces contrats, qui sont à nos yeux si visiblement subversifs de l'autorité monarchique, ont dû être arrachés au roi par les grands. C'est là une manière de voir subjective, par conséquent fausse. Le document, marque au contraire, à le prendre à la lettre, que c'est le roi qui oblige d'abord les grands à s'engager et qui ensuite de son plein gré s'engage lui-même. Il n'y a là ni pression sur lui ni faiblesse de sa part. Mais, ce qui est beaucoup plus grave que ne le serait une pression d'un moment ou la faiblesse d'un homme, il y a un tour d'esprit et une habitude prise qui font que les deux parties trouvent tout simple de s'engager l'une envers l'autre; elles n'aperçoivent ni que cela puisse être un mal ni qu'il y ait une autre façon de procéder. Tel était le chemin que les idées et les habitudes féodales avaient fait depuis Charlemagne.

Aussi s'est-il produit quelque changement dans la nature des offices. Les articles 9 et 10 de Kiersy marquent bien ce changement. Sans doute il ne serait pas vrai de dire que les comtés aient cessé d'être des fonctions publiques : ils restent des *honores*, c'est-à-dire des délégations du pouvoir royal, et ils continuent d'être, en principe, à la nomination du roi. Cependant ils sont devenus, de fait, à peu près inamovibles et presque héréditaires[1].

D'une part, les expressions employées dans ces articles ne laissent pas supposer que le roi puisse destituer un comte ou le déplacer arbitrairement ; et le roi s'engage en effet, dans un des articles lus au peuple, à ne priver personne de son office, *nullum dehonorabimus*. Cette promesse marque à la fois le point de droit et le point de fait sur le sujet. Puisque le roi promet de ne destituer personne, c'est que ce droit lui appartient encore, mais c'est aussi qu'un tel acte semble contraire à l'usage et à l'équité. La fonction de comte ne paraît plus être révocable qu'au cas où le comte aurait manqué au devoir « de fidélité, d'obéisssance, d'aide et de service ».

D'autre part, cette fonction devient presque héréditaire. Notons, il est vrai, que ni le mot ni l'idée d'hérédité ne sont dans ces articles. Nous nous tromperions beaucoup si nous disions que le comté est assimilé à une propriété héréditaire, puisque les articles ne tiennent aucun compte ni des filles, ni des collatéraux, ni même des fils cadets. Restons dans les termes du capitulaire. Il y est dit que, si un comte meurt laissant un fils, le roi nommera ce fils. Il laisse voir qu'il nommera ce fils, même si ce fils n'est qu'un enfant. Charles le Chauve d'ailleurs ne parle pas de cela comme d'une règle absolue, encore moins comme d'une obligation qui lui soit imposée. Il dit seulement qu'il fera cela.

Est-ce une innovation qu'il crée? J'en doute beaucoup. Il parle de cette nomination du fils comme d'une chose si naturelle, que nous pouvons croire qu'elle était déjà dans les habitudes du temps. Elle n'était pas une règle, mais on

---

1. [Voir le livre IV des *Transformations de la Royauté*.]

répugnait à faire autrement ; et pour faire autrement il fallait
avoir quelque grave motif. Charles le Chauve constate un
usage de son administration.

Peut-être fait-il quelque chose de plus que de constater un
usage. Relisez ces articles, et vous y verrez l'expression d'une
volonté ferme et arrêtée. Il y a même une remarque qu'on peut
faire. Le langage du roi, qui est déjà très net dans les articles
adressés aux grands, c'est-à-dire aux intéressés, devient plus
net encore dans l'article qu'il fait lire au peuple. Devant les
intéressés il ne s'engageait pas expressément à nommer le fils ;
c'est devant le peuple qu'il déclare en termes exprès qu'il
veut nommer le fils. Il y a là une sorte de *crescendo* de volonté
qui paraît tout spontané et qui marque une pensée réfléchie.
Je sais bien que les modernes sont toujours enclins à se représenter un Charles le Chauve cédant aux grands et consentant à
être leur jouet ; mais comme cette idée n'est pas dans les
textes et n'est que dans nos esprits, il se pourrait bien
qu'elle fût inexacte ; elle ne doit donc pas nous dominer. Rien
ne prouve que Charles le Chauve et ses conseillers intimes
n'aient pas conçu d'eux-mêmes la pensée et formé la volonté
d'établir cet ordre de succession pour les offices.

Ce qui est en effet bien frappant, c'est que cette même règle
d'hérédité qu'il impose, il veut aussi l'imposer aux grands à
l'égard de leurs vassaux. Il prétend que les évêques, les abbés,
les comtes, prennent l'habitude de conférer leurs arrière-fiefs
aux fils des titulaires défunts. C'est même là ce qu'il y a de
plus hardi dans tout ce capitulaire. Charles le Chauve y présente la succession du père au fils comme le meilleur usage à
suivre à tous les degrés de la hiérarchie féodale.

J'incline donc à penser que Charles a, non seulement
reconnu, mais voulu la règle de succession en ligne directe et
masculine. J'ajoute que les raisons de cette volonté se peuvent
apercevoir. La pensée qui perce dans tout l'ensemble de
ce capitulaire, c'est qu'il craint les désordres que pourrait
produire une distribution arbitraire des honneurs. Il ne
veut pas que son fils nomme qui il voudra, parce qu'il
s'inquiète de tout ce que le caprice royal, à côté de l'avidité

des solliciteurs, pourrait amener de haines, d'injustices et de troubles.

Cette pensée ne pouvait être exprimée qu'à mots couverts par le prince dans un acte public; elle est énoncée en termes exprès par Hincmar, qui fut son conseiller et son confident. Dans une lettre écrite quelques mois après l'assemblée de Kiersy, l'archevêque de Reims dit au nouveau roi : « Il est nécessaire que les grands du royaume et tous les hommes notables du pays jouissent d'une pleine sécurité; il faut qu'ils n'aient pas à craindre d'être dépouillés de ce qu'ils peuvent avoir, parce que, depuis que la cupidité, racine de tous maux, a dévoré les cœurs dans ce royaume, personne ou presque personne ne peut plus acquérir ni tenir quelque bien ou quelque fonction que par vénalité; et de même qu'il n'y a sûreté pour aucun des grands, il n'y a aussi de leur part ni paix, ni conseil, ni service assuré[1]. »

Il faut nous mettre en présence de ces mœurs du temps si nous voulons comprendre comment un roi et ses conseillers ont été amenés à renoncer à leur droit de distribuer arbitrairement les offices et les faveurs. Mieux valait, semble-t-il, les fonctions et les bénéfices héréditaires que chaque fonction et chaque bénéfice livré aux sollicitations et disputé entre les convoitises.

La règle nouvelle diminuait peut-être le pouvoir du roi, mais elle arrêtait ce débordement d'ambitions et de luttes d'intérêts qui allait croissant depuis Charlemagne et qui ruinait l'Empire. Peut-être même ne diminuait-elle pas sensiblement le pouvoir du roi, par ce motif qu'elle diminuait dans une mesure égale le pouvoir des évêques et des comtes.

On peut même penser avec quelque vraisemblance que la royauté n'avait rien à y perdre. En effet, on en était venu au

<hr>

1. [Lettre à Louis le Bègue, c. 8 : *Qualiter regni primores cum debita securitate ac honore erga vos consistere possint, et ceteri nobiles homines in regno securitatem habeant, ne per diversa ingenia a suis opibus quas habere potuerint despolientur : quia postquam radix omnium malorum cupiditas in regno isto exarsit, ut nullus aut pene nullus honorem aut aliquod bonum sine pretio posset acquirere, aut tenere, aut securitatem habere, pax et consilium, et justitia, atque judicium, sicut necesse fuerat, locum in isto regno non habuerunt.*]

point que ce droit de disposer des fonctions et des bénéfices à chaque vacance ne lui donnait qu'un pouvoir apparent, et qu'en la livrant ainsi presque chaque jour en proie aux plus âpres compétitions, il ne lui faisait que des ennemis. Les plus grands troubles et les guerres civiles du ix° siècle étaient venus de cette source. Mieux valait, dans l'intérêt même de la royauté, une règle qui supprimât ou qui réduisît la liberté de ses choix.

Son droit supérieur subsistait. Ni ses offices ni ses bénéfices ne devenaient réellement héréditaires. Aucun d'entre eux n'était possédé et transmis qu'en vertu de la concession qu'elle en faisait chaque fois. Comme cette concession n'était faite d'ailleurs que sous la condition de fidélité et de service, comme elle n'était maintenue chaque année et chaque jour qu'autant que cette condition était ponctuellement observée, il semblait que la royauté serait tout aussi bien obéie par des fonctionnaires héréditaires que par des fonctionnaires nommés et péniblement choisis par elle. Il semblait aussi que la société serait dorénavant plus régulière, moins agitée, plus paisible. Charles le Chauve, sans créer précisément l'hérédité des fiefs, assurait leur stabilité; c'était profit pour tout le monde.

Cette règle féodale, comme toutes les autres, s'est établie naturellement. Ce n'est pas la violence qui l'a créée; ce n'est pas la faiblesse des rois qui l'a laissée naître; mais les esprits l'ont crue bonne et ont espéré que par elle la royauté serait plus solide et la société mieux gouvernée.

TABLE DES MATIÈRES

COULOMMIERS

Imprimerie Paul BRODARD

2490-10-23.

www.ingramcontent.com/pod-product-compliance
Lightning Source LLC
LaVergne TN
LVHW011216170726
843501LV00002B/253